ISBN 978-1-334-81308-5
PIBN 10767442

LETTRES DU XVIIᵉ ET DU XVIIIᵉ SIÈCLE

———

LETTRES

DE LA

MARQUISE DU CHATELET

LETTRES

DE LA

M^SE DU CHÂTELET

RÉUNIES POUR LA PREMIÈRE FOIS

Revues sur les Autographes et les Éditions originales

AUGMENTÉES

DE 37 LETTRES ENTIÈREMENT INÉDITES, DE NOMBREUSES NOTES

D'UN INDEX

Et précédées d'une Notice biographique

PAR

EUGÈNE ASSE

Édition couronnée par l'Académie française

PARIS
BIBLIOTHÈQUE-CHARPENTIER
G. CHARPENTIER et E. FASQUELLE, Éditeurs
11, RUE DE GRENELLE, 11

NOTICE

SUR LA

MARQUISE DU CHATELET

———

Gabrielle-Émilie Le Tonnelier de Breteuil, marquise du Châtelet, que sa liaison avec Voltaire non moins que ses écrits ont rendue célèbre, naquit à Paris, le 17 décembre 1706. Elle était fille de Louis-Nicolas Le Tonnelier de Breteuil, baron de Breteuil et de Preuilly, et de sa seconde femme, Gabrielle-Anne de Froulay. Originaire du Beauvoisis, où elle possédait le terre de Breteuil, la famille Le Tonnelier était venu s'établir à Paris vers le milieu du seizième siècle, et avait bientôt occupé d'importantes charges dans la magistrature, les finances et l'armée. Un Claude Le Tonnelier, mort en 1580 et bisaïeul du baron de Breteuil, avait été receveur général des finances de Paris, et son fils, procureur général à la Cour des Aides. Mais l'éclat le plus vif jeté sur la famille l'avait été par le père même du baron de Breteuil, Louis Le Tonnelier, qui mourut en 1685, après avoir occupé les hautes fonctions d'intendant de Paris et de contrôleur géné-

ral, et dont la terre de Fontenai-Tresigni avait été
érigée en marquisat. Né en 1648[1], le dernier de six
fils, le baron de Breteuil, fut surtout un homme de
cour et de plaisir. Jeune encore, une aventure galante
avec la présidente Ferrand, avait fait quelque bruit, et a
laissé sa trace dans des lettres d'amour qu'on a souvent
placées à côté des *Lettres portugaises*.[2] Pourvu en 1677
d'une charge de lecteur du roi, puis en 1698, de celle
plus relevée d'introducteur des ambassadeurs, qu'il
avait achetée du marquis de Bonneuil, et qu'il con-
serva jusqu'à 1715[3], il a laissé des *Mémoires*[4] qui valent
mieux que la réputation que lui a faite Saint-Simon et
qui donnent de lui une idée beaucoup plus favorable.
C'est donc en faisant largement la part de la médisance trop ordinaire au célèbre chroniqueur qu'il faut
lire ce portrait qu'il a tracé du baron de Breteuil :

C'était un homme qui ne manquait pas d'esprit,
mais qui avait la rage de la cour, des ministres, des gens
en place ou à la mode, et surtout de gagner de l'argent
dans les partis, en promettant sa protection. On le souffrait
et on s'en moquait. Il avait été lecteur du roi, et il était

1. Louis-Nicolas Le Tonnelier de Breteuil, baron de Preuilly, seigneur d'Azay-le-Féron, Fombaudry, Tournon et autres lieux, né à
Montpellier, le 14 septembre 1648, septième fils de Louis et de
Chrétienne Le Court, lecteur ordinaire du roi le 12 février 1677,
envoyé extraordinaire près les princes d'Italie le 18 janvier 1688,
introducteur des ambassadeurs le 29 novembre 1698, mort le
24 mars 1728, âgé de 80 ans.
2. *Lettres de Cléante et de Bélise*, Leyde, 1691.
3. Saint-Simon, *Mémoires*, Hachette, 1871, t. I, p. 410, e
t. VIII, p. 242.
4. Ces *Mémoires*, dont le manuscrit original fait partie de la
bibliothèque publique de Rouen, et dont la bibliothèque de l'Arsenal
possède une copie, s'étendent de 1698 à 1715, et ont été publiés en
partie par MM. Ch. Roux et Fr. Lock, dans le *Magasin de Libraire*.
Paris, Charpentier, 1859, t. I et II.

frère de Breteuil, conseiller d'État et intendant des finances. Il se fourrait fort chez M. de Pontchartrain, où
Caumartin, son ami et son parent, l'avait introduit. Il faisait volontiers le capable quoique respectueux, et on se
plaisait à le tourmenter[1]. »

Petit-fils d'une Le Fèvre de Caumartin, le baron de
Breteuil s'était lui-même allié à cette famille parle-
mentaire, en épousant, le 3 août 1679, Marie-Anne
Le Fèvre de Caumartin, sa cousine. Cette alliance, qui
rattachait également le baron de Breteuil aux d'Argenson, est à noter en ce qu'elle explique comment
Voltaire, très-répandu, comme on sait, parmi les membres de ces deux familles, se trouva de bonne heure,
vers 1723, en relation avec le père de la docte Émilie.
Veuf en 1686, le baron de Breteuil s'était remarié,
près de onze ans plus tard, le 15 avril 1697, à Gabrielle-
Anne de Froulay, issue d'une famille militaire à
laquelle appartenait le maréchal de Tessé, et que, par
son caractère aussi bien que par ses dignités dans l'ordre
de Malte, contribua à illustrer ce bailli de Froulay,
dont il est si souvent parlé dans les lettres de madame
du Châtelet. Voltaire, qui reçut du bailli ainsi
que du chevalier d'Aydie, maints bons offices, ne les
appelait jamais que : « les deux preux chevaliers. »

Quelle fut la jeunesse de la jeune Émilie. Tout ce
qu'on en sait, c'est qu'elle fut studieuse, et que le
baron de Breteuil ne négligea rien pour développer
l'intelligence précoce de sa fille. Le témoignage de
Voltaire est des plus précis.

Dès sa tendre jeunesse elle avait nourri son esprit de

1. Saint-Simon, *Mém.* t. I, p. 410.

la lecture des bons auteurs en plus d'une langue. Elle
avait commencé une traduction de l'*Énéide,* dont j'ai vu
plusieurs morceaux remplis de l'âme de son auteur; elle
apprit ensuite l'italien et l'anglais. Le Tasse et Milton lui
étaient familiers comme Virgile. Elle fit moins de progrès
dans l'espagnol, parce qu'on lui dit qu'il n'y a guère dans
cette langue qu'un livre et que ce livre est frivole[1]. »

Et ailleurs :

« Son père, le baron de Breteuil, lui avait fait apprendre
le latin, qu'elle possédait comme madame Dacier; elle savait par cœur les plus beaux endroits d'Horace, de Virgile,
et de Lucrèce. Tous les ouvrages philosophiques de Cicéron
lui étaient familiers. Son goût dominant était pour les
mathématiques et pour la métaphysique. On a rarement
uni tant de justesse d'esprit et plus de goût avec plus d'ardeur de s'instruire; elle n'aimait pas moins le monde et
tous les amusements de son âge et de son sexe[2]. »

Il faut croire qu'à ces études, mademoiselle de Breteuil ajouta celle de la musique, dans laquelle elle devait
exceller. Ce ne fut pas, en effet, seulement dans les pièces
de Voltaire que plus tard elle fit très-bien sa partie, c'est
aussi dans les opéras de Lully et de Rameau. Toutefois
il semble que de bonne heure un goût prononcé la
porta surtout vers les sciences. Y fut-elle encouragée,
comme le prétend madame de Genlis, par les conseils
d'un certain M. de Mézières, voisin de campagne des
Breteuil, et grand mathématicien? On peut le croire
par la mention qu'elle fait elle-même de ce M. de

1. Voltaire, *Éloge historique de madame la marquise du Châtelet.*
OEuvres. t. XXXIX, p. 418.
2. Voltaire, *Mémoires. Œuvres,* t. XL, p. 39.

Mézières dans une de ses lettres, et par les regrets qu'elle exprime à l'ocasion de sa mort [1].

Émilie avait dix-neuf ans lorsque, le 12 juin 1725, elle fut mariée au marquis Florent-Claude du Châtelet-Lomont [2], gouverneur de Semur, colonel d'un régiment d'infanterie, d'une vieille famille lorraine, mais dont la fortune, quoique considérable, paraît avoir été quelque peu embarrassée, et auquel elle apporta une dot assez modeste, si l'on en juge par la comparaison qu'elle en fait elle-même avec celle que Voltaire donna à ses nièces [3]. Le marquis du Châtelet, avait trente ans. Ce mariage fut ce qu'étaient un trop grand nombre de mariages de cette époque, une de ces unions libres que ne venaient pas gêner les scrupules de la foi conjugale. Une aventure avec le marquis de Guébriant [4], une

1. Voir plus loin, p. 26.
2. Florent-Claude. marquis du Châtelet, seigneur de Cirey, fils de Florent du Châtelet, comte de Lomont, de la branche de Trichâteau-Bonney, maréchal de camp, mort le 27 janvier 1732, âgé de 81 ans, et de Marie-Gabrielle-Charlotte du Châtelet, dernière descendante de la branche des seigneurs de Pierrefitte, héritière de Cirey, morte le 12 août 1705, âgée de 27 ans, né à Namur, dont son père était gouverneur, le 7 avril 1695, entré au service en 1712, dans la 1re compagnie des mousquetaires, où il fit les campagnes de Landau et de Fribourg, lieutenant du régiment du roi en 1714, colonel de Hainaut-Infanterie, en 1718, avec lequel il fit la campagne de 1733, et assista au siège de Philipsbourg, brigadier, en 1734, maréchal de camp en 1738, lieutenant général en 1744, mort au château de Loircy, le 28 nov. 1766. Il avait deux frères : Honoré-Roger, né en 1698, capitaine dans Hainaut ; Florent-François, né en 1700, chevalier de Malte, brigadier en 1744 ; et deux sœurs : Suzanne, née en 1703, mariée en 1731 à Nicolas de Saugy, marquis de Roussillon, et Florence, née en 1704, mariée en 1731 à Melchior-Esprit de La Baume, marquis de Montrevel.
3. Voir p. 27.
4. Louis-Vincent, marquis de Guébriant, fils de Louis-Vincent lieutenant général, mort le 4 mai 1744, âgé de 85 ans, et de Marie-Madeleine Desmarets, sœur du maréchal de Maillebois, marié

autre avec le duc de Richelieu [1], à la famille de qui elle
se trouvait alliée par son mari [2], ont laissé leur trace
dans la chronique galante de l'époque. La première
même avait failli tourner au tragique; et le récit que
nous en fait Raynal, nous montre madame du Châtelet
emportée par le mouvement impétueux de ce caractère
extrême, que nous verrons plus d'une fois reparaître
dans sa correspondance au sujet de Voltaire.

« Le caractère propre de madame du Châtelet, raconte
Raynal, était d'être extrême en tout. Un seul trait va vous la
peindre. Elle avait vécu assez longtemps avec M. le marquis
de Guébriant, qui forma une autre inclination. La dame, au
désespoir de se voir négligée, fit prier son infidèle de passer
chez elle. Après un entretien assez aisé de part et d'autre,
madame du Châtelet pria M. de Guébriant de lui donner
un bouillon qui était sur la table, et, après l'avoir pris, elle
le congédia en lui remettant une lettre. Dès que le marquis
eut descendu l'escalier, il lut le papier qu'on lui avait remis;
madame du Châtelet lui disait qu'elle mourait empoisonnée
de sa main. Par une présence d'esprit assez rare, il alla
chercher dans le lieu le plus proche du contre-poison qu'il
fit prendre à sa maitresse. L'effet de ce remède fut si
efficace qu'il n'est resté que le souvenir d'une action si
extraordinaire [3]. »

chal de camp le 24 février 1728, marié le 27 décembre 1714 à
Marie-Rosalie de Châtillon, cousin-germain du duc de Châtillon,
gouverneur du dauphin, dont il devint veuf le 29 décembre 1736.

1. Voir la Lettre 35, p. 52. — Plusieurs passages des *Mémoires*
de Longchamp, prouvent le peu de retenue qu'avait madame du
Châtelet dans l'habitude de la vie, t. II, p. 119, 120, 126.

2. François-Bernardin du Châtelet, marquis du Châtelet, baron
de Thons et de Clemont, maréchal de camp en 1734, avait épousé
le 23 avril 1714, Armande-Gabrielle de Richelieu, sœur du maréchal de Richelieu. Sa fille, Marie-Suzanne-Armande, épousa le 20 juin
1733, son cousin le marquis de Bellefonds, et mourut le 9 juin 1754.

3. Maurepas, *Mémoires*, Paris, 1792, t. IV, p. 173; la correspondance littéraire de Raynal, nouvellement publiée par M. Tour-

Très-éprise du monde et de ses plaisirs, passionnée pour les chiffons et les pompons, comme le dit Voltaire, madame du Châtelet n'aimait pas moins la science et les savants, et avant même que sa liaison avec Voltaire lui ait fait abandonner presque entièrement le monde et la société pour l'étude et ses austères plaisirs; elle s'entourait déjà des plus illustres d'entre eux. Nous citerons en première ligne Maupertuis, Clairaut, dont il est si souvent parlé dans ses lettres.

Célèbre par sa théorie sur la forme de terre, et par des écrits où le premier il vulgarisa en France les découvertes de Newton, Maupertuis, alors âgé de trente-deux ans, paraît avoir été en relation scientifique avec elle dès l'année 1730. Entouré du prestige d'une gloire scientifique qui n'avait encore éprouvé aucun échec, Maupertuis possédait en outre toutes les qualités de l'homme du monde. L'abbé Outhier, son compagnon dans l'expédition du pôle, loue l'agrément de sa conversation et de son commerce : « On étudiait, on calculait, dit-il ; M. de Maupertuis nous soutenait par sa gaieté et par les charmes qu'il mettait dans notre société.» Parlant des périls qu'ils avaient courus ensemble il ajoute : «M. de Maupertuis conservait tout son sang-froid et nous rassurait par sa sérénité et même par la gaieté de son esprit[1]. » Et Formey, son collègue à l'académie de Berlin, comparant la conversation de Maupertuis à celle de Voltaire, a dit : « Je l'ai regardé comme l'homme le plus spirituel que j'aie connu. Vol-

neux, dans son édition de la *Correspondance de Grimm*, Garnier, 1877, t. I, p. 365; et la *Voltairiana*. Paris, 1748, qui fait faussement Voltaire le héros de cette aventure.

1. *Journal d'un voyage au Nord*. Paris, 1744, in-4°

taire pérorait, dissertait et voulait être écouté ; on
aimait d'abord à l'entendre ; mais on s'en lassait ; au
lieu que tout ce que disait M. de Maupertuis, partait
comme un éclair et en avait le feu[1]. » Thiébault, peut-
être plus impartial, a dit de lui : « M. de Maupertuis
avait beaucoup d'esprit, mais il en avait moins que
Voltaire[2]... »

Dans l'éloge qu'il a fait de lui, Grandjean de Fouchy,
le secrétaire perpétuel de l'Académie des sciences,
a dit :

« Il était d'une vivacité singulière et qui paraissait dans
tout son maintien. Sa conversation était, quand il le voulait, pétillante d'esprit et infiniment amusante... Il possédait non-seulement la théorie mathématique de la musique,
mais encore la pratique de cet art enchanteur, et connaissait les sources de l'agrément qu'elle peut procurer[3]. »

Clairaut, né en 1713, et beaucoup plus jeune que
Maupertuis, n'eut pas moins d'influence que celui-ci
sur le développement du génie scientifique de madame
du Châtelet. De Fouchy nous en a laissé cet aimable
portrait :

« Il était de taille médiocre, bien fait et d'un maintien
agréable ; sa douceur et sa modestie étaient peintes sur
son visage, son cœur aussi droit et aussi net que son esprit
ne lui avait jamais permis le moindre écart ; il était l'ami
déclaré de la probité et de la vérité, et n'a jamais manqué
l'occasion de rendre service dès qu'elle s'est présentée. Il
est presque inutile d'ajouter après cela que rien n'était

1. *Souvenirs d'un citoyen.* Paris, 1797, t. I, p. 172.
2. *Mes souvenirs de vingt ans de séjour à Berlin*, Didot, 1860,
t. II, p. 247 et 372.
3. De Fouchy, *Éloge de Maupertuis*, dans l'*Hist. de l'Acad. des
Sciences*, 1759, p. 269.

plus égal que sa conduite, et que l'humeur et le caprice
lui étaient inconnus ; aussi n'a-t-il jamais eu d'ennemis, et
personne n'a joui plus tranquillement d'une grande réputation... La douceur et l'aménité de ses mœurs le faisaient
désirer de tous ceux qui le connaissaient, et il répondait
volontiers à ces avances, mais il s'était imposé la loi de ne
jamais souper en ville[1]. »

Après Clairaut et Maupertuis, il faut citer Kœnig et
Bernoulli, introduits près de madame du Châtelet par
Maupertuis ; le premier, caractère difficile, dont elle eût
à se plaindre, le second esprit plus calme, nature plus
polie, qui ne lui laissa que les regrets de son trop court
passage à Cirey.

Ce fut vers le milieu de l'année 1733 que se forma la
grande liaison de Voltaire et de madame du Châtelet,
alors âgée de vingt-huit ans, et dont il avait autrefois
rencontré le père soit dans ses visites en Touraine, au
château de Sully, soit chez les d'Argenson et chez ce jeune
président de Maisons, dont la perte lui fut si sensible.
Faisant allusion aux bruits qui avaient couru sur sa
liaison avec M. de Guébriant et avec le duc de Richelieu, Voltaire l'appelait alors « une femme très-aimable
et très-calomniée, » et il lui dédiait, pour cette raison
sans doute, son *Épître contre la calomnie*, dans laquelle,
en médisant beaucoup de J.-B. Rousseau, on peut dire
qu'il ne prêchait pas assez d'exemple. Le *Temple du
goût* lui avait fait beaucoup d'ennemis ; sa tragédie
d'*Adélaïde Duguesclin* s'en ressentit, et aux déplaisirs
de l'insuccès de cette pièce (18 janvier 1734) vinrent
bientôt s'ajouter les craintes sérieuses que pouvaient

1. *Ibid.*, 1758, p. 158.

lui inspirer les poursuites dirigées contre un de ses
ouvrages les plus célèbres. Les *Lettres sur les Anglais*
venaient d'être déférées au Parlement; Jore, qui les
avait imprimées, était jeté à la Bastille. Voltaire était
à Monjeu, avec madame du Châtelet, assistant aux fêtes
d'un mariage auquel il n'avait pas été étranger, celui
du duc de Richelieu avec mademoiselle de Guise, lorsqu'il apprit qu'il était lui-même menacé (6 mai 1734).
Conseillé, pressé par ses hôtes, il prit le parti de s'en-
fuir, et courut se cacher sur les confins de la Lorraine,
dans le *désert* de Cirey, terre que madame du Châtelet
avait mise à sa disposition et d'où, ne se trouvant pas
encore assez en sûreté, il passa bien vite à Bâle
(23 mai). Pendant ce temps[1], ses amis, madame du
Deffand, la duchesse d'Aiguillon, et jusqu'à la princesse
de Conti, s'employaient en sa faveur. L'orage un peu
calmé, il put revenir à Cirey, où commença pour
lui une des périodes les plus calmes, les plus heureuses
et les plus glorieusement fécondes de sa vie (juin 1734).
Dès lors, aussi, la vie de madame du Châtelet et celle
de Voltaire se confondent, et l'on ne saurait en séparer
le tableau.

Femme étrange, mais supérieure, qui, au milieu des
intrigues galantes, des parties de jeu et des soupers
avait perfectionné une excellente éducation littéraire e
scientifique, et assez étudié la géométrie et la métaphy
sique pour comprendre Leibniz et Newton : telle se pré
sentait à lui la personne avec laquelle il forma cett

1. Il est probable que cette sévérité n'était qu'apparente, car le
garde des sceaux Chauvelin, tout en signant l'ordre d'arrêter Voltaire, en instruisit officieusement d'Argental, son *bon ange*, qui se
hâta d'envoyer un courrier à Monjeu, près d'Autun.

liaison célèbre, qui dura plus de quinze ans et ne fut rompue que par la mort. A part quelques orages, nés du choc de deux caractères chacun d'une pétulence et d'une vivacité extrêmes, Voltaire, dans cette période de sa vie, connut le véritable bonheur. « Il était réellement sous le charme, dit Sainte-Beuve [1]; il admirait madame du Châtelet, il la proclamait sublime, il la trouvait belle, il se plaît à donner son adresse chez elle. » Voltaire cependant ne se fixa pas tout d'abord définitivement à Cirey : la retraite continue ne date que de 1736; jusque-là ce sont des refuges rapides, des apparitions. Mais il avait l'heureuse faculté de pouvoir travailler partout, et à peine est-il arrivé, toujours courant depuis Autun, dans cette habitation où rien n'est préparé pour le recevoir, qu'il continue *Alzire*. Il écrit encore pour madame du Châtelet un *Traité de métaphysique*, d'autant plus précieux qu'il n'était pas destiné à être imprimé et qu'il contient les véritables opinions de son auteur sur Dieu et sur l'âme. Tout en se livrant à ces graves méditations philosophiques, il augmente, dans ses heures de gaieté souvent trop libertine, le nombre des chants de la *Pucelle*, qui, commencée peut-être dès 1730, en comptait déjà huit au commencement de 1735. Puis il interrompt ces travaux pour aller trouver au camp de Philipsbourg le duc de Richelieu, sans pouvoir cependant prévenir un duel funeste entre ce dernier et le prince de Lixen (juillet 1734). De retour à Cirey, il se fait maçon, et avec une étonnante activité surveille les nombreux ouvriers auxquels il a livré le château et les jardins

1. *Causeries du Lundi*, t. II, p. 197 et 252.

tout en écrivant, « au milieu des plâtras, » le conte de
la *Mule du Pape*, et la comédie du *Comte de Boursouffle*,
qui, cette même année, inaugura le théâtre de Cirey.
Madame du Châtelet rivalise avec lui d'activité. « Elle
est devenue, écrivait-il, architecte et jardinière. Elle
fait mettre des fenêtres où j'avais mis des portes, et
transforme les cheminées en escaliers. Elle change des
guenilles en tapisseries, elle trouve le secret de meubler
Cirey avec rien. » Mais ce n'était plus cependant l'hos-
pitalité de son ancienne amie, madame de Fontaine-
Martel, qui ne se payait qu'en reconnaissance ; Voltaire,
qui avait dès lors près de 80,000 livres de rente, y
contribuait largement : aussi madame du Deffand
pouvait-elle, sans calomnie sinon sans médisance, dé-
cocher ce trait à l'adresse de la *divine Émilie :* « C'est
à lui qu'elle devra de vivre dans les siècles à venir,
et en attendant elle lui doit ce qui fait vivre dans le
siècle présent. »

Voltaire, qui avait toujours aimé le luxe, voulut
s'en entourer. Son appartement et celui de madame
du Châtelet étaient ornés avec toute l'élégance
coquette du dix-huitième siècle. Voltaire habitait
une petite aile du château. « C'était, dit madame de
Graffigny, des encoignures de laque admirable, des
porcelaines, des marabouts, une pendule soutenue par
des marabouts d'une forme singulière, des choses infinies dans ce goût-là, chères, recherchées, et surtout
d'une propreté à baiser le parquet, une cassette ouverte
où il y a une vaisselle d'argent[1]. » Venait ensuite une
galerie ornée de statues, du Cupidon avec la célèbre

---

1. *Vie privée de Voltaire et de madame du Châtelet*, 1820, p. 15.

épigraphe, d'instruments de physique et d'astronomie.

Vers cette époque, Volaire écrivait : « Ne me dites point que je travaille trop ; ces travaux sont bien peu de chose pour un homme qui n'a point d'autre occupation... » ou encore, en parlant des Muses : « Je les aime toutes les neuf, et il faut avoir le plus de bonnes fortunes qu'on peut. » Sa vie était en parfait accord avec ces maximes. Sans parler du *Siècle de Louis XIV*, auquel il ne se mit sérieusement qu'au commencement de 1735, il commençait à s'associer aux études de madame du Châtelet sur la physique et la géométrie. Ces nouveaux travaux, tout en étant sans doute une erreur de vocation, prouvent du moins l'étendue et la flexibilité de son génie. Rassuré momentanément sur les dispositions des ministres à son égard, il revint à Paris avec madame du Châtelet (30 mars-7 mai 1735), et profita de ce séjour pour tenter une représentation de *la Mort de César*, tragédie commencée à Wandsworth, retouchée depuis, et qui fut jouée au collège d'Harcourt, le 11 août de cette année. Mais telles étaient les défiances qui existaient contre lui qu'il ne put obtenir de privilège pour l'impression, et qu'il dut courir les chances d'une publication furtive. Critiquée très-violemment par l'abbé Desfontaines, dans ses *Observations sur les écrits modernes*, cette pièce, où Voltaire disait « qu'il y avait de la férocité romaine, » se faisait remarquer par l'absence de tout amour, ressort ordinaire de l'action dramatique, et que Voltaire sembla un moment considérer comme indigne de la grandeur et de la simplicité tragiques.

Après avoir été passer deux mois à la cour de Luné-

ville, il revint à Cirey parler de Locke et de Newton
avec Algarotti et madame du Châtelet. Il y était encore
lorsque, le 27 janvier 1736, fut jouée à Paris avec un
très-grand succès sa tragédie d'*Alzire*, dont le troisième
acte est considéré comme un des chefs-d'œuvre de la
scène française. Le 10 octobre suivant, il obtenait un
nouveau triomphe, avec la comédie de l'*Enfant prodigue*, la meilleure qu'il ait faite, et qui fut alors représentée sous le voile de l'anonyme. Cependant, par un
contraste qui choque trop souvent dans la vie de
Voltaire, en même temps qu'il écrivait ces beaux vers
d'*Alzire* inspirés de la morale chrétienne la plus pure,
il s'abandonnait contre le malheureux J.-B. Rousseau
à des invectives qui ne relèvent même pas la médio-
crité de la *Crépinade*, de l'*Ode sur l'Ingratitude* et de
cette *Vie de Rousseau*, qu'on est obligé, malgré ses dé-
négations, de lui attribuer.

L'apparition du *Mondain* vint exciter contre lui une
nouvelle persécution. Le prétexte en fut sans doute
quelques plaisanteries sur Adam et Ève, contenues dans
ce poëme badin, qui aujourd'hui doit surtout être
signalé comme le premier des écrits nombreux dans
lesquels Voltaire fit l'apologie du luxe et des arts. Menacé peut-être de la Bastille, il se hâta, au milieu de
l'hiver, de fuir en Hollande (fin déc. 1736). Peu de mois
auparavant, le 8 août 1736, il avait reçu de Frédéric,
prince royal de Prusse, une lettre, début d'une correspondance qui eut plus d'une vicissitude, et dans
la quelle cet héritier présomptif d'une couronne lui
« promettait de conserver dans le sein du secret les manuscrits qu'il trouverait à propos de cacher aux yeux

du public, et de se contenter d'y applaudir en son particulier.» Sollicité, à l'approche de ce nouvel orage, par
Frédéric et par le duc de Holstein-Gottorp de se réfu-
gier auprès d'eux, Voltaire ne céda pas encore à la ten-
tation. Cette prudente conduite lui était surtout inspirée par madame du Châtelet, qui ne cessa de lui
recommander le plus grand *incognito*, ainsi que la plus
exacte sévérité sur le choix des écrits destinés à ses
éditions de Hollande. Voltaire n'en tint pas tout à fait
compte, et, au grand déplaisir de son amie, il adressa
à Frédéric une copie de sa *Métaphysique :* « Il faut à
tout moment le sauver de lui-même, s'écriait madame
du Châtelet, et j'emploie plus de politique pour le conduire que tout le Vatican n'en emploie pour retenir la
chrétienté dans ses fers. » Le séjour de la Hollande ne
fut pas en effet pour lui sans quelques vicissitudes :
retiré d'abord à Leyde, sous le nom de Renol, et logé
chez le libraire Ledet, un de ceux que ses ouvrages
avaient enrichis, il travaillait à achever ses *Éléments
de Newton*, commencés à Cirey et qu'il voulait faire
imprimer, lorsque la vieille inimitié qui existait entre
lui et le poëte Rousseau lui suscita de nouveaux ennuis. A l'en croire, il paraîtrait que celui-ci avait répandu le bruit qu'il « venait d'être condamné en France
à une prison perpétuelle, et qu'il se disposait à prêcher
l'athéisme à Leyde. » Ce qui est vrai, c'est que Voltaire
rimait tout simplement alors la *Défense du mondain*,
qu'il appelait un « petit essai de morale mondaine, »
et où il cherchait à prouver « que ceux qui crient contre le luxe ne sont guère que des pauvres de mauvaise
humeur. » On est un peu étonné que ces doctrines, à

une époque qi n'était pas assurément celle des lois
somptuaires, arussent si fort suspectes aux ministres
de Louis XV.

Au reste le anger ne fut pas de longue durée, car
Voltaire crut ouvoir revenir à Cirey à la fin de février
1737. Toutefs l'alarme avait été assez vive p   il
ne reparût pls à Paris, jusqu'en 1739, et qu   t
définitivemer à Cirey, d'où il   se
ment encore raver les persé   plus
du reste qu'eicaces, dont il   le
vie était à la ois celui d'un   ti-
gable et d'un omme du   en
      devoirs o la société   café,
     prena dans sa   ne as
   rte coversatio   it
    et « fallait
   crétare pou
   e, dimad
   et sevale
    esné
     oi.
     ou

rive à ce point de répéter et de jouer «en vingt-quatre heures trente-cinq actes.» Voltaire monta la lanterne magique, « avec des propos à mourir de rire, où il fourre la coterie de M. de Richelieu, l'histoire de l'abbé Desfontaines, le tout sur le ton savoyard.» C'est au milieu des plaisirs de cette retraite aimée, que Voltaire produisit les *Éléments de la philosoph de Newt* a (Amst., 1738, in-8°), et l'*Essai sur la nature du feu et sur sa propagation*. Dans le premier de ces ouvrages Voltaire résumait et vulgarisait les grandes découvertes de Newton : mais il ne serait pas juste comme on fait, de lui attribuer exclusivement l'honneur d'a— révélé ce grand génie à la France. De 1724 Maupertuis avait prêché le newtonianisme à l'Académie des sciences, au grand applaudissement de Voltaire lui-même, et son *Discours sur la figure des astres* avait en 1732. Mais il faut remarquer que Voltaire en int l'apôtre des théories de Newton n'était pas par l'amour seul de la science : à une in— système de l'attraction, «ce système de Montesquieu, soulage si fort la Providence— ucoup à son esprit, parce qu'il veut en un— ilité en rendant en quelque sorte Dieu inutile univers.

remières années de séjour à Cirey consacrées exclusivement aux sciences, ont été souvent —es à madame du Châtelet comme un attentat énie poétique de Voltaire, qu'ce semble— ainsi détourné de sa véritable vocation, celle S'il est vrai qu'il lui soit échappé parfois facile « de béguecule qui dit des nouvelles de

une époque qui n'était pas assurément celle des lois
somptuaires, parussent si fort suspectes aux ministres
de Louis XV.

Au reste le danger ne fut pas de longue durée, car
Voltaire crut pouvoir revenir à Cirey à la fin de février
1737. Toutefois l'alarme avait été assez vive pour qu'il
ne reparût plus à Paris, jusqu'en 1739, et qu'il se fixât
définitivement à Cirey, d'où il pouvait assez prudemment encore braver les persécutions, plus bruyantes
du reste qu'efficaces, dont il était l'objet. Son genre de
vie était à la fois celui d'un auteur laborieux, infati-
gable et d'un homme du monde qui ne néglige rien
des devoirs de la société. Après un déjeûner au café,
qui se prenait dans sa chambre, et que suivait une assez courte conversation avec ses hôtes, il se mettait au
travail, et « il fallait, à neuf heures du soir, l'arracher
à son secrétaire pour le souper. » A table « son valet de
chambre, dit madame de Graffigny, ne quitte point sa
chaise, et ses valets lui remettent (au valet de chambre)
ce qui lui est nécessaire, comme les pages aux gentilshommes du roi. Il a une façon plaisante d'ordonner...,
il ajoute toujours en riant : *Et qu'on ait bien soin de
Madame.* » Au salon, les plaisirs de l'esprit abondent.
Les hôtes les plus appréciés y sont Maupertuis, avec
lequel Voltaire en est encore à l'admiration, Clairaut,
le président Hénault, Helvétius, Bernoulli, Algarotti,
dom Calmet, l'abbé de Breteuil, bon vivant, gai, spirituel, un peu plus tard Saint-Lambert et l'abbé de
Voisenon, qu'on appelle l'abbé *Greluchon.* Le théâtre
est aussi une grande affaire : on y joue la tragédie, la
comédie, la farce et jusqu'aux marionnettes. On en ar-

rive à ce point de répéter et de jouer «en vingt-quatre heures trente-cinq actes.» Voltaire montre la lanterne magique, « avec des propos à mourir de rire, où il fourre la coterie de M. de Richelieu, l'histoire de l'abbé Desfontaines, le tout sur le ton savoyard. » C'est au milieu des plaisirs de cette retraite aimée, que Voltaire produisit les *Éléments de la philosophie de Newton* (Amst., 1738, in-8ᵉ), et l'*Essai sur la nature du feu et sur sa propagation*. Dans le premier de ces ouvrages Voltaire résumait et vulgarisait les grandes découvertes de Newton : mais il ne serait pas juste, comme on l'a fait, de lui attribuer exclusivement l'honneur d'avoir révélé ce grand génie à la France. Dès 1724 Maupertuis avait prêché le newtonianisme à l'Académie des sciences, au grand applaudissement de Voltaire lui-même, et son *Discours sur la figure des astres* avait paru en 1732. Mais il faut remarquer que Voltaire en se faisant l'apôtre des théories de Newton n'était pas poussé par l'amour seul de la science : à son insu peut-être le système de l'attraction, «ce système qui, comme dit Montesquieu, soulage si fort la Providence, » plaisait beaucoup à son esprit, parce qu'il venait en aide à l'incrédulité en rendant en quelque sorte Dieu inutile dans l'univers.

Ces premières années de séjour à Cirey, consacrées presque exclusivement aux sciences, ont été souvent reprochées à madame du Châtelet comme un attentat contre le génie poétique de Voltaire, qu'elle semblerait avoir ainsi détourné de sa véritable vocation, celle des lettres. S'il est vrai qu'il lui soit échappé parfois de traiter Tacite « de bégueule qui dit des nouvelles de

b.

son quartier » et qu'elle ait un peu trop retenu sous
clef l'histoire du *Siècle de Louis XIV*, il est plus exact
encore de dire que ce ne furent là que des excès passagers de jalousie scientifique, et qu'elle écrivait elle-
même : « Il aurait bien tort d'abandonner les vers : il
ne les a jamais faits si facilement, et sa plume peut à
peine suivre le torrent de ses idées. » Quant à Voltaire
il sut très-bien rester fidèle aux vers, aux épîtres, aux
tragédies, à l'histoire, à tout son passé enfin, et il écri
vait : « Nous sommes bien loin d'abandonner ici la
poésie pour les mathématiques. Ce n'est pas dans cette
heureuse solitude qu'on est assez barbare pour mépriser aucun art. » On peut même dire que madame du
Châtelet ne fut pas sans exercer une heureuse influence
sur le talent de Voltaire en en modérant les écarts et
en lui inspirant un respect de lui-même qu'il oublia
trop souvent depuis. Non seulement en effet elle s'effor-
çait de lui faire mettre plus de prudence et de réserve
dans ses écrits et dans sa conduite, et tenait, par exemple, sous sa garde personnelle le manuscrit de la *Pucelle,* dont tant qu'elle vécut le roi de Prusse lui-même
ne put obtenir aucune copie, mais encore elle contint
plus d'une fois son humeur satirique et cette violence
de bile qui le portait à épuiser les traits du sarcasme
sur ses ennemis. Elle ne réussissais pas toujours, témoin ce pamphlet du *Préservatif*[1], que Voltaire lança
en 1736 contre Desfontaine, et qu'il rendit encore plus
cruel en le faisant précéder d'un frontispice et de vers

---

1. *Le Préservatif, ou Critique des Observations sur les écrits modernes;* La Haye (Paris), nov. 1738, in-12, sans nom d'auteur.
Mouhy ne le signa point, comme on l'a dit ; il se contenta de l'éditer.

véritablement odieux. C'était appeler les représailles,
et Desfontaines, rendant libelle pour libelle, publia
sous le voile de l'anonyme la *Voltairomanie, ou Lettre
d'un jeune avocat en forme de Mémoire* (1738, in-12),
dans laquelle il avait accumulé toutes les anecdotes
scandaleuses que l'envie et la calomnie avaient pu inventer ou débiter contre son adversaire. Voltaire éprou
va d'abord une véritable stupeur d'indignation, augmentée encore par le lâche silence de Thieriot, dont le
témoignage aurait pu anéantir les plus fâcheuses im-
putations de Desfontaines. Mais bientôt, avec une activité prodigieuse et une véritable habileté de procureur, il s'engagea dans toutes les procédures d'une
action criminelle. Telle était son irritation qu'il se
crut à peine satisfait par un désaveu écrit de Desfontaines, et que, malgré sa promesse, il se donna
du moins le plaisir de le faire publier dans la
Gazette d'Amsterdam (4 avril 1739). Sans doute Voltaire était vengé, mais mal vengé, et aux regrets
d'avoir perdu son temps à obtenir médiocrement
justice. « Ne parlons plus de Desfontaines, disait-il...
Je dois oublier cet homme-là, et songer à réparer le
temps perdu. » La comédie de l'*Envieux*, composée à
la fin de 1738, et dans laquelle il avait voulu peindre
son ennemi, n'était en effet ni un bon ouvrage ni même,
comme il le croyait, « une bonne action »; et il fallut
toute l'influence de madame du Châtelet pour le dissuader de faire représenter cette sorte de libelle sur la
scène française. Ce fut probablement pour regagner,
comme il le disait, le temps perdu, qu'il composa en
quelques jours *Zulime,* tragédie « pleine d'amour, »

dans laquelle il s'était inspiré du *Bajazet* de Racine,
et qui cependant fut jouée sans succès, le 8 juin 1740.
A cette année se rapportent encore l'opéra de *Pandore*,
la comédie de la *Prude*, imitée de Wycherley, et d'autres écrits qu'on pourrait appeler *les petites œuvres de
Cirey*. Mais on doit aussi dater de ce séjour les beaux
Discours sur l'homme (1738), restés les modèles de la
poésie didactique et philosophique.

La correspondance de Voltaire avec le prince royal
de Prusse était devenue de plus en plus suivie ; c'était
un échange continu de vers et d'épitres, vraies galan-
teries de prince à homme de lettres. A la fin de mai
1740, Frédéric étant monté sur le trône, Voltaire, qui
déjà mettait sa plume au service du nouveau souverain,
en écrivant le *Sommaire des droits du roi de Prusse sur
Herstall*, ne résista pas au désir d'avoir une entrevue
avec celui qu'il commençait à appeler le *Salomon du
Nord*. Il partit donc, au grand déplaisir de madame du
Châtelet. L'entrevue eut lieu, près de Clèves, dans le
château de Moyland. Voltaire l'y trouva au lit, avec la
fièvre. « J'aperçus dans un cabinet, a-t-il raconté, à la
lueur d'une bougie, un petit grabat de deux pieds et
demi de large, sur lequel était un petit homme affublé
d'une robe de chambre de gros drap bleu : c'était le
roi, qui suait et qui tremblait sous une méchante cou-
verture, dans un accès de fièvre violent. Je lui fis la
révérence, et commençai la connaissance par lui tâter
le pouls. » L'intimité devint bien vite plus grande. Algarotti, Keyserlingk, Maupertuis accompagnaient le roi
de Prusse, qui avait avec lui plus de littérateurs que
d'aides de camp. On soupa, et « l'on traita à fond de

l'immortalité de l'âme, de la liberté, et des androgynes
de Platon. » Cependant les instances et les offres de
Frédéric ne purent déterminer Voltaire à le suivre à
sa cour. L'*ultima ratio regum*, dont celui-ci usait en ce
moment même envers les Liégois, lui avait sans doute
donné à réfléchir sur la différence qu'un roi peut mettre entre ses actions et ses écrits. Mais il entrait assez
facilement dans les faiblesses des hommes en général,
et des rois en particulier, et, après avoir beaucoup
loué l'*Anti-Machiavel*, il mit l'auteur fort à l'aise sur
cet ouvrage d'*avant le règne*. « Le dernier conseil, disait-il à Frédéric, que Machiavel eût donné à un roi eût
été de le réfuter. » Il fit plus. Après trois ou quatre
jours passés dans cette royale compagnie (11-15 septembre 1740), il se rendit, au grand mécontentement
de madame du Châtelet, en Hollande pour obtenir du
libraire Van Duren la suppression d'un livre qui pourrait un jour mettre le prince en contradiction avec
l'auteur. La négociation fut longue et infructueuse.
En vain Voltaire mit au service du roi de Prusse l'expérience, un peu rusée, dont il était pourvu en cette
matière. « Je dis à Van Duren, raconte-t-il, que je ne
venais que pour corriger quelques pages des manuscrits..., mais ayant obtenu six chapitres à la fois, je les
ai raturés de telle façon, et j'ai écrit dans les interlignes
de si horribles galimatias et des coq-à-l'âne si ridicules,
que cela ne ressemble plus à un ouvrage. » Le livre
parut, par lui corrigé et orné d'une préface. Frédéric
d'ailleurs n'était pas « fâché d'être imprimé » et pensait peut-être que le meilleur conseil que lui aurait
donné Machiavel eût été de le réfuter. Ce fut pour le

même objet que Voltaire, retardant encore son retour
à Cirey, se rendit à Berlin, où il put cette fois voir le
roi de Prusse dans sa gloire, et fort occupé des prépa-
ratifs secrets pour ce coup de main que l'histoire a appelé la conquête de la Silésie et dont la mort de l'empereur Charles VI lui fournit l'occasion (20 octobre-
3 décembre 1740). Il revint bientôt à LaHaye, et de là,
à Bruxelles, où ayant pris madame du Châtelet, que
des affaires avaient retenue jusque-là dans cette
ville, il « retourna enfin philosopher dans la retraite
de Cirey. »

Dans cet intervalle de paix, il acheva *Mérope* et *Mahomet*, que, contrairement à ses habitudes, il mit et remit sans cesse sur le métier, et s'occupa des deux plus
importants ouvrages qu'il ait écrits en prose, le *Siècle
de Louis XIV* et l'*Essai sur les mœurs des nations*. La
tragédie de *Mahomet*, qu'il avait terminée à Bruxelles,
fut jouée pour la première fois à Lille, où résidait alors
sa nièce, madame Denis. Interprétée par une troupe
excellente, dont faisaient partie La Noue et mademoiselle Clairon (avril 1741), elle obtint un succès qui engagea Voltaire à faire de nouvelles tentatives pour que
cette pièce fût représentée à Paris. Arrivé dans cette
ville au commencement de février 1742, il vit la cour
et ses amis les plus puissants, et obtint enfin de la
faire jouer au Théâtre-Français, le 9 août. Elle réussit,
mais il devint bientôt si visible que les traits dirigés
contre le fanatisme musulman l'étaient en réalité contre la religion catholique, que le cardinal de Fleury,
qui avait d'abord lu et approuvé la pièce, fut obligé de
conseiller à l'auteur de la retirer. Desfontaines et un

nommé Bonneval avaient fort contribué, il est vrai, à
ce résultat. Voltaire alors employa une tactique qui lui
était habituelle : il paya d'audace, et dédia *Mahomet*
au pape lui-même. Dans ce siècle, où rien n'était
sérieux, Benoît XIV crut devoir être aussi rusé, ou
pour mieux dire aussi léger que Voltaire, et accepta
la dédicace avec force louanges et bénédictions apos-
toliques. Le brillant succès de *Mérope*, qui suivit
presque aussitôt (20 février 1743), mit décidément
Voltaire au rang des premiers poëtes tragiques. Tel
fut l'enthousiasme du parterre que, par une inno-
vation glorieuse, il demanda l'auteur à grands cris, et
que, porté en triomphe dans la loge de la maréchale
de Villars, Voltaire, aux applaudissements répétés des
spectateurs, dut être embrassé par la belle-fille de celle-
ci, la jeune duchesse de Villars. Un si éclatant succès
semblait avoir désarmé l'envie, et Voltaire crut qu'il
pouvait sans trop d'ambition aspirer au fauteuil acadé-
mique, que la mort du cardinal de Fleury venait de
laisser vacant (29 janvier). L'influence du duc de Riche-
et de la duchesse de Châteauroux lui avait déjà
obtenu l'agrément de Louis XV, qui, dans un souper,
avait annoncé que ce serait lui « qui prononcerait l'o-
raison funèbre du cardinal. » Pour désarmer tous les
ressentiments, il avait même adressé à l'abbé de Rothelin une lettre où, avec sa facilité ordinaire à prendre
tous les tons et à jouer tous les rôles, il prodiguait
les protestations d'attachement au catholicisme. Mais
il échoua devant la ligue formée entre le ministre Maurepas, qui, en haine de la favorite, avait, à ce
qu'il paraît, « juré de l'écraser, » Languet de Gergy,

archevêque de Sens, et surtout l'ancien évêque de Mirepoix, Boyer, récemment pourvu de la feuille des bé-
néfices, et à qui il fit payer cher son opposition en lui
infligeant le surnom d'*âne de Mirepoix*. L'académie
préféra à l'auteur de la *Henriade* et de *Mérope*, Paul
d'Albert de Luynes, évêque de Bayeux. Cette exclusion
piqua Voltaire d'autant plus au vif, que cette même
année la quadruple élection de Marivaux, de Mairan,
de Maupertuis et de Bignon en fit un cas de récidive.
La postérité doit penser qu'il trouva dans l'amitié et
dans l'estime du jeune Vauvenargues, avec lequel il
entra alors en correspondance, une compensation qui
n'était pas inférieure à ses ennuis.

Cependant le roi de Prusse venait, au grand désap-
pointement de la France, engagée dans une guerre
contre Marie-Thérèse, de signer avec cette princesse la
paix de Breslaw. Toute la politique de Louis XV ten-
dait à lui faire reprendre les armes. Pour atteindre ce
but, le comte d'Argenson, ministre de la guerre depuis
le 7 janvier 1743, songea à employer Voltaire et à mettre à profit cette intimité du poëte avec Frédéric, dont
toute l'Europe s'occupait alors. Voltaire accepta, non
sans avoir préalablement usé de son nouveau crédit
en faveur de son cousin Marchand et de ses demandes
de *fournitures* d'armée, et partit pour La Haye, donnant assez malicieusement pour raison de ce voyage et
les cabales dont il était victime et les avances de Frédéric (juin 1743). Logé à La Haye dans le palais de la
Vieille Cour, propriété du roi de Prusse, il y passa près
de deux mois à surveiller l'attitude des Hollandais et
les forces que l'Angleterre avait dans ce pays, et à tâ-

cher de faire refuser à celles-ci le passage sur le territoire prussien (27 juin-23 août). Cette mission diplomatique avait ses inconvénients, et il n'est pas bien sûr
que Frédéric n'ait pas un peu regardé Voltaire comme
un espion que la France lui envoyait. Mais sa situation
s'éclaircit, les nuages se dissipèrent, et il partit pour
Berlin, où le roi l'avait de nouveau sollicité de se rendre. Voltaire était véritablement dans l'enivrement de
la faveur, et sous le charme de «l'Alexandre du Nord, »
comme il appelait alors Frédéric. Entouré d'attentions
et presque de prévenances par la margrave de Bareuth
et par la princesse Ulrique, avec lesquelles il se lie par
un galant commerce poétique, il compose pour cette
dernière la charmante épître du *Rêve,* où l'esprit et la
grâce ne brillèrent jamais d'un plus vif éclat, et qui,
bien à tort, a passé pour avoir froissé la dignité jalouse
du roi de Prusse. Tel est son enchantement qu'il semble avoir oublié complétement Cirey et madame du
Châtelet. A peine a-t-il quitté Berlin (30 août-12 octobre 1743), qu'il court les petites principautés voi-
sines. « Il est ivre absolument, il est fou des cours
d'Allemagne[1], » écrit madame du Châtelet avec dépit.
Ce ne fut en effet qu'au mois de novembre que Voltaire
la rejoignit à Lille et qu'il partit avec elle pour Paris.
Du reste il avait à peu près échoué dans sa mission, et
était tout au plus parvenu à adoucir les railleries de Frédéric sur nos malheureuses troupes battues à Dettingen.
Quant à ramener ce prince sur les champs de bataille
par la crainte d'un retour des Autrichiens en Silésie :

1. Voir plus loin, p. 451.

Ils seront reçus, biribi,
A la façon de barbari,
Mon ami,

telle avait été la conclusion de son hôte de Berlin,
qui se crut sans doute dispensé de répondre autrement
que par ce pont-neuf à un poëte diplomate. Toutefois,
en 1744, Frédéric prit de nouveau les armes, et il serait téméraire d'affirmer que le voyage de Voltaire à
Berlin n'ait pas été pour quelque chose dans cette résolution. On le peut d'autant moins que tout prouve
que ses services avaient été appréciés par la cour. Le
remplacement du ministre Amelot par son ancien condisciple le marquis d'Argenson ne fit que l'engager davantage dans une voie où l'espoir d'avoir raison de ses
ennemis, un peu de vanité et beaucoup de cette activité
d'esprit qui le dévorait sans cesse l'avaient jeté. « Ce
n'était pas assez pour lui, dit Marmontel, d'être le plus
illustre des gens de lettres, il voulait être homme de
cour. Dès sa jeunesse la plus tendre, il avait la flatteuse
habitude de vivre avec les grands. Or cette noblesse
était admise aux soupers du roi. Pourquoi lui n'en
serait-il pas? C'était l'une de ses envies ». Madame du
Châtelet elle-même, lasse de ses courses à l'étranger et
redoutant sans cesse un nouveau voyage, peut-être un
long séjour en Prusse, le poussait de ce côté. Elle se
vante dans une de ses lettres, de lui avoir rouvert le
chemin des faveurs et des académies[1]. Laissant de côté
les travaux sérieux et de longue haleine, il se fait poëte
de cour. Même dans la retraite de Cirey, dont « la félicité » lui est encore chère, il songe à la cour; il retouche

1. Voir p. 453.

l'opéra de *Pandore* pour les fêtes qu'on doit y donner,
et compose le *Poëme sur les événements de l'année* 1744.
Enfin, mettant sa plume au service de la politique du
ministère, il écrit plus d'un *manifeste* diplomatique,
parmi lesquels il faut remarquer celui qui précéda la
descente de Charles-Édouard en Écosse.

Soigneux d'éviter le reproche qu'il avait adressé à
M. de Maurepas, de « se brouiller avec toutes les maî-
tresses de son maître, » Voltaire, après avoir fait sa
cour à madame de Prie, à madame de Mailly et à
madame de Châteauroux, se voyait alors bien plus
avant encore dans les bonnes grâces de la nouvelle favorite, madame de Pompadour. Il l'avait souvent rencontrée dans ses séjours chez le duc de La Vallière, à
Champs-sur-Marne, et visitée quelquefois à son château
d'Étiolles. Aussi l'année 1745 nous montre-t-elle Voltaire à l'apogée de cette fortune de poëte courtisan qu'il
eut la faiblesse de tenter. Le mariage du dauphin avec
l'infante d'Espagne devait être l'occasion de grandes
fêtes. Voltaire composa pour cette circonstance la *Princesse de Navarre* [1], comédie-ballet dont la musique était

---

1. Cet opéra doit être surtout remarqué en ce qu'il devint l'occasion des premiers rapports de Voltaire avec J.-J. Rousseau.
Celui-ci, en effet, ayant été chargé par le duc de Richelieu, qu'il rencontrait chez M. de La Popelinière, de faire quelques changements
à la musique et aux paroles de la *Princesse de Navarre*, écrivit à
Voltaire pour lui demander son agrément. La lettre et la réponse
sont pleines de choses flatteuses. Voltaire était sans doute sincère
dans ces premières politesses, bien que J.-J. Rousseau ait dit dans
ses *Confessions : «* Il me crut en grande faveur auprès de M. de
Richelieu ; et la souplesse courtisane qu'on lui connaît l'obligeait à
beaucoup d'égards pour un nouveau venu, jusqu'à ce qu'il connût
mieux la mesure de son crédit. » — Le nouvel opéra ainsi remanié
fut joué le 22 déc. 1745, sous le titre des *Fêtes de Ramire*.

de Rameau, et qui fut représentée à Versailles, le 25
février 1745. Cet opéra, que Voltaire traitait lui-même
de farce de la foire, lui rapporta en honneurs de cour
plus que tous ses précédents chefs-d'œuvre. Il reçut en
effet le titre d'historiographe de France et une charge
de gentilhomme ordinaire de la chambre du roi, avec
permission de la vendre et d'en conserver le titre et
les priviléges. Très-reconnaissant de ces faveurs, et devenu le poëte en titre de Louis XV, il écrivit coup sur
coup le *Poëme de Fontenoy*, à l'occasion de cette brillante victoire dont il avait été immédiatement averti
par le comte d'Argenson, et l'opéra du *Temple de la
Gloire*. C'était une flatterie directe adressée au roi.
Sous la figure de Trajan vainqueur et pacificateur,
couronné par la Gloire et introduit par elle dans son
temple, qui se change aussitôt en temple du Bonheur, il
avait voulu représenter Louis XV (27 novembre 1745).
Malgré la musique de Rameau, l'œuvre était médiocre
et donna lieu à une spirituelle et mordante critique de
Fréron, dans ses *Lettres sur quelques écrits de ce temps*.
Voltaire fut vivement ému de cette attaque d'un nouvel adversaire, qui prenait la place de Desfontaines,
mort au mois de décembre 1745, mais moins peut-être
que de la froideur avec laquelle Louis XV affecta de le
tenir à l'écart. Avec une familiarité de louange qui
était dans ses habitudes, il s'était approché du roi,
auquel il avait dit : « Trajan est-il content? » Le roi
passa sans répondre.

Voltaire n'imita point Racine, et ne mourut pas du
dédain royal. Il pensa seulement que le moment était
venu de mettre à profit ses amitiés de cour, et se pré-

senta de nouveau à l'Académie pour remplacer le président Bouhier. C'était la troisième tentative de ce genre qu'il faisait depuis 1730. Grâce à l'appui de madame de Pompadour, qui le protégeait encore, il fut admis à l'Académie française, sans aucune opposition, même de la part de l'évêque de Mirepoix. Son discours de réception eut cela de remarquable qu'il y rompit avec les habitudes de l'Académie en substituant la critique littéraire aux lieux communs qu'on y débitait d'ordinaire. Toutefois les critiques acerbes dont Batteux, dans le journal de Fréron, accueillit son discours, une assez fâcheuse affaire qu'il eut au même sujet avec Travenol, violon de l'opéra, et qui donna lieu à d'injurieux mémoires publiés par l'avocat Mannoury, commençaient à lui faire regretter la retraite de Cirey, lorsque la faveur singulière dont tout à coup Crébillon le tragique devint l'objet de la part du roi et de madame de Pompadour lui ouvrit enfin les yeux sur la vanité de ses succès de cour et lui fit amèrement regretter les quatre années qu'il venait de perdre. Il était encore tous agité du dépit que venait de lui causer l'impression au Louvre des tragédies de son rival, honneur qu'on lui avait constamment refusé, lorsqu'un incident, dont il pouvait craindre les suites, mit fin brusquement à cette période mondaine et stérile de sa vie et l'éloigna encore une fois de Paris. Il se trouvait, au mois de novembre, à Fontainebleau avec madame du Châtelet : une perte considérable que celle-ci fit au jeu lui ayant fait adresser, en anglais, quelques observations qui n'étaient pas à la louange de la probité des autres joueurs, il pensa qu'il était prudent de se mettre à l'abri des moyens dont de nouveaux chevaliers de Rohan pourraient se servir pour venger leur honneur. De là sa fuite soudaine au château de Sceaux, auprès de la duchesse du Maine, qui pendant près de deux mois le cacha dans un appartement écarté, dont les volets restaient fermés tout le jour (novembre 1746). Voltaire y travaillait aux bougies, et composa dans cette retraite ses premiers romans, entre autres *Zadig,* « dont il descendait, dit M. Sainte-Beuve, chaque soir régaler la princesse, qui, n'ayant pas l'habitude de dormir, dormait ces nuits-là moins que jamais. » On aimait beaucoup le théâtre à cette petite cour, et plus d'une fois Voltaire y joua ses propres pièces ou celles des autres, tout en achevant sa comédie de la *Prude,* qu'il voulut bien ne pas intituler la *Dévote,* et qui fut représentée à Anet, au mois d'août 1747. Madame du Châtelet l'accompagnait dans ses aimables résidences. Mais il faut bien dire que l'un et l'autre mêlaient à leur science et à leur esprit quelques travers qui firent quelquefois sourire à leur dépens. Peignant un jour l'arrivée de madame du Châtelet et de Voltaire à Anet, la spirituelle mais méchante madame de Staal disait : « Ils apparaissent sur le minuit comme deux spectres, avec une odeur de corps embaumés [1] ». Tout le jour en effet était consacré à l'étude; de là les mécomptes de la société frivole de la duchesse du Maine. « Madame du Châtelet, ajoute la même charitable personne, est d'hier à son troisième

---

1. *Corresp. complète de la marquise du Deffand.* Édit. Lescure. 1855, t. I, p. 90. Lettre de madame de Staal.

logement [1]... elle persiste à ne se montrer qu'à la nuit close. Voltaire a fait des vers galants, qui réparent un peu le mauvais effet de leur conduite inusitée. » En un mot, la pétulance de la verve de Voltaire, comme la tournure d'esprit hardie et un peu virile de sa compagne, étonnèrent cette cour vouée au bel esprit, tout ce petit monde ingénieux et apprêté auquel Sainte-Aulaire et La Motte avaient donné le ton.

Cependant Voltaire, écrivain de premier mouvement par excellence, et que les sentiments si divers et si prompts qui l'agitaient inspiraient bien plus que les pures conceptions de l'art, avait formé le projet de lutter avec Crébillon en refaisant une à une toutes les pièces de son rival. Dès 1747 il s'engagea dans cette voie, où il se condamnait à suivre un écrivain qu'il traitait de « barbare. » Il commença une tragédie de Sémiramis, sujet que Crébillon avait mit avec succès sur la scène en 1717. Il y travailla avec d'autant plus d'ardeur que la jeune dauphine, l'infante d'Espagne, s'intéressait à son œuvre et qu'il n'était pas encore assez entièrement détaché de la cour pour ne pas s'y laisser reprendre. La mort prématurée de cette princesse, en le privant de cet appui, le décida sans doute à quitter Paris et à se rendre, avec madame du Châtelet, à la cour de Lunéville (février 1748). La bonhomie du roi Stanislas, la liberté dont on jouissait à sa cour, les amusements littéraires, et surtout ceux du théâtre, qui en étaient les plaisirs ordinaires, semblaient promettre à Voltaire le repos et la tranquillité

1. Ibid., t. I, p. 93.

d'esprit dont il avait besoin. Mais la liaison de madame du Châtelet avec la marquise de Boufflers, l'amie fort tendre du roi, certaines intrigues de boudoir où l'on voulut lui faire jouer un rôle à son insu, ne tardèrent pas à augmenter les défiances que l'on conservait à Versailles contre lui, et à lui aliéner de plus en plus l'esprit de la reine. Il s'en aperçut lorsque, *Sémiramis* étant achevée, il se rendit à Paris pour en préparer la représentation (mars-juin 1748). Depuis son séjour en Angleterre, Voltaire cherchait à faire une sorte de révolution dans l'art dramatique, en ajoutant au pathétique des situations, qui avait suffi à ses prédécesseurs, un appareil théâtral, tantôt pompeux, tantôt terrible, propre à frapper les yeux. Il entendait donc que sa pièce, où apparaissait l'ombre de Ninus, « fit pleurer, fit frissonner ; » c'était chose assez difficile en raison des habitudes d'une époque où la scène était encore encombrée de spectateurs. Voltaire, après beaucoup de démarches, obtint quelques réformes et une décoration où s'était évertué le talent pompeux des Slodtz, et telle que l'avait conçue son imagination. La première représentation eut lieu le 29 août 1748, et Voltaire, venu tout exprès de Commercy, y assista ainsi qu'à la seconde. Le tumulte qui s'y manifesta, et dont l'apparition de l'ombre de Ninus doit autant peut-être que la cabale de Crébillon porter la responsabilité, le forcèrent à refaire à la hâte un cinquième acte et à retrancher cette scène de terreur, qui était la conception la plus originale de sa tragédie. Très-docile aux critiques exprimées par l'amitié dans le secret de l'intimité, Voltaire n'ad-

mettait guère celles qui prenaient le public pour juge.
La parodie de *Zoramis*, l'irrita donc d'autant plus
qu'il lui fallut employer toutes les ressources de son
crédit pour empêcher qu'on ne fît à cette pièce les honneurs d'une représentation à Versailles.

Le 15 septembre 1748, Voltaire était de retour à la
cour de Stanislas; mais madame du Châtelet était
alors bien changée à son égard, et, par comparaison,
peut-être trouva-t-il moins cruels les petits désagré-
ments littéraires qu'il venait d'essuyer. L'année précédente, en effet, à Lunéville et dans la société de
la marquise de Boufflers, madame du Châtelet avait
rencontré Saint-Lambert, âgé alors de trente ans,
et à qui une *Épître à Chloé* avait fait quelque réputation. Une intimité d'un caractère très-tendre n'avait
pas tardé à s'établir entre eux. Lorsque Voltaire ne
put plus douter de la vérité, et que sa douleur et sa
colère se furent exhalées dans un premier éclat, il
resta cependant l'ami de celle qui pendant quatorze
ans avait fait à un autre titre le bonheur de sa vie,
et pardonna à Saint-Lambert, en lui disant avec une ré-
signation à demi comique et à demi touchante : « Mon
enfant, j'ai tout oublié, et c'est moi qui ai eu tort. Vous
êtes dans l'âge heureux où l'on aime, où l'on plaît,
jouissez de ces instants trop courts : un vieillard, un
malade comme je suis n'est plus fait pour les plaisirs. »
Pour être juste envers tout le monde, il faut ajouter que
Voltaire eut bien aussi quelque tort envers madame du
Châtelet, et que ses longues absences en Prusse et dans
les petites cours d'Allemagne, ses préoccupations d'é-
crivain plus que d'amant, la firent beaucoup souffrir

avant de la détacher de lui. « Que de choses à lui reprocher ! écrivait-elle en 1743, et que son cœur est loin
du mien ! Avoir à me plaindre de lui est une sorte de
supplice que je ne connaissais pas [1]. » Pour Voltaire la
blessure fut cruelle sans doute, mais les lettres étaient
la grande, la seule passion de Voltaire ; et comme elles
avaient peut-être un peu contribué à son malheur,
elles l'aidèrent aussi à s'en consoler. Il sembla en effet
redoubler alors d'activité intellectuelle. Au milieu
même des représentations de *Zaïre* et de *Mérope* que
le roi de Pologne donne en son honneur, il aspire à de
nouveaux succès sur la scène. Après avoir, sous l'aiguillon du *Catilina* de Crébillon, ébauché à grands
traits cette *Rome sauvée,* où il se peindra si bien lui-
même dans ce beau vers placé dans la bouche de Cicéron :

Romains, j'aime la gloire et ne veux pas m'en taire,

il entreprend dans *Oreste* de lutter avec la sévérité du
drame antique. *Nanine* est achevée, et pendant que
cette comédie, dont le sujet emprunté à *Paméla* de Ri-
chardson, est représentée avec succès à Paris (16 juin
1749), il compose pour le théâtre de Lunéville son badinage de la *Femme qui a raison.* Puis à côté de ces
œuvres de poésie et d'imagination, c'étaient encore
d'autres travaux, que la postérité a un peu oubliés,
mais par lesquels il entendait bien prouver que la
charge d'historiographe de France n'était pas pour
lui un vain titre. Tels étaient l'*Histoire de la guerre de*
1741 pour laquelle il s'était fait ouvrir plusieurs dépôts

1. Voir p. 449.

d'archives; l'*Éloge des officiers qui sont morts dans la campagne de* 1741 ; le *Panégyrique de Louis XV*, et celui de *saint Louis*, qui mit à la mode le genre philosophique dans la chaire. La publication du *Testament du cardinal Richelieu*, dont la duchesse d'Aiguillon avait retrouvé le manuscrit, l'engagea vers la même époque dans une polémique qu'il soutint dans son opuscule des *Mensonges imprimés*, et dans laquelle son scepticisme historique le servit mal en le portant à nier l'authenticité d'un document dont la certitude fut établie par l'érudit Foncemagne. Dans les arts comme en philosophie et en politique, Voltaire professait surtout la doctrine de l'utile. C'est elle, jointe à un gout très-prononcé pour le luxe de son époque, qui lui inspira les écrits si vifs, des *Embellissements de Paris*, et du *Philosophe indien et le Bostangi, ou les Embellissements de la ville de Cachemire.* Mais si l'on doit se souvenir que bien des travaux d'art et d'assainissement exécutés depuis dans la capitale de la France n'ont été que la réalisation des vues de Voltaire en 1749, il ne faut pas non plus oublier qu'ennemi, comme tous les hommes du dix-huitième siècle, de l'art gothique et de la renaissance, il demandait la démolition de Notre-Dame, « monument, disait-il, d'une architecture barbare, » et celle de l'hôtel de ville, qui était selon lui « du plus mauvais goût du monde ».

C'est au milieu de cette activité littéraire merveilleuse, à la veille de *Catilina* et d'*Oreste*, pour lesquels il se préparait à « rappeler à madame de Pompadour l'exemple d'Henriette d'Angleterre faisant travailler Racine et Corneille à *Bérénice*, que vint le frapper le

coup le plus cruel qu'il ait jamais ressenti. Madame du
Châtelet, après être accouchée d'une fille dans la nuit
du 3 au 4 septembre 1749, mourut presque subitement
à Lunéville, dans la soirée du 10 septembre[1], pendant
que Voltaire et M. du Châtelet soupaient chez madame
de Boufflers. En apprenant la fatale nouvelle, il alla
tomber au pied de l'escalier près de la guérite d'une
sentinelle; et quand il recouvra un peu de calme, ce
fut pour écrire à son ami d'Argental ces lignes où l'on
sent de véritables larmes : « Je n'ai point perdu une
maîtresse; j'ai perdu la moitié de moi-même, une âme
pour qui la mienne était faite, une amie de vingt ans
que j'avais vue naître. Le père le plus tendre n'aime
pas autrement sa fille unique. J'aime à en retrouver
partout l'idée; j'aime à parler à son mari, à son fils.
Enfin les douleurs ne se ressemblent point, et voilà
comme la mienne est faite. » Revenu à Cirey, où sa fortune, confondue depuis longtemps avec celle de son
amie, nécessitait sa présence, il tint à l'égard de MM.
du Châtelet une conduite aussi digne que désintéressée,
mais où parfois prenaient place quelques intermèdes
presque comiques. Ainsi, un jour le marquis voulant
ouvrir le chaton d'une bague que portait habituelle-
ment madame du Châtelet, Voltaire, qui savait que ce
bijou contenait son portrait, tâcha vainement de l'en
dissuader. Mais le mari, indocile, fut peut-être moins

---

1. Elle fut inhumée dans la nouvelle église paroissiale de Lunéville. La révolution ne respecta pas les restes de l'amie de Voltaire,
et, par une triste coïncidence, au moment même où, à Paris, on
faisait à celui-ci d'illustres funérailles au Panthéon, la sépulture de
madame du Châtelet était ouverte et profanée. Voir d'Haussonville,
Histoire de la réunion de la Lorraine a la France, t. IV, p. 335.

surpris que l'amant en voyant apparaître le portrait de
Saint-Lambert. « Croyez-moi, Monsieur, dit Voltaire,
ne nous vantons de ceci ni l'un ni l'autre. » Rentré
chez lui, et seul avec son secrétaire Longchamp, il
ajouta : « J'en avais ôté le duc de Richelieu, Saint-
Lambert m'en a chassé : ainsi vont les choses de ce
monde. » Marmontel, dans ses *Mémoires*, a raconté
également comment Voltaire, de retour à Paris, et encore tout plein de sa douleur, en entretenait ses amis
avec une vivacité très-sincère, et passait presque sans
transition de cette émotion aux propos et souvent aux
plaisanteries les plus contraires.

La mort de madame du Châtelet ne brisa pas seulement le cœur de Voltaire, elle ruina aussi l'existence
paisible et sûre qu'il s'était faite à Cirey. Elle le livra
encore une fois à ses vivacités imprudentes et à de nouvelles aventures, qui eurent une grande influence sur
le caractère, de plus en plus agressif et passionné de
ses écrits.

En lisant les lettres de madame du Châtelet comme
en étudiant sa vie, et en recueillant les témoignages
que ses contemporains ont portés sur elle, l'image
que l'on s'en fait est celle d'un esprit vigoureux, plein
de vivacité, s'abandonnant à son premier mouvement,
et allant souvent aux extrêmes. Quant à sa beauté, si
elle en eut, ce fut surtout celle que donne l'intelligence
se reflétant sur le visage qu'elle anime. Madame de
Graffigny écrivait de Cirey même :

« Son caquet est étonnant...; elle parle extrêmement
vite, et comme je parle, quand je fais la française... Elle
parle comme un ange...; elle a une robe d'indienne et un

grand tablier de taffetas noir; ses cheveux noirs sont très-longs, ils sont relevés par derrière jusqu'au haut de la tête, et bouclés comme ceux des petits enfants; cela lui sied fort bien... Elle parle si bien que l'ennui n'a pas le temps de prendre audience[1]. »

Madame Denis, cette nièce de Voltaire qu'on ne saurait accuser de faiblesse pour madame du Châtelet, écrivait à Thiériot le 10 mai 1738, à la suite d'un court séjour à Cirey :

« Madame du Châtelet est fort engraissée, d'une figure aimable, et se porte à merveille... Mon oncle vous est toujours attaché..., je suis désespérée, je le crois perdu pour tous ses amis; il est lié de façon qu'il me paraît presque impossible qu'il puisse briser ses chaines. Ils sont dans une solitude effrayante pour l'humanité... Voilà la vie que mène le plus grand génie de notre siècle ; à la vérité, vis-à-vis d'une femme de beaucoup d'esprit, fort jolie, et qui emploie tout l'art imaginable pour le séduire. Il n'y a point de pompons qu'elle n'arrange, ni de passages des meilleurs philosophes qu'elle ne cite pour lui plaire. Rien n'y est épargné. Il en paraît plus enchanté que jamais[2]. »

Longchamp, qui fut quelque temps à son service, l'a peinte ainsi :

Madame du Châtelet passait une grande partie de la matinée au milieu de ses livres et de ses cartons, et elle ne voulait pas y être interrompue. Au sortir de l'étude il semblait que ce n'était plus la même femme. Son air sérieux faisait place à la gaieté, et elle se livrait avec la plus grande ardeur à tous les plaisirs de la société. On l'aurait prise pour la femme du monde la plus frivole quoiqu'elle

---

1. Madame de Graffigny. *Vie privée de Voltaire et de madame du Châtelet*, Paris, 1820. p. 4 et 21. (4 déc. 1738.)

2. *Pièces inédites de Voltaire*, Didot, 1820, p. 289.

aît alors quarante ans. Elle était encore la première à
mettre en train, à égayer, par son enjouement et ses sail-
lies, des dames de la société qui, pour la plupart, étaient
beaucoup plus jeunes qu'elle [1].

Parmi ceux qui rendirent hommages aux talents
et aux qualités de madame de Châtelet, on aime à ren-
contrer Maupertuis, celui à l'amitié duquel elle avait
attaché tant de prix. Il écrivait après sa mort :

« La société perd une femme d'une figure noble et
agréable, et qui mérite d'autant plus d'être regrettée qu'a-
vec beaucoup d'esprit, elle n'en faisait aucun mauvais
usage. Ni tracasserie, ni médisance, ni méchanceté ; caractère de femme d'un prix infini, surtout aujourd'hui.
Quelle merveille d'ailleurs d'avoir su allier les qualites aimables de son sexe avec les connaissances sublimes que
nous croyons uniquement faites pour le nôtre. Ce phénomène surprenant rendra sa mémoire éternellement respectable. Un mauvais plaisant ajouterait que le public, par
cette perte, se voit privé de nouvelles scènes, dont la liaison
de ces deux personnes les plus singulières dans leur espèce
qu'il n'y ait jamais eues, avait continué de le régaler[2]. »

Mais celui qui a le mieux parlé de madame du Châtelet est Voltaire, qui, dans une préface destinée à
l'édition posthume de sa traduction des *Principes
mathématiques* de Newton, a dit :

« Elle joignait à ce goût pour la gloire une simplicité
qui ne l'accompagne pas toujours, mais qui est souvent le
fruit des études sérieuses. Jamais femme ne fut si savante
qu'elle, et jamais personne ne mérita moins qu'on dît
d'elle : C'est une femme savante. Elle ne parlait jamais de

---

1. Longchamp, *Mémoires sur Voltaire*, Paris, 1825, t. II, p. 125.
2. *Isographie des hommes célèbres*, Paris, 1830, t. II. Fragment
d'une lettre de Maupertuis.

science qu'à ceux avec qui elle croyait pouvoir s'instruire,
et jamais elle n'en parla pour se faire remarquer. On ne la
vit point rassembler de ces cercles où il se fait une guerre
d'esprit, où l'on établit une espèce de tribunal, où l'on juge
son siècle par lequel en récompense on est jugé très-sévè-
rement. Elle a vécu longtemps dans des sociétés où l'on
ignorait ce qu'elle était, et elle ne prenait pas garde à cette
ignorance... Née avec une éloquence singulière, cette éloquence ne se manifestait que quand elle avait des objets
dignes d'elle ; ces lettres où il ne s'agit que de montrer de
l'esprit, ces petites finesses, ces tours délicats que l'on
donne à des pensées ordinaires, n'entraient pas dans l'immensité de ses talents. Le mot propre, la précision, la justesse et la force, étaient les caractères de son éloquence.
Elle eut plutôt écrit comme Pascal et Nicole que comme
madame de Sévigné : mais cette fermeté sévère et cette
trempe vigoureuse de son esprit ne la rendaient pas inac-
cessible aux beautés de sentiment. Les charmes de la poésie et de l'éloquence la pénétraient, et jamais oreille ne
fut plus sensible à l'harmonie. Elle savait par cœur les
meilleurs vers, et ne pouvait souffrir les médiocres...
Parmi tant de travaux, qui croirait qu'elle trouva du temps
non-seulement pour remplir tous les devoirs de la société,
mais pour en rechercher avec avidité tous les amusements?
Elle se livrait au plus grand monde comme à l'étude. Tout
ce qui occupe la société était de son ressort, hors la médisance. Jamais on ne l'entendait relever un ridicule. Elle
n'avait ni le temps ni la volonté de s'en apercevoir, et
quand on lui disait que quelque personne ne lui avait pas
rendu justice, elle répondait qu'elle voulait l'ignorer[1].

Mais à côté de l'éloge, il faut, pour être impartial,
placer la critique. C'est la plume acérée de madame du
Deffand qui nous la fournit :

1. Voltaire, *Éloge historique de madame la marquise du Châtelet*,
imprimé pour la première fois en janvier 1752, dans la *Bibliothèque impartiale. OEuvres*, t. XXXIX, p. 411.

Représentez-vous une femme grande et sèche, le teint échauffé, le visage aigu, le nez pointu, voilà le visage de la belle Emilie; figure dont elle est si contente, qu'elle n'épargne rien pour la faire valoir : frisures, pompons, pierreries, verreries, tout est à profusion ; mais comme elle veut paraître belle en dépit de la nature et qu'elle veut être magnifique en dépit de la fortune, elle est obligée, pour se donner le superflu, de se passer du nécessaire, comme chemises et autres bagatelles.

Elle est née avec assez d'esprit : le désir de paraître en avoir davantage lui a fait préférer l'étude des sciences les plus abstraites aux connaissances agréables ; elle croit par cette singularité parvenir à une plus grande réputation, et à une supériorité décidée sur toutes les femmes.

Elle ne s'est pas bornée à cette ambition; elle a voulu être princesse : elle l'est devenue non par la grâce de Dieu ni par celle du roi, mais par la sienne. Ce ridicule lui a passé comme les autres ; on s'est accoutumé à la regarder comme une princesse de théâtre, et on a presque oublié qu'elle est femme de condition.

Madame travaille avec tant de soin à paraître ce qu'elle n'est pas, qu'on ne sait plus ce qu'elle est en effet ; ses défauts mêmes ne lui sont peut-être pas naturels, ils pourraient tenir à ses prétentions; son peu d'égard à l'état de princesse, sa sécheresse à celui de savante et·son étourderie à celui de jolie femme.

Quelque célèbre que soit madame du Châtelet, elle ne serait pas satisfaite si elle n'était pas célébrée, et c'est encore à quoi elle est parvenue, en devenant l'amie déclarée de M. de Voltaire ; c'est lui qui donne de l'éclat à sa vie, et c'est à lui qu'elle devra l'immortalité[1].

---

1. *Correspondance de la marquise de Deffand*, Paris, 1865, t. II, p. 762.

L'édition que nous donnons aujourd'hui des lettres de madame du Châtelet est la première où ces lettres, jusqu'ici dispersées dans plusieurs recueils, se trouvent réunies et disposées dans un ordre chronologique rigoureux. Ces lettres, au nombre de 247, ont été puisées aux sources suivantes : 1° *Lettres inédites de madame la marquise du Châtelet et supplément à la correspondance de Voltaire avec le roi de Prusse*, etc., Paris, Lefebvre, 1818, in-8° de 285 pages. Cette publication, faite par MM. Sérieys et Eckard, d'après les manuscrits déposés à la bibliothèque du roi, lors de la mort de Maupertuis[1] en 1759, comprend 37 lettres adressées à Maupertuis, et une adressée à Berger. Malheureusement les éditeurs ne s'astreignirent à aucune fidélité dans la reproduction des lettres originales. Non-seulement ils laissèrent 38 lettres en dehors de leurs publications, mais encore, dans les 37 lettres qu'ils publièrent, ils remanièrent le style et supprimèrent un grand nombre de passages. Ces passages omis, nous les avons tous intégralement rétablis, en ayant soin de les placer entre crochets, et nous avons reproduit, sauf l'orthographe, les originaux avec la plus rigoureuse exactitude. Enfin nous avons ajouté aux 37 lettres publiées, les 38 qui ne l'avaient pas été par les éditeurs de 1818 ; — 2° *Lettres inédites de madame la marquise du Châtelet à M. le comte d'Argental, auxquelles on a joint une* Dissertation sur l'existence de Dieu, *les* Réflexions

1. Suppl. franc. n° 2288. Ce manuscrit, de format in-4°, se compose de 173 folios, et comprend 77 lettres. Nous sommes heureux de remercier ici M. U. Robert, attaché à ce département, de son savant concours dans la lecture de plusieurs passages, sur lesquels il nous restait quelques doutes.

SUR LE BONHEUR, *par le même auteur, et deux* NOTICES HISTORIQUES *sur madame du Châtelet et M. d'Argental.* Paris, Xhrouet, Déterville, Lenormand et Petit, 1806, in-12 de XXII-378 p. Cette édition comprend 79 lettres. Un seul autographe, a pu être confronté par nous avec cette édition : il nous a fourni une imporante correction ; — 3° *Opere del conte Algarotti, edizione novissima.* Venezia, 1794, in-8°, t. XVI. On y trouve 18 lettres ; — 4° *Lettres de M. de Voltaire et de sa célèbre amie,* Genève et Paris, 1782, 14 lettres ; — 5° *Vie privée du maréchal de Richelieu*, Paris, Buisson, 1792, t. II, 7 lettres ; — 6° *Œuvres de Frédéric le Grand*, Berlin, 1851, t. XVII ; — 7° *Mémoires et journal du marquis d'Argenson*, Jannet, 1858, in-12. — 8° *Voltaire à Cirey*, Paris, 1871, par M. Desnoiresterres.

Indépendamment de ces lettres, du *Mémoire sur le feu* et des *Eléments de physique*, dont il y est parlé, madame du Châtelet a laissé encore : 1° *Principes mathématiques de la Philosophie naturelle*, traduction de l'anglais de Newton, Paris, 1756, dont le manuscrit existe à la Bibliothèque nationale, Suppl. fran. n° 12,265 ; — 2° *Réflexions sur le Bonheur*, publiées en 1796 dans un volume intitulé *Opuscules philosophiques et littéraires*, reproduites dans l'édition des lettres à d'Argental de 1806, et dont la Bibliothèque nationale possède également un manuscrit, Suppl. franç. n° 15,331 ; — 3° *De l'Existence de Dieu*, petit écrit imprimé à la suite des Lettres à d'Argental.

Madame du Châtelet avait composé sous le titre d'*Emiliana*, des mémoires sur sa vie, auxquels elle

travaillait encore la veille de sa mort, que Lonchamp déclare avoir vus[1], mais dont le sort est resté
ignoré. Quant aux lettres de madame du Châtelet à
Voltaire, qu'il serait si intéressant de connaitre,
elles faisaient sans doute partie de ces six volumes
in-4° où elle avait réuni les lettres que Voltaire lui avait
adressées, dont l'abbé de Voisenon et, après lui, François de Neufchâteau[2], ont attesté l'existence, et dont la
la destruction, au jugement très-motivé de M. Desnoiresterres, doit être attribuée aux mains plus jalouses
encore que pieuses de Saint-Lambert[3].

Fidèle au plan que nous nous étions tracé pour la
publication des *Lettres portugaises*, des *Lettres de mademoiselle Aïssé* et des *Lettres de mademoiselle de Lespinasse*, nous avons reproduit scrupuleusement dans cette
édition des *Lettres de madame du Châtelet*, d'abord les
manuscrits existants, et, à leur défaut, les éditions
originales. Quant à l'orthographe, ne pouvant suivre
à la fois celle des lettres manuscrites et celle des
lettres imprimées pour lesquelles les originaux autographes font défaut, nous avons cru devoir, dans un
intérêt d'unité, suivre l'orthographe de Voltaire qui
est en quelque sorte consacrée pour les lettres de ses
correspondants.

1. Longchamp et Wagnières, *Mémoires sur Voltaire*, Paris, 1826,
t. II, p. 60.
2. Lettre de François de Neufchâteau à Panckoucke, 6 déc. 1778,
dans l'*Amateur d'autographe*, année 1863, p. 248.
3. Desnoiresterres, *Voltaire à la Cour*. Didier, 1871, p. 822.

15 novembre 1877.

EUGÈNE ASSE.

LETTRES

DE LA

MARQUISE DU CHATELET

1. — A *** 1.

[Fin décembre 1733.]

Malgré les princesses et les pompons, je pense
sérieusement sur la fortune de mes amis... Je me
livre au monde sans l'aimer beaucoup. Des enchaîne-
ments insensibles font passer les jours entiers sans
souvent que l'on aperçoive que l'on a vécu... Puisque
M. de Voltaire vous a fait ma confidence d'anglais [2], je
vous avouerai que cela m'a extrêmement occupée et
amusée... Je suis charmée qu'*Adélaïde* [3] vous plaise;
elle m'a touchée. Je la trouve tendre, noble, touchante,
bien écrite, et surtout un cinquième acte charmant.
Elle ne sera pas jouée sitôt ; la pauvre petite Dufresne [4]

1. *Lettre de M. de Voltaire et de sa célèbre amie*, Genève, 1782,
p. 5 .
2. Madame du Châtelet étudiait alors l'anglais.
3. *Adélaïde du Guesclin*, tragédie de Voltaire, composée de la fin
de 1732 au mois de mai 1733, jouée le 18 janvier 1734.
4. Mademoiselle de Seyne, qu'on appelait aussi mademoiselle Dufresne, par suite de son mariage avec le tragédien Quinault-Dufresne,
et petite, à cause de l'exiguité de sa taille. « Sa déclamation est vive, naturelle, pleine de feu, de sentiment et de noblesse, et surtout de goût et
de finesse. Sa taille est médiocre, mais elle a une belle tête, un geste
juste, précis et élégant, surtout dans les pauses, les silences et les

se meurt. Elle a renvoyé son rôle. Voltaire en est fort
affligé, et il a raison : elle était très-capable de faire
valoir son rôle, et la petite Gaussin le jouerait pitoya-
blement. Pour moi, je suis d'avis qu'il attende la guérison de mademoiselle Dufresne. Il y a trois semaines
qu'il est malade lui-même[1], et qu'il n'a pas sorti. Mais
il n'en a pas l'imagination moins vive et moins brillante ; il n'en a pas moins fait deux opéras[2], dont il en
a donné un à Rameau, qui sera joué avant qu'il soit
six mois. On vous aura sûrement mandé ce que c'est
que Rameau et les différentes opinions qui divisent le
public sur sa musique ; les uns la trouvent divine et
au-dessus de Lully ; les autres la trouvent fort tra-
vaillée, mais point agréable et point diversifiée. Je
suis, je l'avoue, des derniers ; j'aime cent fois mieux
Issé[3], que l'on joue à présent, et où mademoiselle Le
Maure[4] se surpasse, etc.

intervalles des scènes muettes, pendant lesquelles son visage exprime
à son gré tous les mouvements de l'âme. Sa voix est faible et peu
éclatante pour soutenir la violence des grandes passions ; mais elle a
des inflexions heureuses et des tons variés et touchants. » *Mercure*,
avril, 1736, p. 783. Voir *infra*, p. 58.

1. Voltaire était tombé malade « d'une espèce d'inflammation
d'entrailles, » le 21 novembre 1733. Le 5 décembre, il écrivait à
Cédeville : « J'ai été bien malade, je le suis encore..... Savez-vous
bien que pendant ma maladie, j'ai fait l'opéra de *Samson* pour
Rameau. » — Et le 27 : « Je suis bien malade depuis quinze jours,
je suis mort au plaisir... » *Œuvres de Voltaire*, édition Beuchot,
t. LI, p. 461 et 464.

2. Les opéras de *Samson* et de *Tanis et Zélide* ou *les Rois pasteurs*,
qui ne furent jamais représentés.

3. Opéra de La Motte, musique de Destouches, représenté d'abord
en 3 actes, le 17 déc. 1697, puis en 5 actes, le 14 oct. 1708. Il
fut repris en 1719, 1721, 1733, 1741, 1756 et 1757.

4. Catherine-Nicole Le Maure (1704-1786), voir p. 25.

2. — A M. DE MAUPERTUIS[1]

[Versailles, lundi, janvier 1734.]

J'ai cru, Monsieur, que, pour être digne de répondre à la lettre que vous m'avez écrite, il fallait vous avoir lu ; j'ai été très-contente de vos deux manuscrits[2] ; j'ai passé hier toute ma soirée à profiter de vos leçons. Je voudrais bien m'en rendre digne. Je crains, je vous l'avoue, de perdre la bonne opinion qu'on vous avait donnée de moi. Je sens que ce serait payer bien cher le plaisir que j'ai d'apprendre la vérité, ornée de toutes les grâces que vous lui prêtez. J'espère que le désir que j'ai d'apprendre me tiendra lieu de capacité, et que j'aurai l'honneur de vous voir mercredi, au sortir de l'Académie [je vous attendrai chez moi, où je compte que vous voudrez bien passer la soirée].

3. — A M. DE MAUPERTUIS[3].

Lundi [Paris, premiers mois de 1734].

Je ne veux point vous faire de reproches, Monsieur, de n'être point revenu avant-hier au soir, je sens que je ne dois point abuser de votre complaisance. J'ai beaucoup étudié, et j'espère que vous serez un peu

1. La suscription de cette lettre porte dans le manuscrit : *A M. de Maupertuis, rue Ste-Anne, près les Nouvelles-Catholiques.*
2. Voltaire parle ainsi de ces manuscrits dans une lettre sans date que Beuchot place à la fin de 1733 : « J'ai lu votre manuscrit sept ou huit fois, mon aimable maître à penser. J'ai été tenté de vous écrire mes objections et les idées que cette lecture m'a fournies ; mais j'apprendrai plus de choses dans un quart d'heure de votre conversation, que je ne vous proposerais de doutes dans cent pages d'écriture. » *OEuvres*, t. LI, p. 466.
3. Lettre inédite, Mss., Bibl. nation., Fonds français, 12269, p. 5.

moins mécontent de moi que la dernière fois ; si vous en voulez venir juger demain, je vous en aurai une obligation infinie ; si ce pouvait être de bonne heure, cela m'arrangerait infiniment mieux, parce que je serai obligée de sortir sur les sept heures. Je remets à demain à vous marquer toute ma reconnaissance.

————

4. — A M. DE MAUPERTUIS.

Paris, ce jeudi, janvier 1734, 6 h. du matin.

J'ai vu hier M. Vernique chez l'ambassadrice de Venise[1] et je lui ai fait cent coquetteries et cent reproches ; il m'a fort assuré que c'était votre faute s'il ne m'avait pas encore vue chez moi. Mais ce dont je suis désolée, c'est qu'il y est venu aujourd'hui avec son Prince, précisément comme je montais dans le carrosse de madame de Saint-Pierre[2], qui me venait prendre

1. Femme d'Alexandre Zeno, qui avait remplacé Moncenigo comme ambassadeur extraordinaire de la République de Venise près le roi de France.

2. Marguerite-Thérèse Colbert de Croissy, fille du marquis de Croissy, second frère du grand Colbert, et de Françoise Berault, née le 16 juillet 1682. Veuve le 17 juin 1702 de Louis de Clermont-d'Amboise, marquis de Resnel, elle s'était remariée, le 5 janvier 1704, à François-Marie Spinola, duc de Saint-Pierre, dont une parente, Anne-Marie-Thérèse Spinola, épousa également le duc d'Estouteville, second fils du marquis de Seignelay. Veuve une seconde fois le 15 mai 1727, elle mourut le 27 janvier 1769. Elle était sœur du marquis de Torcy, ministre des affaires étrangères, de l'évêque de Montpellier, du comte de Croissy, lieutenant général, et de la marquise de Bouzols. Voir notre édition des *Lettres de mademoiselle Aïssé*, Charpentier, 1873, p. 333. On peut lire dans la lettre que Voltaire lui adressa en 1733, le récit d'une petite fête galante que celui-ci lui donna, ainsi qu'à madame du Châtelet et à M. de Forcalquier, dans son appartement de la rue du Longpont (*Œuvres*, t. LI, p. 453) :

Je reçus chez moi, l'autre jour,
De déesses un couple aimable,
Conduites par le dieu d'amour.

pour l'Opéra : ainsi, je n'en ai point profité. J'ai à vous proposer de me l'amener demain, je ne compte pas sortir. Deux visites, si près l'une de l'autre, seront peut-être contre là dignité de son Prince ; mais avec une dame étrangère comme moi, il ne doit pas y regarder de si près.

J'ai mené une vie désordonnée[1] ces jours-ci ; je me meurs : mon âme a besoin de [vous voir autant que mon corps a besoin de] repos. Venez toujours, seul ou en compagnie, vous me ferez un plaisir extrême, et je vous attendrai.

---

5. — A M. DE MAUPERTUIS.

Paris, lundi, janvier 1734, 3 h. après minuit.

Je croirais avoir fait un crime irréparable si je m'étais couchée sans écrire la lettre que vous désiriez. Je vous demande mille pardons de ne l'avoir pas fait plus tôt ; vous devez être bien persuadé combien je me trouve heureuse de pouvoir faire quelque chose qui vous soit agréable, et qui puisse vous marquer le cas extrême que je fais de votre amitié.

Vous trouverez ma lettre fort mal écrite ; cela arrive toujours quand on essaie de bien dire, et je vous avoue-rai que je n'ai jamais eu tant d'envie d'être éloquente. Ce qu'il y a de moins mal est ce qui concerne l'homme à qui vous vous intéressez ; le reste est fort plat. Mais je trouve que rien ne réussit si mal qu'une petite lettre de recommandation toute sèche, et qui porte avec soi un air d'indifférence qui la rend presque toujours inutile. [Je l'ai donc entremêlée de tout ce

---

1. A laquelle avait, sans doute, contribué la première représenta-tion d'*Adelaïde du Guesclin*.

1.

que je lui écrirais. Indépendamment de .. Besnier, je
vous prie de leur lire ce qui les concerne, t de vouloir
bien me la rapporter, afin que je mette ı dessus; elle
fera bien plus d'effet, le dessus étant de ıa main, avec
mon cachet, et lorsqu'il ne pourra poin soupçonner
qu'elle ait été vue; demandez aussi à M Besnier une
adresse sûre, car jusqu'à présent mes Jttres ont été
rendues très-peu fidèlement.]

Je vous prie de lire cette lettre de recommandation;
J'espère que vous serez content de l'eıpressement
avec lequel je lui parle pour votre ami si vous ne
l'êtes pas, nous la recommencerons; ɔut ce qui
pourra vous prouver ma considération e mon estime
me sera toujours très-agréable.

Vous savez que je ne sors point demain, et que
nous avons des affaires ensemble; nous ɣrrons comment vous en userez. Il n'est point étonant qu'en
vous quittant on ne soit occupé que du pıisir de vous
revoir.

_____

6. — A M. DE MAUPERTUIS.

Paris, janer 1734.

Je ne vais point à Madrid[1] aujourd'hui, ɔ reste chez
moi; voyez si vous voulez m'apprendre a élever un
nôme [2] infini à une puissance donnée.

1. Le château de Madrid, qui ne fut démoli qun 1788, était
alors habité par mademoiselle de Charolais, sœur du œ de Bourbon.
Barbier écrivait en avril 1735 : « Elle en fait sa princale demeure,
comme étant entre Paris et Versailles, et elle s réjouit assez
incognito. Dans les jours gras derniers, elle y avait grɑJe compagnie
à souper, entre autres le comte de Coigny, fils du Maıchal, que l'on
dit être sur son compte. » (*Journal de Barbier*, t. II p. 18.)
2. Dans l'algèbre ancienne, quantité jointe à un autre par un
signe ✛ ou un signe —. *Dictionn.* de Littré.

Nous ne pouvons aller que vendredi à Creteil[1]; c'est madame de Saint-Pierre qui cause tout ce dérangement. Venez à *six heures* aujourd'hui.

---

7. — A M. DE MAUPERTUIS.

Premiers mois de 1734.

[Je vous ai envoyé chercher à l'Académie et chez vous, Monsieur, pour vous dire que je passerais la soirée chez moi aujourd'hui.] Je l'ai passée avec des binômes et des trinômes; je ne puis plus étudier, si vous ne me donnez une tâche, et j'en ai un désir extrême. [Je ne sortirai demain qu'à six heures; si vous pouviez venir chez moi, sur les quatre heures, nous étudierions une couple d'heures. Je vous ai mandé que la partie de demain était remise à vendredi de par madame la duchesse de Saint-Pierre, mais je voudrais bien que le plaisir de vous voir ne fût remis que jusqu'à demain.]

Mercredi, au soir.

---

8. — A M. DE MAUPERTUIS[2].

[Paris, premiers mois de 1734].

Vous n'avez pas envie d'encourager votre écolière, car j'ignore encore si vous avez trouvé ma leçon bien. Nous comptons aller demain, madame de Saint-Pierre et moi, au jardin du roi, et nous espérons bien vous y voir.

Ce lundi.

---

1. Où la mère de madame du Châtelet avait « une petite maison » de campagne.
2. Lettre inédite, Mss., p, 12.

0. — A M. DE MAUPERTUIS[1].

Samedi [Paris, premiers mois de 1734].

En vérité, vous me tenez bien rigueur. J'ai été hic et aujourd'hui vous chercher chez Gradot, et je n'a pas entendu parler de vous; je vous avertis que don Prévost m'a manqué de parole pour dîner, mais que si vous me venez voir demain, je ne compte pas sortii du jour. Adieu! je vous aime comme si vous m'étiez venu voir aujourd'hui.

---

10. — A M. DE MAUPERTUIS[2].

[Paris, premiers mois de 1734.]

Je vous ai promis de vous avertir de mon retour, ce ne serait point être revenue que de ne vous point voir. Venez souper avec moi demain; je vous irai prendre au sortir de l'Opéra, chez Gradot[3], si vous voulez m'y attendre; sinon, vous n'aurez qu'à vous rendre chez moi sur les huit heures et demie. Mandez-moi vos arrangements. Songez qu'il m'est nécessaire de vous voir. Je suis fâchée de commencer si tard, mais je suis engagée pour l'Opéra.

---

11. — A M. DE MAUPERTUIS.

Paris, dimanche, en janvier 1734.

Mon fils[4] est mort cette nuit, Monsieur; j'en suis, je

1. Lettre inédite, Mss., p. 13.
2. Billet inédit, Mss., p. 14.
3. Café fréquenté par Maupertuis.
4. Victor-Esprit, né le 11 avril 1733. Les deux autres enfants de madame du Châtelet étaient : 1° Françoise-Gabrielle-Pauline, née le

vous l'avoue, extrêmement affligée ; je ne sortirai
point, comme vous croyez bien. Si vous voulez venir
me consoler, vous me trouverez seule : j'ai fait défendre ma porte, mais je sens qu'il n'y a point de
temps où je ne *trouve un plaisir* extrême à vous voir.

---

12. — A M. DE MAUPERTUIS[1].

A Saint-Maur, ce mercredi [avril 1734].

Il faut que je sois bien faible pour vous mander
que je reviens dimanche à Paris, que je ne sortirai
pas lundi, que je serai dans la rue du Jardinet, près
Saint-Sulpice, et que je pars incessamment. Ce ne
sera pas sans vous voir, à moins que vous ne soyez de
tous les hommes le moins sensible à l'amitié. Dites
tout cela à Clairaut, qui ne le mérite pas plus que
vous.

---

13. — A M. DE MAUPERTUIS.

A Autun, chez M. le prince de Guise[2].
28 avril 1734.

Vous me faites sentir, Monsieur, les peines et les
inquiétudes de l'absence. Je crois toujours voir madame

30 juin 1726, mariée en 1743 à Alphonse Caraffa, duc de Monte-
Negro ; 2° Florent-Louis-Marie, né le 20 novembre 1727, successivement menin du Dauphin, chambellan du roi de Pologne, lieutenant général le 1er mars 1780, créé duc du Châtelet en 1777, et
qui périt sur l'échafaud révolutionnaire, le 13 décembre 1793.

1. Lettre inédite, Mss., p. 16.

2. Anne-Marie-Joseph de Lorraine, comte d'Harcourt, prince de
Guise, né le 30 août 1679, fils du prince d'Harcourt descendant au
troisième degré de Charles II, duc d'Elbœuf, et de Françoise de
Brancas, marié le 2 juillet 1705 à Marie-Louise-Christine, fille unique
de Gaspard Jeannin de Castille, marquis de Montjeu, conseiller au
parlement de Metz, et de Louise-Diane Dauvet des Maretz, laquelle

9. — A M. DE MAUPERTUIS[1].

de Lauraguais[1] vous faire mille coquetteries, et je crains que vous ne soyez point assez philosophe pour y résister; je vous aimerais mieux sur le chemin de Bâle[2]; j'espérais qu'en passant, vous viendriez me donner quelques leçons; mais, puisque vous restez à Paris, je presserai mon retour, et j'y serai, au plus tard, au commencement de juin. Je me flatte de me rendre par la suite, moins indigne de vos leçons.

Ce n'est pas pour moi que je veux devenir un géomètre, c'est par amour-propre pour vous : je sens qu'il n'est pas permis à quelqu'un qui vous a pour maître de faire des progrès aussi médiocres, et je ne puis trop vous dire à quel point j'en suis honteuse.

Je suis ici[3] dans le plus beau lieu du monde, et avec

lui apporta en dot le marquisat de Montjeu, près d'Autun, et mourut le 16 janvier 1736, âgée de 56 ans. Il mourut le 29 avril 1739, laissant trois enfants : 1° Louis-Marie-Léopold, mort en Italie le 30 juin 1747, le dernier prince de sa branche; 2° Henriette-Françoise, née en 1707, mariée le 21 mars 1725 au duc de Bouillon, morte le 31 mars 1737; 3° Élisabeth-Sophie, mariée le 27 avril 1734 au duc de Richelieu.

1. Geneviève-Adélaïde-Félicité d'O, née en 1716, fille unique de Simon-Gabriel, marquis d'O, brigadier des armées du roi, et d'Anne-Louise-Félicité de Madaillan de Lassay, mariée le 27 août 1731 à Louis de Brancas-Villars, duc de Lauragais, né le 5 mai 1714, fils de Louis-Antoine, duc de Villars, et de Marie-Angélique Fremyn de Moras, morte le 26 août 1735, à dix-neuf ans. Elle fut mère de Louis-Léon-Félicité, né le 3 juillet 1733, connu sous le titre de comte de Lauraguais et célèbre par sa liaison avec Sophie Arnould, et de Antoine-Bufile, né le 15 août 1735. Le duc de Lauraguais se remaria en 1742 à Diane-Adélaïde de Mailly, sœur de la duchesse de Châteauroux, et dont on a de charmants *Souvenirs*.

2. Où il allait visiter le célèbre Jean Bernouilli (1667-1748), dont il avait suivi les leçons en 1729, et chez le fils duquel il mourut en 1759.

3. Au château de Saint-Blaise, au faubourg d'Autun, où elle était venue assister, avec Voltaire, au mariage de Mademoiselle de Guise avec le duc de Richelieu, mariage que Voltaire, lié avec le prince de Guise, auquel il prêtait de l'argent, et plus encore avec le duc de Richelieu, se vantait d'avoir fait.

des gens fort aimables : il ne m'y manque que le plaisir de vous y voir, et de vous entendre. Voltaire, à qui j'ai dit que je vous écrivais, me prie de vous dire mille choses pour lui; il est inquiet, et avec raison, sur le sort de ses *Lettres*[1]. Il est bien flatté de ce que ses ennemis croient que vous avez eu part à celle de M. Newton[2]; et, si les lettres de cachet ne s'en mêlaient pas, je crois que votre approbation lui tiendrait lieu de tout le reste.

J'espère que la première poste m'apportera de vos nouvelles. [Vous m'avez promis de m'envoyer toutes les semaines le *Pour et le Contre;* j'aime à m'assurer par une commission que je n'en passerai point sans recevoir de vos lettres. Je voudrais que M. Prévost fît ce mois-ci autant de *Pour et Contre* qu'il y a d'ordinaires pour Autun.] Il n'y a que vos lettres qui puissent tenir lieu des grâces de votre imagination et de votre esprit, [et j'espère que vous me rendez assez de justice pour être bien persuadé du plaisir que j'aurai à recevoir des marques de votre souvenir.]

Breteuil du Chastellet[3].

1. Les *Lettres sur les Anglais* ou *Lettres philosophiques.*

2. Voltaire s'est occupé de Newton dans trois de ses *Lettres philosophiques*, la XIVe où il établit un parallèle entre lui et Descartes, la XVe et la XVIe où il expose sa théorie de l'attraction, et son système d'optique. Madame du Châtelet avait sans doute en vue celle relative à l'attraction, sujet traité tout particulièrement par Maupertuis dans son *Discours sur les différentes figures de la terre*, Paris 1732, in-8[o], ouvrage dans lequel il eut le mérite de répandre, l'un des premiers, en France, les théories newtoniennes. D'après Voltaire lui-même, Maupertuis aurait revu cette partie des *Lettres philosophiques*. « En vérité, lui écrivait-il, le 29 avril 1734, je crois qu'on sera un jour bien honteux de m'avoir persécuté pour un ouvrage que vous avez corrigé. Je commence à soupçonner que ce sont les partisans des tourbillons et des idées innées qui me suscitent la persécution. » *OEuvres*, t. LI, p. 480.

3. C'est la seule lettre signée. L'usage a prévalu d'écrire du Châtelet, à l'exemple de Voltaire (A.-N.).

14. — A M. DE MAUPERTUIS.

Montjeu, 29 avril 1734,

Si votre lettre ne me faisait pas trembler, elle me ferait un plaisir extrême; j'avoue qu'elle me fait une peur prodigieuse; elle détruit toutes les espérances que M. l'abbé de R...[1] m'avait données en partant. Il me semble que M. Rouillé lui avait promis deux choses : l'une d'adoucir s'il était possible, et l'autre d'avertir, en cas de danger, que je ne crois pas vraisemblable ici; cependant le mot de *s'absenter* qui est dans votre lettre, me parait équivoque. Désigne-t-il un plus grand éloignement que celui où il est? C'est sur quoi je vous demande en grâce de m'éclaircir. Il écrit aujourd'hui à M. Rouillé[2] au sujet de l'édition dont vous me parlez. Je lui ai montré votre lettre; il est bien touché de cette marque d'attention et d'amitié de votre part. Je vous prie, Monsieur, de

1. L'abbé du Resnel (A.-N.). Jean-François du Bellay du Resnel (1692-1761), abbé de Septfontaines, que Voltaire aida dans sa traduction en vers de l'*Essai sur la critique de Pope* (1730). Il avait, comme censeur royal, une certaine influence sur M Rouillé qui cependant, après l'avoir promis à Voltaire pour examiner la tragédie l'*Éryphile*, lui avait substitué Danchet, lequel était beaucoup moins l'ami du poète. — Remarquons que le manuscrit portant bien *de* et non *du*, il pourrait s'agir ici de l'abbé de Rothelin, lequel s'employa également en faveur de Voltaire.

2. Antoine-Louis Rouillé, comte de Jouy, né le 7 juin 1689, fils de Louis-Rollin et de Marie-Angélique d'Aquin, conseiller au parlement en 1711, maître des requêtes en 1717, intendant du commerce en 1725, était à la tête de la librairie depuis 1732. Conseiller d'État en 1744, il remplaça, en 1749, le comte de Maurepas à la marine, et, en 1754, le marquis de Saint-Contest aux affaires étrangères, où il fut lui-même remplacé, en juillet 1757, par Bernis, et mourut le 20 septembre 1761. Voltaire avait déjà eu affaire à lui, en 1732, à l'occasion d'une première *Épître dédicatoire* de *Zaïre*, « supprimée par Rouillé, à cause de deux ou trois vérités, dit-il, qui ont déplu, uniquement parce qu'elles étaient vérités. » *OEuvres*, t. LI, p. 353.

vouloir bien remercier M. l'abbé de R... de ma part et
de le prier de vouloir bien continuer ses attentions
pour cette affaire.

[Vous devez avoir reçu à présent une grande lettre
de moi, et je n'ai attendu pour vous l'écrire que le
départ de la poste.] Je cultive peu ici la géométrie ;
vous savez que vous ne m'avez point laissé de tâche ;
mais je n'ai assurément pas besoin de cela pour penser
à vous. [Ce ne serait que mon prétexte pour vous
écrire plus souvent et plus longuement ; il n'en est pas
besoin pour vous donner des marques de mon amitié,
et pour vous assurer du plaisir que je trouve à en recevoir de la vôtre.]

---

15. — A M. DE MAUPERTUIS.

A Montjeu, par Autun, le 6 mai 1734.

Votre amitié, Monsieur, a fait le charme de ma
vie dans les temps les plus heureux pour moi, c'est-
à-dire dans ceux où je vous voyais souvent. Jugez
combien elle m'est nécessaire dans le malheur. Je
viens de perdre Voltaire [1] ; il vient enfin d'épargner
une injustice à M. de Chauvelin [2] et bien des inquiétudes à ses amis. Il a pris le parti d'aller chercher

---

1. Voltaire avait quitté Montjeu le 6 mai pour se cacher soit au
château de Loisey, sur la route de Bar-le-Duc à Ligny, chez le chevalier du Châtelet, beau-frère de la marquise du Châtelet, soit même
à Cirey, tout en faisant courir le bruit de son passage en Angleterre ou en Suisse. « Tout ce qui était à Montjeu, dit-il, m'a envoyé
vite en Lorraine » (Œuvres, t. LI, p. 485). Il était temps. Le 2 mai
une lettre de cachet était lancée contre lui, et quand l'intendant de
Dijon arriva, le 11 mai, à Montjeu pour la mettre à exécution, Voltaire n'y était plus.

2. Germain-Louis Chauvelin, marquis de Grosbois (1685-1762),
garde des sceaux depuis le 17 août 1727, disgracié en janvier 1737.

dans les pays étrangers le repos et la considération qu'on lui refuse si injustement dans sa patrie.

Son départ m'a pénétrée de douleur ; je doute, quelques droits que l'amitié ait sur son cœur, qu'il se résolve à revenir dans un pays où on le traite si indignement. Votre estime et votre amitié le dédommagent bien des critiques des sots ; mais rien ne peut le dédommager de votre commerce. Je suis bien persuadée que vous serez touché du sort d'un homme aussi aimable et aussi extraordinaire. Il faut espérer, du moins, que la haine de ses ennemis étant satisfaite, ils rendront justice à ses talents qui, jusqu'à présent, n'ont servi qu'à lui en attirer.

Vous perdez en lui un de vos plus grands admirateurs ; il espère bien que vous adoucirez les rigueurs de son exil, par les marques de votre souvenir et de votre amitié. Quand il se sera choisi un asile contre la persécution, il vous en priera lui même. Je ne puis, je vous l'avoue, me persuader qu'il y eût rien à craindre ici pour lui. Mais peut-on outrer les précautions lorsqu'il s'agit de la liberté ?

Pardonnez-moi, Monsieur, si je ne puis vous parler aujourd'hui que de mon affliction ; mais soyez bien persuadé qu'elle ne m'empêche point de sentir le prix et les charmes de votre commerce.

[J'ai reçu votre lettre et le *Pour et le Contre* [1], et je vous en rends grâces.]

---

1. Journal publié par l'abbé Prévost, de 1733 à 1740.

16. — A **** 1.

A Montjeu, ce 12 mai [1734].

Vous savez que mon amitié pour vous, Monsieur, me fait compter sur la vôtre, comme sur ma plus grande consolation dans mes malheurs. Je viens d'éprouver le plus affreux de tous. Mon ami Voltaire, pour qui vous connaissez mes sentiments, est vraisemblablement au château d'Auxonne, auprès de Dijon. Il nous avait quittés, il y avait plusieurs jours, pour aller prendre les eaux de Plombières, dont sa santé a besoin depuis longtemps, quand un homme de M. de La Briffe [2], intendant de Bourgogne, m'a apporté une lettre de cachet qui lui ordonne de se rendre audit Auxonne jusqu'à nouvel ordre. On a mandé qu'il était à Plombières; je ne doute pas qu'il ne reçoive incessamment les ordres du Roi et qu'il ne lui obéisse. Il n'y a pas d'autre parti à prendre, quand on ne peut les éviter. Je ne crois pas qu'il puisse être averti avant de les recevoir. Il m'est impossible de vous dépeindre ma douleur; je ne me sens pas assez de courage pour savoir mon meilleur ami, avec une santé affreuse, dans une prison où il mourra sûrement de douleur, s'il ne meurt pas de maladie. Je ne pourrai ni recevoir de ses nouvelles, ni lui en donner des miennes sous la puissance d'un pareil ministre. C'est bien dans une circonstance aussi affligeante que votre présence serait

1. *Lettres de M. de Voltaire et de sa célèbre amie*, p. 43.
2. Pierre-Armand de la Briffe, marquis de La Ferrière, fils d'Arnaud, procureur-général au Parlement de Paris, et de Marthe-Agnès Poilié de Novion, né le 21 juillet 1678, substitut du procureur général en 1697, conseiller au Parlement de Paris en 1700, maître des requêtes en 1704, intendant de Caen en 1709 et de Bourgogne depuis 1712, mort le 7 avril 1740.

nécessaire à ma consolation; je l. connais que vous
avec qui je puisse pleurer le malh:r de mon ami. Il
me semble qu'il m'a encore plus :tachée à lui. Je ne
croyais pas que l'amitié pût ca:er une douleur si
sensible. Vous qui la connaisse: représentez-vous
mon état. Hélas! dans quelles cir:nstances ai-je reçu
votre lettre! Vous enviez le boneur que je goûte
dans une société aussi pleine de ìarmes; vous avez
bien raison, si cela avait duré. ai passé dix jours
ici entre lui et madame de Richel ì'; je ne crois pas
en avoir jamais passé de plus agrìoles ; je l'ai perdu
dans le temps où je sentais le pl: le bonheur de le
posséder, et comment l'ai-je perd: S'il était en Angleterre, je serais moins à plaindì. J'aime assez mes
amis pour eux-mêmes. Sa société²:rait le bonheur de
ma vie; sa sécurité en ferait la ·anquillité. Mais le
savoir, avec la santé et l'imaginatòn qu'il a, dans une
prison, je vous le dis encore, ne me connais pas
assez de constance pour soutenir ette idée. Madame
de Richelieu fait ma seule cosolation. C'est une
femme charmante ; son cœur est apable d'amitié et
de reconnaissance. Elle est, s'il ìt possible, plus affligée que moi; elle lui doit son ìariage, le bonheur
de sa vie. Nous nous affligeons et ous nous consolons
ensemble. Mais que lui servent n: pleurs et nos regrets? Je ne vois nulle espérau:. M. de Chauvelin

---

1. Le nom de la duchesse de Richelieu vient trop souvent dans
ces lettres pour que nous ne cherchions pas en donner un portrait
physique. Voici celui que nous trouvons ñs l'ouvrage de Faure :
« Elle était grande, avait de beaux yeux.e haut du visage charmant, mais une grande bouche mal meuée. Son port, son air,
tout annonçait la douceur et la majesté. *Vie privée du maréchal
de Richelieu*, Paris, 1792, t. I, p. 290.

2. Ne faudrait-il pas lire : Sa société *isait* le bonheur de ma
vie; sa sécurité en ferait la tranquillité

est inflexible, et j suis inconsolable : je ne réparerai
jamais la perte d n tel ami. La coquetterie, le dépit,
tout nous consol le la perte d'un amant; mais le
temps, qui guérit utes les plaies, ne fera qu'envenimer la mienne. m'est impossible de vous parler
d'autre chose.....

Je serai obligé de m'en retourner incessamment
à Paris. Je crain ce moment comme celui de ma
mort. Il me sépara de madame de Richelieu qui n'y
retournera pas sitt et me mettra à portée d'entendre
à tous moments os propos qui me désespéreront; je
vais devenir bien misanthrope. Je voudrais être à Caderousse[1] avec vos, puisque je ne puis pas être à
Auxonne. On est ien malheureux de devoir tous ses
malheurs à la sensibilité de son cœur, sans laquelle il
n'y a point de plair. Je vous demande pardon de
vous accabler de m douleur; mais c'est le seul inconvénient de l'amiti t de la confiance. J'irai incessamment dans mon chteau. Les hommes me deviennent
insupportables; ils ont si faux, si injustes, si pleins
de préjugés, si tyraniques! Il faut[2] mieux vivre seul
ou avec des gens qi pensent comme vous. On passe
sa vie avec des vipres envieuses, c'est bien la peine
de vivre et d'être june. Je voudrais avoir cinquante
ans et être dans un campagne avec mon malheureux
ami, madame de Richelieu et vous. Hélas! on passe
sa vie à faire le projet d'être heureux, et on ne l'exécute

1. Caderousse, petit ille, dans le Comtat-Venaissin, possédée
par la maison d'Ancezui, en faveur de laquelle elle fut érigée en
duché par le pape Alexaire VII, en 1663. Le titulaire de ce duché
était alors Joseph-André d'Ancezune-Cadart, dit *le marquis d'Ancezune*, brigadier des années du roi, marié le 12 avril 1715 à
Françoise-Félicité Colber ûlle du marquis de Torcy, et nièce de la
duchesse de Saint-Pierre laquelle mourut en mai 1749.

2. N'y avait-il pas : *i vaut mieux ?*

nécessaire à ma consolation; je ne connais que vous
avec qui je puisse pleurer le malheur de mon ami. Il
me semble qu'il m'a encore plus attachée à lui. Je ne
croyais pas que l'amitié pût causer une douleur si
sensible. Vous qui la connaissez, représentez-vous
mon état. Hélas! dans quelles circonstances ai-je reçu
votre lettre! Vous enviez le bonheur que je goûte
dans une société aussi pleine de charmes; vous avez
bien raison, si cela avait duré. J'ai passé dix jours
ici entre lui et madame de Richelieu[1]; je ne crois pas
en avoir jamais passé de plus agréables ; je l'ai perdu
dans le temps où je sentais le plus le bonheur de le
posséder, et comment l'ai-je perdu! S'il était en Angleterre, je serais moins à plaindre. J'aime assez mes
amis pour eux-mêmes. Sa société[2] ferait le bonheur de
ma vie ; sa sécurité en ferait la tranquillité. Mais le
savoir, avec la santé et l'imagination qu'il a, dans une
prison, je vous le dis encore, je ne me connais pas
assez de constance pour soutenir cette idée. Madame
de Richelieu fait ma seule consolation. C'est une
femme charmante ; son cœur est capable d'amitié et
de reconnaissance. Elle est, s'il est possible, plus affligée que moi ; elle lui doit son mariage, le bonheur
de sa vie. Nous nous affligeons et nous nous consolons
ensemble. Mais que lui servent nos pleurs et nos regrets? Je ne vois nulle espérance. M. de Chauvelin

1. Le nom de la duchesse de Richelieu revient trop souvent dans
ces lettres pour que nous ne cherchions pas à en donner un portrait
physique. Voici celui que nous trouvons dans l'ouvrage de Faure :
« Elle était grande, avait de beaux yeux, le haut du visage charmant, mais une grande bouche mal meublée. Son port, son air,
tout annonçait la douceur et la majesté. » *Vie privée du maréchal
de Richelieu*, Paris, 1792, t. I, p. 290.

2. Ne faudrait-il pas lire : Sa société *faisait* le bonheur de ma
vie; sa sécurité en ferait la tranquillité

est inflexible, et je suis inconsolable : je ne réparerai jamais la perte d'un tel ami. La coquetterie, le dépit, tout nous console de la perte d'un amant; mais le temps, qui guérit toutes les plaies, ne fera qu'envenimer la mienne. Il m'est impossible de vous parler d'autre chose.....

Je serai obligée de m'en retourner incessamment à Paris. Je crains ce moment comme celui de ma mort. Il me séparera de madame de Richelieu qui n'y retournera pas sitôt et me mettra à portée d'entendre à tous moments des propos qui me désespéreront; je vais devenir bien misanthrope. Je voudrais être à Caderousse[1] avec vous, puisque je ne puis pas être à Auxonne. On est bien malheureux de devoir tous ses malheurs à la sensibilité de son cœur, sans laquelle il n'y a point de plaisir. Je vous demande pardon de vous accabler de ma douleur; mais c'est le seul inconvénient de l'amitié et de la confiance. J'irai incessamment dans mon château. Les hommes me deviennent insupportables; ils sont si faux, si injustes, si pleins de préjugés, si tyranniques! Il faut[2] mieux vivre seul ou avec des gens qui pensent comme vous. On passe sa vie avec des vipères envieuses, c'est bien la peine de vivre et d'être jeune. Je voudrais avoir cinquante ans et être dans une campagne avec mon malheureux ami, madame de Richelieu et vous. Hélas! on passe sa vie à faire le projet d'être heureux, et on ne l'exécute

---

1. Caderousse, petite ville, dans le Comtat-Venaissin, possédée par la maison d'Ancezune, en faveur de laquelle elle fut érigée en duché par le pape Alexandre VII, en 1663. Le titulaire de ce duché était alors Joseph-André d'Ancezune-Cadart, dit *le marquis d'Ancezune*, brigadier des armées du roi, marié le 17 avril 1715 à Françoise-Félicité Colbert, fille du marquis de Torcy, et nièce de la duchesse de Saint-Pierre, laquelle mourut en mai 1749.

2. N'y avait-il pas : *Il vaut mieux ?*

2.

jamais. Adieu, Monsieur, je sens que ma douleur diminue à mesure que je vous écris ; mais je ne veux
pas abuser de votre amitié.

———

17. — A M. DE MAUPERTUIS.

Montjeu, 22 mai 1734.

Il y a bien longtemps que je ne vous ai écrit, Monsieur, et que je n'ai reçu de vos nouvelles ; j'ai sur le
cœur une perfidie que vous m'avez faite de m'envoyer
deux *Pour et Contre* sous la même enveloppe, et,
moyennant cela, de me voler une lettre.

J'ai envoyé au malheureux Voltaire la vôtre ; si elle
parvient jusqu'à lui, je sais qu'elle lui fera un plaisir
extrême, car je connais son estime et son amitié pour
vous ; j'ignore absolument son sort, je n'en ai point eu
de nouvelles depuis son départ. J'espère qu'il aura pris
son parti d'aller ou à Bâle ou à Genève. J'en attends
des nouvelles avec impatience, car je suis très en peine
de sa santé. Ses affaires, suivant ce que l'on me mande,
prennent un fort mauvais train : je crois, à présent,
son livre dénoncé au Parlement[1]. C'est un dessein formé
de le perdre ; ses amis seuls sont à plaindre, puisque je prévois, avec une douleur extrême, que cela
va nous en priver pour toujours. Pour lui, il re-
trouvera sa patrie partout ; et je vous avoue que,
quelque triste que cela soit, je l'aime cent fois mieux
en Suisse qu'au château d'Ossône[2].

———

1. Le 10 juin 1734, le Parlement rendit un arrêt qui condamnait les *Lettres philosophiques* à être brûlées « comme scandaleuses,
contraires à la religion, aux bonnes mœurs et au respect dû aux
puissances. »

2· Au château d'Auxonne, comme on le voit plus haut, et dans ce
passage des *Registres du Secrétariat de la Maison du Roy*, conservé

Si on pouvait attendre quelque chose de la justice des hommes, je ne craindrais point que son livre pût lui faire une affaire sérieuse juridiquement; mais il est aisé de voir qu'il est jugé avant que d'être dénoncé, et que c'est l'auteur et non le livre qu'on veut condamner.

J'ignore comment il prendra cette nouvelle injustice; je ne crois pas qu'il soit tenté de faire aucune démarche pour revenir dans un pays où il en a tant essuyé; et je ne vois pas même ce qu'il pourrait faire pour sa défense. Il est affreux qu'on y ait mis son nom[1]. Cette circonstance seule doit bien prouver qu'il n'a eu nulle part à l'édition.

J'ai mandé son adresse à La Condamine[2], et l'ai prié de vous la dire; je vous demande de lui écrire ce que vous apprendrez. Il m'a assuré qu'elle était sûre, et que, quelque part où il fût, ses lettres lui seraient rendues. Je vous prie de ne la dire à personne.

Je suis bien persuadée qu'il profiterait des sages conseils que vous lui donnez, s'il était jamais à portée de le faire; mais son sort me paraît se décider d'une manière triste pour ses amis, et honteuse pour ses ennemis. Ils en rougiront trop tard. Adieu.

Monsieur, donnez-moi de vos nouvelles, je vous supplie. J'espère aller prendre de vos leçons vers les premiers jours de juin, et vous dire, moi-même, com-

aux Archives nationales, et copié par M. Desnoiresterres : « Ordre pour arrester et conduire au château d'Auxonne le S. Arrouet de Voltaire. » (*Voltaire au château de Cirey*, Paris, 1868, p. 27.)

1. Édition de *Lettres anglaises*, faite par M. Jore, de Rouen (A N.)

2. Charles-Marie de La Condamine (1701-1774), qui, en 1735, se rendit à Quito pour mesurer un degré du méridien sous l'équateur, pendant que Maupertuis se livrait à la même opération au pôle nord. Il correspondait avec Voltaire depuis 1733.

... prix de votre amitié, et combien je la
...

15. A M. DE MAUPERTUIS.

A Montjeu, le 7 juin 1734.

Il me semble, Monsieur, que je pousse la bonté plus loin que cela : je ne connais point l'esprit ni les ... de Lagny[1], et cependant parce que ... vous y intéresser, j'y prends une part ... si j'avais du crédit dans la Grand'Cham... ... sa place.

Il n'est point de réplique à votre parodie, et ne ... point aujourd'hui de Voltaire : son af... ... un bon train, et ... moins ... Il commence à en être ... ...

Il me semble que les reproches ... ... trouvé qu'une ... les huit ... affaires, et j'...
... votre dern...
...

M. Guiande, et je crois qu'il[...] a que[...] votre que je puisse apprendre, avec plaisir, ce[...] ... . Vous semez des fleurs sur un chemin où l'on n'ose se croit trouver que des ronces; votre imagination vrai bellir les matières les plus sèches, sans rien ... leur justesse et leur précision.

Je sens combien je perdrais si je ne jouissais pas de la bonté que vous avez de vouloir bien redescendre à ma faiblesse, et m'apprendre des vérités si sublimes presqu'en badinant. Je sens que j'aurai toujours, par dessus vous, l'avantage d'avoir étudié avec le plus aimable, et en même temps le plus précieux mathéma ticien du monde. Je ne crois pas que [...] puisse vous vanter de me le disputer; mais vous serez encore bien plus aimable si vous n'étiez pas si [...] si vous m'écriviez un peu plus souvent.

19. — À M. DE MAUPERTUIS

[...] été de 1738. — Archive de Maupertuis]

[...] écrit ce matin pour vous [...] dans la [...] ai détaché l'abbé Soulex pour que [...] ouper avec moi, je soupe tête seule. Je [...] que j'avais besoin de vous voir, si vous [...] troisième courrier, je ne le tiendrai [...] us demande en grâce de voir, je suis [...] mille choses à vous dire.

[...] 1818 avait lu à tort Guéude. Il y a[...] évident [...]être Guiande, membre de l'Académie des sciences [...] 1718, auteur d'un savant Traité d'application [...] géométrie (1715), et qui avait été le maître de

[...]d, Mss., p. 97.

bien je sens le prix de votre amitié, et combien je la désire.

----

18. — A M. DE MAUPERTUIS.

A Montjeu, le 7 juin 1734.

Il me semble, Monsieur, que je pousse la bonté plus loin que vous : je ne connais point l'esprit ni les grâces de mademoiselle de Lagny[1], et cependant parce que vous paraissez vous y intéresser, j'y prends une part extrême ; et, si j'avais du crédit dans la Grand'Chambre, elle gagnerait son procès.

Je ne ferai point de réplique à votre parodie, et ne vous parlerai point aujourd'hui de Voltaire : son affaire prend un bon train ; et, comme il est moins malheureux, je commence à en être moins occupée.

Il me semble que les reproches ne vous corrigent point : vous avez trouvé qu'une lettre tous les huit jours était trop d'affaires, et j'ai encore reçu deux *Pour et Contre* par votre dernière et vous vous y plaignez cependant de mon silence ; je vous fais le juge d'un pareil procédé. Je me prépare à vous aller dire moi-même combien je le trouve injuste.

Je me suis remise ces jours-ci à la géométrie ; vous me trouverez précisément comme vous m'avez laissée, n'ayant rien oublié, ni rien appris ; et le même désir de faire des progrès dignes de mon maître. Je vous avoue que je n'entends rien seule à

----

1. S'agirait-il de la fille du mathématicien Thomas Fantet de Lagny, né en 1660, mort le 12 avril 1734, sous-bibliothécaire du roi, membre de l'Académie des sciences (1695), lequel demeurait cloître Saint-Germain-l'Auxerrois, et dont Fontenelle a écrit l'*Éloge*.

M. Guisnée[1]; et je crois qu'il n'y a qu'avec vous que je puisse apprendre, avec plaisir, *un A — quatre A*. Vous semez des fleurs sur un chemin où les autres ne font trouver que des ronces; votre imagination sait embellir les matières les plus sèches, sans leur ôter leur justesse et leur précision.

Je sens combien je perdrais si je ne profitais pas de la bonté que vous avez de vouloir bien condescendre à ma faiblesse, et m'apprendre des vérités si sublimes presqu'en badinant. Je sens que j'aurai toujours, par-dessus vous, l'avantage d'avoir étudié avec le plus aimable, et en même temps le plus profond mathématicien du monde. Je ne crois pas que vous puissiez vous vanter de me le disputer; mais vous seriez encore bien plus aimable si vous n'étiez pas si paresseux, et si vous m'écriviez un peu plus souvent.

---

19. — A M. DE MAUPERTUIS[2].

[Paris, été de 1734. — Au retour de Montjeu.]

Je vous ai écrit ce matin pour vous voir dans la journée; je vous ai détaché l'abbé Soucieux pour que vous veniez souper avec moi, je soupe toute seule. Je vous ai mandé que j'avais besoin de vous voir, si vous ne venez pas au troisième courrier, je me le tiendrai pour dit. Je vous demande en grâce de venir, je suis malade, et j'ai mille choses à vous dire.

1. L'éditeur de 1818 avait lu à tort Guénée. Il s'agit évidemment ici du géomètre Guisnée, membre de l'Académie des sciences en 1707, mort en 1718, auteur d'un savant *Traité de l'application de l'algèbre à la géométrie* (1715), et qui avait été le maître de Maupertuis.
2. Billet inédit, Mss., p. 27.

20. — A *** 1.

Sans date [Paris, juillet 1734].

..... Voltaire, des affaires de qui j'avais commencé à vous rendre compte, et qui me donnent tant de chagrin et tant d'inquiétude, est plus à plaindre que jamais. Ses affaires vont tous les jours de mal en pis. Le garde des sceaux a paru apaisé; il avait même donné des paroles de paix à madame d'Aiguillon[2]; il avait demandé de lui des lettres de désaveu de ce malheureux livre, moyennant quoi il promettait de révoquer cette lettre signée *Louis*. Il a écrit et fait tout ce qu'on a voulu avec une docilité attendrissante. Mais le départ de madame d'Aiguillon, qui était la plénipotentiaire de cette affaire, a fait évanouir toutes mes espérances. Le ministère paraît plus irrité que jamais. Le Parlement l'a brûlé[3]. Il y a dans l'arrêt une permission d'informer que le procureur général[4] veut poursuivre, contre

1. *Lettres de M. de Voltaire et de sa célèbre amie*, p. 59.
2. Anne-Charlotte de Crussol, fille de Louis, marquis de Florensac, et de Marie-Louise-Thérèse de Senneterre-Châteauneuf, née en 1700, mariée, le 12 août 1718, à Armand-Louis de Vignerot du Plessis-Richelieu, duc d'Aiguillon, né en octobre 1683, que l'on appelait, selon Saint-Simon, « le beau comte d'Agenois » et qui avait été très en faveur près de la princesse de Conti (*Mémoires*, VII, 144). Veuve le 31 janvier 1750, elle mourut à Rueil le 15 juin 1772, et fut inhumée dans l'église de la Sorbonne. Très-liée avec Montesquieu et plus tard avec les encyclopédistes, on l'appelait la *Sœur du pot des philosophes*. La duchesse d'Aiguillon s'était aussi adressée à la princesse de Conti (née Bourbon-Condé). Voltaire lui écrivait en mai 1734 : « Je suis pénétré de reconnaissance et je vous remercie, au nom de tous les partisans de Locke et de Newton, de la bonté que vous avez eue de mettre madame la princesse de Conti dans les intérêts des philosophes, malgré les criailleries des dévots. » (*OEuvres*, t. LI, p. 496.)
3. Par arrêt du 10 juin 1734.
4. Joly de Fleury, dont Voltaire a dit plus tard qu'il « n'était ni joli ni fleuri. »

toute vraisemblance. La cour ne veut point révoquer sa lettre de cachet. On lui fait un crime d'un voyage qu'il a fait au camp[1], que son amitié seule pour M. de Richelieu lui a fait entreprendre, sur les bruits qui passaient pour constants en Lorraine, où il était alors, qu'il était blessé dangereusement; d'autres disaient même mort. Mais il y a des temps où tout se tourne en aigre. On lui a prêté cent mauvais propos. Le ministère a saisi ce prétexte avec plaisir. Je suis bien convaincue qu'il a un dessein formé de le perdre. On parle d'un bannissement. Pour moi, je ne sais plus qu'en croire; je sais bien qu'à sa place, je serais à Londres ou à La Haye, il y a déjà longtemps. Je vous avoue que tout cela m'a sensiblement affligée; je ne m'accoutume point à vivre sans lui, et à l'idée de le perdre sans retour, cela empoisonne toute la douceur de ma vie. Vous voyez que vos lettres et les marques de votre amitié me deviennent tous les jours plus nécessaires. M. de Maupertuis me voit souvent; il est extrêmement aimable. Il me semble que vous le connaissez peu; mais sûrement, si vous le connaissiez davantage, vous en feriez cas. Il prétend qu'il m'apprendra la géométrie. Mon voyage a fort retardé le projet; je commence à le reprendre. Je lis l'anglais assez bien à présent; mais je n'ai pu encore parvenir à l'écrire couramment. Je lis le *Conte du Tonneau*[2], c'est un livre bien plaisant et

1. Le camp de Philipsbourg où il s'était rendu le 3 juillet 1734, pour voir le duc de Richelieu qu'on disait mortellement blessé dans son duel avec le prince de Lixen, de la maison de Lorraine, cousin de sa femme, qui n'avait pas voulu signer à son contrat de mariage, et qui périt dans cette rencontre.

2. *Tale of a Tube*, conte allégorique de Swift, publié en 1704, et traduit en français par *Van Effen*, en 1721 (*La Haye, Scheurleer*, 3 vol. in-12). Sous l'apparence d'une défense de l'Église anglicane contre les catholiques et les calvinistes, ce livre est une véritable attaque contre la religion chrétienne, qu'il tourne en ridicule

bien singulier. Il y a à la Comédie Française une tragédie nouvelle nommée *Didon*[1]. Elle est d'un jeune homme de vingt-deux ans, et n'est pas sans mérite; mais elle ne mérite pas la moitié du bien qu'on en dit. Il y a aussi une petite pièce qu'on appelle la *Pupille*[2], qui est d'un M. Le Rayer[3], conseiller au Parlement, et qui est charmante. On joue les *Éléments*[4], et mademoiselle Le Maure a la voix plus belle que jamais. Il paraît un livre du président de Montesquieu sur les *Causes de la décadence de l'Empire romain*[5], qui ne me paraît point digne de l'auteur des *Lettres persanes*, quoiqu'il y ait de l'esprit. Vous en jugerez, car vous l'aurez apparemment. Vous voyez que je vous fais chair d'avare par la longueur de cette lettre; mais si vous me répondez un peu exactement, je vous promets de vous écrire toutes les semaines, et je me le promets bien à moi-même : car j'y trouve un plaisir extrême. La façon pleine d'amitié dont vous avez partagé ma douleur, est une des choses du monde qui m'a fait le plaisir le plus sensible. Qui peut vous exprimer combien j'ai senti vivement le désir que vous avez eu de la venir partager? Je sens qu'il n'y a point de malheur dont votre amitié ne console. On travaille à force à mon ermitage, et je ne désespère de vous y recevoir un jour.

1. Tragédie de Le Franc de Pompignan, alors âgé de vingt-cinq ans. Elle fut jouée le 21 juin 1734. C'est dans le rôle de Didon, qu'elle avait créé, que mademoiselle de Seine est représentée dans son portrait par Aved, gravé par Lépicié.

2. Comédie en un acte et en prose de Fagan (1702-1755), jouée pour la première fois, sur le Théâtre-Français, le 5 juin 1734. Mademoiselle Gaussin y remplissait le principal rôle.

3. Ce nom ne figure pas à l'*Almanach royal* de 1734 parmi les membres du Parlement de Paris.

4. Les *Éléments*, ballet de Roy, musique de Destouches, joués pour la première fois aux Tuileries en 1721, et repris depuis.

5. Amsterdam, *Desbordes*, 1734, in-12.

On m'a peu parlé de vous ici ; je crois que vous n'êtes pas en peine de mes réponses, en cas que l'on m'en parlât. Adieu, Monsieur ; je vous quitte avec peine, et j'ai besoin que le papier se refuse à tout ce que mon amitié me dicte.

---

21. — A ***[1].

[Paris.] Du 6 septembre [1734].

Depuis que j'ai reçu votre lettre, Monsieur, j'ai éprouvé un des malheurs attachés à l'état de mère. J'ai perdu le plus jeune de mes fils. J'en ai été plus fâchée que je ne l'aurais cru, et j'ai senti que les sentiments de la nature existaient en nous, sans que nous nous en doutassions. Sa maladie m'a fort occupée... Je me suis mise dans les mathématiques depuis que la poésie m'a abandonnée. J'apprends la géométrie et l'algèbre par un maître[2] que vous connaissez, et qui en écarte toutes les épines. Il me quitte pour aller philosopher à Bâle avec M. Bernouilli ; et moi, je vais arranger mon château de Cirey, au lieu d'aller à Fontainebleau, et préparer ces lieux pour vous y recevoir un jour... On a joué une petite pièce de Fagan, appelée la *Pupille*, qui est ce que j'ai vu de plus joli depuis longtemps en comique ; deux comédies de Piron[3], qui sont tombées, et l'opéra d'*Athys*[4], que la belle voix de mademoiselle

1. *Lettres de Voltaire et de sa célèbre amie*, p. 34.
2. Maupertuis.
3. *L'Amant mystérieux*, en vers et en trois actes (30 août 1734), et les *Courses de Tempé*, pastorale, jouée le même jour,
4. Opéra de Quinault, musique de Lulli, représenté pour la première fois le 10 janvier 1676. Les ballets étaient de la composition de Dolivet et de Beauchamps. Il fut repris en 1678, 1682, 1689, 1699, 1708, 1709, 1725, 1738, 1740.

Le Maure ne peut empêcher d'être fort ennuyant. On
parle du retour de nos guerriers. Celui de M. de Voltaire ne s'approche point. On négocie toujours, mais
sans succès[1]. On n'en est encore qu'aux préliminaires.
Cette affaire est plus difficile que la paix générale, et
m'intéresse bien autant. J'ai perdu ces jours-ci un
nommé Mézières[2], que vous avez vu chez moi ; j'en suis
fort fâchée. Il est affreux de voir mourir les gens avec
lesquels on a vécu. Cela dégoûte de la vie ; mais si on
pouvait la passer avec vous, on serait trop heureux.

----

22. — A M. DE MAUPERTUIS.

Versailles, jeudi, 1734.

Je crois que vous avez été si mécontent de notre
partie de campagne, que vous n'avez pas voulu me venir
dire adieu. Je ne partis mardi qu'à six heures, vous
m'enlevâtes M. Clairaut[3] le lundi. Enfin, vous avez
toute sorte de torts avec moi, [et moi j'ai celui de vous
écrire, la galanterie est complète, car je n'aurai pas le
temps de recevoir votre réponse ; ainsi vous en voilà
dispensé. Je n'ai pas eu la consolation de pouvoir étu-

1. Pour la paix qui mit fin à la guerre de la succession de Pologne, et dont les préliminaires furent signés à Vienne le 3 octobre
de l'année suivante.

2. Mauguet de Mézières, dont la fille Marie-Françoise-Félicité,
mariée à Pierre-César du Crest, marquis de Saint-Aubin, fut mère
de la comtesse de Genlis, l'auteur des *Souvenirs de Félicie*. « M. de
Mézières avait beaucoup d'esprit et était un grand géomètre. C'est
une anecdote parfaitement connue dans la province, que M. de
Mézières, voisin de la célèbre madame du Châtelet, cultiva ses dispositions pour la géométrie, et lui donna tous les matériaux des
ouvrages qu'elle a publiés depuis. » Genlis, *Mémoires*, t. I, p. 114.

3. Alexis-Claude Clairaut (1713), membre de l'Académie des
sciences en 1731, qui composa pour madame du Châtelet ses *Éléments de Géométrie*. Paris, 1741, in-8.

dier ici, je n'avais rien emporté à faire, et] vous me-
laissez dans le plus beau chemin du monde et avec la
plus grande envie d'apprendre.

Je vous avertis que j'arriverai samedi sur les neuf
heures à Paris; si vous êtes bien aimable, vous viendrez souper avec moi : vous me devez cela, au moins,
pour réparer tous vos torts. Pour M. Clairaut, je le
crois retourné avec mademoiselle de Theil : il m'a
manqué de parole lundi et mardi. Vous êtes bien
capable de m'avoir fait quelque tracasserie avec lui :
nous verrons comment il en usera à mon retour,
[et si vous aurez l'honnêteté de le lui apprendre.]

Je ne sais si vous serez plus content de cette lettre
que des autres : elle est assez maussade ; mais vous savez que quand il y a quelques jours que je ne vous ai
vu, je n'ai plus d'esprit.

-----

23. — A M. DE MAUPERTUIS[1].

[Paris, septembre 1734.]

Je suis au désespoir, non que vous soyez parti[2],
puisque vous l'avez voulu, et que cela était nécessaire
à vos affaires, mais de ce que vous ne me l'avez pas
dit; je vous sais plus de gré d'être venu que je ne puis
être fâchée de votre départ. Je sens ce qu'on doit aux
attentions, et je suis digne de votre amitié et de votre
complaisance.

1. Billet inédit, Mss., p. 30.
2. Pour Bâle (note manuscrite).

24.   A M. DE MAUPERTUIS.

A Cirey (par Joinville), 23 octobre 1734.

Enfin, Monsieur, vous vous êtes ressouvenu de moi,
j'ai reçu une lettre de Bâle quand je n'espérais plus en
recevoir; j'en aurais pris la géométrie en aversion : ce
n'aurait pas été une grande perte pour elle, mais cela
aurait été bien injuste à vous.

Je suis ici dans une solitude profonde, dont je m'accommode assez bien ; je partage mon temps entre les
maçons et M. Locke[1] ; car je cherche le fond des choses
tout comme une autre. Vous serez peut-être étonné que
ce ne soit pas à M. Guisnée[2] que je donne la préférence ;
mais il me semble qu'il me faut, ou vous ou M. Clairaut, pour trouver des grâces à ce dernier.

A propos de M. Clairaut, pourquoi ne m'en parlez-
vous point, ou pourquoi ne m'en parle-t-il point lui-
même? Je me remettrai à étudier $A+B$, pour lui écrire,
si cela peut le tirer de sa paresse ; car c'est sûrement
par paresse qu'il ne m'écrit point.

Pour le coup,

C'est toi qui l'a nommée[3],

je ne vous aurais point parlé de Voltaire ; mais il faut
bien que je vous réponde : ses affaires vont mieux à

1. Nous lisons *Locke*, dans le manuscrit, et non *Coel*, comme
porte l'édition de 1818.

2. L'éditeur de 1818. qui ici comme à la page 21 avait lu
Guenée, avait ajouté cette note évidemment erronée, l'auteur
des *Lettres de quelques Juifs* ayant alors dix-sept ans et n'ayant
d'ailleurs jamais professé les mathématiques : « M. l'abbé
Guenée, si connu par son urbanité, même en mordant au vif,
usait apparemment de plus de réserve envers madame du Châtelet, et ne l'instruisait pas *en* badinant, suivant les expressions de cette célèbre écolière. »

3. Racine, *Phèdre*, acte premier, scène 3.

présent que sa santé ; je crois que cette dernière est la
seule chose qui puisse l'empêcher d'aller à Bâle ; mais
la saison n'est pas favorable pour un hypocondre. Je
lui ai mandé que je le lui conseillais et qu'il pourrait retourner à Paris avec vous, [car je vous le déclare,
il faut être tous rassemblés à Paris pour la messe de
minuit. Je crois que ses affaires finiront au moins dans
ce temps-là.]

Je fais arranger mon ermitage dans la douce espérance d'y passer avec vous des années philosophiques ;
mais il faut encore habiter la ville quelque temps pour
nous en mieux dégoûter, car voilà tout ce qu'on
gagne avec le monde ; pour avec vous c'est tout autre
chose ; vous pouvez trouver le bout des choses, mais
celui de votre esprit et des charmes de votre commerce, c'est ce que je suis bien sûre de ne jamais
trouver.]

On me mande de Paris qu'il y a un père de la Doctrine chrétienne qui [fait un livre, qui paraîtra cet
hiver,] qui sape et réduit en poudre le système de
M. Newton : il ne sait pas, cet homme-là, que vous
le foudroierez de dessus le pont du Rhin, si vous le
croyez digne de votre colère ; mais je ne crois pas qu'il
en vaille la peine. [Pont-de-Veyle a parodié le Pas de
six ; je n'ai pas vu la parodie, mais je la défie d'être
plus jolie que la danse. On vous aura sans doute
mandé combien le public en a été enchanté.]

Rameau m'a fait la galanterie de me faire avertir
d'une répétition de *Samson* [1], qui s'est faite chez M. Fa-

---

1. Cet opéra que Voltaire avait composé pour Rameau, sur la
demande de La Popelinière, et dont il s'occupait dès 1731, ne fut
jamais représenté faute d'autorisation. Il parut pour la première
fois dans l'édition de 1746 des *OEuvres* de Voltaire.

gon[1] : c'est à vous à qui je la dois, et, en vérité, ma reconnaissance est proportionnée au plaisir qu'elle m'a fait, et c'est beaucoup dire. Il y a une ouverture, une chaconne, des airs de violon, un troisième et un cinquième acte admirables. Si Voltaire nous est rendu cet hiver, il nous donnera un opéra et une tragédie; il me mande qu'il a racommodé l'opéra, et fait de *Dalila* une très-honnête personne, malgré ce que vous en conte la Très-Sainte[2]. Je m'aperçois que je suis aussi bavarde qu'elle; mais je suis assurément plus d'accord avec moi-même dans les sentiments que j'ai pour vous.

[On dit que M. le comte de Clermont[3] a quitté la Camargo, et lui a donné une pension.]

1. Louis Fagon, né en 1680, fils du premier médecin de Louis XIV, et de Marie Nozerence, morte le 4 avril 1717, intendant des finances depuis 1714, conseiller au Conseil royal, conseiller d'État, président du bureau du commerce, mort le 8 mai 1744. Il demeurait rue Neuve-des-Petits-Champs. En juillet 1720, lors du *Système*, il avait été disgracié avec Trudaine, le prévôt des marchands, pour avoir voulu s'assurer de la somme exacte que la Banque possédait en numéraire. « Il était garçon et jouissait, dit Barbier, de 60,000 livres de rente de son bien. C'était un homme particulier, assez dur, qui avait refusé plusieurs fois la place de contrôleur général, bon travailleur et qui savait parfaitement les finances. » (*Journal de Barbier*, t. III, p. 515, et t. I, p. 44.) Il laissa pour héritière sa cousine germaine, Geneviève Dousseau, veuve de Martial Borderie, seigneur de Vernejoux, et dont la fille unique épousa le 27 février 1726, Alexis Barsol, marquis de Moussy. (*Mercure*, mai 1744, p. 1059.)

2. Peut-être la duchesse de Saint-Pierre, qui prenait aussi de Maupertuis des leçons de mathématiques.

3. Louis de Bourbon-Condé, comte de Clermont (1709-1771), frère du duc de Bourbon et du comte de Charolais. Voir J. Cousin, *Le comte de Clermont*.

25. A M. DE MAUPERTUIS.

[Paris, vendredi, nuit de Noël, 1734.]

J'aimerais autant être encore à Cirey, et vous à Bâle, que de vous voir aussi peu que je vous vois. Je veux célébrer la naissance d'Éloïne avec vous[1]; voyez si vous voulez venir boire ce soir à sa santé, avec Clairaut et moi. Je vous attendrai entre huit et neuf; nous irons à la messe de minuit ensemble, entendre des Noëls sur des orgues; de là, je vous ramènerai chez vous; je compte sur cela, à moins que mademoiselle de Lagny ne s'y oppose.

---

26. — A M. DE MAUPERTUIS[2].

[Paris, hiver de 1734 à 1735.]

Ni vous, ni M. Vernique, point de lettre, point de nouvelles; voilà votre procédé avec moi. Je vous ai attendu tout le jour; si vous voulez réparer cela demain sur le soir, votre grâce vous est offerte. Je sais que mon dernier souper m'a bien fait baisser dans votre esprit. On en triomphe dans le monde. On dit qu'il n'y a que La Condamine qui ait été content. Vous savez qu'en vivant avec vous, je cherche plus à satisfaire mon goût que mon amour-propre. Ainsi, venez me dire vous-même ce qu'il faut que j'en pense. Je serai sur les sept heures et demie chez moi.

Ce vendredi soir.

---

1. Fille de madame la marquise du Châtelet. (A. N.) — Remarquons cependant que, d'après les généalogies, cette fille ne s'appelait pas Éloïne, et qu'elle était née en juin, et non en décembre.
2. Lettre inédite, Mss., p. 35.

27. — A M. DE MAUPERTUIS[1].

[Paris, dimanche, 1735]

Il me fut impossible d'aller vous voir hier; vous savez à quelle heure on sort de l'hôtel de Richelieu[2]. Je vais aujourd'hui à la campagne, et je reviens demain souper ici. Si vous êtes aimable, vous viendrez y souper. Je vous prie du moins que j'y trouve de vos nouvelles, et de me faire réparer les trois jours que j'ai été sans vous voir.

Dimanche matin.

Dites à Madame d'Aiguillon que je compte sur la comédie mercredi, et que je me rendrai chez elle.

---

28. — A M. DE MAUPERTUIS.

Paris, dimanche, 2 janvier 1735.

J'aimerais autant ne point commencer d'année que de la commencer sans entendre parler de vous. Je ne veux point dater de 1735 que je ne vous aie vu; ce serait sous de trop sinistres auspices.

M. de Richelieu m'a dit aujourd'hui que vous aviez eu 500 francs d'augmentation, et que, comme président, il vous avait demandé et obtenu pour[3]... J'ai oublié le terme; mais vous le devinerez sûrement. [Dites-lui en un mot, quand vous le verrez.]

Je passe mes journées au chevet du lit de sa femme; et, malgré l'envie extrême que j'ai de vous voir, ne passez point les ponts[4] pour me venir chercher que je

1. Billet inédit, Mss., p. 37.
2. Situé alors place Royale, au Marais.
3. Directeur. (A. N.) — Le duc de Richelieu était membre honoraire de l'Académie des sciences depuis 1731.
4. Maupertuis habitait encore rue Sainte-Anne.

ne vous mande que je serai chez moi. J'ai vu Clairaut aujourd'hui, fort paré et fort doré. [Il n'a été qu'un moment chez moi. Adieu, Monsieur.]

---

29. — A M. DE MAUPERTUIS[1].

[Paris, hiver de 1734 à 1735.]

Samedi.

En vérité, il est bien désagréable d'être à Paris et de ne vous point voir. Les jours y passent sans qu'on puisse dire comment cela s'est fait; on passe sa vie en chemin pour aller à l'hôtel de Richelieu. J'allai l'autre jour, en revenant, vous chercher chez Gradot : vous n'y étiez point. J'ai un besoin extrême de vous voir, et je n'en sais de moyen que de vous donner rendez-vous, demain dimanche, à l'Opéra, dans ma petite loge. J'y serai seule avec madame de Saint-Pierre, cela ne doit pas vous faire peur. Je compte sur la fidélité de ce rendez-vous : ce sera des arrhes sur celui que je vous dois le mardi gras au bal.

---

30. — A M. DE MAUPERTUIS[2].

[Paris, printemps de 1735.]

Vous êtes donc allé au Mont-Valérien pour oublier tous les gens qui vous aiment? Vous revenez à Paris sans que j'en sache rien; votre projet est apparemment que je parte pour Cirey sans vous voir; mais je vous avertis que je n'y consens point. Je pars lundi pour Chantilly, où je serai huit jours. Si vous revenez

---

1. Billet inédit, Mss., p. 41.
2. Lettre inédite, Mss., p. 42.

demain pour l'Académie, venez souper avec moi,
mais mandez-le moi de bonne heure. Je voudrais
bien voir Clairaut aussi, mais je crois que c'est à vous
qu'il faut le demander. Adieu! Monsieur; je veux toujours ne vous point faire d'avances, et je passe ma vie
à vous en faire. Nous verrons comme vous en userez.

Vendredi.

31. — A M. DE CIDEVILLE [1].

A Paris, le 31 mars 1735.

Je dérobe à votre ami, Monsieur, le plaisir de vous
apprendre lui-même son retour; je sens et je partage
votre joie. J'ai eu un plaisir extrême à le revoir; son
affaire a traîné si longtemps, que je n'en espérais
presque plus la fin; mais enfin il nous est rendu; il
faut espérer qu'il ne nous donnera plus des alarmes
aussi vives. Je ne sais si vous avez reçu une lettre de
moi dont M. de Formont a bien voulu se charger. Je
veux toujours me flatter que je vous rassemblerai un
jour dans une campagne ou je médite de passer quelque
temps. Vous devez être bien persuadé que je désire
avec empressement de connaitre une personne pour
qui j'ai conçu une estime que l'amitié a fait naître, et
que j'espère qu'elle cimentera.

32. — A *** [2].

A Paris, ce 3 avril 1735.

...Voltaire est enfin arrivé; je crois son affaire
terminée. Si sa santé n'est pas bonne, le plaisir de

1. *OEuvres complètes de Voltaire*, édit. Beuchot, t. LII, p. 22.
2. *Lettres de M. de Voltaire et de sa célèbre amie*, p. 36.

revoir ses amies lui fera, je crois, grand bien. Nous vous regrettons ensemble. Il vous est tendrement attaché. S'il savait que je vous écris, il joindrait les marques de son attachement aux assurances de la tendre amitié qui m'attache à vous pour ma vie.

---

33. — A M. LE DUC DE RICHELIEU[1].

Paris, avril 1735.

J'aime le bavardage du cœur autant que celui de l'esprit; ainsi, puisque vous me donnez carte blanche, je crois que mes lettres deviendront des *in-folio*. La vôtre est venue bien à propos; j'allais vous écrire pour vous écrire *primo*, et puis pour vous dire que voilà comme vous êtes, que vous aimez les gens huit jours, que vous m'avez fait des coquetteries d'amitié, mais que moi qui prends l'amitié comme la chose la plus sérieuse de ma vie, et qui vous aime véritablement, je m'inquiétais de votre silence et m'en affligeais. Je me disais à moi-même : il faut, dit-on, aimer ses amis avec leurs défauts. M. de Richelieu est léger, inégal; il faut l'aimer tel qu'il est. Je sentais que mon cœur ne trouvait point son compte à ce marché; je savais bien que j'aurais pu être heureuse et vous croire incapable d'amitié; mais je ne pouvais sans chagrin renoncer à cette belle chimère d'avoir en vous un ami, vous qu'on ne croit fait que pour la coquetterie, vous, que je ne me serais jamais avisée d'aimer, mais de l'amitié de qui je ne peux plus me passer.

Voilà les idées qui m'occupaient pendant que vous

---

1. *Vie privée du maréchal de Richelieu*, Paris, 1792, t. II, p. 506.

étiez, à ce que vous prétendez, *obstrué*. Vous me faites
une description si comique de l'état où vous étiez, que
si je n'étais pas en peine de votre santé, je vous dirais
que je n'ai vu que vos lettres qui fussent à la fois
tendres et plaisantes, deux choses qui ordinairement
ne vont point ensemble ; mais je vous avertis que vous
avez beau, avec toute la grâce et toute la gaieté du
monde, me faire la description de votre mélancolie, ce
n'est point une excuse pour ne point m'écrire : c'est le
privilége de l'amitié que de voir son ami dans toutes
les situations de son âme. Je vous aime triste, gai, vif,
obstrué ; je veux que mon amitié augmente vos plaisirs, diminue vos peines et les partage. Il n'est pas besoin, pour cela, d'avoir des malheurs véritables ou de
grands plaisirs ; il ne faut point des événements, et je
m'intéresse autant à vos vapeurs et à vos coquetteries,
que les autres s'intéressent au bonheur ou au malheur
des gens qu'ils appellent leurs amis. J'avoue avec vous
qu'on aime mieux voir son amant avec du rouge ; mais
on aime mieux le voir sans rouge que de ne le point
voir du tout. Moi, par exemple, je vous prouve ce que
j'avance ; j'ai les idées extrèmement brouillées le[1] soir ;
je sens très-bien que je ne suis point éloquente ; mais
l'envie de vous communiquer mes idées, toutes em-
brouillées qu'elles sont, fait taire mon amour-propre.

Voilà une histoire faite exprès, pour vous sauver une
phrase que j'allais commencer et qui n'aurait point eu
de fin. Le duc Bécheran[2] avait chargé la dévote Rupel-

1. Peut-être faudrait-il lire : *ce.*
2. On pourrait conjecturer, mais avec une grande réserve,
que sous ce pseudonyme, madame du Châtelet désigne Charles-
Armand-René, duc de la Trémoille, né le 14 janvier 1708, marié
le 29 janvier 1725, à Marie-Hortense-Victoire de La Tour-d'Auvergne,
fille du duc de Bouillon, mort le 23 mai 1741. Bien que le jeune

monde[1] de consulter, sur ses convulsions, M....., médecin d'Hollande : ce M...... envoie une consultation cachetée à madame de Rupelmonde; elle, par discrétion, l'envoie sans la décacheter. On ne parlait depuis un mois, dans la société des d'Autrey[2] et des Sallins, que de l'espoir que l'on mettait dans cette consultation ; elle arrive enfin une demi-heure avant souper, au moment qu'on l'attendait le moins. Tous ses

duc de la Trémoille, alors âgé de 25 ans, eût fait preuve de courage à la prise du château de Milan (janvier 1734), où il avait eu son chapeau troué d'une balle, des bruits fâcheux pour son courage avaient couru sur sa conduite à la bataille de Parme (29 juin 1734). « Le duc de La Trémoille est malheureux ; c'est un beau seigneur qui a toujours été livré ici à tous les plaisirs de la jeunesse. Son rang, sa qualité, sa personne, son esprit qui est des plus brillants, sachant tout, belles-lettres, musique, danse, le tout au parfait, tout est envié ; à la cour et à la ville on est très-disposé à croire qu'il s'est laissé tomber par prudence dans le fossé. Cependant il a été partout dans les sièges qui ont été faits l'année dernière... mais enfin malgré cela on ne veut pas qu'il soit brave. Journal de Barbier, t. II, p. 475.

1. Marie-Marguerite-Élisabeth d'Aligre, fille d'Yves, marquis d'Aligre, maréchal de France, et de Jeanne-Françoise de Garaud de Caminade, née vers 1688, mariée le 4 janvier 1705 à Maxime de Recourt, comte de Rupelmonde, tué en 1710 à la bataille de Villa-Viciosa. Dame du palais de la Reine, elle mourut le 2 juin 1752, âgée de 64 ans. Elle avait été fort liée avec Voltaire qui, en 1722, l'accompagna en Hollande, et lui adressa l'Épître à Uranie. Elle n'avait pas toujours été dévote. Saint-Simon ne l'a pas flattée : « Rousse comme une vache, avec de l'esprit et de l'intrigue, mais avec une effronterie sans pareille, elle se fourra à la cour, où, avec les sobriquets de la blonde et de vaque-à-tout, parce qu'elle était de toutes les foires et marchés, elle s'initia dans beaucoup de choses, fort peu contrainte par la vertu et jouant le plus gros jeu du monde. » Mémoires de Saint-Simon, 1872, in-18, t. III, p. 157.

2. Marie-Thérèse Fleuriau, fille de Joseph-Jean-Baptiste, seigneur d'Armenonville, garde des sceaux, et de Jeanne Gilbert, née le 19 septembre 1698, mariée le 22 septembre 1717, à Henri de Fabry de Moncault, comte d'Autrey, colonel du régiment de Navarre, dont elle devint veuve le 1er septembre 1730. Elle était sœur du comte de Morville, ministre des affaires étrangères, de 1723 à 1727, et de la marquise de Gassion.

amis, conduits par le dieu protecteur de l'amitié y
étaient. On ouvre avec précipitation, et on lit tout haut
ces paroles :

« Le malade dont il est question est très-mal, et
tous les accidents lui viennent d'une peur épouvan-
table qui a fait une révolution si....... ». La Nesle[1] arrache le papier des mains, et dit : Voilà un extravagant
qui ne sait ce qu'il dit, il s'agit bien de cela! Tout le
monde reste consterné ; mais l'amitié officieuse, sachant
la source du mal, a cru être obligée de la divulguer
dans l'espérance d'y trouver remède ; ainsi aucune ne
se coucha sans avoir fait quelque consultation.

Cette histoire augmente considérablement la réputation du Hollandais ; car on assure bien fermement
qu'il ignorait le nom et les qualités du malade.
Madame de Brancas est enfoncée dans les Luynes ; il y
a quinze jours que je n'en ai ouï parler. Vous croyez
bien que ce qui me flatte le plus dans votre amitié pour
moi, c'est le contre-coup de la sienne. Il est impossible
que vous fassiez des présages funestes, sans cela, je ne
craindrais que trop celui dont vous me parlez. Il y a
sur cela des choses que je n'ai jamais dites, ni à vous,
ni à personne, pas même à Voltaire. Mais il y a de
l'héroïsme, ou peut-être de la folie à moi, de m'enfermer en tiers à Cirey : cependant le parti en est pris. Je
me crois encore plus maîtresse de détruire les soupçons de mon mari que d'arrêter l'imagination de Voltaire. A Paris, je le perdrais sans retour et sans remède :

1. La marquise de Mailly-Nesle (née de La Porte-Mazarin) et
mère des célèbres demoiselles de Nesle ; étant morte en 1729, il ne
peut s'agir ici que de sa fille aînée, Louise-Julie, née le 16 mars
1710, mariée le 31 mai 1726 à son parent Louis-Alexandre de
Mailly, dit le comte de Mailly, dame du palais de la Reine, et célèbre par sa liaison avec Louis XV. Elle mourut le 5 mars 1751,
sans postérité.

à Cirey, je puis du moins espérer que l'amour épaissira le voile qui devrait, pour son bonheur et pour le nôtre, couvrir les yeux de mon mari. Je vous demande en grâce de ne rien mander de cela à Voltaire; la tête lu tournerait d'inquiétude, et je ne crains rien tant que de l'affliger, surtout inutilement. N'oubliez pas votre éloquence pour mon mari, et préparez-vous à m'aimer malheureuse, si je le suis jamais. Pour m'empêcher de l'être entièrement, je vais passer trois mois les plus heureux de ma vie; je pars dans quatre jours, et c'est au milieu des embarras du départ que j'ose vous écrire. Mon esprit en est accablé, mais mon cœur nage dans la joie. L'espérance que cette démarche lui persuadera que je l'aime me cache toutes les autres idées, et je ne vois que le bonheur extrême de guérir toutes ses craintes et de passer ma vie avec lui. Vous voyez que vous avez tort; car j'ai assurément la tête tournée, et je vous avoue cependant que ses inquiétudes et ses méfiances m'affligent sensiblement. Je sais que cela fait le tourment de sa vie; il faut bien, moyennant cela, que cela empoisonne la mienne; mais nous pourrions bien avoir raison tous deux : il y a bien de la différence entre la jalousie et la crainte de n'être pas assez aimé; on peut braver l'une, quand on sent qu'on ne la mérite pas; mais on ne peut s'empêcher d'être touché et affligé de l'autre. L'un est un sentiment fâcheux, et l'autre une inquiétude délicate contre laquelle il y a moins d'armes et moins de remèdes, hors celui d'aller être heureux à Cirey. Voilà en vérité de la métaphysique d'amour, et voilà où mène l'excès de cette passion. Tout cela me paraît la chose du monde la plus claire et la plus naturelle. Ce n'est que par comparaison que je m'aperçois que je le condamnerais dans Marivaux · mais ne vous en étonnez point : je me suis

promenée ce soir deux heures aux Tuile:ns avec son
père Fontenelle[1]. A propos de Fontenelle Maupertuis
va au pôle mesurer la terre; de son côt. il prétend
qu'il ne veut point rester à Paris après moi. Il a une
inquiétude dans l'esprit qui le rend bien malheureux,
et qui prouve bien qu'il est plus nécessa:e d'occuper
son cœur que son esprit; mais malhereusement,
c'est qu'il est plus aisé de faire des calcu d'algèbre,
que d'être amoureux. Je dis amoureux :mme moi,
car il faut avec vous définir les mots et a::r de la justesse. J'ai mené Du Fay[2] à Saint-Maur[3], u j'ai passé
huit jours : nous avons disputé pendant : chemin sur
l'existence de qui vous savez; en vérité, en ai quasi
fait un prosélyte, et il aurait bien fait; mis le temps
d'arrêter le soleil, pour me donner le tems de le convaincre, manqua. Si je vis jamais de suu avec vous,
je veux entreprendre votre conversion; ms je ne serai
jamais assez heureuse pour cela, à moir que cela ne
soit à Richelieu. J'ai bien parlé de vous a:c votre président, la seule fois que je l'ai vu; j'en : parlé avec
madame de Boufflers[4] qui me fait des mi:les : j'aurais
du goût pour elle si je ne la craignais pa:ant. Elle dit

1. Fontenelle, alors âgé de 78 ans (1657-175; habitait rue et
porte Saint-Honoré.
2. Charles-François de Cisternay Du Fay, né en :98, membre de
l'Académie des sciences en 1723, intendant du jai n du roi, mort
en 1739. Il lut à l'Académie, en mai 1735, un mi oire sur l'élec-
tricité (*Mercure*, mai 1735, p. 962). Voltaire, da + son quatrième
Discours sur l'homme, sur la *Modération en tout* même dans les
sciences, a dit :

> Le sage Du Faï, parmi ces plants divers,
> Végétaux rassemblés des bouts de l'Univei
> Me dira-t-il pourquoi la tendre sensitive
> Se flétrit sous nos mains, honteuse et fugite.

3. Dont le magnifique château appartenait à la uison de Condé.
4. Voir p. 47, note 2.

qu'elle ;roit que vous lui avez fait une tracasserie
affreus; elle m'a chargée de vous le mander, et n'a
pas vou me dire sur quoi : je l'ai bien assurée qu'il
était impossible que vous fissiez jamais de tracasserie.

Le noveau P*** est plus amoureux que jamais de
Circé. l'a même toujours sur le poing : elle décide à
présent ir les ouvrages d'esprit; mais elle a plus de
boutonque n'en avait Pierrot; on dit même que c'est
les soin qu'il lui a donnés. Si vous ne m'entendez pas,
lisez la stire de Pétrone[1]. J'ai été à *Aben-Saïd*[2]. La folie
du parere pour cette pièce ne peut être comparée
qu'à ceu du parterre de l'Opéra pour mademoiselle
le Breto. Pour moi, je crois que c'est une charité du
public our l'auteur; cela va faire éclore toutes les
mauvais pièces qui n'osaient se montrer au grand
jour; je uis fâchée de vous dire qu'il y a beaucoup
d'incidets, mais presqu'autant d'intérêts différents.
Assurémont *Héraclius*[3] n'est point dans ce goût-là. Je
n'ai jamis trouvé Corneille si sublime; il a étonné
mon âm : le sentiment de l'admiration est si rarement
excité qul me semble que c'est un de ceux qui me fait
le plus gand plaisir. Je ne désespère pas, si Voltaire
soutient e qu'il vous a dit, que nous ne soyons brouillés deux u trois heures à Cirey sur *Héraclius*[4]; car j'ai

1. *Satyron*.
2. Tragde de l'abbé Le Blanc (1707-1781), jouée pour la première fois 6 juin 1735. « Je ne suis surpris ni du jugement
que vous pnez sur la pièce de l'abbé Le Blanc, ni de son succès. Il
se peut trè bien faire que la pièce soit détestable et applaudie. »
Voltaire à Tieriot, 12 juin 1735, *Œuvres*, t. LII, p. 40.
3. Tragde de P. Corneille, représentée, pour la première fois,
au commen ment de janvier 1647.
4. Ces stiments de Voltaire se retrouvent encore dans la critique trop sère qu'il a faite d'*Héraclius*, dans ses *Commentaires
sur Corneill*

promenée ce soir deux heures aux Tuileries avec son
père Fontenelle[1]. A propos de Fontenelle, Maupertuis
va au pôle mesurer la terre; de son côté, il prétend
qu'il ne veut point rester à Paris après moi. Il a une
inquiétude dans l'esprit qui le rend bien malheureux,
et qui prouve bien qu'il est plus nécessaire d'occuper
son cœur que son esprit; mais malheureusement,
c'est qu'il est plus aisé de faire des calculs d'algèbre,
que d'être amoureux. Je dis amoureux comme moi,
car il faut avec vous définir les mots et avoir de la justesse. J'ai mené Du Fay[2] à Saint-Maur[3], où j'ai passé
huit jours : nous avons disputé pendant le chemin sur
l'existence de qui vous savez; en vérité, j'en ai quasi
fait un prosélyte, et il aurait bien fait; mais le temps
d'arrêter le soleil, pour me donner le temps de le convaincre, manqua. Si je vis jamais de suite avec vous,
je veux entreprendre votre conversion; mais je ne serai
jamais assez heureuse pour cela, à moins que cela ne
soit à Richelieu. J'ai bien parlé de vous avec votre président, la seule fois que je l'ai vu; j'en ai parlé avec
madame de Boufflers[4] qui me fait des miracles: j'aurais
du goût pour elle si je ne la craignais pas tant. Elle dit

1. Fontenelle, alors âgé de 78 ans (1657-1757), habitait rue et
porte Saint-Honoré.

2· Charles-François de Cisternay Du Fay, né en 1698, membre de
l'Académie des sciences en 1723, intendant du jardin du roi, mort
en 1739. Il lut à l'Académie, en mai 1735, un mémoire sur l'élec-
tricité (*Mercure*, mai 1735, p. 962). Voltaire, dans son quatrième
Discours sur l'homme, sur la *Modération en tout*, même dans les
sciences, a dit :

> Le sage Du Faï, parmi ces plants divers,
> Végétaux rassemblés des bouts de l'Univers,
> Me dira-t-il pourquoi la tendre sensitive
> Se flétrit sous nos mains, honteuse et fugitive.

3. Dont le magnifique château appartenait à la maison de Condé.

4. Voir p. 47, note 2.

qu'elle croit que vous lui avez fait une tracasserie affreuse; elle m'a chargée de vous le mander, et n'a pas voulu me dire sur quoi : je l'ai bien assurée qu'il était impossible que vous fissiez jamais de tracasserie.

Le nouveau P*** est plus amoureux que jamais de Circé. Il l'a même toujours sur le poing : elle décide à présent sur les ouvrages d'esprit; mais elle a plus de boutons que n'en avait Pierrot; on dit même que c'est les soins qu'il lui a donnés. Si vous ne m'entendez pas, lisez la satire de Pétrone[1]. J'ai été à *Aben-Said*[2]. La folie du parterre pour cette pièce ne peut être comparée qu'à celle du parterre de l'Opéra pour mademoiselle le Breton. Pour moi, je crois que c'est une charité du public pour l'auteur; cela va faire éclore toutes les mauvaises pièces qui n'osaient se montrer au grand jour; je suis fâchée de vous dire qu'il y a beaucoup d'incidents, mais presqu'autant d'intérêts différents. Assurément *Héraclius*[3] n'est point dans ce goût-là. Je n'ai jamais trouvé Corneille si sublime; il a étonné mon âme : le sentiment de l'admiration est si rarement excité qu'il me semble que c'est un de ceux qui me fait le plus grand plaisir. Je ne désespère pas, si Voltaire soutient ce qu'il vous a dit, que nous ne soyons brouillés deux ou trois heures à Cirey sur *Héraclius*[4]; car j'ai

---

1. *Satyricon.*

2. Tragédie de l'abbé Le Blanc (1707-1781), jouée pour la première fois le 6 juin 1735. « Je ne suis surpris ni du jugement que vous portez sur la pièce de l'abbé Le Blanc, ni de son succès. Il se peut très-bien faire que la pièce soit détestable et applaudie. » Voltaire à Thieriot, 12 juin 1735, *Œuvres*, t. LII, p. 40.

3. Tragédie de P. Corneille, représentée, pour la première fois, au commencement de janvier 1647.

4. Ces sentimens de Voltaire se retrouvent encore dans la critique trop sévère qu'il a faite d'*Héraclius,* dans ses *Commentaires sur Corneille.*

excepté mon sentiment de l'empire absolu que je lui
ai abandonné sur mon âme. Mon amour, et même mon
admiration pour lui, demandent des raisons; on aurait
tort de ne pas lui en demander, car il en a souvent de
bonnes.

M. de Modène[1] reste encore un mois ici; le roi lui a
dit qu'il s'en remettait à lui pour faire exécuter à
madame de Modène[2] sa parole. Madame d'Orléans[3] ne
la voit plus, et a défendu à ses filles de la voir; on ne
peut se conduire (à ce qu'elle a fait à Versailles près)[4]
avec plus de sagesse et de modération. Il ne lui échappe
pas un mot d'humeur, cela est bien rare et bien respectable : aussi elle est généralement plainte.

Ah! que je suis bien de votre avis. Je ne crois point
qu'une suite de beautés médiocres soient la monnaie
d'une pensée. Il y a du sentiment dans le sublime des
vers de *Maurice*[5] que vous citez; c'est en même temps
le sublime du cœur et de l'esprit, et Racine n'a pas assurément la monnaie de cela. Vous voyez bien, par ce
que je viens de vous dire de Voltaire, que le goût, la
complaisance, ni même la supériorité, n'entraînent
pas mon sentiment; ainsi j'ai le mérite d'avoir pensé
comme vous en son entier, et j'en suis jalouse.

Oh! lisez donc cette *Vie de Turenne*[6], puisque vous

1. François III d'Est, fils de Renaud, duc de Modène, et de
Charlotte-Félicité de Brunswick-Hanovre, né le 2 juillet 1698, duc
régnant le 26 octobre 1737, mort le 23 janvier 1780.

2. Voir p. 45, note 2.

3. Françoise-Marie de Bourbon, dite mademoiselle de Blois,
fille de Louis XIV et de madame de Montespan, née le 4 mai 1677,
mariée le 18 février 1692 à Philippe d'Orléans, régent, morte le
1er février 1749.

4. Voir p. 45.

5. Madame du Châtelet a voulu dire sans doute, *Martian*, sous le
nom duquel est caché *Héraclius*, fils de l'empereur Maurice.

6. L'*Histoire de la Tour-d'Auvergne, vicomte de Turenne*, Paris,

aimez tant à vous ennuyer doctement. Ce n'est point
pour tracasser que Bécheran vous écrivait, c'était pour
vous lire en public; la tracasserie n'était sûrement que
l'accessoire; mon aversion pour elle m'a fait revoir la
Pierrotte une fois avant mon départ. En vérité! la
bienséance, et non l'été, m'ont arraché cette pla-
titude.

Les derniers mots de votre lettre, qui me font
craindre une affaire, sont un engagement de ne me
pas laisser longtemps sans me donner de vos nouvelles.
Songez combien je vous aime, puisque je vous en demande en partant pour Cirey. Adressez encore cette
lettre à Paris.

_____

34. — A M. LE DUC DE RICHELIEU[1].

[Paris], 10 mai 1735.

Je ne sais s'il est flatteur de vous dire que vous êtes
aussi aimable de loin que de près; mais je sais bien
que c'est un grand mérite pour une solitaire qui, en
renonçant au monde, ne veut point renoncer à l'amitié, et qui serait très-fâchée qu'une absence nécessaire
mît quelque lacune entre elle et vous. Vous savez aimer
vos amis, non-seulement avec leurs défauts, mais
même avec leurs malheurs, ce qui est encore plus rare.
C'en est un grand sans doute que de ne pas jouir de
votre commerce et des charmes de votre amitié; de ne
pas partager avec vous ses idées, ses peines, son
bonheur, et je le sens dans toute son étendue. Vous

1735, 2 vol. in-4°, par André-Michel de Ramsay, l'ami de Fénelon,
et le précepteur du prince de Turenne, arrière-neveu du grand capitaine.

1. *Vie privée du maréchal de Richelieu*, t. II, p. 482.

me faites espérer que vous réparerez ce malheur autant qu'il est en votre pouvoir, et cette espérance adoucit les peines de l'absence auxquelles je m'accoutume d'autant moins que je crois votre cœur plus capable de regretter, au milieu du brouhaha du monde et même des douceurs de l'amour, les plaisirs de l'amitié et de la confiance. J'espère quitter Paris le 20, c'est quitter un désert. Je ne puis vous exprimer le plaisir avec lequel je l'abandonne; je crois que je ne regretterai que madame de Richelieu et vous, à Cirey. Je n'imagine de bonheur au delà de celui que j'y goûterai, que celui que j'aurai à vous y rassembler.

Plus je réfléchis sur la situation de Voltaire et sur la mienne, et plus je crois le parti que je prends nécessaire. Premièrement, je crois que tous les gens qui aiment passionnément vivraient à la campagne ensemble si cela leur était possible; mais je crois de plus que je ne puis tenir son imagination en bride que là : je le perdrais tôt ou tard à Paris, ou du moins je passerais ma vie à craindre de le perdre et d'avoir des sujets de me plaindre de lui. Le peu de séjour qu'il y a fait a pensé lui être funeste, et vous ne pouvez vous imaginer le bruit et le chemin qu'a faits cette *Pucelle*. Je ne puis allier dans ma tête tant d'esprit, tant de raison dans tout le reste, et tant d'aveuglement dans ce qui peut le perdre sans retour; mais je suis obligée de céder à l'expérience. Je l'aime assez, je vous l'avoue, pour sacrifier au bonheur de vivre avec lui sans alarmes, et au plaisir de l'arracher malgré lui à ses imprudences et à sa destinée, tout ce que je pourrais trouver de plaisir et d'agrément à Paris. La seule chose qui m'inquiète et que j'aie à ménager, c'est la présence de M. du Châtelet. Je compte beaucoup sur ce que vous lui direz; la paix détruirait toutes nos espérances,

mais je ne puis m'empêcher de la souhaiter pour
vous. Ma situation est assez embarrassante; mais l'a-
mour change toutes les épines en fleurs, comme il fera
des montagnes de Cirey[1] le paradis terrestre. Je ne puis
croire que je sois née pour être malheureuse; je ne
vois que le plaisir de passer tous les moments de ma vie
avec ce que j'aime, et voyez combien je compte sur
votre amitié, par la confiance avec laquelle je vous
parle de moi pendant quatre pages sans crainte de vous
ennuyer. Il est assez insipide d'en revenir aux tracasseries du monde après cela; cependant j'en ai d'assez
intéressantes à vous mander. Cette pauvre madame
de Modène[2] a reçu un ordre du roi très-dur, de partir
avec son triste mari. Sur cela, elle est partie pour Versailles, a demandé une audience du roi : on la lui a
refusée; elle l'a attendu comme il passait dans la galerie pour aller à la messe, et l'a arrêté malgré lui, en
lui disant : *Sire, vous rendez justice à tous vos sujets;
j'espère que vous ne la refuserez pas à une princesse qui
a l'honneur de vous appartenir d'aussi près que moi*. Le

---

1. Madame Denis, un peu jalouse de Cirey et de la marquise a
dit : « Cirey est à quatre lieues de toute habitation, dans un pays où
l'on ne voit que des montagnes et des terres incultes. » Lettre à
Thiériot, 10 mai 1838. Voltaire, *Pièces inédites*, 1820, p. 289.
   2. Charlotte-Aglaé d'Orléans, dite mademoiselle de Valois, troisième
fille du régent, née le 22 octobre 1700, mariée le 21 juin 1720 à
François-Marie d'Est, fils du duc de Modène, auquel il succéda le
26 octobre 1737, morte le 19 janvier 1761. Arrivée à Paris, avec son
mari, le 10 mars 1735, elle logea « en garni » d'abord à l'*Hôtel
de Luynes*, rue du Colombier, près l'Abbaye-Saint-Germain, puis à
l'*Hôtel de Lyon*, rue Neuve-des-Petits-Champs. Elle était encore à
Paris le 29 novembre 1736, jour où elle accoucha d'un prince. Voir
Barbier, *Journal*, t. III, p. 15, 84, et les *Mélanges* de Bois-Jourdain,
t. I, p. 391, 394. On connaît sa liaison avec le duc de Richelieu,
avant son départ pour l'Italie. Deux de ses filles épousèrent, l'une
le duc de Penthièvre, l'autre le comte de la Marche (Bourbon-
Conti).

roi a passé sans lui rien répondre; le cardinal était
derrière qui n'a rien dit; elle est revenue à Paris fondant en pleurs et jetant les hauts cris. Cela s'est passé
aujourd'hui. Tout le monde s'attendrit sur son sort et
la plaint. On croit qu'elle en partira cette fois plus tôt;
cela a bien l'air d'un parti désespéré. On dit que dans
le fond, M. de Modène est bien aise qu'on la force à le
suivre. On dit plus que madame d'Orléans leur a offert
de les loger au Palais-Royal, si son mari voulait rester.
Il veut aller voyager. On dit que l'argent leur manque;
cela attire toute l'attention du public. Pont-de-Veyle a
madame de Luxembourg[1] (cette nouvelle est plus gaie,
vous me l'avouerez) ou du moins se porte pour tel. Il
la prend pour une bonne fortune, et elle croit que le
public est obligé de lui en trouver plus d'esprit. Le pas
de six est imprimé et défendu de par M. le lieutenant
de police. Je ne serais pas fâchée qu'il fût brûlé par l'exé-
cuteur de la haute justice, pour montrer à madame de
Brancas[2] que ce siècle-ci a des mœurs. Elle est tou-

1. Marie-Sophie-Émilie-Honorate Colbert, fille unique du marquis de Seignelay, fils du célèbre ministre de la marine, et de Marie-
Louise-Maurice de Furstenberg, née le 20 septembre 1711, première
femme (1724) de Charles-François de Montmorency, duc de Montmorency, puis de Luxembourg à la mort de son père en 1726.
Elle mourut le 29 octobre 1747. Par son mari, elle était belle-sœur
des duchesses de Retz-Villeroy et d'Épernon, nées Montmorency.
Parlant d'elle à l'occasion de la société des Brancas, soit à Paris,
soit à Meudon, et des pièces qui s'y jouaient, le président Hénault
dit: « Elle était d'une figure charmante, elle dansoit admirablement
et jouait avec beaucoup de feu et d'intelligence. » Hénault, Mémoires, Paris, 1855, p. 183. Sa fille, Anne-Louise, épousa, le
26 février 1745, le prince de Rebec.
2. Marie-Angélique Fremyn, fille de Guillaume Fremyn, seigneur
de Moras, en Brie, président au parlement de Metz, et de Marie-Angélique Cadeau, née vers 1676, mariée le 14 décembre 1709, à
Louis-Antoine de Brancas, duc de Villars-Brancas, par la démission
de son père, en 1709, né en 1682, chevalier des ordres le 3 juin
1724. Cette duchesse de Brancas était mère du duc de Lauraguais,

jours à Dampierre. Je serais charmée qu'elle eût un fond de goût pour moi; car s'il n'est pas fondé sur la raison, il l'est du moins sur la loi du talion, car vous savez combien j'en ai pour elle; mais je crois que sur cela, comme sur ses voyages à Marville, vous êtes sa boussole. On ne croirait pas la simple amitié de son ressort, mais son zèle embrasse tout. Cela s'appelle étendre les droits de sa charge. Madame de Rohan [1] et madame de Boufflers [2] sont raccommodées et s'aiment

et de la marquise des Salles, dame du palais de la reine de Pologne. Elle mourut le 7 juin 1763 à quatre-vingt-sept ans. Elle avait accompagné mademoiselle de Valois à Modène en 1720, et été de tout temps fort assidue chez la duchesse du Maine, qui avait fait son mariage. Saint-Simon a peint ainsi les deux époux : « Lui et sa femme, sans estime réciproque, qu'en effet ils ne pouvoient avoir, vivoient fort bien ensemble, dans une entière et réciproque liberté dont elle usoit avec aussi peu de ménagement de sa part que le mari de la sienne, qui le trouvoit fort bon, et en parloit même indifféremment quelquefois et jusqu'à elle-même devant le monde, et l'un et l'autre sans le moindre embarras. Mais elle étoit méchante, adroite, insinuante, intéressée comme une crasse de sa sorte, ambitieuse, avec cela artificieuse, rusée, beaucoup d'esprit d'intrigue, mais désagréable plus encore que son mari ;... avec un extérieur doux, poli, prévenant, et l'usage, l'air, la contenance et le langage du grand monde. » *Mémoires* de Saint-Simon, t. VIII, p. 439. — Ailleurs Saint-Simon la dit « assez jolie. » T. V, p. 147.

1. Marie-Sophie de Courcillon, fille de Philippe-Egon, marquis de Courcillon, fils du marquis de Dangeau, le mémorialiste, et de Françoise de Pompadour, née le 6 août 1713, mariée en 1729 au duc de Perquigny (Luynes), dont elle devint veuve en 1731, et en secondes noces, le 31 août 1732, à Hercule-Mériadec de Rohan-Soubise, duc de Rohan-Rohan, prince de Soubise, appelé le prince de Rohan, né le 8 mai 1669. Elle mourut le 4 avril 1756. A l'occasion de son veuvage et de ses secondes noces, Mathieu Marais dit : « Le jeune duc de Perquigny laisse une belle veuve qui ne le pleurera pas beaucoup... Le mariage de M. de Rohan n'est pas trop approuvé; mais pour lui, il est content de posséder cette belle dame; il lui a déjà donné sa maison de Saint-Ouen toute meublée, pour supplément de douaire; ils y sont ensemble assez seuls, mais ils se suffisent l'un à l'autre. » Marais, *Journal*, t. IV, 260 et 411.

2. Madeleine-Angélique de Neuville-Villeroy, fille du gouverneur

à la folie. Je ne trouve pas, selon l'état des choses, que cela soit décent à madame de Rohan; on prétend qu'elle n'ignore pas que madame de Boufflers a dit cet hiver à tout le monde qu'elle avait fait suivre M. de Boufflers [1], et qu'on l'avait vu sortir plusieurs fois de chez elle à cinq heures du matin, et qu'à Paris ils se voyaient chez une madame Babor qu'elle nommait. Si M. de Boufflers l'a su, je ne sais comment il l'a souffert. On dit que madame de Rohan lui dit en se raccommodant et en présence de M. de Rohan : *Madame, si ce sont les propos du public qui vous font désirer de vous raccommoder avec moi, c'est me faire une bien plus grande injure que toutes celles que vous m'avez faites, de croire que je suis capable de vous nuire dans l'esprit de votre mari.* Ce qu'il y a de sûr, c'est que j'ai soupé avec ces deux dames chez le cardinal, et qu'elles n'ont pas cessé de chuchoter. M. d'Orléans [2] offre 6,000 livres à

de Louis XV et de Marie-Marguerite de Cossé-Brissac, sœur du duc de Retz et du marquis, puis duc d'Alincourt, née en octobre 1707, mariée le 15 septembre 1721 au duc de de Boufflers dont la sœur, Marie-Josèphe, avait épousé son frère le marquis d'Alincourt. Elle se remaria le 29 juin 1750 au duc de Luxembourg, et mourut le 29 janvier 1787. C'est d'elle que le duc de Nivernais a dit :

> Quand Boufflers parut à la cour,
> On crut voir la mère d'Amour ;
> Chacun s'empressait à lui plaire,
> Et chacun l'avait à son tour.

1. Joseph-Marie, duc de Boufflers, fils du célèbre maréchal de Boufflers, et de Catherine-Charlotte de Gramont, né le 22 mai 1706, brigadier en 1734, maréchal de camp en 1740, lieutenant général en 1744, se signala par la défense de Gênes en 1747, où il mourut le 2 juillet de la même année. Il était frère de la duchesse d'Alincourt, morte le 18 octobre 1738, et de la duchesse de Popoli, dame du palais de la reine d'Espagne. L'aimable Amélie de Boufflers, duchesse de Lauzun, était sa petite-fille.

2. Louis, duc d'Orléans, fils du régent et de mademoiselle de Bois, fille légitimée de Louis XIV et de madame de Montespan (1703-1752). Adonné à la plus grande dévotion depuis la mort de

Chassé[1], et 10,000 livres à mademoiselle Dufresne; il n'aura pas de cesse qu'il n'ait fait tomber l'opéra et la comédie. Les directeurs ne savent plus de quel bois faire flèche. Le voyage de Marly est remis au lendemain de la Notre-Dame d'août, jusqu'à la veille de celle de septembre. Il n'y aura plus de Petit-Bourg et de Rambouillet. On croit madame de Vaujour[2] grosse, dont la famille est transportée de joie. *La Magie de l'amour*[3], petite comédie d'Autreau, prise des *Veillées de Thessalie*[4], a attiré beaucoup de monde, quoique détestable; je l'ai vue, mais j'avais pour compensation *Héraclius*, que je n'avais ni vu ni lu, et qui m'a enchantée; c'est à mon gré le chef-d'œuvre de l'esprit humain. Je ne sais si j'ai tort ou raison.

J'ai soupé chez la petite Crèvecœur[5] le même soir;

sa femme, Auguste-Marie-Jeanne, princesse de Bade (8 août 1726), il venait en aide à tous les acteurs qui voulaient quitter la scène, et les y incitait au besoin. Ainsi ût-il pour mademoiselle Le Maure, qu'un caprice éloigna de l'opéra au mois de mars 1735. « Elle a eu recours, dit Barbier, à M. le duc d'Orléans, fort ennemi des spectacles profanes. Il lui a offert une pension qu'elle a refusée... Elle s'est retirée dans un couvent, sous la protection de M. le duc d'Orléans. » *Journal de Barbier*, t. III, p. 9.

1. Claude-Dominique de Chassé (1698-1786), aussi célèbre par son chant que par ses bonnes fortunes.

2. Anne-Julie-Françoise de Crussol d'Uzès, fille de Jean-Charles, duc d'Uzès, mort le 19 juillet 1739, et d'Anne-Marie-Marguerite de Bullion, née le 11 décembre 1713, mariée le 19 février 1732, à Louis-César de la Baume-le-Blanc, duc de Vaujour, fils du duc de la Vallière et de Marie-Thérèse de Noailles.

3. *La Magie de l'amour*, comédie-pastorale en un acte et en vers libres, jouée le 9 mai 1735.

4. Par mademoiselle de Lussan, Paris, 1731, in-12.

5. Probablement Charlotte-Catherine de Fargès, fille de Jean-François-Marie de Fargès de Polisy, née en 1704, mariée en 1720, à Louis-Sébastien Castel, marquis de Crèvecœur, né en 1691, mestre de camp de cavalerie, neveu de l'abbé de Saint-Pierre, l'académicien, dont elle devint veuve le 1ᵉʳ mai 1749. Elle se remaria au comte de Lutzelbourg, et mourut le 22 décembre

elle m'a fort demandé de vos nouvelles et de celles de madame de Richelieu. Le duc de Bécheran y était plus ridicule que jamais ; ses poches pleines de lettres de la Forcalquier à droite, et de madame d'Aiguillon à gauche, qu'il n'a cessé de montrer. Je crois que je serai obligée, malgré mon bon cœur, de l'abandonner ; il est trop ridicule aussi ! Je n'ai point lu Ramsai, mais le jugement me paraît général. Vu mon goût pour l'histoire et pour les *in-quarto*, vous croyez bien que je ne le lirai pas.

Je n'ose quasi pas vous envoyer cette lettre ; mais il faut que vous vous accoutumiez à mes bavardages : tout est bon sous la toile. Adieu ! mandez-moi de vos nouvelles. J'espère que vous vous portez bien à présent, mais je veux le savoir, et si vous avez autant de plaisir à lire mes lettres que j'en ai à vous les écrire.

---

35. — A M. LE DUC DE RICHELIEU[1].

Chantilly, 21 mai 1735.

Qui l'aurait jamais cru qu'entre madame de Richelieu, Voltaire et vous, l'amitié eût pu me faire regretter ? à peine l'espérais-je de l'amour. On n'est heureux que par ces deux sentiments. J'avoue qu'ils sont le bonheur de ma vie, et que je ne demanderais aux dieux (s'il y en a) que de passer ma vie dans cette partie carrée où il serait également doux d'être le tiers ou

1789. Elle était sœur de madame de Moras et de la marquise de Parabère, et tante de Peirenc de Moras, le futur contrôleur général. Sa fille, Françoise, épousa en 1742 le président de Brosses, membre de l'Académie des Inscriptions, et correspondant de Voltaire. Le marquis de Crèvecœur était fort lié avec le duc de Richelieu. Voir Bullière, *Anecdotes sur M. de Richelieu.*

1. *Vie privée du maréchal de Richelieu*, t. II, p. 516.

le quart. Mais c'est bien à moi à parler de bonheur! tout mon bien est à Lunéville et à Strasbourg. Je perds ma vie loin de tout ce que j'aime dans cette grande ville qui, en vingt-quatre heures, est devenue un désert. Je ne soupire qu'après mon départ comme après celui de ma délivrance, et je reste en proie à des affaires et à des détails qui me font tourner la tête. Je ne puis vous exprimer que faiblement le plaisir que m'a fait votre petit billet. Non-seulement je suis persuadée que votre amitié fait une partie de mon mérite aux yeux de madame de Brancas, mais il en augmente beaucoup aux miens propres; je crois que je vaux réellement quelque chose depuis que je commence à croire que vous avez pour moi une amitié solide, et il me faut bien des retours sur moi-même pour n'en avoir pas une vanité insupportable. Je sens cependant bien que mes sentiments pour vous la méritent; mais c'est assurément mon cœur seul qui me donnerait quelque vanité, si jamais je manifestais d'en avoir. Je crois que votre séparation avec madame de Richelieu aura été tendre; je crois que Voltaire aura été sensiblement touché de vous voir partir; mais si l'amitié seule s'en mêlait, je défierais l'une et l'autre d'avoir été plus sensible à votre départ que moi : ils ont seulement sur moi l'avantage de pouvoir vous le dire sans mesurer leurs expressions sur la bienséance. Vous connaissez mon cœur, et vous savez combien il est vivement occupé. Je m'applaudis d'aimer en vous l'ami de mon amant, et la seule personne dans le monde à qui il puisse avoir des obligations que je ne regrette point. Vous le connaissez assez pour être sûr que la reconnaissance ne peut rien ajouter à son attachement pour vous; mais ce sentiment ajouterait encore à la douceur que je trouve dans votre amitié, si je ne l'avais

pas empoisonnée. Il ne me pardonne point d'avoir eu
pour vous des sentiments passagers, quelques légers
qu'ils aient été : assurément, le caractère de mon amitié doit réparer cette faute, et si c'est à elle que je dois
la vôtre, je dirai malgré tous mes remords : *o felix
culpa!* Il m'eût été bien plus doux de la devoir à votre
estime, d'en pouvoir jouir sans rougir à tous moments
aux yeux de mon ami intime; mais telle est ma destinée, il faut la subir. Je devrais chercher à effacer cette
idée, et mes remords la renouvellent toujours. J'eusse
été trop heureuse sans cela; il ne manquera pour
l'être à Cirey, que de vous y voir. J'espère que vous réparerez cela par vos lettres. Songez que je ne les désire
point comme la plupart des gens d'ici : *M. de Richelieu
me mande telle nouvelle.* Je ne vous en demande que
des vôtres; songez que si cette marque d'amitié est nécessaire à la douceur de ma vie à Paris, elle l'est à ma
tranquillité à la campagne, où je ne pourrai savoir de
vos nouvelles que par vous-même. L'amitié n'est point
en moi un sentiment insipide et tranquille, et le
bonheur extrême de passer ma vie avec quelqu'un que
j'adore ne m'empêchera point de trembler pour vous.
C'est un sentiment que je ne lui cacherai jamais,
qu'assurément il partage avec moi. Je suis ici depuis
huit jours, et je m'y ennuie singulièrement. Je m'en
vais demain heureusement; mais l'ennui ne me quittera qu'en Champagne. Je n'y pourrai guère être avant
le 20 de juin : je compte vous écrire avant ce temps.
J'ai été voir l'appartement du chevalier d'Hautefort[1], il

---

1. Gabriel de Hautefort, dit le *chevalier de Hautefort*, l'un des
quinze enfants de Gilles, marquis de Hautefort, et de Marthe
d'Estourmel, né vers 1669, brigadier en 1702, maréchal de camp
en 1709, lieutenant général en 1718, mort le 22 février 1743. Il
avait été premier écuyer de la duchesse de Berri.

me conviendra fort. Je vous fais mon plénipotentiaire
à cet effet; je ne crois pas que j'en profite, à moins que
le prétexte du seigneur châtelain ne m'y force. Quand
on a goûté le bonheur de vivre à la campagne avec son
amant, la vie de la ville est insupportable, à moins
qu'on y vive avec M. de Richelieu. Madame de Brancas
s'est repris de passion pour moi depuis votre départ.
J'y ai soupé presque tous les jours; sans doute votre
dernière conversation a produit cela. Point de nouvelles. Je ne sais que la charge de premier maître
d'hôtel de la reine que le Chalmazel a par la démission
du Chamarande [1]; le mariage de Rambures [2] avec une
femme hideuse (c'est mademoiselle de Vérac) : elle l'a
épousé à condition qu'il quitterait la dame de Beuvron [3], qui. heureusement pour elle n'est que furieuse

1. Louis d'Ornaison, comte de Chamarande, né vers 1660, lieutenant général en 1704, maître d'hôtel de la Dauphine, puis de la
Reine en 1733, mort le 1er novembre 1737, sans laisser d'enfant
de son mariage avec Geneviève-Scholastique d'Anglure de Bourle-
mont. Il s'était démis en mai 1735 de sa charge de premier maître
d'hôtel de la Reine, en faveur de son neveu, Louis de Talaru, marquis de Chalmazel, fils de François-Hubert et de Marie d'Ornaison.
2. Louis-Antoine de La Roche-Fontenille, marquis de Rambures, fils de François, marquis de Fontenille, et de Marie-Thérèse
de Mesmes, né vers 1696, colonel du régiment de Navarre, épousa,
le 12 mai 1735, Elisabeth-Marguerite de Saint-Georges de Vérac,
fille de César, marquis de Couché-Vérac, lieutenant général, et de
Catherine Pioger, âgée de vingt-deux ans environ, étant née vers
1713.
3. Thérèse-Eulalie de Beaupoil de Saint-Aulaire, fille unique de
Louis, marquis de Saint-Aulaire, fils de l'académicien, et de Marie-
Thérèse de Lambert, née vers 1705, mariée, le 7 février 1725, à
Anne-Pierre d'Harcourt, appelé d'abord le comte de Beuvron, cinquième fils du maréchal duc d'Harcourt et de Marie-Anne-Claude
Brulart, né le 2 avril 1701, brigadier en 1734, maréchal de camp
en 1743, lieutenant général en 1747, duc d'Harcourt en 1750 par
la mort de son frère aîné. Elle mourut le 3 novembre 1739, âgée
de 34 ans. On la voit figurer, avec mesdames de Mailly, d'Antin, etc.,
dans les petits soupers du roi, soupers inventés par mademoiselle
de Charolais. Voir Luynes, Mémoires, t. II, p. 181.

et point affligée. Mademoiselle de Charolais[1], qui se porte pour sa amie, en dit de bonnes. Il est effectivement assez dr pour une femme qui se respecte, d'être la condition 'un mariage pareil. Voilà une chanson du présiden Hainaut, que j'aimerais autant, pour l'honneur deui, qu'elle fût de Pont-de-Veyle, et l'épitaphe de maame de l'Aigle [2] par M. de Thibouville[3]. On la préten morte d'avoir été battue par son mari ivre. Je vou écris dans le petit bois de Chantilly, au doux murmre d'une fontaine, comme une héroïne de romans; ms le jour me manque heureusement pour vous; car pat-être cette énorme lettre ne finirait pas, tant je trou du plaisir à vous dire ce que je pense, et à vous assur que personne n'aura jamais pour vous une amitié lus tendre et plus solide!

Ne parle pas à M. du Châtelet, si vous le voyez, de l'appartemet du ch lier d'Hautefort. J'ai mille autres chos à   r pour lui, qui seront pour ma premiè

1. Lo   arbon-Condé, dite Mademoiselle de Charolais.   .5, fille de Louis, duc de Bourbon, et de
Loui   née de France, dite *Mademoiselle de Nantes*,
mo   s.

              de Villeneuve, fille unique de Nicolas Petit,
              ésident de la Cour des Aides, et de Mariejuillet 1707, veuve, le 22 octobre 1734, de
           Feron, maître des requêtes, remariée en féabriel des Aires, comte de l'Aigle. Elle mou
           , « d'une fluxion de poitrine », dit le *Mercure*

            d'Herbigny, marquis de Thibouville, né le
           ort le 16 juin 1784, auteur de deux tragédies,
           mir (1759), et l'un des correspondants de Vol

23. — A M. LE DUC DE RICHELIEU.

22 mai 1735.

Je vous ai écrit avant-hier ; je n'ai pas ue nouvelle
à vous mander ; mais il m'est impossible d'être plus
longtemps sans répondre à votre lettre, sas vous dire
le plaisir extrême qu'elle m'a fait. Je trouv dans votre
esprit tous les agréments, et dans votre soété tous les
charmes que tout le monde s'accorde œ trouver ;
mais je suis sûre que personne n'a plus seti que moi
le prix de votre amitié ; votre cœur a prévu le mien.
Je croyais qu'il n'y avait que moi qui conût l'amitié
d'une façon si vive, et j'enrageais toujors dans les
marques que je voulais vous en donner tantôt par
scrupules, d'autres fois par crainte, toujers par défiance de moi-même. Je ne pouvais croire que quelqu'un
d'aussi aimable, d'aussi recherché, d'auss aimé, pût
se soucier de démêler les sentiments de mon cœur
d'avec tous mes défauts. Je croyais vous u
trop tard pour obtenir une place dans vo
croyais aussi, je vous l'avoue, que vous ét
d'aimer avec suite quelqu'un qui n'était p n
à vos plaisirs, qui ne pouvait point vous
qui ne plaisait point à votre maîtresse. Pa ne
d'avoir pensé cela : vous savez si tous le
auxquels on donne le nom d'amitié si inju
ont pas fondés sur ces relations. On a ut
aindre que ce sentiment dont on fait ai de
t un mot dont on se pare sans le sentir mais
me unique, incomparable, vous savez out
cieuse amitié, ivresse de l'amour, tout sent

Vie privée du maréchal de Richelieu, t. II, p. 39.

63. — A M. LE DUC DE RICHELIEU [1].

22 mai :

Je vous ai écrit avant-hier ; je n'ai pas une nouvelle
à vous mander ; mais il m'est impossible d'être plus
longtemps sans répondre à votre lettre, sans vous dire
le plaisir extrême qu'elle m'a fait. Je trouve das votre
esprit tous les agréments, et dans votre société tous les
charmes que tout le monde s'accorde d'y trouver ;
mais je suis sûre que personne n'a plus senti que moi
le prix de votre amitié ; votre cœur a prévenu le mien.
Je croyais qu'il n'y avait que moi qui connût l'amitié
d'une façon si vive, et j'enrageais toujours dans les
marques que je voulais vous en donner, tantôt par
scrupules, d'autres fois par crainte, toujours par défiance de moi-même. Je ne pouvais croire que qelqu'un
d'aussi aimable, d'aussi recherché, d'aussi aimé, pût
se soucier de démêler les sentiments de mon cœur
avec tous mes défauts. Je croyais vous avoir connu
trop tard pour obtenir une place dans votre cœur ;
royals aussi, je vous l'avoue, que vous étiez incapable
d'aimer avec suite quelqu'un qui n'était pas nécessaire
vos plaisirs, qui ne pouvait point vous être utile et
qui ne plaisait point à votre maîtresse. Pardonez-moi
l'avoir pensé cela : vous savez si tous les comerces
auxquels on donne le nom d'amitié si injustement, ne
sont pas fondés sur ces relations. On a toutlieu de
craindre que ce sentiment dont on fait tant de cas, ne
soit un mot dont on se pare sans le sentir ; mais vous,
homme unique, incomparable, vous savez toualier :
délicieuse amitié, ivresse de l'amour, tout est senti par

Vie privée du maréchal de Richelieu, t. II, p. 489.

et point affligée. Mademoiselle de Charolais[1], qui se porte pour son amie, en dit de bonnes. Il est effectivement assez dur pour une femme qui se respecte, d'être la condition d'un mariage pareil. Voilà une chanson du président Hainaut, que j'aimerais autant, pour l'honneur de lui, qu'elle fût de Pont-de-Veyle, et l'épitaphe de madame de l'Aigle[2] par M. de Thibouville[3]. On la prétend morte d'avoir été battue par son mari ivre. Je vous écris dans le petit bois de Chantilly, au doux murmure d'une fontaine, comme une héroïne de romans; mais le jour me manque heureusement pour vous; car peut-être cette énorme lettre ne finirait pas, tant je trouve du plaisir à vous dire ce que je pense, et à vous assurer que personne n'aura jamais pour vous une amitié plus tendre et plus solide!

Ne parlez pas à M. du Châtelet, si vous le voyez, de l'appartement du chevalier d'Hautefort. J'ai mille autres choses à vous mander pour lui, qui seront pour ma première lettre.

1. Louise-Anne de Bourbon-Condé, dite Mademoiselle de Charolais, née le 23 juin 1695, fille de Louis, duc de Bourbon, et de Louise-Françoise, légitimée de France, dite *Mademoiselle de Nantes*, morte le 8 avril 1758.

2. Marie-Anne Petit de Villeneuve, fille unique de Nicolas Petit, sieur de Villeneuve, président de la Cour des Aides, et de Marie-Anne Neyret, née en juillet 1707, veuve, le 22 octobre 1734, de J.-B. Maximilien Le Feron, maître des requêtes, remariée en février 1735 à Louis-Gabriel des Aires, comte de l'Aigle. Elle mourut le 26 avril 1735, « d'une fluxion de poitrine », dit le *Mercure* (Avril, p. 830).

3. Henri Lambert d'Herbigny, marquis de Thibouville, né le 14 décembre 1710, mort le 16 juin 1784, auteur de deux tragédies, *Télamire* (1739) et *Ramir* (1759), et l'un des correspondants de Voltaire.

23. — A M. LE DUC DE RICHELIEU [1].

22 mai 1735.

Je vous ai écrit avant-hier; je n'ai pas une nouvelle
à vous mander; mais il m'est impossible d'être plus
longtemps sans répondre à votre lettre, sans vous dire
le plaisir extrême qu'elle m'a fait. Je trouve dans votre
esprit tous les agréments, et dans votre société tous les
charmes que tout le monde s'accorde d'y trouver;
mais je suis sûre que personne n'a plus senti que moi
le prix de votre amitié; votre cœur a prévenu le mien.
Je croyais qu'il n'y avait que moi qui connût l'amitié
d'une façon si vive, et j'enrageais toujours dans les
marques que je voulais vous en donner, tantôt par
scrupules, d'autres fois par crainte, toujours par défiance de moi-même. Je ne pouvais croire que quelqu'un
d'aussi aimable, d'aussi recherché, d'aussi aimé, pût
se soucier de démêler les sentiments de mon cœur
d'avec tous mes défauts. Je croyais vous avoir connu
trop tard pour obtenir une place dans votre cœur; je
croyais aussi, je vous l'avoue, que vous étiez incapable
d'aimer avec suite quelqu'un qui n'était pas nécessaire
à vos plaisirs, qui ne pouvait point vous être utile et
qui ne plaisait point à votre maîtresse. Pardonnez-moi
d'avoir pensé cela : vous savez si tous les commerces
auxquels on donne le nom d'amitié si injustement, ne
sont pas fondés sur ces relations. On a tout lieu de
craindre que ce sentiment dont on fait tant de cas, ne
soit un mot dont on se pare sans le sentir; mais vous,
homme unique, incomparable, vous savez tout allier :
délicieuse amitié, ivresse de l'amour, tout est senti par

1. *Vie privée du maréchal de Richelieu*, t. II, p. 489.

vous, et répand le charme le plus doux sur vos belles
destinées.

Je vous avoue que si après m'avoir pour ainsi dire
forcée à m'abandonner à mon amitié pour vous, et à
la vérité de mon cœur, vous cessiez (je ne dis pas de
m'aimer) mais de me le dire; si vous mettiez la
moindre lacune dans votre amitié, si les propos ou les
plaisanteries des gens à qui je plais aujourd'hui et à
qui je déplairai peut-être demain, faisaient la moindre
impression sur votre cœur, je serais inconsolable. Je
suis ainsi dans l'amitié, et au travers de la plus extrême
défiance de moi-même, mon cœur croit être en droit
d'exiger les sentiments les plus inaltérables. Voltaire
me paraît s'amuser à merveille en Lorraine [1], et j'en
suis ravie ; je ne suis point comme le chien du jardi-
nier. Il a vu tous les princes et princesses, a été au bal,
à la comédie, fait jouer ses pièces, répéter les actrices,
et surtout il voit beaucoup madame de Richelieu, et
m'en paraît enchanté. Je voudrais que vous passassiez
quelque temps à la campagne avec elle; son caractère
mérite bien la peine d'être approfondi, et il y a peut-
être peu de personnes qui gagnent plus; elle est très-
contente, très-fêtée, très-recherchée, et elle a un assez
bon esprit pour préférer des empressements sincères à des louanges fausses et captieuses dont on l'ac-
cablerait à Marly ou à Versailles. Je suis dans l'étonnement d'être à Paris au lieu d'être à Lunéville. J'attends

---

1. Voltaire avait quitté Paris le 6 mai 1735 pour se rendre en
Lorraine, à la cour de Lunéville. Il y demeura jusqu'au 15 juin environ. « Me voici dans une cour sans être courtisan. J'espère
vivre ici comme les souris dans une maison, qui ne laissent pas de
vivre gaiement, sans jamais connaître le maître ni la famille. Je ne
suis pas fait pour les princes, encore moins pour les princesses. »
Lettre de Voltaire à Thiériot, Lunéville 15 mai. (*Œuvres*, t. LI,
p. 35.)

avec impatience qu'elle me mande si je pourrais y
aller; car je serai ravie, je vous l'avoue, de vivre entre
eux deux. Madame de Brancas m'adore depuis votre
départ, et aussi je fais sa volonté tant qu'elle veut; j'y
ai soupé presque tous les soirs. Puisqu'elle sait les
choses, il est inutile d'y mettre de la politique, de faire
semblant d'être engagée, pour qu'elle ne s'aperçoive
pas du changement de ma conduite; vous savez que
tout cela n'est pas mon fort. Elle m'a rendu votre dernière conversation; elle dit que c'est un piège que vous
lui tendiez, et puis elle se retourne, exagère l'enthousiasme où vous êtes de madame d'Autrey; elle prétend
que vous êtes sujet à la maladie de l'enthousiasme;
elle veut apparemment que je sois jalouse des préfé-
rences que vous avez données à madame d'Autrey;
mais je l'assurai que je lui cédais en toute humilité les
avantages de l'esprit et de l'imagination, bien sûre
d'avoir ceux du cœur. Je vous avouerai que je n'ai pu
résister à l'envie de me vanter avec elle d'avoir reçu
une lettre de vous de Strasbourg, et de lui en dire
quelque chose; c'est la seule infidélité que mon amitié
vous fera jamais. Mais vous n'auriez pu à ma place résister; vous pouvez compter qu'après madame de L...,
je suis à présent la personne du monde qu'elle ménage
le plus. Assurément, pour celle-là, si elle lui échappe,
il y aura du malheur, car elle prend ses mesures de
loin. Madame de Lauraguais est tombée; elle s'est fait
saigner hier, et doit aller, dès qu'elle pourra sortir de
Versailles, à Dampierre, à Saint-Maur et à Marville.
M. de Forcalquier[1] prend du lait paisiblement chez son

1. Louis-Basile de Brancas, dit *le Comte de Forcalquier*, fils
aîné de Louis, marquis de Brancas, maréchal de France, mort
en 1750, et d'Elisabeth-Charlotte-Candide de Brancas, de la branche
de Villars-Brancas, né le 28 septembre 1710, marié, le 6 mars 1742,

oncle [1], et s'en trouve très-bien. On dit que madame
d'Orléans veut absolument que madame de Modène
s'en aille; cela est douloureux. On dit la paix faite. La
lettre de la de Seyne [2] est imprimée avec des notes; je
ne l'ai pas vue; on la vend pourtant publiquement au
palais. Il y a une note affreuse pour madame Portail [3];

à Marie-Françoise Renée de Carbonnel de Canisy, née en 1725,
veuve du marquis d'Autin, mort le 3 février 1753. Il était frère de
la comtesse de Rochefort et du chevalier de Brancas, maréchal de
camp en 1748. Célèbre par son esprit, il composa plusieurs pièces
de société. Voir Loménie, *La Comtesse de Rochefort et ses amis.*

1. Probablement Basile-Hyacinthe-Toussaint de Brancas, dit *le
comte de Céreste,* l'un des ministres plénipotentiaires au congrès de
Soissons, né en 1697, mort le 25 avril 1754. Le comte de Forcalquier avait encore deux autres oncles, l'archevêque d'Aix, mort
en 1770, et l'évêque de Lisieux, mort en 1761.

2. Marie Dupré de Seyne, actrice de la Comédie française, où
elle débuta en 1725, née vers 1707, mariée en 1727 à Abraham-
Alexis Quinault-Dufresne. S'étant prise de querelle, à l'occasion d'un
rôle, avec sa cousine, mademoiselle de Balicourt, mademoiselle de
Seyne avait écrit au duc de Gesvres, premier gentilhomme de la
Chambre, qui avait donné raison à sa rivale, une lettre où elle le
traitait de *Monsieur,* et qui avait motivé contre elle un décret de
prise de corps. Retirée en Flandre avec le marquis de Nesles, son
amant, elle y écrivit un petit pamphlet où, sous prétexte de justifier
sa conduite, elle faisait l'histoire satirique du temps. Il parut le
9 mars 1735 sous ce titre : *Lettre de mademoiselle de Seyne, comédienne ordinaire du Roi, à Messieurs de l'Académie française, au
sujet de la lettre de cachet décernée contre e'e, sur la réquisition
de Messieurs les premiers gentilshommes de la Chambre.* 1735,
in-4°. Voir le *Journal de Barbier,* t. III, p. 8 et 577. Mademoiselle
de Seyne ne reparut plus au théâtre et mourut en 1759.

3. Marthe-Antoinette Aubery de Vatan, fille de Félix Aubery,
marquis de Vatan, prévôt des marchands, mort le 20 juin 1743, et
de N. Fontaine, fille d'un secrétaire du roi, enrichi par le Système,
née le 13 mai 1720, mariée le 15 mai 1732, à Jean-Louis Portail,
fils du premier président de ce nom, d'abord capitaine au régiment
du roi, président à mortier en 1726. Elle était fort galante, chercha à attirer l'attention de Louis XV, et passa pour avoir eu des
intrigues avec le duc de Richelieu et M. de Lugeac. Sa belle-mère,
Rose-Madeleine Roze, femme du premier président Portail, avait
fait également beaucoup parler d'elle. Voir *Journal de Barbier,*
t. IV, p, 140.

c'est bien cela qu'il faudrait brûler par la main du bourreau. La *Vie de M. de Turenne* paraît, et je ne l'ai point lue. L'affaire de madame de Nassau [1] fait un bruit affreux. M. de Bourcin est décrété d'ajournement personnel ; un autre, qu'on ne connaît point, de prise de corps, MM. de Pons et Bonnivet tout simplement. Les dépositions sont affreuses ; elle s'est réfugiée à Versailles ; on a été dans sa maison à Paris pour la mener en prison. Vous m'avouerez que l'on voit de singulières choses. Si vous voyez M. du Châtelet, comme je n'en doute pas, parlez-lui de moi avec estime et amitié, surtout, vantez mon voyage, mon courage, et le bon effet que cela fait dans le monde. Parlez-lui de Voltaire simplement, mais avec intérêt et amitié, et surtout tâchez de lui insinuer qu'il faut être fou pour

---

1. Charlotte de Mailly, fille de Louis, marquis de Mailly-Nesle, maréchal de camp, et de Marie de Coligny, bile du vainqueur de Saint-Gothard, née en 1688, mariée, le 14 mai 1711, à François-Hugues-Emmanuel, prince de Nassau-Siegen, fils de Guillaume-Hyacinthe et de Marie-Françoise de Furstenberg.

Elle était tante des trois demoiselles de Nesle, célèbres sous les noms de comtesse de Mailly, de marquise de Vintimille et de duchesse de Châteauroux. Connue par des aventures galantes qui, en 1710, la firent enfermer à la Bastille sur la demande de sa famille, elle mit au monde, le 1er novembre 1722, un fils, Maximilien-Guillaume-Adolphe, dont elle cacha la naissance à son mari, mais qu'elle fit réintégrer sur les régistres de l'état-civil après la mort de celui-ci. De là un procès en contestation de légitimité dont il est, sans doute, question ici, et qui se termina, en 1756, par un arrêt du Parlement de Paris favorable à la légitimité de l'enfant. Cet enfant lui-même fut le père de ce prince de Nassau, mort en 1809, célèbre par son courage et ses aventures. Saint-Simon a dit de ces Nassau-Siegen : « C'était la faim et la soif ensemble. Le mari était un fort honnête homme et brave, d'ailleurs un fort pauvre homme, qui avait laissé brelander sa femme, qui vivait de ce métier et de l'argent des cartes. Toute laide qu'elle était, elle avait eu des aventures vilaines qui avaient fait du bruit. » *Mémoires*, Hachette, 1865, t. VII, p. 319. Voir encore *Journal de Barbier*, t. VII, p. 320.

être jaloux d'une femme dont on est content, qu'on
estime et qui se conduit bien ; cela peut m'être essentiel. Il a un grand respect pour votre esprit, et sera
aisément de votre avis sur cela. Vous voyez avec quelle
confiance je vous parle ; vous êtes assurément la seule
personne dans l'univers à qui j'ose en dire autant. Mais
vous connaissez ma façon de penser, et je compte que
cette marque de confiance augmentera votre amitié,
sans rien prendre sur votre estime. Je m'abandonne
au plaisir de vous écrire ; ma lettre est une conversation fort longue. Je crois même qu'il ne faudrait pas
tant parler que cela, mais je ne suis pas sur mes gardes
avec vous ; je laisse aller ma main tant que mon cœur
la conduit. Si vous n'aimez pas les longues lettres, je
vous en écrirai de plus courtes ; mais vous trouverez
dans toutes les choses les plus tendres et la plus inviolable amitié.

Si vous voulez le pas de six, je vous l'enverrai.

---

37. — A M. DE MAUPERTUIS[1].

[Cirey, été de 1735.]

Je n'ai point reçu la première lettre dont vous me
parlez, mais je n'en suis pas moins coupable de n'a-
voir pas répondu plus tôt à la vôtre, ou plutôt de ne
l'avoir pas prévenue. Mais je n'étais pas digne de vous
écrire : je passe ma vie avec des maçons, des charpen-
tiers, des cardeurs de laine, des tailleurs de pierre ; je
ne pense plus. Je ne suis pas plus digne de vous écrire
aujourd'hui, mais je n'ai pas le pouvoir de m'en empêcher. Il faut absolument que je vous dise combien

1. Lettre inédite, Mss., p. 44.

je vous regrette dans ma solitude, et combien j'y regrette peu le reste de Paris. Si je n'étais pas ici, je voudrais être au Mont-Valérien. Pourquoi ne dites-vous
pas, du moins : Si je n'étais pas au Mont-Valérien, je
voudrais être à Cirey ? Je me garderai bien de demander la préférence sur cette montagne, depuis que vous
y avez rassemblé M. Algarotti et M. l'abbé Franchini.
Buvez à ma santé ensemble avec mon bon ami M. Re-
nalo. Dites : *Si elle était à Paris, elle viendrait nous voir
à pied ou à cheval, par la pluie, par le soleil.* Mais
songez-vous que l'automne ne se passera pas avant
que j'aie ici deux de vos sages? Au moins, ils me le
font espérer; mais vous, vous ne ferez qu'un saut du
Mont-Valérien au pôle: vous quitterez la Grande Ourse
pour la Petite Ourse. Vous ne m'aimez que quand
vous ne me voyez point. Voltaire est, ici, plus votre
admirateur que jamais, et digne d'être votre ami. Si
je puis vous rassembler, je m'estimerai bien plus heureuse que la reine Christine[1]. Elle quitta son royaume
pour courir après de prétendus savants, et ce sera dans
le mien que je rassemblerai ce qu'elle aurait été chercher bien plus loin que Rome. Vous savez qu'il n'y a
que le premier pas qui coûte à l'amour-propre : puisque j'ai osé vous écrire du milieu de mes maçons,
vous pouvez compter sur mon exactitude. Ne me pu-
nissez point de ma timidité, donnez-moi de vos nouvelles, et soyez bien sûr que madame de Lauraguais,
madame de Saint-Pierre, ni toutes les duchesses du
monde n'auront jamais pour vous une amitié plus
tendre que madame de Cirey.

1. Christine, reine de Suède (1626-1689), la célèbre fille de
Gustave-Adolphe.

38. — A M. LE DUC DE RICHELIEU[1].

[Cirey, septembre 1735.]

Il y a toujours bien à gagner, soit que ce soit votre imagination ou votre cœur qui parle ; il est bien hardi de choisir, mais inouï que je préfère le dernier. Ce qu'il y a de bon avec vous, c'est qu'ils ne vont jamais l'un sans l'autre. Quelque difficile que je sois à vivre (et je vous avoue que je le suis presqu'autant pour mon ami que pour mon amant), je suis bien contente de votre lettre. Vous viendrez donc voir le phénomène, deux personnes qui ont passé trois mois tête à tête et qui ne s'en aiment que mieux. Vous êtes fait pour n'être étonné de rien, et moi qui prends le parti de votre cœur, même contre vous, je prétends que vous seriez digne de ce bonheur ; on ne connaît pas ses forces ; l'amour m'a fait connaître les miennes ; je vous jure que qui m'eût dit, il y a deux ans, que je mènerais par choix la vie que je mène, j'en aurais été bien étonnée ; mon cœur n'avait pas d'idée du bonheur. J'avais beaucoup cherché et rencontré bien rarement les gens avec *lesquels vous avez pris patience :* il n'est pas étonnant que vous les ayez trouvés plus souvent que moi ; ils vous suivent toujours, je ne vous ai jamais vu sans ce cortége, et ce n'est pas le cas de dire *retranchez le faste.* Si ceci n'est pas la théorie du sentiment, j'ai bien peur que ce n'en soit le persiflage. Je me reproche de mêler de la plaisanterie parmi des choses sacrées ; mais vous savez tout entendre et tout démêler. Savez-vous que je n'ai souffert qu'avec peine que vous compariez votre amitié à votre amour ; qu'elle n'en ait donc

1. *Vie privée du maréchal de Richelieu*, t. II, p. 495.

que la vivacité. Il serait nouveau de vous faire une
querelle de cette comparaison. Mais mon cœur cherche
moins avec vous la nouveauté que la vérité. A propos
de cette antithèse, je vous dirai que j'ai reçu une lettre
de M. de Forcalquier. Il était arrivé à Paris le même
jour que moi, et la dame espagnole, pour mortifier
apparemment ma vanité, m'avait dit qu'il savait que
j'étais à l'Opéra et qu'il m'y viendrait voir : il n'y vint
pas, et je dis à la dame que je le trouvais fort mauvais.
Il m'a écrit pour m'assurer qu'il n'était pas vrai qu'il
me sût à Paris, ni à l'Opéra, et a pris de là occasion de
recommencer avec moi un petit commerce inintelli-
gible. Je ne me suis pas trouvé l'esprit assez spiritualisé
depuis que j'ai reçu sa lettre pour y répondre ; il est
étonnant qu'avec autant d'esprit on soit aussi inintel-
ligible. Il faut cependant avouer qu'on ne peut guère
en avoir davantage ; mais il ne sait pas user de son
bien, et il ne cesse d'en abuser ; je crois que vous aviez
un peu contribué à me brouiller avec lui. Il ne peut se
défaire d'un grain de jalousie contre vous. Il y avait
six mois que je n'en avais entendu parler, mais je ne
crois pas que cette lettre nous raccommode et encore
moins qu'il la voie jamais.

---

39. — A M. DE MAUPERTUIS[1].

[Créteil, septembre 1735.]

Que direz-vous quand vous recevrez une lettre dé
moi, datée de Créteil, et que direz-vous encore quand
je vous dirai que le devoir m'a fait faire cinquante
lieues en poste, sans me coucher, un pied chaussé et

1. Lettre inédite, Mss., p. 46.

l'autre nu? On m'a mandé que ma mère était très-mal, je n'ai su autre chose que de laisser tout là, et de venir tout courant. Elle est heureusement hors de de danger. Je m'en retournerai de même, lorsque le quatorzième de sa maladie sera passé. Ce quatorzième c'est samedi; ainsi, je repars dimanche. Si vous m'aimez encore un peu, vous me viendrez voir; vous connaissez assez ma mère pour cela; de plus, si vous voulez, elle ne saura pas que vous êtes chez elle. De quelque manière que ce puisse être, il faut que je vous voie. Je vais passer demain, vendredi, quelques heures à Paris, j'en repartirai à dix heures du soir pour revenir ici; si vous voulez m'attendre au café Gradot, j'irai vous y prendre entre cinq et six, et vous reviendrez ici avec moi, ou du moins nous ferons le chemin ensemble. Adieu! Monsieur; vous voyez que c'est moi qui viens vous voir; il n'y a point d'autre parti à prendre, puisque vous ne voulez pas venir à Cirey; mais que ferez-vous à Paris? voilà cette pauvre petite Lauraguais morte?

A Créteil, ce jeudi[1].

---

40. — A M. LE DUC DE RICHELIEU [2].

[Septembre 1735.]

Vous allez dire que je suis bien difficile à vivre, je ne suis point contente de votre lettre. Ce n'est pas qu'elle ne soit charmante, mais elle est trop courte; vous ne me parlez point de vous. Il est vrai que vous

---

1. La suscription de cette lettre porte : *A M. de Maupertuis, rue Sainte-Anne. Il faut lui porter cette lettre aujourd'hui, quelque part où il soit.*

2. *Vie privée du maréchal de Richelieu*, t. II, p. 501.

m'y parlez de moi d'une façon qui me ferait encore plus sentir mon bonheur s'il était possible. Vous devez bien sentir combien je vous aime, puisqu'au milieu d'une félicité qui remplit également mon cœur et mon esprit, je désire savoir tout ce qui vous intéresse, de partager tout ce qui vous arrive. Votre absence me fait sentir que j'aurais encore quelque chose à demander aux dieux, et que pour être parfaitement heureuse, il faudrait que je vécusse entre vous et votre ami : mon cœur ose le désirer, et ne se reproche point un senti- ment que la tendre amitié que j'ai pour vous y conser- vera toute ma vie. Vous ne me parlez point de me venir voir ni du temps où vous prévoyez la fin de la campagne, ni de l'ennui dont elle doit être pour vous. Je veux bien mourir au monde, mais je ne veux point mourir à votre amitié. Jugez, si dans l'inaction et l'en- nui de la campagne, vous m'écrivez de petites lettres, ce que vous ferez à Paris : vous m'y oublierez pour six mois, mais du moins je suis bien sûre que vous ne penserez à moi qu'avec amitié et sensibilité.

J'ai fait une course bien légère. Je n'ai été que cinq jours dans mon voyage à aller, venir et séjourner. Je ne crois pas avoir jamais fait dans ma vie une si belle ac- tion que de partir et une si agréable que de revenir. J'ai trouvé ma mère hors d'affaires; elle était à sa pe- tite maison de Créteil : ainsi je n'ai pas couché dans Paris, j'y ai été le vendredi parler à mon notaire et voir mademoiselle Sallé[1] à l'Opéra, dans la petite loge de

---

1. Célèbre danseuse, rivale de la Camargo. Elle débuta en 1718 sur le théâtre de la Foire, et quitta le théâtre en 1741. Voltaire a dit d'elle :

De tous les cœurs et du sien la maîtresse,
Elle allume des feux qui lui sont inconnus ;
De Diane, c'est la prêtresse
Dansant sous les traits de Vénus.

madame de Saint-Pierre; je m'enveloppai dans mes
coiffes, et tout le monde me prit pour madame de
Resnel[1]. Le duc de Bécheran vint dans la loge, parler à
madame de Saint-Pierre et ne me reconnut pas; le
Forcalquier était arrivé le même jour, mais je ne le vis
point. Mademoiselle Sallé me fit beaucoup de plaisir,
je l'ai même trouvée augmentée en légèreté : l'opéra
me parut plein de très-belle musique. Le poëme est
détestable. On ne sait ce que c'est : je ne l'ai pas bien
vu ; car je ne voulus pas sortir de la petite chaise de
derrière; l'opéra me parut une apparition de saint An-
toine; je croyais toujours que j'allais me réveiller et
me trouver à Cirey. Je vous avoue que je fus fâchée,
quand je vis qu'il n'y avait point de réveil à espérer.
Je ne sais si vous m'aimez assez pour avoir été bien
aise que je vous mandasse mon voyage à Paris; mais
j'en ai usé avec vous, comme j'aurais voulu que vous en
eussiez usé avec moi en pareille occasion. Vous voyez
bien que je n'ai pas profité de la demande que je vous
avais faite, et je ne vous en remercie pas moins. J'ai
appris en passant que l'on avait beaucoup parlé du roi
et de madame de Boufflers; à Petit-Bourg[2], on pré-

Et Dorat (*La Danse*), la comparant à mademoiselle Guymard :

> C'est ainsi que Sallé, qui brille sur la scène,
> Émule des Amours, en paraissant la reine,
> La tendre volupté présidait a ses pas,
> Animait ses regards, et jouait dans ses bras.

1. Henriette de Fitz-James, fille du maréchal de Berwick, et
d'Anne Bulkeley, née le 16 septembre 1705, mariée le 7 novembre
1722, à J.-B.-Louis de Clermont d'Amboise, marquis de Resnel, né
le 12 octobre 1702, brigadier en 1723, lieutenant général en 1744,
mort le 18 septembre 1761. Elle était belle-fille de la duchesse de
Saint-Pierre, et mourut le 3 juin 1739.

2. Magnifique château, près de Corbeil, sur la rive gauche de la
Seine, entouré d'un parc de plus de 200 arpents, légué par le duc
d'Antin à Louis XV, en 1736, et où celui-ci venait souvent, quand il
chassait dans la forêt de Sénart.

'endait qu'il lui avait tenu des propos fort gaillards.
La reine à son retour lui dit : *Madame de Boufflers,
vous avez bien fait parler de vous à Petit-Bourg. —
Qu'est-ce qu'on a dit, Madame? — On dit que vous avez
beaucoup lorgné le roi. — Madame, Votre Majesté est
mal informée ; ce n'est pas comme cela s'est dit : on a dit
que le roi m'avait beaucoup lorgnée.*

La reine est venue à Paris demander un duc d'Anjou
à la Vierge, qui n'en a jamais eu. On voulait lui faire
une réception superbe et galante ; mais le cardinal a
dit qu'on ne lui avait pas demandé son avis, et qu'il
était que, dans un temps de calamité, cela ne serait
pas bien : Il avait apparemment oublié tous les *Te
Deum* que nous avions chantés. Elle a fini par venir à
Paris faire sa prière et par prendre des glaces de la Le
Fèvre dans la cellule de madame d'Armagnac[1]. Le
même garçon qui lui en avait porté, m'en servit, et
cette anecdote m'a paru plaisante. Nous sommes ici
tout anecdote. On a signé aujourd'hui la paix de Ni-
mègue. Je vous assure que vous ferez bien de nous
venir voir : où trouverez-vous deux personnes qui vous
aiment davantage, et plus de choses curieuses sur l'histoire de Louis XIV? Je compte que vous précéderez
M. du Châtelet. Madame de Richelieu ne vient point ;
n'allez pas en faire de même ; ma maison ne sera pas
encore trop achevée, mais ce n'est pas une maison que
vous venez voir. On a fait frapper une médaille avec
un paon, et pour légende : *silet ne placeat*, et on l'a

1. Françoise-Adélaïde de Noailles, fille du maréchal duc de
Noailles et de Françoise-Charlotte-Aimable d'Aubigné, née le
1er septembre 1704, mariée le 12 mai 1717, à Charles de Lorraine,
comte d'Armagnac, dit le *prince Charles*, grand écuyer de France,
né le 22 février 1684, dont elle était séparée. Elle mourut le 24 janvier 1776. Elle était sœur de la seconde duchesse de Villars, de la
duchesse de Caumont, et de la marquise de Vardes.

envoyée à l'Assemblée du clergé. M. de Valence [1] a cependant fait la plus belle harangue que j'aie encore vue ; si vous en êtes curieux, je vous l'enverrai. Adieu ! je suis une bavarde, mais mon cœur l'est avec vous. Vraiment, j'allais finir, sans vous parler de cette pauvre petite Lauraguais ; n'aurez-vous pas trouvé bien touchant de voir cette fleur coupée aussitôt qu'éclose [2] ? J'ai reçu hier une lettre de madame de Brancas, qui m'a presque fait pleurer ; elle attendrirait les rochers ; et je ne me pique point de l'être. Je crois sa douleur sincère ; car, quel intérêt aurait-elle à me tromper ? En vérité ! elle est fondée : c'était une aimable enfant ; voilà deux de vos amis dans l'affliction par la même cause. Adieu ! donnez-moi de vos nouvelles. Je ne suis pas comme vous ; quand je n'en reçois pas, j'en suis en peine ; et quand j'en reçois, elles me font un plaisir proportionné à la tendre et inébranlable amitié qui m'attache à vous. La Nesle est grosse et plus belle que jamais ; je l'ai rencontrée. Madame de Brancas est à Dampierre ; je n'ai pu la voir dans mon voyage, dont j'ai été bien affligée.

1. Alexandre Milon, évêque de Valence du 31 mars 1726 à 1771. L'Assemblée du clergé s'était ouverte aux Grands-Augustins le 2 juin 1735. Elle accorda au roi, le 13, un don gratuit de 10 millions, et continua ses séances jusqu'au mois de septembre.

2. Adélaïde-Geneviève-Félicité d'O, duchesse de Lauraguais, morte à Paris le 26 août 1735, âgée de 19 ans douze jours, après avoir donné naissance à un second fils. Voltaire adressa à cette occasion les vers suivants à la duchesse de Brancas : :

> La beauté, la vertu, l'esprit fut son partage,
> Son cœur était formé sur l'exemple du tien,
> Son mérite était ton ouvrage,
> Tes pleurs sont à la fois ton éloge et le sien.

Pièces inédites de Voltaire, Didot, 1820, p. 83.

41. — A M. LE DUC DE RICHELIEU[1].

[Cirey, octobre 1735.]

J'avais commencé ma lettre dans l'intention de vous
faire une longue énumération de tous les dangers que
vous courez en venant ici, d'être mal logé, d'y trouver
cent ouvriers, enfin d'être mal reçu, si on peut être
mal quand on est désiré avec l'empressement de la plus
tendre amitié. Je m'aperçois que je ne vous en ai pas
encore parlé, et j'imagine que vous excuserez tous les
dérangements de ma colonie. Voltaire dit que je ressemble à Didon[2] ou à une fourmi. En voilà assez pour
quelqu'un qui m'aime assez pour s'exposer courageu-
sement à tous les dangers. Je vous ai gardé, de mon
côté, la lettre de madame de Brancas, et je suis charmée de voir que nous ayons pensé la même chose en
même temps. Je crois, comme vous, que son affliction
se modérera, et que son imagination fait la moitié du
chemin ; mais n'est-ce pas une chose bien respectable
et bien aimable, d'avoir une imagination si tendre et
si éloquente ? Vous croyez bien que si l'amour ne m'a-
vait pas rappelée ici, j'aurais resté à Paris ; je vous
avoue même qu'il m'a coûté d'en partir ; sans cela j'ai
du goût pour elle, et si je pouvais aimer son cœur
comme sa douleur m'en donne envie, ce serait une des
personnes du monde avec qui j'aimerais le mieux à
vivre ; mais il n'y a que vous dont je puisse souhaiter
la présence. La société seule de votre ami dégoûterait
des autres hommes ; jugez ce que doit faire son amour.

1. *Vie privée du maréchal de Richelieu*, t. II, p. 498.
2.   Talis erat Dido, talem se læta ferebat
      Per medios, instans operis regnisque futuris.

           Virgile, *Aeneis*, ch. I, v. 503.

Je vous envoie une lettre qu'il a écrite à un Vénitien, nommé le marquis Algarotti [1] ; je n'ai pas pu m'en défendre : je pouvais vous l'envoyer comme au président de l'académie des sciences, mais j'aime bien mieux l'envoyer à mon ami intime. Il ne se passe guère de jours sans quelques petits quatrains, et cela sans préjudice aux anecdotes; je compte composer un petit *Émiliana* de tous les vers faits à Cirey, cela sera un assez joli recueil. Venez-y donc : que faites-vous sous la toile par le temps qu'il fait? J'espère bien qu'on ne commencera pas à vous donner de la besogne à présent [2]. On a mandé des maréchaux de camp; mais j'aime mieux savoir le jour de votre départ.

---

42. — A M. DE MAUPERTUIS.

Cirey, 3 octobre [1735.]

Si je pouvais oublier qu'il ne tient qu'à vous d'être à Cirey, et que vous n'y êtes pas, je serais bien touchée de la lettre que vous m'avez écrite à Créteil. Je n'ai été que cinq jours dans mon voyage : aller, venir et séjourner. Je n'ai été que six heures à Paris. Une des consolations d'un voyage si désagréable était l'espérance de vous voir; elle a été cruellement trompée : s'il m'en était resté quelque espérance, je vous aurais attendu; mais il y avait plus de huit jours que j'étais ici, quand votre lettre m'a été envoyée. J'y avais laissé tant d'affaires, que je n'ai eu rien de si pressé que d'y revenir.

---

1. L'*Épître* (en vers) *au comte Algarotti*, datée de Cirey, 15 octobre 1735. *OEuvres*, t. XIII, p. 117.
2. Les préliminaires de paix avaient été signés à Vienne le 3 octobre.

Imaginez-vous que c'est une colonie que je fonde.
Je serais bien mécontente de vous si je voulais ; mais
j'aime mieux vous aimer avec vos torts. Vous ne vous
contentez pas de m'abandonner pour le pôle, vous
m'enlevez Clairaut et Algarotti, sur lesquels je comptais bien plus que sur vous. Il y en aurait qui pourraient penser que, puisque je vous pardonne bien de
m'avoir enlevé M. de Maupertuis, je puis bien vous
pardonner tout le reste ; mais ce n'est pas moi.

Vous allez donc vous geler pour la gloire, pendant
qu'elle brûle La Condamine[1]. Vous m'avouerez qu'on y
va par des chemins différents. Je ne sais si je dois me
promettre que vous me rendrez compte de tout ce qui
vous arrivera ; mais je ne puis m'empêcher de le désirer. Pourquoi êtes-vous dans la même maison que
Clairaut[2], et ne me dites vous rien pour lui ? Je lui
avais écrit aussi de Créteil. Adieu, Monsieur.

Nous nous enivrons de vin d'Alicante, Voltaire et
moi, à votre santé. Vous m'en avez donné un muld ;
il est délicieux. Voltaire dit qu'il est jaloux d'Algarotti[3], et qu'il voudrait être le poëte du voyage, mais
qu'il y fait trop froid.

1. Le 16 mai 1735, La Condamine s'était embarqué à La Ro-
chelle, avec Godin et Bouguer, pour se rendre à Quito et y déterminer la figure de la terre.

.2. Il s'agit probablement de l'habitation commune que Maupertuis
et Clairaut avaient au Mont-Valérien, pour s'y livrer plus paisiblement à leur étude. Car à Paris, le premier demeurait rue de l'Uni-
versité. près celle des Saints-Pères, et le second rue Sainte-Anne.

3. François Algarotti, créé comte en 1740 par Frédéric II, dont
il fut le chambellan et l'ami, né à Venise en 1712, mort en 1764,
Conduit en France, vers 1733, par le désir de se perfectionner dans
les sciences, il se lia avec Clairaut, Maupertuis, Fontenelle, Voltaire,
et ne s'échappait de leur société que pour se retirer dans son ermitage du Mont-Valérien, où il composa ses dialogues sur l'optique de
Newton, publiés à Naples en 1737 sous le titre de *Newtonianismo per
le dame.*

Nous verrons si vous nous viendrez voir à votre retour. Je suis bien sûre que votre imagination ne se ressentira point des glaces du pôle; mais je voudrais bien pouvoir en dire autant de votre amitié pour moi.

Dites cependant quelque chose pour moi à ce petit Clairaut, que j'aime malgré son indifférence.

———

43. — A M. LE COMTE ALGAROTTI [1].

[Cirey, octobre 1735.]

Il est bien juste, Monsieur, que vous étant allé chercher à Paris, vous veniez me rendre la pareille. Il serait bien mal à vous de partir pour le pôle, sans faire un tour en Champagne, et j'ai toujours espéré que vous étiez incapable de me jouer un aussi vilain tour. Je ne sais si vous convertirez Clairaut ; mais je serai encore trop heureuse s'il ne vous pervertit point. M. de Maupertuis me l'a enlevé [2]; il croit que, pourvu qu'il sache prendre la hauteur d'une étoile, cela suffit, et qu'il n'est point nécessaire de venir prendre celle de Cirey. On n'a de pire que des siens. M. de Maupertuis devait donner l'exemple, et venir philosopher ici ; mais il le recevra de vous [3]. N'allez pas après cela vous repentir de votre promesse. Vous ne trouverez pas mon château encore fini, mais j'espère que vous serez content de votre appartement, et surtout du plaisir que je me fais de vous y recevoir. Voltaire, qui le partage, et qui vous désire avec l'empressement que votre

1. *Opere del conte Algarotti. Edizione novissima*, Venezia, 1794, t. XVI, p. 3.
2. Clairaut accompagna effectivement Maupertuis dans son expédition au pôle Nord.
3. Algarotti se rendit à Cirey au commencement de nove* \vre1735.

amitié pour lui lui inspire, se prépare à chanter vos
exploits polaires[1] : vous accorderez votre luth ensemble.
Le voyage des Argonautes n'aura jamais été plus célébré, et assurément n'était pas plus digne de l'être. Je
vous avoue cependant que je me ferais un plaisir extrême de vous voir borner vos courses à Cirey; peut-
être serait-il aussi sensé de passer votre hiver tranquillement à philosopher avec nous. J'ai une assez
jolie bibliothèque. Voltaire en a une toute d'anecdotes; la mienne est toute de philosophie. J'apprends
l'italien pour votre arrivée; mais les menuisiers et les
tapissiers y font bien du tort. Je suis plus occupée
qu'un ministre d'État, et beaucoup moins agitée : c'est
à peu près ce qu'il faut pour être heureuse. Votre société augmentera encore les charmes de ma solitude.
Venez-y donc, Monsieur, et soyez persuadé du plaisir
extrême que je me fais de vous y recevoir.

J'ai vu dans la gazette que M. Zeno est rappelé : j'en
serais bien fâchée pour madame l'ambassadrice; car
je crois qu'elle serait fâchée de quitter sitôt Paris[2].
Je vous supplie de lui dire mille choses pour moi; car
vous la verrez sans doute avant de partir. J'espère que
vous m'apporterez vous-même la réponse à cette lettre;
votre chemin est la grande route depuis Charenton jusqu'à Bar-sur-Aube; la poste de Bar-sur-Aube vous
amènera chez moi; il n'y a que quatre lieues. Ils y
viennent souvent, et cela est plus sûr que des relais. Si

---

1. Dans l'*Épître* en vers, datée de Cirey, 15 octobre 1735 ; *OEuvres*,
t. XIII, p. 117.

2. C'était une fausse nouvelle. M. Zeno ne reçut son audience de
congé que le 4 septembre 1736. Au mois de décembre 1735,
madame Zeno accoucha d'un fils, qui fut baptisé, le 28, dans la
chapelle du château de Versailles, et tenu sur les fonts par le roi
et la duchesse douairière de Bourbon.

vous voulez pourtant m'avertir à temps, je vous en enverrai à Bar-sur-Aube.

———

44. — A M. DE MAUPERTUIS.

A Cirey, 10 décembre 1735.

Je vous renvoie le cygne de Padoue[1], dont je suis
bien fâchée ; mais il est encore bien aimable en comparaison de vous. Il faut vous aimer passionnément
pour ne vous pas détester, après tous les tours que
vous m'avez faits : il ne tiendra qu'à vous de les réparer au retour du pôle, car mon goût pour la solitude
en bonne compagnie ne fait que croître et embellir ;
c'est ce qui fait que je vous prie d'y venir. Je vous ai
fait cent agaceries dans mes lettres à Clairaut. Adieu,
Monsieur. Croyez que rien ne pourra m'empêcher
de m'intéresser sensiblement à tout ce qui vous arrivera. Je suis bien plus curieuse d'apprendre de vos
nouvelles que de celles de la terre, [car je vous trouve
un phénomène bien plus curieux et qui m'intéresse
bien davantage. Parlez un peu de moi avec M. Algarotti, plus on le connaît et plus on l'aime,] et vous
êtes assurément les personnes du monde dont l'oubli m'affligerait le plus, et dont le souvenir me
donne le plus d'amour-propre. Voltaire vous fait mille
compliments.

1. Algarotti, qui avait séjourné à Cirey pendant tout le mois de
novembre 1735.

45. — A [M. LE DUC DE RICHELIEU][1].

Sans date [1735].

La conversation que je viens d'avoir avec vous, me
prouve que l'homme n'est pas libre. Je n'aurais jamais
dû vous dire ce que je vous ai avoué; mais je n'ai pu
me refuser la douceur de vous faire voir que je vous
ai toujours rendu justice, et que j'ai toujours senti
tout ce que vous valez. L'amitié d'un cœur comme le
vôtre me paraît le plus beau présent du ciel, et je ne
me consolerais jamais si je n'étais sûre que vous ne
pouvez, malgré toutes vos résolutions, vous empêcher
d'en avoir pour moi. Au milieu du sentiment vif qui
emporte mon âme, et qui fait disparaître le reste à
mes yeux, je sens que vous êtes une exception à cet
abandonnement de moi-même et de tout autre attachement. J'ai tout quitté pour vivre avec la seule personne qui ait jamais pu remplir mon cœur et mon
esprit; mais je quitterais tout dans l'univers, or elle,
pour jouir avec vous des douceurs de l'amitié. Ces
deux sentiments ne sont point incompatibles, puisque
mon cœur les rassemble sans avoir de reproches à se
faire. Je n'ai jamais eu de véritable passion que pour
ce qui fait actuellement le charme et le tourment de
ma vie, mon bien et mon mal; mais je n'ai jamais eu
de véritable amitié que pour madame de Richelieu et
pour vous. J'ai conservé ce sentiment si cher à mon
cœur au milieu de la plus grande ivresse, et je le conserverai toute ma vie. La seule chose qui y mêle de
l'amertume, c'est que vous ayez pu me croire capable
d'une indignité qui a dû exciter dans votre cœur l'indignation et le mépris. Il est affreux qu'il y ait eu des

---

1. *Lettres de M. de Voltaire et de sa célèbre amie*, p. 50.

temps dans votre vie où vous avez eu ces sentiments
pour moi. Rougissez donc de votre injustice, et voyez
combien un cœur comme le mien est incapable de perfidie. Elle n'est pas dans ma nature, et je suis de plus
incapable d'avoir jamais cru une telle horreur de
vous, si on avait osé vous en accuser. Un cœur capable
d'un amour si tendre, et d'une amitié si solide, ne
peut l'être d'un crime, et c'en serait un que les honnêtes gens ne devraient jamais pardonner. Vous devez
juger combien ces idées cruelles m'occupent, puisque
je n'ai pu m'empêcher de vous en parler au milieu de
l'attendrissement que votre départ a mis dans mon
âme. Je suis heureuse de vous avoir revu, quoique je
ne doive plus vous revoir; je suis même heureuse par
l'indiscrétion que j'ai faite, puisqu'elle vous a fait connaître mon cœur; mais je serai bien malheureuse, si
vous ne me conservez pas votre amitié, et si vous ne
m'en continuez pas les marques. Vous me feriez repentir de la vérité avec laquelle je vous ai parlé, et
mon cœur ne veut point connaître le repentir. Il ne
lui manque qu'un ami comme vous, pour être aussi
heureux que la condition humaine le comporte. Vou-
drez-vous mêler de l'amertume à mes plus beaux
jours? Songez que vous avez à réparer avec moi, et
que vous ne pouvez trop faire, pour me consoler d'avoir
été soupçonnée d'un crime par celui dans le cœur duquel j'aurais cru trouver ma justification. Adieu. Il
n'y aura de bonheur parfait pour moi dans le monde
que quand je pourrai réunir le plaisir de vivre avec
vous, et celui d'aimer celui à qui j'ai consacré ma vie

46. — A ***1.

Du 3 janvier 1736.

... Je vis avec un homme pour qui je vous ai vu de l'amitié, et qui le mérite par son attachement pour vous. Vous devez à cela reconnaître Voltaire. On va jouer une tragédie[2], qu'il a faite depuis que vous étiez aux limbes. Le Franc est cause qu'il l'a donnée; et il a valu cela au public par le mauvais procédé qu'il avait eu de voler son sujet, dont on lui avait rendu compte[3]. Nous allons jouer, dans notre petite république de Cirey, une comédie qu'il a faite pour nous[4], et qui ne le sera que par nous... Voltaire fait l'*Histoire de Louis XIV;* et moi, je *newtonise* tant bien que mal. Je ne sais si vous avez ouï parler du voyage de Maupertuis et de Clairaut au pôle. Ils iront de la part de l'Académie. Vous avez sans doute les *Observations* périodiques de l'abbé Desfontaines. Ce pirate de la littérature m'ôte le plaisir de vous envoyer une lettre

1. *Lettres de M. de Voltaire et de sa célèbre amie*, p. 37.
2. *Alzire* ou *les Américains*, tragédie en cinq actes et en vers, commencée en 1734, et jouée pour la première fois, le 27 janvier 1736, par mademoiselle Gaussin (*Alzire*), Quinault-Dufresne (*Zamore*), Sarrazin, Grandval, Legrand.
3. Le Franc de Pompignan avait présenté aux comédiens français, sous le titre de *Zoraïde*, une tragédie, où, comme dans *Alzire*, les mœurs américaines étaient opposées aux mœurs européennes. Acceptée d'abord d'une voix unanime, cette pièce ne fut cependant jamais jouée, Le Franc s'étant refusé à la soumettre à une nouvelle lecture. « Si vous ne vous connaissez pas en mérite, je me connais en procédés, » avait-il dit.
4. *L'Enfant prodigue*, ou peut-être, le *Comte de Boursoufflé*. « J'ai passé toute ma journée à corriger *les Américains*, à répéter une très-mauvaise comédie de ma façon, que nous jouons à Cirey. (N. B. qu'Émilie est encore une actrice admirable.) » Voltaire à Thieriot, 22 janvier 1736, *OEuvres*, t. LII, p. 172.

en vers de Voltaire au marquis Algarratti [1], jeune Vénitien, qui voulait être du voyage au pôle, uniquement
par cette soif insatiable de voir et de connaître qui
caractérise les gens de génie. Il mérite cette épithète à
à l'âge de vingt-deux ans. Il a passé six semaines ici
cet automne [2]. Il a mis les sublimes discours de M. Newton sur la lumière en dialogues, qui peuvent (au
moins) faire le pendant de ceux de Fontenelle. Mais
vous êtes peut-être curieux de savoir pourquoi l'abbé
Desfontaines m'empêche de vous envoyer cette *Lettre*,
c'est parce qu'il l'a imprimée. Je ne sais trop comment
il a fait pour l'avoir, et nous en sommes tous fort
fâchés.

---

47. — A M. LE COMTE ALGAROTTI.

A Cirey, ce 7 janvier [1736].

Vous pardonnerez, sans doute, Monsieur, à l'afflic-

---

1. C'est Algarotti. La faute est dans l'original (A. N.). Il s'agit
de l'*Épitre* en vers datée de Cirey, 15 octobre 1735, dans laquelle
Voltaire célèbre l'expédition scientifique de Maupertuis au pôle, et
de La Condamine au Pérou. (*Œuvres*, t. XIII, p. 117). Elle parut
dans le tome III des *Observations sur les écrits modernes*, 17 novembre 1735.

2. Voltaire écrivait à Thieriot, le 3 novembre 1735. : « Nous
avons ici le marquis Algarotti, jeune homme qui sait les langues et
les mœurs de tous les pays, qui fait des vers comme l'Arioste, et qui
sait son Locke et son Newton ; il nous lit des dialogues qu'il a faits sur
des parties intéressantes de la philosophie ; moi qui vous parle, j'ai
fait aussi mon petit cours de métaphysique, car il faut bien se rendre
compte à soi-même des choses de ce monde. Nous lisons quelques
chants de Jeanne *la Pucelle*, ou une tragédie de ma façon, ou un
chapitre du *Siècle de Louis XIV*. De là nous revenons à Newton et à
Locke, non sans vin de Champagne et sans excellente chère, car
nous sommes des philosophes très-voluptueux, et sans cela nous
serions indignes de vous et de votre aimable Pollion » (*La Popelinière*).
Œuvres, t. LII, p. 104.

tion où j'ai été[1], le temps que j'ai mis à vous répondre;
nous sommes à présent un peu plus tranquilles, et
Cirey a repris tous ses charmes. Roncine est sûrement
innocent, et personne n'a de copie de ce charmant et
malheureux ouvrage[2]. Thieriot est bien plus heureux
de souper si souvent avec vous, que de recevoir un
petit billet de ma main; il a servi son ami dans cette
occasion[3] comme je veux qu'on le serve : et comme je
n'avais d'autre reproche à lui faire, j'ai été charmée de
lui pouvoir rendre justice. Vous êtes trop bon de vous
tant embarrasser de mes commissions. Pourvu que vous
ne négligiez pas *my picture*, je serai très-contente, car
je ne suis pas si difficile à vivre que vous croyez. Je
connais le tourbillon, et combien il est difficile de n'en
pas être emporté. Newton a détruit ceux de Descartes,
mais on ne détruira jamais, je crois, celui-là. *The
woman of your country* a une bien grosse tête pour
avoir réussi à la cour[4]; elle se serait bien passée du

1. Voltaire, se croyant menacé de nouveau pour quelques lectures
indiscrètes de la *Pucelle*, avait quitté Cirey à la fin de décembre
1735. Cette absence ne dura que quelques jours. « Un orage bien
cruel et bien imprévu m'a arraché quelque temps du port où je
vivais heureux et tranquille, » écrivait-il à Cédeville le 8 janvier
1736. Et à Thieriot, le 13 : « Cette nouvelle attaque de la fortune
n'a servi qu'à me faire sentir encore mieux, si c'est possible, le prix
de mon bonheur. Jamais je n'ai plus éprouvé l'amitié d'Émilie ni la
vôtre;... elle a été touchée sensiblement de ce que vous lui avez
écrit; elle pense, comme moi, que vous êtes un ami rare... »
OEuvres, t. LII, p 155 et 158.

2. *La Pucelle*, et non l'*Épître sur le Bonheur*, comme le dit l'édition des *OEuvres d'Algarotti*, Venise, 1794.

3. Le bailli de Froulay et le chevalier d'Aydie s'étaient aussi
très-chaudement employés pour Voltaire. *OEuvres*, t. LII, p. 159.

4. Probablement l'ambassadrice de Venise, madame Zeno, dont
la réception par la reine eut lieu en grande pompe, à Versailles, le
27 décembre 1735. Elle y avait été conduite en carrosse par M. de
Sainctot, introducteur des ambassadeurs. Le soir il y eut, chez M. de
Chalmazel, premier maître d'hôtel de la reine, un grand dîner au-

compliment du cardinal; mandez-moi qui est-ce qui a été avec elle à Versailles. Le Gresset me paraît à la mode; je n'ai point vu sa *Chartreuse* [1] dont on dit du bien; mais, pour *Vert-Vert* et le *Lutrin vivant*, il méritait qu'on le laissât jésuite.

On ne me mande pas du bien de la *Zoraïde* de Le Franc; j'espère que nous passerons avant lui; du moins si justice est faite. Voltaire a écrit une belle lettre à nosseigneurs les comédiens [2]; si vous voulez, je vous l'enverrai. Mon cher ami Legrand est arrivé; ma belle lettre a fait son effet. Nous lisons tous les jours de l'Arioste; je compte parler italien à votre retour ici. Souvenez-vous de votre parole pour le mois d'août, et ayez *robur et æs triplex* pour vous défendre de Maupertuis et du pôle. On me mande qu'ils commencent à se dégoûter de leur voyage; ce qui est sûr, c'est qu'ils le sont de moi; me voilà brouillée avec le pôle arctique et le pôle antarctique. Je ne sais pas trop pourquoi. J'ai répondu à la lettre que vous m'avez

quel assistèrent les duchesses de Luynes, de Béthune, de Boufflers, d'Épernon, la princesse de Chalais, les ducs de Charost et de Gèvres, les marquis de Nangis et de Tessé, M. Zeno, MM. de Chamarande et de Sainctot. *Journal de Luynes*, t. I, p. 55.

1. *Trois épîtres : la Chartreuse, les Ombres* et *l'Abbaye*, Paris, Lugan, 1736, in-32. En même temps, parut une nouvelle édition de *Vert-Vert*, publiée pour la première fois en 1734. « J'ai lu la *Chartreuse;* c'est, je crois, l'ouvrage de ce jeune homme où il y a le plus d'expression, de génie et de beautés neuves. Mais sûrement cet ouvrage sera bien plus critiqué que *Vert-Vert*, quoiqu'il soit bien au-dessus. » Lettres de Voltaire à Berger, 10 janvier 1736. *OEuvres*, t. LII, p. 157.

2. C'est la lettre de novembre 1735, dans laquelle il demande la priorité pour *Alzire*, « parce que, dit-il ironiquement, il arriverait que, si sa pièce (de la France) était jouée la première, la mienne ne paraîtrait plus qu'une copie de la sienne, au lieu que, si sa tragédie n'est jouée qu'après, elle se soutiendra toujours par ses propres beautés. » *OEuvres*, t. LII, p. 121.

envoyée de l'abbé Franchini[1], par une lettre bien triste, mais la première fois que j'aurai de l'imagination, je réparerai cela.

Mandez-moi si vous avez vu madame de Saint-Pierre et madame de Richelieu. D'Argental me paraît enchanté de vous; il est digne de vous plaire et de vous aimer; c'est un ami charmant : parlez de moi ensemble, je vous en supplie. On a envoyé des corrections; je ne sais pas trop comment on a arrangé tout cela, mais j'espère, si nous avons mademoiselle Dufresne[2] pour *Alzire,* que cela sera bien reçu. Adieu, Monsieur; il est impossible d'être plus aimé et plus regretté que vous l'êtes à Cirey.

---

48. — A M. LE COMTE ALGAROTTI.

[Cirey,] de la chambre des bains [3], ce 8 mars [1736].

Je vous écris, Monsieur, au nom de deux personnes

1. Chargé d'affaires du grand-duc de Toscane en France, de 1722 à 1741.

2. Mademoiselle de Seine, femme de Quinault-Dufresne. Il semble que Le Franc la disputait à Voltaire pour sa *Zoraïde.* « Forcer mademoiselle Dufresne à ne point jouer dans ma pièce, c'est ôter le maréchal de Villars au roi dans la campagne de Denain. Le rôle était fait pour elle, comme Zaïre était taillée sur la gentille Gaussin. » Lettre de Voltaire à Thieriot, 25 janvier 1736. *OEuvres,* t. LII, p. 174. Le rôle d'*Alzire* ne fut pas joué cependant par elle, mais par « la naïve, jeune et gentille Gaussin. » *Ibid.,* p. 185.

3. « Ah ! quel enchantement que ce lieu ! l'antichambre est grande comme ton lit, la chambre de bains est entièrement de carreaux de faïence, hors le pavé, qui est de marbre : il y a un cabinet de toilette de même grandeur, dont le lambris est vernissé d'un vert céladon clair, gai, divin, sculpté et doré admirablement; des meubles à proportion, un petit sopha, de petits fauteuils charmants, dont les bois sont de même façon, toujours sculptés et dorés, des encoignures, des porcelaines, des estampes, des tableaux et une toilette. Enfin, le plafond est peint... Tout cela semble être fait pour des gens de Lilliput. » Graffigny, *Vie privée de Voltaire,* p. 49.

bien fâchées. On mande à M. de Voltaire qu'on va lui
envoyer le *Jules César*[1], et que la lettre italienne n'y
est pas. M. de La Marre[2] n'a pas daigné s'informer plus
tôt de cette circonstance, et il avait cependant mandé
expressément que, sans cette condition, il ne voulait
pas qu'il fût imprimé. Il craint que ce ne soit vous qui
vous soyez repenti de l'honneur que vous lui aviez
fait, et que vous n'en ayez empêché l'impression. Il
est certain qu'on ne pouvait lui faire un plus grand
tort, que de le priver de recevoir une marque publique
de votre amitié et de votre estime; et il le sent bien
vivement. Il vous ferait des plaintes bien plus tendres
et bien plus pathétiques que moi, s'il n'était pas malade : mais vous connaissez sa malheureuse santé;
elle a toujours été bien languissante depuis votre départ. On lui a mandé que vous étiez enrhumé : ce serait
un vrai temps pour m'écrire. En vérité je pourrais me
plaindre de vous bien sérieusement. On peut avoir des
négligences dans le commerce, mais il n'est pas permis
d'en avoir dans les choses essentielles; et assurément

---

1. Jouée pour la première fois, le 11 août 1735, sur le théâtre
du collége d'Harcourt, dont le proviseur, l'abbé Asselin, la tenait de
Voltaire, la tragédie de *Jules César* fut l'objet presque aussitôt d'une
édition subreptice. La première édition avouée par lui fut donnée
au commencement de 1736 par l'abbé de La Mare, *Paris, Bauche*,
in-8° de 70 pages. Elle était précédée d'un *Avertissement* du même
abbé, et contenait bien, malgré les craintes exprimées ici par Voltaire, la *Lettre de M. Algarotti à M. l'abbé Franchini, envoyé de
Florence, sur la tragédie de* Jules César, *par M. de Voltaire.* On lit
dans l'*Avertissement* : « Nous ajoutons une lettre de M. le marquis
Algarotti, qui, à l'âge de vingt-quatre ans, est déjà regardé comme
un bon poëte, un bon philosophe et un savant. Son estime et son
amitié pour M. de Voltaire leur font honneur à tous deux. » Dans
l'édition italienne des Œuvres d'Algarotti, Crémone, 1783, in-8°,
cette lettre, qui diffère beaucoup de celle imprimée en 1736, est
datée de Cirey, 12 octobre 1735.

2. Voir plus loin.

celle que je vous ai confiée[1] est de ce nombre. Renvoyez-la moi au plus tôt; vous savez que je ne puis la recevoir en des circonstances plus favorables. Adieu, Monsieur; je vous aime malgré tous vos torts; et vous pouvez compter que vous parcourez bien des pays avant que de trouver un coin du monde où l'on vous aime et où l'on vous désire plus qu'à Cirey.

Nous avons une consolation; c'est que la lettre sera imprimée en Hollande, quelque chose qui ait pu l'empêcher à Paris.

———

49. — A M. THIERIOT.

A Cirey, 10 mars 1736.

Voltaire veut que je signe sa lettre; j'y mettrai avec grand plaisir le sceau de l'amitié; je sens celle que vous avez marquée à votre ami, et je désire que vous en ayez pour Émilie.

———

50. — A M. DE MAUPERTUIS[2].

Cirey, 28 mars [1736].

Vous pourriez bien partir pour le pôle sans m'écrire, mais ce ne sera assurément pas sans recevoir des reproches de ma part. Il y a six mois que je n'ai entendu parler de vous; je m'attends à apprendre votre départ par la gazette. Dites-moi, je vous prie, avant de partir, qui peut vous avoir fait imaginer d'a voir avec moi un procédé si bizarre. Madame de Saint

1. L'affaire relative à son portrait; voir p. 79 et 89.
2. Lettre inédite, Mss., p. 52.

Pierre m'a mandé qu'elle vous avait exhorté à me venir voir, et qu'elle croyait que vous y viendriez. J'ai trop d'amour-propre pour lui avoir mandé combien vous êtes loin d'être capable d'y venir. Cependant ce serait une belle action, et je sens que je vous pardonnerais tout, si vous la faisiez. Tous chemins ne vont-ils pas au pôle? Clairaut m'a aussi abandonnée, mais c'est vous qui le pervertissez. Ce qu'il y a de bien certain, c'est que vous ne me pervertirez pas, et que je m'intéresserai toujours à ce qui vous arrivera, mon estime et mon...[1] pour vous, Monsieur, étant plus fortes que toutes vos rigueurs.

Le père d'*Alzire* vous fait mille tendres compliments; il serait bien glorieux si elle vous avait plu, et si vous pensiez quelquefois à lui.

A Cirey, ce 28 mars.

51. — A M. DE MAUPERTUIS.

Paris, printemps de 1736.

Croyez-vous exécuter ce projet ridicule du Mont-Valérien? Je vous avouerai que je le trouve très-mauvais, d'autant plus que je suis de très-belle humeur. Vos académiciens m'ont ennuyée à crever, l'autre jour; mais je suis bien sûre que vous ne m'ennuierez point. Vous êtes obligé, au contraire, à réparer tout ce qu'ils m'ont fait.

Sans plaisanterie, je serais très-fâchée que vous partissiez sans me voir : vous n'avez qu'à venir demain avant ou après la séance de l'Académie, ou bien me donner un rendez-vous, ou, ce qui serait mieux, ne point aller au Mont-Valérien.

---

1. Le mot qui devrait suivre est omis dans l'original.

52. — A M. DE MAUPERTUIS.

[Paris, avril 1736.]

Vous étiez bien malade hier au soir pour ne me point venir voir, et vous vous portez sans doute à merveille aujourd'hui, pour aller voir M. Vernique; [vous auriez pu, venant si près de chez moi, venir me dire vous-même de vos nouvelles, et en savoir de mon rhume.] Si je n'avais pas cru votre torticolis un prétexte, j'en aurais envoyé savoir des nouvelles ce matin.

Clairaut a fait fidèlement votre commission; et, pour adoucir ce qu'elle avait de trop dur, il a resté avec moi jusqu'à minuit. Vous devriez bien me la venir confirmer vous-même. C'est tout le moins de venir dire aux gens que l'on ne les verra plus. La politesse l'exige, et je vous avertis que je ne le croirai jamais sans cela.

Dites à Clairaut que, s'il veut venir demain dîner avec moi, je ne sortirai point, et qu'il est de son honneur que je sache si la terre est sphérique, ou allongée vers les pôles.

[Proposez à M. Vernique de venir souper vendredi avec moi; il m'a mandé qu'il ne me pourrait point voir demain ni après. S'il ne fallait pas donner une fête à son prince, je l'en enverrais prier, et si l'on ne peut l'avoir qu'à cette condition, j'aime encore mieux lui donner une fête.]

Si je pouvais imaginer quelque autre commission, je vous en chargerais dans l'espérance que vous viendriez demain m'en rendre compte, à moins que L. G. O.[1] ne vous l'ait défendu. Si je pouvais jamais devenir

1. La Grande Ourse, sans doute. Voir p. 61.

l'étoile polaire, je serais bien heureuse. Je crois qu'en
attendant je deviens folle.

---

53. — A M. DE MAUPERTUIS.

Ce jeudi, 1736.

Je me suis bien doutée, Monsieur, que je ne vous reverrais plus; je vous envoie le symbole de votre légèreté[1].
Vous avez voulu diminuer le regret que j'aurais ici de
votre départ; mais vous n'avez point réussi. J'espère
que vous ferez un aussi bon usage de votre liberté,
que le moineau qui reste dans sa cage, quoiqu'elle
soit ouverte.

J'attendrai de vos nouvelles pour vous écrire.
J'espère que vous ne me priverez pas longtemps de ce
plaisir.

---

54. — A M. LE COMTE ALGAROTTI.

[Cirey, vers le 10 avril 1736.]

Je vous ai envoyé, Monsieur, un manuscrit in-folio
qui ne vaut pas les quatre feuilles imprimées[2] que je vous
envoie. Je n'ai le front de vous envoyer les louanges
excessives que l'on m'y donne, que parce que l'on vous y
rend la justice que vous méritez. La pièce n'est pas
encore finie d'imprimer, et cela aurait fait un trop gros
paquet. Je vous supplie de faire en sorte que la reine

---

1. Il est à présumer que madame du Châtelet envoya à **M. de
Maupertuis** un papillon dessiné ou gravé. (A. N.)

2. L'Épitre à madame la marquise du Châtelet placée en tête de
la tragédie d'*Alzire.*

d'Angleterre[1], qui sait le français à merveille, la voie; et que, si on imprime ou qu'on traduise *Alzire* en Angleterre, l'*Épître* soit imprimée et traduite. Ils me doivent cette attention pour mon admiration pour leurs ouvrages, et mon goût pour leur nation ; de plus, on n'y cite presque que des Anglais. Il y a eu à Paris plusieurs éditions d'*Alzire*[2], et l'épître dédicatoire n'a pas été mise à toutes. Vous savez toutes les tracasseries que l'on essuie à notre imprimerie, et l'inquiétude qui règne en France dans les lettres. Je vous prie de me donner de vos nouvelles, afin que je sache où vous prendre pour vous écrire dorénavant ; car je crois que l'Angleterre est prête à vous perdre. Je me flatte cependant que ma lettre vous y trouvera encore. J'en ai enfin reçu une de nos deux Lapons dans le moment de leur embarquement. Adieu, Monsieur ; écrivez-moi, et aimez toujours un peu Cirey. Voltaire est toujours dans cette grande vilaine ville[3] à jouir de son triomphe[4] ; on est fou de lui. Je serais bien fâchée que les honneurs changeassent les mœurs ; vous êtes faits tous les deux pour aimer Cirey, et on vous y aime.

---

1. Wilhelmine-Charlotte de Brandebourg, fille de Jean–Frédéric, margrave de Brandebourg-Anspach, et d'Éléonore-Ertmude-Louise de Saxe-Eisenach, née le 11 mars 1683, mariée le 2 septembre 1705, à Georges-Auguste de Brunswick, roi d'Angleterre en 1727, sous le titre de Georges II, morte le 1er décembre 1737. Dans cette épître dédicatoire d'*Alzire*, Voltaire a dit d'elle : « La reine d'Angleterre, qui a servi de médiatrice entre les deux plus grands métaphysiciens de l'Europe, Clarke et Leibnitz, et qui, pouvant les juger, n'a pas négligé pour cela un moment les soins de reine, de femme et de mère ! »

2. Outre l'édition de Bauche, il en parut une autre la même année, *Amsterdam*, *Jacq. Desbordes*, 1736, in-8.

3. Voltaire était arrivé, le 16 avril 1736, à Paris, où l'appelaient ses démêlés avec son libraire Jore et des intérêts pécuniaires.

55. — A M. LE COMTE ALGAROTTI.

[A Cirey, le 20 mai 1736.]

Savez-vous que vous me rendez la vie en m'ôtant un
sujet e me plaindre de vous? Je vous avoue que
j'étaisau désespoir d'être obligée de ne vous plus
aimer Pardonnez-moi d'avoir soupçonné votre fidélité, mais que vouliez-vous que je pensasse? Non-seu-
lemet vous ne répondiez pas à mes lettres, mais on
me randait que vous étiez parti, et cela sans avoir
aucue nouvelle de ce que je vous a   fié. J'étais
bien oin de penser que vous en eu   é M. du
Châtlet. Comme il n'est revenu i   avril,
il y vait un mois qu'il avait votre   onsé-
quet votre lettre. Il ne vous en c   coup
de r en donner un mot d'avis par l   auriez épargné bien du chag   en   , et
suriut une lettre que j'   et
dor je me repens bie   art.
Je ous en demande n   par-
lai comme quelqu'un   ent
offasé par la personn   esse
de qui j'aurais cru pou
sûté. Je suis dans de
lere-ci ne parvienne p
qu j'écrivais à l'abbé Fr
Et ce cas, mettez-vou
navait mandé bien po
éez parti; que je croya
o que vous aviez sacri

1. Voltaire, dans une lettr
1 avril 1736, le prie d'écrire
« ce qu'il doit à ses amis. » Ma

par un sentiment d'estime et d'amitié bien singulier à avoir pour un homme de votre âge: mais
c'était à l'auteur des *Dialogues* et non à un jeune
homme de vingt-deux ans que j'avais confié *my picture*. Enfin, le dieu des beaux-arts et celui qui préside
à l'amitié soient loués de ce que vous n'avez déshonoré ni l'un ni l'autre par une vaine action! Il ne me
reste qu'à vous demander pardon de vous en avoir
soupçonné, et à vous assurer que vous me l'auriez
pardonné vous-même, si vous avez pu voir combien
j'étais affligée, et combien j'ai combattu les appa-
rences. Me voilà bien guérie d'en y fier. Je vous
remercie de vos petits portraits; je les ai envoyés à
Paris pour en faire faire des bagues. Celui de M. de
Voltaire est infiniment mieux que l'estampe[1], quoiqu'il
ne soit pas encore parfaitement ressemblant; c'est une
je galanterie que cela. Vous nous aviez promis vos
...ques de la lumière, en manuscrit : nous les atten-
...tience, mais vous ne nous avez pas
...rtez-nous-les donc. Vous avez em-
...de ma figure ; j'aurai donc l'hon-
...le cet ouvrage plein d'esprit[2], de
...de science. J'espère qu'en met-
...tête, vous laisserez sous-en-

...; il a rendu la chose. » *Œuvres,*

...endait en Odieuvre, » mau-
...eur, et dont il parle dans sa
...*Œuvres*, t. II, p. 139. Ces
...pierres gravées, occupent
...andemol, Monsieur, si
...bien que j'ai vu com-
...mparotti à Voltaire,
..., 1794, t. XVI,

...p. 125.

55. — A M. LE COMTE ALGAROTTI.

[A Cirey, le 20 mai 1736.]

Savez-vous que vous me rendez la vie en m'ôtant u
sujet de me plaindre de vous? Je vous avoue q
j'étais au désespoir d'être obligée de ne vous pli
aimer. Pardonnez-moi d'avoir soupçonné votre fid
lité, mais que vouliez-vous que je pensasse? Non-se
lement vous ne répondiez pas à mes lettres, mais a
me mandait que vous étiez parti, et cela sans avc
aucune nouvelle de ce que je vous avais confié. J'éta
bien loin de penser que vous en eussiez chargé M. c
Châtelet. Comme il n'est revenu ici que le 15 d'avr
il y avait un mois qu'il avait votre boîte, et par cons
quent votre lettre. Il ne vous en coûtait pas beaucou
de m'en donner un mot d'avis par la poste : vous m'a
riez épargné bien du chagrin, bien des inquiétudes,
surtout une lettre que j'ai écrite à M. Franchini,
dont je me repens bien, s'il vous en a fait pa
Je vous en demande mille pardons; mais j'y pa
lais comme quelqu'un qui se croyait cruelleme
offensé par la personne du monde de la sage:
de qui j'aurais cru pouvoir répondre avec plus
sûreté. Je suis dans des transes infinies que ce
lettre-ci ne parvienne point jusqu'à vous, et que ce
que j'écrivais à l'abbé Franchini ne vous ait été rendu
En ce cas, mettez-vous à ma place, et voyez qu'
m'avait mandé bien positivement de Paris que vc
étiez parti; que je croyais que vous aviez empor
ou que vous aviez sacrifié ce que je vous ai conf

1. Voltaire, dans une lettre à Maupertuis, datée de Pa
16 avril 1736, le prie d'écrire à Algarotti « pour le faire souve
de ce qu'il doit à ses amis. » Mais le lendemain 17, il se rétra

par un sentiment d'estime et d'amitié bien singulier à avoir pour un homme de votre âge; mais
c'était à l'auteur des *Dialogues,* et non à un jeune
homme de vingt-deux ans que j'avais confié *my picture.* Enfin, le dieu des beaux-arts et celui qui préside
à l'amitié soient loués de ce que vous n'avez déshonoré ni l'un ni l'autre par une vilaine action! Il ne me
reste qu'à vous demander pardon de vous en avoir
soupçonné, et à vous assurer que vous me l'auriez
pardonné vous-même, si vous aviez pu voir combien
j'étais affligée, et combien j'ai combattu les appa-
rences. Me voilà bien guérie de m'y fier. Je vous
remercie de vos petits portraits; je les ai envoyés à
Paris pour en faire faire des bagues. Celui de M. de
Voltaire est infiniment mieux que l'estampe[1], quoiqu'il
ne soit pas encore parfaitement ressemblant; c'est une
jolie galanterie que cela. Vous nous aviez promis vos
Dialogues sur la lumière, en manuscrit : nous les atten-
dions avec impatience, mais vous ne nous avez pas
tenu parole; apportez-nous-les donc. Vous avez emporté cette esquisse de ma figure; j'aurai donc l'honneur d'être à la tête de cet ouvrage plein d'esprit[2], de
grâce, d'imagination et de science. J'espère qu'en mettant mon portrait à la tête, vous laisserez sous-en-

ainsi : « N'écrivez pas à Algarotti; il a rendu la chose. » *Œuvres,*
t. LII, p. 239.

1. Sans doute l'estampe qui « se vendait chez Odieuvre, » mauvaise reproduction de l'œuvre de La Tour, et dont il parle dans sa
lettre à Berger du 1er décembre 1735. *Œuvres,* t LII, p. 130. Ces
questions de portraits, estampes, bustes, pierres gravées, occupent
souvent Voltaire et ses amis. « A propos, mandez-moi, Monsieur, si
vous êtes content de votre portrait gravé en pierre que j'ai vu commencé dans les mains de Banier. » Lettre d'Algarotti à Voltaire,
Londres, 1er août 1739. *Opere del conte Algarotti,* 1794, t. XVI,
p. 75.

2. Elle eut en effet cet honneur. Voir plus loin, p. 125.

tendre que je suis votre marquise. Vous savez que
l'ambition est une passion insatiable ; je devrais bien
me contenter d'être dans l'estampe, je voudrais à
présent être dans l'ouvrage, et qu'il me fût adressé ;
mais ne croyez pas que je prétende à cet honneur sans
songer à le mériter. J'apprends l'italien, non-seulement pour l'entendre, mais peut-être pour le traduire
un jour. Je m'exerce dans l'art de la traduction, pour
m'en rendre digne. Je traduis *The fable of the bees* de
Mandeville[1]; c'est un livre qui mérite que vous le lisiez,
si vous ne le connaissez pas ; il est amusant et instructif. Vous voyez si je vous confie mes occupations.

Mais que sont devenues ces lettres que vous vouliez
faire sur notre nation? Apportez-nous tout cela, et
vos *Dialogues* et surtout venez; c'est la seule façon
d'avoir votre absolution, et de me donner la mienne.
Vous aurez bien des avantages sur moi après avoir
passé trois mois en Angleterre ; mais vous en avez
déjà tant d'autres, que je me garde bien d'en être
fâchée. Souvenez-vous toujours que vous m'avez promis que nous irions ensemble. Il faut auparavant que
nous allions en Lorraine cet automne; je vous attends
pour cela; je ne puis croire que vous manquiez de
parole. Encore, voyez à quoi l'irrégularité dans le

---

1. *The Fable of the bees, or private vices public benefits.* Londres, 1723, in-8. Bernard de Mandeville (1670-1733) y développe
cette idée que les vices des particuliers sont les éléments nécessaires du bien-être et de la grandeur d'une société. Selon lui, tout
ce qui est nuisible à l'industrie est préjudiciable à la société ; or,
les vertus individuelles nuisent à l'activité industrielle, donc... Refuté
par Hutcheson, Archibald Campbell, et surtout par Berkeley dans
son *Alciphron* (1732), Mandeville, qui était un disciple de Hobbes,
eut pour imitateur en France Helvétius, et, avant celui-ci, Voltaire
lui-même, dans quelques-uns de ses écrits, comme le *Mondain*. *La
Fable des Abeilles* fut traduite en français, en 1740, par J. Bertrand,
Londres (*Amsterdam*), 4 vol. petit in-8.

commerce expose; la vôtre a pensé nous brouiller;
j'espère que cela vous en corrigera. Vous êtes trop
aimable pour conserver un défaut. Vous trouverez, si
vous venez, Cirey bien changé; mais j'ai eu beau vous
parler des entre-sols, vous ne m'avez rien répondu;
ainsi je ne vous en parlerai point : tout ce que je vous
en dirai, c'est que je compte m'y baigner dans quinze
jours. J'attends votre retour d'Angleterre pour faire
les expériences sur la lumière, et pour voir l'anneau
de Saturne. Je fais faire une chambre en haut, où
nous pourrons faire les expérience des *Dialogues*. J'ai
vu *la Luce* avec grand plaisir parmi les livres de mon
portrait, et un beau prisme sur la table. Vous sentez
bien qu'après cela j'ai un droit incontestable sur l'ouvrage. Je ne sais si vous savez que M. de Voltaire me
fait l'honneur de me dédier *Alzire*. Il parle de vos
Dialogues dans mon *Épître*[1]. Quand je saurai où vous

1. La neuvième édition d'*Alzire*, *Paris, Bauche*, in-8 de 87 pages,
qui parut au mois d'avril 1736, contient une *Épître à madame la
marquise du Châtelet*, où on lit : « Quel faible hommage pour vous
qu'un de ces ouvrages de poésie qui n'ont qu'un temps... Qu'est-ce,
en effet, qu'un roman mis en action et en vers, devant celle qui lit
les ouvrages de géométrie avec la même facilité que les autres lisent
les romans; devant celle qui n'a trouvé dans Locke, ce précepteur
du genre humain, que ses propres sentiments et l'histoire de ses
pensées... Mais le plus grand génie, et sûrement le plus désirable,
est celui qui ne donne l'exclusion à aucun des beaux-arts... Tel est
votre génie, Madame... Si Boileau vivait encore, lui qui osait se
moquer d'une femme de condition, parce qu'elle voyait en secret
Roberval et Sauveur, il serait obligé de respecter et d'imiter celles
qui profitent publiquement des lumières des Maupertuis, des Réaumur, des Mairan, des Du Fay et des Clairaut... Celle qui lisait autrefois Montaigne, l'*Astrée* et les *Contes de la Reine de Navarre*, était
une savante. Les Deshoulières et les Dacier, illustres en différents
genres, sont venues depuis. Mais votre sexe a encore tiré plus de
gloire de celles qui ont mérité qu'on fît pour elles le livre charmant
des *Mondes*, et les *Dialogues sur la lumière* qui vont paraître, ouvrage peut-être comparable aux *Mondes*. *OEuvres*, t. IV, p. 149.

prendre, je vous en enverrai un exemplaire, ou bien je vous en garderai un à Cirey; car je veux que ce soit moi qui vous en donne un.

Croiriez-vous que le premier des Émiliens n'est point à Cirey ? Il m'a quitté pour cette grande vilaine ville où malheureusement il avait à faire. J'espère qu'il n'y sera pas longtemps. Je lui ai envoyé votre lettre ; il sera aussi content que moi de vous voir jus-tifié : il était au désespoir de croire que vous ne nous aimiez plus et que vous ne vouliez plus que nous vous aimions. Avez-vous été content du sonnet[1] ? Thieriot nous a mandé qu'oui, et cela redoublait notre éton-nement de votre éternel silence. Les Maupertuis et les Clairaut sont partis sans m'écrire ; ils prétendent qu'ils m'écriront de Dunkerque[2]. Je suis bien aise que vous ne soyez pas du voyage, je vous le jure. Maupertuis a dit à M. du Châtelet qu'il avait envie de venir passer la semaine sainte avec moi[3], mais que vous deviez être de la partie, et que vous aviez manqué de parole : si je parlais une douzaine de langues, vous seriez venu.

Je n'ai jamais lu un mot si juste que le vôtre sur l'abbé Seguy[4] ; il est bien honorable pour notre langue

---

1. *OEuvres*, t. XIV, p. 366. Le sonnet à Algarotti, dont Voltaire disait qu'il était « le premier qu'il eût fait de sa vie, et qui com-mence ainsi :

> On a vanté vos murs bâtis sur l'onde,
> Et votre ouvrage est plus durable qu'eux.

2. Il s'embarqua à Dunkerque avec ses compagnons le 2 mai 1736.
3. La semaine sainte de 1736 se plaça entre le lundi 26 mars et le lundi 1er avril.
4. L'abbé Seguy (1689-1761), célèbre par son oraison funèbre du maréchal de Villars, en 1725, venait d'être reçu à l'Académie française, le 15 mars 1736, en remplacement d'Adam, secrétaire des comman-dements du prince de Conti. Ce fut l'abbé de Rothelin qui lui répon-dit. Voir le *Mercure*, mars 1736, p. 523.

que vous la sachiez si bien ; c'est bien vous qui êtes
de tous les pays.

Je m'aperçois que je m'abandonne au plaisir de vous
écrire. Il faut que je vous dise encore que l'abbé
Nollet [1] m'a envoyé ma chambre obscure, plus obscure
que jamais ; il prétend que vous l'aviez trouvée fort
claire à Paris : il faut que le soleil de Cirey ne lui soit
pas favorable; il ne l'a point raccommodée. Il me mande
qu'on ne voit à sa porte que des carrosses de duchesses,
de pairs et de jolies femmes. Voilà donc la bonne
philosophie qui va faire fortune à Paris. Dieu veuille
que cela dure !

Avez-vous lu la traduction de l'*Essay on Man*? On dit
qu'elle a bien réussi à Paris [2] : elle est de Prévost.
L'abbé du Resnel va donner la sienne en vers. Il est
bien étonnant que cela passe, et que les *Lettres philosophiques* soient brûlées. Plus je relis cet ouvrage de
Pope et plus j'en suis contente. J'ai trouvé dans la
quatrième *Épître*, que vous n'avez jamais voulu lire
avec moi, un vers que j'aime beaucoup :

An honest man's the noblest worck of God [3].

Voltaire a été choqué de ces deux-ci :

All reason's pleasure, all the joys of sense
Lie in three words, health, peace, and competence [4].

1. L'abbé Nollet. physicien (1700-1770), membre de l'Académie
des sciences en 1739. Il avait été l'un des premiers, dans son cours
de physique expérimentale ouvert en 1735, à vulgariser les découvertes de Newton sur la lumière.

2. Cette traduction en prose de l'*Essay on Man* de Pope (1733),
était de Silhouette, contrôleur général en 1756. Elle parut au commencement de 1736, Londres, P. Dunoyer, et Amsterdam, Bernard
in-12; l'abbé Prévost en rendit compte dans le *Pour et le Contre*,
n. 134, t. IX, p 326.

3 Un honnête homme est le plus noble ouvrage de Dieu.

4. Tous les plaisirs de la raison, tous les plaisirs des sens, con-
sistent en trois mots, santé, paix et aisance.

Et voici ce qu'il a répondu :

Pope, l'Anglais, ce sage si vanté,
Dans sa morale, au Parnasse embellie,
Dit que les biens, les seuls biens de la vie
Sont le repos, l'aisance, la santé.
Il s'est mépris. Quoi? dans l'heureux partage,
Des dons du ciel faits à l'humain séjour,
Ce triste Anglais n'a pas compté l'amour?
Pope est à plaindre; il n'est heureux ni sage.

Thétis et Pélée[1] vous dégoûtera de notre opéra. On
dit qu'il est remis au théâtre à faire pleurer ; c'était
un opéra charmant avec Novaire[2] et la Le Maure. Avez-
vous vu cette musique du père Castel[3]? Mandez-le-
moi, je vous en prie. Vous avez sans doute été de cette
triste fête de M. de Stainville[4] : on me mande qu'on y

1. Opéra, paroles de Fontenelle, musique de Colasse, représenté,
pour la première fois, en 1689.

2. Il y avait sans doute dans l'original, Muraire, nom d'un célèbre
chanteur, contemporain de mademoiselle Le Maure. Voir *Lettres de
mademoiselle Aïssé*, p. 182.

3. Louis-Bertrand Castel, jésuite, mathématicien (1688-1757),
qui, en 1735, expliqua longuement dans le *Journal de Trévoux* son
invention du *Clavecin des couleurs*, au moyen duquel, se fondant sur
une analogie entre les sons et les couleurs, il prétendait, en variant
les couleurs, affecter l'organe de la vue, comme on affecte celui de
l'ouïe par la variété des sons. « Cet homme fait de la musique pour
les yeux. Il peint des menuets et de belles sarabandes. Tous les
sourds de Paris sont invités au concert qu'il leur annonce depuis
douze ans. » Voltaire à Rameau, mars 1738. *OEuvres*, t. LIII, p. 81.

4. C'était un grand repas donné le dimanche 12 février 1736
par le marquis de Stainville, ambassadeur du duc de Lorraine près
la cour de France, à l'occasion du mariage de ce prince avec Marie-
Thérèse d'Autriche, fille de l'empereur Joseph Ier. « Ce repas fut
servi avec tout l'ordre, la délicatesse et la profusion imaginables. La
salle, extraordinairement dorée, était éclairée de plus de 5,000 bougies, placées tant dans les lustres que dessus les tables; et tout
l'extérieur de l'hôtel était illuminé de terrines et de lampions artis-
tement arrangés. Deux fontaines de vin coulèrent pour le public
pendant toute la fête, laquelle finit par un beau feu d'artifice, et
par le bruit d'un grand nombre de boîtes. Tous les ambassadeurs et

a bien bu à l'allemande. Il n'y a point de belles fêtes sans femmes. Avez-vous envoyé ma lettre à M. de Froulay[1]? Je n'en ai point eu de réponse. Vous m'avez perverti les Maupertuis, les Clairaut, les Franchini ; je n'entends non plus parler de tous ces gens-là que s'ils ne m'aimaient pas. Je crois que Maupertuis ne me pardonne point de vous avoir conseillé aussi de n'y point aller. Je craignais toujours que vous ne vous laissiez tenter, et je vous aimais trop pour n'en être pas fort fâchée; car vous aurez beau m'oublier, je vous aurai toujours une obligation extrême de m'être venu voir dans ma chartreuse. A propos de chartreuse, que dites-vous de tous ces chiffons de Gresset? Pour moi je vous avoue que je n'en fais pas grand cas, et que je ne vois pas sur quoi l'enthousiasme du public se fonde. J'espère que ce n'est pas le même public qui pleure à *Alzire* et qui applaudit à *Vert-Vert*. Adieu, Monsieur, la longueur de cette lettre est une punition de votre paresse. J'espère que vous y répondrez (?) à deux fois quand vous verrez quel risque elle vous fait courir. Voltaire vous dit mille choses tendres. Envoyez-moi la traduction de l'*Essay on Man*, et mandez-moi ce que c'est qu'une pasquinade qu'on dit que Servandoni[2] prépare.

ministres étrangers assistèrent à cette fête, et on y but aux fanfares des trompettes, au son des timbales, etc., les santés de toutes les têtes couronnées de l'Europe. » *Mercure*, février 1736, p. 369.

1. Le comte de Froulay, frère du bailli, ambassadeur près la république de Venise depuis le mois de décembre 1732.

2. Le célèbre architecte (1695-1766). Il composa un certain nombre de Scènes dramatiques qui servaient de motifs à des décorations et à des jeux de machines, dans l'invention desquelles il excellait.

56. — A M. LE COMTE ALGAROTTI.

A Cirey, 15 juin 1736.

Je suis bien plus contente de vous à Londres qu'à
Paris. On voit bien que l'Angleterre est le pays des
vertus, aussi bien que le pays des choses; cependant
je désire que vous le quittiez bientôt pour venir quelques jours à Cirey[1] en passant votre chemin pour le
pays des arts et des indulgences; ces deux choses ne sembleraient pas faites pour croître dans le même territoire.
Le premier des Émiliens arrive à la fin de la semaine.
Si vous saviez tout ce qu'il a essuyé et supporté à Paris
vous seriez bien étonné qu'il ne fût pas par delà la
mer. Mais l'amitié qui le retient dans le dangereux
pays des riens, ne l'a pas pu souffrir. Ce pays-ci,
charmant d'ailleurs, n'est pas la patrie des gens qui
pensent; mais je pense pouvoir dire, comme le Fils
de l'homme : Mon royaume de Cirey n'est pas de ce
monde. J'ai bien peur que mon *Épître* ne soit pas
dans les deux éditions qu'on a faites à Londres, mais
je serais inconsolable si elle n'était pas dans la traduction. Si le traducteur est ami de la reine, il la traduira
sans doute. J'espère que vous me manderez ce que la
reine en a dit; je ne crois pas qu'elle pense comme
madame la duchesse du Maine, qui a trouvé l'endroit
de la petite fille du grand Condé assez bien[2], tout le
reste fort médiocre; et surtout elle n'est pas encore
revenue de l'étonnement où elle est de voir tant de
louanges s'adresser à une autre qu'elle; elle est ivre

1. Algarotti visita, en effet, Cirey au mois de septembre 1736,
avant de se rendre en Italie.
2. Voici ce passage : « La petite-fille du grand Condé, dans
laquelle on voit revivre l'esprit de son aïeul, n'a-t-elle pas ajouté
une nouvelle considération au sang dont elle est sortie ? »

de mauvais encens; mais je crois, pour peu qu'elle vive encore, qu'elle aura tout le temps d'en rabattre.

En cas qu'on traduise l'Épître, M. de Voltaire a fait du *siècle des choses*[1] le *siècle des idées;* et cela parce que, depuis qu'on a tourné en ridicule *fort de choses* (expression de feu M. de La Motte, et dont même M. de Voltaire a parlé dans le *Temple du Goût*) le mot de *chose* est devenu ridicule : aussi vous savez qu'il n'en faut pas tant chez nous, et qu'on est accoutumé à y sacrifier la force et l'énergie des expressions aux caprices des femmes de la cour.

Je vous avoue que je n'ai jamais connu le sentiment de l'envie que pour vous; mais vous êtes trop heureux aussi de joindre à tous les talents et à tous les goûts le bonheur de pouvoir les satisfaire avec cette liberté qui les fait naître, et qui seule les peut soutenir. Vous avez vu le *Jules César* de Shakespeare; vous allez voir *Onfort et Blenkeim*, et, ce qui est plus rare encore, vous voyez des hommes capables de connaître votre mérite, et dignes de vivre avec vous. Malgré ma jalousie, je partage votre bonheur; et si vous venez me voir, je ne pourrai me plaindre de mon sort.

---

57. — A M. LE COMTE ALGAROTTI.

A Cirey, ce 10 juillet [1736].

Cirey s'embellit tous les jours pour vous recevoir. Son plus grand ornement, le premier des Émiliens, est de retour; il ne vous a point écrit de Paris, mais aussitôt qu'il a été à Cirey[2], il n'a rien eu de plus

---

1. « *Siècle des choses*, » existe cependant encore dans l'*Epître.*
2. Voltaire était de retour à Cirey dans les premiers jours de juillet.

pressé que de vous dire combien on vous y aime, et
combien on vous y désire. J'ai toujours eu un désir
extrême de voir l'Angleterre ; mais depuis tout ce que
vous m'en mandez, ce désir est devenu une passion.
Je ne désespère pas de la satisfaire quelque jour. Je
vous ferai part sur cela de mes projets. Je serai peut-
être la première femme qui ait été en Angleterre pour
s'instruire, et ce motif seul doit me concilier un peuple
qui me doit déjà quelque reconnaissance de mon estime pour lui. Je compte encore beaucoup sur l'amitié
dont vous m'honorez. Vous comprenez bien que si je
suis jamais assez heureuse pour faire ce voyage, je
veux que ce soit sous vos auspices. Vous n'avez pas
cru apparemment que le premier des Émiliens fût
l'historien de Stanislas. Il faut être Louis XIV ou
Charles XII pour mériter cet honneur. Je vous prie
de le laver de cette calomnie, et surtout de ne la pas
·croire. Venez à Cirey ; nous avons bien des choses nouvelles à vous montrer ; mais ce que vous ne trouverez
jamais changé, c'est l'amitié, l'estime et la considération qu'on y a pour vous.

---

58. — A M. DE MAUPERTUIS.

Cirey, 18 juillet [1736].

Eh bien ! comment vous trouvez-vous de la compagnie des Lapons ? A force d'imagination êtes-vous
venu à bout de leur en donner ? Pour moi je vous
assure que je m'accommoderais fort de la vôtre. Le
voyage de Cirey n'aurait peut-être pas été si glorieux,
mais il eût été plus agréable.

Je crois que nous verrons incessamment le marquis[1]

1. Algarotti, qui n'eut jamais le titre de marquis, et ne fut créé

Algarotti, ce transfuge de la Laponie, qui a préféré
des hommes à des étoiles. Il arrive d'Angleterre[1],
dont il me paraît enchanté : pour moi, j'attendrai votre
retour pour y aller.

J'étais prête à vous pardonner votre silence, .tous
vos torts; mais on m'a rapporté de terribles nouvelles de Paris, où il est public que vous m'avez
quittée pour madame la duchesse de Richelieu[2]. Elle
s'en vante hautement. Vous avez bien gagné; votre
écolière est assurément plus capable de vous faire
honneur et de profiter de vos leçons, mais elle ne
pourra en avoir plus de reconnaissance que moi. On
dit même, on dit que vous allez rendre ses leçons
publiques, comme M. de Cambrai les thèmes de M. le
duc de Bourgogne : j'ai répondu à cela que, du moins,
j'en profiterais. J'espère que madame de Richelieu se
souviendra que c'est moi qui lui ai procuré votre connaissance. Je m'aperçois que cette quinauderie[3] :

Mon rival m'est trop cher pour en être jaloux,

comte par Frédéric II qu'en 1740. Peut-être est-ce une allusion à
son *Newtonianisme pour les dames*, où figure une marquise, comme
dans la *Pluralité des mondes* de Fontenelle.

1. Pendant ce séjour en Angleterre et particulièrement à Londres, Algarotti s'était lié intimement avec W. Pitt.

2. « J'ai appris que madame de Richelieu devient tous les jours
une grande philosophe, et qu'elle a berné et confondu publiquement un ignorant prédicateur de jésuite qui s'est avisé de discuter
contre elle sur l'attraction et sur le vide. » *Lettre au duc de Richelieu*, du 30 sept. 1735. *OEuvres*, t. LII, p. 87.
La jeune duchesse ne s'occupait pas seulement de Newton, elle
plaidait aussi la cause de Voltaire près de Chauvelin. « Voilà enfin
madame de Richelieu qui va être présentée, écrivait Voltaire à
d'Argental, elle ne quittera point votre garde des sceaux qu'elle
n'ait obtenu la paix, et j'espère qu'enfin cette infâme persécution,
pour un livre innocent, cessera. » (*Lettre*, novembre 1734. *OEuvres*,
t. LI, p. 534.)

3. Expression dont Voltaire se sert souvent dans ses lettres, et
qui s'est formée de la même manière que celle de *marivaudage*.

peut être un bon mot, mais que ce n'est pas un sentiment vrai.

Je ne sais comment la princesse Palatine [1] s'accommoda du voyage de Descartes en Suède, mais je crois que, s'il avait eu votre mérite, elle ne l'eût point cédé si aisément à Christine. Vous me faites bien voir la différence qu'il y a entre cette reine et moi, puisque vous avez préféré d'aller en Suède, où elle n'est plus, à venir à Cirey où je suis, et vous désirais.

Vous nous faites tort à tous deux de croire que l'ennui de Cirey est ce qui me fait penser à vous; on voit bien que vous n'y êtes jamais venu, puisque vous croyez qu'on peut s'y ennuyer.

Vous avez écrit de Stockholm à madame de Richelieu : elle ne désire vos lettres que pour s'en vanter; moi, je vous en demande pour savoir de vos nouvelles, et pour avoir une occasion de vous dire que, malgré toutes vos rigueurs, vos coquetteries, vos légèretés, je serai toujours la personne du monde qui aura pour vous l'amitié la plus véritable.

---

59. — VOLTAIRE A MADAME DU CHÂTELET.

Août [1738.]

... Voici des fleurs et des épines que je vous envoie. Je suis comme saint Pacôme qui, récitant ses matines

---

1. Élisabeth, fille aînée de Frédéric, électeur palatin et roi de Bohême, et d'Élisabeth Stuart, fille de Jacques Ier, née en 1618, morte en 1680. Éprise de philosophie, elle attira Descartes à Leyde et à Eyndegeart, afin d'être plus à portée de recevoir ses leçons. Il lui dédia, en 1644, son livre des *Principes de philosophie*, dans la préface duquel il dit « qu'il n'avait encore trouvé qu'elle qui fût parvenue à une intelligence parfaite des ouvrages qu'il avait publiés jusqu'alors ».

sur sa chaise percée, disait au diable : *Mon ami, ce qui va en haut est pour Dieu; ce qui tombe en bas est pour toi.* Le diable, c'est Rousseau; et pour Dieu, vous savez bien que c'est vous.

---

60. — A M. DE MAUPERTUIS.

A Cirey, 1er octobre [1736].

Est-il possible qu'il faille encore vous écrire au pôle? Je ne croyais pas qu'il pût être de ces passions que la jouissance augmente. J'ai été charmée de recevoir de vos nouvelles. On avait mis dans les gazettes que vous courriez risque d'être mangé des mouches; j'ai été bien aise d'apprendre qu'elles vous ont respecté; [c'est peut-être à la protection de M. de Réaumur que vous en êtes redevable,] car il n'y a pas d'apparence qu'elles sentent autant ce que vous valez que les Laponnes[1]. On dit que toutes les

1. Pendant son séjour à Tornéo, dans l'hiver de 1736, Maupertuis s'était épris d'une Laponne, qui le rejoignit à Paris, et qu'il a célébrée dans des vers dont voici un échantillon :

Pour fuir l'amour,
En vain l'on court
Jusqu'au cercle polaire.
Dieux ! qui croiroit
Qu'en cet endroit
On eût trouvé Cythère ?

Dans les frimas
De ces climats
Christine nous enchante.
Oui, tous les lieux
Où sont tes yeux
Sont la zone brûlante.

L'astre du jour
A ce séjour
Refuse la lumière ;
Et les attraits
Sont désormais
L'astre qui nous éclaire.

9.

lettres que vous écrivez à Paris sont pleines de leurs éloges : c'est apparemment pour quelqu'une d'elles que votre compagnon[1] m'a quittée. Vous pouvez me le mander sans indiscrétion. [Il me semble qu'il n'y en peut pas avoir du pôle ici,] mais ce que je voudrais bien sérieusement que vous me mandassiez, c'est le temps de votre retour. Nous avons employé celui de votre absence à rendre les gens qui habitent Cirey dignes de vous; car on ne perd point l'espérance de vous y voir un jour.

Nous sommes devenus tout à fait philosophes. Mon compagnon de solitude a fait une *Introduction* à la *Philosophie de M. Newton*, qu'il m'adresse, et dont je vous envoie le frontispice[2]. Je crois que vous trouverez les vers dignes du philosophe dont ils parlent et du poëte qui les a faits. [Vous trouverez cela presque imprimé à votre retour. Si vous aviez été dans ce monde, on vous eût demandé des conseils. Il y a longtemps que vous avez envie de faire un philosophe du premier de nos poëtes, et vous y êtes parvenu, car vos conseils n'ont pas peu contribué à le déterminer à se livrer à l'envie qu'il a de connaître. Pour moi, vous savez à

> Le soleil luit :
> Des jours sans nuit
> Bientôt il nous destine ;
> Mais ces longs jours
> Seront trop courts
> Passés près de Christine.

1. Clairaut, qui accompagna Maupertuis dans son excursion scientifique au pôle, et en consigna les résultats dans sa *Théorie de la figure de la Terre*, Paris, 1743, in-8.

2. Ce frontispice est l'*Épitre* en vers à madame du Châtelet, qui, ainsi que l'Avant-propos ou Éclaircissement adressé à la même, précèdent les *Éléments de la philosophie de Newton*, imprimés en 1738 seulement. Cette *Épître*, que Voltaire composa au mois d'octobre 1736, figure parmi ses poésies. *OEuvres*, t. XIII, p. 123.

peu près la dose dont je suis capable en fait de physique et de mathématiques. Je conserve un grand avantage sur les plus grands philosophes, celui de vous avoir eu pour maître. Je suis encore plus glorieuse de voir que vous ne m'avez point oubliée. Je vous prie de continuer à me donner de vos nouvelles, car les descriptions de votre dernière lettre me donnent de l'inquiétude sur votre santé. Vous devez à mon amitié pour vous la justice d'être persuadé que personne n'y prend un intérêt plus véritable que moi. Le philosophe de Cirey, qui est une des personnes du monde qui vous admire, qui vous aime et qui vous désire le plus, me charge de vous dire tout cela de sa part.]

L'*Épître* en vers est sa lettre. Répondez-moi promptement, ou plutôt venez nous dire vous-même des nouvelles de la forme de la terre, [et surtout des vôtres. Vous verrez par les vers pour quelle ellipsoïde nous tenons; c'est à vous d'y conformer vos observations, car il serait dur de sacrifier les deux vers :

> Terre, change de forme, et que la pesanteur,
> Abaissant tes côtés, soulève l'équateur[1].

Il vous est bien plus aisé de changer la forme de la terre.] Laissez, je vous supplie, dans les changements que vous y ferez, Cirey comme il est, et surtout, n'oubliez jamais combien on vous y aime.

---

1. *Épître à la marquise du Chatelet* placée en tête des *Eléments.*

61. — A M. LE COMTE ALGAROTTI.

A Cirey, ce 18 octobre [1736].

Êtes-vous enfin arrivé à Venise ? Êtes-vous dans les neiges des Alpes ? Quelque part où vous soyez, pensez-vous à Cirey ? On y pense beaucoup à vous, on vous y regrette[1], on vous y désire, on voudrait partager avec vous la joie que l'on y a du succès de la petite comédie[2]. Elle a été reçue presqu'aussi bien qu'*Alzire* : mais ce qu'il y a de piquant au milieu de tout cela, c'est que, comme on ne connaît point l'auteur, on la donne à Piron, à Gresset, à tous les poëtes possibles. On nomme aussi Voltaire ; mais j'espère que ce ne sont pas les mêmes gens. J'ai reçu une lettre du pôle ; Maupertuis me mande que vous mériteriez d'y être, pour n'avoir pas voulu y aller : cela vous fait voir que vous êtes fort heureux de n'y être pas. Je vous envoie une lettre qu'on vous adresse ici. Ces gens-là croyaient que vous ne me tiendriez pas rigueur, et que je ne serais pas assez douce pour vous laisser partir si promptement ; mais j'aime mes amis pour eux-mêmes, et pour leur plaisir. Quand vous voudrez contribuer au mien, écrivez-moi, mandez-moi vos occupations, vos projets, et surtout n'oubliez pas de venir quelquefois philosopher avec nous. Le premier des Émiliens ne se

1. Algarotti avait fait un second séjour à Cirey vers la fin de septembre. « Algarotti est allé en Italie. Nous l'avons possédé à Cirey. C'est un jeune homme en tout au-dessus de son âge, et qui sera tout ce qu'il voudra. » Voltaire à Berger, 10 oct. 1736. *Œuvres*, t. LII, p. 520.

2. *L'Enfant prodigue*, comédie en cinq actes et en vers de dix pieds, dont l'idée lui avait été suggérée par mademoiselle Quinault. Représentée pour la première fois le 10 octobre 1736, sans nom d'auteur, elle avait été attribuée à Gresset, à Piron, à La Chaussée, et même au marquis de Surgères.

porte pas bien, mais il vous dit mille choses tendres ;
pour moi, vous savez bien que je suis décidée à avoir
pour vous toute ma vie une amitié inaltérable.

Je vous prie de ne jamais mettre de compliments
dans vos lettres.

————

62. — A M. LE COMTE D'ARGENTAL.

[Cirey, vendredi,] décembre 1734 [1736].

Ange tutélaire de deux malheureux, j'ai enfin reçu
de la frontière des nouvelles de votre ami[1] ; il y est
arrivé sans accidents et en bonne santé. Sa malheureuse santé soutient toujours mieux les voyages qu'on
n'oserait l'espérer, parce qu'en voyage il travaille
moins. Cependant quand je regarde la terre couverte
de neige, ce temps sombre et épais, quand je songe
dans quel climat il va, et l'excessive délicatesse dont
il est sur le froid, je suis prête à mourir de douleur. Je
supporterais son absence, si je pouvais me rassurer
sur sa santé.

Il faut que je suspende un moment ma douleur pour
vous rendre compte de ses projets, des miens, de ses
démarches et des miennes.

1. Voltaire fuyant le nouvel orage que le *Mondain* avait attiré sur
lui, avait quitté Cirey, le samedi, 22 décembre 1736, pour se rendre
en Belgique et de là en Hollande. Madame du Châtelet l'avait accompagné au moins jusqu'à Vassy.« Nous venons de partir de Cirey ; nous
sommes, à quatre heures du matin à Vassy, où je dois prendre des
chevaux de poste. Mais... quand je vois arriver le moment où il
faut se séparer pour jamais de quelqu'un qui a fait tout pour moi,
qui a quitté pour moi Paris, tous ses amis et tous les agréments de
la vie, quelqu'un que j'adore et que je dois adorer, vous sentez bien
ce que j'éprouve ; l'état est horrible. » Lettre à d'Argental, du
dimanche 23 décembre 1736. *OEuvres complètes*, t. LII, p. 373.
Dans la lettre à madame de Champbonin, datée de Givet, il semble
bien que la séparation a déjà eu lieu. *Ibid.*, p. 375.

Il est allé à Bruxelles attendre de mes nouvelles et des vôtres; c'était la ville la plus proche et la plus commode où il pouvait en attendre. Ainsi, dès que vous aurez reçu cette lettre, écrivez-lui : À *Monsieur de Renol, négociant, à Bruxelles* [1]. Il y attendra sûrement votre lettre : je suis assez fâchée de le savoir dans la même ville que Rousseau [2]; mais j'espère qu'il ne s'y fera pas connaître. Il ira de là à Amsterdam, où l'on fait actuellement une édition complète de ses OEuvres [3], et cela malgré lui; sous prétexte de corrections, il la recule depuis plus d'un an; mais les libraires lui ont signifié qu'ils n'attendraient plus et qu'ils travailleraient sans les corrections; j'ai vu les lettres. Il va donc travailler et présider à cette édition : il donnera, à ce qu'il m'a promis, dans cette occasion, des marques de sa sagesse, surtout pour les petites pièces fugitives et pour les *Lettres philosophiques;* il empêchera qu'on ne cote ces dernières au nombre des tomes et qu'on n'y mette son nom. Pendant ce temps, il consultera Boerhaave [4] sur sa santé. Il faut qu'il songe sérieuse-

1. Voici comment dans une lettre à d'Argens, du 10 décembre 1736, Voltaire donnait lui-même le change sur son identité avec ce Renol ou Revol. « Je crois que j'irai bientôt en Prusse voir un autre prodige... Je compte, à mon retour, passer par la Hollande et avoir l'honneur de vous y embrasser. Un de mes amis, qui va à Leyde, et qui doit y passer quelque temps, sera, en attendant, si vous le voulez bien, le lien de notre correspondance. Il s'appelle de Rêvol; il est sage, discret et bon ami. Ce sera lui qui vous fera tenir ma lettre... » *OEuvres*, t. LII, p. 366.

2. J.-B. Rousseau, retiré à Bruxelles depuis 1722. La première brouille de Voltaire avec le lyrique, datait du voyage qu'il fit en Belgique avec madame de Rupelmonde, en 1722, et s'était continuée et accrue par les traits satiriques qu'il avait dirigés contre lui dans le *Temple de Goût* (1730), et dans l'*Epitre* à Madame du Châtelet *sur la Calomnie*, composée en 1733, mais publiée en 1736.

3. L'édition d'Étienne Ledet, qui parut en 1738.

4. Il le vit en effet à Leyde, d'où il écrivait au prince royal de

ment à la rétablir par un régime suivi; et enfin il fera imprimer son *Essai sur la Philosophie de Newton*[1], qui est un ouvrage qui mérite ses soins et qui lui fera grand honneur. Il ne se fera connaître à personne et son libraire seul aura son secret; ce libraire dépend de lui et le lui gardera sûrement, car il en attend sa fortune[2].

Voilà quelle sera sa conduite, et je trouve assez sensé d'employer le temps où il faut que nous soyons séparés à donner une édition sage et correcte de ses Œuvres, à faire imprimer un ouvrage qui peut accroître sa réputation et rétablir sa santé. Il enverra ce livre sur la *Philosophie* à Paris, pour y être imprimé avec approbation, car il n'y a rien dedans qui puisse l'empêcher; et cela, avec l'*Enfant prodigue*, pourra faire un très-bon effet; mais son premier soin est qu'on l'ignore en Hollande et qu'on le croie en Prusse[3].

Prusse : « Je suis ici dans une ville où deux simples particuliers, M. Boerhaave (1668-1738) d'un côté, et M. S'Gravesande (*célèbre mathématicien*, 1688-1742), attirent quatre ou cinq cents étrangers. » Lettre de décembre, 1736. *Œuvres*, t. LII, p. 377.

1. Ou) lutôt les *Éléments de la philosophie de Newton mis à la portée de tout le monde*, qui parurent en 1738, à Amsterdam, chez Étienne Ledet.

2. « Le libraire Ledet, qui a gagné quelque chose à débiter mes faibles ouvrages et qui en fait actuellement une magnifique édition, a plus de reconnaissance que les libraires de Paris n'ont d'ingratitude. Il m'a forcé de loger chez lui quand je viens à Amsterdam voir comment va la philosophie newtonienne. Il s'est avisé de prendre pour enseigne la tête de votre ami Voltaire. » Lettre à Thieriot, Leyde, 17 janvier 1737. *Œuvres*, t. LII, p. 386.

3. Voltaire, qui fut un des premiers à pratiquer l'art de se serv de la presse, ne fut sans doute pas étranger aux deux nouvelles su vantes. — *Gazette d'Utrecht* du 17 décembre 1736, n° CI. De Pari le 10 décembre. « Le prince royal de Prusse, qui a beaucoup de goût pour les belles-lettres, et qui honore d'une estime particulière les personnes qui les cultivent et qui s'y distinguent, a écrit à M. de Voltaire, une lettre aussi polie que spirituelle et éloquente, par laquelle il l'a invité à le venir voir à Berlin. M. de Voltaire, aussi sensible à

Comme il y a cent cinquante lieues de chemin presque
impraticables, que la saison est fort rude et sa santé
connue pour très-mauvaise, on ne sera pas étonné
qu'il ne soit point arrivé et qu'il soit longtemps en
chemin; ensuite, dans six semaines ou deux mois, on
dira qu'il est tombé malade en voyage, ce qui n'est
que trop vraisemblable; pourvu encore que cela ne
soit pas réel! Vous voyez que tout dépend de sa sagesse
en Hollande et de son *incognito :* assurez-vous de l'un
ou de l'autre. Je vois, par la douleur extrême dont ses
lettres sont remplies, qu'il n'y a rien qu'il ne fît, même
les choses les plus opposées à son caractère, pour
passer sa vie avec moi. Je lui ai fait sentir la nécessité
d'être sage et ignoré; ainsi il sera sûrement l'un et
l'autre.

Je ne veux point absolument qu'il aille en Prusse[1],
et je vous le demande à genoux : il serait perdu dans
ce pays-là; il se passerait des mois entiers avant que
je pusse avoir de ses nouvelles; je serais morte d'inquiétude avant qu'il revint. Le climat est horriblement

l'honneur que lui a fait ce prince, que reconnaissant pour ses bontés,
est parti aussitôt de Champagne, pour se rendre à Berlin. Il compte
d'y passer quelque temps et de se rendre à la cour d'Angleterre.—
Gazette d'Utrecht du 1er janvier 1737, n° I. De Paris, le 24 décembre 1736. « Des lettres particulières marquent que le roi de Prusse
a fort approuvé l'invitation que le prince royal, son fils, à faite à
M. de Voltaire, de le venir voir à Berlin et que S. M. P. a dessein
d'arrêter quelque temps ce célèbre poëte chez elle. On continue à se
flatter que M. Rousseau pourra revenir ici dans peu. »

1. Où Frédéric II le sollicitait de venir. Les premières relations
de Voltaire avec Frédéric, alors prince royal de Prusse et âgé de
vingt-cinq ans, avaient commencé cette année même par la lettre
que celui-ci lui avait adressée le 8 août, et qu'il terminait ainsi :
« Si mon destin ne me favorise pas jusqu'au point de pouvoir vous
posséder, du moins puis-je espérer de voir un jour celui que j'admire de si loin. » (Voltaire, *OEuvres complètes*, t. LII, p. 261).
Frédéric ne monta sur le trône que le 31 mai 1740, à la mort de
son père, le roi Frédéric-Guillaume Ier.

froid. De plus, comment revenir d'un moment à
l'autre? au lieu qu'en Hollande c'est comme s'il était
en France ; on peut le voir d'une semaine à l'autre ; on
a des nouvelles. Ses affaires ne sont point désespérées ;
vous me flattez qu'elles finiront peut-être dans quelques mois : pourquoi donc aller si loin ? Je pourrais,
ce printemps, le revoir à la cour de madame de Lorraine [1] quelque part où elle soit, ou dans quelque
maison tierce ; car il n'y a point d'ordre qui l'en empêche. Cette espérance me fait vivre ; si vous me l'ôtez,
vous me ferez mourir Son séjour en Hollande peut
lui être utile ; celui en Prusse ne peut que lui nuire.
Toutes ces réflexions ne sont rien auprès de celles que
me fournit le caractère du roi de Prusse [2]. Le prince
royal n'est pas roi ; quand il le sera nous irons le voir
tous deux ; mais jusqu'à ce qu'il le soit, il n'y a nulle
sûreté. Son père ne connaît d'autre mérite que d'avoir
dix pieds de haut ; il est soupçonneux et cruel ; il hait
et persécute son fils ; il le tient sous un joug de fer ;
il croirait que M. de Voltaire lui donnerait des conseils dangereux ; il est capable de le faire arrêter dans

1. Élisabeth-Charlotte d'Orléans, fille de Philippe d'Orléans, frère
de Louis XIV, et de Charlotte-Élisabeth de Bavière, née le 13 septembre 1678, mariée le 13 octobre 1698, à Léopold-Joseph, duc de
Lorraine, né en 1679, rétabli dans ses États par la paix de Rys-
wick. Veuve le 27 mars 1729, elle mourut à Commercy le 23 décembre 1744. Cette cour de Lunéville, qu'il ne faut pas confondre
avec celle de Stanislas Leczinski, auquel le duché de Lorraine et de
Bar fut cédé par le traité de Vienne du 26 août 1736, se com-
posait alors de la duchesse de Lorraine, dite madame de Lorraine,
de son fils François-Etienne, né en 1708, et qui, grâce à son mariage
avec Marie-Thérèse d'Autriche en février 1736, se fit élire plus tard
empereur d'Allemagne ; d'Élisabeth-Thérèse, née en 1711, mariée
le 9 mars 1737 à Charles-Emmanuel, roi de Sardaigne ; de Charles,
prince de Lorraine, né en 1712, plus tard gouverneur des Pays-Bas,
et d'Anne-Charlotte de Lorraine, née en 1714   .
2. Frédéric-Guillaume Ier, né en 1688,   en 1713.

sa cour ou de le livrer au garde des sceaux. En un mot,
point de Prusse, je vous en supplie; ne lui en parlez
plus; recommandez-lui de se cacher et d'être sage, et
ne paraissez pas instruit de ce qu'il compte faire en
Hollande; il ne manquera pas de vous le mander.

Voilà ses projets et les miens, voici notre conduite :
je n'avais écrit à personne encore, et il me mande :
« J'écris à madame de Richelieu; mais je ne lui parle
« presque pas de mon malheur; je ne veux pas avoir
« l'air de me plaindre. » Il faut considérer que, quand il
a écrit cela à madame de Richelieu, il ne doutait pas
qu'il n'y eût un ordre contre lui : nous croyions l'un
et l'autre que je trouverais cet ordre à Cirey à mon
retour; car je fus le conduire quelque temps. Ainsi ce
voyage n'a nullement eu l'air d'une fuite. Ce *presque pas*
m'a embarrassée sur la façon dont j'écrirais à madame
de Richelieu; car que l'un mande blanc et l'autre noir,
cela n'est pas raisonnable et marque une défiance qui
empêche les gens de vous servir dans la suite.

Voici le parti que j'ai pris : j'ai mandé à madame
de Richelieu son voyage en Prusse, « que les instances
« du prince royal l'ont rendu indispensable; que j'es-
« pérais que, pendant son absence, elle ne l'oublierait
« pas; que je la priais de parler de son voyage au
« garde des sceaux, qui sans doute ne le désapprou-
« verait pas; la reconnaissance seule le lui avait fait
« entreprendre, et je la conjurais de profiter de cette
« occasion et de son absence pour tâcher de démêler
« les dispositions du garde des sceaux et le faire ex-
« pliquer sur son compte; qu'elle lui fît sentir com-
« bien il serait honteux à lui de persécuter un homme
« que les princes étrangers[1] traitaient avec tant de

1. Sollicité par Frédéric II, Voltaire l'était aussi par Charles-

« considération ; il ne donnerait jamais rien au public
« qui pût fournir le moindre prétexte contre lui ;
« qu'on devait être content de sa conduite depuis qu'il
« était ici ; le *Mondain*[1] ne pouvait pas être un prétexte
« sérieux ; que, cependant, on l'avait menacé à ce
« sujet, quoiqu'il ne fût point imprimé ; enfin, depuis
« un an, il avait donné une comédie et une tragédie[2],
« et des menaces ne devaient pas être la récom-
« pense d'un homme qui faisait tant d'honneur à son
« pays. »

Voilà le précis de ma lettre : celle que j'ai écrite au
bailli[3] est à peu près sur le même ton. Du reste, j'ai
mandé tout simplement son départ aux autres sans

Frédéric, duc de Holstein-Gottorp, époux d'Anne Petrowna, fille de
Pierre-le-Grand, qui cherchait à l'attirer à Saint-Pétersbourg avec
dix mille livres d'appointements.

1. Le conte du *Mondain* avait été trouvé, à la mort de M. de
Bussi (3 novembre 1736), évêque de Luçon, dans les papiers de ce
prélat, auquel Tressan l'avait communiqué, et que Voltaire
avait beaucoup connu dans la société du Temple. Le président
Dupuy en avait de plus répandu de nombreuses copies, d'ailleurs peu
fidèles. (Voir Lettres de Voltaire des 24 et 26 novembre).

2. *L'Enfant prodigue* et *Alzire.*

3. Louis-Gabriel de Froulay, appelé le *bailli de Froulay*, fils de
Philippe-Charles, comte de Froulay, et de Marie-Anne de Megaudais,
né en 1694, chevalier de Malte au grand-prieuré d'Aquitaine
en 1710, capitaine général des escadres de la Religion de 1728 à
1732, ministre plénipotentiaire pour la paix d'Aix-la-Chapelle en
1741, ambassadeur de l'ordre de Malte près du roi de France
en 1753, mort le 26 août 1766. Il était très-lié avec le chevalier d'Aydie, avec lequel Voltaire le confond souvent dans
son amitié et sa reconnaissance : « Si vous voyez M. le bailli
de Froulai et M. le chevalier d'Aydie, dites, je vous en prie,
à cette paire de loyaux chevaliers, combien je suis reconnaissant
de leurs bontés. M. de Froulai a parlé en vrai Bayard au garde
des sceaux. » Lettre à Thieriot, du 27 décembre 1735. Il était
frère du comte de Froulay, ambassadeur à Venise en 1733, lieutenant général en 1738, mort le 21 février 1744, et de l'évêque
du Mans

entrer dans aucuns détails. Voilà ma conduite, et je
n'en aurai point d'autre, à moins que vous ne me le
disiez. Pardonnez-moi la longueur de cette lettre ; j'ai
cru nécessaire de vous dire tout cela. En m'écrivant
sous le nom de madame de Champbonin[1], mettez simplement à *Bar-sur-Aube*. Le nom de Cirey est inutile, et
ne servirait qu'à exciter la curiosité. J'envoie chercher
mes lettres à Bar-sur-Aube.

Adieu, respectable et tendre ami ; ne vous lassez
point de nous faire du bien, ni de recevoir les assurances d'une reconnaissance qui durera autant que
ma vie.

Je vous ai écrit ce matin, par Vassy, une lettre pour
ces curieux, qui ne veut rien dire.

Vendredi à midi.

63. — AU COMTE D'ARGENTAL.

[Cirey], 30 décembre 1734 [1736].

Il faut encore que je fasse des réflexions, car mon
sort est de vous en assommer ; mais l'amitié permet

1. Femme d'un lieutenant au régiment de Bauffremont, parente
de Voltaire, compagne de couvent de madame du Châtelet, et dont la
propriété en Champagne était voisine de Cirey : « Elle est, trait
pour trait, la *grosse femme courte* du *Paysan parvenu*, mais elle paraît
être aimable par le caractère. Elle aime Voltaire à la folie, et si elle
l'aime tant, m'a-t-elle dit, ce n'est que parce qu'il a le cœur bon.
La pauvre femme ! on la fait tenir tout le jour dans sa chambre.
Depuis quatre ans qu'elle mène cette vie-là, elle a lu tout ce qu'il y
a de mieux ici et elle n'en est pas plus savante. Voltaire badine
de ses lectures et de la vie qu'on lui fait faire ; mais elle n'en est
pas tout à fait la dupe, car elle dîne et mange fort bien. » *Voltaire
et madame du Châtelet*, par Mme de Graffigny, Paris, 1820,
p. 12.

tout, et je crois ce que j'ai à vous dire aussi vrai et aussi nécessaire qu'il est cruel.

Voici, je crois, le nœud de cette malheureuse affaire que je vais vous débrouiller; c'est bien là ce qu'on peut appeler l'abomination de la désolation; je n'y ai arrêté mon esprit qu'aujourd'hui. Dans les premiers moments du malheur on est atterré, et toutes les facultés de l'âme sont suspendues: on les recouvre petit à petit; on devient alors plus capable de souffrir et de sentir, pour ainsi dire, son malheur de tous les côtés, de toutes les façons, d'en voir enfin toutes les faces. Je suis donc assez revenue à moi pour envisager le mien tout entier, et je crois que vous allez être bien étonné quand je vous dirai que l'excès de la douleur où j'ai été plongée jusqu'à présent n'est rien en comparaison de l'accablement où me jette l'idée dont je vais vous entretenir.

M. de Voltaire, m'avez-vous mandé, *aurait été arrêté depuis longtemps, sans le respect qu'on a pour Votre Maison, et l'on devait même écrire à M. du Châtelet, pour le prier de ne plus lui donner asile.* Mais on a bien envoyé un exempt chez M. de Guise. Or, il n'y a nulle apparence qu'on ait pour la maison de M. du Châtelet, un égard qu'on n'a pas eu pour celle de M. le prince de Guise. Cette réflexion est forte, et on n'a rien, je crois, à y répondre. Ajoutez-y que cette prière ou cet ordre à M. du Châtelet était un avis donné à M. de Voltaire, et par conséquent on devait être bien sûr qu'il se mettrait en sûreté, ce qu'on ne devait ni souhaiter, ni permettre, si on avait eu envie de l'arrêter, et qu'on eût cru en avoir sujet.

Nous devons donc chercher ailleurs les raisons de cet étrange dessein, et je crois les avoir trouvées: il faut que quelqu'un de ma famille ait parlé au cardinal

et au garde des sceaux; quelque propos du public,
quelque *lampon* peut-être aura été le prétexte d'une
vengeance assurément bien odieuse, et je sais d'où
elle vient : voilà ce qu'il y a encore de plus singulier.
J'ai le malheur d'être cousine germaine et de porter le
même nom qu'un homme qui a été en place[1] : cet
homme me hait depuis longtemps dans son cœur pour
des raisons qu'il ne me convient pas de dire; mais sa
haine n'ayant point de prétexte, les dehors d'une
amitié froide, telle que la proximité du sang nous la
prescrivait, lui servaient de voile. Depuis environ six
mois, ce voile est déchiré, et je suis brouillée avec lui
ouvertement. L'histoire en serait trop longue à vous
dire; il suffit, pour vous donner une idée de son *caractère*, que vous sachiez que c'est pour avoir tiré d'op-
pression une *fille de feu* mon père qu'il tyrannisait
depuis sa mort, et dont j'ai pris le parti contre lui avec
hauteur, et cela par la seule pitié que l'état de cette
malheureuse m'inspirait. Depuis longtemps brouillé
avec ma mère[2], il s'est alors raccommodé avec elle pour

---

1. Il s'agit très-probablement de François-Victor le Tonnelier
de Breteuil, marquis de Breteuil, né le 7 avril 1686, fils de
François, marquis de Fontenai-Tresigni, frère aîné du baron de
Breteuil, père de madame du Châtelet, et d'Anne de Calonne de
Courtebonne. Une première fois ministre de la guerre de 1723
à 1726, après la disgrâce de Le Blanc, il le fut une seconde fois,
du 17 février 1740 au 7 janvier 1743, jour de sa mort. « M. de
Breteuil, dit Barbier, qui attribue sa nomination de 1740 à l'influence de mademoiselle de Charolois, est fort poli, gracieux, aimant
à faire plaisir et fort aimé. » *Journal de Barbier*, t. III, p. 198.

2. Gabrielle-Anne de Froulay, née vers 1670, fille de Charles de
Froulay, comte de Froulay, chevalier des Ordres, et d'Angélique de
Beaudean de Parabère, mariée le 15 août 1697 à Louis-Nicolas,
baron de Breteuil, veuf de Marie-Anne Le Fèvre de Caumartin, dont
elle devint veuve le 24 mars 1728. Elle mourut le 4 août 1740,
âgée de 70 ans. Elle était tante du bailli de Froulay, et sœur de
Marie-Thérèse de Froulay, mariée d'abord à Claude de Breteuil,
aron d'Ecouche, et en secondes noces au marquis de la Vieuville.

être à portée de l'animer contre moi; il lui a fait écrire une lettre à M. du Châtelet, pour me forcer à lui abandonner la personne que j'ai prise sous ma protection (laquelle, par parenthèse, est religieuse et a cinquante ans). Cette lettre de ma mère eût brouillé tout autre ménage; mais heureusement je suis sûre des bontés de M. du Châtelet.

Il n'est nullement impossible, il n'est même que trop vraisemblable que cet homme aura parlé aux ministres : *il ne tient qu'à vous d'empêcher que*, etc., etc., leur aura-t-il dit ; *c'est un service qu'il faut rendre à M. du Châtelet.* Peut-être se sera-t-il servi du nom de ma mère, je n'en sais rien ; mais pesez bien les paroles de la lettre du bailli, qui assurément les épargne : *il n'y a que les propos du public qui puissent attirer noise; il faut le craindre, le respecter, et ne lui point donner sujet à parler.* A quoi cela peut-il se rapporter, sinon à moi? Que peuvent les propos du public contre un homme public comme M. de Voltaire? Le public passe sa vie à parler de lui; ils ne devraient sans doute ne me faire d'autre mal que celui de m'affliger; mais ils ne devraient point *m'attirer noise,* surtout ayant mon mari pour moi. Que peuvent donc signifier ces paroles du bailli, sinon qu'on en pourrait prendre occasion de me perdre? Joignez à cela ma première remarque sur le prétendu respect que l'on a pour notre maison, respect que l'on n'a point eu pour celle de M. le prince de Guise, pour le moins aussi respectable, et, de plus, la certitude où l'on était par là de donner un avis à M. de Voltaire, et par conséquent de manquer ce qu'on projetait, si on voulait l'arrêter. De plus, on ne prend pour prétexte que des prétendues lettres de M. de Voltaire, interceptées : mais, en vérité, ce n'est rien dire que de dire des choses si vagues, et c'est bien une marque qu'on a une

raison qu'on veut cacher : ce n'est point sûrement les
lettres au prince de Prusse, car le garde des sceaux
en a paru content en les lisant. Je sais à peu près
toutes les correspondances de M. de Voltaire, et je
vous assure qu'il n'y a que celle-là dont on peut prendre quelque ombrage ; encore c'est un excès de prudence qui me le faisait craindre ; mais la lettre du
bailli doit me rassurer. Vous me mandiez dans votre
lettre, que vous étiez de mon avis sur les causes de
mon malheur ; or, puisqu'il n'est point occasionné par
la correspondance du prince royal, il faut donc qu'il
y ait une autre cause. Au reste, je suis persuadée que
le bailli aura calmé l'orage, et que, par ces paroles, *il
n'y a que les propos du public qui puissent attirer noise, il
faut le respecter*, etc., il me donne avis de me tenir
sur mes gardes.

On aura peut-être pris cette *Épître* [1] sur la philosophie de Newton, qui m'est adressée sous le nom d'Émilie,
pour prétexte. S'il est bien singulier qu'il y ait un
homme assez méchant pour être capable de ce procédé
dont je vous parle, il l'est encore plus que les ministres l'écoutent ; mais la dévotion aide encore à ces ac-
tions-là ; voilà à quoi elle sert ; et, de plus, je sais que
le garde des sceaux a été piqué d'une lettre (un peu
trop forte à la vérité), que je lui écrivis l'année passée
au sujet des bruits qui coururent sur *Jeanne* [2] ; il aura
saisi l'occasion de s'en venger.

Je sais que votre cœur, accoutumé à la vertu, aura

1. L'*Épître à madame la marquise du Châtelet*, sur la philosophie
de Newton, placée d'abord en tête des *Éléments*.
2. Le poëme de la *Pucelle*, commencé dès 1730, qui comptait
déjà dix chants en 1738, et que madame du Châtelet tenait en
quelque sorte sous séquestre, tant elle en craignait la publication
pour le repos et la sécurité de Voltaire. La première édition, subreptice, ne parut qu'en 1755.

de la peine à se familiariser avec l'idée d'une action si
noire et à en croire quelqu'un coupable ; mais croyez
que les hommes sont capables de tout. Pesez mes raisons et voyez. Je souhaite sincèrement de me tromper;
mais si je ne me trompe pas, comme j'en ai bien peur,
il est de la dernière importance que je le sache : cela
changerait toute ma vie; il faudrait abandonner Cirey,
du moins pour un temps, et venir demeurer à Paris.
Là, on n'aura point le prétexte de prier M. du Châtelet
de ne point lui donner asile, et nous pourrons du
moins nous voir. Il faudrait que j'eusse le temps de
prévenir M. du Châtelet de loin ; car nos affaires sont
arrangées pour demeurer ici au moins encore deux
ans. Nous y avons fait bien de la dépense; mais cela
ne fait rien ; j'en viendrai à bout, pourvu que je le
sache. Il est bien affreux de quitter Cirey; mais tout
vaut mieux que la lettre à M. du Châtelet, qui viendrait
tôt ou tard, et puis nous jouirons de votre amitié à
Paris. Je vous demande donc à genoux d'éclaircir ce
mystère d'iniquité; mon honneur et mon repos en dépendent. M. de Maurepas[1] le sait sûrement, ou du moins
est à portée de le savoir. Ne lui nommez pas la personne, car je sais qu'il a des liaisons de bienséance
avec elle : ne parlez que de ma mère, et détaillez-lui
les motifs que j'ai de croire que ce n'est point la raison
qu'il vous a dite qui fait notre malheur.

Je vous avoue, quand je pense que je suis la cause
du malheur de votre ami, que je suis prête à mourir
de douleur : c'est une sorte de supplice que je ne connaissais pas et que je croyais ne jamais connaître.
Heureusement, je suis sûre de M. du Châtelet; c'est

---

1. J. François Phelippeaux, comte de Maurepas (1701-1781),
ministre de la marine, de 1723 à 1749.

l'homme le plus respectable et le plus estimable que
je connaisse, et je serais la dernière des créatures, si je
ne le pensais pas. Je crains que l'on ne révoque en
doute le départ de votre ami; car la même raison qui
fait qu'il pourra être de retour ici dans trois mois sans
qu'on le sache, fait aussi qu'on peut fort bien l'y
croire encore. Ce qui vous surprendra, c'est qu'on a
mandé dans cette province que ma famille se mêlait
de cette affaire, car on se doute de la vérité; mais
comme cela venait d'assez mauvais lieu et me paraissait incroyable, je n'y ai fait nulle attention d'abord.
Au reste, ma famille consiste en ma mère, l'homme
dont je vous parle, un frère [1] qui est mon ami intime,
et le bailli, qui assurément en est incapable[2]. Je crois
que ces réflexions rendent encore la lettre que je pro-
jetais d'écrire au bailli, plus nécessaire. Ma vie, mon
état, ma réputation, mon bonheur, tout est entre vos
mains : je ne ferai pas une démarche que vous ne me

---

1. Élisabeth-Théodore Le Tonnelier de Breteuil, né le 8 décembre 1712, d'abord grand-vicaire de Sens, puis grand'croix de
Malte, abbé de la Charité, de Saint-Éloi de Noyon et de N.-D. de
Livry, mort le 22 juillet 1781. Voltaire, dans une lettre qu'il lui
adressa vers 1735 (OEuvres, t. LII, p. 16), se plaint :

> ..... Qu'en son printemps,
> Le plus gai, le plus fait pour plaire,
> Des convives et des amants,
> Laissait là Comus et Cythère,
> Pour être grand-vicaire à Sens.

2. Madame du Châtelet oublie dans cette nomenclature les enfants,
bien jeunes, il est vrai, de son second frère, Charles-Auguste, baron
de Preuilly, né le 27 novembre 1701, capitaine de cavalerie, mort
au château d'Azy-le-Féron, en Touraine, le 13 juin 1731. De son
mariage (6 juin 1728) avec Marie-Anne Goujon de Gasville, fille de
Prosper Goujon, seigneur de Gasville, intendant de Rouen, et
d'Anne Faucon de Ris : il avait laissé Louis-Auguste, né le 7 mars
1730, le futur ministre de Louis XVI, et Elisabeth-Émilie, née
le 20 mai 1731. Sa veuve se remaria, le 19 mai 1733, à Pierre de
Marolles, comte de Rocheplatte, brigadier.

guidiez ; c'est sur quoi vous pouvez irrévocablement
compter, et jamais je n'abuserai des choses que votre
amitié croira nécessaire de me dire.

Il faudrait inventer une langue pour vous exprimer
la honte où je suis de toutes les peines que je vous
donne, et la vivacité de ma reconnaissance et de mon
amitié.

Je vous demande pardon de mon griffonnage ; mais
j'ai la tête, le cœur et la santé dans un si déplorable
état, que je n'ai pas la force de recommencer ma lettre.

P. S. Je reçois dans le moment des lettres de Paris.
On me mande que M. de Villefort [1], qui est venu ici,
en a fait des descriptions qu'on a brodées et dont on a
fait un conte de fées. Ce qu'on me mande n'a ni tête
ni queue, ni rime, ni raison ; ce sont peut-être ces
beaux contes qu'on a pris pour prétexte [2] : tout cela

1. Philippe d'Isarn de Villefort de Montjeu, troisième fils de
Jacques-Joseph, et de Marie-Suzanne de Valicourt, dit le *chevalier
de Villefort*, né en 1702, chevalier de Malte, maistre de camp du régiment de Clermont-Prince en 1734, gentilhomme du comte de Clermont, mort le 25 mars 1749, âgé de 47 ans.

2. On a encore un écho de ces commérages du chevalier de Villefort dans ce passage d'une lettre de l'abbé Le Blanc au président
Boulder, du 19 novembre 1736, publiée pour la première fois par
M. Desnoiresterres. « Après avoir traversé les cours du château, un
domestique de livrée conduisit le *chevalier de Villefort* au premier
antichambre. Il fallut sonner longtemps avant que la porte s'ouvrit ;
enfin la porte mystérieuse s'ouvre, une femme de chambre paroît la
lanterne à la main, quoiqu'il ne fût que quatre heures du soir,
toutes les fenêtres étoient fermées : il demanda à voir madame la
marquise, on le laissa là pour aller annoncer. On revint et on le fit
passer par plusieurs pièces où il ne put rien connoître, attendu la
foible lueur de la lanterne. Il parvint enfin au séjour enchanté dont
la porte s'ouvrit à l'instant ; c'étoit un salon éclairé de plus de vingt
bougies. La divinité de ce lieu étoit tellement ornée et si chargée
de diamants qu'elle eût ressemblé aux Vénus de l'Opéra, si malgré
la mollesse de son attitude et la riche parure de ses habits, elle n'eût
pas eu le coude appuyé sur des papiers barbouillés d'*xx* et sa table

me paraît aussi fou qu'horrible; la réalité l'est bien
davantage. Je suis à cent cinquante lieues de votre
ami, et il y a douze jours que je n'ai eu de ses nouvelles.
Pardon, pardon, mais mon état est horrible.

---

64. — AU COMTE D'ARGENTAL.

31 décembre 1731 [1736].

La tête me tourne d'inquiétude et de douleur; vous
vous en apercevez bien à mes lettres. Je n'ai pas eu de
nouvelles de votre ami depuis le 20; cependant je suis

couverte d'instruments et de livres de mathématiques. On fit à
l'étranger une demi-inclination, et, après quelques questions réci-
proques, on lui proposa d'aller voir M. de Voltaire. Un escalier dérobé répondoit à l'appartement de cet enchanteur : on le monte, on
frappe à sa porte. Mais inutilement. Il étoit occupé à quelques opérations magiques, et l'heure de sortir de son cabinet ou de l'ouvrir
n'étoit pas venue : cependant la règle fut enfreinte en faveur de
M. de Villefort. Après une demi-heure de conversation, une cloche
sonna, c'étoit pour le souper. On descend dans la salle à manger,
salle aussi singulière que le reste de ce château ; il y avoit à chaque
bout un tour, comme ceux de couvens de religieuses, l'un pour servir, l'autre pour desservir. Aucun domestique ne parut, on se ser-
voit soi-même : la chère fut merveilleuse, le souper long ; à une certaine heure, la cloche de nouveau se fit entendre. C'étoit pour avertir
qu'il étoit temps de commencer les lectures morales et philosophiques, ce qui se fit avec la permission de l'étranger. La cloche au
bout d'une heure avertit qu'il fallait s'aller coucher. On y va. A
quatre heures du matin, on va éveiller l'étranger pour savoir s'il
veut assister à l'exercice de poésie et de littérature qui vient de
sonner. Complaisance ou curiosité, il s'y rend. Je n'aurois jamais
fait si je vous racontois tout ce qui se dit des nouvelles et des occupations de Cirey. J'ajouterai seulement que le lendemain, Vénus et
Adonis dans un char, et l'étranger à cheval, furent manger des
côtelettes au coin d'un bois, et *toujours les livres en laisse suivant*.
On demande ce que fait le *mari pendant tout ce temps-là et personne*
n'en sait rien Au reste, vous prendrés, vous laisserés ce que vous
voudrés de ce conte, que je vous donne tel que je l'ai reçu, tel qu'il
court Paris. » Desnoiresterres, *Voltaire à Cirey*, p. 112.

sûre qu'il m'a écrit. Il peut arriver tant d'accidents en
chemin. Sa santé est si mauvaise, que les choses les plus
sinistres me passent par la tête, et que je suis prête
souvent à céder à mon désespoir. Il se peut encore
qu'on ait reconnu son écriture et qu'on ait arrêté ses
lettres; car je viens d'apprendre, de mon correspondant en Lorraine, que les lettres passaient par le grand
bureau de Paris. Si cela est, je n'en recevrai plus de
nouvelles; son écriture est bien connue et bien remarquable : voilà un de mes malheurs, et assurément il
est bien sensible. Il y a quinze jours que je ne passais
pas sans peine deux heures loin de lui; je lui écrivais
alors de ma chambre à la sienne, et il y a quinze jours
que j'ignore où il est, ce qu'il fait; je ne puis pas même
jouir de la triste consolation de partager ses malheurs.
Pardonnez-moi de vous étourdir de mes plaintes; mais
je suis trop malheureuse.

Thieriot et mille autres me mandent que les uns disent qu'il s'est dérobé à un orage prêt à fondre sur lui;
les autres, qu'il est allé faire imprimer la *Pucelle* et
Louis XIV; d'autres me mandent que le ministre est
irrité qu'il soit parti sans congé; qu'on lui fermera le
retour, et que même, s'il n'est point passé, on l'arrêtera sur la frontière. C'est à vous à conduire au port
un vaisseau battu de tant d'orages. Si on ne cherchait
qu'à l'éloigner, nous aurions donné dans le piége :

Incidit in Scyllam cupiens vitare Charybdim [1].

J'ai toujours prié madame de Richelieu d'instruire le
garde des sceaux de son départ, et de l'assurer qu'aucun mécontentement ni aucun mauvais dessein ne
l'avait occasionné. Si le garde des sceaux parait fâché
qu'il n'ait pas demandé la permission, madame de

1. Horace, *Art poétique*, v. 145.

Richelieu répondra qu'il ne s'est pas cru un homme assez considérable dans l'État pour informer le ministre de son départ; qu'il y aurait eu à cela une vanité qui n'est point dans son caractère. Je vous en prie, instruisez-moi de la façon dont tout cela aura été pris à la Cour. Si mes soupçons, dont je vous ai fait part dans ma dernière lettre, sont fondés, si l'on ne demande qu'à nous séparer et à l'éloigner, ce que cette lettre projetée à M. du Châtelet rend très-vraisemblable, on prendra la balle au bond, on lui fermera le retour; et, s'il veut revenir, il se prendra au trébuchet à la frontière. Quand il sera temps de faire courir le bruit qu'il est tombé malade en chemin, vous le répandrez et vous me le manderez, afin que je l'écrive.

Sur toutes ces considérations, je conclus, *primo*, que ma lettre au bailli est de toute nécessité : je voudrais qu'elle fût écrite et reçue; j'attendrai pourtant votre permission. Je le crois fâché de ce départ; il le regarde comme une fausse démarche, après la lettre rassurante qu'il m'a écrite et que je vous ai envoyée. Je crois, en second lieu, que, puisqu'il ne peut aller en Prusse à cause du caractère du roi, de sa santé et de la douleur affreuse que ce voyage me causerait, je crois, dis-je, qu'il ne faut pas, vu tous les bruits qui courent, que son absence soit longue, de peur que, lorsqu'on aura découvert qu'il n'est point en Prusse, on ne donne des ordres sur la frontière; et, dans ces dispositions, il faut surtout qu'on ne le sache point en Hollande; car on croirait sûrement que *Jeanne* et l'*Histoire de Louis XIV* l'y ont mené, surtout ayant caché sa marche; et vous savez qu'on commence par punir avant d'examiner. Le ministère français a du crédit en Hollande, et a surtout celui de l'empêcher de revenir ici. Si l'on a découvert son adresse par ses lettres, on aura aussi arrêté les miennes. Si je suis encore une semaine sans en recevoir, j'enverrai un courrier à Amsterdam. Si vous aviez quelque chose d'important à lui faire savoir ou à me mander, faites-moi apporter la lettre par du L..., il saura toujours où prendre de l'argent, et je l'enverrais tout de suite d'ici. Notre ami est sûrement à Amsterdam ; et celui qui ne l'y trouverait pas, en se réclamant de vous ou de moi, serait bien sot.

Au nom de l'amitié et de mon malheur extrême, calmez-moi, répondez-moi, et ayez pitié de mon état. Je n'ouvre mon cœur qu'à vous ; il n'y a que vous qui puissiez véritablement m'instruire, et sur les avis de qui je veuille me conduire. Comptez que le ministère a les yeux sur lui, qu'il cherchera à deviner où il est, et que, s'il le sait en Hollande, il l'empêchera de revenir. S'il a été bien nécessaire de prévenir l'orage, il l'est pour le moins autant d'empêcher qu'on ne s'oppose à son retour. Vous avez marqué le moment de son départ ; vous marquerez celui qui me le ramènera. Votre prudence conduira tout ; j'y ai une confiance aveugle : vous l'avez vu par la promptitude avec laquelle il est parti. Dites-lui donc, je vous en prie, qu'il ne peut trop se cacher, et qu'il soit prêt à revenir au moment que vous le lui manderez. Hélas ! ne vous repentez-vous point d'avoir attaché votre cœur à deux personnes si malheureuses ? Il est bien beau à vous de ne vous en pas rebuter. Dites-moi donc comment je ferai pour vous exprimer mon amitié et ma reconnaissance.

65. — A M. LE COMTE ALGAROTTI.

A Cirey, ce 11 janvier 1737.

Nous ne sommes plus guère dignes, ni Cirey, ni moi, Monsieur, de l'honneur que vous nous faites de nous chanter. Cirey n'est plus que des montagnes, et moi une personne fort malheureuse. La Gazette vous aura déjà peut-être appris une partie de tout cela, et vous vous serez bien douté que quand M. de Voltaire nous a quittés, tout bonheur, tout agrément, et toute imagination nous a aussi abandonnés. Il y a un mois qu'il a sacrifié Cirey à sa reconnaissance pour les bontés dont le prince royal de Prusse l'honore. Le prince lui a envoyé son portrait[1], et lui a écrit cent lettres plus flatteuses et plus pressantes que celle que vous avez vue (car je crois que vous avez lu la première)[2]. Enfin, il n'a pu tenir contre tant d'empressement, et tant de bonté. Je vous laisse à penser si j'ai eu de la peine à y consentir; mais j'ai sacrifié mon bonheur à son devoir, et à la nécessité où il était de faire le voyage. Je suis bien en peine de sa santé. Je crains qu'elle ne résiste pas à un climat et à une saison qui lui sont si con-

1. A la fin de décembre 1736, par M. Le Chambrier, ministre de Prusse à Paris, qui « l'avait retiré à la poste, » Voltaire écrivait de Leyde à Frédéric : « On m'apprend que Votre Altesse Royale a daigné m'envoyer son portrait; c'est ce qui pourrait jamais m'arriver de plus flatteur après l'honneur de jouir de votre présence. Mais le peintre aura-t-il pu exprimer dans vos traits ceux de cette belle âme à laquelle j'ai consacré mes hommages? J'ai appris que M. Le Chambrier avait retiré le portrait à la poste ; mais sur-le-champ madame la marquise du Châtelet, Émilie, lui a écrit que ce trésor était destiné pour Cirey. Elle le revendique ; elle partage mon admiration pour Votre Altesse Royale; elle ne souffrira pas qu'on lui enlève ce dépôt précieux; il sera le principal ornement de la maison charmante qu'elle a bâtie dans notre désert. On y lira cette petite inscription : *Vultus Augusti, mens Trajani.* » *OEuvres*, t. LII, p. 384.

2. Du 8 août 1736.

traires; mais c'est assez vous parler de mes malheurs.
Il faut vous dire qu'au milieu de la tristesse et de l'abat-
tement de mon âme, j'ai ici un plaisir sensible à recevoir de vos nouvelles. Que votre *Chartreuse* m'a paru
charmante! Je me suis un peu plus familiarisée avec
la *bella lingua italiana* depuis votre départ; aussi j'en
ai mieux senti la finesse et les beautés de votre ouvrage;
je l'ai envoyé au premier des Émiliens, qui est assurément le père prieur de votre Chartreuse. Vous êtes fait
pour réussir sur les mêmes sujets. Son *Essai sur la
Philosophie de Newton* était prêt à être imprimé, quand
il est parti; mais il y a apparence que son voyage retardera la publication. Comme les Alpes séparent votre
mission, je crois qu'il est bien égal lequel de vos deux
ouvrages paraisse le premier. S'il en était autrement,
M. de Voltaire vous céderait le pas par mille raisons;
cette considération a été la seule raison pour laquelle
il ne vous en a pas parlé : le vôtre a été fait le premier;
il faut qu'il paraisse le premier. Je vous avertis que je
veux absolument que mon portrait[1] y soit; faites votre

1. Ce portrait de madame du Châtelet figure en effet en tête de
la première édition du *Newtonianisme pour les Dames* (*I Newtonianismo per le dame, overo Dialoghi sopra la Luce e i Colori, in Napoli,*
1737, in-8° de 300 p.) Algarotti chercha donc tout à la fois à satisfaire son aimable hôtesse de Cirey et à placer son livre sous la protection de la renommée de Fontenelle, au moyen d'une dédicace adressée
à celui-ci : *Al Signor Bernardo di Fontenelle, Francisco Algarotti,
Parigi il di 24 Gennajo 1736.* Voici la description de cette gravure,
telle que veut bien nous la donner notre savant et aimable ami,
M. Gustave Desnoiresterres, possesseur de l'édition originale, laquelle
n'existe pas à la Bibliothèque nationale. « Le frontispice est un jardin, un parc pour mieux dire. L'on aperçoit, à droite, le château de
Cirey, un bâtiment sans étage. Madame du Châtelet tient le milieu
de l'estampe, elle est de face ou peu s'en faut. Son interlocuteur (*Algarotti*) est de profil. Il pérore; l'index joignant le gros pouce, et
les autres doigts tendus, une main dans l'attitude de la démonstration. Les deux personnages ont 12 centimètres de haut; ce sont de
vrais portraits. Gio. Ratla Piazzetta *inv.*; Marco Pitteri *scolp.*

11.

compte omme vous voudrez; M. de Fontenelle a plus d'esprit ne moi; mais j'ai un plus joli visage que lui; voilà cequi fait que je l'exige. Je crois que vous trou- vez M. e Froulay [1] bien aimable, et que vous remer- ciez le iel de n'être pas né un des tyrans de votre pays; et après le malheur d'être tyrannisé, le plus grand pur quelqu'un qui pense, c'est de tyranniser les autres. arlez quelquefois de moi à madame Zeno; elle ne m'a as répondu à la lettre que vous lui avez portée de ma prt. Pour elle, elle tyrannisera tous ceux qu'elle voudra mais son empire est doux. Dites-moi si M. Fos- carini est à Venise; j'espère que vous me ferez tenir par M. ambassadeur [3] le premier exemplaire de votre ouvrag. Je vous conseille de vous dépêcher de le faire imprirer, et de repasser vite les monts. Je ne sais si vous orez passer à Cirey après la perte qu'il a faite; mais put-être sera-t-elle réparée alors, car il m'a pro- mis de evenir de Prusse ici.

Je ésire mon voyage en Angleterre avec plus de passio que jamais : io me donne la torture pour y trouve un pr´´   de Châtelet aura bien de la peic   yage de pure curiosité ; il ne sa   il n'a pas lu les lettres de milor   vers.

. roulay, ambassadeur de France à Venise.

il, né en 1696, procurateur de Saint-Marc, puis ort en 1762, et auteur de l'ouvrage *Della Littera-* Padoue, 1752, in-fol. Algarotti lui dédia l'une de vers.

valier Venier, qui avait remplacé M. Alexandre Zeno, assadeur de la République de Venise en France.

lord Hervey de Ickworth, fils aîné du premier Bristol et de sa seconde femme Élisabeth Felton, né mort en 1743. Très-dévoué à la politique de Robert qu'il défendit dans plusieurs pamphlets, il fut vivement

O Freedom benefactress fair
How happy who thy blessings share.

Je vous avoue que je trouve ses rois et ses lettres très-aimables, et que j'ai bien envie de voir un pays où le beau monde est fait comme cela, car dans le nôtre, on n'en a pas d'idée. M. l'ambassadeur m'écrit un grande lettre pour me remercier de votre connaissance, et pour me chanter vos louanges; vous les seriez bien connus sans moi, mais n'importe, ayez-en l'obligation, buvez encore à ma santé et soyez plus heureux que moi. Instruisez-moi de votre marche et soyez sûr qu'en quelque pays que vous alliez, vous ne serez jamais plus admiré ni plus aimé que dans les montagnes de Cirey.

---

66. — A M. LE COMTE D'ARGENTAL.

[Cirey], janvier 73b [1737].

Je reçois votre lettre du 29. Je ferai partir dans le moment le courrier pour le bailli, mais je prudent d'attendre la poste de vendredi qui, j'espère, m'apportera la réponse à une lettre parlais d'une crainte que confirment toutes les xions que j'ai faites depuis ce temps-là. votre sur cela pourrait me faire ajouter quelque chose lettre, mais si elle n'arrive pas vendredi mon courrier partira samedi.

attaqué, sous le nom de Sporus, par Pope, dans prologue satires. Il est moins connu aujourd'hui par ses poésies, qui figurent dans le Recueil de Dodley, que par des Mémoires publiés par Cooer, sous ce titre : Memoirs of the reign of George the second, London, 1848, 2 vol. in-8°. C'est à lui qu'Algarotti ressa, en 1739, Lettres qui ont formées depuis son Voyage en Russie.

1. O liberté, divinité bienfaitrice,
Combien heureux est celui qui partage tes faveurs.

compte comme vous voudrez; M. de Fontenelle a plus
d'esprit que moi; mais j'ai un plus joli visage que lui;
voilà ce qui fait que je l'exige. Je crois que vous trouvez M. de Froulay[1] bien aimable, et que vous remerciez le ciel de n'être pas né un des tyrans de votre
pays; car après le malheur d'être tyrannisé, le plus
grand pour quelqu'un qui pense, c'est de tyranniser les
autres. Parlez quelquefois de moi à madame Zeno; elle
ne m'a pas répondu à la lettre que vous lui avez portée
de ma part. Pour elle, elle tyrannisera tous ceux qu'elle
voudra ; mais son empire est doux. Dites-moi si M. Foscarini[2] est à Venise; j'espère que vous me ferez tenir
par M. l'ambassadeur[3] le premier exemplaire de votre
ouvrage. Je vous conseille de vous dépêcher de le faire
imprimer, et de repasser vite les monts. Je ne sais si
vous oserez passer à Cirey après la perte qu'il a faite;
mais peut-être sera-t-elle réparée alors, car il m'a promis de revenir de Prusse ici.

Je désire mon voyage en Angleterre avec plus de
passion que jamais; je me donne la torture pour y
trouver un prétexte, car M. de Châtelet aura bien de
la peine à consentir à un voyage de pure curiosité; il
ne sait pas l'anglais, et il n'a pas lu les lettres de
milord Hervey[4] ni ses vers.

1. Le comte de Froulay, ambassadeur de France à Venise.
Voir p. 111.
2. Marc Foscarini, né en 1696, procurateur de Saint-Marc, puis
doge en 1762, mort en 1762, et auteur de l'ouvrage *Della Littera-
tura Veneziana*, Padoue, 1752, in-fol. Algarotti lui dédia l'une de
ses *Épitres* en vers.
3. Le chevalier Venier, qui avait remplacé M. Alexandre Zeno,
comme ambassadeur de la République de Venise en France.
4. John, lord Hervey de Ickworth, fils aîné du premier
comte de Bristol et de sa seconde femme Élisabeth Felton, né
en 1696, mort en 1743. Très-dévoué à la politique de Robert
Walpole, qu'il défendit dans plusieurs pamphlets, il fut vivement

O Freedom benefactress fair
How happy who thy blessings share [1].

Je vous avoue que je trouve ses vers et ses lettres
très-aimables, et que j'ai bien envie de voir un pays
où le beau monde est fait comme cela, car dans le nôtre,
on n'en a pas d'idée. M. l'ambassadeur m'écrit un
grande lettre pour me remercier de votre connaissance,
et pour me chanter vos louanges; vous vous seriez bien
connus sans moi, mais n'importe, ayez m'en l'obligation, buvez encore à ma santé et soyez plus heureux
que moi. Instruisez-moi de votre marche, et soyez sûr
qu'en quelque pays que vous alliez, vous ne serez
jamais plus admiré ni plus aimé que dans les montagnes de Cirey.

---

66. — A M. LE COMTE D'ARGENTAL

[Cirey], janvier 1735 [1737].

Je reçois votre lettre du 29. Je ferais partir dans le
moment le courrier pour le bailli, mais je crois plus
prudent d'attendre la poste de vendredi, qui, à ce que
j'espère, m'apportera la réponse à une lettre où je vous
parlais d'une crainte que confirment toutes les réflexions que j'ai faites depuis ce temps-là. Votre réponse
sur cela pourrait me faire ajouter quelque chose à ma
lettre, mais si elle n'arrive pas vendredi, mon courrier
partira samedi.

attaqué, sous le nom de *Sporus*, par Pope, dans le prologue de ses
satires. Il est moins connu aujourd'hui par ses poésies, qui figurent
dans le Recueil de Dodley, que par des Mémoires publiés par Croker, sous ce titre : *Memoirs of the reign of Georges the second*, London, 1848, 2 vol. in-8°. C'est à lui qu'Algarotti adressa, en 1739,
les Lettres qui ont formées depuis son *Voyage en Russie*.

1.   O liberté, divinité bienfaitrice,
      Combien heureux est celui qui partage les faveurs.

compte comme vous voudrez; M. de Fontenelle a plus
d'esprit que moi; mais j'ai un plus joli visage que lui;
voilà ce qui fait que je l'exige. Je crois que vous trouvez M. de Froulay [1] bien aimable, et que vous remerciez le ciel de n'être pas né un des tyrans de votre
pays; car après le malheur d'être tyrannisé, le plus
grand pour quelqu'un qui pense, c'est de tyranniser les
autres. Parlez quelquefois de moi à madame Zeno; elle
ne m'a pas répondu à la lettre que vous lui avez portée
de ma part. Pour elle, elle tyrannisera tous ceux qu'elle
voudra; mais son empire est doux. Dites-moi si M. Foscarini [2] est à Venise; j'espère que vous me ferez tenir
par M. l'ambassadeur [3] le premier exemplaire de votre
ouvrage. Je vous conseille de vous dépêcher de le faire
imprimer, et de repasser vite les monts. Je ne sais si
vous oserez passer à Circy après la perle qu'il a faite;
mais peut-être sera-t-elle réparée alors, car il m'a promis de revenir de Prusse ici.

Je désire mon voyage en Angleterre avec plus de
passion que jamais; je me donne la torture pour y
trouver un prétexte, car M. de Châtelet aura bien de
la peine à consentir à un voyage de pure curiosité; il
ne sait pas l'anglais, et il n'a pas lu les lettres de
milord Hervey [4] ni ses vers.

1. Le comte de Froulay, ambassadeur de France à Venise.
Voir p. 111.
2. Marc Foscarini, né en 1696, procurateur de Saint-Marc, puis
doge en 1762, mort en 1762, et auteur de l'ouvrage *Della Littera-
tura Veneziana*, Padoue, 1752, in-fol. Algarotti lui dédia l'une de
ses *Épîtres* en vers.
3. Le chevalier Venier, qui avait remplacé M. Alexandre Zeno,
comme ambassadeur de la République de Venise en France.
4. John, lord Hervey de ickworth, fils aîné du premier
comte de Bristol et de sa seconde femme Élisabeth Felton, né
en 1696, mort en 1743. Très-dévoué à la politique de Robert
Walpole, qu'il défendit dans plusieurs pamphlets, il fut vivement

O Freedom benefactress fair
How happy who thy blessings share[1].

Je vous avoue que je trouve ses vers et ses lettres très-aimables, et que j'ai bien envie de voir un pays où le beau monde est fait comme cela, car dans le nôtre, on n'en a pas d'idée. M. l'ambassadeur m'écrit un grande lettre pour me remercier de votre connaissance, et pour me chanter vos louanges; vous vous seriez bien connus sans moi, mais n'importe, ayez m'en l'obligation, buvez encore à ma santé et soyez plus heureux que moi. Instruisez-moi de votre marche, et soyez sûr qu'en quelque pays que vous alliez, vous ne serez jamais plus admiré ni plus aimé que dans les montagnes de Cirey.

66. — A M. LE COMTE D'ARGENTAL

[Cirey], janvier 1735 [1737].

Je reçois votre lettre du 29. Je ferais partir dans le moment le courrier pour le bailli, mais je crois plus prudent d'attendre la poste de vendredi, qui, à ce que j'espère, m'apportera la réponse à une lettre où je vous parlais d'une crainte que confirment toutes les réflexions que j'ai faites depuis ce temps-là. Votre réponse sur cela pourrait me faire ajouter quelque chose à ma lettre, mais si elle n'arrive pas vendredi, mon courrier partira samedi.

attaqué, sous le nom de *Sporus*, par Pope, dans le prologue de ses satires. Il est moins connu aujourd'hui par ses poésies, qui figurent dans le Recueil de Dodley, que par des Mémoires publiés par Croker, sous ce titre : *Memoirs of the reign of Georges the second*, London, 1848, 2 vol. in-8°. C'est à lui qu'Algarotti adressa, en 1739, les Lettres qui ont formées depuis son *Voyage en Russie*.

1.   O liberté, divinité bienfaitrice,
     Combien heureux est celui qui partage tes faveurs.

Je vous ai fait connaître toutes mes craintes et tout
ce que les Richelieu, les Thieriot et mille autres me
mandent : hélas! il eût peut-être suffi d'envoyer un
courrier au bailli, comme nous le faisons aujourd'hui.

Je crains mortellement qu'on ne se fâche de son
départ sans permission et que le ministre soupçonneux
ne découvre qu'il est en Hollande, ou du moins ne soit
sûr qu'il a caché sa marche et qu'il n'est point allé en
Prusse; que, s'ils sont en colère, ils ne prennent ce
prétexte pour s'en défaire, et qu'ils ne disent qu'étant
sorti du royaume sans permission, ils ne veulent point
qu'il y rentre. Si mes craintes sont vraies, si on a
animé le ministre contre lui par rapport à moi, cet ex-
ministre[1] dont je vous ai parlé aura gagné sa cause :
nous voilà séparés. Il n'y a qu'à le laisser où il est,
dirait on, et nous, nous serions pris au trébuchet.
Enfin, votre amitié nous a séparés, nous a plongés
dans l'enfer; c'est à elle à nous en tirer. Au nom de
cette amitié et de mon malheur extrême, mandez-moi
la façon dont on a pris son départ à la cour. Il y a
quinze jours que je n'ai eu de ses nouvelles; je crains
qu'on n'ait retenu ses lettres : je joins à tous mes maux
l'inquiétude de sa santé, qui est le plus grand de tous.
Au nom de Dieu! songez aux dangers qu'il court d'être
découvert en Hollande et de perdre par là l'espoir de
revenir ici. J'en mourrais de douleur; vous n'en dou-
teriez pas si vous pouviez voir celle qui me consume,
et cependant j'ai encore de l'espérance : que sera-ce si
je la perds.

Quand il sera temps de dire qu'il est tombé malade
en chemin, vous me le manderez. J'ai déjà écrit que
son voyage serait très-long à cause de sa mauvaise

---

1. Le marquis de Bretcuil, ancien ministre de la guerre.

santé et de la rigueur de la saison, et que je lui avais bien conseillé de séjourner en chemin pour se reposer. Quand le bruit qu'il est tombé malade en chemin sera répandu, il peut revenir ici aussitôt que vous le voudrez, et y être plus de trois mois sans qu'on le sache, si le ministre ne le cherche pas. Croyez-moi, ne le laissez pas longtemps en Hollande; il sera sage les premiers temps, mais souvenez-vous

Qu'il est peu de vertu qui résiste sans cesse.

Il ne peut aller en Prusse; vous en êtes convenu : tâchez donc qu'il revienne. Voici encore un expédient : je puis, si vous voulez, aller en Lorraine. Qu'il commence par revenir à Lunéville, et accoutume le ministre peu à peu à son retour : il sera tombé malade en allant en Prusse; il aura été à Plombières[1], et de là à Lunéville; voyez. Je l'aimerais bien mieux ici; mais si Lunéville était plus sûr et plus prompt, il n'y a rien que je ne fasse.

Dès que j'aurai la réponse du bailli, je *lui* enverrai un courrier, fût-il à Constantinople. Ainsi, si vous voulez lui écrire en liberté, vous n'aurez qu'à donner la lettre à mon courrier, et quand vous lui écrirez, par quelque voie que ce soit, vous ne pourrez trop lui adoucir l'esprit, le préparer à son retour, et lui marquer l'extrême danger qu'il court de ne plus revenir quand il le voudra, s'il ne revient pas quand il le peut. Vous aurez plus de peine à le faire revenir que nous n'en avons eu à le faire partir, soyez-en sûr. Recommandez-lui la sagesse et l'*incognito*.

Vous ne me mandez point ce que vous pensez de la lettre que m'a écrite le bailli, car elle doit vous faire

1. Voltaire avait déjà fait, en juillet 1729, un séjour à Plombières, en compagnie du duc de Richelieu.

voir, ou que l'on est bien dissimulé, ou que l'orage e
question doit être apaisé; elle doit vous prouver sur
tout que ce n'est pas le commerce du prince de Prusse
comme nous le craignons, que ce n'est pas non plus l
Mondain qui fait son danger : qu'est-ce donc? Voilà c
que vous ne me développez point, et ce qui serai
bien essentiel à savoir. Vous ne me mandez pas no
plus si vous ne craignez pas que l'on parle à M. d
Châtelet, qui doit aller incessamment à Paris : cela es
pourtant aussi bien essentiel, car je pourrais empêche
ce voyage à toute force, mais il ne faut pas user son cr
dit, si cela est inutile. Tirez-moi d'inquiétude, je vou
prie. Je vais faire mon possible pour que cette lettr
parte aujourd'hui : cela est bien hasardé; je suis
quatre lieues de toutes les villes. Samedi, mon cour
rier partira. M. du Châtelet est allé en Lorraine, je veu
profiter de ce temps-là pour faire partir le courrier.

Adieu : plaignez-moi; pardonnez-moi mes importu
nités, et consolez-moi par vos lettres et surtout pa
votre amitié.

Vous devez savoir depuis longtemps que votre am
n'est point à Bruxelles, il n'a fait qu'y coucher; il es
allé tout droit en Hollande. Est-ce que vous n'aurie
pas reçu toutes mes lettres? car je vous l'ai mand
expressément; autre inquiétude qu'il faut lever. Écri
vez-moi par la poste, sans attendre mon courrier.

———

67. — A M. LE COMTE D'ARGENTAL.

Cirey, janvier 1735 [1737].

Vos lettres portent la paix et la consolation dans mo
âme, et je vous jure que j'en ai besoin. Vous aurez reçu
une lettre de moi par la dernière poste, où je vou

faisais part d'un projet pour le bailli de Froulay. Je
souhaite que vous l'approuviez, et je le crois bien
nécessaire, car je crains toujours qu'on ne croie point
à ce départ de M. de Voltaire, et qu'au mois de janvier
on ne reparle contre lui à M. du Châtelet, dont je
retarderai bien le départ jusqu'à ce que je sois sûre du
contraire. Enfin j'attends votre réponse pour me décider.

Mandez bien à M. de Voltaire qu'il ne faut pas que
son voyage soit trop long, et ne craignez pas qu'il soit
trop court. Il aura bien des affaires où il va, et, je
vous le répète, il ne faut pas l'y laisser trop longtemps.

Il finira sûrement sa *Philosophie* avant de travailler à
autre chose; mais la finir, c'est la faire imprimer, car
elle est faite; il l'enverra aussi à Paris. Ainsi, il n'y
aura rien à lui reprocher; mais peut-être dans sa chaise
de poste fera-t-il une tragédie; il en avait une de commencée dont j'ai vu le plan[1].

Vous savez que chez lui une étude n'exclue point
l'autre. Il va corriger tous ses ouvrages; recommandez-
lui la sagesse dans cette édition; la tranquillité de sa vie
en dépend. Je voudrais du moins que ce malheur-ci
affermît notre bonheur pour toujours, et cela ne se peut
sans que le bailli ne parle; il nous faut une *compagnie
d'assurance* pour dormir en repos. Mais que nous
sommes loin de cet état! Chaque pas qu'il fait met un
univers entre lui et moi.

J'ai reçu des nouvelles de lui de Bruxelles. Si sa santé
soutient tant de tourments, ce sera bien heureux. Il
me mande qu'il est bien faible et bien harassé. Quelle
saison et quel voyage!

Mais tout vaut mieux que la lettre à M. du Châtelet,
et je ne cesserai de vous remercier de me l'avoir fait

1. Probablement la tragédie de *Zulime.*

éviter. Il n'a pas séjourné à Bruxelles et j'en suis bien
aise; Rousseau y est, et, de plus, il y est trop connu.
Il va droit à Amsterdam pour présider à l'édition de
ses ouvrages. J'ai eu de ses nouvelles d'Anvers du 20; il
allait s'embarquer sur les canaux : j'espère qu'il est arrivé à présent. Recommandez-lui, je vous prie, de se
bien cacher : il m'y parait bien résolu; il évitera par-là
tous les commentaires qu'on ferait sur son séjour en
Hollande, surtout ayant annoncé qu'il allait en Prusse;
cela aurait l'air ou de quelque dessein caché ou de fuir.

Je crois que vous avez bien raison : s'il restait trop
longtemps, on le prendrait au mot; et si vous le lui
mandez cela suffira pour le déterminer. Ne craignez
que la longueur de son voyage : la liberté a de grands
charmes, et les libraires ne finissent point. Quoi qu'il
arrive, et quelque favorablement que tournent les choses, il passera sûrement l'hiver où il est : je l'aime trop
véritablement pour souffrir qu'il se remette en chemin
par le mauvais temps; ainsi j'espère que ce terme suffira. Une de mes espérances, c'est que l'édition de ses
ouvrages l'occupera et le consolera : je sais l'effet que
le chagrin fait sur lui, et je vous jure que l'inquiétude
de sa santé fait mon plus grand malheur. Les lettres
que vous lui écrirez à Bruxelles lui seront rendues jusqu'à ce qu'il vous ait donné une adresse à Amsterdam :
ce sera là vraisemblablement qu'il se fixera. Surtout
qu'il ne sache rien du dessein qu'on avait d'écrire à M. du
Châtelet : consolez-le, et dites-lui qu'il faut qu'il borne
son absence; qu'une trop longue lui ferait un tort irréparable, et qu'il soit sage et caché. J'avais laissé le présent
de mademoiselle Gaussin [1] à votre discrétion. Ainsi, c'est

---

1. Jeanne-Catherine Gaussein (1711-1767), connue sous le nom de
Gaussin. Elle avait créé les rôles de Zaïre, d'Alzire, et créa depuis
ceux d'Atide dans Zulime, de Palmyre dans Mahomet, et de Nanine.

autant d'épargné. Je serais charmée qu'on reprît l'*En-fant* ', et lui aussi. Les comédiens et le public seraient bien à plaindre sans lui. Son départ pour la Prusse est annoncé dans la *Gazette de Hollande* du 21 décembre [2]. Quand il en sera temps, nous y ferons insérer qu'il est tombé malade en chemin, et puis on n'en parlera plus, et il reviendra quand vous nous le direz : il faut même que vous fassiez attention qu'il pourra être ici plus de trois mois sans qu'à Paris on le sache revenu ; cela le dispensera d'écrire, et fera un grand bien. Si tout le monde comptait comme moi, il y aurait déjà plus d'une année d'absence.

Permettez-moi de faire une réflexion avec vous sur la conduite que le ministère tient avec lui, qui me paraît bien singulière ; car, s'il vous plaît, que peut-on gagner à l'inquiéter tous les jours et à le forcer à quitter sa patrie ? Tant qu'il y est, il est obligé d'être sage : qui l'y obligerait, s'il avait perdu l'espoir d'y revenir ? Le projet qu'on avait d'écrire à M. du Châtelet était contre moi et non contre lui : c'était lui donner un avis et seulement faire mon malheur. Le garde des sceaux sait les chaînes qui nous lient ; il sait que l'envie de vivre avec moi le contiendra : quel plaisir trouve-t-il à remplir notre vie d'amertume ? Nous ne sommes point ses ennemis et nous ne le voulons point être : cela me jette dans des réflexions où je me perds, et me fait croire qu'il faut que le bailli parle ; s'il le fait, ce sera avec sagesse. Plus j'y pense, plus je crois qu'on avait pris ombrage du commerce avec le prince royal,

1. *L'Enfant prodigue* (A. N.).
2. « De Hambourg, le 14 décembre... On apprend de Berlin que M. de Voltaire, fameux poëte, y est attendu de France, le prince royal de Prusse ayant eu la bonté de l'inviter à faire ce voyage : il doit se rendre ensuite à Londres. » *Gazette d'Amsterdam*, du 21 décembre 1736.

mais que la démarche que j'ai faite d'envoyer les lettres au garde des sceaux l'a apaisé; je ne sais comment il prendra son départ.

Je reçois par cette poste une lettre de madame de
Richelieu fort embarrassante. Je vous ai mandé à peu
près ce que contenait celle que je lui avais écrite; elle
plaint mon malheur, mais elle condamne Voltaire
d'avoir pris si tôt le parti d'aller en Prusse. Il me parait qu'elle le croit; et comme elle sait l'excès de son
attachement pour moi, elle se doute bien qu'il ne m'a
pas quitté à propos du prince royal seul. Là-dessus, elle
me fait des reproches de notre peu de confiance en
elle. « Il n'y a rien à craindre, dit-elle, quand elle ne
craint pas; elle a la parole du garde des sceaux : les
bruits du *Mondain* sont apaisés; nous ne la consultons
jamais. Elle craint que le garde des sceaux ne prenne
en mal un départ sans permission; mais elle lui en
parlera. » Voilà sa lettre : je lui répondrai sur le même
ton dont je lui ai écrit la première fois; et si jamais
elle savait la vérité, je lui dirais que je n'ai osé la confier à la poste. Elle est pleine d'amitié et de bonne volonté; mais elle a bien moins de véritable crédit sur
l'esprit du garde des sceaux que le bailli.

Enfin, vous me mettez à mon aise en étant de mon
avis sur le voyage de Prusse. Mandez-le-lui donc, je
vous prie, et ne parlons plus de ce projet, qui me faisait mourir de douleur et de crainte.

Soyez tranquille; il va corriger l'*Enfant* suivant vos
remarques.

Vous savez sans doute que le prince royal est le
même à qui son ogre de père a voulu faire couper la
tête il y a trois ou quatre ans[1].

---

1 Après sa tentative de fuite en Angleterre auprès de son oncle

63. — A M. LE COMTE D'ARGENTAL[1].

Cirey, 13 janvier 1735 [1737].

Votre amitié a été effrayée, je n'en suis point surprise. J'ai eu une lettre du 31, la poste même que j'ai reçu cette *Gazette*, et cependant je ne pouvais m'empêcher d'avoir peur. Cependant il n'y a rien à craindre; il ne se portait pas à la vérité trop bien, mais il n'était pas malade. Pour la *Pucelle*, je vous en réponds, et c'est peut-être la seule dont on puisse répondre. Je n'ai nulle part à cet article de la *Gazette*, et je crois, ni lui non plus, et il n'en a sûrement pas à la broderie de Gervasi[2]. Ses lettres sont près de trois semaines à venir : mon état est affreux. J'ai peur que cette *Gazette* ne lui porte malheur : s'il allait être réellement malade, je le serais bien plus que lui.

Le chevreuil est sans doute arrivé pourri. Je mets au grand carrosse qui partira mercredi de Bar-sur-Aube, une petite boîte à votre adresse; j'espère qu'elle arrivera en meilleur état que le chevreuil, et je vous prie de la faire retirer exactement. Accusez-m'en la réception. Adieu. Aimez-moi à proportion de mes malheurs.

maternel Georges II, tentative dans laquelle il eut pour complice son ami le lieutenant Katt qui, lui, eut bel et bien la tête tranchée (1730).

1. *Isographie des hommes célèbres*, t. Ier.

2. Voici cette note insérée dans la *Gazette d'Amsterdam*, probablement par les soins de Gervasi, le médecin et l'ami de Voltaire. — De Paris, le 28 décembre 1736. « On a reçu avis que M. de Voltaire était tombé dangereusement malade à Aix-la-Chapelle : on attribue sa maladie à l'ardeur avec laquelle ce fameux auteur a travaillé depuis quelque temps à divers ouvrages, et en particulier à la *Philosophie de Newton* et à l'*Histoire de France* : M. de Gervasi est parti en poste pour avoir soin de lui... » *Gazette d'Amsterdam* du 4 janvier 1737.

60. — A M. LE COMTE D'ARGENTAL.

Mardi, janvier 1735 [1737].

Je trouve une occasion sûre pour vous écrire, et vous croyez bien que je ne la manquerai pas. Avez-vous reçu mon paquet par le carrosse? S'ils l'ont visité, me voilà une personne perdue. J'espère être bientôt tirée d'inquiétude, et que vous me manderez ce qui en est. Il y a des siècles que je n'ai eu de vos nouvelles; mais je m'imagine bien que vous n'avez rien à me mander; que vous attendez que je vous instruise de la réponse du bailli, et que votre cœur veille toujours pour nous. J'attends de votre réponse par le carrosse mon bien ou mon mal, ma vie ou ma mort. Mon courrier pour la Hollande a toujours les bottes graissées.

Je vous ai écrit hier[1] pour vous dire que j'avais eu des nouvelles du 8 : on partait pour Amsterdam le 13; toujours dans l'intention d'y faire imprimer la *Philosophie;* elle est même annoncée dans la *Gazette*[2] comme étant sous presse. J'espère que les lettres qu'il recevra de moi et celles que vous lui avez écrites sur ce sujet à ma prière, le feront changer d'avis. Je regarderai cela comme une fausse démarche; il y a surtout un chapitre sur la métaphysique qui y est bien déplacé et bien dangereux. Il serait forcé de l'ôter à

---

1. Cette lettre manque.
2. Voici cette annonce : « Étienne Ledet et C⁰ et Jacques Desbordes, libraires à Amsterdam, avertissent qu'ils ont sous presse une magnifique nouvelle édition de toutes les Œuvres de M. de Voltaire, revue et augmentée par lui-même. Lesdits libraires avertissent qu'ils ont aussi sous presse : *Elements de la Nouvelle philosophie de M. Newton, mise à la portée de tout le monde,* par M. de Voltaire. » *Gazette d'Amsterdam* du 15 janvier 1737.

Paris pour avoir l'approbation ; mais, en Hollande, il le laissera. Enfin, je regarde comme un coup de partie pour son bonheur d'empêcher que cette édition d'Amsterdam ne précède celle de Paris. Je n'ai rien épargné pour l'en dissuader : J'espère que vous en aurez fait autant. Je vous en ai mandé mes raisons, aussi bien que mes instances, pour qu'il fût d'une sagesse extrême dans cette nouvelle édition de ses œuvres ; elle est annoncée dans la gazette, *revue par lui-même*. Il doit sentir à quoi cette annonce l'oblige, et surtout qu'il n'y mette point le *Mondain*. Il faut à tout moment le sauver de lui-même, et j'emploie plus de politique pour le conduire, que tout le Vatican n'en emploie pour retenir la chrétienté dans ses fers. Je compte que vous me seconderez : toutes mes lettres sont des sermons ; mais on est en garde contre eux ; on dit que j'ai peur de mon ombre, et que je ne vois point les choses comme elles sont. On n'a point ces préventions contre vous, et vos avis le décideront.

On m'envoie, par la lettre du 8, la copie d'une lettre au prince royal[1], qui est très-bien et très-sage de toutes les façons, mais voici ce que j'y trouve ·

« *J'aurai la hardiesse d'envoyer à Votre Altesse Royale un manuscrit que je n'oserai jamais montrer qu'à un esprit aussi dégagé des préjugés que le vôtre, et à un*

---

1. C'est la lettre datée de décembre 1736. *OEuvres*, t. LII, p. 376. On y lit ce passage où il se dédommage trop sur Louis XIV des flatteries qu'il prodigue à Frédéric : « Vous pensez comme Trajan, vous écrivez comme Pline, et vous parlez français comme nos meilleurs écrivains. Quelle différence entre les hommes ! Louis XIV était un grand roi, je respecte sa mémoire ; mais il ne parlait pas aussi humainement que vous, et ne s'exprimait pas de même. J'ai vu de ses lettres, et il ne savait pas l'orthographe de sa langue. » Mais Voltaire y annonçait aussi qu'il n'irait pas en Prusse : cela suffisait à madame du Châtelet.

12.

prince qui, parmi tant d'hommages, mérite celui d'une confiance ans bornes. »

Je connais ce manuscrit; c'est une *Métaphysique*[1] d'autant plus raisonnable qu'elle ferait brûler son homme, et c'est un livre mille fois plus dangereux et assurément plus punissable que la *Pucelle*. Jugez si j'ai frémi; je n'en suis pas encore revenue d'étonnement, et, je vous avoue aussi, de colère. J'ai écrit une lettre fulminante; mais elle sera si longtemps en route, que le manuscrit pourra bien être parti avant qu'elle arrive, ou du moins on me le fera croire; car nous sommes quelquefois entêté, et ce démon d'une réputation (que je trouve mal entendue) ne nous quitte point. Je vous avoue que je n'ai pu m'empêcher de gémir sur mon sort, quand j'ai vu combien il fallait peu compter sur la tranquillité de ma vie : je la passerai à combattre contre lui pour lui-même sans le sauver, à trembler pour lui, ou à gémir de ses fautes ou de son absence. Mais enfin telle est ma destinée, et elle m'est encore plus chère que les plus heureuses. Il faut que vous m'aidiez à parer ce coup, s'il est parable; car vous sentez bien que cette imprudence le perdra tôt ou tard sans retour. Le prince royal ne gardera pas mieux son secret qu'il ne l'a gardé lui-même, et tôt ou tard cela transpirera. De plus, le manuscrit passera par les mains du roi de Prusse et de ses ministres, avant d'arriver jusqu'à ce prince, dont vous croyez bien que tous les paquets sont ouverts par son père;

---

1. Cette *Métaphysique* était dédiée à madame du Châtelet. M. de Voltaire la lui avait envoyée avec ces vers :

L'auteur de la *Métaphysique*,
Que l'on apporte à vos genoux,
Méritait d'être cuit dans la place publique;
Mais il ne brûla que pour vous (A. N.).

vous croyez bien aussi que M. de la Chetardie[1], assez
oisif d'ailleurs, a eu recommandation de savoir ce qui
se passe entre le prince royal et Voltaire, le plus qu'il
pourra. Enfin, quand il n'y aurait que la disparate
d'une telle conduite, d'aller confier à un prince de
vingt-quatre ans, dont le cœur ni l'esprit ne sont encore
formés, qu'une maladie peut rendre dévot, qu'il ne
connaît point, le secret de sa vie, sa tranquillité et
celle des gens qui ont attaché leur vie à la sienne, en
vérité il devrait ne le point faire. Si un ami de vingt
ans lui demandait ce manuscrit, il devrait le lui refuser; et il l'envoie à un inconnu et *prince!* Pourquoi,
d'ailleurs, faire dépendre sa tranquillité d'un autre, et.
cela sans nécessité, par la sotte vanité (car je ne puis
falsifier le mot propre) de montrer à quelqu'un qui
n'en est pas juge, un ouvrage où il ne verra que de
l'imprudence? Qui confie si légèrement son secret,
mérite qu'on le trahisse; mais moi, que lui ai-je fait
pour qu'il fasse dépendre le bonheur de ma vie du
prince royal? Je vous avoue que je suis outrée; vous
le voyez bien, et je ne puis croire que vous me désapprouviez. Je sens que quand cette faute sera faite, s'il
ne fallait donner que ma vie pour la réparer, je le
ferais; mais je ne puis voir, sans une douleur bien
amère, qu'une créature, si aimable de tout point,
veuille se rendre malheureuse par des imprudences
inutiles et qui n'ont pas même de prétexte.

Ce que vous pouvez, et ce dont je vous supplie, c'est
de lui écrire *que vous savez que le roi de Prusse ouvre*

---

1. Joachin-Jacques Trotti, marquis de la Chétardie (1705-1759),
successivement ambassadeur en Angleterre (1727), en Prusse (1732-
1739), en Russie (1739-1743), où il contribua à l'avénement au
trône d'Élisabeth Petrowna en 1741, et enfin en Sardaigne (1749-
1752), lieutenant général en 1748.

toutes les lettres de son fils : que M. de la Chétardie épie tout ce qui le concerne en Prusse, et qu'il ne peut être trop réservé dans tout ce qu'il enverra et tout ce qu'il écrira au prince royal, et que c'est un avis que vous croyez lui devoir. Mais n'entrez dans aucuns détails ; car il ne me pardonnerait jamais cette lettre-ci, s'il en avait connaissance ; et cependant il faut parer ce coup, ou renoncer à lui pour toujours.

Madame de Richelieu n'a point parlé au garde des sceaux, et j'en suis bien aise ; car il eût pu la brouiller avec moi ; mais elle soutient toujours sur le ton le plus affirmatif, et M. de Richelieu aussi, qu'ils ont la parole du garde des sceaux, qu'il ne fera jamais rien contre M. de Voltaire sans les en avertir, et que, sur cela, nous devons dormir en repos. Je ne sais qu'en croire ; mais ce qui est sûr, c'est que cette parole est la seule chose que je leur aie demandée depuis que j'habite Cirey, et qu'ils ne m'ont jamais dit l'avoir que depuis quinze jours. Mandez-moi ce que vous en pensez : apparemment que d'écrire à M. du Châtelet n'était pas du marché[1].

Si on avait intercepté mes lettres, il est bon de vous dire qu'un gros paquet de lettres très-importantes doit vous être arrivé dimanche 20, par le carrosse de Bar-sur-Aube, dans une petite boite sous des hommes de verre, et que je comptais que votre réponse repartirait par la même voie le samedi 26.

Avez-vous reçu un chevreuil, qui peut-être est arrivé pourri ?

Adieu, écrivez-moi : vos lettres sont la consolation de mon âme : elles me manquent depuis quinze jours :

---

1. On a vu que le garde des sceaux, M. de Chauvelin, avait menacé d'écrire à M. du Châtelet que la liaison de Voltaire avec madame du Châtelet compromettait l'honneur de sa maison (A. N.).

rendez-les-moi, et conservez-moi votre pitié et votre amitié. L'homme qui vous rendra cette lettre reste à Paris.

———

70. — A M. LE COMTE D'ARGENTAL.

16 janvier 1735 [1737].

Me voilà bien embarrassée : madame de Richelieu commence à savoir que votre ami n'est pas en Prusse, et elle est très-piquée que je l'aie trompée. Que puis-je faire? Que puis-je dire? J'ai allégué l'infidélité des postes; mais je n'ai rien mandé de plus; elle peut me servir encore, et je l'aime tendrement. Mandez-moi ce que je puis lui dire, car je veux que vous conduisiez toutes mes démarches; mandez-moi aussi jusqu'à quel point j'ai besoin qu'elle parle à présent. Elle prétend qu'elle avait la parole du garde des sceaux de ne rien faire contre M. de Voltaire sans l'en avertir ; mais le fait est qu'elle ne l'a jamais eue, et la preuve, c'est qu'elle ne vous l'a jamais dit ni mandé, et qu'elle ne vous l'aurait vraisemblablement pas caché : de plus, j'ai sujet de croire qu'on ne la lui a point donnée. Je lui dis que si elle peut l'avoir, je lui devrai le repos de ma vie; que je ne me plains de rien à présent, mais que le passé saigne encore. Je ne sais si cela la satisfera.

J'ai enfin reçu des nouvelles de Thieriot : sa lettre a été retardée et apparemment ouverte. Faites un peu attention quel jour vous recevez mes lettres selon leurs dates : j'ai reçu les vôtres très-exactement. Il me paraît que M. de Voltaire ne lui a dit que la moitié de son secret, et c'est beaucoup pour lui. Je vous demande encore d'écrire comme je vous en ai prié pour empê-

cher l'impression de cette *Philosophie*; cela est essentiel. Avez-vous reçu mon paquet?

Ce sot bien ici le temps de faire imprimer cette
insertion sur les trois *Épîtres* ; cela lui ferait plus
de plaisir que cela ne vaut. Il faut lui parde [...]es
faibles ; voyez ce que votre amitié peut lui [...]
Le tems augmente ma douleur aussi bien q[...]
sibilité pour tout ce que vous fait[...] pour [...]

71. — A E. T[...]

V[...]tre du 8 ne m[...] don-
si[...] re souvent a[...] à l[...]
po[...] qu'il en so[...]
[...] s, en vérit[...]
Saf[...] la convic[...]
bo[...] roi av[...]
qu [...] t répo[...]
à re[...] ne la[...]

biable. Ma lettre n'était qu'une lettre de po...sse : il a
eu celle de me faire offrir les livres que je ...udrais :
je trouve donc qu'il a fort mauvaise grâce ...e plaindre, car il n'en a nul sujet, ni présent, ... passé ;
M. de Voltaire a senti combien il était ...nête à
lui de prêter les livres du roi, et il y a ré...du par
toute sorte d'exactitude et de remercieme...; j'y ai
joint les miens. S'il n'a pas eu les livres p... tôt, ce
n'est pas que nous ne fussions en état de les ...nvoyer,
mais il avait paru souhaiter que la même ...sonne à
...ui il les avait donnés (qui était un avocat qu...st venu
...rranger mes papiers), les lui reportât ; cet ...cat lui
...n avait même fait sa reconnaissance, et on a ...u cette
...oie plus convenable que les voitures publi...es ; il y
...a plus de trois semaines qu'il m'a mandé les ...oir re-
...nis à M. l'abbé Sallier lui-même. Je vous ...e donc,
Monsieur, de lui faire dire combien je suis ...prise et
...ffensée de ses plaintes, auxquelles M. de V...taire ne
...levait pas s'attendre, et dont il se prend...à moi si
...lles parviennent jusqu'à lui, puisque je m'...is char-
...gée de les renvoyer ; je vous prie de me mand... si vous
...en avez parlé à votre ami.

   J'ai renvoyé à M. l'abbé Moussinot[1] les tro...ivres de
M. Bernard, et l'ai prié par une lettre de le lui remettre lui-même, et de retirer le billet qu...i avait
fait M. de Voltaire. J'ai cru cela plus hon...é que de
...es envoyer par le carrosse en droiture à M. ...ernard.
...'abbé Moussinot, à la vérité, ne m'en a pas ...usé ré-
...tion, mais il y a de cela plus de quinze jour...et je lui
...cris par cette poste pour en savoir des ...velles.
...este le Chubb[2] ; mais pour lui, il y a d...x mois

Chanoine de Saint-Merri, sorte de factotum de V...ire, avec
...t ses relations avaient commencé dès 1726.
   Thomas Chubb (1679-1747), gantier dans sa jeun..., et qui,

cher l'impression de cette *Philosophie;* cela est essentiel. Avez-vous reçu mon paquet?

Ce serait bien ici le temps de faire imprimer cette
dissertation sur les trois *Épîtres* [1]; cela lui ferait plus
de plaisir que cela ne vaut. Il faut lui pardonner ses
faiblesses : voyez ce que votre amitié peut faire. Adieu.
Le temps augmente ma douleur aussi bien que ma sensibilité pour tout ce que vous faites pour moi.

71. — A M. THIÉRIOT [2].

16 janvier 1738 [1737].

Votre lettre du 8 ne m'est arrivée que le 15, Monsieur, il arrive souvent aux lettres d'être retardées à la
poste; quoi qu'il en soit, je me hâte d'y répondre. Je
ne comprends, en vérité, rien aux plaintes de M. l'abbé
Sallier [3]; il y a environ un mois qu'on lui a remis les
trois livres du roi avec une lettre de moi; il est vrai
qu'il n'a pas fait réponse, mais il a dit à celui qui les lui
a remis qu'il me la ferait, ce qui est assez vraisem-

1. Les trois *Epîtres au révérend P. Brumoy, à Thalie et à
M. Rollin,* publiées par J. B. Rousseau au commencement de juillet
1736. Voltaire, qui, toujours acharné contre le poète lyrique,
venait d'écrire contre lui l'ode *sur l'Ingratitude* et la *Crépinade,* le
critiqua violemment dans l'*Utile examen des trois dernières Epîtres
du sieur Rousseau (OEuvres,* t. XXXVII, p. 347), qu'il appelait une
« réponse au doyen des fripons, des cyniques et des ignorants, qui
s'avise de donner des règles de théâtre et de vertu, après avoir été
sifflé pour ses comédies et banni pour ses mœurs. » Lettre à Cédeville, 5 août 1736. C'est cet *Examen* que madame du Châtelet désigne sous le nom de *Dissertation.*
2. Pièces *inédites de Voltaire,* Paris, Didot, 1820, in-8, p. 280.
3. L'abbé Claude Sallier (1685-1761), membre de l'Académie
française en 1729, et de l'Académie des Inscriptions, garde de la
Bibliothèque royale.

blahle: Ma lettre n'était qu'une lettre de politesse; il a
eu celle de me faire offrir les livres que je voudrais;
je trouve donc qu'il a fort mauvaise grâce à se plaindre, car il n'en a nul sujet, ni présent, ni passé;
M. de Voltaire a senti combien il était honnête à
lui de prêter les livres du roi, et il y a répondu par
toute sorte d'exactitude et de remerciements; j'y ai
joint les miens. S'il n'a pas eu les livres plus tôt, ce
n'est pas que nous ne fussions en état de les renvoyer,
mais il avait paru souhaiter que la même personne à
qui il les avait donnés (qui était un avocat qui est venu
arranger mes papiers), les lui reportât; cet avocat lui
en avait même fait sa reconnaissance, et on a cru cette
voie plus convenable que les voitures publiques; il y
a plus de trois semaines qu'il m'a mandé les avoir remis à M. l'abbé Sallier lui-même. Je vous prie donc,
Monsieur, de lui faire dire combien je suis surprise et
offensée de ses plaintes, auxquelles M. de Voltaire ne
devait pas s'attendre, et dont il se prendra à moi si
elles parviennent jusqu'à lui, puisque je m'étais chargée de les renvoyer; je vous prie de me mander si vous
en avez parlé à votre ami.

J'ai renvoyé à M. l'abbé Moussinot[1] les trois livres de
M. Bernard, et l'ai prié par une lettre de les lui remettre lui-même, et de retirer le billet que lui avait
fait M. de Voltaire. J'ai cru cela plus honnête que de
les envoyer par le carrosse en droiture à M. Bernard.
L'abbé Moussinot, à la vérité, ne m'en a pas accusé réception, mais il y a de cela plus de quinze jours, et je lui
en écris par cette poste pour en savoir des nouvelles.

Reste le Chubb[2]; mais pour lui, il y a deux mois

1. Chanoine de Saint-Merri, sorte de factotum de Voltaire, avec
lequel ses relations avaient commencé dès 1726.
2. Thomas Chubb (1679-1747), gantier dans sa jeunesse, et qui,

que vous devez l'avoir; votre ami vous l'a renvoyé
plus d'un mois avant son départ. Vous le demandiez
avec tant d'instance et d'empressement, que, n'ayant
point d'autre voie dans ce moment, il se servit de celle
du carrosse, comme plus propre à satisfaire votre impatience : ce carrosse demeure rue de Bracq, près la
Merci, et s'appelle le carrosse de Bar-sur-Aube. Faites-
le chercher, il est apparemment resté dans le magasin,
parce que vous ne l'avez pas envoyé chercher. Mandez-
moi si vous l'avez trouvé.

Vous m'avouerez que ma lettre est celle d'un bibliothécaire, mais c'est celle d'un bibliothécaire exact.

Je ne suis point étonnée que vous ayez été inquiet
des nouvelles de la *Gazette*, moi qui ai une lettre du 31,
par laquelle on ne se portait pas à la vérité trop bien,
mais qui n'annonçait rien de fâcheux, je n'ai pu me
défendre d'en être alarmée : on ne reçoit de lettres
qu'une fois la semaine, et elles ont plus de quinze jours
quand elles arrivent : je vous avoue que cela est cruel.
Je vous serai bien obligée de la façon dont vous avez
bien voulu parler de moi à votre prince [1].

Je suis persuadée que vous en serez content. Vous
devez être bien sûr que vous pouvez compter sur

après avoir étudié les mathématiques, les sciences et surtout la
théologie, forma à Salisbury une Société de controverse sur les questions religieuses. Il prit part à la dispute entre Clarke et Water-
land sur la Trinité, en publiant une dissertation *The Suprematy of
the Father asserted*. Après sa mort parurent deux volumes d'œuvres
intitulées : *A Farewell to his readers*, dans lesquels il rejette le principe de révélation en général, et par suite le christianisme fondé
sur ce principe, repousse toute idée d'un jugement dernier, élève
des doutes sur la vie future, pense que le phénomène de l'univers
n'implique pas nécessairement l'existence d'une Providence, et que
conséquemment la prière n'est pas un devoir absolu. Voir Voltaire,
Œuvres, t. LII, p. 269 et 311.

1. Le prince royal de Prusse (Frédéric II), dont Thieriot était le
correspondant littéraire à Paris.

M. de Voltaire dans toutes les circonstances de votre vie.

Vous avez bien tort si vous croyez que mon avis soit qu'on ne corrige point l'*Enfant prodigue* [1] ; je suis persuadée que votre ami le corrigera, et je l'y ai exhorté, ainsi qu'à y mettre son nom; je ne l'ai point chicané sur ceux de ses personnages [2], et ce n'est pas sur cela que tombent mes critiques.

Je compte sur vous pour me faire avoir les paroles de *Castor et Pollux* [3], quand cela pourra s'obtenir; n'ayant plus à l'Opéra la voix de mademoiselle Le Maure, pour chanter le récitatif de Lulli, je n'y regrette que la musique de Rameau, qui me plairait infiniment s'il voulait s'attacher à dialoguer ses scènes, car puisqu'il y en a, personne ne peut disconvenir qu'il serait à souhaiter qu'elles fussent bien déclamées; c'est de plus le goût de la nation, et je ne le trouve point déraisonnable : on peut accorder la pompe et la force de la musique, le fracas de l'orchestre, la plénitude des accompagnements, avec le pathétique de la déclamation. Que nos scènes soient touchantes, nos accompagnements savants, nos fêtes pompeuses et galantes, j'en serai ravie; mais pourquoi vous ôter un plaisir? Je consens qu'on vous en donne de nouveaux, mais jamais qu'on en retranche; et ceux de l'esprit et du cœur peuvent très-bien accompagner l'enchantement des yeux et le *rimbobo* des oreilles. J'ai bien regret à *Samson;* mais n'y a-t-il plus d'espérance? Rameau a travaillé jusqu'à présent sur de si mauvaises paroles, qu'il n'est pas étonnant qu'il ait échoué aux

1. Publié à la fin de 1737 seulement, sous la date de 1738.
2. Euphémon, Fierenfa, Rondon, la baronne de Croupillac.
3. Opéra, paroles de Gentil-Bernard, musique de Rameau, joué pour la première fois le 24 octobre 1737.

scènes [1]; je lui ai fait mon compliment sur *Castor et Pollux*. J'ai lu ses lettres au P. Castel [2], j'en suis très-contente, mais j'y voudrais moins d'amour-propre; je suis accoutumée de voir le plus grand mérite et la plus grande modestie joints ensemble, et je trouve que cela est très-bien assorti.

Qu'est devenu le poëme didactique dont vous aviez parlé à M. de Voltaire, et que vous compariez à l'*Art poétique?* Le *Préjugé à la mode* [3] me plaît médiocrement et je serai bien aise que la nouvelle pièce de La Chaussée [4] soit meilleure. Adieu, Monsieur, vous devez voir par la longueur de mes lettres combien votre commerce m'est agréable, et vous verrez dans toutes les occasions qui dépendront de moi, combien je désire votre

1. L'excellent récitatif de Lulli, inspiré par les vers charmants de Quinault, servait de modèle à tous les musiciens français. Rameau, entré depuis peu dans la carrière du théâtre, n'avait encore donné que deux pièces, l'une de l'abbé Pellegrin, l'autre de Mondorge. Sa musique, comme on sait, fit époque dans l'histoire de l'art. Elle était d'un genre nouveau, et fut admirée des connaisseurs en toutes ses parties, excepté le récitatif, qui parut faible, parce que, en effet, il est difficile de bien déclamer des vers durs ou insignifiants, et souvent aussi mal pensés que mal écrits. Mais dans *Castor et Pollux*, qu'on représentait alors, et dont madame du Châtelet venait d'apprendre le succès, le musicien ne fut pas inférieur à Lulli pour le récitatif, et put soutenir la même comparaison dans *Dardanus* (1739) et autres pièces qui suivirent. (A. N)

2. Dans ces lettres publiées dans les *Mémoires* de Trévoux, du mois de juillet 1736 (p. 1691), Rameau défendait sa théorie de la *basse fondamentale* contre le P. Castel, qui, après s'en être d'abord montré partisan, l'avait attaquée dans ses *Nouvelles expériences d'optique et d'acoustique*, insérées dans le même recueil (août 1735, p. 1635), et en avait attribué la première idée à Kircher. Voir Fétis, *Esquisse de l'Histoire de l'harmonie (Gazette musicale*, 1040, nos 35 et 42), et *Biographie des musiciens*, t. VII, p. 173.

3. Comédie en vers de La Chaussée, jouée pour la première fois le 3 février 1735.

4. L'*Ecole des amis*, dont la première représentation eut lieu le 26 février 1737.

amitié. Si vous écrivez à votre ami, comme je n'en
doute pas, je vous prie de lui faire voir tout en beau,
et de ne lui point mander les propos du public qui
pourraient lui déplaire[1] : cela fait des effets violents sur
sa santé, et cela peut même souvent influer sur sa conduite.

P. S. — Mandez-moi, je vous prie, si la *Chronologie* de M. Newton[2] et le *Voyage d'Addisson*[3] ont été
traduits en français, car quelque bien que l'on sache
l'anglais, on est bien aise pour certains endroits d'avoir
le français; cela est plus amusant qu'un dictionnaire,
et je suis très-éloignée de savoir bien l'anglais.

Mandez-moi aussi où on trouve la belle dispute de
M. Freret[4] sur cette *Chronologie*.

Mettez dorénavant sur vos lettres, Madame de Champbonin, à Bar-sur-Aube, et rien que cela.

1. A ce moment même paraissait dans la *Gazette d'Utrecht* une
nouvelle faite pour dérouter le public sur le lieu où se trouvait Voltaire. « *Gazette d'Utrecht* du 14 févr. 1737, n° 14. D'Utrecht, le
13 février. Le célèbre M. de Voltaire arriva ici hier et en est re-
parti aujourd'hui. Il compte de se rendre incessamment en Angleterre. »

2. *Chronology of ancient Kingdoms amended*, London, 1728. Elle
fut traduite par Frerel, *Paris*, 1725, in-12, et en 1743 par Butini,
Genève, in-8°.

3. *Letters from Italie*, 1701, adressées par Addisson à lord
Halifax, ministre du roi Guillaume, qui l'avait envoyé voyager sur
le continent avec une pension de 300 livres sterling. Ces lettres, tra-
duites en français, forment le IVe volume du *Nouveau voyage d'Italie*, par Misson, *Utrecht*, 1723, in-12.

4. L'ensemble des immenses travaux de Fréret (1688-1749), sur
la chronologie de Newton ne parut qu'après sa mort, sous le titre
de : *Défense de la chronologie contre le système chronologique de
M. Newton*, Paris, 1758, in-4. Dans cet ouvrage, Fréret rejette les
limites trop étroites dans lesquelles Newton avait prétendu renfermer les annales de l'antiquité.

72. — A M. LE COMTE D'ARGENTAL.

[Cirey,] février 1735 [1737].

Je suis, je vous l'avoue, au désespoir du retour de
ce vieux serpent de Rousseau[1]. Il semble que ce serait
aux ministres à en être lâchés, car cela leur fera plus
de tort qu'à notre ami. Je crains cependant horriblement l'effet que cela produira sur lui; il en sera dans
la dernière douleur. Je l'ai vu malade d'avoir lu son
retour annoncé comme prochain dans un papier public;
je doute qu'il veuille revenir, et je lui ai ouï dire mille
fois qu'il partirait de France le jour que Rousseau y
rentrerait. Ne doutez pas que cette nouvelle ne porte
son indignation au comble, et on ne peut le blâmer.
J'espère qu'il ne la fera pas éclater, et je crains plus
encore le chagrin que cela lui causera, que les marques publiques qu'il en donnera. Vous m'avouerez que
voilà une malheureuse créature, et bien injustement.
Vous ne doutez pas sans doute, et je n'en doute pas
non plus, que ce ne soit par animosité contre notre
ami que le garde des sceaux fait revenir ce vieux scélérat: c'est, je vous l'avoue, s'arracher le nez pour
faire dépit à son visage; mais cela n'en désespère pas
moins le plus honnête homme du monde et le plus
malheureux. Il ne voudra jamais, après une animosité
si marquée, revenir ici, et je suis accoutumée à sacri-
lier mon bonheur à ses goûts et à la justice de ses ressentiments. Je suis aussi indignée que lui, je vous le
jure, et tous les honnêtes gens le doivent être. Je suis

---

1. Ce retour était une fausse nouvelle. Les amis de J.-B. Rousseau
y travaillaient, il est vrai, en faisant valoir, près du cardinal de Fleury
l'*Ode sur la Paix*, que le poète exilé venait de composer; mais
celui-ci ne vint *incognito* à Paris que l'année suivante.

bien aise qu'il soit exilé, pendant que Rousseau revient :
le parallèle en est plus odieux pour le ministère, et
cela donnera tout le public à notre ami.

Je ne lui proposerai point de revenir pour se tenir
caché dans de pareilles circonstances. Puisqu'on veut
qu'il se cache avec soin, et qu'on ne puisse découvrir
le lieu de sa retraite, il y a donc du danger pour lui.
Or, s'il y a quelque espèce de danger, comment puis-je
prendre sur moi de le faire revenir? De plus, il est
entièrement impossible de le tenir caché de façon qu'on
ne le découvre pas. Se cacher est une chose humiliante
à laquelle il ne consentira pas: cela donne l'air coupable; il est connu ici, et l'attention, dans tous les
lieux où il habite, se fixe toujours sur lui. Il y a des
prêtres et des moines partout; il est adoré des honnêtes
gens de ce pays; mais il s'y trouve, comme ailleurs,
des bigots. Enfin, si, pour qu'il soit en sûreté, il faut
qu'on ignore qu'il est à Cirey, il n'y faut pas penser.
Je vous ai proposé de le faire revenir, et de laisser son
retour inconnu au public, mais je ne me flatte point
qu'il le puisse être au ministère; et s'il était découvert
et courait par là quelques risques, quels reproches ne
nous ferions-nous pas? De plus, quel objet de triomphe
pour nos ennemis, que de le savoir obligé de se cacher?
Je le répète, cela est trop humiliant : il n'y consentira
pas. Je voulais qu'il restât à Cirey sans qu'on le sût,
c'est-à-dire, sans qu'il reprît ses correspondances,
sans que son retour fît la nouvelle de Paris, mais non
pas dans la supposition qu'il courût le moindre risque
s'il était découvert; cela est impossible à exiger de
quelqu'un. Je sens que je le perdrais pour l'avoir voulu
conserver, et que j'en mourrais de douleur; mais aussi
je sens trop qu'il ne revient que pour moi; et je ne lui
donnerai jamais un conseil qu'il pourrait se repentir

d'avoir suivi ; je l'aime mieux libre et heureux en Hollande, que menant pour moi la vie d'un criminel dans son pays; j'aime mieux mourir de douleur, que de lui coûter une fausse démarche. J'espère que vous n'êtes plus à présent en peine de savoir pourquoi je ne vous ai point mandé la réponse du bailli. Vous avez sûrement reçu ma boîte[1]; je serais au désespoir qu'on l'interceptât. J'espère que la première poste m'en apprendra la réception.

J'attendrai votre réponse pour envoyer en Hollande la lettre du bailli, et les circonstances vous détermineront peut-être à le faire revenir sans *incognito*. Hélas ! que dis-je? vous détermineront! Il semble que cela dépende de vous. Enfin, s'il peut revenir sans danger, il ne demande pas mieux, et vous savez si je le désire; mais s'il faut se tenir caché, et disputer sa liberté contre les alguazils, je n'y puis consentir; je l'aime trop pour cela, et j'aime mieux mourir. De plus, si vous croyez qu'il faille le faire revenir, mandez-le lui donc : je veux m'appuyer de votre amitié et de votre autorité; c'est à vous à nous conduire entièrement ; et, malgré toutes mes raisons, toutes mes répugnances, je ferai aveuglement ce que vous voudrez en connaissance de cause. Décidez donc de ma vie; mais voyez la profondeur de mes plaies, puisque je suis réduite à vous donner des raisons pour retarder mon bonheur.

Je reçois une lettre du 10. Il a pris du lait qui lui a fait mal : il ne se portait pas bien quand il m'a écrit. Il dit qu'on a mis dans les papiers publics de Hollande, *que M. l'ambassadeur de Hollande à Paris avait dit qu'il y avait ordre de l'arrêter partout où il serait;* que toutes les gazettes parlent de lui depuis un mois; que tout le

---

1. Voir p. 140.

monde le veut voir. Il est allé à Amsterdam ; il est au désespoir de tous ces propos, et il a raison. Il persiste à vouloir faire imprimer sa *Philosophie* en Hollande : il dit que l'on saura qu'il y est, si on ne le sait déjà ; que, du moins, on verra pour quelle raison il y est allé, et que cela ne peut faire qu'un bon effet. Voici son adresse : *A MM. Ferrand et d'Arty, négociants, à Amsterdam*[1], sans autre nom ; elle est très-sûre, et vous pouvez lui écrire. Au nom de votre amitié, exhortez-le à faire premièrement paraître la *Philosophie* à Paris, et à m'ôter le chapitre de la *Métaphysique*. S'il veut la faire imprimer en Hollande, du moins qu'il envoie en même temps le manuscrit à Paris, afin que cela n'ait pas l'air de se soustraire à l'approbation.

Si vous voulez qu'il revienne, envoyez-moi une lettre de vous, que mon courrier puisse lui porter ; qu'il la voie écrite de la main de l'amitié la plus respectable qu'il y ait eu jamais.

Je viens de recevoir une lettre de madame de Richelieu, qui me mande :

« *J'ai déjà eu dix fois la parole du garde des sceaux qu'il ne ferait jamais rien contre M. de Voltaire sans m'en avertir ; et je n'ai pas eu lieu de croire, par sa conduite depuis un an, qu'il m'ait manqué de parole. Il a accommodé la dernière affaire de* JEANNE : *il n'avait qu'à la laisser aller à M. le procureur général, et M. de Voltaire était perdu sans même qu'il y eût travaillé. Si vous n'en croyez pas ces preuves et la parole qu'il m'a donnée, que faut-il faire pour vous rassurer ? Dites-le, et je le ferai :*

---

1. Dans une de ses lettres, Voltaire écrit ainsi cette adresse : *A MM. Servan et d'Arti. OEuvres*, t. LII, p. 384. La différence provient peut-être d'une mauvaise lecture du manuscrit.

je ne crains point de parler, ni M. de Richelieu non plus.
Il n'y a rien que je ne fasse pour votre bonheur. »

Voyez, mon cher ami, ce que nous pouvons faire
sur cela : vous croyez bien que je garderai cette lettre ;
mais j'ai bien peur de devoir penser : Ah ! le bon billet
qu'a La Châtre ! Cela ne peut faire de mal ; mais j'é-
prouve cruellement que cela ne doit pas rassurer.

Votre ami croit que ce qui fait son malheur est une
lettre dans laquelle il parlait de M. Hérault en des termes
assez méprisants[1]. Il en avait effacé le nom, et il est persuadé que le garde des sceaux aura cru qu'il parlait de
lui. S'il a raison, cela serait affreux, puisque ce serait une
inimitié personnelle ; et, à ce grief, il ne peut y avoir de
justification. Il me mande de voir si le bailli ne pourrait
rien sur cela : mais le bailli ne veut plus, je crois, se
mêler de parler. Vous le voyez bien : le garde des sceaux
a déjà exigé de l'abbé de Rothelin[2], son ami, qu'il ne lui
parlerait plus de Voltaire ; c'est un pacte qu'il fait avec
tout le monde. M. de Froulay[3], qui est à Venise, me

1. Cela arriva plus d'une fois à Voltaire, qui passait volontiers
de l'éloge à la satire à l'égard de Hérault. En 1737, il écrivait de
lui : « Un fripon de la lie du peuple et de la lie des êtres pensants,
qui n'a d'esprit que ce qu'il en faut pour nouer des intrigues subal-
ternes et pour obtenir des lettres de cachet, ignorant et baissant les
lois, patelin et fourbe, voilà celui qui réussit, parce qu'il entre par
la chatière. » Lettre au marquis d'Argenson, 28 juillet 1739. *Œuvres*,
t. LIII, p. 635.

2. L'abbé Charles d'Orléans de Rothelin (1691-1744), membre
de l'Académie française en 1728. Il était fort lié avec M. de Formont. « Il m'a un peu renié devant les hommes, écrivait Voltaire à
celui-ci, le 20 décembre 1738, mais je le forcerai à m'aimer et à
m'estimer. » *Œuvres*, t. LIII, p. 365. Il demeurait rue d'Enfer,
vis-à-vis le Luxembourg.

3. Charles-François, comte de Froulay, frère aîné du bailli, né
en 1683, major des dragons de Sennelerre en 1693, colonel en
1702, brigadier le 1er février 1719, maréchal de camp le 20 février
1734, lieutenant général le 24 février 1738. Il avait été nommé le

sèrvirait avec ardeur, s'il était ici; mais que peut-on
laire de si loin? Il lui en a cependant écrit du bien.

Ne croyez pas, sur la lettre de madame de Richelieu,
que je lui aie mandé que M. de Voltaire s'était en allé
parce qu'il craignait quelque danger; mais elle nous
connaît assez pour croire qu'il n'y a point de prince
pour qui nous nous quittassions. Elle a donc sous-en-
tendu ce que je n'ai point dit. Elle me mande que,
quand M. de Voltaire sera arrivé à Berlin, elle parlera,
si je veux, au garde des sceaux, pour voir ce qu'il
dira; mais il n'y sera pas, à ce que j'espère, arrivé sitôt.

Les jésuites se sont mêlés du retour de Rousseau:
c'est le payement de la mauvaise *Épître* qu'il a écrite au
P. Brumoy [1]. On dit qu'on a donné de l'argent à madame de C... M. d'Aremberg [2] l'avait chassé, et ne l'avait
point voulu reprendre. Mandez ce retour à votre ami,

1er décembre 1732, ambassadeur près la République de Venise, en
remplacement du comte de Gergy. Il mourut le 21 février 1744,
âgé de 61 ans. Il fut le père de Renée-Charlotte de Froulay, célèbre
sous le titre de marquise de Créquy.

1. En adressant cette *Épître* au P. Brumoy, auteur du *Théâtre
des Grecs* (1730), J.-B. Rousseau avait voulu surtout critiquer le
théâtre français d'alors et en particulier les pièces de Voltaire. Les
trois Epîtres de Rousseau furent louées très-chaudement par l'abbé
Desfontaines dans ses *Observations sur les écrits modernes*, ce qui
n'ajouta pas peu à l'irritation de Voltaire.

2. Léopold-Philippe-Charles-Joseph de Ligne, duc d'Aremberg,
d'Arschot et de Croy, prince du Saint-Empire, fils de Philippe-Charles-
François et de Marie-Henriette Carretto, né le 14 octobre 1690, marié
le 29 mars 1711 à Marie-Françoise Pignatelli, fille du duc de Bisaccia.
Feld-maréchal et gouverneur des Pays-Bas en 1737, mort le 4 mai
1754. Il pensionnait J.-B. Rousseau et le logeait au petit hôtel d'Aremberg, ce qui ne l'empêcha pas de recevoir Voltaire et madame du
Châtelet pendant leur voyage en Belgique, en 1739. Précédemment
Voltaire avait, le 30 août 1736, adressé une lettre au duc d'Aremberg, pour se plaindre à lui de l'abus que J.-B. Rousseau avait fait de
son nom dans une lettre du 22 mai 1736, insérée dans la *Bibliothèque
française* (1736, p. 151), *au sujet des calomnies répandues contre lui
par le sieur Arouet de Voltaire.* « Je suis persuadé, disait Voltaire en

et montrez-lui l'amitié des honnêtes gens pour le consoler. Il est sûr, du moins, qu'il aura toujours l'estime de ses ennemis, et que Rousseau ne peut jamais avoir que le mépris de ses amis. Ce parallèle me révolte toujours, et je suis bien outrée qu'on ait mis le public à portée de le faire. J'attends la nouvelle édition de la *Henriade*[1] avec impatience : je la savais par cœur avant d'en connaître l'auteur. Pour moi, je crois que les gens qui le persécutent ne l'ont jamais lue.

Les jésuites ont voulu se mêler de la réconciliation de votre ami et de Rousseau ; on lui a même fait des propositions : mais cette haine et cette réconciliation sont également indignes de lui. Je donnerais dix pintes de mon sang, et qu'il n'en eût jamais parlé.

Adieu, respectable, tendre et charmant ami. Ne me blâmez point de mes refus ; ils ne sont point invincibles. Jugez-moi, lisez dans mon cœur, et dictez-moi ma conduite : malgré toutes mes raisons, je vous obéirai.

Il y a apparence, selon les lettres de votre ami, qu'il n'a nulle part aux propos des gazettes. Vous recevrez cette lettre dimanche. Si vous me répondez lundi, j'aurai votre lettre mercredi ; et même quand vous ne me répondriez que mercredi, j'aurai votre lettre vendredi, c'est-à-dire avant le départ de mon courrier, qui ne pourra partir pour la Hollande que le 2 ou le 3 de février.

Voyez si madame de Richelieu pourrait quelque chose. Adieu. Je vous aime tendrement.

Je suis charmée que mon chevreuil soit arrivé à bon

terminant, que vous châtierez l'insolence d'un domestique qui compromet son maître par un mensonge, dont son maître peut aisément le convaincre. » *OEuvres*, t. LII, p. 267.

1. *La Henriade*, avec des notes, des éclaircissements, et un *Essai sur la poésie épique*. Londres (Paris), 1737, in-8°. Cette édition fut donnée par Linant, qui en fit la préface.

port. J'ai annoncé l'*Enfant* à bien du monde depuis quinze jours : je vous en dis ma coulpe.

Comment Rousseau revient-il? N'est-il pas banni par arrêt du Parlement, et ne lui faut-il pas une grâce? Je vous supplie de m'en instruire.

Ne craignez rien sur la véritable *Pucelle*[1]. Je ne réponds pas qu'on n'en fasse quelqu'une pleine d'horreurs et qu'on ne la lui attribue. Il n'y a jamais eu qu'un nommé Dubreuil qui ait eu la véritable en sa possession pour la copier, il y a trois ans; il l'eut huit jours, et Dubreuil est beau-frère de Dumoulin. Dans les alarmes que nous eûmes l'année passée, nous le soupçonnâmes. C'est un assez honnête beau-frère d'un grand fripon. Il se justifia. Elle n'a pas paru depuis un an, et surtout depuis six mois, que Dumoulin a levé le masque de la scélératesse. Il y a grande apparence que ce Dubreuil a été fidèle, et il n'y a jamais eu que lui à portée de ne le pas être. Ce Dubreuil renvoya même, l'année passée, un brouillon d'une douzaine de vers qu'il retrouva.

---

1. Le bruit courait, en ce moment même, qu'une édition de *la Pucelle* venait de paraître : et, chose étrange, ce bruit était reproduit par les Gazettes de Hollande, que Voltaire surveillait cependant de près, en tout ce qui le concernait, quand il ne les inspirait pas. On lit, en effet, dans la *Gazette d'Utrecht* du 3 janvier 1737, n° II, Paris, du 18 décembre 1737. « Il paraît un nouveau poeme de M. de Voltaire, intitulé la *Pucelle*. Si l'esprit, joint à une imagination vive et brillante, suffisait pour rendre un journal recommandable, on assure que celui-ci aurait le succès heureux qui accompagne ordinairement ceux de M. de Voltaire ; mais on ajoute, que les personnes qui respectent la piété, ne pourraient être entièrement satisfaites de celui-ci. Aussi ne le débite-t-on qu'en secret, et avec toute la précaution possible. Plusieurs personnes sont persuadées que M. de Voltaire ne reviendra point en France, et qu'il préférera le séjour des pays étrangers, afin de pouvoir y écrire avec une pleine liberté d'esprit et de sentiments. » — Voir plus loin le démenti que Voltaire donna à ce bruit dans la même gazette.

On me mande de partout que le public plaint et regrette votre ami.

Je vais lui écrire de corriger l'*Enfant* pour l'impression ; mais je veux que son nom y soit, quand ce ne serait que pour le contraste de la *Philosophie de Newton*, et d'une comédie faite la même année et imprimée en même temps. On jouait *Alzire* à Bruxelles, à Anvers, et dans toutes les villes où il a passé. Quel cahos de gloire, d'ignominie, de bonheur, de malheur ! Heureuse, heureuse l'obscurité ! Adieu, pour la dernière fois.

Je reçois vos lettres très-exactement.

Je n'enverrai point la lettre de La Mare. Il demande une estampe in-12 pour la faire copier, par un peintre d'Italie, en miniature. Envoyez-m'en une : si elle est assez bonne, je la lui ferai tenir par M. de Froulay.

J'ai toujours oublié de vous parler de la lettre écrite à Jore [1], qui a pensé susciter cette affaire à votre ami, lors de son voyage de Paris, et que M. Hérault devait nous remettre en donnant à Jore les 500 l. Vous l'a-t-il remise? Et qu'est-elle devenue? cela est de la dernière conséquence. Je vous supplie de m'en éclaircir. Si elle n'est pas retirée, il la faudrait retirer : M. Hérault ne peut la refuser avec quelque apparence de justice ; comptez que cela est d'une grande conséquence.

On ne veut donc point imprimer cette réponse si sage aux *trois Épîtres* [2]? Ce serait une petite consolation.

Vous ne m'avez jamais répondu sur deux choses, sur

---

1. La fameuse lettre du 24 mars 1736 que le libraire Jore inséra dans le *Mémoire* qu'il publia en juin 1736 contre Voltaire, et sur laquelle il se fondait pour prouver qu'il n'était pour rien dans la publication des *Lettres philosophiques*. Œuvres, t. LII, p. 229, 246 et 247.

2. De J.-B. Rousseau.

la proposition que je vous ai faite de faire d'abord revenir votre ami en Lorraine; il me serait facile d'y
aller; on l'y a reçu avec une bonté extrême il y a deux
ans [1], et il ne serait point réduit à se cacher.

Vous ne me mandez point non plus s'il est à craindre
qu'on parle à M. du Châtelet, s'il va à Paris. La façon
sourde dont on s'y est voulu prendre pour persécuter
votre ami, la circonstance des lettres interceptées, tout
me fait croire que la lettre indiscrète sur M. H[érault],
et interprétée dans un sens contraire, a fait tout le
mal; mais c'est un mal bien délicat et bien difficile à
réparer sans l'aigrir. Faites-y vos réflexions. S'il fallait
encore donner un coup de collier au bailli, je le ferais.
Je ne crains point de perdre ni mes peines ni mes démarches; mais je crains extrêmement d'en faire de
fausses ou d'imprudentes.

Les idées se succèdent en foule; il faut que je vous les
communique, dussé-je écrire un *in-folio*. Quand la première lettre du bailli, où il me mandait, *soyez tranquille,* a été écrite, cette lettre sur M. Hérault, qui vraisemblablement a fait tout notre malheur, existait cependant et avait été interceptée. Si quelqu'un peut
lever ce voile sans le déchirer, c'est le bailli; il n'y a
que lui qui puisse entreprendre une justification si délicate. Je ne sais s'il le voudra : pour moi j'ai envie, si
vous l'approuvez, de lui en parler avec autant de vérité
que sur le reste, de ne rien exiger de lui, et de le laisser
le maître de parler, s'il le peut et s'il le veut. Un honnête homme sert quelquefois ses amis plus qu'il n'ose
le leur promettre, et ne perd guère une occasion de
justifier un innocent persécuté, quand il en trouve l'occasion, et elle peut s'offrir à lui cent fois par jour. Re-

---

1. Aux mois de mai et de juin 1735. *OEuvres*, t. LII, p. 35-40.

marquez, de plus, que sa première lettre est bien posi-
tive, bien rassurante, mais que, depuis, il n'en est pas
de même. On lui aura peut-être dit qu'on est personnellement outré, et cet aveu est sans doute la cause
de ce qu'il mande : *Je ne pourrai peut-être plus rendre
les mêmes services ;* mais cela même le mettra à portée
de parler.

Autre réflexion. Le ton affirmatif dont vous me parlez du retour. la condition répétée que vous y mettez
d'être bien caché, enfin le propos que je vous mande
de l'ambassadeur de Hollande, me font craindre à présent qu'il ne soit pas en sûreté en Hollande même. Je
ne sais si vous daignerez me rassurer sur cette crainte :
vous penserez que je deviens folle ; on le serait à moins.
Je suis un avare à qui on a arraché tout son bien, et
qui craint à tout moment qu'on ne le jette dans la mer.

---

73. — A M. LE COMTE D'ARGENTAL.

Février 1735 [1737]

Je me meurs de peur que vous ne soyez fâché contre
moi ; vous m'accablez de bienfaits et d'attentions, et
je résiste à vos volontés. Je vous ai répondu une lettre
pleine d'objections, au lieu de ne vous parler que de
ma reconnaissance ; mais aussi mon obéissance réparera ma résistance. Mon courrier partira demain matin :
j'enverrai par lui ma lettre au bailli. Après la réponse
du bailli, et vos lettres du dernier ordinaire, on se
décidera, à ce que j'espère. Je n'épargne rien pour le
décider. Il faut que je suspende un moment le détail
de mes arrangements, de mes craintes, de mes espérances, de tous les mouvements qui transportent mon

cœur, pour remercier mon ange consolateur et mon
sauveur. Pour cela, vous êtes un adorable ami; vous
avez senti mes impatiences : je n'espérais votre réponse
que dans huit jours, et je l'ai reçue hier au soir. Votre
lettre est arrivée saine et sauve; on ne vous a point
encore deviné, et je puis jouir du plaisir de vous ouvrir
mon cœur sans indiscrétion. Hélas! j'en avais bien
besoin; quand elle est arrivée, j'étais dans le plus horrible état; je venais de recevoir une lettre, du 16, de
Leyde, qui me tournait la tête. Votre ami était au
désespoir. On a mis dans les papiers publics de ce pays-
là les choses les plus affligeantes sur lui; on y dit que
le ministère de France avait voulu lui faire subir la
prison la plus honteuse et la plus humiliante, et qu'il
s'était enfui pour s'y dérober. Vous sentez bien qu'il
n'en est rien; que cela ne peut jamais avoir été imaginé; que ce sont les Rousseau et les Desfontaines qui
ont publié ces mensonges pour le forcer à marquer la
juste indignation dont il doit être pénétré. Lui, accoutumé aux plus grands malheurs et aux moins mérités,
a cru à ces résolutions du ministère, et il m'écrit sur
cela une lettre dictée par la douleur la plus profonde
et la plus amère, et par la plus grande modération.
Il croit avoir reçu ces affronts, et il ne songe qu'à
apaiser ses persécuteurs et à mériter par sa sagesse
qu'ils s'adoucissent. Il n'est pas possible de vous exprimer toutes les impressions que sa lettre a faites sur
moi. Je me représente son indignation, sa douleur; je
connais son extrême sensibilité, et combien il prend
sur lui pour se retenir dans de justes bornes; aussi je
me représente la violence de son état; mais ce qui m'a
le plus touchée, c'est son extrême modération dans un
si grand malheur dont il ne doute pas. Il me mande
même que vous me l'auriez sans doute appris, si vous

n'aviez pas craint de me faire mourir de honte et de
douleur. Je sais bien qu'il n'en est rien, mais je sais
bien aussi qu'il le croit; ainsi, c'est pour lui comme si
cela était. Dans cette incertitude, je ne savais si je
devais envoyer un courrier pour le désabuser, sans
attendre votre réponse. Sa lettre était si affirmative et
si noire, que ma raison avait bien de la peine à me
défendre de croire ce qu'il me mandait. Au milieu de
tant d'horreurs, votre lettre est venue. Vous savez
qu'elles font sur moi l'effet de la harpe de David. Enfin,
j'ai repris mes sens, et j'ai vu qu'il avait bien tort de
croire des choses si peu vraisemblables; mais qu'il
était bien malheureux dans ce moment, puisqu'il les
croyait. Je n'ai donc songé qu'à adoucir son état. Mon
courrier va partir, et j'espère qu'ils reviendront
ensemble. La lettre que vous lui écrivez est adorable,
elle dit tout, et je ne puis trop vous en remercier; elle
fera sûrement son effet, et nous aurons fait au moins
tout ce qui dépend de nous.

Vous aurez peut-être appris, avant de recevoir ma
lettre, qu'il a avoué publiquement, dans la *Gazette
d'Utrecht*, qu'il est à Leyde[1], et cette démarche vous
aura peut-être étonné; mais elle devenait indispensable; toutes les gazettes le disaient, toute la Hollande
le savait, tout le monde venait exprès le voir à Leyde,
entre autres vingt Anglais de la suite du roi d'Angleterre[2]. L'*incognito* devenait inutile, ridicule, et eût pu

---

1. « J'étais d'abord en Hollande sous un autre nom (*Revol*), pour
éviter les visites, les nouvelles connaissances et la perte de temps;
mais les gazettes ayant débité des bruits injurieux semés par mes ennemis, j'ai pris sur-le-champ la résolution de les confondre en me
faisant connaître. » Lettre au prince royal de Prusse, février 1737.
Œuvres, t. LII, p. 413.

2. Georges II (1683-1760), électeur de Hanovre, et roi d'Angleterre en 1727.

faire croire aux étrangers que les calomnies des gazettes
étaient vraies. Je vous envoie la copie de ce qu'il a
fait mettre dans la *Gazette d'Utrecht,* du 12[1]. Je crois
que vous trouverez cet article sage et adroit ; le ministère ne peut qu'en être content. De plus, cela n'a point
l'air de se démentir, puisqu'il dit *qu'il est venu d'Aix-
la-Chapelle,* etc. Böerhaave, qui demeure à Leyde, est
un motif de son voyage, et la *Philosophie de Newton,* à
laquelle on sait qu'il travaille, est un bon prétexte
pour consulter Gravesande, qui est un fameux philosophe newtonien, professeur à Leyde. Enfin, le bailli
a instruit M. le garde des sceaux qu'il n'était point en
Prusse, et qu'il était à Bruxelles. Je ne crois donc pas
que cet article de la gazette puisse faire autre chose
qu'un bon effet.

Il a encore pris un parti bien sage. Il sait qu'on
débite sous le manteau, à Paris, une édition de ses
œuvres faite en Angleterre (dites-moi si vous en avez
entendu parler). Il m'a mandé qu'il allait, dans une
gazette, désavouer[2] tous les ouvrages qui ne seraient

1. Comme il n'existe pas de numéro du 12, il s'agit évidemment du
numéro du 14, où on lit : *Gazette d'Utrecht* du 14 janvier 1737, nᵒ V.
Pays-Bas. Extrait d'une lettre de Leyde en date du 12 janvier.
« M. de Voltaire, qui est arrivé d'Aix-la-Chapelle en cette ville,
pour y entendre les leçons du célèbre professeur S'Gravesende, déclare que le bruit qui a couru depuis son départ de France qu'il
y paraissait un poëme épique de sa composition, intitulé : *la Pucelle
d'Orléans,* et écrit d'une manière qui offense la religion, n'est qu'une
calomnie que ses ennemis viennent de renouveler, après l'avoir publiée il y a plus de deux ans, sans que jamais pareil ouvrage ait
existé. Il défie ses plus grands calomniateurs d'en montrer seulement une page. Ainsi M. de Voltaire n'a pu voir qu'avec peine, que
le public se soit laissé séduire pour la seconde fois, par une imputa-
tion aussi fausse. Il peut assurer qu'un autre bruit qui s'est répandu,
que le ministère de France avait voulu l'inquiéter, est encore une
fausseté indigne, puisque le roi lui fait même la grâce de l'honorer
d'une pension. »
2. Ce désaveu parut, en effet. « De La Haye, le 20 janvier 1737.

14.

pas imprimés avec approbation, ou dont son libraire
à Amsterdam n'aura pas le manuscrit signé de sa
main. Ce désaveu, fait librement et dans un temps où
l'on publie qu'il est sorti de France pour écrire avec
plus de liberté, ne peut encore que produire un bon
effet, et lui donnera occasion de désavouer indirectement les *Lettres philosophiques*, qui sont, à ce qu'on
dit, dans cette édition de Hollande.

Par la même lettre du 16, il me mande que la première feuille de la *Philosophie de Newton* est imprimée,
et que cela durera deux mois; mais mon courrier arrivera, de reste, pour suspendre tous ses projets et arrêter l'édition : il en est d'autant plus le maître, que,
comme c'est le même libraire qui imprime ses œuvres
qu'il a fait discontinuer, ce libraire en reprendra l'impression et suspendra celle de la *Philosophie*. Je lui
mande de plus de laisser, en partant, à son libraire un
mémoire des pièces qu'il lui permet de mettre dans
son édition, et de tirer un billet signé dudit libraire,
où il lui promette de n'en point insérer d'autres. Le
libraire a fait sa fortune en imprimant ses ouvrages;
il l'a reçu comme un dieu tutélaire; ainsi, il en doit
être le maître. J'espère que, par mon courrier, je
remettrai le calme dans son âme; j'empêcherai que la
Philosophie soit imprimée en Hollande avant de l'être
à Paris; qu'il y fourre rien sur la *Métaphysique;* qu'il
envoie ce manuscrit au prince royal; qu'il fasse rien

M. de Voltaire ayant appris qu'on débite, en France et ailleurs, des
éditions de ses prétendus Ouvrages, Pièces fugitives, Écrits philosophiques, etc., dans lesquels on lui impute des Pièces qu'il n'a jamais
faites et des sentiments qu'il n'a jamais eus, déclare qu'il désavoue
tout ce qui paraît sous son nom sans approbation, privilége ou permission connue, et tout ouvrage dont le Libraire n'a point le Manuscrit signé de sa main. » (*Gazette d'Amsterdam* du 22 janvier 1737.)

mettre dans ses œuvres qui puisse déplaire ; que son
séjour en Hollande puisse donner des soupçons ; que
ses ennemis puissent en abuser ; et je le sauverai de
lui-même, dont je me méfie toujours, malgré l'extrême
modération de sa dernière lettre.

Je ne doute point que je ne le voie, et je n'ose cependant
encore livrer mon cœur à cette espérance. Ses affaires
m'occupent comme si j'étais hors d'intérêt. Enfin, c'est à
vous que je devrai tout ce que j'ai dans l'univers, et
c'est à vous que la France devra son plus bel ornement. J'ai écrit à madame de Richelieu de faire ressou-
venir M. le garde des sceaux de la parole qu'elle prétend qu'il lui a donnée. L'extrême intérêt qu'elle y
prend ne peut que nous servir, et je crois bien nécessaire qu'elle le montre tout entier. Je lui ai adressé une
copie de la gazette que je vous envoie ; ainsi je ne la
trompe plus ; cela met mon amitié bien en repos. Je
lui ai mandé aussi que les papiers publics disaient
des choses très-désagréables pour votre ami, et que le
ministère devrait bien adoucir, par un peu de bonté,
des bruits auxquels je suis bien sûre qu'il n'a nulle
part, mais qu'il est toujours bien pénible d'essuyer à la
face de l'Europe. Madame de Richelieu parlera, j'en
suis sûre, et cela ne peut que faire du bien : elle est
prudente. Elle me mande sous le secret qu'elle pourrait
bien venir en Lorraine : moi, de mon côté, il serait
bien nécessaire que j'y allasse. Il ne courrait aucun
danger à Lunéville, et je pourrais y rester avec lui le
temps que vous jugerez à propos qu'il reste caché. Il
éviterait ainsi la douleur de l'incognito. Elle lui sera
bien amère : il croira que c'est s'avouer coupable. Mais
ce n'est pas ses répugnances sur cela que j'écoute : la
seule réflexion qui m'occupe c'est que, s'il y a quelque
danger ; il est trop connu dans la province pour être

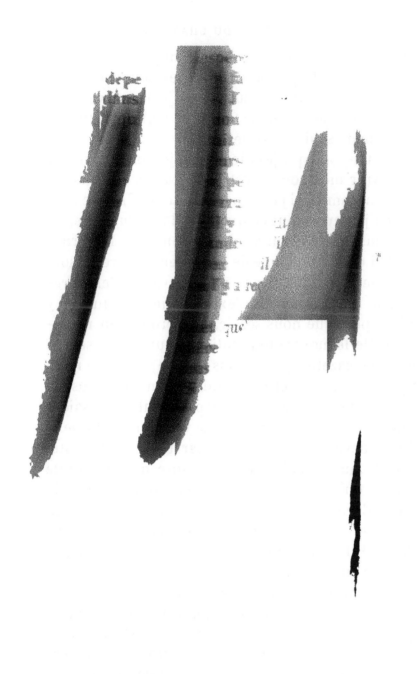

Le voyage de madame de Richelieu et Lorraine est,
à ce qu'elle prétend, un secret jusqu'à son ......
ainsi n'en parlez pas. Je voudrais bien qu'elle y remplaçât madame d'Armagnac[1].

Je recevrai encore votre réponse à temps pour décider le lieu de la retraite de votre ami, s'il revient : car
je mêle toujours des doutes à mes espérances. J'ai
maisons sous ma main ; mais *Cassandre* et *Oron*
sont bien connus. Pensez à ce que je vous ai mandé de
cette lettre sur M. Hérault, qui, je crois, a été tout notre
malheur. Vous m'avez enhardie : je ne vous demande
plus pardon de vous écrire si souvent et si longuement ; mais je vous dirai toujours qu'après votre ami,
il n'est personne au monde qui me soit plus cher et
plus respectable que vous.

Toujours le grison[3] pour le bailli. Je veux qu'il ......
que je ne lui écrive que par des courriers, et vous ......
verrez chercher sa réponse en bonne forme.

On avait des copies du *Mondain* avant la mort de
M. de Lncon[4], d'accord ; mais le président Dupuis[5] en

_____

1. Elle avait été choisie par le duc de Lorraine pour accompagner
à Turin sa sœur, mariée au roi de Sardaigne, repartit de Paris le
20 février. La duchesse de Richelieu était partie le 16. Ce voyage
rencontrait quelques difficultés de la part du comte d'Armagnac,
séparé de sa femme, et qui « trouvait mauvais que le duc de Lorraine ne lui eût rien mandé ni fait dire à cette occasion. » Mémoires du duc de Luynes, t. I, p. 196, 19 février 1737.

2. Peut-être le duc de Villars, dont le grand-père, le marquis de
Villars, ambassadeur en Espagne sous Louis XI était connu dans
la société du temps sous le nom d'*Orondate*.

3. Se disait autrefois d'un homme de livrée ; on faisait habiller
le gris pour l'employer à des commission ....naire de ......
Académie.

4. Michel-Celse-Roger de Bussy-Rabutin, ...
Histoire amoureuse des Gaules, né vers 1664, ...
dis 1724, mort le 3 novembre 1736.

5. Pierre du Puis, conseiller au Parlement 27 ju......
résident au Grand Conseil le 10 février 1720.

bien caché si longtemps. Si vous craignez la lettre à
M. du Châtelet, il est aisé qu'il ne revienne point ici :
il y a cent maisons où on le cacherait entre sa peau et
sa chemise, et où on regardera comme un grand bonheur de l'avoir. Mais un secret inviolable, avec des
provinciaux curieux, est bien difficile à espérer; et,
s'il fallait que sa sûreté en dépendît, il n'y faudrait
pas penser. Pesez notre sort dans vos mains. J'envoie
toujours, et je suis bien sûre que, quand nous ne le
reverrions qu'un quart d'heure, il ne croirait pas la
peine de son voyage perdue. Je suivrai toujours aveuglément vos conseils; mais, au nom de Dieu, pensez à
ce que je vous ai dit sur la Lorraine; il y verrait madame de Richelieu, et je ne puis croire qu'il y courût
aucun risque : on pourrait même faire répandre qu'il
y est venu voir madame de Richelieu, avec qui il a
déjà fait ce voyage[1]. Il y est fort aimé, et on l'y a reçu à
merveille il y a deux ans.

Je vous envoie pour le bailli, un paquet que vous
cachetterez. Si vous approuvez la première lettre, et
que vous n'approuviez pas la seconde, vous la jetterez
au feu, et n'enverrez que la première. Si vous n'approuvez ni l'une ni l'autre, vous les jetterez toutes deux
au feu, et vous ne laisserez dans l'enveloppe que celle
de M. de Froulay.

Je fais mettre au carrosse de Bar-sur-Aube, qui arrivera lundi 4, un chevreuil à l'adresse de M. D... Si
vous jugez à propos de lui dire qu'il vient de moi, vous
le lui direz, si non, vous le lui laisserez ignorer. Il est
assez connu pour qu'on le porte du carrosse chez lui.
Le pis aller, c'est qu'il soit perdu, et vous en userez
comme vous voudrez.

1. Au mois de mai 1735.

Le voyage de madame de Richelieu en Lorraine est, à ce qu'elle prétend, un secret jusqu'à son départ; ainsi n'en parlez pas. Je voudrais bien qu'elle y remplaçât madame d'Armagnac[1].

Je recevrai encore votre réponse à temps pour décider le lieu de la retraite de votre ami, s'il revient; car je mêle toujours des doutes à mes espérances. J'ai cent maisons sous ma main; mais *Cassandre* et *Orondate*[2] sont bien connus. Pensez à ce que je vous ai mandé de cette lettre sur M. Hérault, qui, je crois, fait tout notre malheur. Vous m'avez enhardie : je ne vous demande plus pardon de vous écrire si souvent et si longuement; mais je vous dirai toujours qu'après votre ami, il n'est personne au monde qui me soit plus cher et plus respectable que vous.

Toujours le grison[3] pour le bailli. Je veux qu'il croie que je ne lui écris que par des courriers, et vous enverrez chercher sa réponse en bonne fortune.

On avait des copies du *Mondain* avant la mort de M. de Luçon[4], d'accord; mais le président Dupuis[5] en

1. Elle avait été choisie par le duc de Lorraine pour accompagner à Turin sa sœur, mariée au roi de Sardaigne, et partit de Paris le 20 février. La duchesse de Richelieu était partie le 16. Ce voyage rencontrait quelques difficultés de la part du comte d'Armagnac, séparé de sa femme, et qui « trouvait mauvais que le duc de Lorraine ne lui eût rien mandé ni fait dire à cette occasion. » *Mémoires du duc de Luynes*, t. I, p. 178, 19 février 1737.

2. Peut-être le duc de Villars, dont le grand-père, le marquis de Villars, ambassadeur en Espagne sous Louis XIV, était connu dans la société du temps sous le nom d'*Orondate.*

3. Se disait autrefois d'un homme de livrée qu'on faisait habiller de gris pour l'employer à des commissions secrètes. *Dictionnaire de l'Académie.*

4. Michel-Celse-Roger de Bussy-Rabutin, fils de l'auteur de l'*Histoire amoureuse des Gaules*, né vers 1664, évêque de Luçon depuis 1724, mort le 3 novembre 1736.

5. Pierre du Puis, conseiller au Parlement le 27 janvier 1712, président au Grand Conseil le 10 février 1720.

lit faire trois cents copies qu'il distribua, et qui lirent
l'extrême publicité : du moins voilà ce qu'on manda
à M. de Voltaire dans le temps; et même un homme
qui ne le connaissait que de nom, et que lui ne connaissait point du tout, lui envoya une de ces copies
pour savoir si cet ouvrage était de lui. Mais qu'est-ce
que tout cela fait? Pardon, pardon, pardon !

Vous ne me parlez plus de Rousseau. Plût à Dieu
que cela fut faux !

---

74. — A M. LE COMTE D'ARGENTAL.

[Cirey], février 1735 [1737].

Je ne me livrerai plus aux conjectures; ma foi en
vous n'est point aveugle, car elle est fondée sur la
connaissance de votre cœur. Aussi soyez sûr que tant
que je le pourrai, tout ce que vous me manderez sera
suivi à la lettre. J'avais prévu que votre prudence vous
aurait fait présumer qu'il n'était pas possible qu'il fût
ici caché au ministère : je prévois aussi que la lettre
du bailli que je vous ai envoyée, ne changera rien à la
condition de l'incognito; elle sera suivie. Prescrivez-
moi seulement la forme. Voulez-vous qu'il soit sous un
autre nom que le sien? Cela lui fera de la peine: *tran-
seat a me calix iste*. Mais, si vous le voulez, cela sera
exécuté. Peut-il être dans Cirey même? C'est le château de la province où l'on voit le moins de Cham-
penois, et je crois, pour moi, que cela serait plus décent que d'être ailleurs, car cet ailleurs, quelque part
qu'il soit, j'irai souvent, et cela pourrait paraître plus
singulier et faire tenir plus de discours. Je ne vois, à
venir tout droit à Cirey, d'inconvénient que dans le
cas où vous craindriez encore cette malheureuse lettre

à M. du Châtelet. Mais, s'il n'est pas à Circy, je ne pourrai pas veiller de si près sur sa conduite, et une sagesse telle que l'état présent de sa fortune l'exige, ne peut être obtenue qu'en lui montrant à tout moment le précipice ouvert. Enfin, j'attendrai encore votre réponse avant qu'il puisse être arrivé; ainsi, dictez ces deux conditions, le lieu et le nom.

Pour celle de n'écrire ni aux Thieriot ni aux Berger[1], etc., je voudrais qu'il y fût condamné pour toute sa vie, et je vous jure que je la ferai exécuter scrupuleusement et avec grand plaisir.

Suivant ce que vous me mandez, ma précaution de faire dire un mot au chancelier n'est pas si mauvaise; mais je n'ai rien fait et ne ferai rien sans vos ordres.

Plus de cour de Lorraine. Si je puis revoir votre ami, je ne veux jamais sortir de Cirey, car j'espère que vous y viendrez.

J'en reçois dans cette minute une lettre qui me fait bien craindre qu'il ne revienne point; j'en suis très-mécontente. Il faut enfin que je vous l'avoue, et je crains fort qu'il ne soit bien plus coupable envers moi qu'envers le ministère. Enfin, nous verrons s'il reviendra; mais, je vous le répète, je n'en crois rien, et je vous jure bien que je ne me sens pas la force de résister au chagrin que j'en ressentirai. Nous le perdons sans retour, n'en doutez point; mais qui pourrait le conserver malgré lui-même? Je n'ai rien à me reprocher;

---

1. Ami de jeunesse de Voltaire, Berger était un marchand amateur de tableaux, qui devint plus tard secrétaire du prince de Carignan, et en 1744, par le crédit de celui-ci, directeur des fourrages de l'armée. Sa correspondance avec Voltaire s'étend de 1733 à 1744. Berger surveilla une édition de la *Henriade* et de *l'Enfant prodigue;* aussi Voltaire l'appelait-il « son cher éditeur. » Il vivait encore en 1765, mais fort refroidi alors à l'endroit de Voltaire.

c'est une triste consolation : je ne suis pas née pour être heureuse. Je n'ose plus rien exiger de vous; mais si je l'osais, je vous prierais de faire encore un dernier effort sur son cœur. Mandez-lui que je suis bien malade, car je le lui mande, et qu'il me doit au moins de revenir m'empêcher de mourir; je vous assure que je ne mens pas trop, car j'ai la fièvre depuis deux jours : la violence de mon imagination est capable de me faire mourir en quatre jours.

Je suis bien plus à plaindre que je ne l'ai jamais été. Il est affreux d'avoir à me plaindre de lui; c'est un supplice que j'ignorais. S'il vous reste encore quelque pitié pour moi, écrivez-lui; il ne voudra point rougir à vos yeux : je vous le demande à genoux. Il m'envoie la première épreuve de cette malheureuse *Philosophie*. Je vous dis qu'il l'a dans la tête, mais il se perdra; du moins que ce soit en connaissance de cause. Je vous demande à genoux de lui mander durement que, s'il s'obstine et s'il ne revient pas, il est perdu sans retour, et je le crois bien fermement. Si le bonheur ou le malheur de sa vie dépendent, comme vous le dites, de sa sagesse présente, il ne faudrait pas le perdre de vue un moment. Si vous aviez vu sa dernière lettre, vous ne me condamneriez pas; elle est signée, et il m'appelle *Madame*. C'est un disparate si singulier, que la tête m'en a tourné de douleur. Écrivez-lui à Bruxelles.

Vous voyez que je prends à la lettre ce que vous me mandez sur la longueur de mes lettres; mais quelle plus grande consolation que d'écrire à un ami tel que vous!

M. du Châtelet me persécute pour aller en Lorraine au mariage de madame la princesse[1]; mais je n'en

1. Le mariage de la princesse Élisabeth-Thérèse de Lorraine,

veux rien faire : une noce et une cour me désoleraient. L'endroit où j'ai vu notre ami est le seul que je puisse habiter. On a mis dans la *Gazette d'Utrecht* que j'y étais allée, et que M. de Voltaire avait profité de ce temps pour aller en Prusse[1]. Hélas! il eût peut-être suffi d'aller à Lunéville! Mais, comme vous dites, il faut oublier le passé et songer à tirer la tranquillité pour l'avenir du malheur présent. Adieu. Vous êtes mon consolateur : quand serez-vous mon sauveur?

Savez-vous que son projet était fait en partant d'être deux mois sans revenir; et cela, parce qu'il le croyait nécessaire. Ainsi, vous ne pouvez trop lui mander le contraire; car, s'il se mettait dans la tête de faire

---

née le 16 octobre 1711, avec Charles-Emmanuel de Savoie, né le 27 avril 1701, roi de Sardaigne depuis le 7 septembre 1730. Ce fut le 5 mars 1737, à Lunéville, que le prince de Carignan, fondé de procuration du roi de Sardaigne, épousa cette princesse, qui, le 10, partit accompagnée de la duchesse-douairière de Lorraine, de la comtesse d'Armagnac et de la duchesse de Richelieu, pour se rendre au château d'Harouel, où se firent les derniers adieux, et de là à Turin par Langres et Chambéry. La prise de possession de la Lorraine par Stanislas Leczinski suivit de près le départ de la duchesse-douairière de Lorraine qui se retira à Commercy. La nouvelle reine de Sardaigne mourut peu après, le 3 juillet 1741.

1. *Gazette d'Utrecht*, du 13 décembre 1736 numéro 6, (Supplément). Nouvelle de Paris du 7 décembre. « Le bruit s'est répandu ici, que la marquise du Châtelet, qui est ordinairement sur ses terres dans la province de Champagne, en étant partie, il y a quelque temps, pour se rendre en Lorraine, M. de Voltaire, qui est depuis environ un an et demi chez cette dame, avoit pris occasion de son absence, pour aller en Allemagne saluer le prince royal de Prusse, lequel a pour lui une estime toute particulière. Il traduit actuellement, de l'anglois en françois, un des ouvrages du célèbre M. Newton. Il a composé une épître en vers, qu'il se propose d'y mettre à la tôle, et qui a pour titre, la *Newtoniade*, adressée à Émilie, c'est-à-dire à la marquise du Châtelet. Cette épître paraît en manuscrit depuis quatre ou cinq jours. M. de Voltaire y *abjure* la littérature, pour ne plus s'adonner qu'à la philosophie, et en faire désormais ses délices. » Voir plus haut, p. 147.

imprimer sa *Philosophie*, cela ne finirait point; je serais morte avant.

Le jour qu'il a passé à Bruxelles, on y jouait *Alzire*. Ses lauriers le suivent partout. Mais à quoi lui sert tant de gloire? Un bonheur obscur vaudrait bien mieux.

O vanas hominum mentes! ô pectora cæca[1]*!*

Vale et me ama et ignosce.

------

75. — A M. LE COMTE D'ARGENTAL.

[Cirey], 1er mars 1735 [1737].

Votre ami vous écrit une lettre[2] bien noire, mon cher ami; mais sa situation est cruelle; il sent vivement, vous le savez, et c'est ainsi qu'il vous aime. J'ose répondre de sa sagesse, et c'est beaucoup, du moins tant que je serai assez heureuse pour pouvoir lui parler.

1. Lucrèce. *De rerum natura*, c. II, v. 14.
2. Voltaire était de retour à Cirey dans les derniers jours de février 1737. Ce fut M. du Châtelet, se rendant à Paris, qui se chargea de cette lettre à d'Argental. On y lit : « Je n'ai osé vous écrire depuis que je suis à Cirey, et vous croyez bien que je n'ai écrit à personne... Je vous avoue que si l'amitié ne m'avait pas rappelé, j'aurais bien volontiers passé le reste de mes jours dans un pays où, du moins, mes ennemis ne peuvent me nuire... Je n'ai à attendre en France que des persécutions; ce sera là toute ma récompense. Je m'y verrais avec horreur, si la tendresse et toutes les grandes qualités de la personne qui m'y retient ne me faisaient oublier que j'y suis... Je me fais esclave volontaire pour vivre auprès de la personne auprès de qui tout doit disparaître... Je vous l'ai toujours dit, si mon père, mon frère ou mon fils, était premier ministre dans un état despotique, j'en sortirais demain... Mais enfin madame du Châtelet est pour moi plus qu'un père, un frère et un fils. » *OEuvres*, t. LII, p. 429. Il garda soigneusement l'incognito à Cirey et s'y fit écrire sous le nom de madame d'Azilli. (Lettre à Moussinot.)

M. du Châtelet part, bien résolu de répondre au cardinal, avec fermeté et amitié sur son compte, s'il l'attaque, mais de ne lui point parler le premier. Il fera, d'ailleurs, tout ce que vous lui conseillerez.

Je crois que le retour de votre ami ici l'a sauvé d'un panneau dans lequel il était prêt à donner par sa bonté et sa facilité ordinaires. Je vous prie de ne m'en point parler dans vos lettres que je lui montre; mais recommandez-lui toujours la sagesse, la nécessité d'imprimer *Newton* en France, et de tenir la *Pucelle* sous cent clefs. Vous ne me dites mot du grand événement qui se prépare [1] : vous n'osez sans doute par la poste; mais par M. du Châtelet, mandez-moi ce que vous en pensez. On dit que le cardinal abdique, et que les Noailles gouverneront. Pour moi, je fais M. de Maurepas premier ministre : assurément, c'est ce qui pourrait arriver de mieux pour le bonheur des hommes. Est-ce M. d'Argenson, est-ce M. Hérault qui a la librairie? [2] On nous a annoncé tous les deux. Malgré l'animosité qu'il marque contre ce dernier dans la lettre qu'il vous écrit, il lui écrira, si vous le jugez à propos. Tous vos ordres seront exécutés à la lettre. Nous nous reposons entièrement sur vous; puisque vous veillez pour nous, nous n'avons

---

1. Chauvelin venait d'être exilé à Bourges, le 20 février 1737. Les sceaux avaient été rendus au chancelier Daguesseau, et les affaires étrangères données à Amelot, intendant des finances. Les choses ne devaient pas s'arrêter là. La comtesse de Toulouse, née Noailles, qui avait beaucoup contribué à une disgrâce qui ruinait les espérances des Condé, protecteurs de Chauvelin, travaillait à porter au pouvoir son mari, le comte de Toulouse, et elle y aurait peut-être réussi sans la mort de celui-ci, qui arriva peu après, le 1er décembre 1737. Voir la *Vie privée de Louis XV.* Londres, 1781, t. II, p. 29-31.

2. L'intendance de la librairie fut donnée par le chancelier Daguesseau, le 4 mai 1737, non pas à Hérault, non pas à d'Argenson, mais à son fils Daguesseau de Fresne, qui succéda à Rouillé.

rien à craindre. Il vous envoie une belle preuve de la
scélératesse de Rousseau ; je voudrais qu'elle fût connue
sans que cela vînt de lui : cela ferait bien plus d'effet.
Il n'a écrit ni n'écrira à personne. La résolution qu'il a
prise d'ôter de ses ouvrages tout ce qui regarde Rousseau fait le bonheur de ma vie : son nom les désho-
norait.

Dites, je vous prie, mille choses tendres pour moi à
M. votre frère

Par toutes les lettres que l'on m'écrit, il ne paraît
pas qu'on le soupçonne ici. Adieu, mon cher et très-
respectable ami ; mon amitié pour vous est au-dessus
des expressions; mais j'aime à vous l'exprimer.

———

76. — A M. DE MAUPERTUIS[1].

A Cirey, 4 septembre [1737].

Enfin, Monsieur, vous voilà donc revenu de l'autre
monde (car la Laponie ne doit pas être comptée de
celui-ci)[2]. Je vous aurais marqué ma joie plus tôt, si
j'avais cru que vous eussiez le temps de lire ma lettre ;
je vous crois si fêté, si désiré ; vous avez tant de gens
qui vous font des questions que je ne vous en ferai
aucune. Je désire que vous ayez rapporté du milieu de
vos glaçons une bonne santé, et un peu d'amitié pour
moi. J'ai été comme Saint-Louis[3] lorsqu'on m'a mandé
que vous aviez trouvé la terre aplatie et non allongée.

1. Lettre inédite, Mss., p. 63.
2. Parti de Stockholm le 9 juin 1737, Maupertuis, après avoir
éprouvé un naufrage dans le golfe de Bothnie, était de retour à Paris
le 21 août 1737.
3. Une note ancienne manuscrite porte : *Un des gens* de madame
du Châtelet.

Pardonnez-moi la balourdise que je vous ai dite sur cela dans une de mes lettres, je ne suis pas toujours si absurde. J'imagine que vous êtes retenu par vos vacances. Ainsi je crois qu'il faudrait retenir pour dans dix ans si on voulait vous avoir. Raillerie à part, si vous vouliez vous dérober quelque temps à la foule des badauds, et venir voir quelqu'un qui vous admire et vous aime plus qu'eux tous, je vous offre de vous envoyer une chaise à deux, quand vous voudrez, pour M. Clairaut et pour vous; car malgré ses rigueurs, je serai charmée de le voir. Je crois que quand on veut que ses compliments soient bien reçus, il les faut faire passer par vous; je vous prie donc de lui dire bien des choses pour moi. Vous savez, Monsieur, combien mon amitié pour vous est véritable, et je crois que vous voulez bien que je vous en réitère les assurances sans compliments.

---

77. — A M. DE MAUPERTUIS.

Cirey, 11 décembre [1737].

[J'attendais, Monsieur, le reste de votre lettre pour vous écrire, mais je l'ai attendu en vain; je me flatte que vous me l'enverrez quelque jour. Celle que j'ai reçue finit par *mais*, et vous devez être bien sûr que je ne veux rien perdre de tout ce qui vient de vous.]

Je me suis bien doutée que je ne vous verrais point cet automne; je m'étais dit toutes vos raisons, tous les empêchements qui s'opposaient à mes souhaits; mais enfin, vous êtes débarrassé d'une partie des soins qui vous retenaient; et, si vous aviez encore pour moi la même amitié, si vous vous souveniez de tout ce que vous m'avez promis quand je partis de Paris, je pourrais espérer de vous voir.

Tout le monde me parle de vos succès et de la façon dont vous en avez instruit l'Académie et le public[1]; et je puis vous dire, du milieu de mes montagnes :

Hùc quoque Cæsarei pervenit fama triumphi
Languida quo fessi vix venit aura Noti[2].

Mais, quelque doux qu'il soit pour moi d'entendre tout le monde chanter vos louanges, et vous rendre le tribut d'admiration que je vous ai payé depuis que je vous connais, j'avoue qu'il le serait encore davantage d'apprendre vos succès par vous-même. Vous devriez envoyer votre *Mémoire* à Cirey, où peut-être on en est digne, et il est dur d'attendre l'impression. M. de Voltaire, qui vous aime et vous estime plus que personne, me charge de vous en supplier. Il vous aurait envoyé les *Éléments de la philosophie de Newton*[3] pour les soumettre, à ce qu'il dit, au jugement de son maître, avant de les livrer à l'impression, si vous aviez été à Paris. Il a changé les deux vers que vous aviez si fortement critiqués, et il a mis à leur place :

Change de forme, ô terre! et que ta pesanteur,
Augmentant sous le pôle, élève l'équateur[4].

S'ils ne sont pas si beaux, du moins ils sont plus justes.

---

1. Par son *Discours lu, le 13 novembre 1737, à l'assemblée publique de l'Académie royale des sciences, sur la mesure de la terre au cercle polaire.*
2. Ovide. *Ex Ponto*, l. II, 1, vers. 1.
3. Commencés à imprimer lors du séjour de Voltaire à Leyde, en janvier et février 1737; ils ne parurent qu'au mois d'avril 1738.
4. *Épître* en vers à la marquise du Châtelet, placée en tête des *Éléments*. Il y avait d'abord, ainsi qu'on l'a vu :

Terre, change de forme, et que la pesanteur,
Abaissant tes côtés, soulève l'Équateur.

Si on pouvait espérer de vous attirer à Circy, on
vous dirait que vous y trouverez un assez beau cabinet-
de physique, des télescopes, des quarts de cercle, des
montagnes de dessus lesquelles on jouit d'un vaste
horizon ; un théâtre, une troupe comique et une troupe
tragique. Nous.vous jouerions *Alzire*, ou l'*Enfant prodigue,* car on ne joue à Cirey que les pièces qui y ont
été faites ; c'est un des statuts de la troupe.

Mais je vois bien que nous ne vous verrons point ;
souvenez-vous de moi du moins sur votre Thabor[1],
souvenez-vous de l'entrée que j'y fis ; faites mes compliments au supérieur, que je serais charmée de retrouver ; buvez à ma santé au réfectoire ; et, dans quelque
lieu que vous soyez, souvenez-vous toujours qu'il n'y
a aucun endroit sur la terre ni même ailleurs où vous
soyez plus aimé, et plus désiré qu'à Cirey.

[Nous avons des berlines et des chaises de poste à
Paris qui attendent vos ordres. M. du Châtelet veut que
je le nomme et que je vous dise le plaisir qu'il aurait
de vous voir.] Je ne sais si vous savez que le grand abbé
du Resnel est venu me voir de son abbaye[2], parce qu'elle
n'était qu'à quarante lieues d'ici ; je l'ai trouvé d'une
société fort douce et fort aimable ; il vous dira combien
nous vous avons désiré.

[Je vous supplie d'envoyer cette lettre à M. Clairaut.]

---

1. Le Mont-Valérien, où M. de Mauperluis s'était retiré pour
travailler avec plus de tranquillité. (A. N.)
2. L'abbaye de Septfontaines, ordre de Prémontré, diocèse de
Langres , que du Resnel avait obtenue par la protection du duc
d'Orléans. A Paris il habitait le cloître Saint-Jacques-de-l'Hôpital,
dont il était chanoine depuis 1724.

78. — A M. LE COMTE ALGAROTTI.

A Cirey, ce 10 janvier 1738.

Vous êtes comme le royaume des cieux, *et violenti rapiunt illud.* Je vois bien qu'il faut vous passer votre paresse, et compter toujours sur votre amitié ; c'est le parti que j'ai pris depuis longtemps ; mais la mienne ne s'accommode point d'être des années entières sans savoir de vos nouvelles que par bricoles : il est impossible que vous ayez oublié le petit coin du monde où vous êtes tant aimé, tant regretté, tant souhaité, que vous avez habité, que vous avez même célébré. Mon Dieu, que nous avons de choses à vous dire et à vous lire! Je ne veux point vous demander ce que vous faites, car je sais que ce sont de ces choses qu'on ne dit point. Vous avez abandonné la philosophie. Nous n'avons point les *Dialogues* à la tête desquels je devais être ; j'en suis bien lâchée de toutes façons ; peut-être ne veut-on pas les laisser paraître en Italie, de même qu'on ne veut pas que les *Éléments de Newton* de votre ami paraissent en France ; je vous avoue que j'en suis bien lâchée. On regarde dans ce pays-ci les Newtoniens comme des hérétiques. Vous savez sans doute le retour de M. de Maupertuis ; l'exactitude et la beauté de ses opérations passent tout ce qu'il disait en espérer lui-même. Les fatigues qu'il a essuyées sont dignes de Charles XII. Je vous assure que votre petite poitrine italienne s'en serait bien mal trouvée. La récompense de tant d'*exactitude* et de tant de fatigues a été la persécution. La vieille académie s'est soulevée contre lui. M. de Cassini[1] et les Jésuites qui, comme vous savez,

1. Jacques Cassini (1669-1756), de l'Académie des sciences en 1694. Se fondant sur les mesures données par Picard, en 1670, il

ont trouvé à la Chine la terre allongée, se sont réunis; ils ont persuadé aux sots que M. de Maupertuis ne savait ce qu'il disait; la moitié de Paris, et même les trois quarts le croient. Il a essuyé mille difficultés pour l'impression de la relation de son voyage et de ses opérations, je ne sais s'il y parviendra. On leur a donné des pensions si médiocres[1] que M. de Maupertuis a refusé la sienne, et a prié qu'on la répartît sur ses compagnons; enfin on ne veut pas que M. Newton ait raison en France. Il est cependant bien décidé, et géométriquement démontré par leurs opérations que la terre est aussi plate que ses habitants. Si vous voulez je vous enverrai la copie de la lettre qu'il m'a écrite, vous y verrez ses sentiments, et la façon dont on le traite; il doit venir ici dès que son ouvrage sera imprimé; il a été à la veille d'être défendu comme un mandement d'évêque, et je crois que c'est cette circonstance qui a fait défendre l'impression du livre de votre ami. On a craint que M. de Voltaire et M. de Maupertuis réunis ne subjuguassent tout le monde.

prétendait que les degrés de la terre sont plus courts au pôle qu'à l'équateur, et que, par conséquent, la terre était un sphéroïde allongé dans le sens des pôles : théorie contraire à celle de Newton, et que venait de démentir l'expédition de Maupertuis en prouvant l'aplatissement des pôles. Voir l'excellent livre de M. Émile Saigey, *Les Sciences au XVIIIᵉ siècle*, Germer-Baillière, 1873, p. 45, et 153.

1. « M. le cardinal de Fleury répandit sur les académiciens les bienfaits du roi. Il donna cent pistoles de pension à chacun d'eux, et distingua M. de Maupertuis en lui en donnant vingt de plus. M. de Maupertuis jugeant que le cardinal de Fleury, chargé de la reconnaissance de l'univers, s'en acquittait avec trop d'économie, le remercia de ses bontés, l'assura que le plaisir et la gloire d'avoir bien fait étaient la seule récompense qu'il eût ambitionnée, et le pria de répartir entre ses collègues la pension qu'il lui destinait. » La Beaumelle, *Vie de Maupertuis*, Paris, 1856, p. 53. Ce refus refroidit pour lui M. de Maurepas, qui « crut ne devoir plus être son ami que secrètement. » *Ibid.*, p. 54.

Les académiciens du Pérou ne seront vraisemblablement point plus heureux, car ils trouveront les mêmes choses. Les expériences du pendule sont déjà les mêmes, et il a fallu le raccourcir; on a eu de leurs nouvelles, du mois de mars dernier; ils se portaient tous très-bien; ainsi Godin[1] n'est point mort, comme on l'avait dit; leur base était déjà tracée. Il faut un peu vous dire des nouvelles de ce pays-ci, après vous en avoir donné du Midi et du Nord. Vous savez que votre amie mademoiselle du Bouchet[2] a épousé M. d'Argental; ce sont les deux plus heureuses gens du monde. J'aime d'Argental de tout mon cœur, et je désire que sa femme m'aime; ainsi quand vous lui écrirez, dites-lui, je vous supplie, du bien de moi.

Voilà la reine d'Angleterre morte; mais cela empêchera-t-il notre voyage? j'espère que non; je vous attends pour le décider, car je n'y veux pas aller sans vous; M. de Maupertuis et l'abbé du Resnel y viendront avec nous. Nous avons à présent une salle de comédie charmante; nous avons joué *Zaïre*, l'*Enfant prodigue,* etc. Vous ne connaissez pas cet *Enfant prodigue;* il est imprimé à présent, et sûrement vous l'ai-

---

1. Louis Godin (1704-1760), astronome, qui avait accompagné La Condamine au Pérou.

2. Jeanne-Grâce-Rose du Bouchet, fille d'un surintendant du duc de Berry, née en 1702 mariée en octobre 1737 au comte d'Argental, alors conseiller à la 4ᵉ Chambre des Enquêtes, demeurant rue Neuve-Saint-Augustin. Elle mourut le 3 décembre 1774. D'après les éditeurs de Kehl, le père de mademoiselle du Bouchet avait dissipé sa fortune, mais il n'avait rien négligé pour l'éducation de sa fille. Voltaire lui écrivait au sujet de ce mariage : « Que je suis enchanté, mon cher et respectable ami, de ce que vous venez de faire! Que je reconnais bien là votre cœur tendre et votre esprit ferme! » Lettre de Voltaire à d'Argental, du 2 novembre 1737. *OEuvres*, t. LII, p. 545.

merez; je vous l'enverrai par le cousin Froulay, si vous voulez. Je veux vous envoyer l'épithalame de l'ami d'Argental, quand même vous ne le voudriez pas. Vous vous douterez bien de qui il est; montrez-le à M. de Froulay; buvez à ma santé ensemble, et venez boire ici à la sienne. Adieu! le plus paresseux des philosophes, le plus aimable des Italiens, adieu! M. de Voltaire vous embrasse, et moi je vous aime malgré votre oubli.

———

19.¹ — A M. DE MAUPERTUIS.

A Cirey, ce 11 janvier 1738.

Je vous aurais écrit bien plus tôt, Monsieur, si je vous avais cru malheureux, car, quelque philosophie qu'on ait, et quelque supériorité que vous vous sentiez sur ceux qui ne sont pas dignes de vous admirer, il est dur de voir triompher l'erreur, et de ne retirer des travaux que vous avez entrepris et consommés avec tant de constance, que des contradictions. Enfin, on ne veut pas en France que M. Newton ait raison. Il me semble pourtant que, grâce à vos soins, une partie de sa gloire rejaillissait sur votre pays. Je ne désespère pas de voir rendre un arrêt de Parlement contre la philosophie de M. Newton, et surtout contre vous.

Je crois que c'est à ces circonstances que l'on doit attribuer le refus que l'on fait de laisser paraître les *Éléments de la philosophie de Newton* en France. Nous sommes des hérétiques en philosophie. J'admire la témérité avec laquelle je dis *nous*, mais les marmitons de l'armée disent bien : *Nous avons battus les ennemis.*

[Je suis quelquefois tentée de me réjouir des contra-

dictions que vous essuyez, puisque c'est à elles que je
devrai le plaisir de vous voir ici ; je vous supplie de me
donner la préférence sur toutes les retraites et même
sur le Mont-Valérien. Je me flatte que la vie que l'on
y mène pourra vous plaire. Ce qu'il y a de sûr c'est
qu'il n'y manque que votre présence.]

Vous voilà donc grand homme tout à fait ; car il ne
vous manquait depuis longtemps que des ennemis, et
une cabale. [M. de Voltaire a voulu faire lui-même son
compliment à son confrère. Je ne puis désapprouver le
noble sentiment avec lequel vous avez réparti sur vos
compagnons les grâces qui vous regardaient personnellement, et je suis persuadée qu'il n'y a personne qui
n'ait augmenté, s'il est possible, son estime et sa considération pour vous par cette action[1].] Je vous prie de
me mander si vous êtes content de M. de Maurepas en
particulier.

[J'espère que votre ouvrage sera bientôt imprimé,
s'il ne l'est pas déjà, et dès que ce chaînon sera brisé,
on se flatte de vous voir à Cirey, et de vous admirer de
près, et vos découvertes en connaissance de cause.
C'est dans cette espérance que j'ai retardé d'envoyer
mes chevaux chercher une berline que je fais venir. Je
ne vous dis point qu'il faut attendre que le froid soit
passé, car je crois que vous mourez de chaud à présent.]
Mandez-moi donc quand je pourrai vous envoyer enlever, [et lisez mes espérances. Si vous aimez mieux
une chaise de poste, vous en aurez une, au jour
nommé. Je parle de berline, parce que je me flatte que
M. Clairaut en sera, et M. Vernique aussi, s'il veut. Je
suis bien reconnaissante qu'il se souvienne de moi.
C'est à vous que j'en ai l'obligation, et c'est vous que

1. Voir p. 177.

j'en remercie.] Venez donc vous, + Clairaut, + Vernique, — un prince[1], car je ne les aime pas.

M. de Voltaire réformera les deux vers[2] sous vos
yeux. [M. du Châtelet vous fait mille compliments, il
a pour vous toute l'admiration qu'il doit, et il vous
désire comme quelqu'un qui vous connaît. M. de Voltaire vous dit mille choses tendres; pour moi, Monsieur,
vous savez bien que mes sentiments pour vous ne
peuvent plus augmenter, et que je ne désire rien avec
plus d'empressement que de vous les dire à vous-
même.

Permettez que je vous adresse une lettre pour
M. Clairaut; il ne m'a point mandé sa demeure.]

---

80. — A M. DE MAUPERTUIS[3].

A Cirey, le 2 février 1738.

Dans l'espérance de vous voir bientôt, Monsieur, je
vais tâcher de me rendre digne de vous et de votre
ouvrage; je compte sur votre parole, et j'espère que
vous vous trouverez si bien ici que vous n'irez point
ailleurs. Ce qui est certain, c'est que nous n'oublierons
rien pour vous y retenir. Je vous dois un compliment
sur la mort de ce pauvre Melon[4], et il est bien sincère.

1. En termes d'algèbre, les deux premiers signes signifient, *plus*,
et le troisième, *moins*. (A. N.)
2. Ce sont les deux vers rapportés dans la lettre précédente.
(A. N.)
3. Lettre inédite, Mss., p. 72.
4. Jean-François Melon, économiste, auteur de l'*Essai politique
sur le commerce* (1734), dont Voltaire a dit que c'était « l'ouvrage
d'un homme d'esprit, d'un citoyen et d'un philosophe. » Il mourut
le 24 janvier 1738.

Un homme qui était votre ami devait avoir du mérite,
je lui en connaissais beaucoup dans son livre ; il y a
tant de sots qui végètent, il est bien triste que la mort
choisisse. Nous sommes très-affligés à Cirey du refus de
M. le chancelier ; si M. de Voltaire pouvait deviner ce
qui lui déplaît dans son livre, il l'ôterait ; il faut espérer
que le temps l'adoucira. L'édition de Hollande est iné-
vitable, mais il la retarde toujours pour la faire conforme à celle de Paris, si on y en veut souffrir une.

M. Algarotti nous envoie deux exemplaires de ses *Dialogues ;* il y a une espèce de visage ressemblant au mien
sur les épaules de sa marquise dans l'estampe. Je
l'attends avec impatience, car autre chose est d'entendre lire un ouvrage par l'auteur ou de le lire soi-
même à tête reposée. Si vous daignez le lire, vous le
trouverez ici. Vous y aurez une petite cellule comme
au Mont-Valérien, une extrême liberté, aucun étranger,
et si vous en voulez sortir, je ne vous conseille pas de
prendre mon avis.

J'ai reçu, il y a deux jours, une lettre de madame de
Richelieu : c'est la première depuis sa maladie, j'en a
été très-inquiète. Je la félicite du bonheur qu'elle a de
vous voir. Je n'ai pu deviner le nom de l'homme qui
vous parle quelquefois de moi : quel qu'il soit, je lui
en suis bien obligée, car je ne désire rien tant que de
n'être pas oubliée de vous ; je voudrais que tout le'
monde vous parlât de moi. Mon maître d'hôtel m'a
mandé qu'il vous avait trouvé chez madame de Saint-
Pierre ; elle devrait bien aussi vous parler de moi.
M. de Voltaire vous fait les compliments les plus
sincères, il vous attend avec impatience, et M. du
Châtelet dit qu'il ira vous chercher. Permettez-moi de
vous faire une question ; j'ai lu beaucoup de choses
depuis peu sur les forces vives, je voudrais savoir si

vous êtes pour M. de Mairan, ou pour M. de Bernouilli. Je n'ai pas l'indiscrétion de vous demander sur cela tout ce que je voudrais savoir, mais seulement lequel des deux sentiments est le vôtre, le mien est de vous désirer et de vous aimer beaucoup.

----

81. — A M. DE MAUPERTUIS[1].

[Cirey, février 1738.]

Vous avez bien tort, Monsieur, de croire que je ne m'aperçois pas de votre silence. L'exactitude avec laquelle je vous réponds, vous est une preuve que j'y ai été très-sensible. Je vous ai cru malade; et si votre lettre avait tardé, je vous aurais écrit des reproches. Vous en méritez bien davantage puisque vous ne m'avez pas cru capable de vous en faire. Je vous dois un triste compliment sur la mort de ce pauvre M. Melon. Je le regrette comme un de vos amis, et comme un homme de mérite, car ces deux titres ne vont point l'un sans l'autre. M. du Châtelet dit qu'une marque d'attention de votre part vaut mieux que la patente qu'il attend de la cour. Il ira vous remercier à Paris, où il sera dans dix ou douze jours, et d'où il espère vous ramener; car il faudra bien que l'impression de votre livre finisse.

Je l'attends avec plus d'impatience que celui de M. Algarotti, quoique mon portrait soit à la tête. Il est assez plaisant d'y voir mon visage, et le nom de M. de Fontenelle. Il mérite assurément toutes sortes d'hommages philosophiques, mais je ne sais si celui d'un livre où l'on ne parle que du système d'optique de M. Newton et de l'attraction était dû à son plus grand

----

1. Lettre inédite, Mss. p. 74.

ennemi. Il sera sans doute bientôt traduit, quoique peu susceptible de l'être ; il est difficile de rendre les plaisanteries et le tour familier de la conversation d'une autre langue. L'italien ne serait pas pour vous l'affaire de deux jours, si tant est qu'il soit vrai que vous ne le sachiez pas, mais c'est ce que je ne crois point, quoi que vous en disiez. Vous pouvez apprendre des langues, pour vous faire entendre aux personnes qui sont assez malheureuses pour ne pas savoir la vôtre : mais je ne vous conseille pas d'en apprendre aucune pour entendre les livres des autres.

M. de Voltaire a perdu, non sans regret, l'espérance de faire imprimer son livre en France : il n'est fait que pour des Français. Il y perd beaucoup de temps à réfuter le système de Descartes, et cette peine, très-nécessaire quand on parle à des Français, est inutile dans les pays étrangers, où c'est se battre contre des moulins à vent, que de réfuter une philosophie abandonnée entièrement, et unanimement reconnue pour fausse.

Je vous avoue que j'ai ressenti, en lisant ce que vous voulez bien me marquer au sujet des forces vives, le plus grand plaisir que j'aie jamais eu, celui de m'être rencontrée avec vous. Mon extrême timidité quand j'écris à sir Isaac Maupertuis, m'a empêchée de vous marquer mon sentiment avant de savoir le vôtre ; mais il y a environ six semaines que j'écrivais à M. Pitot [1], avec qui je me suis trouvée par hasard dans une espèce de commerce, à peu près les mêmes choses que vous me marquez, et si j'osais je vous supplierais de lui demander ma lettre, s'il ne l'a pas brûlée. J'ai toujours pensé que la force d'un corps devait s'estimer par les

---

1. Henri Pitot (1695-1771), géomètre, membre de l'Académie des sciences en 1724.

obstacles qu'il dérangeait et non par le temps qu'il y
employait, et cela par deux raisons : la première,
darce que sur un plan parfaitement poli, ou dans le
vide absolu, un corps avec une vitesse finie irait éternellement, cependant sa vitesse ni sa force ne seraient
pas infinies, et pour estimer la force de ce corps, il
faudrait certainement lui opposer quelque obstacle,
puisque si les corps n'en rencontraient point, ils ne con-
sumeraient jamais leurs forces ; ce n'est donc qu'en les
consumant qu'on peut les estimer; la seconde, est la
raison même que M. de Mairan[1] apporte pour changer
l'estimation de la force des corps, qui est le temps
employé à la consumer; car s'il reste à un corps, qui
a reçu 2 de vitesse, 3 de force à consumer, lorsque
celui qui lui est égal en masse et qui n'a reçu que 1 de
vitesse, a consumé toute la sienne, il est, ce me semble,
démontré, par cela même qu'il lui reste 3 de force à
consumer au bout du temps pendant lequel l'autre
corps a consumé toute la sienne, qu'il avait trois fois
plus de force que l'autre.

A propos de M. de Louville[2], dont vous me parlez,
j'ai été étonnée du mépris avec lequel M. de Fontenelle,
dans son *Histoire*[3], traite l'opinion des forces vives,
dans les commencements; il s'est depuis un peu radouci.
Il y a aussi, dans les pièces qui ont remporté ou concouru pour les prix de l'Académie, une pièce qui com-

---

1. Dans la *Dissertation sur l'estimation et la mesure des forces
motrices des corps*. Voir *Mém. de l'Acad. des sciences*. 1728, p. 1.
2. Eugène d'Allonville, chevalier de Louville, astronome, né
14 juillet 1671, membre de l'Académie des sciences en 1714, mort
en 1732. Sur la célèbre question des forces, il s'était prononcé, en
1721, contre Leibnitz et Wolff, c'est-à-dire, contre le système des
forces vives. *Histoire de l'Acad. des sciences*, 1721, p. 82.
3. L'*Histoire de l'Académie royale des sciences*, années 1716,
p. 107; 1721, p. 81; et 1728, p. 73.

Je vous avoue qu'il me reste une grande peine d'esprit sur ce que vous me dites, que, si l'on prend pour *force les forces vives*, la même quantité s'en conservera toujours dans l'univers. Cela serait plus digne de l'*Éternel géomètre*, je l'avoue, mais comment cette façon d'estimer la force des corps empêcherait-elle que le mouvement ne se perdit par les frottements, que les créatures libres ne le commençassent, que le mouvement produit par deux mouvements différents ne soit plus grand, quand ces mouvements conspireront ensemble, que lorsqu'ils seront dans des lignes perpendiculaires l'une à l'autre, etc. Il y a peut-être bien de la témérité à moi à vous supplier de me dire, comment il s'ensuivrait qu'il y aurait dans l'univers la même quantité de force, si la force d'un corps en mouvement est le produit de sa masse par le carré de sa vitesse. J'imagine qu'il faudra peut-être distinguer entre force et mouvement, mais cette distinction m'embarrasse extrêmement, et puisque vous avez jeté ce doute dans mon esprit, j'espère que vous l'éclaircirez.

Quels pardons ne dois-je pas vous demander de mes importunités, puisque vous m'en demandez pour avoir bien voulu m'instruire. Vous devez juger par la longueur de cette lettre du désir que j'ai de vous voir. Je n'ai point lu le livre de M. de Molières[1], mais bien l'extrait du journaliste de Trévoux. Il me paraît très-digne de l'auteur. Le journaliste s'écrie, dans une espèce d'enthousiasme : « *Enfin, il n'y a rien dans la nature qui ne se réduise aux tourbillons, en petit comme en grand.* » Aussi a-t-il un beau privilége.

Madame de Saint-Pierre m'a mandé qu'elle vous voyait quelquefois, et je vous jure que depuis que j'ai quitté le monde, voilà la seule fois que j'aie regretté

1. Voir page 221, note 2.

mence ainsi : *L'opinion qui fait la force d'un corps le produit de sa masse par le carré de sa vitesse étant reconnue insoutenable; etc.*; et dans le même volume est la dissertation de M. de Bernouilli[1], dans laquelle, ne vous déplaise, cette *opinion insoutenable* est démontrée. Je vous avoue que je ne puis m'imaginer comment messieurs de l'Académie ont osé ne pas donner le prix à cette pièce de M. de Bernouilli, qui me paraît un des ouvrages les mieux faits que j'aie vus depuis longtemps. Au reste, je crois comme vous que ce n'est qu'une dispute de mots, que M. de Mairan aurait pu terminer tout d'un coup la dispute, et qu'il semble qu'il ait voulu l'allonger. Son Mémoire me paraît trop long, il y dispute souvent contre sa conscience, car il a l'esprit trop juste pour n'avoir pas senti tout d'un coup le nœud de l'affaire. Le docteur Clarke[2], dont M. de Mairan a rapporté toutes les raisons dans son Mémoire, traite M. de Leibnitz avec autant de mépris sur la force des corps, que sur le plein et les monades. Mais il a grand tort, à mon gré, car un homme peut être dans l'erreur sur plusieurs chefs, et avoir raison dans le reste. M. de Leibnitz, à la vérité, n'avait guère raison que sur les forces vives, mais enfin, il les a découvertes, et c'est avoir deviné un des secrets du créateur.

---

1. *Discours sur les lois de la communication du mouvement*, Paris, 1727, in-4°, où il adopte l'opinion de Leibnitz. Voir l'*Histoire de l'Acad. des sciences*, 1728, p. 73, et le *Recueil des pièces qui ont remporté les prix*, t. 1, n° VII.

2. Samuel Clarke (1675-1729). Il s'agit ici de sa grande dispute avec Leibnitz, touchant la philosophie de Newton qu'il défendait contre le savant Allemand. Newton ayant avancé que l'espace et le temps étaient quelque chose de réel et d'infini, Leibnitz avait cherché à établir que l'espace n'est autre chose que l'ordre ou l'arrangement des corps. Clarke en répondant à Leibnitz, allègue que l'univers matériel est fini et se meut dans un espace vide infini.

Je vous avoue qu'il me reste une grande peine d'esprit sur ce que vous me dites, que, si l'on prend pour *force les forces vives*, la même quantité s'en conservera toujours dans l'univers. Cela serait plus digne de l'*Éternel géomètre*, je l'avoue, mais comment cette façon d'estimer la force des corps empêcherait-elle que le mouvement ne se perdît par les frottements, que les créatures libres ne le commençassent, que le mouvement produit par deux mouvements différents ne soit plus grand, quand ces mouvements conspireront ensemble, que lorsqu'ils seront dans des lignes perpendiculaires l'une à l'autre, etc. Il y a peut-être bien de la témérité à moi à vous supplier de me dire, comment il s'ensuivrait qu'il y aurait dans l'univers la même quantité de force, si la force d'un corps en mouvement est le produit de sa masse par le carré de sa vitesse. J'imagine qu'il faudra peut-être distinguer entre force et mouvement, mais cette distinction m'embarrasse extrêmement, et puisque vous avez jeté ce doute dans mon esprit, j'espère que vous l'éclaircirez.

Quels pardons ne dois-je pas vous demander de mes importunités, puisque vous m'en demandez pour avoir bien voulu m'instruire. Vous devez juger par la longueur de cette lettre du désir que j'ai de vous voir. Je n'ai point lu le livre de M. de Molières[1], mais bien l'extrait du journaliste de Trévoux. Il me paraît très-digne de l'auteur. Le journaliste s'écrie, dans une espèce d'enthousiasme : « *Enfin, il n'y a rien dans la nature qui ne se réduise aux tourbillons, en petit comme en grand.* » Aussi a-t-il un beau privilège.

Madame de Saint-Pierre m'a mandé qu'elle vous voyait quelquefois, et je vous jure que depuis que j'ai quitté le monde, voilà la seule fois que j'aie regretté

1. Voir page 221, note 2.

d'être à Cirey, pendant qu'on peut vous voir ailleurs.
Mais j'espère qu'on vous y verra aussi à ce Cirey où
vous êtes désiré avec tant d'impatience. M. de Voltaire
me prie de vous marquer la sienne. Il vous présentera
lui-même son ouvrage. Madame de Saint-Pierre
m'exhorte à me joindre à elle et à tous vos amis, pour
vous prier d'accepter une chose[1], indigne de vous, à la
vérité, mais dont le refus vous ferait des ennemis de
ceux qui doivent et qui aiment à être vos admirateurs.
Pour moi, qui ai approuvé vos refus, j'oserais vous
conseiller de les faire cesser. On sentira assez le motif
de votre acceptation. On n'en a pas fait l'usage que
vous désiriez, preuve qu'on désire que vous cessiez de
refuser.

---

82. — A M. LE COMTE ALGAROTTI.

A Cirey, 2 février 1738.

Vous avez dû recevoir une lettre de moi par la voie
de M. de Froulay qui a croisé la vôtre, et qui vous
aura fait voir, Monsieur, que vos fautes vous étaient
pardonnées avant même que vous les eussiez recon-
nues. Ce n'est point avec moi que vous devez avoir
de mauvaise honte; vous devez être trop sûr de mon
amitié, et de son indulgence. Il est vrai qu'il est bien
mal à vous de mettre des lacunes d'un an dans un
commerce où vous pouviez répandre tant de charmes.
Je me flatte que cela ne vous arrivera plus.

Après votre lettre rien ne me pourrait faire plus de
plaisir que l'exemplaire de vos *Dialogues*[2] que vous me

---

1. Le refus de la gratification royale. Voir p. 177.
2. Voltaire ne reçut le *Neutonianismo per le dame* qu'au mois de
juin 1738. « On vient de déballer l'Algarotti. Il est gravé au-devant de son livre avec madame du Châtelet. Elle est la véritable
marquise. Il n'y en a point en Italie qui eût donné à l'auteur
d'aussi bons conseils qu'elle... C'est presque en italien ce que les

promettez; car je ne l'ai pas encore. J'espère que M. de Froulay ne les retardera pas dès qu'il les aura reçus. M. de Voltaire qui est ici les attend avec autant d'impatience que moi. Je vous ai mandé les difficultés que l'impression de sa *Philosophie* rencontre; je ne sais si on permettra qu'elle paraisse; il n'y a rien, dit-on, contre la religion, mais on y manque de respect à Descartes; car c'est lui manquer de respect que d'avoir raison contre lui. L'ouvrage de M. de Maupertuis va enfin paraître; il me promet de me l'apporter. Je sais que j'aurai bien besoin de lui pour l'entendre. Je serais bienheureuse si je pouvais vous rassembler tous deux ici. J'aime mieux ce rendez-vous-là, que celui du pôle. Vous demandez si j'habite encore Cirey; en pouvez-vous douter? je l'aime plus que jamais. Je l'embellis tous les jours, et je n'en veux sortir que pour aller dans le pays de la philosophie et de la raison; mais vous savez bien qu'il vous appartient d'être mon guide dans ce voyage. Je l'ai remis à l'année prochaine dans l'espérance de le faire avec vous. Je crois que vous avez été fâché de la mort de la reine de ce beau pays pour votre ami milord Hervey. Je voudrais que cet événement le fît voyager en France, et surtout à Cirey. Je ne perds point l'espérance de vous y revoir quelque jour. Je vous ai retrouvé, j'espère que c'est pour ne vous plus perdre. Vous vous êtes souvenu de moi en reprenant vos idées philosophiques; quand vous serez

Mondes sont en français. L'air de copie domine trop; et le grand mal, c'est qu'il y a beaucoup d'esprit inutile. L'ouvrage n'est pas plus profond que celui des *Mondes*. *Nota bene* que, *Quæ legat ipsa Lycoris*, est très-joli, mais ce n'est pas *pauca meo Gallo*, c'est *plurima Bernardo*. Je crois qu'il y a plus de vérités dans dix pages de mon ouvrage, que dans tout son livre; et voilà peut-être ce qui me coulera à fond, et ce qui fera sa fortune. » Lettre à Thieriot, juin 1738. *OEuvres*, t. LIII, p. 148.

redevenu tout à fait philosophe, vous viendrez nous voir. Je vous envoie l'*Enfant prodigue*; j'ai eu le plaisir de le jouer, et je me promets bien celui de le rejouer devant vous.

J'envoie à M. de Froulay deux épitres nouvelles de M. de Voltaire *sur le Bonheur;* elles ne sont encore connues qu'à Cirey, et elles ne vont à Venise que pour M. de Froulay et pour vous. J'espère qu'elles nous attireront une réponse prompte de votre part. L'auteur vous embrasse tendrement; et moi, je vous assure de l'envie que j'ai de vous revoir, et de vous dire moi-même quelle est mon estime et mon amitié pour vous. Vous avez oublié que nous sommes convenus de ne nous plus faire des compliments; c'est toujours moi qui vous donne les bons exemples.

83. — A M. THIERIOT[1].

Cirey, 3 avril 1735 [1738][2].

Voici le temps, Monsieur, où il faut mettre les fers au feu pour le petit précepteur; M. du Châtelet est résolu à se défaire de celui qui est ici, il en cherche un actuellement. Je lui ai mandé que je le priais de préférer celui de M. Duclos[3], dont il a déjà entendu

1. *Pièces inédites de Voltaire*, Paris, Didot, 1820. in-8°, p. 271.

2. Cette lettre est évidemment de 1738, comme le prouve la mention du mariage de mademoiselle Mignot, qui eut lieu le 25 février 1738.

3. Le même jour, dans une lettre du 3 avril 1737 (1738), Voltaire écrivait à Duclos : « Si la personne, que vous avez eu la bonté de nous proposer est encore dans le dessein de passer quelques années dans une campagne agréable, je crois que la chose n'est pas difficile, et j'imagine que madame du Châtelet pourra bien lui pardonner le grand défaut de n'être pas prêtre. Je l'ai souhaité ardem-

parler, et que vous vouliez bien lui mener; mais l'essentiel est que le jeune homme aille chez lui et soit arrêté avant qu'on en ait proposé d'autre à M. du Châtelet, et, avec cette précaution, sûrement notre affaire sera faite; et surtout qu'il paraisse avoir beaucoup de penchant à la dévotion, si par hasard il lui en parle; le reste est mon affaire, et je crois qu'il sera content ici.

Je ne trouve point le présent de M. Arouet[1] vilain, pour un présent. M. de Voltaire a doté sa nièce; cela est tout différent, il n'est pas commun. J'aurais bien voulu, quand je me suis mariée, que chacun de mes oncles et de mes tantes m'eussent fait un aussi beau présent que celui de M. Arouet.

Je vous supplie de remercier M. de La Poplinière[2] de

ment, dès que j'ai su qu'il était présenté par vous, et je le regrette tous les jours. Voudriez-vous bien voir, avec M. Thieriot, ce que l'on pourrait faire pour avoir ce profane-là, au lieu d'un sacristain? Il ne s'agit que de le présenter à M. le marquis du Châtelet, qui demeure rue Beaurepaire, au *Chef Saint-Denis*, dans la maison de mademoiselle Baudisson. Je crois que vous rendrez service à ce jeune homme et à ceux auprès de qui vous le placerez. » *Lettres inédites de Voltaire*, Paris, Didier, 1857, t. I, p. 79. Il s'agissait de remplacer Linant, que madame du Châtelet avait été obligée de renvoyer à la fin de l'année 1737.

1. Armand Arouet, frère aîné de Voltaire, né en avril 1686. Il eut pour parrain le duc de Richelieu, père du maréchal, et pour marraine la duchesse de Saint-Simon, mère de l'immortel chroniqueur, fut élevé chez les oratoriens de Saint-Magloire, succéda à son père, comme payeur des épices de la Chambre des comptes, le 29 décembre 1721, et mourut le 18 février 1745. Surnommé l'abbé Arouet, moins pour sa qualité très-réelle de clerc tonsuré que pour l'ardeur de son jansénisme, il fut soupçonné d'avoir allumé l'incendie qui consuma la Chambre des comptes le 26 octobre 1737, quelques jours après le transfert du célèbre janséniste Mongeron dans une abbaye près d'Avignon. Voir le *Journal de Barbier*, t. III, p. 103-105, et Desnoiresterres, *Voltaire à Cirey*, p. 135.

2. Alexandre-Jean-Josephe Le Riche de La Popelinière (1692-1762), fermier général, que Voltaire appelait Pollion, et dans l'hôtel duquel, rue Saint-Marc, habitait alors Thieriot.

sa recette; je m'en servirai assurément, ma poitrine
va un peu mieux, et j'espère que le beau temps me
rendra mon ancienne santé. Je suis charmée que vous
parliez affirmativement de votre voyage ici. Il serait
bien beau à M. et à madame de La Poplinière[1] de vous y
conduire, puisqu'ils viennent en Champagne; il me
semble que j'ai droit sur tous les gens qui pensent, et
qui viennent dans cette province, où ils doivent assurément se trouver très-étrangers.

Château-Thierry, d'ailleurs, n'est pas loin d'ici, et je
serais charmée de connaître une personne d'un mérite
aussi extraordinaire que madame de La Poplinière[2]; je
vous prie de l'en assurer et d'être persuadé du plaisir
que je me fais de vous voir.

1. Mademoiselle Deshayes, surnommée *Polymnie* par Voltaire,
fille de Samuel Boutinon des Hayes, fils d'un lieutenant général
d'artillerie, et de Marie-Anne Dancourt, surnommée *Mimi-Dan-
court*, fille de l'acteur et écrivain dramatique de ce nom. Elle avait
épousé, en octobre 1737, par l'entremise de madame de Tencin
et du cardinal de Fleury, La Popelinière, dont elle était la maîtresse
depuis douze ans, et qui ne fut confirmé dans son bail des fermes
qu'à cette condition. Elle mourut en 1752.

2. Elle venait de faire un extrait de l'ouvrage de Rameau, d'*Eu-
clide-Orphée*, comme disait Voltaire, la *Génération harmonique* ou
Traité de musique théorique et pratique, paru en septembre 1737.
En le lisant, écrit Voltaire, « je dis à madame du Châtelet : Je suis
sûr qu'avant qu'il soit peu, Poillon épousera cette muse-là. Il y
avait dans ces trois ou quatre pages une sorte de mérite peu commun ; et cela, joint à tant de talents et de grâces, fait en tout une
personne si respectable, qu'il était impossible de ne pas mettre tout
son bonheur et toute sa gloire à l'épouser. Que leur bonheur soit
public et que mes compliments soient bien secrets. » A Thieriot,
Cirey, 3 novembre 1737. *Œuvres*, t. LIII, p. 547.

84. — A M. DE MAUPERTUIS[1].

Cirey, 30 avril [1738].

Je croirais, Monsieur, que ma dernière lettre vous a tant ennuyé, ou que vous l'avez trouvée si ridicule, que vous ne la jugez pas digne d'une réponse, si je ne recevais de tous côtés des assurances du plaisir de vous avoir ici bientôt. Or je ne puis croire que vous voulussiez venir voir quelqu'un à qui vous ne voudriez pas écrire. J'attendais cependant de vous des lumières dont j'ai bien besoin ; vous aurez trouvé sans doute ma question bien ridicule, quand je vous ai demandé, comment il s'ensuivrait que la même quantité de mouvement subsisterait dans l'univers, supposé que la force des corps en mouvement soit le produit de leur masse par le carré de leur vitesse. Mais vous êtes maître en Israël, et moi je suis une ignorante, qui cherche à m'instruire, et qui tremble devant vous. J'ai lu, depuis que je vous ai écrit, ce que M. de Leibnitz a donné dans les *Acta eruditorum*[2] sur les forces vives, et j'y ai vu qu'il distinguait entre la quantité du mouvement, et la quantité des forces, et alors j'ai trouvé mon compte, et j'ai vu que je n'étais qu'une bête, et que j'aurais bien dû ne point confondre deux choses très-distinctes, en faisant les forces le produit de la masse par le carré des vitesses. Mais la seule chose qui m'embarrasse à présent, c'est la liberté; car enfin je me crois libre, et je ne sais si cette quantité de forces toujours la même dans l'univers ne détruit point la liberté. Commencer le mouvement, n'est-ce pas produire dans

1. Lettre inédite, Mss. p. 79.
2. Recueil scientifique fondé par Leibnitz à Leipzig en 1679, avec Menckenius et d'autres savants.

la nature une force qui n'existait pas. Or, si nous n'avons pas le pouvoir de commencer le mouvement, nous ne sommes point libres. Je vous supplie de m'éclairer sur cet article ; j'ai besoin de votre lettre pour charmer l'impatience avec laquelle je vous attends. M. de Voltaire me prie de vous assurer qu'il la partage. Nous nous sommes faits philosophes pour être dignes de vous. Je compte sur le plaisir de vous voir, et c'est alors que je vous demanderai bien pardon de toutes mes questions, et de toutes mes importunités. Vous ne pouvez vous imaginer le plaisir que j'aurai à vous dire moi-même quelle est l'estime et l'amitié que je conserverai pour vous toute ma vie.

---

85. — A M. LE COMTE D'ARGENTAL [1].

1er mai 1738.

J'ai respecté vos occupations, mon cher ami, et les soins que vous donne votre départ ; mais il faut bien que je profite un peu aussi du peu de temps qu'il nous reste à vous posséder. Hélas ! il est bien court. Je n'ose vous demander quand vous partez ; je voudrais pourtant bien le savoir : puisque je ne peux vivre avec vous, je veux du moins savoir tout ce qui vous arrive. J'ai chargé M. du Châtelet d'une négociation bien difficile ; c'est de me procurer le plaisir de vous voir avant votre départ : nous vous demandons un rendez-vous sur votre route. Votre ami et moi, nous ferons cinquante lieues bien gaiement pour vous aller trouver. Je vous félicite de l'emplette que vous avez faite

---

1. Cette lettre ne partit probablement que le 4 mai comme l'indique une lettre de Voltaire à d'Argental, datée du 4 mai, et qui l'accompagnait. *OEuvres*, t. Lili, p. 113.

du petit Saurin, mais je le félicite bien plus de s'attacher à vous; c'est un choix bien digne de vous. Nous espérons enfin qu'on va nous envoyer une bonne pièce de théâtre; on nous annonce le *Fat puni*[1] sous un nom qui nous assure du succès et qui nous y fait prendre un intérêt bien tendre. *Mérope*[2] est abandonnée pour la représentation. Je crois que, quand il en sera tout à fait satisfait, il se contentera de l'adresser au marquis Maffei et de la faire imprimer. M. du Châtelet nous a mandé qu'il vous avait vu, et que vous l'aviez chargé de recommander à votre ami d'écrire moins; cela nous a un peu inquiétés. Il est difficile d'avoir un commerce de lettres plus resserré que le sien; mais, comme vos avis sont nos lois, mandez-nous si c'est un conseil vague ou s'il porte sur quelque chose de nouveau et de positif.

Autre inquiétude; car nous vivons comme les bons chrétiens, en crainte et en tremblement. On mande à votre ami, assez positivement, qu'il paraît quelques exemplaires de ses *Éléments de Newton*[3], de l'édition de Hollande. Vous savez, comme nous-mêmes, qu'il y a

---

1. Le *Fat puni*, comédie en prose de Pont-de-Veyle, tirée du conte de La Fontaine, le *Gascon puni*, et représentée le 14 avril 1738.

2. Déjà fort avancée au commencement de 1736, terminée dans les premiers mois de 1738, remaniée encore dans le cours de cette année, la tragédie de *Mérope* fut jouée seulement le 20 février 1743, et publiée en 1744, chez Prault, avec une lettre d'hommage au marquis Maffei, auteur de la *Mérope* italienne, imprimée en 1713.

3. Les *Éléments de la philosophie de Newton mis à la portée de tout le monde*, Amsterdam, Étienne Ledet, 1738, 1 vol. in-8°. La première édition avouée par Voltaire ne parut qu'en 1741, sous la rubrique de Londres (Paris). Il proteste ainsi, dans une lettre du 14 mai 1738, contre le titre mis par Ledet à son édition : « Ce n'était pas même ainsi qu'était ce titre..., il y avait simplement : *Éléments de la philosophie de Newton*. Il faut être un vendeur d'orviétan pour y ajouter : *mis à la portée de tout le monde*, et un imbécile, pour penser que la philosophie de Newton puisse être à la portée de tout le monde. » *Œuvres*, t. LIII, p. 121.

près de deux ans que les libraires ont les trois quarts
du manuscrit. Tant qu'ils ont voulu entendre raison,
il a suspendu l'édition ; mais enfin ils ont pris martel
en tête, comme vous savez par le détail de la lettre de
Prault dont vous avez bien voulu vous mêler, et ils ont
fait paraître ce qu'ils avaient de l'ouvrage. Votre ami en
est très-fâché, parce qu'il y manque les cinq derniers
chapitres. Il avait cru que cela les contiendrait ; mais
rien ne peut arrêter l'avidité des libraires. Il s'en consolera, et y remédiera le mieux qu'il lui sera possible,
pourvu que M. le chancelier, qui n'a pas voulu absolument qu'ils parussent en France, ait la justice de ne
pas se fâcher de ce qu'ils paraissent en Hollande. Vous
nous avez promis de parer ce coup : soyez notre ange
tutélaire jusqu'à la fin. Que M. d'Aguesseau prenne le parti
de votre ami, et qu'il représente à M. son père qu'il y avait
déjà la moitié de ce livre imprimé, quand on le lui a présenté ; que lui-même il avait vu cette moitié imprimée ;
que M. de Voltaire ayant senti, par le refus que M. le
chancelier fait de le laisser paraître en France, qu'il
n'approuvait pas ce livre, avait cessé d'envoyer des ca-
hiers à ses libraires de Hollande, et que la preuve en est
claire, puisque, dans leur édition, il manque cinq chapitres qu'ils n'ont pas par cette raison ; que même le
dernier, où M. de Voltaire rendait compte des sentiments de Newton sur la métaphysique, n'ayant pas été
du goût de M. le chancelier, il l'avait supprimé exprès,
et qu'il espère qu'après toutes ces marques de déférence et de soumission à ce qu'il a pu entrevoir de ses
volontés, on ne lui saura pas mauvais gré d'une édition
qu'il ne pouvait plus empêcher, et que M le chancelier
n'a point paru désapprouver [1]. Voilà, mon cher ami,

1. « Les libraires hollandais avaient le manuscrit depuis un an,

notre petit *factum*, auquel votre amitié voudra bien
prêter des grâces, et que j'espère que vous voudrez
bien faire passer jusqu'à M. le chancelier, s'il est nécessaire ; car je le répète, il faut que vous soyez notre
ange gardien jusqu'à la fin.

Votre ami vous embrasse tendrement ; il ne pense
point à votre départ sans une douleur mortelle, et nous
n'en parlons que les larmes aux yeux. Voulez-vous
bien faire notre cour à madame d'Argental et assurer
M. de Pont-de-Veyle de notre attachement? Avez-vous
eu le temps de lire des *Épîtres sur le Bonheur* [1], qu'on
prête à votre ami? Il travaillera pendant votre absence
pour vous amuser à votre retour. Nous espérons que
vous nous donnerez les moyens de vous écrire à Saint-
Domingue [2], où nous ne vous laisserons manquer ni de
vers ni de prose : nos cœurs vous y suivront. Adieu,
mon cher ami, nous croyons que vous nous écrirez in -
cessamment, et surtout que vous nous aimerez toujours.

à quelques chapitres près. J'ai cru qu'étant en France, je devais à
M. le chancelier le respect de lui faire présenter le manuscrit
entier. Il l'a lu, il l'a marginé de sa main ; il a trouvé surtout le
dernier chapitre peu conforme aux opinions de ce pays-ci. Dès que
j'ai été instruit par mes yeux des sentiments de M. le chancelier,
j'ai cessé sur-le-champ d'envoyer en Hollande la suite du manuscrit ;
le dernier chapitre surtout, qui regarde les sentiments théologiques
de M. Newton, n'est pas sorti de mes mains. » Voltaire à Thieriot,
2 mai 1738, *OEuvres*, t. LIII, p. 112.

1. Titre donné d'abord aux trois premiers *Discours sur l'Homme*,
que Voltaire désavouait par prudence.

2. Il avait été question pour d'Argental des fonctions d'intendant
à Saint-Domingue ; mais il n'accepta pas.

86. — A M. DE MAUPERTUIS.

A Cirey, ce jeudi 9 mai 1738.

Vous vous repentirez peut-être de m'avoir répondu, par la promptitude avec laquelle mes lettres se suivent; mais je trouve dans les vôtres des instructions qu'aucun livre ne peut me donner, et dans votre commerce, une douceur et des grâces infinies : jugez si je vous importunerai :

Omne tulit punctum qui miscuit utile dulci[1].

Vous avez bien tort de croire que ce qui vous concerne personnellement n'est pas ce que je vous demande avec le plus d'instance; je suis bien fâchée que vos contradictions continuent; je me flatte qu'elles vous réussiront, comme les tribulations aux élus; je voudrais que ce fût ici où vous trouviez votre paradis, et si l'estime la plus véritable, la plus grande admiration, l'amitié la plus sincère, et le plus grand désir de vous plaire et de vous posséder peuvent vous fixer, vous ne quitterez point Cirey. Je serais bien fière si je vous enlevais à Paris, et ce serait bien alors que l'on devrait m'envier. J'espère que vous mettrez sur la porte de la cellule que vous choisirez ici :

. . . . . Hic meta laborum,

et j'ose vous dire que vous ne trouverez point de coin du monde qui soit plus rencogné que celui-ci, et où l'on jouisse plus du recueillement de la retraite et des douceurs de la société.

[J'espérais que votre lettre m'annoncerait votre dé-

---

1. Horace, *Art Poétique*, v. 343.

part, et je suis affligée que vous ne me parliez point
encore du jour. Tout le monde s'est empressé à m'annoncer cette agréable nouvelle ; M. du Châtelet m'en
paraît charmé, mais personne ne le peut désirer autant
que moi. M. de Voltaire prétend qu'il en a autant d'impatience, mais, quoique je sois accoutumée à lui céder
en tout, je lui dispute assurément cet avantage. Il me
prie de vous dire mille choses pour lui.]

Voilà enfin sa *Philosophie* qui paraît[1]; vous me ferez
un grand plaisir de me mander de quel œil on la regarde.
Pour vous, j'espère que vous viendrez nous en dire votre
avis vous-même, et j'ose croire qu'elle vous plaira;
il n'entre pas dans des détails bien profonds, mais le
titre d'*Éléments* et la personne à qui il parle ne le
comportaient guère.

Il y a un trait dans le commencement, sur les mar-
quises imaginaires[2], qui ne plaira pas à M. de Fontenelle, ni à M. Algarotti; il l'avait ôté dans l'édition de
France, je ne sais comment il s'est glissé dans celle de
Hollande; je crois qu'il ne vous déplaira pas, car je
sais que vous n'aimez pas les affiquets dont ces messieurs surchargent la vérité.

On dit que le livre de M. Algarotti est intitulé le
Newtonianisme à la portée des dames; quand j'ai vu

1. A la fin d'avril 1738.
2. On lit, en effet, dans l'*Avant-propos* adressé à madame du Châtelet : « Ce n'est point ici une marquise, ni une philosophie imaginaires. L'étude solide que vous avez faite de plusieurs vérités, et
le fruit d'un travail respectable, sont ce que j'offre au public pour
votre gloire, pour celle de votre sexe, et pour l'utilité de quiconque
voudra cultiver sa raison et jouir sans peine de vos recherches.
Toutes les mains ne savent pas couvrir de fleurs les épines des
sciences... » L'on sait que Fontenelle, dans ses *Entretiens sur la
Pluralité des Mondes* (1686), met en scène une marquise (madame
de la Mesangère), en quoi il fut imité par Algarotti dans *Il Neutonianismo per le dame.*

son livre, il n'y plaisantait que sur la lumière ; mais je ne sais trop quelle bonne plaisanterie il aura pu trouver sur la raison inverse du carré des distances[1]. Après son titre, il n'y a peut-être rien de si ridicule que sa dédicace à un homme qui a toujours voulu tourner le système de l'attraction en ridicule ; je crois qu'il voulait être de l'Académie.

M. de Voltaire est très-fâché que ses libraires de Hollande, dans l'espérance d'un plus grand débit, aient ajouté au titre de son livre : *Éléments de la philosophie de Newton*, MIS A LA PORTÉE DE TOUT LE MONDE ; ils ont fait un carton pour cette belle équipée ; car cela n'était point dans les premières feuilles que M. de Voltaire rapporta de Hollande l'année passée. Au reste, nous n'en avons point encore d'exemplaire ici.

[Je vois, autant qu'on peut voir, qu'il est certain que la force ou l'effet de la force d'un corps, est le produit de la masse par le carré de la vitesse, et que la quantité de force d'un corps, et la quantité du mouvement de ce corps, sont deux choses très-différentes. Cela étant accordé par ceux qui combattent les forces vives, je ne vois pas trop ce qu'ils combattent, et j'ai bien peur que cela ne ressemble aux moulins à vent, et je vous dirai, en passant, que j'ai remarqué, dans le très-long mémoire de M. de Mairan, que sa conscience le trahissait souvent, et qu'on voyait qu'il combattait pour combattre. Mais je vois qu'il y a plus de difficulté que je ne croyais dans le détail, car je vous prie de

---

1. Voltaire, presqu'à la même date, s'exprimait ainsi sur le livre d'Algarotti : « Je crois qu'il réussira en italien, mais je doute qu'en français « l'amour d'un amant qui décroît en raison du cube de la distance de sa maîtresse et du carré de l'absence, » plaise aux esprits bien faits qui ont été choqués de la « beauté blonde du soleil » et de la « beauté brune de la lune » dans le livre des *Mondes*. » Lettre à Maupertuis, 22 mai 1738. *Œuvres*, t. LIII, p. 133.

me dire, et M. Newton l'a demandé avant moi, ce que
deviendrait la force de deux corps durs qui se choque·
raient dans le vide. Car alors il ne peut y avoir de dis-
persion de mouvement entre leurs parties ou bien entre
les corps voisins. Je sais qu'on ne connaît point, jusqu'à présent, de corps parfaitement dur, mais ce n'est
pas, je crois, une démonstration qu'il n'y en ait point,
et je ne sais même s'il n'est pas nécessaire d'en admettre dans la nature, quoique nous n'ayons pas d'or-
ganes ni d'instruments assez fins pour les discerner.
Or, dès qu'il peut exister des corps parfaitement durs,
et qu'il est même très-vraisemblable que les premiers
corps de la matière le sont, il est permis de considérer
ce qui arriverait à de tels corps qui se choqueraient
dans le vide. Or certainement ils ne rejailliraient pas.
Que deviendrait donc leur force, car il n'y a point là
d'enfoncement, point de ressort prêt à rendre la force
qui le tient tendu au corps qui la lui a donnée? Votre
idée de prendre métaphysiquement les effets pour les
forces, me parait admirable, car je ne sais si elle ne
pourrait point fournir une réponse à cette objection
qui m'a toujours arrêtée et, qu'à mon gré, M. de Bernouilli a trop méprisée. Je crois donc, s'il m'est permis
d'avoir une opinion sur cela, que la force de ces corps
se consommerait réellement dans les efforts qu'ils feraient pour surmonter réciproquement leur impéné-
trabilité et leur force d'inertie, et que cet effort qu'ils
auraient produit l'un sur l'autre, en surmontant la
force que tout corps en mouvement a pour persévérer
à se mouvoir ; cet effet, dis-je, représente métaphysiquement la force qui l'a produit, et ce serait bien alors
que la métaphysique serait contente. Je vous croyais
réconcilié avec elle, depuis que vous avez décidé, par
la loi d'attraction en raison inverse du carré des dis-

lances, en faveur d'une raison métaphysique; mais je
vois bien que vous n'en voulez que lorsqu'elle justifie
les lois établies par le Créateur et découvertes par
Newton. Vous ne voulez point éclairer ses profondeurs;
vous avez cependant bien tort. Je suis votre abbé Trublet, et je vous demanderais volontiers, comme Pilate
à Jésus : *Quid est veritas?* Si vous ne me croyez point
libre, je serai bien affligée, car je me la croyais fermement; mais, depuis votre lettre, je ne sais plus qu'en
penser. J'ai envie de faire un moment le conciliateur,
comme M. de Mairan, et de dire que Dieu peut avoir
établi des lois de mouvement pour le choc des corps
inanimés, par lesquelles ils conservent, ou commu-
niquent, ou consomment dans des effets la force qu'on
leur imprime, mais que cela n'empêche point qu'il ne
réside dans les êtres animés un pouvoir soi mouvant,
qui est un don du Créateur, comme l'intelligence, la
vie, etc.; car si je suis libre, il faut absolument que je
puisse commencer le mouvement, et si ma liberté était
prouvée, il faudrait bien convenir que ma volonté produit de la force, quoique le *quomodo* me soit caché. La
création, qu'il faut bien admettre quand on admet un
Dieu, n'est-elle pas dans ce cas-là, et n'y a-t-il pas
mille choses qu'il nous sera toujours également impossible de nier et de comprendre?

Je suis une vraie bavarde, pardon, mais encore un
mot. Ceci c'est autre chose. Je me suis hasardée à lire
votre *Mémoire*, donné en 1734, sur les différentes lois
d'attraction[1], et je vous avoue ingénument que je ne
sais pas assez d'algèbre pour avoir pu vous suivre partout. Mais permettez-moi de vous dire que je trouve
ce qui est écrit en français un peu obscur. Car premiè-

1. Voir p. 217.

rement, vous ne dites point (en français) pourquoi une
attraction en raison directe de la simple distance, qui
a d'ailleurs tant d'avantages, n'aurait pas celui de
l'accord de la même loi dans les parties et dans le tout;
vous ne dites point non plus pourquoi la raison inverse
du carré des distances a cet avantage, et vous allez
voir que vous avez bien tort, car il y a bien des ignorants comme moi, et chacun l'entendra à sa manière.
Moi, par exemple, voici comme je crois l'entendre. Un
corpuscule, placé sur l'axe prolongé d'une surface
sphérique, n'est attiré que par la zone circulaire de
cette surface comprise entre les deux lignes droites
tirées du corpuscule à cette surface. Or les superficies
sphériques sont comme le carré de leur diamètre, et le
corpuscule étant attiré en raison directe des particules
de matière qui agissent sur lui, et en raison renversée
du carré de sa distance au centre du corps qui l'attire,
il est attiré par cette surface sphérique, en raison directe
du carré du diamètre de sa sphère et en raison renversée du carré de sa distance au centre de cette sphère, et
la loi d'attraction en raison du carré des distances se
retrouve. Mais le rapport de la surface d'une sphère à
son diamètre étant invariable, il n'y a que dans la loi
d'attraction en raison du carré des distances que les
sphères puissent attirer les corps placés au dehors selon la
même loi que les corps dont elles sont formées suivent.
Ce qui m'a portée à l'entendre ainsi, c'est la démonstration par laquelle vous démontrez que, dans cette
même loi, un corpuscule placé dans un point quelconque de la concavité d'une sphère creuse, n'éprou-
verait aucune attraction de cette superficie concave.
J'ai compris aussi, du moins à peu près, celle qui
prouve que toutes les parties de la surface sphérique
qui agissent sur ce corpuscule n'ont qu'un effet com-

mun, selon l'axe de la sphère, parce que leur direction propre est mutuellement contre-balancée l'une par l'autre. Mais je vous avoue que si ce que je viens de vous avouer en tremblant n'est pas la raison de préférence pour la loi d'attraction que suit la nature, je n'y entends rien. Vous avez commenté Newton, je vous supplie de vous commenter en ma faveur; je vous assure que vous m'avez donné bien de la peine. Jamais on n'a tant maudit et admiré quelqu'un : *Sed tantum dic verbo et sanabitur anima mea ab ignorantia*[1]. Je passe, comme une grande personne, de la superficie sphérique à la sphère solide; mais ce n'est pas sans quelque scrupule, parce que la solidité est le cube du diamètre, et qu'il me faut le carré. Je conçois, comme je peux, une infinité de superficies sphériques concentriques, et j'en forme ma sphère. Pardon, pour la dernière fois. Je vous désire, je vous admire, et vous demande grâce pour ce volume.]

---

87. — A M. LE COMTE ALGAROTTI.

A Cirey, le 12 mai 1738.

Je n'ai pas encore pu avoir la satisfaction de voir votre livre, Monsieur; enfin on me l'annonce pour ces jours-ci; il n'y a que vous que j'attende avec plus d'impatience; celui à qui on l'a adressé à Paris voulait le garder; j'en aurais bien fait autant à sa place. On vous annonce en France, où il me semble que votre ouvrage a aussi bien réussi que la dédicace a été peu approuvée[2].

1. *Biblia sacra.* — Matih., 8. 8.
2. On lit dans cette *Épître* dédicatoire à Fontenelle : « Si vous avez dédié vos ingénieux Dialogues à l'illustre mort qui vous en a fourni la première idée, si vous avez cru devoir

Je ne vous cache point qu'on a trouvé un peu extraordinaire qu'une explication du système de l'attraction fût dédiée à son plus grand ennemi. Si cela le convertit, il n'y aura plus rien à désirer dans votre ouvrage, et s'il ne le convertit pas, il faut qu'il soit bien endurci dans son péché. L'ouvrage de M. de Voltaire a paru précisément dans le même temps par le pur hasard, et par la précipitation des libraires de Hollande qui n'ont pas seulement attendu ni les derniers chapitres, ni les corrections qu'il devait leur envoyer. Nous espérons qu'en revenant recueillir les suffrages de la France, vous n'oublierez pas ceux de Cirey, qui sont très-sincères, et où l'on s'intéresse bien véritablement à votre gloire; et nous vous prions instamment de passer par ici. Nous avons mille choses à vous dire qui doivent précéder votre retour à Paris.

Des raisons que nous vous expliquerons obligent M. de Voltaire à ne point avouer certaines épîtres, dont vous avez, je crois, vu la première; ainsi nous vous supplions de n'en pas nommer l'auteur à personne,

pénétrer dans l'empire des ombres, pour y chercher votre héros, ne dois-je pas, à plus forte raison, vous dédier des Entretiens dont vous m'avez donné le modèle? Vous m'offrez un exemple vivant : Paris vous voit toujours cher aux Muses, toujours respirant la politesse et l'aménité. Le premier, vous sûtes rappeler la Philosophie du fond des cabinets et des bibliothèques, pour l'introduire dans les cercles et à la toilette des dames. Le premier, vous interprétâtes, à la plus aimable partie de l'univers, ces hiéroglyphes qui n'étaient autrefois que pour les exilés... J'ai entrepris d'orner la vérité sans lui ôter le secours des démonstrations, et de l'orner aux yeux de ce sexe qui aime mieux sentir que savoir. Le sujet de mes Entretiens est la lumière et les couleurs... Vous avez embelli le système des cartésiens ; j'ai tâché de dompter le newtonianisme et de lui prêter des attraits... » *OEuvres du comte Algarotti*, Berlin, 1772, t. I, p. 389. Plus tard, en 1752 Algarotti, dans une nouvelle édition, dédia ses *Dialogues* à Frédéric II, reléguant à la fin du livre la première dédicace à Fontenelle.

13

et d'avoir toıours quelque amitié pour les habitants
d'un désert, ù l'on vous aime, et où l'on vous regrette.

ƹ8. — A M. DE MAUPERTUIS.

Cirey, lundi 21 mai 1738.

Je reçois ans le moment, Monsieur, et votre lettre
et votre livr. Parmi la foule des choses que j'ai ù vous
dire, et des emerciements que je vous dois, il faut que
je commenc par vous parler de votre voyage ici. [Votre
livre paraîtet vous ne me parlez point de venir! J'en
serais affligɔ, si je n'étais pas bien sûre que vous ne
voudrez poıt, après m'avoir laissée concevoir l'espérance de vus voir, me l'ôter si cruellement.] Je vous
attends enfi avec M. du Châtelet, et malgré la longueur de res lettres, je remets encore bien des choses
à vous direlans ce temps-là.

[Je vais, our me consoler, lire votre livre avec toute
l'attentiondont je suis capable, afin de me rendre
digne, si jɵuis, de le tenir de vous.]

M. de Vɩtaire est plus flatté de ce que vous me mandez, et il ɝ trouve plus glorieux que son *Essai sur le*
feu[1] ait euvotre suffrage, qu'il ne l'aurait été d'avoir
le prix, qvıqu'il le désirât infiniment. Il eût **du** mɵ·
bien désiı qu'on lui eût fɔit l'honneur de l'impri·
mais M. ɒ Réaumur a dit à quelqu'un **que** Ɣ·
taire avaichargé de savoir des nouvelles dɩ
qui avaitour devise : *Ignis ubique*, etc.ˢ

---

1. L'*Esi sur la nature du feu et sur sa* ʙ
taire avaıtanposé pour le concours ouvert ꜱ
démie des ꜱıcnces en 1736 et clos le 1ᵉʳ sep
furent décelés l'année suivante.

2. Voltae aɩaıt donné pour épigraphe à ꜱ
dont il étaılui-même l'auteur :

    Ignis ubıque latet, naturam amplect
     Cuncta parit, reno\at, dividıt, uı

moire, quoique très-bon, ne serait pœt imprimé, et qu'il n'y aurait point d'accessit. Je touve cela assez décourageant pour les personnes qui travaillent. Je ne sais si M. de Réaumur soupçonnait œe ce mémoire fût de Voltaire; mais il en a parlé avc éloge, [et il a même paru que, s'il en avait été cru, aurait jugé en sa faveur. Je crois que M. de Voltairevous écrira sur cela; je ne lui ai point dit que je vousn écrivais. Mais ce que je puis vous assurer, c'est qu rien ne lui a jamais fait plus de plaisir que l'endroi de votre lettre où vous me parlez de cet ouvrage.]

Je vous ai tout dit sur la *Philosophie e Newton*, dans ma dernière; *à la portée de tout le monau* n'est point son titre, et la fin du livre n'est point de lui)u reste, il voulait y faire plusieurs corrections, et je crois qu'il désirerait fort qu'on lui permît d'en faire unedition correcte en France : je ne sais s'il l'obtiendra ;car il n'est pas aisé, à présent, de faire imprimer u bon livre en France.

[Venons à l'attraction. Vous me marquez que vous n'avez pas dit que l'attraction en raisonsimple directe de la dist_____'a pas l'_____ntage de l'uiformité dans le tout _____ _____is voici vc propres paroles. Api_____ _____action e raison directe des dist_____ _____attirrait les corps placés c_____ _____n la même p___ ___r-tion, ayan_____ _____er aison ___e du carré d_____

_____
_____
_____
_____
_____
_____ A L'AC_

et d'avoir toujours quelque amitié pour les habitants
d'un désert, où l'on vous aime, et où l'on vous regrette.

---

88. — A M. DE MAUPERTUIS.

Cirey, lundi 21 mai 1738.

Je reçois dans le moment, Monsieur, et votre lettre
et votre livre. Parmi la foule des choses que j'ai à vous
dire, et des remerciements que je vous dois, il faut que
je commence par vous parler de votre voyage ici. [Votre
livre paraît, et vous ne me parlez point de venir! J'en
serais affligée, si je n'étais pas bien sûre que vous ne
voudrez point, après m'avoir laissée concevoir l'espérance de vous voir, me l'ôter si cruellement.] Je vous
attends enfin avec M. du Châtelet, et malgré la longueur de mes lettres, je remets encore bien des choses
à vous dire dans ce temps-là.

[Je vais, pour me consoler, lire votre livre avec toute
l'attention dont je suis capable, afin de me rendre
digne, si je puis, de le tenir de vous.]

M. de Voltaire est plus flatté de ce que vous me mandez, et il se trouve plus glorieux que son *Essai sur le
feu*[1] ait eu votre suffrage, qu'il ne l'aurait été d'avoir
le prix, quoiqu'il le désirât infiniment. Il eût du moins
bien désiré qu'on lui eût fait l'honneur de l'imprimer;
mais M. de Réaumur a dit à quelqu'un que M. de Voltaire avait chargé de savoir des nouvelles du mémoire
qui avait pour devise : *Ignis ubique*, etc.[2], que ce mé-

---

1. L'*Essai sur la nature du feu et sur sa propagation*, que Voltaire avait composé pour le concours ouvert sur ce sujet par l'Académie des Sciences en 1736 et clos le 1er septembre 1737. Les prix
furent décernés l'année suivante.

2. Voltaire avait donné pour épigraphe à son mémoire ce distique
dont il était lui-même l'auteur :

Ignis ubique latet, naturam amplectitur omnem,
Cuncta parit, renovat, dividit, unit, alit.

moire, quoique très-bon, ne serait point imprimé, et qu'il n'y aurait point d'accessit. Je trouve cela assez décourageant pour les personnes qui travaillent. Je ne sais si M. de Réaumur soupçonnait que ce mémoire fût de Voltaire; mais il en a parlé avec éloge, [et il a même paru que, s'il en avait été cru, il aurait jugé en sa faveur. Je crois que M. de Voltaire vous écrira sur cela; je ne lui ai point dit que je vous en écrivais. Mais ce que je puis vous assurer, c'est que rien ne lui a jamais fait plus de plaisir que l'endroit de votre lettre où vous me parlez de cet ouvrage.]

Je vous ai tout dit sur la *Philosophie de Newton*, dans ma dernière; *à la portée de tout le monde* n'est point son titre, et la fin du livre n'est point de lui. Du reste, il voulait y faire plusieurs corrections, et je crois qu'il désirerait fort qu'on lui permît d'en faire une édition correcte en France : je ne sais s'il l'obtiendra; car il n'est pas aisé, à présent, de faire imprimer un bon livre en France.

[Venons à l'attraction. Vous me marquez que vous n'avez pas dit que l'attraction en raison simple directe de la distance n'a pas l'avantage de l'uniformité dans le tout et dans les parties, mais voici vos propres paroles. Après avoir dit que dans l'attraction en raison directe des distances, une sphère solide attirerait les corps placés en dedans et en dehors selon la même proportion, avantage que n'a pas l'attraction en raison inverse du carré des distances, vous dites :

« Ainsi l'avantage d'uniformité que sembleraient avoir sur cette loi d'autres lois, comme celle qui suivrait la proportion simple directe de la distance, loi qui se conserve dans les sphères solides, tant par rapport aux corps placés au dehors qu'au dedans, cet avantage, dis-je, n'est point un avantage réel PAR RAPPORT A L'ANALOGIE OU A L'ACCORD*

DE LA MÊME LOI DANS LE TOUT ET DANS LES PARTIES. » Or,
j'en appelle à vous, si un lecteur fort neuf et n'enten-
dant point l'algèbre, [ne] peut s'empêcher de conclure
de ce passage que, quoique l'attraction en raison simple
directe de la distance ait l'avantage que les sphères
creuses ou solides attirent les corps placés au dedans
et au dehors selon la même proportion ; cependant cet
avantage n'est point un avantage réel et qui puisse être
comparé à celui de l'analogie d'une même loi dans les
parties et dans le tout, qui se trouve dans la loi du
carré. Or, puisque je me suis trompée à ce point-là, et
que je vous ai si mal entendu, je ne puis avoir dit que
des sottises dans ma dernière lettre. Je vous ai avoué
humblement que je n'entendais point les longues
phrases de l'algèbre ; j'en attrappe quelques mots, par-
ci, par-là, mais cela ne sert qu'à me faire dire des
choses fort ridicules ; car quand on entend les choses
à moitié, il vaudrait mieux ne les point entendre du
tout. Je vous demande donc en grâce de vous faire tout
à tous, comme Saint-Paul, et de me traduire une petite
partie de ces hiéroglyphes de la géométrie, pour m'en
faire seulement comprendre le résultat, c'est-à-dire la
raison de préférence pour la loi du carré sur la loi
simple directe. Car je vois bien que c'est les seules qui
concourent. Je ne la vois point, cette raison, et sans
votre secours je ne la verrai jamais. Je trouve que de
découvrir la raison de préférence par un principe qui
n'est point mécanique est une belle idée, et serait une
découverte digne de vous, mais je vous demande en
grâce de me dire votre secret. Je m'en vais lire demain
le *Mémoire* de 1734, mais je veux lire votre livre auparavant. Je vous quitte pour lui, et j'attends de vos
nouvelles avec une extrême impatience. J'en ai besoin
pour charmer celle que votre voyage ici me donne.

sans doute que vous viendrez voir la personne du
monde qui vous admire et vous aime le plus. Voilà
Clairaut pensionnaire; je vous en remercie pour l'amitié que j'ai pour lui, et je vous en fais mon compliment
pour celle que j'ai pour vous.]

---

89. — A M. DE MAUPERTUIS.

A Cirey, 22 mai 1738.

[Il m'est bien difficile de vous exprimer, Monsieur,
combien je suis fâchée de perdre l'espérance de vous
voir. Votre séjour ici était aussi nécessaire à mon plaisir qu'à mon instruction. Je ne suis point étonnée de la
préférence que vous donnez à madame votre sœur,
mais j'en suis très-affligée. Je partage l'inquiétude que
sa santé vous donne, et je sens tout ce que je perds en
perdant l'espérance de vous posséder. Mais ne pourriez-
vous point, quand vous aurez satisfait votre amitié
fraternelle, donner quelque temps à la mienne. Ne
m'ôtez pas, je vous supplie, cette perspective, et lais-
sez-moi m'en flatter. J'espère du moins que vous m'in-
formerez de vos projets et de vos marches. Vous devez
être bien persuadé que je partage sensiblement les
moindres choses qui vous intéressent.

M. de Voltaire vous écrit; il vous parle de votre
livre. Je ne puis rien ajouter à ce qu'il vous en dit,
mon admiration n'est pas moins vive que la sienne,
mais elle n'est pas si flatteuse.] Nous avons été au
désespoir en voyant le jugement de l'Académie;
il est dur que le prix ait été partagé, et que M. de
Voltaire n'ait pas eu part au gâteau. Sûrement ce
M. Fuller (*sic*)[1] qui est nommé, est un leibnitzien, et, par

---

1. Léonard Euler. Il est surprenant que madame du Châtelet
ne connût pas encore ce jeune savant qui, à 19 ans, avait obtenu

conséquent, un cartésien : il est fâcheux que l'esprit
de parti ait encore tant de crédit en France. [Comme
M. de Voltaire ne vous en parle point dans sa lettre,
je vous prie de ne lui point dire que je vous en ai
parlé. J'attends avec bien de l'impatience quelques
éclaircissements que vous m'avez promis sur votre
Mémoire de 1732. J'en ai un grand besoin, car quand
j'ai une idée dans la tête qui ne peut se débrouiller,
toutes les autres idées s'enfuient, je me casse la tête et
je ne comprends rien. J'espère que vous me guérirez
de cette maladie avant votre départ pour Saint-Malo,
mais il n'y a que votre présence qui puisse me guérir
de l'envie extrême que j'ai de vous voir.]

90. — A M. LE COMTE D'ARGENTAL.

14 juin 1738.

Il y a bien longtemps que je n'ai eu de vos nouvelles,
mon cher ami : je ne m'en plains point, mais je m'en
aperçois avec douleur. Pensez-vous toujours à ce triste
voyage? Je n'ose quasi vous en parler. Ne peut-on espérer de vous aller voir en chemin? car je ne quitte
point ce projet de vue.

l'accessit, à l'Académie des sciences, pour un mémoire *Sur la ma-
ture des Vaisseaux*, ayant pour concurrent, Bouguer, qui remporta
le prix. Pouvait-elle ignorer que ce même Euler avait déjà enrichi de plusieurs mémoires l'Académie de Pétersbourg? On partagea
le prix sur la *Nature du feu*, entre Euler, le P. Lozerand de Fiesc,
jésuite, et le comte de Créqui. Ce ne fut point, pour le coup, la
quantité qui l'emporta; le mémoire de Voltaire avait 48 pages in-f°.,
celui de madame du Châtelet 84, et celui d'Euler 16 seulement.
(A. N.) — Ajoutons que le mémoire d'Euler, alors âgé de trente
ans (1707-1783), contenait une formule de la vitesse du son que
Newton avait vainement cherchée.

Le petit La Mare[1], qui est un petit fou, s'est avisé
d'envoyer à votre ami une mauvaise épître en vers
qu'on a faite contre lui. Heureusement que la lettre
était sous enveloppe : je l'ai prudemment brûlée. Vous
savez les chagrins que toutes ces tracasseries lui donnent, et je veux, si je puis, les lui éviter. Je ne veux pas
écrire à une espèce comme La Mare : je vous prie donc
de lui défendre d'envoyer jamais de ces pauvretés-là à
Cirey ; et, de peur qu'il ne se doute que je vous en ai
parlé, et qu'il ne m'en fasse une tracasserie en le mandant à votre ami, commencez par le lui faire avouer ;
vous me rendrez un vrai service, car cela met des
nuages inutiles dans nos beaux jours. Adieu, mon aimable ami. Ménagez-moi les bontés de madame d'Argental, et conservez-moi une amitié qui me devient
tous les jours plus chère.

Mille choses à M. votre frère. Je me flatte bien qu'on
ne parle plus du petit monstre blanc. Votre ami ignore
cette lettre ; ainsi je ne vous dis rien de sa part.

1. L'abbé de La Marre, né à Quimper vers 1708, mort
en Allemagne vers 1742 ou 1745, un des protégés de Voltaire, comme Linant ; auteur de quelques poésies et d'un opéra,
Zaïde, reine de Golconde, qui ont été publiés sous le titre d'*OEuvres
diverses,* Paris, Panckoucke, 1763, in-12. Voltaire lui abandonna le
profit de sa comédie de l'*Enfant Prodigue,* et lui confia le soin de
donner une édition de la *Mort de César,* en 1736. Il le soupçonna cependant d'être l'auteur du portrait satirique qu'on publia de lui sous
le nom du duc de Charost, et s'exprimait ainsi à son sujet en septembre 1736. « Je suis persuadé que ce petit La Marre se mettra
au nombre de mes ennemis. Je l'ai accablé d'assez de bienfaits pour
souhaiter qu'il se joigne à Desfontaines, et qu'on voie que je n'ai
pour adversaires que des ingrats et des envieux. » *OEuvres,* t. LII,
p. 309. Graffigny, *Vie privée de Voltaire,* p. 37.

91. — A M. DE MAUPERTUIS.

Cirey, 21 juin 1738.

Je vous ai marqué, Monsieur, combien j'étais fâchée
de vous voir aller à Saint-Malo[1], quand je vous espérais
à Cirey. [L'assurance que vous me donnez d'y
venir était nécessaire pour adoucir le chagrin que
j'avais de voir mes espérances sitôt frustrées; j'espère qu'il n'en ira pas de même de celle-ci, vous
trouverez à Cirey cette paix tant désirée, elle y habite
depuis trois ans. Vous y jouirez de la plus grande solitude, et, quand vous le voudrez, de la société de deux
personnes qui vous admirent et vous aiment comme
vous méritez de l'être. J'ai relu votre livre, et je ne puis
m'empêcher de vous dire encore que je n'en ai jamais
lu aucun qui m'ait fait plus de plaisir, et je ne doute
nullement que, malgré toutes les cabales, il n'ait le
plus grand succès. Le prince royal de Prusse, né avec
beaucoup d'esprit et un grand désir de s'instruire, sera
sûrement très-sensible à votre attention; il est digne
d'être mis dans le bon chemin par vous. Il est très-bon
métaphysicien, mais assez mauvais physicien. Il a été
élevé dans l'adoration de Leibnitz, comme tous les
Allemands, et il a de plus vu Wolff pendant quelque

1. La Beaumelle, l'ami de Maupertuis, dit à ce sujet : « Il goû-
tait à Saint-Malo toutes les douceurs de la société domestique avec
une sœur tendrement chérie, avec un frère naturaliste et physicien,
de qui M. de Maupertuis disait qu'il avait plus d'esprit que lui. »
La Beaumelle, *Vie de Maupertuis*, Paris, 1856, p. 60. Ce frère de
Maupertuis, était Louis-Malo Moreau de Saint-Hellier, abbé de Ge-
neston, diocèse de Nantes, et d'Ardorel, diocèse de Castres, mort à
Saint-Malo en avril 1754 âgé de 53 ans. Ce séjour de Maupertuis à
Saint-Malo l'empêcha de s'occuper de la publication du *Mémoire* de
madame du Châtelet dans le recueil de l'Académie, comme Voltaire
l'en priait. Lettre à Maupertuis, 25 mai 1738. *Œuvres*, t. LIII,
p. 136.

temps, lequel Wolff est tout leibnitzien [1]. J'espère cependant que la philosophie de Voltaire et votre livre, le mettrait dans la bonne voie. Il a fait venir depuis peu le recueil de l'Académie. Je lui ferai mon compliment de l'avantage qu'il a de pouvoir recevoir vos instructions. Il connaît votre nom, mais quand on vous connaît, on est obligé de convenir que la renommée est infiniment au-dessous de la vérité. Vous trouverez ici un très-beau cabinet de physique, et vous y pourrez faire toutes les expériences que vos lumières vous feront imaginer. Enfin, si nous savions le moyen de vous attirer ici, vous devez être persuadé que nous ne négligerions rien pour y parvenir. Madame de Richelieu me mande qu'elle est bien affligée de votre départ, surtout quand elle a appris que ce n'était pas pour Cirey.]Je suis très-fâchée des douleurs que vous souffrez; je crois que du cochléaria et du cresson vous seraient très-bons, et surtout un grand régime, car cela vient sûrement du sang. [Vous trouverez encore tout cela ici, et je vous demande par toute l'amitié que j'ai pour vous de ne prendre aucun parti pour aller dans le pays étranger, que vous n'ayez passé ici auparavant.]

Je crois que vous avez été bien étonné que j'aie eu la hardiesse de composer un mémoire pour l'Académie. J'ai voulu essayer mes forces à l'abri de l'incognito [2] : car je me flattais bien de n'être jamais connue. M. du

---

1. La philosophie de Leibnitz, qui ne formait pas un corps de doctrine régulier, et qui n'avait pas une terminologie bien arrêtée, ne devint dominante que sous la forme systématique que lui donna Wolff. Très-zélé pour ce philosophe, auquel son père, Frédéric-Guillaume, avait donné tort dans ses démêlés avec les théologiens de Halle, Frédéric II, en avait fait traduire la *Logique* par Deschamps (1736) et la *Morale* par Jordan.

2. Cette déclaration confidentielle prouve que madame du Châtelet n'avait pas besoin d'un collaborateur, encore moins de ce qu'on nomme vulgairement un teinturier. (A. N.)

Châtelet était le seul qui fût dans ma confidence, et il
m'a si bien gardé le secret, qu'il ne vous en a rien dit
à Paris. Je n'ai pu faire aucune expérience, parce que
je travaillais à l'insu de M. de Voltaire, et que je n'aurais pu les lui cacher. Je ne m'en avisai qu'un mois
avant le temps auquel il fallait que les ouvrages fussent remis; je ne pouvais travailler que la nuit[1] et
j'étais toute neuve dans ces matières. L'ouvrage de
M. de Voltaire, qui était presque fini avant que j'eusse
commencé le mien, me fit naître des idées et l'envie
de courir la même carrière. Je me mis à travailler,
sans savoir si j'enverrais mon mémoire, et je ne le dis
point à M. de Voltaire, parce que je ne voulus point
rougir à ses yeux d'une entreprise que j'avais peur qui
lui déplût; de plus, je combattais presque toutes ses
idées dans mon ouvrage[2]. Je ne le lui avouai que
quand je vis par la *Gazette* que, ni lui, ni moi,
n'avions part au prix. Il me parut qu'un refus que je

1. Cela suffirait pour détruire le mensonge que divers diction-
naires historiques ont accrédité, que madame du Châtelet avait pour
le fond de ses ouvrages un géomètre (Koenig), et pour le style,
M. de Voltaire (A. N.).— Madame de Graffigny confirme ainsi le récit
de madame du Châtelet : « Comment a-t-elle fait ce mémoire ? La
nuit, parce qu'elle se cachait de Voltaire, elle ne dormait qu'une
heure; accablée de sommeil elle se mettait les mains dans de l'eau
à la glace, se promenait en se battant les bras, et puis écrivait les
raisonnements les plus abstraits avec un style à se faire lire pour
lui-même; elle a passé huit mois de suite de cette façon. » *Vie pri-*
vée de Voltaire, 1820, p. 141.

2. Voltaire lui-même a marqué ainsi cette différence, ou plutôt
cette opposition, entre leurs deux *Mémoires* : « Madame la marquise du Châtelet dit hardiment que le feu, la lumière, n'a ni la
propriété de la gravitation vers un centre, ni celle d'être impéné-
trable. Cette proposition a révolté nos cartésiens..... Pour moi, qui
vois que la lumière, le feu, est matière, qu'il presse, qu'il divise,
qu'il se propage, etc., je ne vois pas qu'il y ait d'assez fortes raisons
pour le priver des deux principales propriétés dont la matière est en
possession. » Lettre à M.***, 13 mars 1739. *Œuvres*, t. LIII, p.523.

partageais avec lui devenait honorable. J'ai su depuis
que son ouvrage et le mien avaient été du nombre de
ceux qui avaient concouru, et sûrement vous avez
dû le lire, et cela a ranimé mon courage.

M. de Voltaire, au lieu de me savoir mauvais gré de
ma réserve, n'a songé qu'à me servir, et ayant été assez
content de mon ouvrage, il voulut bien se charger
d'en demander l'impression. Je suis dans l'espérance
de l'obtenir, surtout, si vous voulez bien en écrire
un mot à M. Du Fay et à M. de Réaumur. [M. de
Voltaire a écrit à tous les deux. M. de Réaumur a
répondu avec une politesse extrême. Il m'a paru
par sa lettre que l'Académie désirait avoir mon consentement pour l'édition, et j'ai écrit une lettre à
M. de Réaumur, par laquelle je l'assure que je mets ma
gloire à publier l'hommage que je lui ai rendu. Je ne
suis point étonnée que le mémoire de M. de Voltaire
vous ait plu ; il est plein de vues, de recherches,
d'expériences curieuses. Il n'y a rien de tout cela dans
le mien, et il est tout simple que vous n'en ayez pas
d'idée. Peut-être cependant pourriez-vous vous le rappeler, si vous l'avez lu, en vous disant que c'est un
mémoire numéroté 6, dans lequel on établit que le feu
ne pèse point, et qu'il se pourrait très-bien que ce fût un
être particulier, qui ne serait ni esprit ni matière, de
même que l'espace dont l'existence est démontrée, n'est
ni matière ni esprit. Je ne crois point du tout cette idée
insoutenable, quelque singulière qu'elle puisse paraître
d'abord. Je vous avoue que, si vous en pouvez avoir la
patience, je désirerais passionnément que vous le lussiez.
Car si l'Académie a la bonté de l'imprimer, je le voudrais rendre le moins indigne d'elle qu'il me serait
possible, et j'espère qu'elle me permettra d'y envoyer
quelques corrections. Si je savais un moyen de vous le

faire tenir, je n'y manquerais pas, mais il me semble que le plus court et le plus agréble serait de le venir lire ici.] J'espère que le mémoire de M. de Voltaire sera imprimé aussi. Je vous avoue que j'attends à voir les élus avec impatience.

Les deux derniers chapitres de la *Philosophie de Newton* ne sont pas de M. de Voltaire[1]; ainsi vous ne devez rien lui attribuer de ce qu'on y dit sur l'anneau de Saturne; son dessein n'était pas d'en parler du tout, il n'aurait pas fait la faute d'adopter le sentiment de Wolff[2] et de Fatio par préférence aux vôtres : vous ne devez pas l'en soupçonner, encore moins de le faire. [Il vous a mandé ce que M. de Réaumur avait répondu sur

---

1. Voltaire a désavoué ces deux chapitres, qu'il remplaça par d'autres dans les éditions postérieures, dans sa *Lettre à M. de Maupertuis sur les* ÉLÉMENTS DE LA PHILOSOPHIE DE NEWTON (*Œuvres*, t. LIII. p. 266), et dans de nombreux passages de sa correspondance, notamment dans sa lettre, du 30 août 1738, au Rédacteur de la *Bibliothèque française* (du Sauzet) : « Je ne suis pas de son avis (*celui de son continuateur*) sur quelques points de physique qu'il avance dans ces deux chapitres : je prends la liberté d'embrasser contre lui l'opinion des Newton, des Grégory, des Pemberton et des s' Gravesande, sur les marées et sur la précision des équinoxes, qui me paraissent une suite évidente de la gravitation. Je suis encore très-loin de croire avec lui que la lumière zodiacale soit composée de petites planètes, et que l'anneau de Saturne soit un assemblage de plusieurs lunes. Je ne connais surtout d'autre explication physique de l'anneau de Saturne que celle que M. de Maupertuis en a donné dans son livre *de la figure des Astres*... J'en aurais sûrement enrichi mes *Éléments*, si les libraires m'en avaient donné le temps, et s'ils n'avaient pas fait finir mon livre par une autre main, pendant la longue maladie qui m'a empêché d'y travailler. » *OEuvres*, t. LIII, p. 231. Quant à la théorie de Maupertuis, elle consistait à expliquer l'anneau, ou plutôt les anneaux de Saturne, par le passage d'une comète qu'aurait retenu dans le système l'attraction du globe de la planète : la queue de l'astre chevelu, s'enroulant à distance autour de ce globe, avait, selon lui, constitué l'anneau; quant au noyau, il s'était transformé en satellite. Voir A Guillaumin, *Le Ciel*, Paris. 1877. p. 493.

2 Jean Chrétien Wolff (1679-1754), le célèbre philosoph leibnizien.

son mémoire. Je vous dirai sur cela quelque chose qui vous divertira, mais que je ne puis vous écrire.

Venons au dernier article de votre lettre ; vous croyez m'avoir accablée d'éclaircissements, et c'est moi qui vais vous accabler de questions. Je trouve votre idée métaphysique de préférence pour la loi d'attraction que suit la nature si belle, que je ne vous laisserai ni paix ni repos, que vous ne m'ayez levé toutes les difficultés sur votre mémoire de 1732[1].

1° Pourquoi l'attraction des premières parties de la matière et des atomes, est-elle la même de tous côtés, puisque la forme change l'attraction, et que nous ne savons point quelle forme ont les premiers corps de la matière.

2° Je ne sais si vous avez pris garde à la façon dont M. de Fontenelle a rendu votre pensée, car c'est lui en un sens qui m'avait jetée dans l'erreur. « Il trouve, dit-il en parlant de vous, que le corpuscule placé sur l'axe prolongé de la surface sphérique est attiré en raison directe du carré du diamètre de la sphère, et en raison renversée des carrés des distances du corpuscule au centre de la sphère ; ici l'attraction primitive, que l'on a supposée, se conserve sans altération, car il est bien visible que le carré du diamètre de la sphère représente la grandeur de la surface sphérique, qui suit effectivement cette raison, et qui doit agir par sa grandeur en même temps qu'elle agira par les distances, » etc. Vous sentirez aisément après cela, pourquoi je m'étais trompée. J'ose vous exhorter à mettre un peu plus votre idée sur cela à la portée des lecteurs. Je ne crois pas qu'il y en ait deux qui puissent vous entendre, car la seule raison de préférence pour la loi du

---

1. *Mémoires sur les lois de l'attraction*, 1732 Voir *Histoire de l'Académie*, année 1732, p. 112, et *Mémoires*, p. 343.

carré, qui est l'analogie avec la façon dont opère la nature, vous ne paraissez la donner que comme une surabondance de droit ; *autre*, dites-vous, etc.

3° Ne pourrait-on point ajouter à cette raison de préférence, cette contre-ci. Quand Dieu veut l'existence d'une chose, il veut en même temps tout ce que l'existence de cette chose entraîne nécessairement ; or si Dieu, ayant donné l'attraction à la matière, a voulu que les corps pesassent (?) ici-bas par cette même force de l'attraction, il a voulu aussi que cette force attractive agît sans discontinuation à chaque instant indivisible, puisque sans cela les corps ne seraient pas toujours pesants. Or, si l'attraction agit sans discontinuation à chaque instant indivisible, ne s'en suit-il pas, par les démonstrations de Galilée, qu'elle doit diminuer comme le carré de la distance, ou ce qui est la même chose, augmenter comme le carré des approchements. Donc, dirais-je, si Dieu a voulu que les corps pesassent par la force de l'attraction, cette attraction ne pouvait suivre une autre loi que celle de la raison inverse du carré de la distance. Car, permettez-moi de vous représenter que puisqu'on considérera la cause (quelle qu'elle soit) qui fait tomber les corps vers la terre, comme étant dirigée vers le centre, et comme agissant également à chaque instant, on ne peut s'empêcher de conclure, en admettant les démonstrations de Galilée, que l'action de cette force décroît comme le carré de la distance concentré. Si j'ai tort je vous demande bien pardon, et si j'ai raison je vous demande encore pardon d'être si bavarde. Je compte vous parler incessamment du *Mémoire* de 1734[1], que j'ai lu avec une grande attention, et vous faire quelques

---

1. *Mémoire sur les figures des corps célestes*, 1734. Voir *Mémoires de l'Académie des sciences*, 1734, p. 55.

questions sur les lois du mouvement. Mais il faut
mettre une bride à ses importunités. Il n'y a que ma
reconnaissance et mon amitié pour vous, Monsieur,
qui n'en auront jamais. J'espère de la promptitude
dans vos réponses. M. du Châtelet est en Lorraine, en
vous rendant mille grâces de votre attention pour lui.]

---

92. — A M. DE MAUPERTUIS[1].

Cirey, 7 juillet [1738].

Puisque vous n'êtes pas à Cirey, Monsieur, je suis
bien fâchée que vous ne soyez pas à Paris; vous m'eussiez été bien nécessaire à l'Académie. Vous savez que
M. de Voltaire avait écrit à M. de Réaumur et à M. du
Fay pour leur mander que j'étais l'auteur de la pièce
n° 6, et pour les prier de la faire imprimer. Sur cela
M. de Réaumur répondit à M. de Voltaire une lettre
pleine de politesse, où il lui marquait : « *Il faut absolument que le public sache que parmi les pièces qui ont
concouru pour le prix proposé sur la nature du feu, il y en
a une d'une jeune femme, et l'autre du plus grand de nos
poëtes.* » Il ajoutait que l'Académie s'était fait une loi de
ne point imprimer les pièces qui n'avaient point été couronnées, à moins que les auteurs n'y consentissent. Sur
cela, j'écrivis une lettre à M. de Réaumur, où je lui mar-
quais combien je me tiendrais honorée que l'Académie
voulût bien imprimer mon ouvrage. M. de Réaumur
en le proposant à l'Académie, lut l'article de ma lettre
où j'en parlais, et l'Académie eut la politesse de décider que mon mémoire et celui de M. Voltaire seraient
imprimés à la suite de ceux qui ont partagé le prix,
avec un avertissement conçu en ces termes : « *Les au-*

---

1. Lettre inédite, Mss. p. 95. Cette lettre est adressée à St-Malo.

carré, qui et l'analogie avec la façon dont opère la
nature, vou ne paraissez la donner que comme une
surabondace de droit ; *outre*, dites-vous, etc.

3° Ne porrait-on point ajouter à cette raison de préférence, cee contre-ci. Quand Dieu veut l'existence
d'une chos, il veut en même temps tout ce que l'existence de ate chose entraîne nécessairement ; or si
Dieu, ayan donné l'attraction à la matière, a voulu
que les cos pesassent (?) ici-bas par cette même force
de l'attracon, il a voulu aussi que cette force attra-
tive agît sas discontinuation à chaque instant
visible, pisque sans cela les corps ne serai
toujours psants. Or, si l'attraction agit sans
nuation àchaque instant indivisible, ne s
pas, par le démonstrations de Galilée, qu'e
minuer come le carré de la distance, ou
même chœ, augmenter comme le carré
chements. Donc, dirais-je, si Dieu a v
corps pesæsent par la force de l'attractio
tion ne povait suivre une autre loi q
raison invrse du carré de la distance. C
moi de vos représenter que puisqu'or
cause (qulle qu'elle soit) qui fait to
vers la te·e, comme étant dirigée ver
comme aissant également à chaque
peut s'emêcher de conclure, en admetta
trations d Galilée, que l'action de cette
comme læarré de la distance concentré.
vous demnde bien pardon, et si j'ai ra
demandeencore pardon d'être si bavarde
vous par·r incessamment du *Mémoire* de
j'ai lu av· une grande attention, et vous fai

---

1. *Mémre sur les figures des corps célestes*, 173
moires de Académie *des sciences*, 1734, p. 55.

Puisque vous n'êtes pas à C...
bien fâchée que vous ne soyez pas ...
siez été bien nécessaire à l'Acadé...
M. de Voltaire avait écrit à M. de R...
Fay pour leur mander que j'étais ...
n° 6, et pour les prier de la faire impri...
M. de Réaumur répondit à M. de Volta...
pleine de politesse, où il lui marquait : «...
lument que le public sache que parmi les ...
concouru pour le prix proposé sur la natur... fa...
a une d'une jeune femme, et l'autre du plu... ran...
poëtes. » Il ajoutait que l'Académie s'étai... un...
ne point imprimer les pièces qui n'avaie... t inté...
ronnées, à moins que les auteurs n'y cons... isse...
cela, j'écrivis une lettre à M. de Réaumur. je lu...
quais combien je me tiendrais honorée qu 'Aca...
voulût bien imprimer mon ouvrage. M. Réa...
en le proposant à l'Académie, lut l'article ma...
où j'en parlais, et l'Académie eut la polit... e de...
der que mon mémoire et celui de M. Volt... e sera...
imprimés à la suite de ceux qui ont par... é le pr...
avec un avertissement conçu en ces terme... « *Les au*

1. Lettre inédite, Mss. p. 95. Cette lettre est adrecée à St-Malo.

teurs des deux pièces suivantes, s'étant fait connaître à l'Académie et ayant désiré qu'elles fussent imprimées, l'Académie y a consenti avec plaisir, quoiqu'elle ne puisse approuver l'idée que l'on donne dans l'une et l'autre de ces pièces de la nature du feu ; et elle y a consenti parce que l'une et l'autre supposent une grande lecture, une grande connaissance des meilleurs ouvrages de physique, et qu'ils sont remplis de faits et de vues. D'ailleurs le nom seul des auteurs est capable d'intéresser la curiosité du public. La pièce n° 6 est d'une dame d'un haut rang, de madame la marquise du Châtelet, et la pièce n° 7 est d'un des meilleurs de nos poëtes. » Je vous le transmets mot à mot. M. de Réaumur a accompagné cela d'une lettre très-galante. Je suis assurément mieux traitée que je ne le mérite, mais je vous avoue que j'aurais été plus jalouse de ces mots *qui ont concouru* que de tout le reste, et je m'y attendais, puisqu'ils étaient dans la première lettre de M. de Réaumur, et que d'ailleurs c'est la vérité. Cependant vous croyez bien que je n'ai fait que remercier ; mai j'ai demandé en grâce qu'on ne me nommât point. J'ai mille raisons pour l'exiger, et je crois devoir ce respect au public. J'espère que l'Académie m'approuvera de le désirer, et ne me refusera pas. Il est bien triste que cela se passe pendant que vous êtes à Saint-Malo ; mais quand en revenez-vous donc, quand vous reverra-t-on dans le lieu du monde où l'on vous aime, et où l'on vous estime le plus ?

En vérité, M. de Voltaire et vous, devriez vous réunir pour terrasser le cartésianisme. Je vous avoue que j'ai été bien affligée d'une lettre que M. de Réaumur a écrite à M. de Voltaire, où il lui parle des grandes obligations que la physique a au P. Malebranche[1], de lui

---

1. Le célèbre oratorien (1628-1715) donna dans la dernière édition de la *Recherche de la vérité* (Paris, 1712) une théorie entière

avoir fait connaitre tant d'ordres de tourbillons différents. En vérité cela est bien triste, *quod si sal evanuerit
in quo salietur*[1]. Cela devient une affaire de parti : en
France, on ne se croit bon citoyen que quand on croit
aux tourbillons. Et l'abbé de Molières[2], qu'en dirons-
nous, qui croit avoir trouvé la cause mécanique de
l'attraction, et qui est loué dans tous les journaux ! Et
M. de Réaumur qui dit : qu'il existe une attraction dans
la nature, puisqu'on la voit dans l'aiman, mais qu'il
croit impossible qu'elle existe sans un fluide
quelconque, qui en soit la cause ! Donnez-leur une de
ces démonstrations que vous savez faire, afin qu'il n'en
soit plus parlé ! M. de Voltaire vous dit les choses les
plus tendres. Vous aurez incessamment la seconde édition de son livre ; vous devriez bien la venir lire ici.
Madame de Richelieu l'a lue, et l'entends très-bien. Elle
a bien de l'esprit, et, je crois, l'esprit qu'il faut pour
entendre ces sortes de matières. J'attends avec impatience les réponses à mes *queries ;* mais mon soleil devrait bien se rapprocher de moi. Adieu, je vous attends
avec l'impatience de quelqu'un qui sent le prix de
votre commerce et de votre amitié.

des lois du mouvement et du système général de l'univers, dans laquelle il renchérit sur celle des tourbillons de Descartes.

1. *Biblia sacra. Matth* , 5-13.
2. L'abbé Joseph Privat de Molières (1677-1742), membre de
l'Académie des sciences en 1721. Elève de Malebranche, et oratorien comme lui, il remplit, de 1721 à 1736, les séances de l'Académie de ses lectures en faveur du système des tourbillons de Descartes, et surtout de Malebranche. Voir Alf. Maury, l'*Ancienne*
Académie des sciences, Didier, 1864, p. 55.

93. — A M. DE MAUPERTUIS[1].

Cirey, 17 juillet 1738.

Je me hâte, Monsieur, de vous répondre, pour vous remercier de m'avoir éclairée. Je reconnais mon erreur, et j'en fais abjuration entre vos mains[2].....

Mais ce qui me fâche infiniment, c'est que vous ne me parlez point de venir ici. Je vous attends cependant avec l'impatience de quelqu'un qui vous aime et à qui vous l'avez promis.

Je vous ai mandé et M. de Voltaire vous l'a écrit lui-même[3], qu'il n'avait aucune part aux derniers chapitres de son ouvrage. Les libraires hollandais qui se sont impatientés de ne les point avoir de M. de Voltaire, les ont fait faire pour de l'argent. L'endroit où il parle de votre livre, comme il en pense, est de lui, mais celui où l'on adopte les hypothèses des de Mairan et des Fatio n'est pas plus de lui que de vous. C'est une chose très-vraie ; il se serait bien gardé d'assurer que l'anneau de Saturne est un nombre innombrable de satellites, et il se serait bien gardé aussi d'adopter de pareilles hypothèses, par préférence à des idées fondées sur la plus sublime géométrie. Il ne comptait pas entrer dans des détails si savants, qui ne convenaient point à son titre, ni au plan de son ouvrage, et je puis vous assurer qu'après moi M. de Voltaire est l'homme du monde qui sent le plus ce que vous valez, et qui est le plus rempli d'estime et d'amitié pour vous. Il me semble que la lettre qu'il vous a écrite, en même

1. Lettre inédite, Mss. p. 97.
2. Nous passons ici une page où madame du Châtelet revient sur la question des *forces vives*.
3. Dans sa lettre du 15 juin 1738. *Œuvres*, t. LIII, p. 149.

temps que la mienne, en était remplie, et il vous a dit la plus exacte vérité, en vous assurant qu'il n'avait nulle part aux choses en question, et il me semble qu'il est bien aisé de sentir que le style, l'ordre, la clarté, les vues, tout enfin, est différent et part d'une autre main.

Quant à mon *mémoire* sur le feu, si quelque chose peut me fâcher dans un événement qui me fait autant d'honneur et de plaisir, c'est que cela se soit fait sans que vous vous en soyez mêlé. J'aimerais à vous en avoir eu l'obligation, mais rien ne pourra égaler celle que je vous aurai, si vous me procurez l'honneur et le plaisir de vous dire moi-même tout ce que je pense pour vous.

M. de Voltaire vous fait mille sincères compliments, et M. du Châtelet me prie bien fort de ne le point oublier. Thieriot m'a mandé, qu'il vous avait envoyé la réponse du prince royal, qui me parait bien flatté de cette politesse de votre part.

---

94. — A M. DE MAUPERTUIS[1].

Cirey, 27 juillet [1738].

Votre lettre me fait plus de peine, Monsieur, que toutes les lésines de l'Académie à mon égard. Je vois que vous manquerez à la promesse que vous m'avez donnée de vous posséder ici. Mais moi, je n'y renonce pas si aisément. Je ne cesserai de vous représenter que vous ne trouverez nulle part un pays, une vie, et j'ose dire des gens plus différents de ceux que vous fuyez qu'ici. Cirey n'est point sur le chemin de Paris ; et ce n'est point en retournant à Paris, qu'il y faut venir.

1. Lettre inédite, Mss. p. 100.

Il y faut venir, en y venant. Si vous ne vous y trouvez
pas bien, c'est alors que vous irez dans les pays étran ,
gers, mais vous n'en trouverez aucun où l'on vou
estime et l'on vous aime autant qu'à Cirey. Vous deve¹
cette marque d'amitié, et cette complaisance, si c'en
est une, à mon amitié pour vous, et je l'exige. Je ne
puis vous parler d'autre chose. Ce n'est cependant pas
que je n'aie bien des choses à vous dire, mais je ne
serai à mon aise que quand je serai sûre de vous voir.

J'ai demandé de n'être point nommée dans l'imprimé ; je ne sais si je l'obtiendrai. Il me tarde que
vous ayez vu mon mémoire ; mais par où vous l'envoyer ? Venez le lire ici, et y jouir de la société des
gens qui vous admirent et qui vous aiment.

---

95. — AU PRINCE ROYAL DE PRUSSE¹.

Cirey, 26 août 1738.

Je viens de recevoir la galanterie charmante² de
Votre Altesse Royale, et je m'en sers pour lui en mar-

1. *OEuvres de Frédéric-le-Grand*, Berlin, 1851, in-8°, t. XVII,
p. 3.
2. L'écritoire dont Frédéric annonçait l'envoi, dans sa lettre à
Voltaire du 31 mars 1738, en le qualifiant de « petite bagatelle »
que la marquise « voudra bien placer dans ses entresols. » Il n'arriva
à Cirey que vers le commencement d'août « Voltaire en remercia
Frédéric dans une lettre du même mois :

> Je suis presque ressuscité
> Lorsque j'ai vu votre écritoire.
>
> . . . .
> L'écritoire est pour Émilie ;
> Grand prince, elle eut votre génie
> Avant d'avoir votre présent.
> Le ciel tous les deux vous réserve
> Pour l'exemple de nos neveux ;
> Et c'est Mars qui, du haut des cieux,
> Envoie une épée à Minerve.

OEuvres, t. XIII, p. 218.

quer ma reconnaissance. Si vous aviez pu, Monseigneur, m'envoyer votre génie, je pourrais me flatter de répondre aux vers dont vous avez accompagné ce joli présent, d'une façon digne de V. A. R., mais je suis obligée de ne lui envoyer que de la vile prose pour toutes les bontés dont elle m'honore. J'ai su par Thieriot que vous désiriez un ouvrage très-imparfait et très-indigne de vous être présenté, que Messieurs de l'Académie des sciences ont traité avec trop d'indulgence; je prendrai donc la liberté de l'envoyer à V. A. R. Mais le paquet est si gros et le mémoire si long, qu'il me faut un ordre positif de votre part. Je crains bien, quand vous me l'aurez donné, que V. A. R. ne s'en repente, et qu'elle ne perde la bonne opinion dont elle m'honore, et dont je fais assurément plus de cas que du prix de toutes les académies de l'Europe. J'espère que cette lecture engagera V. A. R. à m'éclairer de ses lumières. Je sais, Monseigneur, que votre génie s'étend à tout, et je me flatte bien, pour l'honneur de la physique, qu'elle tient un petit coin dans votre immensité. L'étude de la nature est digne d'occuper un loisir que vous devrez un jour au bonheur des hommes, et que vous pouvez à présent employer à leur instruction.

M. de Voltaire est actuellement très-tourmenté de cette maladie dont M. de Kayserlingk [1] a fait récit à V. A. R.; son plus grand chagrin, Monseigneur, est de se voir privé par là du plaisir qu'il trouve à vous marquer lui-même son admiration et son attachement. Les lettres dont vous l'honorez augmentent tous les jours l'un et l'autre.

V. A. R. a trouvé deux fautes dans la quatrième

1. Le baron de Kayserlingk, surnommé par Frédéric II et Voltaire, *Cesarion*, en raison de son nom même, diminutif de celui de César.

Épître[1] qu'il vous a envoyée, qui lui avaient échappé dans la chaleur de la composition, et dont je ne m'étais point aperçue en la lisant. Il les a corrigées sur le champ, tout malade qu'il est; ainsi, Monseigneur, c'est vous qui nous instruisez même dans ce qui concerne une langue qui vous est étrangère, et qui nous est naturelle. Je me flatte que M. Jordan[2] et M. de Kayserlingk seront aussi discrets que V. A. R., et que cette *Épître*, qui n'a point encore paru en France, ne courra point; c'est encore une obligation que nous aurons à V. A. R. Pour moi, Monseigneur, qui vous admire depuis longtemps dans le silence, la plus grande que je puisse vous avoir, c'est de m'avoir procuré l'occasion de vous marquer moi-même les sentiments que les lettres dont vous honorez M. de Voltaire m'ont inspirés pour vous, et avec lesquels je suis, etc.

1. Le sixième des *Discours en vers sur l'homme* (sur la nature de l'homme), dont Frédéric parle dans sa lettre du 6 août. *OEuvres de Voltaire*, t. LIII, p. 219.

2. Charles-Étienne Jordan, né à Berlin, le 27 août 1700, d'un père français originaire du Dauphiné. Après avoir suivi les cours de Bénédict Pictet à Genève, et de Crouzaz à Lausanne, il fut d'abord attaché comme ministre aux églises de Potzlow et de Prentzlow, puis, après un voyage en 1736, en France, en Angleterre et en Hollande, attaché au prince royal de Prusse, qui, devenu roi, le nomma successivement conseiller privé, et en 1742, vice-président de son Académie des sciences. Il mourut le 24 mai 1745. Il avait traduit, en 1737, pour Frédéric, la *Morale*, de Wolff. « Il était, dit Formey, d'une bonhomie franche et gaie. » (*Souvenirs d'un citoyen*, Paris, 1797, t. I, p. 45.) Frédéric II a écrit son éloge. (*OEuvres*, 1851, t. VII, p. 3.)

Nous étions très en peine de vous, Monsieur, et votre lettre m'a fait un véritable plaisir. Je suis ravie de vous savoir dans notre pays. Je ne puis me plaindre que vous alliez recevoir à Paris les applaudissements que votre livre charmant mérite. On me mande qu'il y réussit comme nous vous l'avions prédit, M. de Voltaire et moi. Il est bien aisé de dire la bonne aventure en pareille occasion. Je me flatte que vous viendrez après dans le coin du monde où l'on vous aime, et où l'on vous estime tant. Vous y trouverez bien des changements, mais les cœurs y seront à jamais les mêmes pour vous. Je suis ravie que vous ayez trouvé à Toulouse' des personnes qui vous aient parlé de moi. M. l'abbé de Sade[1] me doit de l'amitié, car c'est un des hommes du monde que j'aime le mieux. Je suis sûre que son esprit et son caractère vous auront plu, à moins que quatre ou cinq ans de prêtraille ne l'aient terriblement gâté. Si vous venez ici, nous vous jouerons aussi l'*Enfant prodigue*. Nous avons un théâtre à présent. J'espère que vous m'instruirez de vos marches. M. de Froulay vous regrette sans cesse, il vous croyait à Cirey par sa dernière lettre. Vous trouverez à Paris une nouvelle *Épître* qui, je crois, vous plaira encore plus que les autres, c'est la quatrième. Vous y trouverez aussi une nouvelle édition de la *Philosophie*

---

1. Jacques-François-Paul-Aldonce de Sade, né en 1705, vicaire général à Toulouse, mort le 31 déc. 1778, auteur des *Mémoires pour la vie de Pétrarque* (1764). Voltaire avait été fort lié avec lui et ses deux frères, le comte et le chevalier de Sade, auxquels il adressa plusieurs lettres en 1733. *OEuvres*, t. LI, p. 425, 447.

dont un exemplaire galope à présent après vous; mais
vous n'y trouverez point M. de Maupertuis; il est à
Saint-Malo, et je me flatte qu'il sera bientôt ici. Avez-
vous lu son livre? il me paraît un chef-d'œuvre; c'est
un roman instructif. Nous avons eu le vôtre très-tard,
parce que Thieriot s'en était emparé. Il m'a fallu l'at-
testation de M. Froulay; il ne voulait pas croire qu'il
fût pour moi : nous l'avons lu, et nous le relisons.
M. de Voltaire qui est dans son lit avec de la fièvre,
vous dit les choses les plus tendres. Nous vous demandons avec instance de vos nouvelles, et nous vous
attendons avec l'impatience des gens qui connaissent
les charmes de votre société.

97. — A M. DE MAUPERTUIS[1].

Paris, 1er septembre [1738].

J'attendais de vos nouvelles avec bien de l'impatience, Monsieur; car rien ne peut tenir lieu du plaisir
de vous voir que vos lettres. Je ne puis imaginer de
raison qui puisse vous empêcher de venir ici; je n'ai
point murmuré que vous m'ayez préféré votre famille;
mais si l'amitié peut décider vos pas, je suis sûre qu'il
n'y a point d'endroit au monde où l'on réunisse pour
vous tant d'amitié et tant d'admiration. J'approuve
infiniment les conseils que l'on vous a donnés de ne
point entreprendre de voyage hors du royaume, mais
j'approuverais bien plus que l'on vous conseillât de
venir passer quelque temps ici. Je suis sûre que vous
vous y plairiez, et c'est un voyage si court, que pour
peu que vos affaires vous rappelassent à Paris, vous y
seriez en vingt-quatre heures. Vous sentez bien que

1. Lettre inédite, Mss. p. 102.

l'envie extrême que j'ai de vous posséder ne se paye
point d'excuses vagues, et que je ne croirai point que
vous ayez eu envie d'y venir, si vous n'y venez point :
j'espère que vous me ferez part quelque jour des sujets
qui ont occupé votre extase philosophique. Vous êtes
le Saint-Jean de Newton, et je vous crois au véritable
Saint-Jean comme l'*autre* était à Newton [1].

J'ai lu avec attention toute l'*Épître* à M. de Fontenelle des *Dialogues* d'Algarotti, et il n'y a point
d'autre préface. Mais je n'y ai rien trouvé qui regarde
la figure de la terre, ni votre voyage. Cela est peut-
être dans le sixième Dialogue, où il parle de notre
monde planétaire ; mais je n'ai pas eu le temps de le
lire tout entier avant de vous répondre, et en le par-
courant je n'ai rien trouvé. Si vous voulez me mander
la phrase italienne, cela sera plus court ; je ne puis
croire cependant que vous ne l'entendiez mieux que
moi.

Je crains bien que vous ne désapprouviez mon *Mémoire*. Premièrement, il est trop long ; d'ailleurs il est
trop hardi, plein d'idées à moitié cuites, et très-incor-
rect. Je désirerais que vous le lussiez avant l'impression, parce que je l'eusse supprimé, s'il vous eût déplu.
Mais je compte, si vous avez la patience de le lire, que
vous apporterez dans cette lecture toute l'indulgence
dont elle a besoin. On ne l'imprimera que ces vacances ; je serais bien fâchée que vous fussiez encore
à Saint-Malo alors. M. Algarotti est à Toulouse, et
peut-être à présent à Paris. Son livre est frivole. C'est
un singe de Fontenelle [2] qui a des grâces. Le sixième

---

1. Nous omettons ici une page des raisonnements scientifiques
2. Nous retrouvons un écho de ces paroles dans madame de Graffigny : « Me voilà à prendre le café avec de la géométrie, de la
physique et les *Dialogues* de M. Algarotti sur le Newtonianisme.

Dialogue est assez bien fait, le reste est diffus et assez
vide de choses. Il pourra réussir aux toilettes, et ne
pas être méprisé des gens qui connaissent. L'envie de
donner un rival aux *Éléments de Newton* lui fera du
bien. M. du Châtelet est à Lunéville pour quelques
jours. M. de Voltaire vous fait les compliments les
plus tendres. Votre philosophie me plaît beaucoup, et
si vous la mettez en [pratique], vous serez le premier
homme public qui ayez donné l'exemple; mais vous
êtes fait pour exécuter les entreprises impossibles aux
autres. Toujours souvient à Robin de ses flûtes. Encore un mot sur les forces vives [1]... Mais ce qui m'embarrasse le plus, c'est comment je ferai pour vous
demander pardon de cette grande lettre. J'en suis si
honteuse que je n'ose plus rien dire. Réponse promptement, je vous prie, sur ce qui concerne M. de Mairan particulièrement.

----

98. — A M. DE MAUPERTUIS [2].

Cirey, 3 septembre 1735.

Vous vous trouvez sans doute accablé de mes lettres,
Monsieur; mais celle-ci est pour vous rendre compte
de ce que vous avez désiré sur M. Algarotti. Ce dont
Thieriot vous a parlé n'est pas dans la préface, mais
dans le sixième Dialogue, que j'ai lu tout entier pour

Nous en avons beaucoup ri ainsi que de l'auteur, quoiqu'il soit
l'ami d'ici et qu'il y ait fait une partie de ses *Dialogues;* mais il est
si impertinent dans sa préface qu'il faut bien en rire. » Madame de
Graffigny, *Vie de Voltaire,* p. 40. — Ce VIe *Dialogue* a pour titre :
*Réfutation de quelques hypothèses nouvelles sur la nature des cou-
leurs; confirmation du système de Newton.*

1. Nous omettons ici douze lignes.
2. Lettre inédite, Mss. p. 106.

l'amour de vous. Il y parle de votre voyage, à l'occasion des réfractions qui sont d'autant plus grandes que
l'air est plus dense. Voici ce qu'il en dit :

« *Nous pouvons nous flatter que la savante troupe qui
se prépare à faire voile des rives de la France au fond
du golfe Bothnique, pour déterminer, enfin, s'il est possible, de concert avec la troupe qui est allée au Pérou,
la véritable figure de la terre, et à laquelle l'amour des
sciences a inspiré le courage de changer les commodités
d'une habitation pleine de délices contre les glaces et les
déserts de la Laponie, nous fournira des observations
beaucoup plus exactes que celles que nous avons eues
jusqu'à présent sur la densité de l'air et sur les réfractions qu'il opère dans ces pays, dans lesquels des yeux
philosophiques n'avaient point encore observé la nature* [1]. »*

Voilà une assez mauvaise traduction d'une très-
longue phrase. Je ne sais trop pourquoi il met : *s'il
est possible ;* cela ne me paraît pas fort philosophique.
Il y a encore un autre endroit dans ce même dialogue
qui vous regarde plus particulièrement. C'est en parlant de l'anneau de Saturne et de ses lunes, et de
celles de Jupiter :

« *Un auteur français, répliquai-je, qui est un zélé
propagateur de ce système dans notre continent, s'est
transporté aussi par l'attraction jusqu'à ces mondes, et
il pense avec beaucoup de vraisemblance que les lunes de
Saturne et de Jupiter de même que la nôtre, étaien:
autrefois des comètes, lesquelles passèrent assez près de
ces planètes pour se trouver dans la sphère de leur attraction et pour être contraintes d'y demeurer et de tourner autour d'elles, de sorte que, de planètes de premier*

1. *Il Neutonianismo, per le dame*, **D. VI.**

*ordre qu'elles étaient, elles sont devenues de simples pla-
nètes secondaires* [1]. »

Le commencement de la phrase est une mauvaise
allusion à une mauvaise plaisanterie de la marquise,
car elle en fait quelquefois qui, non-seulement sont
plaisanteries, mais, outre cela, qui sont mauvaises.
Je ne sais pas comment je rendrais *planeti premari* en
français; car *planètes premières* ou *planètes primitives*
ne vaut rien. J'ai mis *planètes du premier ordre*, qui
est encore plus mauvais; mais mon but n'a pas été
d'être éloquente. Je ne sais pourquoi, au lieu d'*un auteur français*, il n'a pas orné son ouvrage de votre
nom. Je sais des gens qui n'en ont pas usé ainsi dans
un ouvrage que j'espère que vous aurez bientôt [2]. Au
reste, il y a quatre pages sur le flux et le reflux de la
mer qui font allusion à une mauvaise plaisanterie du
Voyage de Chapelle. Il a beaucoup pris de votre petit
livre sur la *Figure des astres*, et il vous a traduit très-
littéralement, mais sans vous citer. Il y a un endroit
où il dit que l'amour décroît en raison inverse du
carré de l'absence et du cube de la distance, et que,
selon la première proposition, un amant qui a été
huit jours sans voir sa maitresse, l'aime 64 fois moins[3].
Cela dure deux pages d'un calcul très-géométrique.
Je vous prie de me dire s'il est vrai que le son dé-
croisse en raison du carré de la distance, comme la
lumière. Il le dit, je ne le crois pas. Au reste, si son
livre réussit en français, je ne serai point étonnée;
mais je vous avoue que je n'aime pas trop cette bigar-
rure d'arlequinades et de vérités sublimes. J'ai bien
envie d'en savoir votre sentiment.

1. *Il Neutonianismo*, D. VI.
2. *Les Eléments de la philosophie de Newton.*
3. *Il Neutonianismo*, D. VI.

En lisant quelque chose de Wolff, l'autre jour, je trouvai ces mots que je veux vous mander, car peut-être ne les connaissez-vous pas : *Vir a lumine singulari præditus, celeber de Maupertuis, demonstravit vi motus vertiginis astrorum fieri posse, ut inducant figuram disceam, ac inde rationem reddit, cur nunc appareant, nunc iterum dispareant.*

J'attends avec impatience de vos nouvelles et la réponse à ma dernière lettre, et je finirai par vous dire que, si vous ne me venez pas voir, vous serez le plus injuste de tous les hommes.

---

99. — A M. DE MAUPERTUIS[1].

A Cirey, 20 sepembre [1738].

Je suis en peine de votre santé, Monsieur, je me trouve privé de votre commerce au moment où je me flattais de l'espérance de vous voir, et cette privation m'est très-sensible. Je suis inquiète de votre santé, et je vous demande en grâce de me donner de vos nouvelles. Je vous ai écrit une lettre à laquelle je désirais bien de recevoir votre réponse ou plutôt vos instructions. Mais les recevrai-je toujours de loin ! et ne viendrez-vous jamais voir l'école de Cirey, dont vous êtes assurément le maître. J'ai approfondi ce que M. Thieriot voulait dire, quand il prétendait que M. Algarotti avait parlé de vous dans sa préface. Ce n'est point M. Algarotti qui en a parlé, mais c'était une application galante que M. Thieriot vous faisait de ces paroles, qui, effectivement, sont dans la préface : « *Les voya - geurs devraient être les commerçants de l'esprit, et trans-*

1. Lettre inédite. Mss. p. 110.

mettre d'une nation à l'autre les avantages particuliers que la leur possède. » Cela est très-mal traduit, et encore plus mal appliqué ; car ce n'est vraisemblablement pas pour vous rendre propres les gentillesses des Lapons que vous avez été affronter les glaces des pôles. Au reste, je vous supplie, que cela ne laisse pas la matière d'une tracasserie ; car ce Thieriot a cru que vous vous moquiez de lui, quand vous lui avez mandé que vous n'entendiez point l'italien, et, comme il me l'a mandé, cela ferait un pot-pourri qui ne finirait plus. Je vous envoie deux pièces où vous êtes loué un peu plus convenablement que dans cette allégorie de Thieriot. L'*Ode* [1] est de M. de Voltaire, et l'*Épître* [2] passe pour en être. Si je n'étais pas honteuse, je vous enverrais un petit grain d'encens en prose, qu'une personne, qui vous admire plus que tout le monde ensemble ne le peut faire, a brûlé sur votre autel ; mais il me faut un ordre : de vous ce qu'il me faut surtout, c'est de vos nouvelles, et le plaisir de vous voir.

------

100. — A M. DE MAUPERTUIS [3].

A Cirey, 29 septembre 1738.

Je commençais à être en peine de vous, Monsieur ; je craignais que mon commerce ne vous fût devenu à charge ; mais je vois par votre lettre que votre amitié est aussi inépuisable que vos lumières. Je n'osais croire avoir raison contre M. de Mairan avant votre lettre ; mais je me sens bien forte à présent, et vous rele-

1. L'*Ode à MM. de l'Académie des sciences.*
2. L'*Epitre à madame du Châtelet,* en tête des *Éléments.*
3. Lettre inédite. Mss. p. 112.

vez mon courage. Mon Dieu ! qu'il vous reste encore de
ténèbres à dissiper dans mon esprit, et que votre présence m'est nécessaire. Je me flatte que, cette fois-ci,
vous ne me tromperez pas, et que vous vous rendrez à
l'envie extrême que j'ai de vous admirer de près.
M. de Vernique est bien heureux d'être avec vous,
et s'il veut vous accompagner ici, j'en serai charmée.
Indépendamment de son mérite, votre seule amitié
suffirait pour me le faire désirer. Vous recevrez encore
une lettre de moi au sujet de cette phrase italienne de
Thieriot. J'ai enfin trouvé le vrai sens de l'énigme, et
vous verrez bien qu'il m'était impossible de le deviner. J'attends avec impatience votre sentiment sur les
deux pièces de vers qui étaient jointes à cette lettre.
Je prends la liberté d'accompagner celle-ci d'une petite espèce d'extrait des [1] *Éléments de Newton,* que je
désirerais bien qui pût vous plaire. J'y loue un peu
M. de Fontenelle, mais c'est afin d'avoir la permission
de le blâmer indirectement.

J'ai donné sur les doigts au P. Reynau[2], dont j'ai cité
les propres mots en lettres italiques; enfin je dis un
peu son fait à l'abbé de Molières, qui prétend, dans des
lettres imprimées dans les journaux de Trévoux [3], avoir
trouvé la cause mécanique de l'attraction, et l'*Académie*
dit-il, *en convient.* Mais je m'aperçois que je dis *je.* Que
cela ne vous passe pas, je vous prie, car je ne désire
pas que ce petit ouvrage passe pour être de moi, pour
beaucoup de raisons. J'ai regardé comme un miracle

1. Cet extrait était destiné au *Journal des Savants.* Voir p. 324.
2. Le P. Charles-René Reynau, né en 1656, associé à l'Académie
des sciences en 1699, mort en 1728
3. Le *Journal de Trévoux* ayant inséré en janvier 1738 une Lettre
écrite de Montpellier sur ses *Leçons de Physique* et les tourbillons,
l'abbé de Molières y répondit dans les numéros de janvier, p. 142,
de février, p. 310, d'avril, p. 614, de mai, p. 863.

qu'il ait passé, et j'ai eu sur cela des obligations à un homme dont votre amitié m'a concilié la bienveillance. C'est l'abbé Trublet[1], qui m'a devinée, et à qui je me suis confiée depuis, ne pouvant l'éviter. J'espère que vous pardonnerez à ma confiance en votre amitié la liberté que je prends de vous envoyer cette guenille.

Je connais M. Wolff pour un grand bavard en métaphysique. Il est plus concis dans les trois tomes de sa *Physique*. Mais il ne me paraît pas avoir fait de découvertes ni dans l'une ni dans l'autre. Je vais demander le livre de lui dont vous me parlez, car je crois que quand on veut approfondir une matière, il faut tout lire. Votre idée que Dieu n'a pas fait (car *n'a pas pu faire* est un grand mot) de corps sans ressort, m'en a fait naître une : c'est que les premières parties de la matière peuvent être insécables, non par la privation entière de ressort, mais par la volonté de Dieu ; car on est souvent obligé d'y avoir recours, et je crois cette indivisibilité *actu* des premiers corps de la matière d'une nécessité indispensable en physique.

Adieu, Monsieur; dédommagez-moi souvent par vos lettres du terme que vous mettez au temps où je jouirai de votre présence. Vous m'avertirez sans doute, quand il faudra adresser les miennes à Paris. M. de Voltaire et M. du Châtelet me prient de vous faire leurs compliments.

---

1. L'abbé Nicolas-Charles-Joseph Trublet(1697-1770), né à Saint-Malo, comme Maupertuis, de l'Académie française en 1761.

101. — A M. LE COMTE D'ARGENTAL.

Cirey, 4 octobre 1738.

Nous avons été très-étonnés du débarquement de
M. de La Mare ici : on n'a jamais fait tant de chemin
pour demander l'aumône; c'est un fou qui n'est pas
sans esprit, et pour qui la bonté de votre cœur n'a pu
s'empêcher de s'intéresser. Vous connaissez celui de votre
ami; ainsi vous croyez bien qu'il fera pour lui tout ce
qu'il pourra. Mais le mariage de ses deux nièces [1] et
son cabinet de physique lui laissent peu de moyens de
se livrer, cette année, au plaisir qu'il trouve à faire du
bien. Madame de Champbonin est arrivée, ne regrettant
que vous à Paris. Elle nous a laissé peu d'espérance de
vous voir. Je crois votre voyage de Pont-de-Veyle
rompu [2]. Ce qui est bien certain, c'est que vous devez

1. Louise Mignot née vers 1710, et Marie-Élisabeth née en 1715,
toutes deux filles de Marie Arouet, sœur de Voltaire, morte en 1726,
et de Pierre-François Mignot, conseiller-correcteur de la Chambre
des Comptes. La première, que Voltaire aurait voulu marier au fils
de madame de Champbonin, et à la quelle il constitua une dot de
30,000 francs, suivant madame de Graffigny, épousa le 25 février 1738, M. Denis, commissaire ordinaire des guerres. (*Vie
privée de Voltaire*, Paris. 1820, p. 13.) La seconde épousa, le 9
juin 1738, Nicolas-Joseph de Dompierre, seigneur de Fontaine-
Hormoy, président-trésorier de France au bureau des finances
d'Amiens, dont elle devint veuve en 1756. Voltaire lui donna
25,000 livres. Les deux mariages eurent lieu à Saint-Germain-
l'Auxerrois, paroisse dont dépendait la rue des Deux-Boules où
habitaient les deux sœurs. Voir Desnoiresterres, *Voltaire à Cirey*,
Didier, 1868, p. 137 et 140.
2. « La route de Paris à Pont-de-Veyle est par Dijon; la route
de Dijon est par Bar-sur-Aube, Chaumont, Langres. etc. De Bar-
sur-Aube à Cirey, il n'y a que quatre lieues ; et, si vous ne voulez
pas faire quatre lieues pour vos amis, pour voir vos amis, vous n'êtes
plus d'Argental, vous n'êtes plus l'ange gardien, vous êtes digne
d'aller en Amérique. » Lettre de Voltaire à d'Argental, 14 juillet
1738. *Œuvres*, t. LIII, p. 195.

sentir le plaisir extrême que nous aurions de vous posséder vous et madame d'Argental, et que nous comptons assez sur votre amitié pour espérer que vous y viendrez quelque jour, si cela vous est possible. Je ne sais comment Thieriot vous a pu dire que nous ne retournerions point à Paris, puisque je l'ai chargé de conduire, pour M. du Châtelet, le marché de la maison de madame Dupin[1], si nous pouvons l'avoir à un prix raisonnable. Vous voyez bien que mon retour à Paris, un jour à venir, entre dans mes projets, et les soins que je dois à ma famille le rendront indispensable. Je compte bien passer ici les plus heureux de mes jours; mais le plaisir de vous voir souvent à Paris et d'y jouir de votre société, me dédommagera de Cirey; du moins, c'est mon espérance. Je vous prie de ne point parler de mes vues pour la maison de madame Dupin; car il n'y a déjà que trop de gens après.

Notre amitié pour M. de Voltaire nous fait presque toujours penser les mêmes choses sur ce qui le regarde. Je pense absolument comme vous sur les petits ouvrages; cela occupe le temps qu'il pourrait employer à de plus grands tableaux. J'en excepte cependant les *Épîtres :* je les regarde quand elles seront rassemblées, comme très-dignes de leur auteur. Il est beau d'avoir encore le genre didactique. Je crois qu'en les corrigeant avec soin, elles pourront faire le pendant. (*Le reste manque.*)

1. Le célèbre hôtel Lambert, dans l'île Saint-Louis, bâti par Leveau, et décoré par Lebrun et Lesueur, pour Lambert de Thorigni, et aujourd'hui propriété du prince Czartoriski. Madame du Châtelet l'acheta en effet, vers la fin de mars 1739, du fermier-général Dupin, moyennant 200,000 francs, pour le lui rétrocéder quatre ans après, ce qui a laissé quelque doute dans l'esprit du savant historien de Voltaire sur la réalité de cette vente. Voir Desnoiresterres, *Voltaire a Cirey*, p. 325 et 343.

102. — A M. DE MAUPERTUIS[1].

Vous n'êtes pas sans doute assez injuste pour vous
fâcher d'une attention, que les gens les plus riches
exigent ; on n'aime point à recevoir de gros paquets
par la poste ; et les choses que je vous ai envoyées ne
pouvaient avoir de mérite auprès de vous que celui de
la primeur. M. de Voltaire attend avec impatience votre
agrément pour faire paraître la lettre qu'il vous adresse[2],
et moi, j'attends votre jugement sur mon petit *Extrait*
de Newton.

[Mais ce que j'attends avec plus d'impatience encore,
c'est le temps où vous me ferez l'honneur de me venir
voir. Je ne puis croire que vous trompiez encore mon
attente cette fois-ci, et que vous vous repentiez de m'a-
voir promis la chose du monde que je désire le plus.
Comme vous ne m'en parlez point dans votre dernière
lettre, cela m'a inquiétée.]

M. de Réaumur me fait enrager le plus poliment du
monde ; il n'a pas voulu souffrir que je supprimasse
une note de mon ouvrage[3], qui n'a rien à démêler avec

1. Cette lettre était adressée à Saint-Malo, où se trouvait alors
M. de Maupertuis. (A. N.)
2. La *Lettre à M. de Maupertuis sur les* ÉLÉMENTS DE LA PHILO-
SOPHIE DE NEWTON. *OEuvres*, t. LIII, p. 266.
3. Madame du Châtelet avait dit à la page 107 de sa *Dissertation
sur la nature et la propagation du feu* : « L'effet de la force d'un corps
étant le produit de sa masse par sa vitesse, un rayon qui ne serait
que de 1,666,600 moins pesant qu'un boulet d'une livre, ferait le
même effet que le canon, et un seul instant de lumière détruirait
tout l'univers. » Voici la note ajoutée à ce passage : « Mais que serait-
ce encore, si la force d'un corps était le produit de sa masse par le
carré de sa vitesse, comme M. Leibnitz et de très-grands philosophes
l'ont prétendu et comme on le croirait encore, sans la façon admirable dont M. de Mairan a prouvé le contraire ? — Cette note a
disparu dans l'édition de 1744.

le fond, puisqu'il s'y agit des forces vives. Je dis
une petite fadeur à M. de Mairan, sur son mémoire
des forces vives dans cette note, [et je vous assure que
quand je composai mon *Mémoire* sur le feu, j'avais lu
son mémoire en l'air, et seulement pour l'admirer,
car je n'étais point du tout en état de le juger, puisque
je n'avais jamais examiné ces matières. Cependant je
suis très-fâchée de voir imprimer dans mon ouvrage une
chose si contraire à mes sentiments présents, et que
je serai obligée de réformer dans l'*errata*, qui est la
seule ressource qui me reste.]

Je vous avoue que je suis un peu fâchée contre cette
sévérité, qui n'est pas celle d'un homme d'esprit; je ne
veux cependant pas m'en plaindre; car je me ferais
deux ennemis de deux personnes que je veux ménager : ainsi gardez-moi le secret.

[Mais que direz-vous quand vous verrez un mémoire
de M. Grandia sur le feu, imprimé à la vérité à ses
frais, mais avec l'approbation des commissaires. Ce
mémoire est bien la plus plate chose, la plus superfi-
c:elle. Il semble que ce soit pour se moquer de l'Académie. Si elle donnait souvent de ces approbations-là,
elle se déshonorerait. Le livre de M. du Tot m'a ennuyé, pour le peu que j'en ai lu, et celui de M. Melon
m'a fait un plaisir infini.]

La lettre de M. de Voltaire m'a paru bien écrite et sen-
sée : je m'entends peu du reste à ces matières, et la vie est
si courte, et si remplie de devoirs et de détails inutiles,
quand on a une famille et une maison, que je ne sors
guère de mon petit plan d'étude pour lire les livres nouveaux. Je suis au désespoir de mon ignorance et de
toutes les choses qui m'empêchent d'en sortir. Si j'étais
homme, je serais au Mont-Valérien avec vous, et je
planterais là toutes les inutilités de la vie. J'aime l'étude

avec plus de fureur que je n'ai aimé le monde ; mais je
m'en suis avisée trop tard. Conservez-moi votre amitié ;
elle console mon amour-propre.

———

103. — A M. DE MAUPERTUIS[1].

[Cirey, commencement de novembre 1738.]

Je suis ravie de vous savoir à Paris, Monsieur, et
votre lettre m'a fait d'autant plus de plaisir que vous
m'y parlez de votre voyage ici ; je ne cesserai de vous
en presser. Je serais bien heureuse si mon petit extrait
vous avait plu ; il est bien superficiel, mais cela ne
pouvait guère être autrement. M. de Voltaire attend
votre réponse avec impatience. Il y a une lettre de
moi qui ira vous chercher à Saint-Malo[2]. Je vous y
parlais des rigueurs de M. de Réaumur. Ne pourriez-
vous point les adoucir, et me rendre quelques services
sur l'impression de mon ouvrage, auquel je voudrais
faire quelques corrections, comme de supprimer une
note sur la force des corps qui ne fait rien assurément
au fond de l'ouvrage, qui aura encore assez de défauts
sans celui-là. Je vous prie de me mander ce que vous
pourrez pour moi, et de me faire le plaisir d'ordonner
que l'on mette votre nom à la tête des commissaires
qui ont signé cette espèce d'approbation que l'Académie donne à nos dissertations. Je suis persuadée que
si vous l'aviez rédigée, cela eût été un peu plus flatteur,
mais assurément je suis bien loin de me plaindre. Je
ne me plains que de ne vous point voir ; vous ferez

1. Lettre inédite. Mss. p. 117.
2. Celle du 24 octobre.

21

cesser ces plaintes quand vous voudrez contribuer au
bonheur de la personne du monde qui s'intéresse le
plus au vôtre.

---

104. — A M. DE MAUPERTUIS[1].

[Cirey], 19 novembre 1738.

Quand je me suis adressée à vous, Monsieur, pour
les changements que je désirais faire à mon *Mémoire*
sur le feu, j'ai compté m'adresser à mon ami et non à
un commissaire des prix. Je sais fort bien que ce que
je vous demande n'est pas dans la rigidité de la loi,
mais je sais aussi que la lettre tue et que l'esprit vivifie.
Je ne demande aucun changement dans le corps de
l'ouvrage; car je sais très-bien que l'Académie ayant
porté son jugement sur le mémoire tel qu'il lui a été
présenté, elle veut que le public le voie dans le même
état, et cela est trop juste. Mais je ne vous demande
que la suppression d'une note dans laquelle il s'agit
des forces vives, sujet entièrement étranger à celui
du feu, et assurément cette note n'a influé en rien sur
le jugement de l'Académie. Voilà pourquoi je me suis
adressée à vous, qui savez comme je pense actuellement sur cette matière, et qui avez assez de justice
pour sentir que ce que je vous demande n'intéresse en
rien l'honneur de l'Académie ni des commissaires. Au
reste, si vous voulez me rendre ce service, je vous aurai la plus sensible obligation, mais je vous prie de
n'en parler ni à l'Académie ni à M. de Réaumur. Comme
vous n'avez nulle idée de mon *Mémoire* et que vous
m'avez promis de me faire le plaisir de le lire, il vous

1. Lettre inédite. Mss. p. 119.

est très-aisé de le demander. On n'a pas encore commencé à l'imprimer, et vous pouvez juger par vous-même du peu d'importance de ce que j'ai l'honneur de vous demander, et combien cependant cette bagatelle serait désagréable pour moi, puisqu'il est fort triste de voir dans le seul ouvrage qui sera peut-être jamais imprimé de moi, un sentiment qui est si opposé à mes idées présentes. Si vous voulez donc, Monsieur, me faire le plaisir d'effacer cette note (car cela n'est point dans le corps de l'ouvrage), vous me rendrez un service que je n'oublierai jamais, et vous la trouverez dans la première partie. Je serais charmée que vous voulussiez me dire votre sentiment sur cet ouvrage, mais j'imagine que vous n'avez guère de temps, puisque vos lettres sont devenues si rares depuis que vous êtes à Paris. J'en suis sensiblement affligée, car vous savez bien le plaisir extrême qu'elles me font. Mais ce qui me fâche le plus, c'est que vous ne parlez plus de venir ici. Cependant si vous me tenez parole, cet heureux temps doit approcher. L'impatience que j'en ai égale l'amitié extrême que vous m'avez inspirée, et le cas que je fais de l'avantage de pouvoir vous consulter moi-même et m'instruire dans votre commerce. M. de Voltaire qui partage avec moi tous ces sentiments, me prie de vous en assurer.

On m'a mandé que M. du Fay ôte quatre rayons de la couronne de Newton[1]. Je suis bien curieuse de connaître les expériences qui l'ont porté à avancer une proposition qui doit beaucoup surprendre toutes les personnes qui connaissent l'optique de Newton et son exactitude. Je suis cependant persuadée qu'il ne l'a point avancée

1. Dans un Mémoire présenté à l'Académie des sciences en 1737, Du Fay, réduisait à trois, le rouge, le jaune et l'azur, les sept couleurs primitives admises par Newton. Voir *Hist. de l'Ac.* 1737, p. 58.

sans avoir de fortes preuves pour l'établir. Je vous avoue que j'en suis bien curieuse, et surtout de savoir ce que vous en pensez. On me mande aussi qu'un nommé M. de Gamaches [1], qui est abbé, faisait un livre de physique où il conciliait le plein de Descartes avec le vide de Newton. Cela me parait une étrange entreprise. Connaissez-vous l'auteur? car, pour l'ouvrage, je ne sais s'il osera vous en parler. Je vous supplie de me garder un secret exact sur le petit *Extrait* de Newton que je vous ai envoyé, et sur cette note. Adieu, Monsieur, soyez bien certain que quand vous voudrez voir les personnes qui vous aiment et qui vous estiment le plus, il faut que vous veniez à Cirey.

---

105. — A M. DE MAUPERTUIS.

Cirey, décembre 1738.

Je prends mon parti très à regret sur cette note ; mais je vois bien qu'il le faut ; je m'étais dit tout ce que vous me mandez sur cela ; et je vous priais de l'effacer incognito, étant bien sûre que personne ne s'en apercevrait. Quoi qu'il en soit, je ne suis point obligée de rendre compte de mes sentiments au public ; mais si, par impossible, j'étais jamais obligée de parler des forces vives, je ne me ferais nulle peine de me dédire.

Cela me guérira de parler des choses que je ne sais point, et de louer, à tort et à travers, d'autant plus que je vous jure que je n'espérais point le prix ; je sentais à merveille que la hardiesse seule de mes idées me l'interdisait, sans compter toutes les autres raisons d'exclu-

---

1. Étienne-Simon de Gamaches (1672-1756), astronome, chanoine de Sainte-Croix de la Bretonnerie, associé de l'Académie des sciences en 1735.

sion ; mais comme j'étais peu au fait des choses, je croyais que l'Académie donnait des accessits, et j'en espérais un. Vous voyez qu'ayant l'honneur d'être imprimée[1], j'ai obtenu tout ce à quoi j'aspirais. Je connais tous les défauts de mon ouvrage ; et je puis dire que, si j'en avais eu meilleure opinion, j'y en aurais moins laissé ; mais je n'espérais me tirer de la foule, et me faire lire avec quelque attention par les commissaires, que par la hardiesse et la nouveauté de mes idées, et c'est justement ce qui m'a cassé le cou. [Je suis trop flattée de ce que vous voulez bien m'en dire, et il me semble que d'avoir été lue par vous est un prix bien au-dessus de ce que je devais espérer. Si vous aviez pu m'effacer cette note, vous m'eussiez tiré une terrible épine du pied, mais je ne veux pas que mon amitié vous soit à charge, et je ne vous en parlerai plus. J'écris à M. de Réaumur pour obtenir un *errata*. Il me semble que les correc-

---

1. Les mémoires de madame du Châtelet et de Voltaire, qui figurent dans le IVe volume du *Recueil des pièces qui ont remporté les prix de l'Académie royale des sciences*, Paris, 1752 in-4°, p. 87-170 = 171-219, sont précédés de l'*Avertissement* suivant : « Les auteurs des deux pièces suivantes s'étant fait connaître à l'Académie, et lui ayant marqué qu'ils souhaitaient qu'elles fussent imprimées, l'Académie y a consenti volontiers, sur les témoignages que lui ont rendu les commissaires des Prix, que quoiqu'ils n'aient pû approuver l'idée qu'on donne de la nature du Feu, en chacunes de ces pièces, elles leur ont paru être des meilleures de celles qui ont été envoyées, en ce qu'elles supposent une grande lecture et une grande connaissance des bons ouvrages de physique, et qu'elles sont remplies de faits très-bien exposés, et de beaucoup de vues.

La pièce n° 6, qui a pour devise :

Ignea convexi vis, et sine pondere cœli
Emicuit, summâque locum sibi legit in arce,

Ovid.

est d'une jeune dame d'un haut rang.

Et la pièce n° 7, qui a pour devise, *Ignis*, etc., est d'un de nos premiers poëtes. »

tions que j'y mettrai sont un hommage que je rends à l'Académie, et une marque de ma déférence à son jugement.

Je ne puis vous dire avec quelle impatience j'attends la fin de l'année. Si vous vouliez m'instruire précisément de votre marche, je vous enverrais une chaise de poste à Troyes. Cela vous abrégerait le temps de la route et me ferait jouir du plaisir de vous voir un jour ou deux plus tôt, ce que je compte pour beaucoup. Je ne puis croire que vous frustriez encore mes espérances cette fois. J'ai un besoin extrême de vous voir, il ne me reste plus que trois mois à rester ici. Je compte vers le mois de mars aller en Frandre pour des affaires indispensables qui me retiendront longtemps, et si vous aviez encore du goût pour voyager, je ne désespérerais pas de faire quelques-unes de mes courses avec vous. Mais je vous demande en grâce de venir voir ma solitude avant que je la quitte.

Le Newtonianisme pour les dames est traduit. Je ne sais si vous aurez la patience de le lire dans l'impertinente traduction de Castera. Je ne sais comment M. Algarotti s'en trouve. Il méritait bien, après avoir dédié son livre à l'ennemi de Newton, d'être traduit par un homme qui se déclare l'ennemi de Newton et le sien.

Je sais presque par cœur l'optique de M. Newton, et je vous avoue que je ne croyais pas qu'on pût révoquer en doute ses expériences sur la réfrangibilité. Ce sont celles qu'il a faites avec le plus de soin. Il les a répétées de cent manières différentes. Cependant *homo erat;* si M. du Fay a de bonnes raisons à dire, je suis toute prête à l'écouter. Celle des teinturiers ne me parait ni concluante ni neuve. Le P. Castel dit la même chose depuis dix ans, et Newton l'a réfuté il y en a cinquante...[1] Cependant, comme je n'ai pas vu les expériences de du Fay, je suspends mon jugement ; mais vous ferez tout cela mieux que moi, pardon. Mes fautes avec vous m'attirent toujours des instructions, cela est juste, il faut que les pauvres s'enrichissent. Adieu.

Nil mihi rescribes, attamen ipse veni.

M. de Voltaire vous embrasse.]

---

106. — A M. LE COMTE D'ARGENTAL [2].

Cirey, ce 5 décembre 1738.

J'ai scellé cette comédie[3] de cinq sceaux, mon cher ami ; voyez si La Mare ne les a pas rompus ; et, surtout, en cas qu'elle fût refusée, qu'il ne soit pas le maître de la faire imprimer ; cela pourrait attirer des affaires, ne la lui confiez point ; déposez-la dans les très-fidèles mains de mademoiselle Quinault, et qu'il soit à ses ordres et aux vôtres. Il faudra que mademoiselle Quinault la fasse copier et renvoie la copie envoyée, parce qu'il y a de l'écriture de votre ami. Si vous n'approuvez pas qu'on la joue, renvoyez-la, on donnera autre chose à La Mare. Taillez, monsieur d'Argental, rognez ; nous sommes entre vos mains.

M. de Voltaire vous envoie aussi deux épîtres ; la deuxième *sur la Liberté,* et la quatrième *sur la Modération*[4]. Il ne donnera la cinquième que quand vous serez

---

1. Nous omettons ici quatre pages de raisonnements scientifiques.

2. *OEuvres de Voltaire,* t. LIII, p. 344. Cette lettre en accompagnait une autre de Voltaire.

3. L'*Envieux,* comédie dirigée contre J.-B. Rousseau, comme plus tard l'*Ecossaise* contre Fréron. Elle a été publiée pour la première fois par Beuchot. *OEuvres de Voltaire,* t. IV, p. 343.

4. Le deuxième et le quatrième *Discours sur l'homme.*

tions que j'y mettri sont un hommage que je rends à
l'Académie, et unemarque de ma déférence à son jugement.

Je ne puis vouslire avec quelle impatience j'attends
la fin de l'année. i vous vouliez m'instruire précisément de votre marche, je vous enverrais une chaise de
poste à Troyes. ela vous abrégerait le temps de la
route et me feraitouir du plaisir de vous voir un jour
ou deux plus tôt, e que je compte pour beaucoup. Je
ne puis croire qu vous frustriez encore mes espérances cette fois. J'ai un besoin extrême de vous voir,
il ne me reste plu que trois mois à rester ici. Je compt
vers le mois de mrs aller en Frandre pour des affai
indispensables ui me retiendront longtemps, e
vous aviez encor du goût pour voyager, je ne dé
pérerais pas de aire quelques-unes de mes coi
avec vous. Maisje vous demande en grâce de
voir ma solitude vant que je la quitte.

Le Newtonianme pour les dames est traduit
sais si vous aure la patience de le lire dans l'"
nente traductio de Castera. Je ne sais c
M. Algarotti s'ei trouve. Il méritait bien, apro
dédié son livrei l'ennemi de Newton, d'être
par un homme ui se déclare l'ennemi de Nev
le sien.

Je sais presqu par cœur l'optique de M. New
je vous avoue qe je ne croyais pas qu'on pût ré
en doute ses exériences sur la réfrangibilité. C
celles qu'il a faiss avec le plus de soin. Il les a re
de cent manièrs différentes. Cependant *homo*
si M. du Fay a te bonnes raisons à dire, je suis
prête à l'écoute. Celle des teinturiers ne me
ni concluante i neuve. Le P. Castel dit la même
depuis dix ans et Newton l'a réfuté il y en a

quante...[1] Cependant, comme je n i pas
riences de du Fay, je suspends mo juge
vous ferez tout cela mieux que mo rdo
avec vous m'attirent toujours de   ti
juste, il faut que les pauvres s'e

Nil mihi rescribes, attaux.

M. de Voltaire vous embrasse.[2]

---

106. — A M. LE COMTE D'AI

Cirey, 5 d

J'ai scellé cette comédie[3] de c [s
cher ami; voyez si La Mare ne les as
surtout, en cas qu'elle fût refusée. ju'il
le maître de la faire imprimer; ci
des affaires, ne la lui confiez point
les très-fidèles mains de mademoi-
qu'il soit à ses ordres et aux vôtres. l au
demoiselle Quinault la fasse copier en
envoyée, parce qu'il y a de l'écriture : v
vous n'approuvez pas qu'on là joue, n
donnera autre chose à La Mare. Taille m
gental, rognez; nous sommes entre v m
M. de Voltaire vous envoie aussi dix
deuxième *sur la Liberté*, et la quatrièr su
tion[4]. Il ne donnera la cinquième que an

1. Nous omettons ici quatre pages de ra nn
fiques.
2. *OEuvres de Voltaire*, t. LIII, p. 344. tte
compagnait une autre de Voltaire.
3. L'*Envieux*, comédie dirigée contre J.-B. R sse
tard l'*Ecossaise* contre Fréron. Elle a été publié po
fois par Beuchot. *OEuvres de Voltaire*, t. IV, p. 13
4. Le deuxième et le quatrième *Discours sur la*

content, et corrigera les trois premières, jusqu'à ce que
vous disiez : c'est assez ; mais je crois qu'il est nécessaire d'en faire un corps d'ouvrage suivi, et de les imprimer ensemble, surtout à cause de celle de *l'Envie*.
Mérope peut réussir, surtout avec Mlle Dumesnil[1] ; mais
je ne sais si on doit la hasarder ; c'est à vous à décider.
Il a beaucoup retouché les derniers actes ; je ne sais si
vous en serez plus content ; mais il y a bien des beautés et des choses prises dans la nature. Sa santé
demande peu de travail, et je fais mon possible pour
l'empêcher de s'appliquer. Je crois qu'il va se remettre
à l'*Histoire de Louis XIV ;* c'est l'ouvrage qui convient
le plus à sa santé. Si vous venez jamais ici, je crois que
vous la lirez avec grand plaisir. Je fais mon possible
pour vous donner autant d'envie de venir, que j'en ai
de vous dire moi-même combien je vous aime tendrement. Votre ami vous en dit autant.

---

107. — A M. LE COMTE D'ARGENTAL.

Cirey, 12 décembre 1738.

Vous savez bien, mon cher ami, que je ne puis être
longtemps sans vous écrire et sans recevoir de vos nouvelles. Vous n'avez point répondu à ma dernière lettre;
mais sûrement vous pensez à ce dont je vous ai prié. Je
voudrais que ces six *Épîtres* fussent finies pour n'en
plus rien craindre. Celles du *Tien* et du *Plaisir*[2] ne me

---

1. Marie-Françoise Marchand Dumesnil (1711-1803), avait dé-
buté au Théâtre-Français, le 6 août 1737. Elle créa les rôles de
Mérope (1743) et de *Sémiramis* (1748).

2. Le cinquième et le sixième des *Discours sur l'homme*, l'un *sur
la nature de l'homme*, dans laquelle il met en scène Tien, dieu des
Chinois, et l'autre *sur la nature du plaisir*.

paraissent pas trop faites pour le sot public, et je puis
vous assurer qu'elles ne sortiront de Cirey qu'avec votre
attache, du moins si j'en suis crue, car on ne me croit
pas toujours.

Voici une bonne nouvelle : il y a une tragédie[1] commencée, dont un acte est presque fait. Je n'en connais
que le plan ; mais, s'il est rempli, cela sera bien atten-
drissant. Vous en aurez sûrement les prémices; et il
n'y a que vous, madame de Champbonin et moi, qui le
sachions. A la rapidité dont il travaille, je ne désespère pas de vous en envoyer la première épreuve pour
vos étrennes. Il aurait bien tort d'abandonner les vers;
il ne les a jamais faits si facilement, et sa plume peut à
peine suivre le torrent de ses idées. Votre goût pour
le théâtre est ce qui le soutient le plus dans cette carrière, et le plaisir de vous envoyer cette nouvelle pro-
duction de son génie est une de ses récompenses. On
parle de *Méditations sur le Carême*, que l'on dit pleines
d'athéisme, et que l'on a la méchanceté d'attribuer à
votre ami. Cependant il est bien loin d'être athée, et encore plus loin de penser à de pareils ouvrages. Je ne lui
en ai rien dit ; car il est inutile de l'inquiéter ; et, malgré
la disposition que j'ai à m'alarmer, je ne crains rien
quand je n'entends point parler de vous. Adieu, mon
ange tutélaire; ne nous abandonnez pas : vous savez
si vous devez nous aimer, et à quel point nos cœurs
sont à vous.

---

1. Probablement la tragédie de *Zulime*, commencée vers le 15 dé.
lsembre 1738, et qu'il fit, dit-il, en huit jours. Voir lettre du 7 janvier 1739.

108. — A M. LE COMTE D'ARGENTAL.

Circy, 15 décembre 1738.

Voici, mon cher ami, une *Épître* qui, je crois, a
grand besoin de votre révision. Nous attendons votre
jugement pour nous y conformer, et je vous supplie
d'être inflexible, et de ne la donner à Prault que quand
vous en serez content. Je vous supplie aussi d'écrire
sur celle du *Plaisir*, et de ne la donner ni à Thieriot, ni
à personne. A propos de Thieriot, votre ami a imaginé
d'ôter *Hermotime* de la première épître, et de mettre
Thieriot à la place[1], ce dont, à vous dire vrai, je suis
très en colère, pour mille raisons que sans doute vous
devinez sans que je vous les dise. Si on vous fait des
propositions sur cela, je vous prie de dire qu'*Hermotime* est bien mieux; il est du moins plus doux et
plus harmonieux. Il ne veut pas, je crois, mettre le mot
de Thieriot dans les vers; il est heureusement *peu propre à la césure.* Mais enfin je ne veux pas même que le
frontispice le désigne. Peut-être mon crédit l'empor-
tera-t-il; mais Thieriot est un terrible adversaire, et,
si j'ai besoin de votre secours, je vous prie de ne me le
pas refuser. Il ne faut pas en parler dans votre pre-

---

1. Le premier *Discours de l'homme*, dont le sujet est l'*Égalité
des conditions*, commençait d'abord par ces vers :

Eh bien! jeune Hermotime, en province élevé,
Avec un cœur tout neuf à Paris arrivé,
Tu ne sais pas encore quel parti tu dois prendre
. . . .

A cette leçon Voltaire en substitua une seconde, où il désignait
ainsi Thieriot sans le nommer :

Ami, dont la vertu toujours facile et pure
A suivi par raison l'instinct de la nature.

leçon qui disparut elle-même pour faire place à une troisième où
reparaît un nouveau nom imaginaire, celui du sage Ariston.

mière lettre, mais seulement quand on vous enverra les vers changés. Pardon de toutes ces minuties; mais vous savez vous y prêter, et, qui plus est, vous y intéresser. La tragédie avance à vue d'œil. Adieu, mon cher ami. Vous savez si je vous aime, et quel plaisir je sens à vous le dire.

---

109. — A M. LE COMTE D'ARGENTAL.

Cirey, 25 décembre 1738.

J'ai reçu votre lettre, mon cher ami, et j'en avais besoin pour me rassurer contre votre silence. M. de Voltaire a la fièvre; ainsi, je n'ai osé lui montrer votre lettre. Le retour de Rousseau [1] et le libelle de l'abbé Desfontaines [2] l'auraient mis au désespoir; car il a sur ces choses-là une sensibilité qui peut être naturelle, mais qui n'est pas raisonnable. Je perds pour le calmer mes sermons et mon crédit, et vous devez être bien sûr que, s'il me croyait, il serait plus heureux. Je ne crois pas que Rousseau puisse lui faire grand mal; mais je trouve que Saurin a fait une action bien lâche de se désister, car on ne manquera pas de l'accuser d'avoir vendu la mémoire de son père. Heureusement personne n'a mandé encore cette nouvelle à votre ami:

1. Jean-Baptiste Rousseau, toujours sous le coup de la condamnation par contumace prononcée contre lui, en 1712, pour des couplets contre Saurin et autres, était venu secrètement à Paris, vers a fin de novembre 1738, et logeait, paraît-il, à l'archevêché sous le nom de Richer. Clément, *Première lettre à Voltaire*, La Haye, 1773, p. 42. Desnoiresterres, *Voltaire à Cirey*, p. 200. Il retourna à Bruxelles vers le commencement de février 1739.

2. La *Volteromania ou Lettre d'un jeune avocat, en forme de mémoire, en réponse au libelle du sieur de Voltaire, intitulé le Préservatif ou Critique des Observations sur les écrits modernes*, 1738, in-12, de 48 pages. Ce pamphlet de Desfontaines parut le 14 décembre 1738.

il faudra bien qu'il la sache un jour. Mais pour le libelle de Desfontaines, je voudrais bien qu'il l'ignorât
toujours; je serais au désespoir, s'il y répondait.

Savez-vous une chose qui va bien vous étonner?
c'est que La Mare n'a pas écrit à votre ami depuis
qu'il a fait retirer, par l'abbé Moussinot, son linge qui
était en gage. C'est un petit ingrat dont il n'y a nul
honneur à se mêler : c'est dommage, car il a de l'esprit. Cette circonstance me fait encore plus désirer
que l'*Envieux* ne paraisse point. Je suis très-fâchée qu'il
ait eu cette confiance en La Mare, et c'est encore contre
mon gré. Je n'ai jamais aimé cette pièce; il faut tâcher
de la retirer de ses pattes, et cela sera, je crois, ma-
laisé; car il aura eu sûrement la précaution, tout
étourdi qu'il est, d'en prendre copie. Il devait, par sa
dernière lettre, la faire présenter aux comédiens par
Colet[1]. Depuis ce temps, nous n'en avons eu nulle nouvelle. J'espère que vous nous en donnerez; il serait
essentiel de savoir si elle a été lue aux comédiens et si
on l'a reçue, ce dont je serais au désespoir; mais j'en
doute par votre lettre. J'ai déjà parlé de faire redemander l'original; il n'y aura que vous dont l'autorité
puisse le retirer; car si votre ami le faisait redemander
par M. Moussinot ou par quelque autre, La Mare prendrait cela pour une méfiance insultante, et deviendrait
l'ennemi de votre ami, à qui ses bienfaits ont toujours
tourné de la sorte. Je crois que vous pouvez envoyer
chercher La Mare, lui laver la tête sur ses procédés
avec M. de Voltaire, et lui dire qu'il vous remette l'o-
riginal de la pièce : il ne l'a eu que sous cette condition, et ses ordres portaient expressément de vous le
rendre. Je ne ferai aucune démarche sur cela avant

1. Peut-être dans l'original, y avait-il : *Collé* (1709-1783), l'auteur de la *Vérité dans le vin*.

votre réponse. A l'égard des *Épîtres*, il a beaucoup
corrigé les quatre premières, et il compte les envoyer
à Prault, qui a ordre de vous les montrer avant d'en
faire usage. Je suis très-contente des procédés de Prault;
je le crois honnête homme dans sa profession, ce qui
est bien rare. et vous nous avez fait là un vrai présent.
A l'égard de l'*Épître sur l'Homme*[1], il vous l'a envoyée
dernièrement encore corrigée. Comme elle est un peu
répandue, je crois qu'il serait prudent de la faire présenter à l'approbation. Je réponds qu'il ôtera tout ce
qu'on retranchera, et je vous supplie d'envoyer chercher Prault pour lui donner sur cela vos ordres : votre
ami y compte, et vous l'a envoyée à cette intention.
Pour celle *sur le Plaisir*, personne ne l'a que vous. Si
je puis empêcher qu'on l'envoie à Thieriot, je serai bien
heureuse : c'est un bon garçon; mais il est encore plus
sûr de ne dire son secret à personne. Comme je n'ai pu
montrer votre lettre, je vous prie de répéter, dans la
première que vous écrirez à votre ami, ce que vous me
dites sur l'*Épître du Plaisir*[2].

Savez-vous que j'ai une querelle pour ce Thieriot? Je
vous ai dit que M. de Voltaire s'est mis dans la tête de
lui adresser (sans y mettre son nom à la vérité) la première de ces épîtres, et d'en changer pour cela le com-

---

1. Le sixième *Discours : Sur la nature de l'homme.*
2. Voltaire n'était pas sans crainte sur les suites que pourrait
avoir la publication de ce *Discours*, où il prétend prouver l'existence de Dieu par le plaisir. « Ne pourrait-on pas, écrivait-il à
d'Argental, y faire une sauce, pour faire avaler le tout aux dévots?
Il est très-vrai que le plaisir a quelque chose de divin, philosophi-
quement parlant; mais théologiquement parlant, il sera divin d'y
renoncer. Avec ce correctif, on pourrait faire passer l'*Epître*, car tout
passe. » Et ailleurs : « Lisez-la, ne la donnez point. Je voudrais
qu'elle fût catholique et raisonnable; c'est un carré rond, mais, en
égrugeant les angles, on peut l'arrondir. » Lettre du 6 déc. 1738.
OEuvres, t. LIII, p. 349.

22

mencement. C'est la chose du monde que je veux
éviter le plus. J'ai déjà esquivé ce danger-là une douzaine de fois : je vous en prie, et je vous ai déjà prié,
de tenir bon pour *Hermotime;* vos instances paraîtront
toutes simples. Je trouve d'ailleurs une espèce de disparate de dédier la première à Thieriot et la sixième au
Prince royal de Prusse[1] : je ne sais si je l'emporterai ;
mais je vous demande en grâce de m'aider, si j'ai besoin de votre secours.

Mais voici la plus essentielle de toutes nos affaires,
c'est celle de Hollande. A force de se mitonner, elle
devient sérieuse. L'insolence de ces libraires est pous-
sée au comble, et c'est un peu la faute de M. l'ambassadeur de Hollande, qui, avec les plus belles promesses
du monde, nous a nui ; vous savez que, quand des
gens puissants prennent notre parti faiblement, cela
fait croire que nous avons tort. Il a écrit avant le
voyage de Fontainebleau, à ces libraires, la lettre du
monde la plus douce, en assurant votre ami que, si ce

---

1. Le cinquième *Discours : Sur la nature du plaisir*, était adressé
d'abord à Frédéric II, alors prince royal, et se terminait en effet par
son éloge :

> Grand prince, esprit sublime, heureux présent du ciel,
> Qui connaît mieux que vous les dons de l'Éternel?

Après sa rupture avec le roi de Prusse, Voltaire substitua à cet éloge
ces vers où il rappelle son aventure de Francfort et qui terminent
cette épître :

> Quand sur les bords du Mein deux écumeurs barbares,
> Des lois des nations violateurs avares,
> Deux fripons à brevet, brigands accrédités,
> Épuisaient contre moi leurs lâches cruautés,
> Le travail occupait ma fermeté tranquille ;
> Des arts qu'ils ignoraient leur antre fut l'asile.
> Ainsi le dieu des bois enflait ses chalumeaux
> Quand le voleur Cacus enlevait ses troupeaux :
> Il n'interrompit point sa douce mélodie.....

Le voleur Cacus prenait aussi la Silésie, ce qui n'indignait nullement
Voltaire.

remède n'opérait pas, il en emploierait de plus violents. Cependant madame de Champbonin a prouvé à l'ambassadeur que ces libraires, loin de se soumettre, s'étaient encore enhardis par sa douceur. Elle lui a écrit depuis qu'elle est ici. M. de Voltaire lui a écrit également. A tout cela, aucune réponse. Les libraires, qui ont vu qu'il se vantait à faux de la protection de l'ambassadeur de Hollande, loin de lui faire la réparation qu'il exigeait, et qu'il était en droit d'exiger, le menacent d'un nouveau libelle. Vous sentez bien que Desfontaines, Rousseau, et cela réunis ensemble, font un état assez violent. Il a déjà pensé en mourir de chagrin cet automne : il a pensé aller en Hollande. L'un ou l'autre arriverait sûrement, et l'un et l'autre me feraient également mourir de douleur. Il faudrait donc, mon cher ami, presser votre ami qui a bien voulu parler déjà à l'ambassadeur, de lui reparler encore, et de l'engager à faire pour M. de Voltaire ce qu'il a promis. Un mot un peu ferme aux libraires de Hollande, de la part de l'ambassadeur [1], les fera rentrer dans leur devoir; la justice et leur intérêt les y engagent également, et ce n'est que par obstination et par de mauvais conseils qu'ils y résistent. Adieu, mon cher ami. Je vous fais tous les jours de nouvelles prières; mais mon amitié demande grâce pour mes importunités.

P.-S. Il n'y a encore que quatre actes d'ébauchés à notre tragédie. Sans la fièvre d'aujourd'hui, j'aurais eu la nouvelle des cinq actes à vous apprendre. Je ne désespère pas de vous l'envoyer toute faite dans un mois, s'il se porte bien.

1. Van Hoey, cousin des de Witt, ambassadeur des états-généraux en France, de 1727 à 1747. Voltaire disait le 2 janvier 1739 : « M. Van Hoey leur a écrit vivement. »

110. — A M. LE COMTE D'ARGENTAL.

26 décembre 1738.

Mon cher ami, je viens de voir cet affreux libelle. Je suis au désespoir. Je crains plus la sensibilité de votre ami que le public ; car je suis persuadée que les cris de ce chien enragé ne peuvent nuire. J'ai empêché qu'il ne le vit[1] : la lièvre ne l'a quitté que d'aujourd'hui. Il s'évanouit hier deux fois ; il est dans un grand affaiblissement, et je craindrais infiniment, si, dans l'état où il se trouve, son âme éprouvait quelque secousse violente. Il est sur cela d'une sensibilité extrême. Les libraires de Hollande, le retour de Rousseau et ce libelle, voilà de quoi le faire mourir. Il n'y a point de fraude que je n'invente pour lui dérober ou pour lui adoucir des nouvelles si affligeantes, et je n'ose me flatter d'y réussir toujours. Vous, mon cher ami, qui connaissez l'extrême sensibilité de mon cœur, vous devez concevoir tout ce que je souffre et l'état violent où je suis. Je crains encore, si ce libelle parvient jamais à lui, qu'il n'y réponde. Je suis au désespoir qu'il se soit compromis avec un scélérat ; mais je vous avoue que je ressens vivement ses injures et sa douleur. Si Thieriot n'est pas le plus malhonnête homme et le plus ingrat, il doit être outré de la façon dont on y parle de son amitié pour M. de Voltaire, et il doit détruire publiquement le démenti impudent que l'on donne de sa part à M. de Voltaire, au sujet de ce qui se passa à la campagne de la présidente de Bernières[2] : c'est un fait que

---

1. On voit par une lettre à Thieriot, du 24 décembre 1738, que Voltaire connaissait déjà à cette date la *Voltairomanie*, qui, suivant lui, avait paru le 14. *Œuvres*, t. LIII, p. 366.

2. Marguerite-Madeleine du Moutier née vers 1688, mariée à Gilles-Henri Maignard, marquis de Bernières, président à mor-

Thieriot m'a encore raconté dans son voyage ici cet automne. Je lui écris vivement sur cela, car je trouve
qu'il tergiverse furieusément dans cette affaire; mais
il a en moi un terrible adversaire, et sûrement s'il ne
se comporte pas comme il le doit, je ne l'épargnerai
pas. Je vous supplie de me mander si ce misérable
écrit prend quelque faveur dans le monde, et si Thieriot se comporte bien. Vous savez que je ne m'y fie
que de bonne sorte.

Je ne sais ce que c'est qu'une brochure dont on me
parle, où se trouve une lettre sur *la Haine* et des pièces
fugitives que l'on attribue à M. de Voltaire. Je crains
tout, et mon cœur ne se repose qu'en vous. Je suis
sûre que la lettre sur *la Haine* n'est pas de lui. Je vous
demande en grâce de ne pas oublier l'ambassadeur de
Hollande.

Adieu, ange gardien de deux personnes qui sont encore trop heureuses au milieu des orages qu'elles
éprouvent, et qui vous aiment de tout leur cœur.

---

111. — A. M. DE MAUPERTUIS.

Cirey, 28 décembre 1738.

Vous savez, Monsieur, que l'on ne croit les choses
que l'on désire vivement, que quand elles sont arri-
vées; voilà comme je suis sur votre voyage ici. Il y a
un an que je vous attends, et je me vois sur le point
de quitter Cirey, sans avoir pu avoir le plaisir d'y passer

lier au parlement de Rouen, en 1707, dont elle devint veuve le
18 octobre 1734. Elle se remaria à Henri Prudhomme, ancien
garde du corps et mourut le 2 décembre 1757. Elle avait précédé
madame du Châtelet dans le cœur de Voltaire, et c'est chez elle,
soit à Paris, rue de Beaune, soit en Normandie, à la Rivière-
Bourdet, qu'il habitait avant son voyage en Angleterre.

quelque temps avec vous. Je vais très-réellement en
Flandre au mois de mars[1].

Je ne sais ce que vous entendez par le vis-à-vis de la
Flandre; il y en a un qui est l'Angleterre, où je crois que
je désirerai d'aller toute ma vie. Il est vrai que je ne vous
ai jamais parlé ni de la Flandre, ni de mes procès, parce
qu'il n'y a que depuis six mois que cette petite aubaine
m'est advenue. Un cousin de M. du Châtelet[2], qui s'est
retiré chez lui, et qui lui a confié toutes ses affaires,
en est la cause : ce sont ce qu'on peut appeler de
grandes et difficiles affaires ; vous le croyez bien, puisqu'elles me font quitter Cirey. Si vous avez quelque
amitié pour moi, je ne le quitterai pas sans vous.
[Je craignais mortellement le retour de MM. du Pérou[3];
mais puisqu'ils ne reviennent point, je ne vois pas que
rien puisse vous empêcher d'accomplir vos promesses.
Voilà le commencement de l'année; c'est le terme que
vous m'avez marqué. Si vous voulez me mander le jour
de votre départ, je ferai trouver une chaise de poste
avec des chevaux à moi, qui vous amèneront dans un
jour de Troyes ici, et je me flatte que la réponse à cette
lettre sera la nouvelle de votre départ.]

1. Au sujet de la petite principauté de Ham et de Beringhen,
située entre Liége et Juliers, appartenant au marquis de Trichâteau,
et que madame du Châtelet, aidée par Voltaire, cherchait à vendre
au roi de Prusse. « Il y a des dettes, madame du Châtelet, qui a
plein pouvoir d'en disposer, voudrait bien que ce petit coin de terre
qui ne relève de personne, pût convenir à sa majesté le roi votre
père. » Voltaire à Frédéric II, août 1738. *OEuvres* t. LIII,
p. 227.
2. Marc-Antoine du Châtelet, marquis de Trichâteau. fils d'Henri
Arnold, et d'Isabelle Agnès, baronne de Honsbruck, héritière de Ham
et de Beringhen. Retiré à Cirey, près de son cousin, il y mourut
célibataire, le 2 avril 1740. Madame de Graffigny l'appelait « le
vilain petit Trichâteau, » et disait qu'il « tombait du mal caduc. »
Vie privée de Voltaire, 1820, p. 115.
3. La Condamine et ses compagnons.

M. de Voltaire s'est chargé de vous faire tenir les
faibles marques de notre compassion pour les Laponnes[1]. Je voudrais de tout mon cœur pouvoir les
placer, et quand vous serez ici, nous verrons si on ne
pourrait point les mettre dans quelque couvent des
environs ; je contribuerais volontiers à leur pension,
qui serait à meilleur marché qu'à Paris.

J'ai reçu une lettre de Du Fay fort sage sur les nouvelles idées sur les couleurs[2] ; je crains qu'il ne soit
obligé de les abandonner ; mais je vois avec plaisir, par sa lettre, qu'il ne se fera pas tirer l'oreille, si
les expériences lui manquent.

Je plains bien ce pauvre La Condamine[3] ; il eût été

1. C'était deux sœurs nommées Plaiscont, au profit desquelles
Maupertuis faisait une quête. Madame du Châtelet « qui n'est
pas riche, » donna 50 livres, Voltaire cent francs et les vers suivants :

> La voyageuse Académie
> Recommande à l'humanité,
> Comme à la tendre charité,
> Un gros tendron de Laponie.
> L'amour qui fait tout son malheur,
> De ses feux embrasa son cœur
> Parmi les glaces de Bothnie.

Lettre à Maupertuis, 20 décembre 1738. *Œuvres*, t. LIII, p. 362.

2. « Serez-vous homme à consacrer un quart d'heure à nous faire
savoir comment l'enchanteur Du Fay a coupé quatre membres à
Newton ? Oter tout d'un coup quatre couleurs primitives aux gens !
cela est-il vrai ? » Voltaire à Maupertuis, 27 novembre 1738. *Œuvres*,
t. LIII, p. 334.

3. L'expédition de La Condamine au Pérou (1735-1743) fut fé-
conde en péripéties, et même en aventures tragiques. Sans parler
des démêlés très-vifs qui s'élevèrent entre Bouguer et La Condamine,
Couplet en arrivant à Quito fut emporté par une fièvre maligne,
Seniergues, le chirurgien, fut assassiné par la populace de Cuença,
Godin fut pris d'autorité par le vice-roi pour enseigner les mathématiques à Lima, Joseph de Jussieu se sépara de ses compagnons
pour se fixer au Pérou, et La Condamine lui-même y dépensa
100 000 livres de sa bourse et perdit l'usage des jambes et de l'ouïe
dans son exploration de l'Amazone. Voir E. Saigey, *Les Sciences
au XVIIIe siècle*, p. 130, et A. Maury, *L'Ancienne Académie des
Sciences*, p. 73.

plus heureux, s'il se fût enrôlé sous vos drapeaux ;
je vous prie, quand vous lui écrirez, de lui dire mille
choses pour moi. Il a dû recevoir par Du Fay, de très-
gros paquets de Cirey, pleins de vers et de prose, il y
a un an ou deux. Je vous attends, Monsieur, comme la
seule personne qui puisse augmenter la douleur et les
charmes de ma solitude, et me consoler de la quitter;
car je me flatte que, quand je vous tiendrai une fois, je
ne vous lâcherai pas sitôt. [M. du Châtelet et M. de
Voltaire vous font mille compliments : bon jour et
bon an.]

_____

112. — A M. LE COMTE D'ARGENTAL.

29 décembre 1738.

Mon cher ami, je vous importunerai souvent ; car je
n'ai jamais été dans une situation plus violente : il faut
que vous m'aidiez à en sortir. L'état affreux de la santé
de votre ami me fait prendre le parti de tout risquer,
plutôt que de lui laisser la connaissance du libelle affreux de Desfontaines et de tout ce qui se passe contre
lui. Je vous avouerai donc que, voyant dans le paquet
de lettres un gros paquet de La Mare, dont je connais
l'écriture, je l'ai soustrait et ouvert, et j'y ai trouvé cet
infâme libelle et une lettre qui eût fait mourir de douleur votre ami. Il lui disait qu'il n'avait jamais tant
paru de brochures contre lui, et que l'*Épître à Uranie*,
la *Lettre sur Locke*[1] et toutes les épigrammes de Rousseau contre votre ami, en composaient une. J'ai jeté la
lettre de La Mare au feu : le paquet contenait l'origi-

1. C'est la *Lettre au P. Tournemine en réponse à celle que ce jésuite avoit publiée dans le journal de Trévoux* (octobre 1735, p. 1913
à 1935). il y est question de Locke et de sa théorie sur la matière pensante. *OEuvres*, t. LII, p. 123.

nal de l'*Envieux*. Envoyez chercher La Mare, et faites-
lui écrire devant vous une lettre à M. de Voltaire, dans
laquelle il lui rendra compte des raisons du refus de
sa pièce, en ajoutant qu'il vous a remis l'original de
l'*Envieux*. Dites-lui que vous avez vos raisons pour
exiger cela et pour lui défendre de jamais rien mander à M. de Voltaire de ce qui se passe sur son compte,
et, dans la suite, je rendrai l'original de l'*Envieux*,
quand j'aurai reçu de vous une lettre ostensible. Je dirai que vous me l'avez renvoyé : je crois qu'il faut
abandonner cette pièce[1]. Je serais d'autant plus lâchée
qu'il sût toutes ces infamies, qu'il est dans le plus beau
train du monde pour la tragédie[2], et vous sentez assez
combien ces horreurs le troubleraient et rejeteraient
loin toutes ses idées. De plus, je ne veux pas qu'il réponde, et, s'il les savait, il serait impossible de l'empêcher; mais la plus grande raison, c'est sa santé.
Faut-il que des scélérats viennent troubler le plus
grand bonheur du monde? Je vous prie de voir tout ce
qui l'accable en même temps, le retour de Rousseau,
le libelle de Desfontaines, les libraires de Hollande,
l'impression d'*Uranie*[3] qu'on lui attribue, quoique as-

---

1. Voltaire se rendit à ces raisons présentées aussi par d'Argental, auquel il écrivit, le 7 janvier 1739 : « Mon cher ange gardien,
faites tout ce qu'il vous plaira de l'*Envieux*... Madame du Châtelet
reçoit dans le moment une nouvelle lettre de vous. Je suis touché
aux larmes de vos bontés... Soit, plus d'*Envieux*. » OEuvres, t. LIII,
p. 382.

2. Voltaire était alors dans tout le feu de la composition de
Zulime.

3. L'*Epître à Uranie* ou *Le pour et le contre*, composée en 1722
pour la marquise de Rupelmonde, mais qui ne fut imprimée qu'en
1732, et que Voltaire désavouait en l'attribuant à l'abbé de Chaulieu. Cette épître, dans laquelle le christianisme est attaqué avec
violence, mais où il est aussi défendu en très-beaux vers, ce qui
motive son second titre, est le premier ouvrage où Voltaire ait ex-
primé ses opinions sur la religion et la morale. Il est à regretter que

surément elle soit de l'abbé de Chaulieu, et cette brochure de pièces fugitives avec la *Lettre sur la Haine* dont on nous menace encore : il ignore tout cela ; s'il vient jamais à le savoir, il y succombera, il n'en faut pas douter. Thieriot lui mande aujourd'hui que le père Porée [1] l'a *honni* publiquement (c'est son terme) dans son discours latin : je ne crois pas que cela soit vrai ; le père Porée lui écrit journellement, et il n'y a pas encore actuellement huit jours qu'il en reçut la lettre la plus tendre et la plus obligeante : il l'a élevé, il l'a toujours aimé ; ainsi je ne puis le croire. Mandez-moi ce qui en est, et si nous n'avons rien à craindre de l'impression de cette *Uranie*, de cette autre dont on parle, des pièces fugitives et d'une *Lettre sur la Haine* qu'il n'a sûrement pas faite. Il serait affreux d'avoir encore à craindre ; mais je ne craindrai rien tant que je n'entendrai pas parler de vous. Je suis persuadée que vous me plaignez autant que je suis à plaindre : ma situation est affreuse, et je cache tant que je puis ma douleur, pour ne point donner de soupçon au malade. Au nom de l'amitié, écrivez-moi, con-

---

M. Jules Barni ait confondu cette *Épître*, qui occasionna et qui devait occasionner quelques ennuis à Voltaire, avec *l'Épître à madame du Châtelet*, placée en tête des *Éléments de la philosophie de Newton*, pour laquelle il n'éprouva aucun désagrément et qu'il n'attribua jamais à l'abbé de Chaulieu. Barni, *Hist. des idées morales et politiques au XVIIIᵉ siècle*. Germer Baillière, 1865, t. I, p. 218.

1. Le P. Porée (1675-1741), sous lequel Voltaire avait fait sa rhétorique au collège Louis-le-Grand, et avec lequel Voltaire resta toujours en termes de grande amitié. Il crut devoir écrire lui-même à son ancien élève au sujet du *Discours sur l'homme*, comme on le voit par cette réponse de Voltaire. « Je n'avais pas besoin de tant de bontés, et j'avais prévenu par mes lettres l'ample justification que vous faites, je ne dis pas de vous, mais de moi ; car si vous aviez pu dire un mot qui n'eût pas été en ma faveur, je l'aurais mérité. J'ai toujours tâché de me rendre digne de votre amitié, et je n'ai jamais douté de vos bontés. » Lettre du 15 janvier 1739. *OEuvres*, t. LIII, p. 409.

solez-moi, rassurez-moi. Je vous supplie de me mander
si vous avez fait parler à l'ambassadeur de Hollande.
Joignez encore une bonté à tant d'autres; c'est de dire
à l'abbé Moussinot de ne rien mander à M. de Voltaire
des libelles qui paraissent contre lui ; comme c'est son
homme d'affaires, ses lettres sont sacrées, et jamais je
n'y toucherai : lui seul ainsi pourrait tout gâter et me
rendre suspecte. Il se douterait bien que je l'ai trompé,
ce qui m'ôterait tout mon crédit sur son esprit et sûrement lui ferait une impression très-fâcheuse pour moi;
et je perdrais son amitié pour avoir voulu le servir.
D'ailleurs, je ne puis penser à tant d'horreurs et à sa
sensibilité sans craindre pour sa vie, s'il les apprenait,
ou du moins quelques démarches violentes. Adieu,
mon cher ami. J'attends une lettre de vous comme le
seul adoucissement au chagrin qui me dévore.

_____

113. — AU PRINCE ROYAL DE PRUSSE.

Cirey, 29 décembre 1738.

Monseigneur,

Les louanges[1] dont Votre Altesse Royale a daigné
honorer l'*Essai sur le feu*, que j'ai eu l'honneur de lui
envoyer, fait un prix bien au-dessus de mes espérances.
J'ose même espérer, Monseigneur, qu'elles sont une

_____

1. Frédéric avait écrit, le 9 novembre 1738 à madame du Châtelet : « J'ai reçu l'ouvrage instructif et laborieux que vous avez
composé *sur la nature du feu*... Sans vouloir vous flatter, je puis
vous assurer que je n'aurais pas cru votre sexe, d'ailleurs avanta-
geusement partagé du côté des grâces, capable d'aussi vastes connaissances, de recherches pénibles, de découvertes solides comme
celles que renferme votre bel ouvrage. Les dames vous devront ce
que la langue italienne devait au Tasse ; cette langue, d'ailleurs
molle et dépourvue de force, prenait un air mâle et d'énergie lorsqu'elle était maniée par cet habile poète. La beauté, qui fait pour

preuve de vos bontés pour moi, et alors elles me flat-
tent bien davantage.

Les critiques[1] que V. A. R. a bien voulu faire sur
mon ouvrage, dans sa lettre à M. de Voltaire, me font
voir que j'avais grande raison quand j'espérais que la
physique entrerait dans votre immensité.

J'aurais assurément eu grand tort si j'avais assuré
que l'embrasement des forêts était ce qui avait fait connaître le feu aux hommes ; mais il me semble que
l'attrition étant un des plus puissants moyens pour
exciter la puissance du feu, et peut-être le seul, un
vent violent pourrait faire embraser les branches des
arbres qu'il agiterait. Il est vrai qu'il faudrait un vent
très-violent, mais, avec un vent donné, cela me paraît

l'ordinaire le plus grand mérite des dames, ne pourra être comptée
qu'au nombre de vos moindres avantages. Quant à moi, j'ai lieu de
me louer du sort, qui, me privant du bonheur d'admirer votre
personne, me permet au moins de connaître toute l'étendue de
votre esprit. » *OEuvres de Frédéric le Grand*, Berlin, 1851, t. XVII,
p. 6. Le même jour il écrivait à Voltaire : « Thieriot vient de m'envoyer l'ouvrage de la marquise *sur le feu;* je puis dire que j'ai été
étonné en le lisant; on ne dirait point qu'une pareille pièce pût être
produite par une femme. De plus, le style est mâle et tout à fait convenable au sujet. Vous êtes tous deux des gens admirables et uniques
dans votre espèce. » Lettre de Frédéric à Voltaire, 9 novembre 1738.
A quoi Voltaire répondait : « C'est plutôt un chef-d'œuvre qu'un
essai ! sans les maudits tourbillons de Descartes, qui tournent
encore dans les vieilles têtes de l'Académie, il est bien sûr que
madame du Châtelet aurait eu le prix, et cette justice eût fait
l'honneur de son sexe et de ses juges. » *OEuvres*, t. LIII, p. 322.
    1. Voici ces critiques : « Serait-il permis à un sceptique de pro-
poser quelques doutes qui lui sont venus? Peut-on dans un ouvrage
de physique, où l'on cherche la vérité scrupuleusement, peut-on y
faire entrer des restes de visions de l'antiquité? J'appelle ainsi ce
qui paraît être échappé à la marquise touchant l'embrasement excité
dans les forêts par les mouvements des branches. J'ignore le phénomène rapporté dans l'article des causes de la congélation de l'eau;
on rapporte qu'en Suisse il se trouve des étangs qui gèlent pendant l'été, au mois de juin et de juillet. Mon ignorance peut cau-er
mes doutes. » Lettre à Voltaire, 22 novembre 1738.

très-possible, quoique j'avoue que cela n'est que dans le rang des possibles.

A l'égard des étangs qui gèlent pendant l'été dans la Suisse, j'ai rapporté ce fait d'après M. de Musschenbrock[1], qui en fait mention dans ses *Commentaires sur les Tentamina florentina*. Il y a en Franche-Comté un exemple de ce phénomène, dans des grottes fameuses par leurs congélations; car un ruisseau qui traverse les grottes coule l'hiver, et gèle l'été. Je crois avoir rapporté ce fait au même article de la congélation; or, ce qui arrive sous la terre peut arriver à la surface par les mêmes causes, qui sont vraisemblablement les sels et les nitres qui se mêlent à l'eau.

J'ai été charmé, Monseigneur, d'apprendre que V. A. R. se faisait une bibliothèque de physique; je me flatte que vous me ferez part de vos lumières. Je m'estimerai bien heureuse, si mon goût pour cette science me procure quelquefois des occasions d'assurer V. A. R. de mon respectueux attachement. Je ne veux pas laisser échapper celle de la nouvelle année; j'espère que vous me permettrez, monseigneur, de vous admirer toutes celles de votre vie, et de vous exprimer quelquefois les sentiments pleins de respect avec lesquels je suis, etc.

P. S. Je crois que V. A. R. a bien ri de la fatuité de Thieriot, qui s'est laissé persuader que le changement que M. de Voltaire a fait à sa première *Épître* le regardait [2], et qui a eu la simplicité de l'écrire à V. A. R.;

---

1. Pierre de Musschenbrock, savant naturaliste, né à Utrecht en 1692, mort en 1761. *Tentamina experimentorum naturalium captorum in Academia del Cimento. Ex italico in latinum sermonem conversa. Quibus commentarios, nova experimenta et orationem de methodo instituendi experimenta physica addidit Petrus van Musschenbroeck. Lugduni Batavorum,* 1731, in-4°.

2. Voici comment Frédéric répondait sur ce point dans sa lettre

mais je me flatte que V. A. R. ne l'a pas cru. Je la
supplie cependant que cette plaisanterie reste entre
elle et moi, et si elle veut m'y répondre, je la prie que
ce soit par une lettre particulière, par la voie de M. de
Plötz [1], ou par quelque autre qui ne soit pas par la voie
ordinaire de Thieriot. Si vous me le promettez, je vous
en dirai quelque jour davantage sur cet article. M. de
Kayserlingk a dû dire à V. A. R. de quelle façon je lui
ai parlé; je me flatte que vous me pardonnerez cette
liberté. Je compte donner à V. A. R. une marque de
mon respect et de mon attachement en lui faisant cette
petite confidence, et je la supplie de n'en rien témoigner à M. de Voltaire ni à Thieriot jusqu'à ce que je lui
en aie dit davantage.

à madame du Châtelet, du 23 janvier 1739 : « Il n'y a qu'à connaître M. de Voltaire et Thieriot pour juger lequel des deux doit
être au-dessus de la critique de l'autre. J'ai d'abord soupçonné
quelque serpent caché sous les fleurs, lorsque Thieriot m'a annoncé
d'un ton triomphant qu'il avait fait changer les *Épîtres* de notre
digne ami. En un mot Thieriot est très-propre à vous servir et à
vous amuser. Son fonds d'amour-propre est le principe des soins
qu'il se donne pour vos commissions et vos divertissements. Il m'é-
crit quelquefois des lettres où il paraît brouillé avec le bon sens; il
n'a jamais le rhume que je n'en sois informé par un galimatias de
quatre pages. Mais il se surpasse surtout dans le jugement et dans
la critique qu'il fait des ouvrages d'esprit, et il escalade le superla-
tif lorsqu'il refond en son style les pensées de M. de Voltaire ou de
quelque homme d'esprit... Indépendamment de ces défauts, Thieriot est un bon garçon. Son exactitude et le désir qu'il a d'être utile,
le rendent estimable. » *OEuvres de Frédéric le Grand*, t. XVII,
p. 14.

1. Jean-Ernest de Plötz, lieutenant au régiment du Prince royal,
et alors en recrutement en France. (A. N.)

114. — A M. LE COMTE D'ARGENTAL.

30 décembre 1738.

Je suis toujours, mon cher ami, dans la cruelle situation que je vous dépeignais dans ma dernière lettre, mais j'ai fait bien des réflexions depuis. Il est nécessaire, pour la santé et pour la tranquillité de votre ami, que je tâche de lui dérober la connaissance de l'indigne libelle de l'abbé Desfontaines; mais je crois aussi nécessaire pour son honneur d'y répondre. C'est trahir votre ami que de laisser croire au public qu'il a avancé un fait dont il prend M. Thieriot à témoin, et que M. Thieriot désavoue; c'est le trahir, que de laisser croire que l'abbé Desfontaines ne lui a d'autres obligations que d'avoir composé un mémoire en sa faveur à la prière du président de Bernières, et de laisser dire publiquement que M. de Voltaire reste éloigné de Paris, parce qu'il n'ose pas y revenir. Dans cette dure extrémité, je me suis résolue à faire la réponse[1] : je me flatte que j'y mettrai plus de modération que lui, si je n'y mets pas tant d'esprit. Mais comme je ne veux rien faire dans une occasion si importante sans vous consulter, je vous envoie cette réponse : j'espère que vous approuverez mon dessein; car enfin il ne faut pas livrer son ami au déshonneur pour vouloir le servir. Ma plus grande fureur, je vous l'avoue, est contre Thieriot, et il n'y a rien

1. S'efforçant de cacher à Voltaire l'existence du libelle de Desfontaines, madame du Châtelet avait elle-même composé, en réponse à cet écrit, le *Mémoire* qu'on lira p. 270, et qui ne fut imprimé qu'en 1820 dans les *Mémoires de Longchamps et de Vagnières*, t. II, p. 423. Voltaire qui connut bientôt et d'ailleurs la *Voltairomanie*, n'approuva pas la petite dissimulation de madame du Châtelet : « Elle a eu très-grand tort de m'avoir caché tout cela pendant huit jours. C'est retarder de huit jours mon triomphe. » Voltaire, Thieriot, 10 janvier 1739, *Œuvres*, t. LIII, p. 403.

que je ne fasse pour l'obliger à un désaveu qu'il doit également à l'honneur de son ami et au sien. Le fait qui concerne le président de Bernières, et qu'on a l'impudence de nier au nom de Thieriot dans ce libelle, m'a été confirmé de sa propre bouche dans son voyage ici, cette année, au mois d'octobre [1] ; et cette circon·stance augmente mon indignation à un point que je ne puis vous dépeindre. Vous qui connaissez toutes les obligations que Thieriot a à votre ami, qui savez qu'il ne s'est attiré la fâcheuse affaire des *Lettres philosophiques* que pour lui en avoir fait présent, présent qui, de l'aveu de Thieriot même, a valu à Thieriot quatre cents louis d'or ; que pensez-vous d'un homme qui souffre que l'on dise publiquement de lui *qu'il traîne, comme malgré lui, les restes honteux d'un vieux lien qu'il n'a pas encore eu la force de briser* [2], lui qui doit le peu qu'il est à l'amitié dont M. de Voltaire l'honore; enfin, qu'il me mande froidement *qu'il n'a pas lu ce libelle, mais que M. de Voltaire se l'est attiré*, pendant que l'abbé Desfontaines a l'audace de dire : *Demandé à M. Thieriot si le fait du libelle composé chez le président de Bernières est vrai, il a été obligé de répondre qu'il n'en avait jamais eu aucune connaissance* [3]· Je lui ai écrit sur cela de la bonne encre : mais, s'il ne fait pas à M. de Voltaire la réparation la plus authentique, je le poursuivrai au bout de l'univers pour l'obtenir. Si M. de Voltaire savait tout cela, il partirait sur-le-champ pour Paris, et assurément je crois que, dans la circon-

1. Thieriot passa à Cirey la fin de septembre et la première quinzaine d'octobre 1738.

2. La *Voltairomanie*, p. 20, 21.

3. Voici exactement ce passage de la *Voltairomanie* : « On a demandé à M. Thieriot, qui est cité ici pour témoin, si le fait était vrai : et M. Thieriot a été obligé de dire qu'il n'en avait aucune connaissance, » p. 21· ·

stance présente, il aurait grand tort d'y aller ; je ne
répondrais pas même de ce qu'il y ferait dans son premier mouvement; et je sais très-bien que je ne pourrais rien sur lui pour l'en empêcher. Il faut donc prévenir ce malheur, mais il faut le prévenir de manière
qu'il ne puisse pas me le reprocher un jour, et il n'y
a pas d'autre moyen que de faire pour lui une chose
nécessaire et que je le mets dans l'impossibilité de faire
lui-même. J'attends donc sur cela votre réponse
prompte, car le mal presse : vous sentez bien que je ne
néglige aucune précaution pour qu'on ignore à jamais
l'auteur de cette réponse, et que cela se passera dans
le plus grand *incognito*. — —

· J'attends une lettre de vous pour savoir la disposition du public, la façon dont le libelle a été reçu, et
surtout si nous n'avons rien à craindre de toutes ces brochures qui courent. Voilà un triste commencement
d'année; mais voici un peu de quoi vous en dédommager. Il m'a lu hier sa nouvelle tragédie[1]; il y avait
uste trois semaines qu'elle était commencée; il n'y a
pas un vers de fini ; il les faisait presque à mesure
qu'il lisait; et je n'ai pas cessé de fondre en larmes, et
madame de Champbonin aussi, qui était de la partie.
Je ne sais rien de si déchirant : c'est l'intérêt du *Cid*,
d'*Ariane*[2] et de *Bajazet*, réunis ensemble, mais sans
aucune ressemblance. Je n'abonde pas en mon sens,
mais je crois pouvoir assurer que si la beauté des vers,
tels qu'il les sait faire, se joint à la force des situations,
sera un chef-d'œuvre[3]. Jugez quel meurtre ce serait

1. La tragédie de *Zulime*, composée, ou plutôt ébauchée, en
huit jours, vers la fin de 1738, et dont la première représentation
eut lieu le 8 juin 1740.
2. Tragédie de Thomas Corneille (1672).
3. Le public en jugea différemment. Quoique jouée par mesdames
Dumesnil et Gaussin, *Zulime*, ne réussit pas. Voltaire a lui-même

de l'interrompre en si beau chemin pour tourner son
cœur, qui est rempli des sentiments les plus tendres du
côté de la vengeance et de la haine! Le chagrin, d'ailleurs, ôte toutes les idées et tue le génie, outre que sa
santé, qui est déplorable, pourrait fort bien y succom-
ber. Je crois avoir gagné une victoire, que d'avoir une
belle tragédie à vous annoncer. Je me meurs d'envie
de vous l'envoyer, et vous l'aurez dès que les couleurs
seront un peu débrouillées.

Adieu, mon cher ami : aidez-moi dans mon cruel
embarras.

---

115. — RÉPONSE

A UNE LETTRE DIFFAMATOIRE DE L'ABBÉ DESFONTAINES[1].

Décembre 1738.

Les naturalistes recherchent avec soin les monstres
que la nature produit quelquefois, et les recherches
qu'ils font sur leurs causes n'est qu'une simple curiosité qui ne peut nous en garantir ; mais il est une
autre sorte de monstres dont la recherche est plus
utile pour la société, et dont l'extirpation serait bien
plus nécessaire. En voici un d'une espèce toute nouvelle ; voici un homme qui doit l'honneur et la vie à

analysé ainsi sa pièce : « C'est un père trahi par sa fille dont il est
l'idole, et qui en est idolâtrée. C'est une fille malheureuse, sacrifiant
tout à un amour effréné, sauvant la vie à son amant, quittant tout
pour lui, et abandonnée par lui ; c'est un combat perpétuel de passion ; c'est un père massacré par l'amant, qui abandonne cette fille
infortunée ; ce sont des crimes presque involontaires et des passions
insurmontables. » Lettre à d'Argental, 7 janvier 1739. OEuvres,
t. LIII, p. 363.

1. *Mémoires sur Voltaire* par Longchamps et Wagnières, 1826,
t. II, p. 131.

un autre homme, et qui se fait une gloire non-seulement d'outrager son bienfaiteur, mais même de
lui reprocher ses bienfaits. Par malheur pour la
nature humaine, il y a eu de tout temps des ingrats,
mais il n'y en a peut-être jamais eu qui aient fait gloire
de l'être. Ce comble de crimes était réservé à l'abbé
Desfontaines. Le nouveau libelle qu'il vient de publier
contre M. de Voltaire porte ce double caractère. L'horreur et le mépris que cet infâme écrit a inspirés pour
son auteur à tous ceux qui ont pu se forcer à le lire,
vengent assez M. de Voltaire, et l'on ne doute point
qu'il ne suive le conseil de tous ses amis, c'est-à-dire
de tous les honnêtes gens, qui l'ont supplié de ne point
se compromettre avec un scélérat qui est depuis longtemps l'objet de l'horreur publique, et de mépriser des
traits qui ne peuvent l'atteindre, et qui retournent
tous contre la main débile qui les a lancés. Aussi ne
daignerait-on pas relever ce libelle, s'il n'était rempli
de faussetés qu'il est nécessaire de réfuter, quelque
méprisée que soit la source d'où elles partent.

L'abbé Desfontaines ose dire que le seul service que
M. de Voltaire lui ait rendu a été de composer, à la
prière de M. le président de Bernières, un mémoire
pour le justifier.

Premièrement, il est faux que l'abbé Desfontaines
eût aucune liaison avec M. le président de Bernières
avant que M. de Voltaire n'eût prié ce magistrat, qui
était son ami, de donner chez lui un asile au misérable
qu'il venait de sauver. C'est ce que la veuve de M. de
Bernières sait très-bien, et ce qui est connu de tout
Rouen, et de tous ceux qui ont eu quelque liaison avec
M. le président de Bernières.

Au reste, on ignore si l'abbé Desfontaines est parent
de M. de Bernières, ainsi qu'il l'avance dans son libelle,

et c'est ce qui importe très-peu. Il suffit qu'il soit constant que M. de Bernières ne reçut l'abbé Desfontaines chez lui qu'à l'instante prière de M. de Voltaire, loin d'avoir été son protecteur auprès de lui.

Secondement, on ignore si M. de Voltaire a jamais fait quelque mémoire pour justifier l'abbé Desfontaines, mais ce que l'on sait certainement, c'est que l'abbé Desfontaines eût été bien malheureux si M. de Voltaire ne l'eût servi que de sa plume. Il ne s'agissait pas de le justifier, cela était impossible; les pièces de son procès étaient toutes prêtes; il fallait le sauver, il fallait demander grâce pour lui, et si M. de Voltaire n'avait fait qu'entreprendre sa justification, il y a apparence que l'abbé Desfontaines ne l'insulterait pas aujourd'hui.

Troisièmement, l'abbé Desfontaines demande si l'on peut appeler procès criminel ce qu'il essuya en 1724; c'est à M. Rossignol, qui doit avoir encore les pièces de son procès, qu'il doit faire cette demande, et c'est à lui qu'on le renvoie pour résoudre la question.

La seconde imposture que contient le libelle de l'abbé Desfontaines est encore plus impudente, puisqu'elle est encore plus aisée à détruire. Il s'agit du libelle qu'il composa chez le même président de Besnières contre M. de Voltaire, à qui il devait l'air qu'il respirait et la lumière qui l'éclairait. L'abbé Desfontaines a l'audace d'avancer que M. Thieriot, à qui l'on en a parlé, a été obligé de dire qu'il n'en avait jamais eu connaissance, et il donne sur cela un défi à M. de Voltaire. C'est apparemment à M. Thieriot que ce défi s'adresse. Aussi, est-ce au nom de M. Thieriot que je vais répondre à cet article du libelle de l'abbé Desfontaines. Il commence par dire que M. Thieriot est un honnête homme, mais bientôt il donne l'explication

de ce qu'il entend par un *honnête homme* dans la description qu'il fait des sentiments de M. Thieriot pour
M. de Voltaire.

On sait, et on sait par M. Thieriot lui-même, les
obligations infinies qu'il a à l'amitié de M. de Voltaire,
et c'est par les soins qu'il a eu de les publier, et par la
reconnaissance qu'il en conserve, qu'il mérite ce titre
d'honnête homme, que l'abbé Desfontaines veut lui
ravir, en le peignant comme un homme qui traine avec
peine les chaînes d'une amitié qui ne lui est plus qu'à
charge. Il est trop heureux pour M. Thieriot que son
amitié et son empressement pour M. de Voltaire aient
éclaté cette année par des marques publiques et qui
ne peuvent être équivoques. Il a fait soixante lieues au
mois de septembre dernier pour l'aller voir à Cirey[1], et
depuis son retour à Paris, il ne passa guère de poste
sans lui écrire. Jamais l'amitié entre M. de Voltaire et
lui n'a été de part et d'autre plus étroite et plus tendre.
Quant au fait du libelle que l'abbé Desfontaines montra
à M. Thieriot chez M. de Bernières, et sur la négation
duquel il ose prendre M. Thieriot à témoin. M. Thieriot
est si loin d'avoir jamais pensé à le nier, que, dans son
dernier voyage encore, il raconta à Cirey, devant plusieurs personnes dignes de foi, et avec l'indignation
qu'une telle horreur mérite, ce même fait, que M. de
Voltaire n'eût jamais su sans lui, et dont cependant
l'abbé Desfontaines a l'audace de dire que M. Thieriot
n'a jamais eu aucune connaissance. Ce seul trait suffit
pour faire connaître au public à quel point l'abbé
Desfontaines ose lui en imposer, et vaut seul, à ce
qu'il me semble, une longue réfutation.

---

1. Thieriot arriva à Cirey dans la seconde quinzaine de sepembre 1738, et y resta jusqu'au 8 ou 10 octobre. Voir les *Mémoires de Wagnières et de Longchamps*, t. II, p. 427.

La troisième imposture que contient ce libelle, c'est que l'abbé Desfontaines dit que M. de Voltaire, depuis cinq ans, n'ose plus retourner à Paris, et qu'il en est éloigné pour toute sa vie. Ce qu'il y a de singulier, c'est qu'à la fin de ce même libelle, il prétend qu'il n'y a pas plus de deux ans que M. de Voltaire proposa à Paris un problème de géométrie à un membre de l'Académie des sciences; or, s'il était à Paris il y a deux ans, il n'en est donc pas éloigné pour toute sa vie. Je n'ai rapporté cette contradiction que pour faire voir que le nouveau monstre, dont je fais aujourd'hui l'anatomie, a autant d'absurdité que de venin.

Je me garderai bien de le suivre dans toutes les autres contradictions que contient son infâme libelle, ni d'entrer dans les détails littéraires. Cet Érostrate nouveau peut dire tant qu'il voudra que la *Henriade* est un mauvais ouvrage, sans feu, sans invention, et dans lequel on trouve plus de prose que de vers; que l'*Histoire de Charles XII* est aussi mauvaise que les *Révolutions de Pologne*[1]; que le public a tort quand il vient s'attendrir aux représentations d'*Alzire* et de *Zaïre;* que l'*Alciphron* est un livre impie, quoique son auteur[2] ne soit, en quelque sorte, que l'Abbadie[3] et le Houtteville[4] de l'Angleterre; que les plus mauvais vers de

1. *Histoire des Révolutions de Pologne jusqu'à la mort d'Auguste II*, 1735, 2 vol. in-12, par Georgeon et Poullin, avocats, mais revue par l'abbé Desfontaines auquel Voltaire en attribuait la paternité.

2. Berkeley, évêque de Cloyne (1684-1753). Son ouvrage intitulé *Alciphron ou le petit Philosophe*, contient l'apologie de la religion chrétienne. (A. N.)

3. Jacques Abbadie (1657-1727), théologien protestant, auteur du *Traité de la Vérité de la Religion Chrétienne* (1684), et du *Traité de la Divinité de J.-C.* (1689).

4. L'abbé Alexandre-Claude-François Houtteville (1686-1742),

M. Rousseau sont fort au-dessus de ceux de M. de Voltaire; que Newton n'était point philosophe, parce
qu'il n'était qu'observateur et calculateur; que ses
ouvrages ne sont que le méprisable galimatias du
péripatétisme, etc, etc. On ne sera point étonné que
l'abbé Desfontaines juge ainsi de vers, de prose et de
philosophie, mais on le sera sans doute, en voyant la
façon dont il traite l'évêque de Cloyne et M. Newton,
d'apprendre qu'ils n'étaient point ses bienfaiteurs.

Quoique j'aie résolu de n'entrer dans aucun détail
littéraire, je ne puis cependant me dispenser de m'arrêter à une des critiques de l'abbé Desfontaines, qui
fera juger des autres; c'est celle où il s'agit du problème de la trisection de l'angle. Je ne puis mieux
faire voir l'absurde ignorance de l'abbé Desfontaines
sur cet article, qu'en rapportant ici l'extrait d'une lettre
qu'un des meilleurs géomètres de l'Académie des
sciences écrivit à M. de Voltaire, lorsque l'abbé Desfontaines s'avisa d'insérer son impertinente critique
dans les *Observations sur les écrits modernes*[1].

« On avait voulu me persuader que vous aviez en-
« voyé la résolution du problème de la trisection de
« l'angle avec la règle et le compas, ce que je ne vou-
« lus pas croire, regardant cette résolution comme
« impossible, à cause que le problème est solide, et
« qu'il faut employer un cercle et une section conique
« pour le résoudre. Voici comme on m'a assuré que
« cette fausse supposition de l'abbé Desfontaines lui
« était venue dans la tête. Ce vrai Zoïle du siècle a été

secrétaire du cardinal Dubois, membre de l'Académie française en
1723, secrétaire perpétuel en 1742, auteur de la *Vérité de la Religion Chrétienne prouvée par les faits* (1722).

1. *Observations sur les Ecrits modernes*, 11 et 16 octobre 1738,
t. XV, p. 49 et 73, dans lesquelles Desfontaines critique très-vivement
les *Eléments*.

« voir M. de Maupertuis, et le trouvant qui lisait votre
« ouvrage, M. de Maupertuis lui dit en badinant, et
« sans doute pour le faire tomber dans le panneau,
« que si à une distance double, l'angle visuel dimi-
« nuait de moitié, à une distance triple, des deux tiers
« etc., vous auriez trouvé la trisection de l'angle: C'est
« apparemment cette conversation qui a donné lieu
« aux invectives que l'abbé Desfontaines vous a dites
« sur cela dans ses *Observations*. Mais il ignore sans
« doute que, quoiqu'il soit vrai que les angles des
« rayons visuels ne diminuent pas exactement dans la
« raison réciproque des distances, comme les images,
« cette différence est si petite, qu'en langage physique
« et optique on peut dire indifféremment la diminu-
« tion de l'angle ou la diminution de l'image des
« objets, etc. »

Cette lettre est datée de Paris du 11 août 1738[1].

Quant aux calomnies absurdes et aux injures gros-
sières que l'abbé Desfontaines ose dire à son bienfaiteur, on se gardera bien d'y répondre. C'est aux actions des hommes à faire leur apologie ; et celles de
M. de Voltaire parlent assez pour lui. D'ailleurs les
injures d'un homme tel que l'abbé Desfontaines servent de panégyrique. Socrate remerciait Dieu d'être
né homme et non brute, grec et non barbare ; et M. de
Voltaire doit le remercier d'avoir un ennemi si méprisable.

---

1. Elle est de Pitot de Launay. (A. N.) — Cet académicien qui
s'était rendu célèbre par des travaux sur l'hydraulique, avait sollicité
pour les *Élémens* la permission de paraître en France. Il demeurait
Cour du Palais, chez M. Arouet, trésorier de la Chambre des
comptes, frère de Voltaire. Lettre à Berger, 27 novembre 1736.
OEuvres, t. LII, p. 349. Voir aussi *Lettres inédites*, Didier, 1857,
t. I, p. 92 et 97.

AVEC LES ANNOTATIONS DE CELLE-CI [1].

Paris, le 31 décembre 1738.

Madame,

Je reconnais votre zèle pour vos amis dans la lettre que je viens d'avoir l'honneur de recevoir de vous, et quoique j'en sois extrêmement édifié je n'avais pas besoin de cette émulation pour m'intéresser, comme je le dois, à M. de Voltaire, au sujet de l'indigne libelle qu'on vient de répandre contre lui sous le titre de *Lettre d'un jeune avocat*.

Ne trouvez-vous pas qu'il est fort agréable pour moi d'avoir *édifié* Thieriot par mon zèle, et qu'il s'intéresse à M. de Voltaire par *émulation* pour moi?

Lorsque le *Préservatif* parut, j'en fus scandalisé, et mon amitié fut vivement émue et alarmée de voir attribuer à M. de Voltaire ce libelle, dont je le tiens entièrement incapable.

Il était édifié tout à l'heure, mais le voilà scandalisé à présent. Il est bien question de ce qui l'édifie ou de ce qui le scandalise. Ce

1. *Mémoire sur Voltaire* par Longchamps et Wagnières, 1826, t. II, p. 431. — Voici en quels termes assez calmes Voltaire reproche à Thieriot cette lettre qui irrita si vivement madame du Châtelet : « Pourquoi avez-vous écrit une lettre sèche et peu convenable à madame du Châtelet, dans les circonstances présentes? Au nom de notre amitié, écrivez-lui quelque chose de plus fait pour son cœur. Vous connaissez la fermeté et la hauteur de son caractère ; elle regarde l'amitié comme un nœud sacré, que la moindre ombre de politique en amitié lui paraît un crime. » Lettre du 7 janvier 1739. *Œuvres*, t. LIII, p. 385.

24

L'auteur de ce premier écrit y avait inséré le fragment d'une lettre de M. de Voltaire à M. le marquis Maffei[1], dans laquelle j'étais cité comme témoin d'un fait arrivé à la Rivière-Bourdet, chez feu M. le président de Bernières, vers 1724 ou 25. J'ai essuyé beaucoup de questions sur la vérité de ce fait, et voici qu'elle a été ma réponse : *que je me souvenais simplement du fait, mais que pour les circonstances, elles m'étaient si peu restées dans la mémoire, que je ne pouvais en rendre aucun compte*; et cela n'est pas extraordinaire après tant d'années.

De là, l'auteur de la *Lettre d'un avocat* a pris occasion d'avancer et de me faire dire que je ne savais ce que c'était, et d'en conclure que le fait était imaginaire. C'est ainsi qu'il a abusé d'une réponse générale et très-sincère; et c'est ainsi qu'il a mérité le démenti de

qui me scandalise fort, moi, c'est qu'il laisse entendre par là qu'il soupçonne M. de Voltaire du *Préservatif*.

Il convient bien à Thieriot d'oublier les *circonstances* qui regardent M. de Voltaire. Il sentait bien d'ailleurs que les questions qu'on lui faisait étaient malicieuses, et sa réponse l'est assurément davantage.

L'auteur de la *Lettre d'un jeune avocat!* Il est le seul qui ne le connaisse pas, et qui n'ose pas le nommer.

Cette réponse *très-sincère* est pourtant fausse par ce qui suit.

---

1. Cette lettre, écrite par Voltaire en 1738 (*OEuvres*, LIII, p. 327), fut insérée par lui, en 1739, dans le *Préservatif*. Voir *OEuvres*, t. XXXVII, p. 566.

ses impostures et le mépris que je fais de ses éloges.

Tout l'éclaircissement que je puis donc vous donner, Madame, c'est qu'il fut question à la Rivière-Bourdet, en ces temps-là, d'un écrit contre M. de Voltaire, qui, autant que je puis m'en souvenir, était en un cahier de 40 à 50 pages. L'abbé Desfontaines me le fit voir, et je l'engageai à le supprimer. Quant à la date et au titre de cet écrit (circonstances très-importantes au fait), je proteste en honneur que je ne m'en souviens pas, non plus que des autres.

Telles sont toutes mes notions là-dessus, et c'est en quoi consiste la réponse que j'ai rendue et que je rends encore avec bien plus d'empressement, depuis ce dernier amas de calomnies et d'injures. Soyez très-persuadée, Madame, que rien ne peut altérer une estime et une amitié de vingt-cinq années entre M. de Voltaire et moi. La reconnaissance m'attache encore à lui, et je m'en ferai toujours honneur. Il m'a éga-

On sent qu'il voudrait faire croire qu'il ignorait le nom de l'auteur de ce libelle. *Il fut question d'un libelle... l'abbé Desfontaines me le fit voir,* comme s'il n'osait dire que l'abbé Desfontaines était l'auteur de ce libelle, et que lui Thieriot, indigné de son ingratitude, le lui fit jeter au feu.

Que dites-vous de cette parenthèse (*circonstances très-importantes au fait*)? Elle est assurément très-malicieuse, car c'est dire : Vous ne pouvez tirer aucun avantage de ce que la force de la vérité me contraint d'avouer ici; car j'ignore la date et le titre de cet écrit; or, l'abbé Desfontaines dit seulement que je nie qu'il ait fait en 1725 un libelle contre vous intitulé : *Apologie de Vol-*

lement trouvé dans les temps heureux ou malheureux de sa vie *constantem in amicitiâ rerum*. Vous pourriez en voir une preuve dans une lettre à M. le baron de Breteuil que M. de Voltaire lui adressa de Maisons, après sa petite vérole[1]; et c'est avec bien du plaisir que j'ai l'honneur de déposer cette nouvelle preuve-ci entre les mains de son illustre fille.

Mes sentiments seront toujours les mêmes. La constance est dans mon caractère, comme la probité, le désintéressement, le goût des arts sont dans ma philosophie. Ce sont les titres de l'estime que m'accordent tous les honnêtes gens, et je suis plus flatté de les mériter que d'en être loué, comme l'a

taire; je ne me souviens ni du temps ni du titre; donc l'abbé Desfontaines a raison, et la parenthèse est là pour en avertir, de crainte qu'on ne tire pas cette conséquence.

Il fait là un étalage de son amitié pour M. de Voltaire et des obligations que M. de Voltaire doit lui avoir de l'avoir gardé pendant sa petite vérole, mais il ne dit pas un mot de celles qu'il a à M. de Voltaire. Il fait plus, il a été jusqu'à les nier, et il a fallu les lui prouver.

Il est bien question de son caractère et de ce qu'il hait ou de ce qu'il aime! il prend là un petit air de magistrat qui lui sied tout à fait bien.

1. Lettre de décembre 1723, où l'on trouve ce passage : « Je jouissais de la douceur d'avoir auprès de moi un ami, je veux dire un homme qu'il faut compter parmi le très-petit nombre d'hommes vertueux qui seuls connaissent l'amitié dont le reste du monde ne connaît que le nom; c'est M. Thieriot, qui, sur le bruit de ma maladie, était venu en poste de quarante lieues pour me garder, et qui, depuis, ne m'a pas quitté un moment. » *Œuvres*, t. LI, p. 100.

prétendu l'auteur de cet infâme écrit ; écrit qui mérite la punition la plus sévère, et dont je suis d'autant plus indigné, que je déteste en général tous les libelles, tels qu'ils puissent être, comme aussi nuisibles à la considération des lettres que la saine critique est utile à leurs progrès.

Je suis, en vous souhaitant une heureuse année, avec beaucoup de respect,

Il faut noter que ces *circonstances très-importantes* que le sieur Thieriot a oubliées, sont mot pour mot dans vingt lettres de lui que l'on a encore, de 1725 à 1726. Ces lettres seront imprimées, de peur qu'il ne les oublie encore.

Madame,

Votre, etc.

————

117. — A M. LE COMTE D'ARGENTAL.

3 janvier 1739.

- Mon cher ami, voici bien autre chose : toutes mes précautions ont été vaines ; ce malheureux libelle est parvenu jusqu'à votre ami[1] ; il me l'a avoué, mais il ne me l'a pas montré. J'ai vu même que tout ce qu'il craignait était que je le visse. Je ne puis que lui savoir bon gré de sa délicatesse à cet égard, et je m'y suis conformée en ne lui laissant point entrevoir que j'en eusse connaissance ; j'ai sacrifié à ses sentiments le plaisir que j'aurais eu à lui apprendre ce que j'étais

1. Voltaire en avait eu connaissance dès son apparition, comme on le voit, dans une lettre à Thieriot du 24 décembre 1738, et surtout dans une lettre à l'abbé Moussinot, où il charge celui-ci de « faire acheter ce libelle chez Chaubert, en présence de deux témoins. » *Œuvres*, t. LIII, p. 357 et 366.

prête à faire pour lui. Ainsi, mon cher ami, il n'y aura
que vous qui le saurez[1]. Il n'a jamais eu tant de sang-
froid et de sagesse ; il ne répondra à cet affreux libelle
que pour détruire des faits calomnieux que je sens bien
qu'il ne peut laisser subsister sans se déshonorer. Il
m'a promis de n'y mêler ni injures ni reproches, de
faire une continuation du *Préservatif*[2] plus sage et
plus modérée que la première partie, et dans laquelle
seront insérées les preuves des impostures avancées par
l'abbé Desfontaines, et surtout de celle qui regarde
Thieriot. Je ne puis m'y opposer, moi qui en sentais si
bien la nécessité, que je voulais la faire pour lui ; mais
j'emploierai tout ce que je sais à faire que cette réponse
soit plus modérée que la mienne. Elle devient inutile
à présent, et il faut la jeter au feu ; cela demeurera
enseveli entre nous. Je ne suis piquée que contre
Thieriot ; mais, s'il ne me répond pas la lettre que je
désire, je le poursuivrai toute ma vie, et je le regarderai comme le plus lâche et le plus ingrat de tous les
hommes. Mais il n'est pas possible qu'un homme qui
n'est pas l'abbé Desfontaines ait ce front-là.

M. de Voltaire a pris le retour de Rousseau fort paisiblement[3], et j'espère qu'il le laissera mourir en repos.

---

1. Quelques jours après, Voltaire aussi le savait. « Madame du
Châtelet se moque de moi avec ses générosités d'âme et ses bienfaits cachés. Elle m'a enfin avoué et lu ce qu'elle vous avait envoyé. Plût à Dieu que cela fût aussi montrable qu admirable ! »
Lettre à d'Argental, 9 janvier 1739. *Œuvres*, t. LIII, p. 395.

2. Très-irrité de la critique que Desfontaines avait faite des
Éléments de la Philosophie de Newton, dans son journal des *Observations sur les écrits modernes* (t. XV, p. 49, 73), Voltaire y avait répondu par le *Préservatif*, pamphlet dont il se défendait, et dont il
fit endosser la paternité au complaisant chevalier de Mouhi.

3. Arrivé à Paris dans les derniers jours de novembre 1738,
J.-B. Rousseau retourna à Bruxelles vers le commencement de
février 1739,

J'attends que vous me tranquillisiez sur ces brochures qu'il ignore ; j'espère que vous nous assurerez toujours les bontés de M. de Maurepas[1]. Vous savez bien quelle est notre reconnaissance pour lui, et je mets notre tranquillité entre les mains de notre ange gardien. Faites qu'il engage l'ambassadeur de Hollande à apaiser ces malheureux libraires et à leur imposer silence, afin que, du moins, tout ne vienne pas à la fois.

Ce qu'il y a d'heureux, c'est que cela lui donne un nouveau courage pour sa tragédie[2]. Je me flatte qu'il va la faire à tire-d'aile : il a senti que c'était la meilleure façon de confondre ses ennemis et de se concilier le public ; ainsi j'espère vous en envoyer les prémices incessamment. Il va vous écrire sur tout cela et sur ses *Épîtres*[3], qu'il veut faire réimprimer d'une façon irréprochable, et je crois qu'il a raison.

Adieu, mon cher ami. Si sa santé soutient cet assaut, et si vous m'aimez toujours, je serai moins à plaindre.

---

118. — A M. LE COMTE D'ARGENTAL.

3 janvier au soir 1739.

Je reçois votre lettre du 1ᵉʳ ; j'en avais besoin pour me consoler. Mais quelle lettre, mon cher ami ! il n'y a pas de libelle ni d'ennemi de qui elle ne consolât. Je suis de votre avis sur Thieriot, et votre ami est bien décidé à le ménager toujours, quelque sujet qu'il ait de s'en plaindre. Mais moi qui ne l'ai point nourri pendant dix ans, qui ne l'ai point défrayé en Angle-

1. Par son frère, Pont-de-Veyle, très-lié avec M. de Maurepas, d'Argental avait une certaine influence sur ce ministre.
2. *Zulime.*
3. Les sept *Discours sur l'homme.*

terre, qui ne lui ai point donné de livre[1] qui lui ait valu
quatre cents louis d'or, je veux qu'il se rétracte ; et je
vous avoue que je ne puis me dispenser de lui mander
ce que j'en pense ; et je vous supplie, si vous le voyez,
de lui en dire votre avis. A l'égard de Rousseau, je
serais ravie pour Saurin[2] qu'il ne signât rien ; mais je
regarde Rousseau comme mort, et heureusement votre
ami pense de même[3]. Sa santé est meilleure que je ne
l'espérais, et sa tranquillité proportionnée au plaisir
que lui a fait votre lettre charmante. Il vous rend
compte lui-même de ses sentiments et de sa conduite[4] :
vous êtes notre directeur, notre ange gardien, et, je
vous jure, mon unique consolation.

Nous espérons tout de l'ambassadeur sur l'affaire de
Hollande, puisque vous continuez à vous y intéresser.
Votre ami suivra tout ce que vous lui prescrivez sur
les *Épîtres :* il va écrire un mot d'amitié à M. de Mairan[5];
la tragédie a fait tort à la réponse raisonnée qu'il lui
doit ; il fait très-grand cas de son amitié.

Nous nous intéressons ici à la santé de M. d'Ussé[6],

1. *Les lettres philosophiques.*
2. Bernard-Joseph Saurin (1706-1781), l'auteur de *Spartacus*,
fils du Saurin des *Couplets*, et qui aurait pu songer à poursuivre
J.-B. Rousseau pendant le séjour de celui-ci à Paris.
3. Dans la lettre sans doute datée de Cirey, 7 janvier 1739, où
on lit : « Je ne suis point fâchée que feu Rousseau soit à Paris, mais
il est un peu étrange qu'il ose y être après ce qu'il a fait contre le
Parlement. » *OEuvres*, t. LIII, p. 383.
4. Dans la lettres du 7 janvier 1739. *OEuvres*, t. LIII, p. 382.
5. Jean-Jacques Dortous de Mairan (1678-1771), membre de
l'Académie des sciences depuis 1719. Il s'agit probablement ici de
la lettre du 15 janvier 1739.
6. Louis-Sébastien Bernin de Valentiné, marquis d'Ussé, né vers
1699, petit-fils, par sa mère Jeanne-Françoise Le Prêtre de Vauban,
du maréchal de Vauban, marié en novembre 1718, à Anne-Théodore
de Carvoisin, mort en octobre 1772. Il fut fort lié avec les Brancas,
avec madame du Deffand, et plus tard avec mademoiselle de
Lespinasse.

et nous espérons que sa maladie n'est qu'une incommodité.

Je suis charmée que madame de Saint-Pierre nous aime encore.

M. du Châtelet ira à Paris vers le 15, et j'espère qu'il y consommera l'affaire de la maison de feu M. le président Lambert, que j'ai une envie extrême d'acheter : cela me paraît un beau et digne morceau à mettre dans ma maison, et c'est un avenir bien agréable à avoir devant soi que d'espérer qu'on passera une partie de sa vie avec vous. Sans vous, je crois que je ne reverrais jamais Paris; mais je ne puis vivre sans espérer de vivre un jour avec vous. Cette acquisition est encore un secret à cause des acheteurs.

Adieu, mon cher ami. Nous vous aimerons toutes les années de notre vie, et c'est un de nos plus grands plaisirs que de vous le dire.

---

119. — A M. LE COMTE D'ARGENTAL.

7 janvier 1739.

M. de Voltaire écrit aujourd'hui à La Mare pour savoir les raisons de son silence. Au nom de Dieu, mon cher ange gardien, obtenez qu'il écrive la lettre que je vous ai demandée, afin que votre ami ne voie pas que j'ai ouvert le paquet de La Mare, ce qui me perdrait dans son esprit pour l'avoir voulu servir. Le renvoi de l'original de l'*Envieux* rendrait la chose indubitable. La poste part; je n'ai que le temps de vous embrasser. Vous serez content de la conduite de vôtre ami; il vous la soumettra.

120. — A M. LE COMTE D'ARGENTAL.

10 janvier 1739.

Mon cher ami, je ne suis guère plus heureuse que quand je vous ai écrit. Votre ami est au désespoir avec raison, non du libelle de Desfontaines, mais des procédés de Thieriot, et du désagrément d'être le sujet de la conversation du public, etc. Il voudrait poursuivre l'abbé Desfontaines criminellement[1]; il ne manquerait pas de preuves; toutes les postes, il reçoit des lettres qui le lui conseillent; mais il n'a de véritables amis que monsieur votre frère et vous : c'est à vous uniquement qu'il s'en rapporte pour savoir s'il fera cette démarche délicate, car je crains la récrimination, surtout à cause de ce malheureux décret des *Lettres philosophiques*, qui n'est pas purgé, et de cette lettre que M. Hérault a perdue. Voyez, conseillez-le. Son neveu, l'abbé Mignot[2], doit vous aller trouver : il ne fera rien sans votre avis.

Je crois que son Mémoire[3] fera un grand effet; il n'y a pas une injure; il est touchant et vrai : montrez-le

1. Voltaire, ne pouvant saisir de cette affaire le Parlement, où il était lui-même tenu en échec par l'arrêt rendu contre les *Lettres philosophiques sur les Anglais*, songea à poursuivre Desfontaines devant le Châtelet.

2. Il ne peut s'agir ici de l'abbé Mignot, second fils de la sœur de Voltaire, né le 25 juillet 1725, et qui, par conséquent, n'avait alors que treize ans, mais de son frère aîné Mignot, né vers 1711, conseiller-correcteur à la Chambre des Comptes en 1737, et qui mourut en juin 1740. Il faut donc supprimer le mot *abbé*, qui aura sans doute été ajouté par l'éditeur de 1806.

3. Dans sa lettre à d'Argental, du 7 janvier 1739, Voltaire parle ainsi du *Mémoire sur la satire*, auquel il commençait déjà à travailler : « Il est nécessaire de faire une espèce de réponse au libelle diffamatoire... Je vous réponds que la réponse sera sage, attendrissante, appuyée sur des faits, sans autre injure que celle qui résulte de la conviction de la calomnie. » *OEuvres*, t. LIII, p. 335.

à M. votre frère, il vous en prie. Nous avons ici toutes les pièces qui y sont citées. Thieriot doit mourir de honte. M. du Châtelet lui a écrit une lettre qui le fera rentrer en lui-même [1]. Il m'en a répondu une ridicule et qui prouve également son infidélité pour son ami, et la vérité du fait passé à la Rivière-Bourdet, qu'il

---

[1]. Voici cette lettre publiée dans les *Mémoires sur Voltaire* par Longchamps et Wagnière, Paris, 1826, in-8, t. II, p. 435 :

A Cirey, ce 10 janvier 1739.

« L'amitié extrême que j'ai, Monsieur, pour M. de Voltaire, et la connaissance que j'ai de celle qu'il a pour vous, et des preuves essentielles qu'il vous en a données, m'excitent à vous écrire pour vous engager à remplir ce que vous devez à l'amitié et à la vérité. Les lettres que j'ai vues de vous, où vous parlez du libelle que l'abbé Desfontaines vous montra chez M. le président de Bernières à la Rivière-Bourdet, ne me permettent pas de croire que vous puissiez avoir aucune part à ce que l'on avance sur ce fait dans un nouveau libelle intitulé *la Voltairomanie ;* mais comme ce libelle touche encore à d'autres points essentiels à l'honneur de M. de Voltaire, les lettres dont j'ai parlé ne suffisent pas pour remplir tout ce que vous devez à la vérité et à M. de Voltaire ; et je suis persuadé que vous ne balancerez pas à faire ce qu'exigent de vous les lois de la société et les devoirs d'un honnête homme. Il est donc nécessaire que vous vouliez bien m'écrire une lettre à peu près dans le goût du canevas ci-joint. Vous savez bien qu'il ne contient que la plus exacte vérité, et je laisse à votre zèle d'y ajouter ce que votre cœur et la reconnaissance que j'ai toujours, Monsieur, reconnue en vous, vous dicteront. Vous êtes engagé plus que personne à défendre la réputation d'un homme que l'abbé Desfontaines accuse de rapine, et qui cependant (vous le savez) a passé sa vie à faire plaisir à ses amis, et qui est aussi connu par ses générosités que par ses ouvrages.

« Quant au démenti qu'on lui donne en votre nom, dans le libelle en question, il sera détruit par l'impression des lettres que M. de Voltaire a de vous, et qui sont insérées dans un Mémoire justificatif très-sage qui va paraître, et que tous ses amis, à la tête desquels je me fais gloire d'être, lui ont conseillé de présenter à M. le chancelier et au public. Au surplus, indépendamment de l'honneur qu'une conduite ferme et telle que l'amitié l'exige vous fera dans cette occasion, soyez persuadé qu'elle vous attirera toute l'estime de celui qui est très-parfaitement, Monsieur, votre très-humble et très-obéissant serviteur. »

CHASTELET.

n'oserait dénier, mais qu'il voudrait affaiblir. Ma considération pour votre ami m'empêche de le traiter comme je le devrais ; mais je vous avoue que je souffre bien à me contraindre, car je déteste la perfidie. M. du Châtelet s'est conduit comme un ange ; il a lu le Mémoire, l'a approuvé, a écrit à Thieriot. C'est un bonheur unique que de vivre avec un homme si respectable. Vous le verrez peut-être bientôt : il ira à Paris conclure l'affaire de la maison, si elle se fait.

Si vous trouvez quelque chose à reprendre dans le Mémoire, on le retranchera : il en sera temps, si vous répondez tout de suite. Helvétius[1], par qui nous vous l'avons envoyé, est une jolie âme, c'est un enfant plein d'honneur et d'amitié pour votre ami : on peut s'y confier, surtout sur une chose qui va être publique. Pour moi, il me semble qu'on eût pu avoir la permission de le publier, tant je le trouve sage. On voulait aller à Paris ; j'ai paré le coup, ou plutôt je l'ai suspendu. Mandez-lui combien il ferait mal de quitter Cirey, et de se montrer dans ces circonstances.

Est-il vrai que l'archevêque de Paris[2] a exigé du comte du Luc qu'il se délît de Rousseau, et qu'il va quitter

---

1. Claude-Adrien Helvétius (1715-1771), le futur auteur du livre de l'*Esprit*, qui soumettait alors à Voltaire ses premiers essais poétiques. Il s'entremit auprès de Saint-Hyacinthe, avec lequel il était lié, pour en obtenir le désaveu d'une pièce de lui qui figurait dans le pamphlet de l'abbé Desfontaines, et composa même un *Mémoire* contre la *Voltairomanie*. « Remerciez bien ce généreux défenseur de mon innocence et de la vérité ; mais ne faites aucun usage de ce *Mémoire* ; j'en fais un meilleur. » Voltaire à l'abbé Moussinot, janvier 1739, *OEuvres*, t. LIII, p. 401.

2. Charles-Gaspard-Guillaume de Vintimille du Luc, né le 15 novembre 1655, évêque de Marseille en 1684, archevêque d'Aix en 1708, de Paris depuis le 12 mai 1729, mort en 1746. Il était frère puîné de Charles-François, marquis des Arcs, connu sous le nom de *comte du Luc*, né en 1653, mort en 1740, ambassadeur de France en Hollande, et protecteur de J.-B. Rousseau, qui lui a dédié une de ses plus belles odes.

Paris? L'abbé d'Olivet[1] a écrit une drôle de lettre à votre ami; il est furieux contre le Desfontaines.

Je suis inquiète de n'avoir pas eu de vos nouvelles : je crains que vous ne m'ayez su mauvais gré de ce que je vous ai envoyé. Mais, non; vous ne pouvez jamais savoir mauvais gré des choses que l'amitié fait faire. Adieu, mon cher ami. Si vous saviez combien vos lettres nous consolent, vous nous écririez dans le cruel état où nous sommes; mais il n'y en a point où je ne vous aime bien tendrement. Je vous supplie de faire écrire par La Mare la lettre que je vous ai demandée, afin que je puisse rendre l'original de l'*Envieux* sans être suspecte. Je crains que ce petit drôle-là n'en ait gardé copie et ne la fasse imprimer quelque jour. Pressez-le bien là-dessus, je vous supplie, et l'ambassadeur de Hollande. *Vale et me ama.*

---

121. — A M. LE COMTE D'ARGENTAL.

12 janvier 1739.

Mon cher ami, vos lettres rendent toujours le calme à nos sens. Vous devez avoir à présent le Mémoire de votre ami. Vous verrez que nous avons prévu une partie de ce que vous nous conseillez; et, si vous y désirez quelque chose, soit d'augmentation, soit de retranchement, nous recevrons votre réponse à temps pour le faire. Je crois cette défense nécessaire, et je m'y intéresse infiniment, parce que cette démarche me paraît décisive pour le repos de votre ami et pour sa réputation. Tout cela a interrompu sa tragédie[2]; mais

---

1. L'abbé d'Olivet avait également été attaqué, cette même année, par Desfontaines, dans un opuscule intitulé : *Racine vengé* ou *Examen des Remarques grammaticales de M. l'ab x d'Olivet sur les œuvres de Racine*, à *Avignon* (Paris), 1739, in-12.

2. *Zulime.*

il va la reprendre avec ardeur : sa santé quoique faible se soutient mieux que je ne l'espérais. Je sens à merveille, et lui aussi, combien un succès brillant serait désirable; mais aussi un demi-succès serait accablant; ainsi il ne faut rien donner dont on ne soit sûr, et, pour l'être, il faut travailler, et par conséquent il ne faut compter sur cela que pour dans un an. Mademoiselle Quinault[1], qui aime votre ami et qui mène sa troupe, devrait bien nous faire la galanterie de faire remettre, pour quelques jours, une des pièces de votre ami, comme *Zaïre*[2], par exemple; cela dispose toujours le public en faveur. Vous pourriez lui donner le mot, et cette petite confidence l'engagerait.

Pour ma réponse, elle demeurera entre vous et moi, et il faut la brûler; celle de votre ami est bien mieux; mais vous sentez qu'il y avait bien des faits que j'ignorais, et, de plus, je n'osais pas tout dire. Il y a des choses dont il est honteux de se justifier, et dont il n'a rien dit dans son Mémoire. Il compte que dom Prévost en parlera avec adresse dans son *Pour et Contre*. Son neveu ira vous trouver pour ce placet à M. le chancelier, et ne fera rien sans vos ordres. Conduisez-nous, mon cher ami; nous ne ferons rien sans votre conseil; ne nous abandonnez pas dans une si cruelle circonstance. Je compte sur vous pour la lettre de La Mare et l'affaire de Hollande; ainsi, je ne vous en parle plus. Maupertuis est arrivé aujourd'hui[3]. Il a dit à

---

1. Jeanne-Françoise Quinault (1700-1783), la spirituelle comédienne qui réunissait chez elle, sous le nom de société du *bout du banc*, les personnages les plus distingués et les plus célèbres du temps.

2. La tragédie de *Zaïre* avait été jouée pour la première fois le 13 août 1732.

3. Arrivé à Cirey, le 12 janvier 1739, Maupertuis en partit le 16 pour se rendre à Bâle, chez son ami Jean Bernouilli.

M. de Voltaire mille choses gracieuses de la part de M. de Maurepas, et lui a apporté une lettre de M. d'Argenson[1], dont je suis très contente. A propos de M. d'Argenson, je voudrais bien, mon cher ami, que vous me rendissiez un service personnel. Il y a un polisson qui a fait un mauvais almanach, intitulé l'*Almanach nocturne*[2]; il lui a plu, pour vendre son livre, de mettre à la tête, *par madame la marquise d. C.*; et Crébillon a eu la sottise de laisser passer à l'approbation ce titre insolent ; car, quoiqu'il n'y ait point de nom, il est ridicule d'y mettre les lettres initiales et le titre d'une personne connue : aussi y a-t-il des gens assez charitables pour le dire de moi, quoique assurément il ne me ressemble en rien. Trois personnes me le mandent aujourd'hui. Ce sont des plaisanteries du Pont-Neuf ; l'ouvrage est en vers, et je n'en ai jamais fait un. Je crois inutile de m'en défendre ; mais, comme la malignité aimerait à me l'attribuer, je voudrais que

1. La seule lettre du comte d'Argenson que nous connaissions de cette époque est celle du 7 février 1739. « C'est un vilain homme que l'abbé Desfontaines... N'appréhendez point de n'avoir pas les puissances pour vous... M. le chancelier pense de même... M. Hérault doit penser de même, où il serait justiciable de ceux qu'il justicie. M. le chancelier estime vos ouvrages ; il m'en a parlé plusieurs fois dans des promenades à Fresne. Mais de tous les chanceliers, le plus prévenu contre votre ennemi, c'est mon frère. J'ai été le voir à la réception de votre lettre ; il m'a dit que l'affaire en était à ce point que M. le chancelier aurait ordonné que l'abbé Desfontaines serait mandé pour savoir si les libelles en question étaient de lui, pour signer l'affirmatif ou le négatif, sinon contraint. Je vous assure que cela sera bien mené. Je solliciterai M. le chancelier en mon particulier ces jours-ci. » *Mém. du marquis d'Argenson*, Jannet. 1857, t. I, p. LXXXVj.

2. *Almanach nocturne, pour les années* 1739-1742, par madame la marquise D. N. N. Paris, Morel, in-12. On voit par ce titre, donné par Barbier, *Dictionnaire des ouvrages anonymes*, 1872, t, I, p. 114, lequel attribue ce livre au chevalier de Neuville-Montador, qu'il fut fait droit à la plainte de madame du Châtelet, dont les initiales ne figurent plus sur cette édition.

M. d'Argenson, ou M. Hérault, ordonnât au libraire, qui demeure à la galerie du Palais et dont le nom est sur cette petite gentillesse que vous aurez vue sans doute, qu'il lui ordonnât, dis-je, de déclarer l'auteur et d'effacer la *marquise* de son titre. Savoir l'auteur est le principal ; Crébillon doit le savoir. Je vous supplie, mon cher ami, de me sauver, si vous pouvez, ce petit ridicule que je ne mérite point, et qui pourrait déplaire à M. du Châtelet, s'il l'apprenait.

Au reste, je ne brouillerai point Thieriot et M. de Voltaire : je me contiendrai, je sens qu'il le faut ; mais j'ai bien de la peine. La lettre qu'il m'a écrite est bien loin d'être comme elle devrait être : M. de Voltaire lui a écrit depuis des lettres fort tendres[1].

Savez-vous qu'Algarotti fait traduire son livre actuellement par Desfontaines ; et il a écrit à M. de Voltaire pour avoir ses conseils : c'est Maupertuis qui me l'a appris.

Est-il vrai que le comte du Luc a congédié Rousseau ?

Adieu, mon cher ami. Opposez-vous surtout au voyage de Paris : conduisez-nous et aimez-nous.

J'espère que M. de Maurepas aura son chevreuil cette semaine.

Votre ami vous aime comme il le doit, c'est tout dire.

---

1. Notamment les lettres du 7 et du 10 janvier 1739. *OEuvres* t. LIII, p. 385 et 402.

122. — AU PRINCE ROYAL DE PRUSSE [1].

Cirey, 12 janvier 1739.

Monseigneur,

Quand j'eus l'honneur de parler à Votre Altesse Royale,. dans ma dernière lettre, du sieur Thieriot, et que je lui demandai la permission de lui en dire davantage, je ne croyais pas être obligée d'anticiper cette permission, et j'étais bien loin de croire que j'eusse à l'instruire aujourd'hui de choses bien plus importantes que celles dont je lui parlais dans cette lettre.

Les bontés singulières dont V. A. R. honore M. de Voltaire, et l'amitié (le plus sacré de tous les nœuds) qui m'unit à lui, ne me permettent pas de différer à vous instruire de plusieurs faits dont V. A. R. sait peut-être déjà une partie.

Je sais par le sieur Thieriot lui-même, et je ne l'ai pas appris sans étonnement, qu'il envoie à V. A. R. toutes les brochures que les insectes du Parnasse et de la littérature font contre M. de Voltaire.

Il m'assura que V. A. R. le lui ordonnait. « Je ne « sais, lui dis-je, si monsieur le prince royal vous « l'ordonne; mais, ce que je sais bien, c'est que,. « si vous lui aviez appris les obligations que vous. « devez à M. de Voltaire, qu'il ignore, et que, en en- « voyant à S. A. R. toutes ces indignités, vous « y eussiez mis le correctif que la reconnaissance « exige de vous, le prince, loin de vous en savoir mau- « vais gré, eût conçu pour votre caractère une estime « que votre conduite présente est bien loin de mé- « riter. »

1. *OEuvres de Frédéric le Grand*, Berlin, 1851, t. XVII, p. 9.

Malgré cette remontrance, il a continu à envoyer à
V. A. R. tous les libelles qu'il peut raiasser contre
M. de Voltaire. Mais comme j'ai vu pares lettres de
V. A. R. à M. de Voltaire, que toutes:es infamies,
détestées du public, proscrites par le magistrats,
et souvent ignorées à Paris, loin de .iminuer les
bontés de V. A. R. pour M. de Voltaire,es augmentaient encore, j'ai laissé faire le sieur Thiriot, d'autant
plus que M. de Voltaire n'en a jamais lasé échapper
la moindre plainte.

On me mande que Thieriot a envoyé e dernier lieu
à V. A. R. un nouveau libelle de l'obé Desfontaines, intitulé la *Voltairomanie*. Commei y est question du sieur Thieriot, je crois qu'il est oon de faire
connaître à V. A. R. quel est l'hommeu nom duquel on ose donner dans ce libelle u démenti à
M. de Voltaire et qui ose l'envoyer à otre Altesse
Royale.

Quand le sieur Thieriot ne devrait à M. de Voltaire
que ce que les devoirs les plus simples e la société
exigent, la façon dont on parle de lui ir rapport à
M. de Voltaire dans cet infâme libelle devait le révolter, et il ne devrait pas laisser subsister u moment le
doute qu'il eût démenti ses lettres et ses iscours pour
un scélérat généralement méprisé, tel qu l'abbé Desfontaines.

Mais que V. A. R. pensera-t-elle quad elle saura
que le même Thieriot, qui veut aujour hui affecter
.a neutralité entre M. de Voltaire et on ennemi,
n'est connu dans le monde que par les bienaits de M. de
Voltaire; qu'il n'est jamais entré dans un bonne maison que comme son portefeuille, comme u homme qui
le répétait quelquefois; que M. de Voltaii dont la générosité est bien au-dessus de ses talent; l'a nourri et

logé pendant ıus de dix ans ; qu'il lui a fait présent
des *Lettres phısophiques*, qui ont valu à Thieriot, de
son aveu mém, plus de deux cents guinées, et qui ont
pensé perdre ÷. de Voltaire ; et qu'il lui a enfin pardonné des infiélités, ce qui est plus que des bienfaits ?
Que penserez-ous, Monseigneur, d'un homme qui,
ayant de telle obligations à M. de Voltaire, loin de
prendre aujord'hui la défense de son bienfaiteur et
de celui qui ɔulait bien le traiter comme son ami,
affecte de ne ıus se souvenir des choses qu'il a écrites
plusieurs fois et dont M. de Voltaire a les lettres, et
qu'il a répétes encore devant moi, ici, cet automne,
et craint de ɔ compromettre, comme si un Thieriot
pouvait jama être compromis, et comme s'il y avait
une façon plɐ ignominieuse de l'être que d'être accusé
de manquer ⸱tant de devoirs et à tant de liens, et de
les trahir tou pour un Desfontaines ?

Je me flae que V. A. R. pardonnera la façon
vive dont je lui écris, en faveur du sentiment qui
allume ma jɐte indignation. M. de Voltaire respecte
ses bienfaits ɛ son amitié, et je suis bien sûre qu'il n'eût
jamais instrıt V. A. R. des faits que cette lettre
contient[1] ; mis plus il est incapable de faire connaître Thierıt à V. A. R., plus je crois remplir un
devoir indisensable de l'amitié que j'ai pour lui et
du respect qɐ j'ai pour V. A. R. en l'instruisant de l'ingratitude du leur Thieriot.

Je ne sais s'il est possible de le corriger ; mais ce

---

1. Voltaire, a moins, n'ignorait pas que Mme du Châtelet faisait connaître cɐ *faits* au prince royal de Prusse. Le 18 janvier, ıl
écrivait, en ett, à celui-ci : « ... Voilà le cœur généreux də
madame du Chɐelet, cœur digne du vôtre, qui s'enflamme ; elle écrit
à votre altesse oyale ; elle vous fait entendre des plaintes, bien
séantes dans ɐ bouche, mais interdites à la mienne. » *OEuvres*,
t. LIII, p. 41

Malgré cette remontrance, il a continué à envoyer à V. A. R. tous les libelles qu'il peut ramasser contre M. de Voltaire. Mais comme j'ai vu par les lettres de V. A. R. à M. de Voltaire, que toutes ces infamies, détestées du public, proscrites par les magistrats, et souvent ignorées à Paris, loin de diminuer les bontés de V. A. R. pour M. de Voltaire, les augmentaient encore, j'ai laissé faire le sieur Thieriot, d'autant plus que M. de Voltaire n'en a jamais laissé échapper la moindre plainte.

On me mande que Thieriot a envoyé en dernier lieu à V. A. R. un nouveau libelle de l'abbé Desfontaines, intitulé la *Voltairomanie*. Comme il y est question du sieur Thieriot, je crois qu'il est bon de faire connaître à V. A. R. quel est l'homme au nom duquel on ose donner dans ce libelle un démenti à M. de Voltaire et qui ose l'envoyer à Votre Altesse Royale.

Quand le sieur Thieriot ne devrait à M. de Voltaire que ce que les devoirs les plus simples de la société exigent, la façon dont on parle de lui par rapport à M. de Voltaire dans cet infâme libelle devrait le révolter, et il ne devrait pas laisser subsister un moment le doute qu'il eût démenti ses lettres et ses discours pour un scélérat généralement méprisé, tel que l'abbé Desfontaines.

Mais que V. A. R. pensera-t-elle quand elle saura que le même Thieriot, qui veut aujourd'hui affecter .a neutralité entre M. de Voltaire et son ennemi, n'est connu dans le monde que par les bienfaits de M. de Voltaire ; qu'il n'est jamais entré dans une bonne maison que comme son portefeuille, comme un homme qui le répétait quelquefois ; que M. de Voltaire, dont la générosité est bien au-dessus de ses talents, l'a nourri et

logé pendant plus de dix ans; qu'il lui a fait présent
des *Lettres philosophiques*, qui ont valu à Thieriot, de
son aveu même, plus de deux cents guinées, et qui ont
pensé perdre M. de Voltaire; et qu'il lui a enfin pardonné des infidélités, ce qui est plus que des bienfaits?
Que penserez-vous, Monseigneur, d'un homme qui,
ayant de telles obligations à M. de Voltaire, loin de
prendre aujourd'hui la défense de son bienfaiteur et
de celui qui voulait bien le traiter comme son ami,
affecte de ne plus se souvenir des choses qu'il a écrites
plusieurs fois et dont M. de Voltaire a les lettres, et
qu'il a répétées encore devant moi, ici, cet automne,
et craint de se compromettre, comme si un Thieriot
pouvait jamais être compromis, et comme s'il y avait
une façon plus ignominieuse de l'être que d'être accusé
de manquer à tant de devoirs et à tant de liens, et de
les trahir tous pour un Desfontaines?

Je me flatte que V. A. R. pardonnera la façon
vive dont je lui écris, en faveur du sentiment qui
allume ma juste indignation. M. de Voltaire respecte
ses bienfaits et son amitié, et je suis bien sûre qu'il n'eût
jamais instruit V. A. R. des faits que cette lettre
contient[1]; mais plus il est incapable de faire connaître Thieriot à V. A. R., plus je crois remplir un
devoir indispensable de l'amitié que j'ai pour lui et
du respect que j'ai pour V. A. R. en l'instruisant de l'ingratitude du sieur Thieriot.

Je ne sais s'il est possible de le corriger; mais ce

---

1. Voltaire, du moins, n'ignorait pas que Mme du Châtelet faisait connaître ces *faits* au prince royal de Prusse. Le 18 janvier, il
écrivait, en effet, à celui-ci : « ... Voilà le cœur généreux de
madame du Châtelet, cœur digne du vôtre, qui s'enflamme; elle écrit
à votre altesse royale ; elle vous fait entendre des plaintes, bien
séantes dans sa bouche, mais interdites à la mienne. » *Œuvres*,
t. LII, p. 414.

dont je suis sûre, c'est que le désir de plaire à V. A. R. et
de mériter les bontés d'un prince aussi vertueux peut,
seul l'engager à l'être.

Vous savez, Monseigneur, que les personnes publiques,
dépendent des circonstances; ainsi, quelque singulier
qu'il soit que la conduite de Thieriot puisse porter
quelque coup, cependant il serait désirable pour M. de
Voltaire qu'il rendît publiquement dans cette occasion
ce qu'il doit à la vérité et à la reconnaissance, et je suis
persuadée qu'un mot de V. A. R. suffira pour le faire
rentrer dans son devoir.

Je supplie encore V. A. R. d'être persuadée que
jamais Thieriot ne serait venu à Cirey, si le titre d'un de
vos serviteurs ne lui en eût ouvert l'entrée. M. de Voltaire, qui l'a comblé de tant de bienfaits, et qui respecte
encore une connaissance de vingt années, le connaît
cependant trop bien pour lui avoir jamais montré
une seule ligne des lettres dont V. A. R. l'honore,
ni de celles qu'il a l'honneur de vous écrire.

Quelque méprisable que soit l'auteur de l'infâme
libelle dont j'ai parlé à V. A. R dans cette lettre, il
est, je crois, du devoir d'un honnête homme de repousser publiquement des calomnies publiques.
M. du Châtelet, moi, tous les parents et tous les amis
de M. de Voltaire lui ont donc conseillé de publier le
Mémoire[1] que j'envoie à V. A. R. Il n'est pas encore
imprimé, mais le respect de M. de Voltaire pour
V. A. R. lui fait croire qu'il ne peut trop tôt lui envoyer
la justification d'un homme qu'elle honore de tant de
bontés.

Je supplie V. A. R. de ne point faire passer par
M. Thieriot la réponse dont elle m'honorera; elle

1. Le *Mémoire sur la satire.*

peut l'adresser en droiture à Vassy, en Champagne.
Nous avons eu l'honneur, M. de Voltaire et moi, d'écrire
à V. A. R. par M. Plötz.

Malgré la longueur de cette lettre, je ne puis la finir
sans marquer à V. A. R. combien je suis flattée de
penser que les affaires de ma maison qui m'appellent ce printemps en Flandre me rapprocheront
des états du roi votre père, et pourront peut-être me
procurer le bonheur d'assurer moi-même V. A. R. des
sentiments de respect et d'admiration avec lesquels je
suis, etc.

---

123. — A M. LE COMTE ALGAROTTI.

A Cirey, le 17 janvier 1739.

On a tant de droits à Cirey sur votre amitié, Monsieur, que l'on y compte. Vous savez quel cas infini on
y fait de votre esprit, et de vos talents. J'ai été très-
fâchée pour vous que M. de Castera ait si mal rendu
quelques endroits de votre livre : mais puisque vous
vouliez refondre sa traduction, il me semble que la
solitude de Cirey aurait été très-propre pour un tel
ouvrage; et j'aurais infiniment désiré que vous fussiez
venu rendre ici à vos *Dialogues* ce beau coloris qu'ils
ont perdu en passant par des mains étrangères. Les
fautes de détail qui peuvent se trouver dans la traduction de M. de Castera ne sont guère faites pour être re-
levées dans une lettre. Je désire que votre nouvelle traduction soit plus digne de l'original, et que sa fin me
procure bientôt l'honneur de vous voir.

M. de Voltaire a eu tant d'occupations depuis deux
mois pour la *Henriade,* dont on fait une nouvelle édi-

tion, et qu'il a beaucoup corrigée, et pour l'*Histoire de
Louis XIV*, qui s'avance beaucoup, et pour beaucoup
d'autres ouvrages, qu'il n'a pas pu se donner encore le
plaisir de vous écrire. Sa santé est assez bonne depuis
quelque temps; il vous prie de recevoir ici les assurances de son tendre attachement, en attendant qu'il
vous en assure lui-même.

Je ne puis croire, ce que l'on nous a mandé cependant
de bien des côtés, que vous étiez infiniment lié avec un
ennemi[1] de M. de Voltaire, que l'on soupçonne d'être
l'auteur du dernier libelle diffamatoire qui vient de
paraître; et que c'était même lui qui travaillait à votre
traduction; mais je ne croirai jamais une telle calomnie, ni qu'il ait osé lire devant vous un tel amas d'injures, et d'absurdités contre un homme à qui vous avez
donné des marques publiques de votre estime, et de
qui vous en avez tant reçu; et je me flatte que cela ne
mettra aucun nuage dans l'amitié qui est entre M. de
Voltaire et vous; vous êtes faits pour vous aimer tous
deux, et je me flatte que Cirey vous réunira encore.
Je vous prie d'être persuadé, Monsieur, du désir que
j'en ai, et de tous les sentiments avec lesquels je serai
toute ma vie.

---

124. — A M. LE COMTE D'ARGENTAL.

19 janvier 1739.

Mon cher ami, vous êtes le seul ami qui sachiez
l'être : vous joignez la plus grande exactitude aux plus
grands services. Nous avons besoin de l'un et de
l'autre : je passe ma journée à essuyer des combats sur
le voyage de Paris, dont il meurt d'envie. Je vous

---

1. L'abbé Desfontaines. Voir p. 350.

demande à genoux de lui écrire qu'il ferait très-mal.
Vous croyez peut-être que je peux tout sur son esprit ;
il s'en faut de beaucoup. Il n'y a rien que je n'aie fait
pour qu'il ôtât tout le littéraire [1], l'endroit de Newton,
la phrase de M. de Fontenelle qu'il examine : je lui ai
fait sentir qu'il convenait mal à un homme qui doit
être pénétré et qui veut toucher le public, de discuter
une question de métaphysique et d'épiloguer sur des
mots. Tout cela n'a fait que blanchir ; mais si vous
persistez à le condamner, il l'ôtera. Il a un peu corrigé
l'endroit de Rousseau ; il l'a distribué en deux parties,
et non plus par articles. A l'égard du passage qui
tombe indirectement sur Thieriot, il l'adoucira aussi.
Cependant malheur à Thieriot s'il s'y reconnaît. Cet
endroit ne peint pas le cœur humain en beau; mais c'est
le défaut de tous les portraits ressemblants. S'il n'y avait
que des d'Argental, on ne courrait aucun risque en
peignant les hommes comme ils sont.

Nous avons cru la lettre au père Tournemine [2] nécessaire à cause des *Lettres philosophiques*, qui laissent
toujours une espèce de terreur dans l'âme. De plus, il
va paraître une édition de ses ouvrages en Hollande,
qui viendra peut-être en France, et où elles sont insérées : on pourrait peut-être l'inquiéter, et il me semble
qu'on n'a rien à dire à un homme quand il désavoue
et qu'il dit *Amen*. Les honnêtes gens verront bien que
la nécessité de ses affaires l'exigeait, et devront l'en

---

1. Voltaire tint compte cependant de quelques-uns de ces conseils.
Le 28 janvier 1739, il écrivait à Thieriot : « Je vous envoie mon
Mémoire tel que je compte le présenter aux magistrats. J'en aurais
envoyé un exemplaire à M. d'Argenson, mais on dit que la littérature occupait trop de place. J'en ai retranché tout ce qui ne servait
qu'à justifier mon esprit, et j'ai laissé tout ce qui est nécessaire
pour venger l'honnête homme des attaques d'un scélérat. » *OEuvres*,
t. LIII, p. 446.

2. Sur Locke et sur la matière

estimer davantage. Enfin, je ne la trouve pas trop
forte : je sais bien qu'il ne faut pas dire une syllabe
de plus; mais il semble qu'on peut aller jusque-là.

Je suis de votre avis sur le procès criminel; il faudrait se faire honneur de la modération, et s'adresser,
comme vous le dites, aux magistrats qui sont à la tête
de la littérature. Il dit que ce placet, présenté par son
neveu à M. le chancelier, ne peut que faire un bon effet,
et je le crois ainsi; cela fera voir que sa famille s'y
intéresse. Il dit aussi qu'un procès-verbal dressé chez
un commissaire au sujet du livre acheté met en état
de faire ce que l'on veut par la suite et n'engage à
rien[1] : cela peut être, et, en ce cas, il n'y a pas grand
mal; il faut le laisser se contenter; mais, pour peu que
cela ait des suites, il faut l'en empêcher. Il avait envie
d'engager MM. Andry[2], Pilaval, Ramsai, et autres maltraités dans ce libelle, à se plaindre au chancelier[3].
Vous aurez vu, par la lettre de madame de Bernières,
que ce dernier ne demande pas mieux; cela pourrait
peut-être faire supprimer les *Observations*, et ce serait
cela qui serait un coup de partie : je l'aimerais mieux
que le procès criminel. Il écrit à M. l'avocat général
d'Aguesseau[4], et vous envoie sa lettre; il écrira à

1. Le 25 janvier Voltaire écrivait à d'Argental : « Je vous prie
de recommander à mon neveu de faire un bon procès-verbal, si faire
se peut. Cela peut servir et ne peut me nuire; cela tient le crime en
respect, prévient la riposte, finit tout. » OEuvres, t. LIII, p. 437.

2. Selon Voltaire, « il travaillait avec applaudissement depuis
trente ans, sous M. Bignon, au *Journal des Savants*. » OEuvres,
t. XXXVIII, p. 300.

3. Ce placet, qu'il ne faut pas confondre avec celui remis au chancelier par Mignot au nom de Voltaire, fut en effet présenté par Andry,
Procope, Pilaval, l'abbé Seran de La Tour, Duperron de Castera,
Ramsav qui, attaqués dans la *Voltairomanie*, avaient d'égales raisons
de se plaindre.

4. Henri-Charles d'Aguesseau de Plaintmont, quatrième fils du
chancelier d'Aguesseau et d'Anne Le Fèvre d'Ormesson, né le 31

M. d'Argenson [1]; il récrira, si vous voulez, au chancelier, en cas que la lettre qu'il vous a envoyée ne vous paraisse pas suffisante; avant que de le faire imprimer, il enverra son Mémoire en manuscrit à plusieurs personnes, et je ne désespère pas de le réduire enfin à faire tout ce que je désire pour la perfection de ce Mémoire.

En vous remerciant de ce que vous me mandez sur l'ambassadeur de Hollande; votre amitié n'oublie rien, et ma reconnaissance sait tout sentir.

Venons à mes affaires. On mande que Thieriot va faire imprimer la lettre qu'il m'a écrite [2]. Qu'il ne s'avise pas de cela : je vous demande en grâce, mon cher ami, de l'en empêcher; il n'y a point d'extrémités où M. du Châtelet et toute ma famille ne se portât. Vous sentez bien tout ce que mon nom, une fois prononcé dans cette indigne querelle, entraîne; cela ferait peut-être le malheur de ma vie, et je sens que, si Thieriot osait me manquer de respect au point de faire imprimer sans mon aveu une lettre qu'il m'a écrite, je m'en plaindrais publiquement et l'en ferais repentir toute sa vie. S'il l'avait donnée à dom Prévost, il faudrait la retirer; je paierais plutôt les frais de l'impression pour la supprimer; enfin, il faudrait tout faire. Je vous supplie, au nom de votre amitié, d'envoyer chercher Thieriot dès que vous aurez reçu ma lettre, et d'exiger de lui qu'il ne compromette ni M. du Châtelet, ni moi encore moins; car, je vous le répète, nous ne ménagerions rien pour l'en faire

juillet 1713, avocat du roi au Châtelet, puis avocat général au Parlement, mort le 29 septembre 1741.

1. Marc-Pierre de Voyer, comte d'Argenson (1696-1764), ancien condisciple de Voltaire au collége Louis-le-Grand, conseiller d'État depuis 1724, et qui avait dans ses attributions le détail de la librairie et de l'imprimerie.

2. Voir la lettre à Thieriot du 28 janvier 1739, où Voltaire s'élève énergiquement contre cette publication. *OEuvres*, t. LIII, p. 446.

repentir, et je ne puis croire qu'il ait osé former ce
projet ; mais on me le mande si positivement, que je
ne sais que penser. Quant au petit almanach, je sens
qu'il serait ridicule d'en faire trop de train ; mais aussi
il serait dangereux de souffrir que l'on osât se servir de
mon nom impunément. Je désirerais donc infiniment
d'en connaître l'auteur, afin de le faire mettre dans les
nouvelles publiques. Crébillon, qui l'a approuvé, peut
le connaître, et ce serait un service à me rendre ; car
je sais qu'on l'a dit dans le monde, et vous savez avec
quelle charité on saisit le prétexte d'un ridicule.

Délivrez-moi donc du tourment de La Mare : je souffre
mort et passion. Votre ami s'en plaint continuellement
à moi. Tirez-moi cette épine du pied, aimable ange gardien. M. de Maurepas a écrit à votre ami une lettre dont
il est très-content. Adieu. Vous savez si je vous aime :
la reconnaissance de tout ce que je vous dois ne peut
rien ajouter à mes sentiments. Empêchez que Thieriot
n'imprime ma lettre ; il a bien d'autres voies de se justifier. C'est à M. Helvétius qu'on a adressé la seconde
édition de l'ouvrage ; mais quand il vous l'aura remise,
il faut la garder et nous en dire votre avis.

Votre ami ne se brouillera point avec Thieriot, qui
me paraît d'ailleurs se ranger un peu mieux à son
devoir. Il y a trois actes mis en vers de la tragédie. S'il
peut avoir un peu de santé et de tranquillité, vous
l'aurez dans quinze jours : ce serait un coup de partie
de la donner ce carême.

---

125. — A M. DE MAUPERTUIS.

A Cirey, ce 20 [janvier 1739] [1].

Rien ne peut consoler de votre absence, Monsieur,

1. Cette lettre était datée du 20 décembre 1738, et le 8 corrigé

que le plaisir de vous écrire ; mandez-moi des nouvelles de votre voyage [1], et surtout parlez-moi de votre
retour : je ne puis croire que vous trompiez sur cela
mes espérances ; et si vous ne me tenez pas parole, je
me reprocherai toute ma vie de vous avoir laissé partir.

Vous m'avez donné un plaisir extrême de m'appliquer à la géométrie et au calcul ; si vous pouvez déterminer un de MM. Bernouilli à apporter la lumière dans
mes ténèbres, j'espère qu'il sera content de la docilité,
de l'application et de la reconnaissance de son écolière.

Je ne puis répondre que de cela ; je sens avec douleur que je me donne autant de peine que si j'apprenais
le calcul, et que je n'avance point, parce que je manque
de guide. [J'ai relu une partie de vos lettres depuis votre
départ, et je vois que vous me promettiez à Saint-Malo de
venir quelque jour m'entretenir de vos idées sur le choc
des corps. Vous n'avez pas rempli cette parole, et je me
flatte que vous viendrez vous en acquitter incessamment.]

[Vous marquez, dans une lettre écrite de Saint-
Malo à M. de Voltaire, que le petit sinus verse de l'arc
qu'écrit un point de l'équateur dans 1″ de temps est
de $y \frac{1}{2}$. Or, cela n'est-il pas une preuve de ce que je
vous disais ici qu'il me paraissait impossible qu'un
corps sphérique, ou cylindrique, ou etc., tournât sur
son centre sans déranger quelque partie de matière ;
que, par conséquent, dans le plein absolu, ce mouvement de rotation me paraissait impossible ; car si les
parties d'un tout qui tourne sur son axe n'étaient pas

en 9 (1739). Nous lui donnons la date de janvier, madame du
Châtelet, comme l'a fait remarquer l'éditeur de 1818, étant en
route le 18 décembre 1739 pour Bruxelles.

1. Cette lettre a dû être adressée à Bâle, où M. de Maupertuis
était allé après avoir passé quelques jours de janvier 1739 à Cirey,
où il revint au mois de mars suivant avec M. de Bernouilli et Kœnig. (Note Mss.)

retenues ensemble par une force quelconque, chacune s'échapperait par la tangente ; or, cette tangente qu'elles suivraient, qu'est-ce autre chose que la continuation de la ligne droite infiniment petite que chacune décrit en tournant ? Tout mouvement circulaire n'est-il pas un mouvement composé, et, puisque les parties d'une sphère qui tourne sur son axe décrivent une courbe, le mouvement par lequel elles décrivent cette courbe n'est-il pas décomposable en deux mouvements ? Je m'explique bien mal, je ne sais sans doute ce que je dis, mais vous me pardonnerez l'un et l'autre.] Je vous supplie de ne pas dire à tout le monde combien je suis ignorante et de me ménager un peu plus que madame de La Poplinière ; je n'ai point extrait Rameau, et je me flatte d'avoir des droits sur votre cœur et sur votre amitié qu'elle n'a pas.

Encore un petit mot : vous me dites dans une lettre, en parlant du ressort, *que toutes les explications physiques en sont si mauvaises, que vous aimeriez autant croire que, lorsque deux corps se rencontrent, et tendent ensuite à s'éloigner avec la même vitesse qu'ils s'approchaient, c'est qu'ils sont soumis à la loi générale de la jouissance ;* je suppose que *jouissance* est là pour un autre mot, que je n'ai pu suppléer, et que je vous prie de me mander, j'ai toujours oublié de vous en parler.

Il n'est question à Cirey que des regrets que votre apparition a causés ; je suis le secrétaire de tout le château pour vous les marquer. M. de Voltaire veut que je le nomme, et que je vous dise que personne ne vous admire et ne vous aime plus que lui ; mais je connais quelqu'un qui le lui dispute. [Je vous renvoie deux lettres ; ces gens-là me croyent plus heureuse que je ne suis. Je vous avoue que je suis bien fâchée de ne vous les pas donner.]

126. — A M. LE COMTE D'ARGENTAL.

22 janvier 1739.

Ce n'est point saint Pâris qui fait des miracles[1], c'est votre ami : cette tragédie, dont à peine le plan était fait il y a dix jours, est aujourd'hui en état d'être jouée. Il en a fait hier un acte et demi, et aujourd'hui un. Malgré toutes les inquiétudes que lui ont causées les noirceurs de l'abbé Desfontaines et les variations de Thieriot, son génie n'en a pas moins produit la pièce la plus touchante qui soit au théâtre, à ce que je . pense, non que je la croie tout à fait dans son cadre; il est impossible qu'une telle précipitation n'ait entraîné bien des négligences ; mais il me semble qu'elle est assez bien pour être jouée, et que la force des sentiments et des situations nous assure du succès. Si vous le pensez ainsi, nous vous supplions instamment de la faire jouer avec la même diligence qu'elle a été faite : c'est un coup de partie dans la circonstance présente qu'un grand succès. Il faut que les comédiens méritent l'effort que M. de Voltaire vient de faire ; il faut qu'ils l'apprennent aussi rapidement, et qu'elle soit jouée la première semaine de carême, à moins que vous n'ayez de bonnes raisons pour douter du succès. Nous comptons que vous mettrez mademoiselle Quinault dans votre confidence, et que l'*incognito* sera gardé pour tout le reste : on ne soupçonnera pas votre ami, que l'on croit tout entier à d'autres occupations. Il est d'autant plus nécessaire qu'elle soit jouée promptement, que le dénoûment ressemble un peu à celui du plan que

1. Allusion aux prétendus miracles opérés au cimetière Saint-Médard sur la tombe du diacre Pâris.

26.

M. de Voltaire avait donné à Linant [1]. Si sa pièce était reçue, il faudrait absolument faire passer celle-ci avant. Enfin, mon cher ami, nous la recommandons à votre amitié, à celle de monsieur votre frère, et aux soins de mademoiselle Quinault. Je trouve que c'est là la meilleure apologie que votre ami puisse faire. Cependant j'approuve fort qu'il fasse mettre une lettre de madame de Bernières et une de Thieriot dans les *Nouvelles*, ainsi que son désaveu du *Préservatif*, dont l'auteur est prêt à se faire connaître : ainsi votre ami en sera pleinement justifié.

A propos de Thieriot, sans ma confiance en votre amitié, je serais bien inquiète. Tout le monde nous mande qu'il fait imprimer, dans le *Pour et Contre*, la lettre qu'il m'a écrite; mais vous ne l'auriez sans doute pas souffert; je vous ai écrit sur cela les lettres les plus pressantes, et, vous le savez bien, cela pourrait faire le malheur de ma vie et de celle de votre ami. Par conséquent, je ne puis croire que Thieriot ose me manquer de respect au point de publier, sans mon consentement, une lettre qu'il m'a écrite et que je lui ai renvoyée; non-seulement je ne le lui pardonnerais jamais, mais je m'en plaindrais hautement et la ferais supprimer. J'espère que vous m'aurez paré ce coup, et que vous lui aurez fait entendre raison; mais si cela n'était pas il faudrait tout employer pour supprimer cette feuille du *Pour et Contre;* je paierais sans regret tous les frais de cette impression.

Au nom de Dieu, mon cher ami, épargnez-moi ce chagrin : je compte sur vous, et cela seul m'empêche

---

1. Michel Linant (1708-1749), protégé par Voltaire, qui le plaça près de madame du Châtelet, comme précepteur de son fils, mais d'où il se fit renvoyer par suite de sa légèreté. Cette tragédie est celle d'*Alzaïde*, qui fut jouée en 1745.

de me désoler de cette crainte que l'on me donne de tant de côtés : ma famille s'en prendrait à moi et à votre ami. Vous savez ce que je vous écrivis dans le temps du voyage de Hollande[1], et je dois bien me garder de donner aucun prétexte à mes ennemis.

Ne trouvez-vous pas singulier que Thieriot, depuis la publication de ce libelle, c'est-à-dire depuis un mois, n'ait écrit qu'une seule lettre à votre ami, qu'il fasse mettre quelque chose dans le *Pour et Contre* sur ce qui le regarde[2], sans le lui avoir communiqué, et que ni lui ni La Poplinière ne répondent à M. du Châtelet, et qu'il m'écrive une lettre ostensible à moi qui ne la lui ai point demandée? Je lui mande de vous remettre la lettre où je lui parle de ce malheureux libelle ; vous verrez s'il y est question de lettre ostensible : je suis bien aise, d'ailleurs, de la ravoir.

On m'a mandé que l'auteur de l'*Almanach nocturne* est le chevalier de Neuville-Montador. Je ne sais qui c'est; mais je vais le faire annoncer dans les nouvelles publiques, et je vous prie de dire le nom de l'auteur, si vous en trouvez l'occasion. Ainsi voilà une affaire finie : notre amitié, notre reconnaissance, tous les sentiments enfin dont nous sommes capables, ne finiront jamais pour vous, ange gardien.

Au nom de Dieu, délivrez-nous de La Mare; car *periculum imminet*, cela devient sérieux : faites-le tambouriner.

La tragédie partira par Bar-sur-Aube, demain 23, à votre adresse.

---

1. De décembre 1736 à février 1737. Voir p. 115.

2. Ce que Thieriot voulait faire mettre dans le journal de l'abbé Prévost, c'était sa lettre à madame du Châtelet. Il y renonça, à la sollicitation de d'Argental sans doute, et de Voltaire. Lettre du 19 janvier 1739, *OEuvres*, t. LIII, p. 424.

127. — A M. LE COMTE D'ARGENTAL.

Ce 25 janvier 1739.

Mon cher ami, voici une lettre de madame de Bernières [1], que le Moussinot vous portera : vous en serez
bien content. C'est ainsi que l'amitié doit s'exprimer;
cette lettre rend Thieriot bien coupable. Je suis bien
loin d'être satisfaite de la lettre de ce Thieriot; j'en suis
très en colère. Il y a trois semaines que votre ami lui
a écrit, et il n'a pas encore répondu à cette lettre dont
vous nous avez renvoyé la copie. Votre ami est très-
affligé; il dit que c'est le coup de pied de l'âne; mais il
ne le dit qu'à vous et à moi. Il écrit à Thieriot sur le
ton le plus tendre [2], et le fond de son cœur l'est; car il
aime à aimer, et on court après ses bienfaits. Vous
devriez envoyer chercher ce Thieriot; vous remettriez
la vertu dans son âme, qui est de boue par malheur,
mais que l'on peut mouler. Engagez-le à parler dans
le monde comme il le doit, et à écrire une lettre tendre
à M. de Voltaire; il peut encore tout réparer. On mande
à M. de Voltaire que le désaveu de Thieriot, ou du
moins son silence, qui en est un, lui fait tort; on dit

1. Cette lettre de madame de Bernières n'a pas été publiée, mais
on en trouve l'analyse dans ce passage d'une lettre de madame de
Champbonin à Thieriot, datée de Cirey, 16 janvier 1739 : « Aujourd'hui nous recevons une lettre de madame la présidente de Bernières. Elle dit formellement que, loin que M. de Voltaire fut nourri
et logé par charité chez M. de Bernières, comme l'ose dire un ca-
lomniateur si punissable, il louait un logement chez elle, pour lui et
pour vous, payant sa pension et la vôtre... » *Mémoires sur Voltaire,*
par Longchamp et Wagnière, Paris, 1826, t. II, p. 439.
2. Dans cette lettre du 2 janvier 1739, *Œuvres,* t. LIII, p. 377,
Voltaire, tout en le prenant avec Thieriot sur un ton très-pathé-
tique, lui citait plusieurs passages de ses lettres où il affirmait que
Desfontaines « avait fait contre lui un ouvrage satirique, dans le
temps de Bicêtre, qu'il lui avait fait jeter au feu. »

même que Thieriot a répondu à quelqu'un qui lui en
parlait, *je suis ami de M. de Voltaire, mais je le suis
aussi de l'abbé Desfontaines;* cela serait infâme. Mais il
ne s'agit pas de compter avec Thieriot, ni de le prendre
sérieusement; il s'agit de le garder pour trompette et
de le ranger à son devoir; et si vous voulez lui parler
et lui montrer la lettre de madame de Bernières, ce
moyen sera sûrement très-efficace.

Madame de Champbonin a trahi mon secret, et a dit
à M. de Voltaire ce que j'avais fait pour lui; cela lui a
fait un plaisir extrême, et me donne de l'autorité pour
exiger des changements dans le Mémoire[1] que je vous
ai envoyé : aussi je le lui fais refondre; j'y trouve
encore trop d'injures : il m'a promis de les ôter toutes.
Mais je voudrais aussi supprimer tout le littéraire; car
un homme bien touché ne va point parler de Newton
ni de M. de Feuquières[2] : il faut toucher et intéresser le
public; il le peut s'il le veut. Il ne doit parler que de
son affaire; il pense autrement; mais il se rendra
sûrement à votre avis, il y est résolu. Nous attendons
avec impatience votre sentiment sur ce Mémoire, afin
que les corrections soient conformes à vos volontés;
mais, je vous en supplie, exigez la suppression de tout
ce qui n'ira pas au fait.

Toutes ces maudites affaires-là me font sentir combien il serait nécessaire de purger ce décret du parlement : cela serait-il possible? Pensez-y à loisir. Je sais
bien que ce n'est pas le moment; mais, pour y parvenir,
il y faut penser de loin.

1. Le *Mémoire sur la Satire.*
2. C'est à tort, sans doute, que l'éditeur de 1806 a lu Fou-
quières, au lieu de *l'abbé Furetière,* auteur des *Factums* contre
l'Académie, dont le nom se trouve effectivement dans le *Mémoire
sur la Satire. OEuvres,* t. XXXVIII, p. 333.

J'achète à Paris une maison de deux cent mille
francs, et je ne sais pas, à cause de cette malheureuse
affaire, si j'y demeurerai jamais. La vie n'y pourrait
être tranquille sans cette purgation, qui, au bout du
compte, ne doit pas être impossible, et pour laquelle
aucune démarche ne nous coûterait. Pensez-y, mon
respectable ami, à votre loisir : c'est bien alors que
vous serez notre ange gardien.

Je recommande l'affaire de Hollande et la minutie de
La Mare à vos bontés; cette minutie est essentielle
pour moi et peut se réparer d'un mot.

Je me flatte que vous me répondrez sur l'almanach
qui me regarde, et dont je vous ai parlé dans ma dernière.

Voilà bien des grâces à la fois; mais on peut tout
demander et tout dire à un ami comme vous.

Je ne vous dis rien pour votre ami, parce que j'ai
trop à vous dire. *Vale et me ama.*

---

128. — A M. DE MAUPERTUIS[1].

[Cirey], le 26 [janvier 1739].

J'ai pris, Monsieur, la douce habitude de vous écrire
toutes les postes, et je ne puis m'en détacher aujour-
d'hui même que je n'ai point de prétexte, c'est-à-dire
point de lettre à vous envoyer. Je vous avoue que je
suis un peu fâchée de vous consulter de loin, quand je
devrais n'avoir qu'à vous envoyer Cécile pour obtenir
votre présence réelle. Je reçois votre lettre du 20, à
votre arrivée à Bâle, et je suis très-fâchée que vous ne
m'y parliez point de votre retour. Je vous prie de ne le

---

1. *Lettre inédite*, Mss., p. 131. — Maupertuis avait passé quelques jours à Cirey en allant à Bâle. (Note Mss.)

pas oublier, vous savez à quel point j'y compte, mais vous ne savez pas à quel point je le désire.

Ne vous voyant plus, j'ai relu votre livre de *la Figure de la terre* avec autant d'attention que de plaisir, mais il vous en coûtera plusieurs questions.

1° Dites-moi si la figure primitive de la terre dans son état de repos n'a pas été l'effet de la seule pesanteur et de ses lois, et si la gravité primitive, étant donnée la forme primitive de la terre, ne le serait pas aussi, et conséquemment sa forme actuelle, puisqu'en connaissant quelle a été sa figure primitive, il est aisé de calculer quel changement la force centrifuge y a apporté.

2° Puisqu'il résulte des lois de la statistique que toute matière homogène doit prendre la forme sphérique, dites-moi comment Dieu aurait fait pour faire la terre sphérique, par exemple, et la lune décagone, ou bien comme un parallélipipède. Aurait-il été obligé d'établir des lois de pesanteur différentes pour les deux planètes. D'où viendraient toutes les figures de la matière ? De la cohésion, me dira-t-on ; mais qu'est-ce que c'est que la cohésion ? Il n'y a, dit-on, qu'une matière homogène et fluide qui puisse par la pesanteur prendre la forme sphérique. Mais la matière de la terre n'est ni homogène ni fluide ; pourquoi a-t-elle la forme sphérique, ou pourquoi tous les corps ne l'ont-ils pas ?

3° Dans la sphéroïde aplatie que vos mesures vous ont donnée, la forme de la terre et l'attraction mutuelle des parties de la matière entrent-elles pour quelque chose dans l'augmentation de la pesanteur ?

4° Expliquez-moi comment on mesure l'amplitude d'un arc, et comment cette amplitude donne la grandeur du degré qui y répond. Vous l'avez dit dans votre livre, mais il faut me le redire encore.

5° Puisque la force centrifuge est calculée, si on connait la figure de la terre avec certitude, ne pourra-t-on pas savoir si [les] différenc[es] des oscillations à Quito et à Pello[1] sont telles que la diminution causée par la force centrifuge les donne, et connaître par là la pesanteur primitive. Il me semble qu'il y a quelque chose de cela dans votre chapitre de la pesanteur, qui est réellement un chef-d'œuvre même pour vous. Jugez quel effet il me fait!

6° Quel est cet illustre membre de l'Académie dont vous parlez, qui avait si bien conclu de l'expérience de Richer[2]?

7° Est-ce Cassini le père ou le fils qui ont achevé la méridienne[3]? Faites-vous cas du père? Mais j'ai bien peur que vous ne fassiez guère cas de moi, vous pouvez négliger la philosophe, mais vous devez toujours aimer l'amie.

8° Pourquoi le sphéroïde est-il plus aplati et presque du double que ne l'avait déterminé M. Newton? Explique-t-on cela par l'attraction en raison inverse du carré?

1. Montagne de Suède, 66 degrés, sur la Tornéa.
2. Jean Richer, astronome, membre de l'Académie des sciences en 1666, mort en 1696, constata, dans son voyage à Cayenne en 1671, le retard du pendule sous l'équateur, observation qui fournit à Newton et à Huygens la preuve de l'aplatissement du globe, et devint l'origine des travaux entrepris plus tard sur la figure de la terre.
3. Commencée en 1669 par Picard, la méridienne de Paris, qui devait représenter la 45e partie de la circonférence terrestre, fut continuée en 1683 au nord de Paris par La Hire, et au sud par Jean-Dominique Cassini, qui la poussa, en 1700, jusqu'au Canigou (Pyrénées). Ce fut son fils, Jacques Cassini, auxiliaire de ses travaux, qui l'acheva en la conduisant jusqu'à Dunkerque (1718).

129. — A M. LE COMTE D'ARGENTAL.

Janvier [1739.]

Mon cher ami, vous recevrez par cette poste un nouveau mémoire. Je vous en ai dit mon avis ; j'espère que
vous m'approuverez, j'en ai besoin. On voulait aller à
Paris : j'ai bien de la peine, je vous assure, et j'espère
toujours que le temps nous amènera un repos que je
n'ai pas encore goûté. Songez à me parer du voyage
de Paris : dites-en un mot dans vos lettres.

Non, je vous assure, je n'ai point été contente de la
lettre de Thieriot ; ce n'était point une lettre ostensible
que je lui demandais, et je la lui renvoie. Je suis très
en colère de ce qu'il mande qu'il l'a montrée à plus de
deux cents personnes : il ne lui est point permis de me
mettre ainsi en jeu. Si l'abbé Desfontaines allait s'en
prévaloir pour parler de moi dans quelque libelle, jugez
quel scandale cela ferait dans ma famille! Votre ami
mourrait de douleur. Je vous prie donc de lui imposer
silence, et de retirer de lui ma lettre où je traitais
l'abbé Desfontaines de *monstre*. On ne sait ce qui peut
arriver. Empêchez-le de me compromettre là-dedans
et retirez ma lettre, et qu'il ne parle plus de la sienne
et qu'il ne soit plus question de moi : cela est bien
essentiel.

J'attends de vos nouvelles sur cet *Almanach,* sur
l'ambassadeur de Hollande et sur le Mémoire.

Je vous demande en grâce, faites écrire à La Mare
la lettre que je vous ai demandée, et qu'il ne rappelle
point les précédentes. J'ai été obligée d'en supprimer
encore une aujourd'hui de lui, où il parlait du renvoi
de la comédie¹ ; mais à la fin la bombe crèvera, et sera
terrible. Sauvez-moi cette scène, je vous supplie.

1. La comédie de l'*Envieux.*

Adieu. Je vous accable de mes lettres : ce sont les charges du bénéfice d'ange gardien. Conduisez-nous. J'approuve assez cette requête au chancelier, et que tous les intéressés dans le libelle s'y joignent; mais je soumets tout à vos lumières et à votre amitié.

Adieu, mon respectable ami. Malgré tant de chagrins, nous avons un premier acte dans son cadre : son défaut est d'être trop touchant. Je grille d'impatience de vous envoyer cette pièce.

Mille choses, je vous supplie, à madame d'Argental.

P. S. J'ai reçu une lettre de Linant : j'en userai avec lui comme vous voudrez; mais il faut qu'il écrive aussi à M. du Châtelet.

130.—A M. LE COMTE D'ARGENTAL.

2 février 1739.

Voilà, mon cher ami, une lettre pour M. de Fresne[1] : nous ne savons pas son adresse; et, présentée par vous, elle sera bien mieux reçue.

Vous connaissez sans doute un malheureux auteur nommé Saint-Hyacinthe, qui a été longtemps protégé par madame de Verpillau, et qui donne aujourd'hui à jouer. Il est auteur d'un libelle plus obscur que lui encore, mais que l'abbé Desfontaines rapporte dans son libelle diffamatoire. Ce libelle de Saint-Hyacinthe est intitulé, *la Vie d'Aristarchus*[2]. Vous sentez bien que

1. Jean-Baptiste-Paulin d'Aguesseau de Fresne, comte de Maligny, second fils du chancelier d'Aguesseau, né le 25 juin 1701; successivement conseiller au Parlement, commissaire en la deuxième Chambre des requêtes, maître des requêtes, conseiller d'Etat ordinaire en 1734, mort le 8 juillet 1784.

2. Hyacinthe Cordonnier, fils de Jean-Jacques Cordonnier, sieur de Belair, porte-manteau de Monsieur et de dame Marie Mathé, dit Saint-Hyacinthe (1684-1746), l'auteur du *Chef-d'œuvre d'un in-*

votre ami ne peut pas laisser une telle calomnie sans vengeance; mais vous sentez mon état en même temps, et je suis sûre que vous en aurez pitié. Un désaveu de Saint-Hyacinthe de ce malheureux libelle, ou du moins une assurance par écrit qu'il n'a pas prétendu y parler de M. de Voltaire, me sauverait peut-être la vie; car, si votre ami exécutait la malheureuse résolution qu'il prend toutes les vingt-quatre heures d'aller à Paris, je mourrais de douleur. Je suis persuadée que, si vous pouvez quelque chose, vous vous y emploierez avec l'amitié que je vous connais pour les deux solitaires de Cirey, que votre amitié seule empêche d'être entièrement malheureux.

P. S. Si vous n'écrivez pas, mon cher ami, de la façon la plus forte à votre ami pour le dissuader d'aller à Paris, je suis la plus malheureuse de toutes les créatures. Si vous voyiez les agitations de son âme, vous jugeriez bien qu'il serait très-dangereux qu'il y fût. Je n'espère qu'en la sagesse de vos conseils et dans la vivacité de votre amitié. Il veut faire ce procès criminel; il envoie des procurations; il faudra enfin qu'il y aille. Je crains les récriminations et les éclats. Au nom de Dieu, que votre amitié parle et qu'elle décide de notre sort. Les combats que j'ai à soutenir sont incroyables, et je suis bien à plaindre, si vous m'abandonnez.

connu, *poëme mis au jour par le docteur Mathanasius* (1714). Brouillé avec Voltaire pendant le séjour de celui-ci en Angleterre, en 1726, il l'attaqua d'abord dans ses *Lettres critiques sur la Henriade* (1728), puis dans cette *Deification du docteur Aristarchus Masso*, publiée à La Haye, en 1732, à la suite du *Chef-d'œuvre d'un inconnu*, que Desfontaines avait reproduite dans la *Voltairomanie*, et dans laquelle Saint-Hyacinthe raconte la fâcheuse aventure des coups de canne donnés à Voltaire par Beauregard sur le pont de Sèvres.

Mille choses à monsieur votre frère et à madame d'Argental.

——

131. — A M. LE COMTE D'ARGENTAL.

5 février 1739.

Mon cher ami, ce voyage de Paris me fera mourir de douleur, si vous ne parez ce coup. Au nom de Dieu, épargnez-moi un désespoir si cruel. Écrivez vivement, vous le déciderez; mais il veut toujours faire le procès. Je le crois commencé : que deviendrai-je? Mandez-nous donc ce que vous en pensez : consolez-moi; je suis au désespoir; je suis prête à tout moment à perdre le bonheur de ma vie, et je sens bien que ce procès me l'ôtera.

Avez-vous reçu la tragédie et le chevreuil?

Adieu, mon cher ange. Consolez-moi, gardez-moi des résolutions violentes de votre ami, qui me font trembler, mais que vous dompterez sûrement, si vous vous unissez à moi.

Au nom de Dieu, qu'il reste ici!

——

132. — A M. LE COMTE D'ARGENTAL.

12 février 1739.

M. Ratz de Lanthenée, auteur d'*Éléments de Géométrie*[1], écrit aujourd'hui à M. de Voltaire, mon cher ami, qu'il a été voir l'abbé Desfontaines pour savoir ce qu'il pensait, et que l'abbé Desfontaines lui avait

1. Le Ratz de Lanthenée, mathématicien belge, mort vers 1770; outre ces *Élémens de Géometrie*, Paris, 1738, in-8, il publia une *Lettre à M. de Voltaire sur son écrit intitulé* : Réponse aux objections contre la philosophie de Newton ; 1739, in-8.

montré une permission du lieutenant criminel, auquel
il a présenté requête, pour informer contre M. de Voltaire, et qu'il lui avait aussi montré des preuves testi-
moniales et d'autres choses pour convaincre M. de Voltaire de l'*Épître à Uranie* et des *Lettres philosophiques.*
Cela est si révoltant, que je crois que rien ne peut
exciter davantage les puissances en faveur de M. de Voltaire, que de leur faire connaître la scélératesse de ce
Desfontaines, qui veut ôter l'honneur et persécuter la
vie d'un homme à qui il doit la sienne. Ainsi, mon
cher ami, votre prudence et votre amitié fera de cela
l'usage qu'elle voudra. S'il y a quelques mesures à
prendre, vous nous en instruirez. Cette nouvelle, la
lettre de M. d'Argenson, dont il vous envoie copie, la
dernière lettre que vous lui avez écrite, l'ont enfin fait
résoudre à mander qu'on ne commence point les procédures sans un nouvel ordre : c'est déjà beaucoup. Il
a écrit à M. le chancelier[1], à M. de Maurepas, à M. d'Ar
genson, des lettres très-convenables. Il ne fera paraître
son Mémoire que lorsque vous le jugerez à propos. Il
faudrait un peu pousser à la roue auprès de M. le chancelier. S'il faisait faire quelques réparations à M. de
Voltaire, il s'en contenterait et se tiendrait tranquille.
En vérité, il est honteux qu'on laisse à un homme tel
que Desfontaines la liberté d'écrire deux fois par
semaine, et j'espère encore que le cri public et votre
protection la lui fera ôter. Nous espérons aussi en
M. de Maurepas. Je voulais que votre ami écrivît à
M. le cardinal[2]. On dit que l'abbé Desfontaines lui
a écrit. Mandez-moi si vous approuvez cette mesure,
et surtout écrivez les choses les plus fortes contre
le voyage de Paris et contre le procès. Si vous voyiez

1. Lettre du 11 février 1739. *OEuvres*, t. LIII, p. 473.
2. Le cardinal de Fleury.

la fureur de ses résolutions, vous sentiriez qu'il ne
pourrait rien faire de pis que d'aller à Paris, car
enfin il ne serait pas toujours sous vos yeux. Il mande
à madame de Champbonin de voir M. Hérault, et d'aller
à l'audience du chancelier avec M. Mignot, en se disant
sa parente. Je l'approuve fort, et cela ne peut faire
qu'un bon effet. Mais ce Saint-Hyacinthe nous tourne
la tête; et, quand il me dit qu'il veut aller à Paris pour
tirer raison de cette injure, je ne sais que lui répondre;
il me semble que c'est le trahir que de l'en empêcher.
Madame de Champbonin m'a mandé qu'elle n'avait pas
été contente du Burigny[1] dans cette occasion; elle vous
l'aura dit sans doute. J'ai engagé le chevalier d'Aydie[2]
à parler à Saint-Hyacinthe, qu'il connait; il faut absolument obtenir de lui un désaveu formel, et qu'il sup-
prime ce libelle qu'il a fait mettre à la fin de *Mathana-*
sius. Or, vous savez que *Mathanasius* est entre les mains
de tout le monde. Madame de Champbonin vous dira
sans doute ce que M. de Voltaire demande des comédiens[3] : je ne sais si cela est bien convenable, et je ne

1. Jean Lévesque de Burigny (1692-1785), membre de l'Académie des inscriptions en 1756, ami intime de Saint-Hyacinthe, avec
qui il avait travaillé au journal de l'*Europe savante*. Le 27 février,
Voltaire adressa une lettre à Lévesque de Pouilli, frère de Burigny,
pour l'engager à agir sur celui-ci et à stimuler son zèle de médiateur. (*OEuvres*, t. LIII, p. 507.) Plus tard, Burigny publia une
Lettre sur les démêlés de Voltaire avec Saint-Hyacinthe, de 33 pages.
Londres, 1780,
2. Le chevalier d'Aydie, ami intime du bailli de Froulay, oncle
de madame du Châtelet, était lié également avec d'Argental et
Pont-de-Veyle, chez la mère desquelles, la comtesse de Ferriol, il
avait connu mademoiselle Aïssé. Voir notre édition des *Lettres de*
mademoiselle Aïssé, Charpentier, 1873.
3. Le 6 février 1739, Voltaire avait écrit une lettre à mademoiselle Quinault, dans laquelle il lui « demandait en grâce de vouloir
bien faire signer par ses camarades un certificat destiné à démentir
les faits rappelés dans la *Déification*. » Mademoiselle Quinault pensa,
comme madame du Châtelet, « que ce certificat pourrait aboutir à

l'approuve pas trop ; mais il n'est pas dans un état à
entendre raison, et il faut faire ce qu'il veut pour éviter
de plus grands malheurs. Il compte que vous direz
encore bien fortement au chevalier de Mouhi de ne
point faire paraître son Mémoire sans son ordre. Ce
chevalier lui dit aujourd'hui, dans sa lettre, *qu'un ami
trop zélé le fait imprimer;* il faut absolument attendre
ce que fera M. le chancelier.

Pour Thieriot je crois que tout s'apaisera; mais moi
je ne lui pardonnerai jamais de m'avoir compromise et
d'avoir, sans ma permission, fait courir la lettre qu'il
m'écrivait : cela est inouï. Helvétius me mande que
cette lettre a fait un très-mauvais effet, *et qu'il me
cache sur cela la moitié de son chagrin;* ce sont ses
termes. Je vous avoue que cela m'inquiète. Je vous
supplie, mon ami, de me mander tout ce qu'on a dit à
ce sujet, car vous savez qu'il faut tout savoir : on peut
tout réparer. Mandez-moi aussi s'il n'y a point de
danger que, dans ces circonstances, M. du Châtelet
aille à Paris. Il compte y être dans quinze jours pour
cette maison que je veux acheter.

Je ne sais si je vous ai dit que l'auteur de l'*Almanach
nocturne* était le chevalier de Neuville-Montador, auteur
très-nocturne, et qui a déjà fait plusieurs brochures
aussi estimables que l'*Almanach.* Si vous trouvez quelqu'un qui me l'ait charitablement attribué, vous me ferez
plaisir de lui nommer l'auteur, dont je suis très-sûre.

M. de Mesnières[1] a écrit une lettre charmante à M. de

quelque ridicule, » et Voltaire se rabattit alors sur une lettre ostcn-
sible (celle du 18 février). *Œuvres*, t. LIII, p. 468 et 490.

1. Jean-Baptiste-François Durey, seigneur de Meynières, fils de
Jean-Baptiste, président au Grand-Conseil, et de Louise Le Gendre,
né le 21 avril 1705, conseiller au Grand-Conseil en 1724, président
de la 2e chambre des requêtes le 4 mai 1731, marié, le 4 février
1733, à Marie-Louise Pouynet de la Blinière, mort le 27 septembre

la fureur e ses résolutions, vous sentiriez qu'il
pourrait ru faire de pis que d'aller à Paris,
enfin il neerait pas toujours sous vos yeux. Il r
à madame e Champbonin de voir M. Hérault, et
à l'audienc du chancelier avec M. Mignot, en s
sa parente Je l'approuve fort, et cela ne p
qu'un bon lfet. Mais ce Saint-Hyacinthe n
la tête ; et, quand il me dit qu'il veut aller à
tirer raisonde cette injure, je ne sais que l
il me semble que c'est le trahir que de l'
Madame de Champbonin m'a mandé qu
été contem du Burigny[1] dans cette occ·
l'aura dit ns doute. J'ai engagé le cl
à parler à aint-Hyacinthe, qu'il con
lument obnir de lui un désaveu f
prime ce belle qu'il a fait mettre
sius. Or, vos savez que *Mathana*
de tout le onde. Madame de (
sans doute ce que M. de Voltai
diens[3] : je e sais si cela est bie

1. Jean Lcesque de Burigny (1692-
mie des inscnuons en 1756, ami intii
qui il avait t.vaillé au journal de l'*Eu*
Voltaire adrsa une lettre à Lévesque (
pour l'engag· à agir sur celui-ci et à s
teur. (*OEuvre* t. LIII, p. 507.) Plus
Lettre sur les mêlés de Voltaire avec Sa.
Londres, 178

2. Le che lier d'Aydie, ami intime
de madame a Châtelet, était lié éga
Pont-de-Vey, chez la mère desquelles,
avait connu ademoiselle Aïssé. **Voir** r
mademoiselle Aïssé, Charpentier, 1873.

3. Le 6 frier 1739, Voltaire avait é
selle Quinau; dans laquelle il lui « den
bien laire siter par ses camarades un c
les faits rappés dans la *Déification.* » M
comme madne du Châtelet, « que ce c

l'apprécie pas trop ; mais il n'est pas dense et
entendre rien, ... faut faire ce qu'il vaut pas
de plus g...
encore ...
point d... ...
chevalier b...
trop ... le fait ...
ce que fait M. ...

Pour Thérèse ...
je ne lui ...
d'avoir, sans en ...
m'écrivait : ... ...
cette lettre a fait ...
cache sur cela de ...
termes. Je ...
supplie, mon ami, ...
ce sujet, car vous avez qu'il ...
tout réparer. ...
danger que, ...
aille à Paris. Il ...
cette maison quoi ...

Je ne sais si je ...
nocturne étant ...
très-nocturne, ...
aussi estim...
qu'un qui ...
plaisir de ...
M. de Mes...

quelque r...
sible ...
Le Jean-...
Jean-Baptiste, ...
né le 21 avril 1785, ...
de la ... ...
1784, à Marie-...

Voltaire : c'est un homme bien aimable; puisqu'il est votre ami, je m'en doutais bien.

Thieriot a écrit une lettre à M. de Voltaire par le canal de M. de Maurepas; il dit qu'il regarde comme absurde que M. de Voltaire ait payé sa pension chez madame de Bernières : cependant la lettre de madame de Bernières, que vous avez, en fait foi. Quel homme!

Adieu, mon cher ami. Il ne faut aimer que vous et monsieur votre frère.

P. S. Prault doit vous avoir remis l'*Épître sur l'Homme*, qui sera la cinquième. Il faut qu'il en demande l'approbation et qu'il ne fasse rien imprimer sans cela : recommandez-le lui bien, mon cher ami.

Thieriot écrit aujourd'hui une lettre à M. de Voltaire, qui commence ainsi : *J'étais enfermé avec un évêque et un ministre étranger, quand madame de Champbonin est venue pour me voir :* cela est bien bon. Et La Poplinière, qui ne répond point à M. du Châtelet! Tout cela est trop plaisant.

Demoulin a mandé que vous n'étiez point d'avis qu'on parlât à M. de Maurepas : je suppose à cela quelque malentendu; car il me semble qu'un désaveu des avocats[1] ne peut faire que du bien.

1735. Il était frère de Marguerite Durey, première femme du lieutenant de police Hérault, morte le 1er mars 1729. Il demeurait rue de Richelieu, cul-de-sac de Ménars.

1. La *Voltairomanie* étant attribuée à un prétendu avocat; Voltaire s'adressa, le 5 avril 1739, à M. Denyau, ancien bâtonnier et ami de son père, pour obtenir des anciens de l'ordre une protestation contre ce pamphlet. *Lettres inédites de Voltaire*, Didier, 1857, t. I, p. 111. « Il serait infiniment flatteur pour moi, dit-il d'abord, que je pusse obtenir seulement une lettre de votre bâtonnier et de quelques anciens; » mais il ajoute en finissant : « Ne pourrais-je point, par le moyen de quelques conseillers au Parlement de mes amis, demander qu'on fasse brûler le libelle? Le bâtonnier ne pourrait-il pas le requérir lui-même? Il me semble qu'il y en a des exemples. »

133. — A M. LE COMTE D'ARGENTAL.

13 février 1739.

Mon cher ami, j'espère que nous gagnerons notre procès, c'est-à-dire, que notre ami n'en fera point. J'ai eu bien de la peine à le déterminer; mais la crainte d'une récrimination sûre et dangereuse l'arrêtera, à ce que j'espère, pourvu que le Desfontaines n'instrumente pas de son côté. Une lettre de vous le décidera à la paix. Il faut que son Mémoire paraisse (il le corrige encore), et cela, quand M. le chancelier aura parlé. Si ce que M. d'Argenson mande a son exécution (vous avez copie de sa lettre), tout ira bien. Il faudrait que M. le chancelier obtînt un désaveu du Desfontaines; nous en obtiendrons un, j'espère, du Saint-Hyacinthe [1], et tout serait fini. Mais, puisque nous abandonnons le parti de la justice, il faut tâcher que les magistrats nous la fassent; et, pour les y engager, il faut les assurer que la procédure criminelle n'a pas été commencée, et cela est vrai; et elle ne le sera point, s'ils veulent bien accorder leur protection pour obtenir une réparation que l'honneur de M. de Voltaire et la justice réclament également. Voyez M. d'Argenson, au nom de Dieu, M. Hérault ou madame sa femme [2], M. le chan-

---

1. Ce désaveu, très-insuffisant du reste, Saint-Hyacinthe le donne dans une lettre adressée à Burigny, le 2 mai 1739. N'ayant nommé personne, il prétendait que le hors d'œuvre de la *Déification* ne devait être pris que pour une de ces généralités « applicables à tous les savants qui peuvent tomber dans ces défauts. » La fin même ne laissait pas d'être quelque peu ironique : « Cultivant à présent les *musas severiores*, M. de Voltaire apprend d'elles à s'élever dans les régions tranquilles où les vapeurs de la terre ne s'élèvent point : *Sapientium templa serena.* » *OEuvres de Voltaire*, t. I, p. 348.

2. Marie-Hélène Moreau de Séchelles, fille de Moreau de Séchelles, intendant de Lille et futur contrôleur général, et de Marie-

relier ou M. l'avocat général; assurez-les, comme
M. de Voltaire le leur a écrit, qu'il leur remet sa vengeance et leur soumet ses ressentiments. M. de Caylus
mande aujourd'hui à M. de Voltaire, que le bruit qui
court qu'il s'est adressé au lieutenant criminel, empêche M. de Maurepas de le servir [1]. Au nom de l'amitié, engagez M. de Maurepas [2] à nous servir, et désa-
busez-le sur cette procédure criminelle dont votre ami
a eu le dessein, mais qui n'est pas commencée, et qui
ne le sera sûrement pas si on peut obtenir à M. de
Voltaire une satisfaction honorable. Il ne peut être
blâmé de la demander, et il faut tout faire pour qu'il
l'obtienne. Ce malheureux procès sauvé, notre bonheur
est assuré; mais s'il était une fois commencé, ma vie
ne serait plus qu'une suite d'amertumes. Ayez pitié de
moi, mon cher ami : j'ai suspendu le procès jusqu'à
présent; je l'empêcherai, si on peut donner quelque
satisfaction à notre ami.

Adieu, ange tutélaire. *Sub umbrâ alarum tuarum
protege me.*

Mille choses à monsieur votre frère.

Anne-Catherine d'Amorezzan, née en octobre 1715, mariée le 28
décembre 1732, à René Hérault. Barbier en parle comme « d'une
des jolies femmes de Paris sur le compte de qui on met M. le duc
de Boufflers, depuis M. le duc de Durfort. » *Journal* III, 192.
Elle était sœur de madame Peirenc de Moras, femme du successeur de Séchelles au Contrôle général.

1. Voltaire à d'Argental, 14 février 1739 : « M. de Caylus m'é-
crit que M. de Maurepas croit l'affaire portée au Châtelet, et qu'ainsi
il a les mains liées. » *Lettres inédites*, Didier, 1857, t. I, p. 112.
Et à mademoiselle Quinault, 18 février 1739 : « M. de Caylus
me comble de bontés, je crois que je vous en ai l'obligation. »
OEuvres, t. LIII, p. 490.

2. M. de Maurepas était un de ceux qui avaient conseillé à Voltaire
de renoncer à une action criminelle pour s'adresser seulement au
tribunal de la Commission du lieutenant de police. Voir Lettre à
Moussinot, février 1739. *OEuvres*, t. LIII, p. 500.

P. S. Réponse, je vous le demande en grâce. N'avons-nous rien à craindre des dénonciations du Desfontaines? L'oserait-il, n'étant pas attaqué?

———

134. — AU PRINCE ROYAL DE PRUSSE.

Cirey, 16 février 1739.

Monseigneur,

Je reçois dans le moment la lettre dont Votre Altesse Royale m'a honorée. Je ne puis vous exprimer, Monseigneur, la joie que j'ai de ce que V. A. R. est résolue à donner quelques moments de son loisir à la physique. L'étude de la nature est une occupation digne de votre génie, et je suis persuadée que cette carrière nouvelle vous fournira de nouveaux plaisirs. Pour moi, je suis bien sûre qu'il m'en reviendra des instructions. Si je ne craignais pas de vous importuner, je prierais V. A. R. de m'instruire du chemin qu'elle compte suivre dans cette étude. Je me flatte bien que la philosophie newtonienne sera celle que vous étudierez; Newton et son commentateur[1] méritent cet honneur également.

Il n'y a pas moyen de soutenir davantage l'embrasement des forêts par le vent, puisque V. A. R. persiste à le croire impossible, et que M. de Voltaire est contre moi. Je trouve que ce qu'il mande sur cela à V. A. R. vaut mieux que tout mon ouvrage. Je suis plus hardie sur ce qui concerne le fleuve qui gèle l'été, en Suisse; car, je n'ai assuré sur cela autre chose, sinon que Scheuchzerus rapporte que, dans l'évêché de Bâle, il y a un fleuve qui gèle

1. Voltaire, dans ses *Éléments*.

l'été et coule l'hiver. Il y a des montagnes couvertes de glaces dans le Pérou, entre le 23° et le 24° degré de latitude, qui ne fondent jamais; et M. de Tournefort, dans son voyage du Levant, rapporte qu'à Trébizonde il gelait toutes les nuits, au mois de juillet, jusqu'au lever du soleil. Cependant les régions sont plus méridionales que les nôtres, et le soleil est par conséquent beaucoup plus longtemps sur l'horizon ; et M. de Tournefort, qui a examiné la terre [de ces] climats, l'a trouvée très-chargée de sels et de nitre. Ce que V. A. R. dit sur les grottes de Besançon est très-vraisemblable ; mais ces deux causes, les parties nitreuses que la chaleur du soleil fond et fait couler dans les grottes, et la terre qui en forme le lit, qui abonde vraisemblablement aussi en nitre et en sels, contribuent à ce phénomène. Mais il me semble qu'il ne s'ensuit pas que les fleuves dussent geler en été, car il est rare que, dans nos climats, la chaleur du soleil soit assez forte pour élever une assez grande quantité de particules nitreuses pour causer, la nuit, en retombant, la congélation des eaux courantes. C'est là une des raisons pour lesquelles ce phénomène est plus commun dans les pays chauds ; mais il est nécessaire, de plus, pour l'opérer, que la terre abonde en nitre et en sels.

Avant de quitter la physique, oserais-je demander à V. A. R. si Thieriot lui envoya, il y a environ trois mois, un petit *Extrait* du livre de M. de Voltaire, inséré dans le *Journal des Savants* de septembre 1738[1]? Je n'avais pas osé le présenter moi-même à V. A. R.;

1. Voici, d'après l'abbé Trublet, attaché alors au *Journal des Savants*, l'histoire de l'insertion de cet *Extrait* dans le numéro de septembre 1738 : « Comme je travaillais au *Journal des Savants* lorsque M. de Voltaire publia pour la première fois les *Eléments* de Newton, il me fit remettre un *Mémoire* sur l'édition hollandaise de ce livre, pour être inséré dans le *Journal*. Il y relevait beaucoup de

mais j'avoue que je serais bien curieuse de savoir si elle
en a été contente.

Puisque V. A. R. est informée de l'horrible libelle
de l'abbé Desfontaines, elle ne sera pas fâchée sans
doute d'apprendre la suite de cette affaire à laquelle
vos bontés pour M. de Voltaire font que V. A. R. s'intéresse. Tous les gens de lettres maltraités dans le libelle
ont signé des requêtes qui ont été présentées aux
magistrats, et il y a lieu d'espérer qu'ils feront une
justice que le lieutenant criminel aurait faite à leur
place. Ainsi la cause de M. de Voltaire devient la cause
commune, et c'est en effet celle de tous les honnêtes
gens.

On m'avait trompée en me mandant que Thieriot
avait envoyé le libelle à V. A. R., et je voudrais bien
que tous ses torts dans cette affaire ne fussent pas plus
réels; mais il s'est très-mal conduit, et je ne l'attends,
au point où les sentiments de reconnaissance qu'il doit
à M. de Voltaire auraient dû toujours le tenir, que

fautes de toute espèce dans les premières feuilles de cette édition,
les seules qu'il eût encore en vue. Lorsqu'elles lui furent toutes
parvenues, il me fit l'honneur de m'écrire que ces fautes étaient *en
si grand nombre et si considérables*, que le *Mémoire* qu'il m'avait
envoyé *devenait entièrement inutile*. Quelques jours après, il me
dit dans une nouvelle lettre, que, depuis sa dernière, *les libraires
hollandais lui avaient promis de corriger leur misérable édition, et
qu'il devait avoir pour eux la condescendance de ne la point décrier*.
Le *Mémoire* ne fut donc point imprimé; mais les *Eléments* l'ayant
été ensuite plus correctement à Londres, feue madame la marquise du
Châtelet m'envoya de Cirey, où M. de Voltaire était alors avec elle,
une lettre contenant une espèce d'extrait de l'ouvrage, pour être
insérée dans le *Journal des savants*. On la trouvera en septembre
1738. Cette lettre et cet extrait sont de madame du Châtelet même.
Elle nem'en disait rien dans la lettre particulière qu'elle y joignait, mais je la devinai. Je lui écrivis, et, dans la réponse dont
elle m'honora, elle m'avoua que j'avais bien deviné. » Trublet, *Mémoires pour servir à l'histoire de MM. de Fontenelle et de La
Mothe*, Amsterdam, 1759, p. 133.

quand V. A. R. le lui aura ordonné. Il a eu l'imprudence de me mander qu'il avait envoyé à V. A. R.
une lettre[1] qu'il m'a écrite, et dont j'ai été très-
offensée. Je ne sais trop sous quel prétexte il a cru
pouvoir m'écrire une lettre ostensible, et comment il a
osé envoyer cette lettre à V. A. R., qui devait lui
paraître une énigme, si elle ne connaissait point la
Voltairomanie. Ce qui est bien certain, c'est que Thieriot ne devait jamais, sans ma participation, montrer
cette lettre à personne; or, non-seulement il l'a
presque rendue publique sans ma permission, mais il
l'a envoyée à V. A. R. Je ne me soucie point du tout
que le public soit informé que Thieriot m'écrit, et il ne
lui convenait en aucune façon d'oser me compromettre.
C'est ainsi qu'il a réparé les torts qu'il avait avec M. de
Voltaire. Je ne m'attendais pas à être obligée d'écrire
un factum sur Thieriot à V. A. R.; mais l'imprudence
de ses démarches m'y a forcée. Il faut encore que vous
me permettiez, Monseigneur, de vous envoyer la copie
de la lettre que madame la présidente de Bernières a
écrite à M. de Voltaire sur cette malheureuse affaire;
elle fera voir à V. A. R. à quel point les hommes
peuvent porter la méchanceté et l'ingratitude, et combien Thieriot est coupable de n'en avoir pas usé avec
M. de Voltaire, comme a fait madame de Bernières,
qui cependant lui doit bien moins.

Je suis désespérée de penser que je vais, ce printemps, dans un pays où V. A. R était l'année passée[2];
cependant, je me console par l'idée que ce voyage me
rapproche de V. A. R. et des pays qui sont sous la
domination du Roi votre père. Les terres que M. du

1. Voir cette lettre. p. 277.
2. Au mois d'août 1738.

Châtelet va retirer sont enclavées dans le comté de Loo,
et ne sont pas loin du pays de Clèves.. On dit:que c'est
un pays charmant et digne de faire la résidence d'un
grand roi; cette idée m'empêchera de vendre ces
terres, qui d'ailleurs sont, à ce qu'on m'assure, très-
belles. Je vais aussi solliciter des procès à Bruxelles, et
je me flatte que V. A. R. voudra bien alors m'accorder
quelques recommandations. Tout cela fera un peu de
tort à la physique; mais l'envie de me rendre digne du
commerce de V. A. R. me fera sûrement trouver des
moments pour l'étude.

Je demande à V. A. R. la permission de mettre une
lettre pour M. de Kayserlingk dans son paquet, ne
sachant où le prendre. J'espère, Monseigneur, que
vous voudrez bien aussi me permettre d'envoyer sous
votre couvert deux exemplaires de mon ouvrage *sur le
feu*, dont l'Académie vient de faire achever l'impression, l'un pour M. Jordan, et l'autre pour M. de Kayserlingk. Il faut enfin que je demande pour dernière
grâce à V. A. R. de me pardonner la longueur de cette
lettre, en faveur des sentiments de respect et d'admiration qui me l'ont dictée, et avec lesquels je suis, etc.

P.-S. Rousseau est retourné faire de mauvaises odes
à Bruxelles. Je prie V. A. R. de m'écrire toujours par
M. Plötz.

155. — A M. LE COMTE D'ARGENTAL.

16 février 1739.

Mon cher ami, nos affaires commencent à prendre
un bon train. Nous savons bien à qui nous en avons
l'obligation ; mais notre ange gardien ne peut rien faire
pour nous qui nous surprenne. Il faut solliciter vivement M. Hérault, et surtout bien assurer qu'il n'y a
aucune procédure criminelle de commencée, et que l'on
n'en fera point. Je crois avoir un poids de mille livres
hors des épaules, que d'avoir la crainte de ce procès
de moins ; car je ne crois pas que Desfontaines ose le
commencer. Mais c'est ce maudit voyage de Paris, dont
la fureur reprend à chaque poste, qu'il faut éviter. Si
nous le sauvons, et si nous nous tirons de ce mauvais
pas-ci, ce sera encore un des miracles de notre ange
gardien. Vous devriez nous faire écrire un petit mot
toutes les postes ; madame de Champbonin serait volontiers votre secrétaire ; nous ne ferions que les démarches
ordonnées par vous, et nous serions en repos ; mais
nous craignons à tous moments de faire des faux pas,
quand vous n'êtes pas notre guide.

Thieriot écrit aujourd'hui une ridicule lettre : il dit
que tout le monde abandonne votre ami, qu'on le
craint, qu'on le désapprouve, que tout tourne mal,
tout cela semé de traits piquants. Nous savons à quoi
nous en tenir. Il se vante de ne rien faire et de ne rien
écrire que par vos ordres ; ainsi vous pourriez lui dire
d'agir et d'écrire un peu plus convenablement. Je crois
que le prince royal le rangera à son devoir.

Voici des vers et de la prose que votre ami voulait
vous envoyer par Thieriot ; mais comme je suis sûre
qu'il décachète tout et prend copie de tout, je l'en ai

empêché, et vous le fais remettre par madame de Champbonin.

Adieu, ange tutélaire.

Je ne sais s'il n'aurait point pris copie de ce que l'abbé d'Olivet doit vous avoir remis sur le *Siècle de Louis XIV*; car cela a passé par ses mains. Vous le saurez, si vous voulez. La longueur nous en aura peut-être sauvé.

———

192. — [AU DUC DE RICHELIEU [1]]

De 17 février 1738.

Je ne connais point de problème plus difficile à résoudre que vous. Quoi qu'il en soit, j'ai pris mon parti de vous aimer et de vous le dire. Je ne sais ce que me pourront valoir mes bons procédés, puisque je n'en suis pas moins privée de votre commerce. Vous m'écrivez comme à votre ennemie; mais j'aime encore mieux vos lettres, toutes singulières qu'elles sont, que votre silence. Quand j'ai voulu vous envoyer la *Philosophie de Newton*, je n'ai pas douté que vous ne l'eussiez, quand même personne ne l'aurait dans votre ville; mais je ne voulais pas que vous tinssiez d'un autre que moi un livre qui m'est dédié; et d'ailleurs, celui que je vous envoie est une seconde édition [2], beaucoup plus correcte que la première. Je sais qu'on peut faire beaucoup de critiques de ce livre; mais avec tout cela, il n'y en a point de meilleur en français sur ces matières;

1. *Lettre de Voltaire et de sa célèbre amie*, p. 54. — Nommé commandant de la province du Languedoc, le 5 avril 1738, le duc de Richelieu résidait alors à Toulouse et à Montpellier.

2. L'édition de *Londres*, 1738, dont l'abbé Prévost énumère toutes les modifications dans le *Pour et le Contre*, 1738, n° 217, t. XV, p. 251.

135. — A M. LE COMTE D'ARGENTAL.

16 février 1739.

Mon cher ami, nos affaires commencent à prendre un bon train. Nous savons bien à qui nous en avons l'obligation; mais notre ange gardien ne peut rien faire pour nous qui nous surprenne. Il faut solliciter vivement M. Hérault, et surtout bien assurer qu'il n'y a aucune procédure criminelle de commencée, et que l'on n'en fera point. Je crois avoir un poids de mille livres hors des épaules, que d'avoir la crainte de ce procès de moins; car je ne crois pas que Desfontaines ose le commencer. Mais c'est ce maudit voyage de Paris, dont la fureur reprend à chaque poste, qu'il faut éviter. Si nous le sauvons, et si nous nous tirons de ce mauvais pas-ci, ce sera encore un des miracles de notre ange gardien. Vous devriez nous faire écrire un petit mot toutes les postes; madame de Champbonin serait volontiers votre secrétaire; nous ne ferions que les démarches ordonnées par vous, et nous serions en repos; mais nous craignons à tous moments de faire des faux pas, quand vous n'êtes pas notre guide.

Thieriot écrit aujourd'hui une ridicule lettre : il dit que tout le monde abandonne votre ami, qu'on le craint, qu'on le désapprouve, que tout tourne mal, tout cela semé de traits piquants. Nous savons à quoi nous en tenir. Il se vante de ne rien faire et de ne rien écrire que par vos ordres; ainsi vous pourriez lui dire d'agir et d'écrire un peu plus convenablement. Je crois que le prince royal le rangera à son devoir.

Voici des vers et de la prose que votre ami voulait vous envoyer par Thieriot; mais comme je suis sûre qu'il décachète tout et prend copie de tout, je l'en ai empêché, et vous le fais remettre par madame de Champbonin.

Adieu, ange tutélaire.

Je ne sais s'il n'aurait point pris copie de ce que l'abbé d'Olivet doit vous avoir remis sur le *Siècle de Louis XIV;* car cela a passé par ses mains. Vous le saurez, si vous voulez. La longueur nous en aura peut-être sauvé.

---

136. — [AU DUC DE RICHELIEU[1].]

Du 17 février 1739.

Je ne connais point de problème plus difficile à résoudre que vous. Quoi qu'il en soit, j'ai pris mon parti de vous aimer et de vous le dire. Je ne sais ce que me pourront valoir mes bons procédés, puisque je n'en suis pas moins privée de votre commerce. Vous m'écrivez comme à votre ennemie; mais j'aime encore mieux vos lettres, toutes singulières qu'elles sont, que votre silence. Quand j'ai voulu vous envoyer la *Philosophie de Newton*, je n'ai pas douté que vous ne l'eussiez, quand même personne ne l'aurait dans votre ville; mais je ne voulais pas que vous tinssiez d'un autre que moi un livre qui m'est dédié; et d'ailleurs, celui que je vous envoie est une seconde édition[2], beaucoup plus correcte que la première. Je sais qu'on peut faire beaucoup de critiques de ce livre; mais avec tout cela, il n'y en a point de meilleur en français sur ces matières;

1. *Lettre de Voltaire et de sa célèbre amie*, p. 54. — Nommé commandant de la province du Languedoc, le 5 avril 1738, le duc de Richelieu résidait alors à Toulouse et à Montpellier.

2. L'édition de *Londres*, 1738, dont l'abbé Prévost énumère toutes les améliorations dans le *Pour et le Contre*, 1738, nº 217, t. XV, p. 231.

car, hors les *Mémoires* de l'Académie des sciences, il
n'y a que des livres de physique pitoyables.

Les *Dialogues* d'Algarotti sont pleins d'esprit et de
connaissance. Il en a fait une partie ici, et ce sont eux
qui ont été l'occasion du livre de M. de Voltaire. Je
vous avoue cependant que je n'aime pas ce style-là en
matière de philosophie, et l'amour d'un amant qui décroît en raison du carré des temps et du cube de la distance me parait difficile à digérer; mais en tout, c'est
l'ouvrage d'un homme de beaucoup d'esprit et qui est
maître de sa matière. L'*Épitre à Fontenelle* n'a pas
réussi. *Il Neutonianismo per le Dame*, dédié à M. de Fontenelle m'a paru fort singulier : car ce n'est ni comme
femme, ni comme newtonien qu'il a eu cet hommage.
Il n'est pas plus l'un que l'autre. Il faut donc que ce
soit comme mauvais plaisant. Vous ne savez pas que
c'est mon portrait qui est à la tête : du moins ça été
l'intention. Mais il n'a pas trop bien réussi. On le traduit; c'est M. de Castera[1] qui fait cette besogne. Je ne
sais si on parlera davantage de la traduction que de
l'ouvrage : car *le Dame* savent peu d'italien et encore
moins de philosophie. On ne sait où est l'auteur; s'il
est à Toulouse[2], je vous en félicite. C'est un des hommes
que j'aie jamais connus, le plus aimable, le plus instruit et le plus doux à vivre. J'espère qu'il vous dira
du bien de moi, et je vous prie de ne pas lui en dire de
mal, si vous vous intéressez encore un peu à moi. Je
vous conterai une petite anecdote littéraire qui me
regarde; mais cette lettre a déjà près de quatre pages,
j'ai peur qu'elle ne vous empêche de me répondre : je

1. Duperron de Castera (1705-1752), qui publia une traduction
de cet ouvrage d'Algarotti sous ce titre : *Newtonianisme des Dames*,
Paris, 1738, 2 vol. in-12.
2. Voir p. 297 et 350.

vous plains; mais si vous connaissez encore l'amitié,
vous ne pouvez être à plaindre. Mais serez-vous toute
votre vie à Toulouse? Adieu. M. de Voltaire est ici. Mais
crainte que vous ne me soupçonniez, il y a plus de trois
ans que je ne lui ai prononcé votre nom. Il ignore que
je vous écris. Adieu. Je vous demande pardon de la
longueur de cette lettre.

---

137. —   MTE D'ARGENTAL.

20 février 1739.

Nous ferons tout ce que vous voudrez, mon cher
ami; cela est décidé il y a longtemps dans nos cœurs;
mais nos imaginations s'y sont enfin soumises. M. Hérault veut traiter cette affaire criminellement, ce dont
je suis très-fâchée; car ce mot d'affaire criminelle
effraie toujours mes oreilles. Je suis ravie que ce procès
commence par les gens de lettres outragés; les parents
de M. de Voltaire interviendront ensuite, et lui jamais,
s'il m'en croit. Il serait content d'un désaveu; mais le
public ni la justice ne le seraient pas. Il est odieux
qu'on laisse la liberté d'écrire à un scélérat si méprisé,
si haï, reconnu pour un fripon et pour un monstre;
mais le monde subsiste d'abus. Enfin, quoique vous
ne nous écriviez point, quoique vous soyez enrhumé,
nous sommes bien sûrs que vous faites solliciter M. Hérault par tous vos amis. Je suis bien impatiente de
savoir ce que cette affaire deviendra. Vous empêcherez
sans doute que votre ami reçoive de M. Hérault un
assigné pour être ouï; car vous savez bien que je ne
pourrais me résoudre à le quitter sans mourir.

M. du Châtelet sera à Paris le 26 ou le 27; il ira pour
la maison de M. Dupin : je ne sais s'il l'achètera; mais,

je sais bien que je le désire infiniment; car cela me
rapprocherait de vous. Je ne crois pas qu'il fasse
grande fête à Thieriot ni à M. de La Poplinière. Ce
Thieriot dit qu'il suivra aveuglément vos avis. Plût à
Dieu qu'il les eût suivis toujours! mais enfin, s'il les
suit à présent, nous ne craignons rien de ses démarches,
et vous le porterez sans doute à faire celles qui pourront nous servir. Il n'a pas voulu rendre à madame de
Champbonin la lettre que je lui ai écrite sur cette
malheureuse affaire; cependant je voudrais bien qu'il
me la rendît. Il a fait un si cruel usage de celle qu'il
m'a écrite, que je ne puis laisser là mienne entre ses
mains sans inquiétude. Tâchez, mon cher ami, de la
ravoir : il n'aura rien à vous refuser.

Votre ami vous mande qu'il pourrait bien partir
pour la Flandre quelque temps avant nous[1], c'est-à-dire,
incessamment, parce que nos affaires, qui sont des
plus importantes, pressent. Cependant ce ne sera pas
sans avoir reçu encore de vos lettres.

Il faut se défier de Demoulin; c'est un traître et un
scélérat consommé; je sais qu'il voit Desfontaines, qu'il
l'avertit de tout, et que c'est lui qui, en l'en avertissant,
a empêché que nous n'ayons le désaveu des avocats par
leur bâtonnier; mais vous savez que nous avons une
lettre d'un de leurs anciens qui y équivaut; ainsi, je
vous supplie de ne rien dire à Demoulin ni devant
Demoulin. Si vous voyiez M. de Voltaire, si vous étiez
témoin de l'emportement de ses résolutions, de l'excès
de son ressentiment et de son chagrin, vous sentiriez
bien qu'il faut le servir et empêcher qu'il n'aille à
Paris : j'aimerais cent fois mieux qu'il allât en Flandre.
Tout cela a altéré la douceur charmante de ses mœurs,

1. Dans la lettre publiée du 20 février 1739, Voltaire ne parle
pas à d Argental de ce voyage en Flandre. Œuvres, t. LIII, p. 493.

et je suis dans une cruelle situation; mais ma confiance en votre amitié, qui veille sans cesse pour nous, me soutient.

Dites bien des choses à monsieur votre frère : je compte aussi infiniment sur lui dans cette affaire. Recommandez-nous aussi à madame d'Argental.

Cette lettre ostensible que Thieriot a tant montrée, m'a fait beaucoup de chagrin; mais je crois qu'elle lui en fait aussi; car, comme il a eu l'imprudence et la hardiesse de l'envoyer au prince royal de Prusse, elle lui a attiré une petite lettre assez dure de ce prince, dont je vous envoie la copie. Vous verrez par là que cette belle lettre n'a pas mieux réussi auprès du prince royal qu'auprès de moi. Le prince royal, à qui j'en avais écrit dès que Thieriot m'eut appris qu'il lui avait envoyé cette lettre, me mande qu'il avait prévenu mon mécontentement, et m'en donne la preuve dans la copie de sa lettre qu'il m'envoie. Il me dit qu'il se chargerait avec plaisir du soin de faire l'apologie de M. de Voltaire, et que Trajan se trouverait honoré de faire le panégyrique de Pline. Tout ceci, entre nous deux seulement, et que Thieriot surtout n'en sache rien. Entre nous, ce Thieriot est un pauvre homme; mais il pourrait y avoir cent mille Thieriots : quand on a un d'Argental, on est trop heureux.

Adieu, mon cher et respectable ami.

Mandez-nous, toutes les postes, ce qu'il faut que nous fassions. Madame de Champbonin sera votre secrétaire, et non pas le Mouhi, ni le Berger. Ce Mouhi a pourtant bien fait sur le *Préservatif* et pour les requêtes; il faut le ménager et le contenir.

138. — A M. LE COMTE D'ARGENTAL.

21 fevrier 1739.

Mon cher ami, ceci devient sérieux : mon crédit a
empêché jusqu'à présent le voyage de Paris ; mais si
on perd l'espérance d'avoir justice, je ne le pourrai
plus empêcher. Voilà l'affaire renvoyée à M. Hérault [1].
On aura beau solliciter dorénavant M. le chancelier,
M. le cardinal, M. d'Argenson, M. de Maurepas ; ils
répondront : *L'affaire est renvoyée à M. Hérault*. Il est
donc question uniquement à présent de M. Hérault ;
mais M. Hérault veut qu'on procède criminellement
par-devant lui, comme vous le voyez par la copie de
sa lettre que madame de Champbonin vous remettra.
Donc il n'y a de moyen d'avoir satisfaction qu'en mettant M. Hérault à portée d'informer, puisqu'il ne veut
point user de la voie de l'autorité. Vous craignez que
la démarche d'entamer ce procès criminellement, même
par-devant M. Hérault, au nom de votre ami, ne soit
dangereuse, et je le crains aussi ; mais cependant elle
l est bien moins qu'au parlement ; car, 1° il n'y a point
de *Lettres philosophiques* à craindre, et 2° les avocats
n'auront point le plaisir malin d'exercer leur éloquence,
deux choses qui seraient à craindre au parlement.
Enfin, M. Hérault traitera la chose sommairement, et
peut passer par-dessus les récriminations vagues de
l'abbé Desfontaines, comme celle de l'*Épître sur
l'Envie*, où il n'est point nommé, et dont il n'y a point

1. Voltaire avait reçu de M. de Maurepas et de M. d'Aguesseau
de Plaintmont, le conseil de poursuivre Desfontaines, non pas devant
le Châtelet, mais devant le tribunal de la Commission du lieutenant
de police, M. Hérault. C'est d'après cet avis qu'il rédigea la *Requête
du sieur Voltaire*, où ses griefs sont articulés dans cinq paragraphes.
Voir Léouzon-Leduc, *Etudes sur la Russie*, p. 425-428

_de preuves juridiques contre votre ami. A l'égard de
_l'estampe et du *Préservatif*, ils ne sont pas de lui, et il
y en a des preuves. La lettre insérée dans le *Préservatif*
est de lui; mais il y a des preuves qu'elle a été imprimée
sans son aveu. Il s'agirait donc de savoir ce que M. Hérault en pense véritablement et ce qu'on en peut
espérer, et surtout s'il dispensera votre ami d'aller
répondre en personne à son tribunal; car, en vérité,
sa santé ne serait pas en état de soutenir à présent ce
voyage, et je ne pourrais y consentir sans mourir de
douleur. Tâchez donc, mon cher ami, soit par vous,
soit par cet aimable M. de Mesnières, de savoir la résolution de M. Hérault, afin de nous conduire en conséquence; car enfin, si on ne procède pas juridiquement
_par-devant M. Hérault, surtout après la lettre dont
vous verrez la copie, c'est se laisser arrracher sa proie.
Je ne puis approuver que madame de Champbonin ait
empêché qu'on présentât à M. Hérault une requête
signée d'un procureur au nom des gens de lettres qui
se sont déjà plaints, et je persiste à exiger cette démarche, que je crois nécessaire et que vous me paraissez regarder comme telle dans votre lettre. Il faut
ou qu'ils la présentent, un ou deux qui la signeront
suffisent; ou que M. de Voltaire la présente en son
nom, ou que ce libelle reste sans vengeance. Le dernier, il ne faut pas espérer que M. de Voltaire le souffre,
et je ne sais si on doit l'exiger : le second pourrait être
dangereux : le premier est le seul, mais il faut le
prendre absolument, et je le recommande à votre amitié; c'est un coup de partie. Vous n'aurez qu'à envoyer
chercher le Mouhi; en un quart-d'heure cela sera fait.
Les frais ne doivent point arrêter; M. de Voltaire les
paiera tous, quoi qu'ils coûtent; je vendrais plutôt ma
chemise.

Au nom de Dieu, mon cher ami, donnez une atten_
tion sérieuse à ce que je vous dis, et faites présenter
cette requête.

M. du Châtelet part mardi pour Paris. Il parlera à
M. Hérault.

Au nom de Dieu, faites parler M. de Mesnières à
M. Hérault. M. de Voltaire lui écrira demain et aux
autres personnes que vous lui marquez. Il s'est couché
n'en pouvant plus.

De vos nouvelles toutes les postes, soit par madame de
Champbonin, soit par vous-même. Prault a l'*Ode sur la
Superstition*[1] par cette poste, et l'*Épître sur l'Homme*,
il y a déjà longtemps. Empêchez qu'il ne mésuse de
l'un et de l'autre : ce sont deux morceaux délicats.

Adieu, mon cher ami. Je n'en puis plus, je suis bien
à plaindre; mais votre amitié me console.

---

139. — A M. LE COMTE D'ARGENTAL.

23 février 1739.

Mon cher ami, j'espère que vous nous instruirez de
votre résolution sur la lettre de M. Hérault et sur la
réponse de votre ami. Vous voyez que l'affaire est renvoyée à M. Hérault, et c'est de lui qu'elle dépend à présent entièrement. Quand on parlera au chancelier et
aux autres ministres, ils diront : *L'affaire est renvoyée
à M. Hérault;* et M. Hérault dira : *Qu'on me présente
une requête, et je ferai justice.* Donc point de justice
sans requête. Mais, d'un autre côté, si M. de Voltaire

---

1. Cette ode adressée à madame du Châtelet et composée vers le
mois de mai 1736, ne fut publiée qu'en 1739 dans le tome IV des
OEuvres de Voltaire, éditées en Hollande, chez E. Ledet. Elle reçut
depuis le titre d'*Ode sur le fanatisme. OEuvres*, t. XII, p. 422.

présente requête, ne faudra-t-il pas aller à Paris? Est-on sûr que M. Hérault nous servira en ami? Voilà ce qu'il faudrait savoir; et, en attendant, pourquoi n'avoir pas présenté requête au nom du chevalier de Moubi et de Thieriot, que la lettre du prince a aiguillonné, et qui offre de faire tout ce qu'on veut? Pour moi, je ne vois pas pourquoi on ne l'a pas fait. Le neveu de M. de Voltaire aurait dû aussi en présenter une. Cependant rien ne se fera sans vos ordres; c'est notre première loi. Mais je suis à tout moment prête à voir partir M. de Voltaire pour Paris, et à mourir de chagrin par conséquent. Madame de Chambonin vous dira les justes raisons que j'ai de m'opposer à ce voyage; mais il ne cesse de me répéter que c'est le trahir que de le retenir à cinquante lieues, pendant que son ennemi est à Paris et triomphe, et de lui faire soutenir un procès criminel sans y être. A cela que répondre? Secourez-moi, ange divin. Il écrit aujourd'hui toutes les lettres que vous lui avez ordonnées. M. du Châtelet nous a promis de voir M. Hérault, et de tâcher de savoir ce qu'il pense; mais c'est M. de Mesnières surtout qui pourrait le savoir, et de là dépendent à présent notre sort et nos démarches.

J'ai encore quelque espérance que M. du Châtelet achètera la maison de l'Isle. Je vous prie de l'exhorter à cette emplette, qui est assurément belle et bonne. N'en parlez qu'à lui. Je voudrais que cela fût fait avant qu'on le sût.

Adieu. Je suis bien affligée; mais je vous aime bien tendrement.

140. — AU PRINCE ROYAL DE PRUSSE.

Cirey, 27 février 1739.

Monseigneur,

La lettre dont Votre Altesse Royale m'a honorée a versé du baume sur les blessures que les ennemis de M. de Voltaire et du genre humain ne cessent de lui faire. Il a suivi le conseil que V. A. R. daigne lui donner; il n'a point fait paraître son mémoire [1], il s'est plaint à M. le chancelier. L'affaire est renvoyée à M. Hérault, lieutenant général de police, et j'espère que M. Hérault, qui a déjà condamné l'abbé Desfontaines en 1736 pour un libelle contre plusieurs membres de l'Académie française [2], vengera M. de Voltaire et le public. Tout ce que je désire, c'est que M. de Voltaire ne soit point obligé de quitter Cirey et ses études pour aller poursuivre sa vengeance à Paris, et je me flatte que le ministère public s'en chargera. L'intérêt que V. A. R. veut bien y prendre [3], me persuade qu'elle sera bien

1. Dans sa lettre à madame du Châtelet du 31 janvier 1739, Frédéric s'exprimait ainsi au sujet du *Mémoire sur la satire :* « J'ai lu le *Mémoire...*, et j'ai déploré le temps précieux qu'il a employé à le composer... Il me semble qu'il aurait suffi de laisser penser le lecteur, et de ne lui point répéter ce dont il est déjà instruit... Je crois qu'il aurait suffi de se plaindre au chancelier des auteurs indignes de ce libelle injurieux, et que la punition de ces infâmes aurait été plus honorable à M. de Voltaire que les horreurs de leur vie dont il fait le portrait. » *OEuvres de Frédéric le Grand*, t. XVII, p. 19.

2. C'était une harangue fictive de l'abbé Segui, où l'Académie et des personnes de distinction étaient tournées en ridicule. Desfontaines la désavoua dans une lettre adressée à l'abbé d'Olivet, ce qui ne l'empêcha pas d'être condamné de ce chef par la chambre de l'Arsenal. *OEuvres de Voltaire*, t. XXXVII, p. 556.

3. Dans sa lettre du 15 avril 1739, Frédéric écrivait à madame du Châtelet: « Les chagrins du digne Voltaire m'ont été extrêmement

aise de savoir à quoi en est une affaire qui est venue troubler si cruellement le repos d'un homme que V. A. R. honore de tant de bontés.

A l'égard de Thieriot, il est inexcusable d'avoir osé rendre publique une lettre qu'il lui a plu de m'écrire, que je ne lui demandais pas, et qu'il a montrée non seulement sans ma permission, mais même contre mes ordres. Je ne cache point à V. A. R. combien j'en ai été offensée, et je ne crois pas qu'il s'avise davantage de compromettre ainsi mon nom. Je ne doute point que la lettre que V. A. R. lui a fait écrire ne le fasse rentrer dans son devoir, et j'ose assurer qu'il en avait besoin. Il est vrai que c'est une âme de boue; mais quand la faiblesse et l'amour-propre font faire les mêmes fautes que la méchanceté, ils sont aussi condamnables. Je crois, Monseigneur, que vous faites bien de la grâce à sa vertu de la comparer à quelque chose; mais j'avoue que, sans application, votre comparaison du thermomètre m'a paru charmante. Elle est très-juste pour la plupart des hommes; elle a, de plus, un petit air de physicien qui me plaît infiniment. Mais, Monseigneur, j'aurais bien quelques reproches à faire à V. A. R. sur la dernière lettre qu'elle a écrite à M. de Voltaire; j'avais cru que la physique serait dans mon département, mais je sens bien que ce Voltaire est ce que les Italiens appellent *cattivo vicino*.

L'expérience de la montre sous le récipient est très-ingénieuse; elle a été faite à Londres par M. Derham[1], et V. A. R. peut en voir le détail et le succès dans les

sensibles... Aussi, vais-je m'intéresser pour le digne Voltaire, sans qu'il m'en ait sollicité; j'écrirai, pour cet effet, par l'ordinaire prochain, au marquis de La Chétardie, et je ferai jouer tous mes ressorts pour rendre le calme à un homme qui a si souvent travaillé pour ma satisfaction. » *OEuvres de Frédéric le Grand*, t. XVII, p. 26.

1. William Derham (1657-1735.)

Transactions philosophiques[1], n° 294. La privation de l'air ne causa aucune altération au mouvement de cette montre, ce qui est une belle preuve contre l'explication que les cartésiens donnaient du ressort; car, si la matière subtile en était la cause, l'air, qui est une matière très-subtile, devrait y contribuer. Il y a d'ailleurs d'autres raisonnements qui prouvent, premièrement, que cette matière subtile n'existe pas, et secondement, que quand elle existerait, elle ne pourrait causer le ressort. Mais, Monseigneur, on est bien embarrassé pour savoir ce que c'est que le ressort. M. Boyle[2] l'a expliqué par l'attraction; mais je ne sais si son explication est satisfaisante, car l'attraction n'est pas toujours bonne à toute sauce, et on en a un peu abusé dans ces derniers temps. J'ai bien peur qu'il ne faille recourir à Dieu pour le ressort, et que ce ne soit un attribut donné par lui à la matière, comme l'attraction, la mobilité et tant d'autres que nous connaissons pas; mais je suis encore bien ignorante sur tout cela. Je vais prendre auprès de moi un élève de M. Wolff[3] pour me conduire dans le labyrinthe immense où se perd la nature; je vais quitter pour quelque temps la physique pour la géométrie. Je me suis aperçue que j'avais été un peu trop vite; il faut revenir sur mes pas. La géométrie est la clef de toutes les portes, et je vais travailler à l'acquérir. Je suis au désespoir du contre-temps qui rend les marches de V. A. R. si contraires aux miennes; mais je me console par le plaisir d'avoir une terre qui touche presque aux États du Roi votre père, et par l'espérance de vous y assurer quelque jour des sentiments respectueux avec lesquels je suis, etc.

1. *Philophical Transactions*, London, 1706, in-4°, t. XXVI (1704-1706), p. 1785. (A. N.)
2. Robert Boyle, célèbre physicien anglais (1626-1691).
3. Kœnig.

141. — A M. DE MAUPERTUIS [1].

[Cirey], le 2 mars [1739].

Je vous attends avec bien de l'impatience et bien vainement à ce qu'il me paraît. Il faut encore que je vous rompe la tête de cette attraction. Vous m'avez envoyée promener, mais, je vous supplie, encore cette complaisance.

1° Pourquoi supposez-vous que les premiers corps de la matière devaient attirer également de tous côtés?

2° Pourquoi dites-vous que la forme de ces premiers corps n'y fait rien. Il est vrai qu'elle ne fait rien dans votre hypothèse, où vous supposez la distance presque infinie, par proportion aux masses, mais ces parties n'ont pas pu être toujours à de telles distances les unes des autres. Donc quand elles se seront trouvées à des distances finies, il faut pour qu'elles attirent dans ce cas également de tous côtés qu'elles aient été sphériques. Pardon. *Vale.*

---

142. — A M. LE COMTE D'ARGENTAL.

Mars 1739.

Mon cher ami, M. de Voltaire vient de recevoir une lettre de vous, que l'on voit bien qui est écrite par un ange. Je suis bien sûre qu'il suivra de point en point tout ce qu'elle contient ; du moins c'est ce qu'il devrait faire, s'il entendait ses propres intérêts. Je suis enchantée que cette requête soit signée et présentée [2].

1. Lettre mss., p. 133. Elle est adressée à Bâle.
2. La requête présentée par Mignot, le conseiller correcteur à la Chambre des comptes, en son propre et privé nom. ce qui évitait à Voltaire sa requête personnelle et le voyage à Paris.

29.

Cette démarche me raccommode presque avec Thieriot. Il m'écrit aujourd'hui une lettre d'un autre ton que sa prétendue lettre ostensible que je n'avais point demandée, et que je suis très-fâchée qui ait été montrée. Vous sentez bien, mon cher ami, qu'il n'est nullement de l'intérêt de M. de Voltaire que je sois fourrée dans tout cela. Si cela ne lui était pas nuisible, je ne reculerais pas; mais il le sent trop bien pour ne pas le craindre : aussi le craint-il plus que moi. Je suis toute rassurée de ce qu'elle ne sera point imprimée : je vous avoue que j'en eusse été au désespoir. Engagez Thieriot à retirer les copies qu'il en a données, et qu'il finisse de parler de moi dans tout cela. Mais le plaisant, c'est que M. du Châtelet ayant écrit à La Poplinière, Thieriot mande à M. du Châtelet que M. de La Poplinière ne lui répondra pas; mais que ce n'est pas sa faute à lui Thieriot, et il le prie de ne le lui pas imputer : cela est trop ridicule pour s'en fâcher.

Voilà, mon cher ami, la lettre que vous désirez pour Linant[1].

Oui, vous amolliriez le cœur le plus farouche,
L'indulgente vertu parle par votre bouche.

Je suis trop heureuse d'avoir cette petite occasion de vous marquer combien tout ce qui vient de votre part m'est cher et sacré, et combien le plaisir de vous obéir l'emporte sur mon ressentiment. Je suis d'ailleurs très-disposée à croire qu'un homme qui a de l'esprit et du talent n'a point trempé dans de si indignes tracasseries; du moins j'aime à me le persuader.

La Mare a enfin écrit sans parler de ses lettres passées : il mande seulement qu'il n'a pas tort. Comme

1. Linant, ainsi que sa sœur, avaient été renvoyés en 1737 par madame du Châtelet, à raison des méchants propos qu'ils avaient tenus sur elle.

cela paraît une énigme à votre ami, il le pressera sûrement ; mais je vous supplie de m'assurer de son secret, sans quoi je serais perdue. Je vous supplie aussi, dans votre première lettre, de me mander que vous me renvoyez l'original de l'*Envieux*, afin que je puisse le rendre.

L'abbé Moussinot fait à présent le malheur de ma vie ; il écrit les lettres les plus fortes à votre ami pour l'engager à aller à Paris[1]. Je n'ai pas besoin de vous dire à quel point cet idée m'afflige ; l'exécution me mettrait au désespoir.

Au nom de l'amitié, mon ange tutélaire, envoyez-moi le contre-poison ; mandez combien on ferait mal de partir, et tâchez d'engager cet insensible abbé à n'en plus parler. Quand il verra que vous désapprouvez le voyage, il n'en parlera plus ; car il a pour vous la vénération qu'il doit.

Mais votre ami a la fureur d'un procès criminel : tout ce que je puis lui dire ne peut rien contre l'emportement de ses résolutions ; je ne puis rien sans vous ; mais avec vous je suis bien forte. Je ne crois point du tout qu'il soit à propos de l'entreprendre, quoique votre ami jure qu'il n'a rien à craindre de ce que vous savez, et qu'on n'a point de preuves contre lui. Cependant cette lettre[2] subsiste et peut-être d'autres preuves que ni lui, ni moi, ni vous ne connaissons. En vérité, il est bien dur de passer sa vie à batailler dans le sein de la retraite et du bonheur. Mon Dieu ! s'il nous croyait tous deux, qu'il serait heureux !

1. Voltaire lui écrivait le 4 mars : « Il est affreux qu'on ne veuille pas me laisser aller à Paris. » *Œuvres*, t. LIII, p. 513.

2. C'est la lettre du 24 mars 1736, adressée à Jore, et dans laquelle Voltaire reconnaissait que l'édition de Rouen des *Lettres philosophiques* « avait été faite de concert avec lui. » *Œuvres*, t. LII, p. 229.

A propos. il peut prouver qu'il n'est point l'auteur du *Préservatif*.

Adieu, mon ange gardien. Je vous aime à proportion de ce que je vous dois; je ne puis rien dire de plus.

M. de Voltaire envoie aujourd'hui une procuration à l'abbé[1] pour ce procès criminel. Engagez l'abbé à aller bride en main et à le servir en véritable ami, c'est-à-dire, à lui épargner des démarches dont il se repentirait peut-être.

Mon Dieu, la bonne Bernières! je l'aime de tout mon cœur. Que Thieriot voie sa lettre.

Votre ami se charge de vous envoyer la lettre sur Linant : je la lui ai donnée. N'en dites mot à Linan avant d'avoir cette lettre.

---

143. — A M. LE COMTE D'ARGENTAL.

Mars 1739.

Nous sommes dans la dernière surprise, mon cher ami, de recevoir une lettre du 28 de vous, et que vous n'eussiez pas encore reçu la tragédie, qui est partie le 23 par Bar-sur-Aube. Il faut qu'il lui soit arrivé bien des accidents en chemin. Nous attendons la nouvelle de son arrivée avec impatience. J'ai bien senti tout ce qui s'opposait à la promptitude que nos affaires exigent; mais il est permis de la désirer. Il faudrait toujours faire copier les rôles, et si *Mahomet second*[2] est sifflé, ce qui pourrait bien lui arriver, les comédiens donneraient la nôtre. Il faudrait que l'active et obligeante mademoiselle Quinault les engageât, s'il est possible, à cet

---

1. L'abbé Moussinot.
2. *Mahomet II*, tragédie de La Noue, jouée pour la première fois le 23 février 1739.

effort; sinon ce sera pour après Pâques. Nous attendons votre jugement avec impatience. Votre ami vous a fait tenir la dernière édition de son Mémoire, qui, je crois, est bien à présent, à l'endroit de la prison près, [1] que je voudrais supprimer. Il vous a envoyé la lettre pour M. l'avocat général. Il compte que vous voudrez bien la lui remettre, ainsi que le Mémoire. Il n'a point écrit au chevalier de Brassac[2], parce qu'il avait envoyé son Mémoire directement à M. d'Argenson, qui n'a point répondu : je ne sais s'il n'aura point été fâché de cette démarche ; mais je ne le puis croire. Nous espérons que monsieur votre frère voudra bien le faire voir à M. de Maurepas. Ses requêtes n'ont pas encore été présentées, je ne sais pourquoi. J'ai bien de la peine à l'empêcher d'aller à Paris : il dit que l'on ne fait que des sottises. J'espère en vous pour l'en dissuader. Vous verrez madame de Champbonin, que de malheureuses affaires appellent encore à Paris : c'est, après vous, notre meilleure amie; elle doit vous parler de bien des choses de ma part : elle vous porte un des habitants de nos bois. Nous vous prions d'en faire un peu notre cour à madame d'Argental. M. de Voltaire ne fera point imprimer ses attestations; il sent à merveille que ce que vous dites sur cela est très-vrai; il vous écrit à ce sujet et sur sa tragédie : nous voulons vous écrire tous deux. Je suis affligée de ce que vous me dites de l'ambassadeur de Hollande : j'ai rayé cet endroit de votre lettre avant de la montrer à M. de

1. *OEuvres*, t. XXXVIII. p. 319.

2. René de Galard de Béarn, marquis de Brassac, fils de François-Alexandre, et de Marthe-Madeleine Fouillé de Prunevaux, né vers 1699, maréchal de camp en décembre 1748, mort en octobre 1771 à 72 ans. Il composa la musique de l'*Empire de l'Amour* (1733) et de *Léandre et Héro* (1750). Voltaire l'a loué dans le *Temple du Goût*.

A propos il peut prouver qu'il n'est point l'auteur du *Préservatif*.

Adieu, mon ange gardien. Je vous aime à proportion de ce que j vous dois; je ne puis rien dire de plus.

M. de Vaaire envoie aujourd'hui une procuration à l'abbé[1] por ce procès criminel. Engagez l'abbé à aller bride en main et à le servir en véritable ami, c'est-à-dire, à lui pargner des démarches dont il se repentirait peut-être.

Mon Die, la bonne Bernières! je l'aime de tout mon cœur. Que hieriot voie sa lettre.

Votre ani se charge de vous envoyer la lettre sur Linant : jda lui ai donnée. N'en dites mot à Linan avant d'avir cette lettre.

———

13. — A M. LE COMTE D'ARGENTAL.

Mars 1739.

Nous soimes dans la dernière surprise, mon ch ami, de reevoir une lettre du 28 de vous, et que vo n'eussiez ps encore reçu la tragédie, qui est partie 23 par Bar-sur-Aube. Il faut qu'il lui soit arrivé bien d accidents u chemin. Nous attendons la nouvelle de se arrivée avc impatience. J'ai bien senti tout ce q s'opposait la promptitude que nos affaires exigen mais il es permis de la désirer. Il faudrait toujour faire copie les rôles, et si *Mahomet second*[2] est sifflé, c qui pourra bien lui arriver, les comédiens donneraien la nôtre. I faudrait que l'active et obligeante mademoiselle Quinault les engageât, s'il est possible, à ce

1. L'abbé Moussinot.
2. *Mahomet II*, tragédie de La Noue, jouée pour la première foi le 23 février 739.

effort; sinon ce sera pour après Pâques Nous attendons votre jugement avec impatience. Vre ... vous
a fait tenir la dernière édition de son M... je
crois, est bien à présent, à l'endroit de ...
que je voudrais supprimer. Il vous a ...
pour M. l'avocat général. Il compte que ...
bien la lui remettre, ainsi que le Mémoi...
écrit au chevalier de Brassac[2], parce qu'...
son Mémoire directement à M. d'Argen...
point répondu : je ne sais s'il n'aura poi...
cette démarche ; mais je ne le puis cro... Nou...
rons que monsieur votre frère voudra bi...e faire ..
à M. de Maurepas. Ses requêtes n'ont p... encore été
présentées, je ne sais pourquoi. J'ai bien ...
l'empêcher d'aller à Paris : il dit que l'on ...
des sottises. J'espère en vous pour l'en di...
verrez madame de Champbonin, que de ...
affaires appellent encore à Paris : c'est, ...
notre meilleure amie; elle doit vous p...er de ...
des choses de ma part : elle vous porte ... des ...
tants de nos bois. Nous vous prions d'en ...re ...
notre cour à madame d'Argental. M. de Voltaire ...
fera point imprimer ses attestations; il ...t ...
veille que ce que vous dites sur cela est ...vrai ...
vous écrit à ce sujet et sur sa tragédie : n...s vo...
vous écrire tous deux. Je suis affligée de ce que v...
me dites de l'ambassadeur de Hollande : j'i rayé ...
endroit de votre lettre avant de la montr... à M. de...

1. *Œuvres*, t. XXXVIII, p. 319.
2. René de Galard de Béarn, marquis de Brassac, fils de François-Alexandre, et de Marthe-Madeleine Foullé de P... vaux, né
vers 1699, maréchal de camp en décembre 174..., mort en octobre
1771 à 72 ans. Il composa la musique de l'*Empire de l'Amour* (1733)
et de *Léandre et Héro* (1750). Voltaire l'a loué dans le *Temple du
Goût*.

Voltaire; il n'a pas besoin de nouveaux sujets d'affliction. Je charge madame de Champbonin de voir cet ambassadeur et de le détromper. Je suis un peu mêlée dans cette affaire-là, parce que madame de Champbonin, à son dernier voyage, a montré à cet ambassadeur une lettre de moi où je détaillais le fait. Or, je ne crains rien sur cela; car tout ce que j'ai mandé est la plus exacte vérité, et je ne veux pas que les libraires de Hollande lui en imposent et me fassent passer pour quelqu'un qui assure légèrement.

Mon Dieu! que les gens les plus heureux sont à plaindre!

Adieu, ange consolateur. Gardez-nous toujours : nous vous aimons avec une tendresse extrême.

---

144. — A M. LE COMTE D'ARGENTAL.

Mars 1739.

Helvétius m'apprend en ce moment qu'une *Épître sur le Plaisir* et une *sur l'Homme* paraissent[1]. Comme on ne sait, dans ce bienheureux pays, si l'on est digne d'amour ou de haine, je vous prie de me mander ce que l'on en dit. Pour moi, je ne crois que l'on puisse s'en plaindre; mais, mon cher ami, vous connaissez ma sensibilité et mes frayeurs. Helvétius prétend qu'on les imprime : je ne sais pas si ce sont celles de votre ami. Helvétius dit qu'on les lui attribue. Je ne veux ni craindre ni me rassurer que sur ce que vous me manderez; mais ayez pitié de mon incertitude, et ne la faites pas durer longtemps : un mot de vous m'est nécessaire pour ne pas me tourmenter.

M. Hérault a-t-il reçu notre lettre en bien? Dites-

---

1. Le 5e et le 6e *Discours sur l'Homme.*

nous tout ce qu'il faut nous dire, pour que nous soyons tranquilles.

C'est madame d'Aiguillon qui a donné les *Épîtres*.

J'apprends que le *Fat puni* a ranimé *Mahomet* prêt à mourir.

Votre ami baise vos ailes.

P. S. Envoyez chercher ce Moussinot; défendez-lui de présenter requête au lieutenant criminel. Cette idée tourne la tête de notre ami; mais cela perdrait tout : il faut bien s'en garder, mon cher ami; je crains les ordres précipités.

145. — A M. LE COMTE D'ARGENTAL.

7 mars 1739.

Je suis si aise de la nouvelle que vous nous apprenez et que toutes nos lettres confirment, qu'il faut, mon cher ami, que je vous le dise. Soyez persuadé que personne ne sentira jamais plus vivement que moi ce qui vous touche, et je défie tout le monde sur le plaisir que j'ai ressenti quand j'ai appris que monsieur l'archevêque d'Embrun allait s'appeler M. le cardinal de Tencin. [1]

Je vois, par la lettre que madame de Champbonin m'écrit, que rien ne vous fait négliger les affaires de vos amis. Vous devez juger par mes alarmes, combien je désire que ce procès soit évité, et que le désaveu finisse honorablement une si désagréable affaire. Mais si vous saviez la peine que j'ai de réprimer les impétuosités de votre ami, vous verriez que je dois toujours trembler. Il me cache souvent ses démarches, et je crains toujours qu'il n'en fasse quelqu'une qui renverse tout. C'est le chevalier de Mouhi[2] qui est son grand confident,

1. Il fut fait cardinal le 23 février 1739.
2. Charles de Fieux, chevalier de Mouhi (1701-1784).

et, en le tenant en bride, il n'y a rien à craindre; mais
il lui faut un bon mors, car il est zélé; mais il a un
zèle qui est souvent imprudent. M. d'Argenson pourrait
le contenir, et je mande à monsieur son frère de le
prier de l'empêcher de rien faire de mal à propos. Il a
ce mémoire entre les mains; il lui vaudrait de l'argent
en le faisant imprimer; si, avec cela, M. de Voltaire
paraît n'en être pas fâché, il le lâchera, et nous serions
perdus : voilà un inconvénient, divin ange gardien.

En voici un autre; c'est qu'il faut que ce désaveu
de Desfontaines soit regardé comme une réparation
qu'il fait à M. de Voltaire, et non comme un accommodement entre lui et M. de Voltaire[1]; car vous sentez
bien que cette idée ne peut se soutenir : cela dépendra
de la façon dont le désaveu sera tourné. Il faut qu'il
commence par avouer qu'il a des obligations à M. de
Voltaire, qu'il n'a jamais eu l'intention de l'offenser,
et qu'il déclare que tout ce qui est dans la *Voltairomanie* est faux et calomnieux, sans dire qu'il en est
l'auteur ou non; il faut, de plus, que M. Hérault et
M. d'Argenson lui défendent, sous les peines les plus
rigoureuses, de jamais prononcer le nom de M. de Voltaire, ni de ses ouvrages, ni de le désigner, comme on
a fait pour Fontenelle; car, s'il continue à le piquer
dans ses *Observations*, M. de Voltaire continuera à se
venger, et nous serons aussi avancés que le premier
jour; mais votre amitié saura obvier à tous ces inconvénients. Nous sommes trop heureux que M. du Châtelet ait été à Paris, et qu'il ait exigé ce plein pouvoir

---

1. Le lieutenant de police Hérault avait proposé un compromis,
suivant lequel Voltaire et Desfontaines auraient désavoué, l'un le
Préservatif, l'autre la *Voltairomanie*. Voltaire s'y refusait, bien que
le *Préservatif* fût véritablement de lui. Lettres à d'Argental, 2 avril
1739. *Œuvres*, t. LIII, p. 540

de M. de Voltaire, car cela le contient un peu ; mais il n'y a point de termes qui puissent exprimer le bonheur d'avoir un ami tel que vous : vous aurez soin de l'bonneur de votre ami comme de son repos, et il faut vous laisser faire. Je ne lui ai point parlé aujourd'hui ; j'ai ouvert la lettre de madame de Champbonin trop tard : ce sera pour lundi. Quand on lui annoncera comment les choses se sont passées, il faudra que vous lui mandiez les raisons qui vous ont déterminé à prendre ce parti, et surtout que vous lui mettiez devant les yeux, avec force, tout ce qu'il risquait par un procès criminel, et la nécessité qu'il y a pour lui d'opposer la plus extrême modération à l'emportement fougueux auquel il s'est livré jusqu'à présent. Vous avez bien raison sur l'*Épître sur l'Envie*. Mon Dieu! qu'il serait aimable et heureux, s'il suivait vos conseils! Ne vous lassez point, ange consolateur, de nous mettre sous l'ombre de vos ailes.

Je vous prie que madame d'Argental n'ignore pas combien je désire son amitié.

J'espère pourtant que je serai dame du palais Lambert.

---

146. — A M. LE COMTE ALGAROTTI.

A Cirey, ce 17 mars 1739.

Je suis bien fâchée, Monsieur, que vous preniez un chemin si différent de Cirey, et que vous alliez voyager dans un pays si différent de l'Angleterre, où j'aimerais assurément mieux aller qu'en Flandre. Je vous félicite de ce beau voyage. Les Anglais me doivent quelque bienveillance par reconnaissance de l'estime infinie que j'ai pour eux, et de l'envie que j'ai de voir un pays, où tout le monde est philosophe. M. de Voltaire a écrit sur cela une lettre à milord Hervey qu'il a fait passer par Thieriot, et dont il n'a point eu de réponse; et je vous serai bien obligée de demander à milord Hervey pourquoi il traite Cirey aussi mal. Malgré la rancune que je pourrais avoir de ce procédé, je vous prierai de vouloir bien lui donner de ma part un exemplaire de mon mémoire *sur le feu*, que je compte envoyer chez vous, si vous ne partez pas avant qu'il paraisse.

Je crois qu'on vous a très-mal conseillé de toutes façons, en vous faisant prendre l'abbé Desfontaines pour traducteur. Son mérite, s'il en a, n'est point du tout d'avoir un style fait pour rendre les grâces de votre original, et vous auriez infiniment mieux fait de venir faire vous-même cette besogne à Cirey; mais je suis ravie que les liaisons avec un homme si méprisé, ne soient point telles qu'on nous l'avait mandé. On vous aime tant à Cirey, et l'on y a tant de droits sur votre amitié, qu'on n'a pas de peine à croire tout ce qui peut l'entretenir. Ainsi soyez persuadé, Monsieur, qu'il n'y a aucun endroit de l'Europe où l'on ait plus d'estime pour vous qu'à Cirey, et où l'on désire plus votre amitié, et votre présence. C'est avec ces sentiments que je serai toute ma vie.

---

147. — A M. LE COMTE D'ARGENTAL.

2 avril 1739.

Madame de Champbonin est arrivée, mon cher ami; et, après avoir bien pesé dans notre petit triumvirat ce qu'on propose à votre ami, voici quelles sont nos résolutions : 1° l'affaire étant au point où elle est, et M. Hérault l'envisageant d'un côté où assurément nous n'avions jamais pensé[1], ce que nous désirerions le plus, c'est que l'on rompît tout, qu'il ne fût plus question de désaveu, et que notre ami fît paraître son Mémoire dans une quinzaine de jours; car je vous avoue que toute idée de réciprocité me révolte. M. du Châtelet, qui est chargé de son pouvoir[2], pourrait rompre avec hauteur, en disant qu'il ne veut point qu'un homme pour qui il s'intéresse signe une chose si honteuse. Par là M. Hérault n'aurait rien à reprocher à M. de Voltaire, sur qui rien ne roulerait. 2º Si cette voie ne peut réussir, et qu'on craigne de fâcher M. Hérault, voici le parti qu'on pourrait prendre. Votre ami s'engagerait, parole d'honneur, envers vous, envers M. d'Argenson, M. Hérault, M. du Châtelet, etc., même par écrit, de faire paraître dans quelque ouvrage périodique, dans l'espace de six semaines, un désaveu du *Préservatif*, où, sans le qualifier de libelle, il dirait *qu'il n'est point de lui, et l'a toujours soutenu; qu'il a été très-fâché de cet ouvrage, et surtout qu'on y ait inséré une lettre*[3] *de lui qui ne devait jamais être publique.* Et l'abbé Desfontaines mettra, dans huit jours, son désaveu dans les *Observations*, où il insérera le mot de *reconnaissance.* Toutes les raisons pour lesquelles on l'en a exclu ne valent rien; car, comme il s'agit d'ingratitude, le mot de *reconnaissance* est le fait. Ce que je propose là est

---

1. C'est-à-dire comme un compromis dans lequel si Desfontaines désavouait d'un côté la *Voltairomanie*, Voltaire, lui, désavouerait le *Préservatif* ainsi que l'estampe qui l'accompagne et où Desfontaines était représenté recevant le fouet de la main d'un homme vigoureux : compromis que repousse Voltaire dans sa lettre à Moussinot du 25 mars, et dans celle à d'Argental du 2 avril. *OEuvres*, t. LIII, p. 555 et 540.

2. Le marquis du Châtelet était parti pour Paris le 24 février.

3. La lettre à Maffei qui forme le vingt-septième numéro du *Préservatif*, et où Voltaire raconte au poète italien l'affaire de Bicêtre et l'ingratitude de Desfontaines.

non-seulement le *nec plus ultra* de mon crédit, mais
aussi tout ce à quoi je puis consentir. Je vous avoue
que j'ai, pour toute espèce de réciprocité avec ce scélérat, une si terrible répugnance, qu'elle surpasse
peut-être encore celle de votre ami. 3° Enfin, jamais
je ne souffrirai qu'il signe un désaveu pur et simple du
Préservatif, car il entraînerait tacitement celui d'une
lettre qui est de lui, et qui contient des faits qu'il dé-
montre vrais, papiers originaux sur table, et qu'enfin
cette lettre forme le corps du délit contre Desfontaines au tribunal des honnêtes gens, puisqu'elle contient l'histoire de son ingratitude. Voici donc les deux
points de mon sermon : 1° rompre tout à fait, qui est ce
que j'aime le mieux, et 2° placer dans quelque ouvrage
le désaveu du *Préservatif,* la lettre exceptée, et cela six
semaines après que celui de Desfontaines aura paru. Il
n'y en a pas un troisième; et, si M. Hérault était assez
injuste pour se fâcher, j'aimerais mieux que M. de
Voltaire passât sa vie dans les pays étrangers, que
d'acheter par son déshonneur la permission de vivre
dans un pays qui doit faire sa plus grande gloire de
l'avoir produit. Je vous avoue, mon cher ami, et vous
vous en apercevrez assez, que l'indignité de la conduite
et des propos de certaines gens a poussé ma patience
à bout, et que mon amitié extrême pour vous a besoin
de toute sa force sur mon cœur pour me soumettre
aux sages avis que vous me donnez, et pour ne pas
conseiller les partis les plus violents; mais

J'aime encor plus Cinna que je ne hais Auguste [1].

Je veux que votre ami et moi, nous puissions vivre
quelques jours avec vous au palais Lambert, qui est à
présent l'hôtel du Châtelet.

1. Corneille, *Cinna,* acte 1, sc. 2.

J'écris les mêmes choses à M. d'Argenson et à M. du
Châtelet.

Si notre ami se trouve dans la triste situation de déplaire à M. Hérault, ou de signer une chose honteuse,
c'est par déférence pour vous qu'il s'y est mis; ainsi
c'est à vous à l'en tirer.

----

148. — A M. LE COMTE D'ARGENTAL.

6 avril 1739.

Mon cher ami, ce qu'on exige de nous nous tourne
la tête. J'aime mieux que votre ami sorte de France
que de signer un écrit double avec l'abbé Desfontaines,
et je ne faiblirai jamais sur cela. Mais je ne vois pas
pourquoi on l'exigerait. Nous avons demandé une
réparation; on nous dénie la justice; nous n'en voulons plus; cela me paraît tout simple. Il n'y a qu'à
rendre à l'abbé Desfontaines son désaveu, et qu'il n'en
soit plus parlé. M. du Châtelet peut prendre cela sur
lui, et dire qu'il ne le veut pas; cela ôtera à M. Hérault
tout prétexte de se fâcher : et puis, après tout, je ne
vois pas qu'il en eût sujet, et qu'il puisse être plus
notre ennemi qu'il l'est. Je vous prie, engagez M. du
Châtelet à nous tirer de ce labyrinthe; il n'y a que lui
qui le puisse, et, si vous le voulez, il le fera. Son honneur et celui de tous les amis de M. de Voltaire y est
engagé : voilà une triste fin. Je lui écris lettre sur
lettre pour l'y déterminer.

N'êtes-vous pas indigné de toutes les misérables brochures qui courent? En vérité, M. d'Argenson se moque
de nous. Mais détruisez donc, vous et mademoiselle Quinault, et tous les comédiens, cette calomnie

que *Mérope* a été refusée [1]. Envoyez vos avis sur *Zulime*; ils seront suivis. Il faut que votre ami travaille pour ne se pas désoler; et, tout indigne que le public en est, je crois qu'il faut se dépêcher de lui donner une bonne tragédie.

Adieu, mon cher ami. Croyez que, sur cette infamie de signature, c'est moi qu'il faut prêcher plutôt que M. de Voltaire; mais jamais je n'y consentirai; je l'aime mieux absent que déshonoré; cela ferait trop rire ceux qui osent être ses envieux. Ah! mon Dieu! il eût fallu tout rompre à la première proposition. Comment cela peut-il s'imaginer?

Je vous embrasse, mon cher ami, bien tendrement et bien tristement.

Votre ami ne sait rien de toutes les indignités qui courent.

——

149. — A M. LE COMTE D'ARGENTAL.

10 avril 1739.

Mon cher ami, enfin M. d'Argenson nous rend la vie par sa lettre d'aujourd'hui, car il nous dispense de rien signer. Le tout est que M. Hérault ne s'en fâche pas. Voici la lettre de votre ami pour lui. M. de Mesnières, pour qui je vous envoie aussi un mot, voudra bien la donner. Mandez-nous comment nous devons nous conduire pour tirer quelque avantage de ce désaveu [2] signé

1. Composée de 1736 à 1738, la tragédie de *Mérope* ne fut jouée que le 20 février 1743. Madame de Turpin, dans son *Précis* de la vie de Voisenon, raconte que les comédiens refusèrent d'abord *Mérope*, mais que Voisenon les ayant fait rougir de leur peu de jugement, ils la reçurent ensuite. *OEuvres de Voisenon*, 1781, t. I.

2. Desfontaines avait, le 4 avril, remis entre les mains de Hérault, ce désaveu de la *Voltairomanie*, mais sous la condition qu'il resterait secret entre les parties et ne serait pas publié.

dans les mains de M. Hérault, et pour ne le point fâcher.
Je crains que les expédients que propose M. d'Argenson
ne soient dangereux. Nous ne voulons rien faire sans
avoir votre avis. Votre ami retravaille son Mémoire;
il en veut faire une dissertation contre les libelles, et
y mêler son apologie sans nommer seulement l'abbé
Desfontaines. Je ne l'ai pas encore vu, mais il vous le
soumettra; il ne veut pas faire un pas que vous ne le
dirigiez. Si vous n'êtes pas content de sa lettre à M. Hérault[1], vous nous la renverrez; mais je crois que vous
la trouverez assez adroite. Il écrira des *lanturelus* polis
à d'Éon par la première poste. Enfin, mon cher ami, il
s'agit de ne rien signer[2] pour l'abbé Desfontaines, de
ne point fâcher M. Hérault, de tirer, si l'on peut,
quelque avantage du désaveu de l'abbé, signé entre les
mains de M. Hérault, et de faire paraître une apologie.
Aidez-nous à faire tout cela prudemment et utilement.
Nous attendons vos ordres. Donnez-nous-les aussi pour
Zulime; car je crois qu'un grand succès serait bien
appliqué, et il ne doit pas tenir à grand'chose, et il
le faut promptement.

Adieu, mon cher ami, je vous aime comme vous
méritez de l'être, c'est-à-dire, avec une tendresse
extrême.

Votre ami baise vos ailes, et madame de Champbonin
vous fait mille compliments.

---

1. La première lettre que l'on connaisse de Voltaire à Hérault est
du 20 février 1739, et était accompagnée d'une requête où il résumait en 9 paragraphes ses griefs contre Desfontaines. D'autres
suivirent à la date du 21 février, du 2 et du 20 mars. Ces lettres
ont été publiées pour la première fois par M. Léouzun Leduc, dans
ses *Etudes sur la Russie*, p. 425 et s.

2. Voltaire cependant signa, lui aussi, un désaveu du *Préservatif*,
le 9 mai 1739, mais aussi peu compromettant que possible. Voir
Desnoiresterres, *Voltaire à Cirey*, p. 218.

P. S. Il renaît des velléités de procès. Au nom de Dieu, prévenez-les. Pas seulement une requête au lieutenant criminel. Si vous le défendez, il ne le fera pas.

---

150. — A M. LE COMTE D'ARGENTAL.

12 avril 1739.

J'ai un frère qui est assez aimable, qui d'ailleurs aime son métier, s'y applique et le sait assez bien. Il est grand vicaire de M. l'archevêque de Sens. Il désirerait d'accompagner M. le cardinal de Tencin à Rome, et d'être son conclaviste en cas que le pape se laissât mourir[1]. Voyez, mon cher ami, si je pourrais encore vous avoir cette obligation : j'ose vous assurer que monsieur votre oncle sera content de mon frère, et je vous en serai infiniment obligée et à lui aussi. Quand vous l'aurez permis, il ira vous voir et vous prier de le présenter.

Ne jugeriez-vous pas qu'indépendamment de ce que l'abbé Desfontaines mettra dans ses *Observations*, on lui en fasse signer un double qui demeurera ou entre vos mains, ou entre celles de M. d'Argenson, ou même entre celles de M. de Voltaire, pour contenir cet homme à l'avenir; car, s'il venait un ministère ou plus favorable à l'abbé Desfontaines, ou plus contraire à M. de Voltaire, il aurait bientôt oublié cet article des *Observations*. Pesez cela, mon cher ami; car il faut finir cette affaire sans retour.

---

1. Le conclave ne s'ouvrit qu'en 1740, le 10 février, par la mort du pape Clément XII, âgé de quatre-vingt-huit ans. Mais son grand âge en avait fait parler dès le mois d'avril 1739 (Voir Barbier, *Journal*, III, 19). Le 17 août, le cardinal Lambertini fut élu et prit le nom de Benoît XIV.

151. — A M. LE COMTE D'ARGENTAL.

15 avril 1739.

Mon cher ami, je vous ai fait une demande indiscrète, en vous priant de parler à monsieur votre oncle pour mon frère; mais pardonnez à l'ignorance où j'étais que vous ne pouviez pas vous intéresser pour lui : je respecte vos raisons, quelles qu'elles soient, et je ne vous en parlerai jamais.

Il n'en est pas de même de l'affaire de votre ami avec ce scélérat; elle me tient bien ꞁutrement à cœur, et je sais que rien ne peut vour empêcher de l'y servir.

Madame de Champbonin et d'autres encore me mandent qu'il pleut des brochures au sujet de la *Voltairo-manie;* on m'en envoie une qu'on me mande être la plus modérée ; elle est intitulée le *Médiateur*[1]. Vous verrez aisément qu'elle vient de l'abbé Desfontaines. qui veut préparer le public au désaveu qu'on exige de lui, et le faire regarder comme un *accommodement;* mais je me flatte que vous le ferez faire de façon que ce sera une *réparation authentique,* sans quoi ce serait un nouvel affront. J'envoie le nouveau libelle à madame de Champbonin, pour qu'elle vous le montre. Il faut que M. Hérault et M. d'Argenson le voient, et j'espère que leur autorité bravée et l'impudence de ce scélérat leur feront sentir de quelle façon il faut le traiter. Il est certain qu'un simple désaveu inséré dans les *Observations,* à la tête desquelles son nom n'est seulement pas, ne suffirait pas. Il faut qu'il signe qu'il a

---

1. *Le Médiateur. Lettre à M. le marquis de* ***, s. l. (1739), in-12, de 24 p., signé seulement des initiales I. D. B. Cet opuscule était en effet de l'abbé Desfontaines, qui, en publiant cette brochure, avait eu pour but d'atténuer à l'avance la portée de son désaveu de la *Voltairomanie.*

trop d'obligation à M. de Voltaire pour être l'auteur
du libelle intitulé *la Voltairomanie*, et qu'il reconnaît
qu'il ne contient que des calomnies d'un bout à l'autre,
ou quelque chose d'approchant. C'est ce que je recommande à votre amitié. Si ce scélérat se rendait trop
difficile, il n'y aurait qu'à lâcher la bride au chevalier
de Mouhi, qui recommencerait ses procédures et qui le
ferait sûrement chanter. Ce scélérat craint le procès, et
il a raison ; car, à cause de la récidive, il ne peut éviter
les galères, et M. de Voltaire ne paraissant point, n'est
point compromis. J'aime mieux ce désaveu, s'il est
honorable ; mais tout vaut mieux que l'ombre d'un
accommodement avec un tel scélérat.

Pardon, mon cher ami, de mes importunités. J'ai
caché le nouveau libelle à votre ami, car il l'éloignerait
bien de nos vues présentes. *In manus tuas, angele, com-
mendo honorem nostrum.*

---

152. — A M. LE COMTE D'ARGENTAL.

20 avril 1739.

Mon cher ami, point de lettre de vous, cela est déso-
lant ! car enfin vous êtes notre boussole, notre consolation, notre ange gardien. Nous ne savons ni si M. Hérault a reçu la lettre, ni s'il en est content, ni quelles
sont vos raisons pour ne pas permettre l'impression de
ce petit ouvrage, ni si on parle de ses *Épîtres* qui paraissent, ni enfin ce que le chevalier de Mouhi veut dire
avec toutes les peurs qu'il nous fait. Il dit que votre
ami s'exposera, s'il fait paraître la moindre chose au
sujet de Desfontaines. Mais peut-on lui interdire une
juste défense, à lui que l'on souffre qui soit attaqué
tous les jours ? Cela est incroyable. Il dit de plus, ce
chevalier, que le ministère a été indisposé d'une lettre

que votre ami a écrite à l'abbé Dubos[1], et que l'abbé
Dubos a eu l'imprudence ou la vanité de faire imprimer. Mais cette lettre qui parle du plan de l'*Histoire de
Louis XIV*, est très-sage; et, de plus, votre ami n'est-il
pas assez à plaindre que l'on fasse ainsi imprimer ses
lettres? Enfin, mon cher ami, vous connaissez nos
craintes et tous les malheurs que nous avons essuyés;
rassurez-nous et conduisez-nous. Quand tout sera
rompu avec M. Hérault, un mémoire sage pourra-t-il
être blâmé? En un mot, conduisez-nous : nous ne pré-
senterons point de requête au lieutenant criminel; cela
est décidé; mais ce qui est encore plus décidé, c'est que,
depuis longtemps, nous vivons en crainte, et que nous
sommes par conséquent fort malheureux.

Mais voilà de quoi nous achever. Certainement, dans
l'état où est votre ami, s'il avait reçu cette lettre, je ne
puis dire ce qui en serait arrivé : je l'ai heureusement
soustraite; je vous l'envoie, mon cher ami, vous verrez
quel remède on peut y apporter : vous en userez avec
votre prudence ordinaire; car vous voyez que cet
homme craint d'être nommé, et il ne faut pas s'en
faire un ennemi. M. de Mesnières pourrait la montrer
à l'ambassadeur de Hollande, et l'engager à écrire[2] sans

---

1. L'abbé Jean-Baptiste Dubos (1670-1742), secrétaire perpétuel
de l'Académie française, auteur de l'*Histoire de la ligue de Cambrai*.
« Cet homme-là, écrivait Voltaire à Thieriot, le 13 avril 1739, a
tous les petits événements à l'esprit comme les plus grands... La
mémoire n'est pas son seul partage; il y a longtemps que je le regarde comme un des écrivains les plus judicieux que la France ait
produits. » Il s'agit ici de la lettre du 30 octobre 1738, où Voltaire,
tout en lui demandant le secours de « ses lumières, » lui traçait le
plan de son *Siècle de Louis XIV*. OEuvres, t. LIII, p. 557.

2. Au sujet de l'article intitulé : *La Vérité découverte*, article fort
désobligeant relatif aux *Eléments de la philosophie de Newton*, et
qui avait paru dans les *Mémoires historiques d'Amsterdam*, d'Etienne
Ledet (juillet 1738). C'est à cet article que Voltaire répondit par sa
lettre adressée *au rédacteur de la Bibliothèque française*, du Sauzet,

nommer du Sauzet : c'est un libraire de Hollande qui
vend la *Bibliothèque française*. Le bonheur de notre
vie est perdu, si M. de Voltaire sait jamais ce dernier
outrage. Il ira faire un procès en Hollande, et Dieu
sait ce qui en arrivera. Mon cher ami, ne m'abandonnez
pas : dites-moi ce qu'il faut que je fasse; j'ai besoin de
vos conseils et de votre amitié; car, depuis quelques
mois, ma vie est bien traversée.

Je crains encore que ce commencement de *Louis XIV*
ne s'imprime, et qu'on ne le trouve mauvais. Thieriot,
l'abbé Duhos, MM. d'Argenson, etc., l'ont : que faire?
Si on avait affaire à des gens sans préventions, il est
sage.

Madame de Champbonin a écrit à l'ambassadeur de
Hollande, et lui dit que M. de Mesnières lui parlera.
Renvoyez-moi cette lettre.

---

153. — A M. LE COMTE D'ARGENTAL.

27 avril 1739

Mon cher ami, vous nous rendez la vie. Je me suis
bien doutée que vous ne nous abandonneriez pas dans
ces cruelles circonstances. Enfin, tout est apaisé, tout
est fini : votre ami vous envoie le désaveu dont vous
nous avez envoyé le modèle, et la lettre pour M. Hérault.
Ce que vous proposez est si raisonnable, qu'il n'y a pas
moyen de ne s'y pas rendre; mais ce n'était pas ainsi
que M. d'Éon l'avait d'abord proposé. Enfin, mon cher
ami, le voilà : nous nous mettons sous l'ombre de vos
ailes : gardez-nous, mon cher ange. J'espère qu'avec
cette précaution tout ira bien, et que l'on ne nous

et qui parut dans le tome XVII, p. 161 du recueil. *OEuvres de
Voltaire*, t. LIII, p. 231

inquiétera point sur ces *Épîtres*, qui, après tout, sont sages. Le chevalier de Mouin a le désaveu[1], et je crains qu'il ne l'ait répandu. Votre ami ne m'a pas consultée pour le lui envoyer. Je ne puis pas tout parer. J'écris à ce chevalier pour lui défendre d'en faire usage ; mais je crains que le mal ne soit fait : je l'ai appris trop tard. Ce sont les conseils de M. d'Argenson qui nous ont entraînés dans cette faute ; mais j'espère que ce que nous vous envoyons la réparera. Envoyez chercher ce chevalier, ou bien passez-y ; car je crois qu'il ne peut sortir. Défendez-lui l'usage du désaveu : vous saurez par lui le chemin que cela a fait. Qu'il ne dise point surtout qu'il le tient de notre ami ; qu'il se taise, et, je vous prie, exhortez-le à ne rien laisser paraître. Il me mande qu'il y a deux éditions des mémoires commencées : il faut de l'argent pour les retirer : je lui en aurais envoyé si votre ami ne m'avait assuré l'avoir fait ; mais, s'il ne l'a pas fait, je lui enverrai cent écus qu'il lui faut pour cela, à condition qu'il vous remettra tous les exemplaires et autres choses, pour nous mettre en repos.

Mon cher ami, vous nous manderez la réussite de ce que nous vous envoyons, et vous nous tranquilliserez.

Nous partons, mais ce ne sera pas sans vous le mander ; ainsi, nous comptons recevoir encore de vos nouvelles.

Si vous voyiez les états où toutes ces misères mettent votre ami, vous excuseriez ma douleur et mes inquiétudes. S'il pensait comme moi, il ne s'en soucierait guère. Je lui ai dérobé la connaissance de toutes les brochures qui ont paru depuis la *Voltairomanie* ; je

1. Le désaveu de Desfontaines, qui devait rester secret, parut dans la *Gazette de Hollande*, et Voltaire en reçut avis par une lettre du marquis d'Argenson du 28 mai.

voudrais lui cacher l'horreur de ses libraires de Hollande; il serait au désespoir. Priez M. de Mesnières de
ne se point lasser de m'obliger. Mon Dieu! que j'ai
envie de le connaître et de le remercier!

Pour vous, mon cher ami, quels termes vous expri-
meront jamais mon amitié et ma reconnaissance?

Nous avons relu *Zulime;* nous avons fondu en
larmes; elle est digne de vos soins. Je crois que, dans
les circonstances présentes, il serait prudent de la
donner. On corrigera tout ce que vous voudrez.

Il faut que M. de Mesnières se dépêche, parce qu'on
a mandé au Moubi de rendre la lettre. Ce Mouhi est un
bon garçon, trop zélé, et qu'il faut ménager.

---

154. — A M. LE COMTE D'ARGENTAL.

7 mai 1739.

Mon cher ange, je vais monter en carrosse dans une
demi-heure[1]; mais je veux avant vous demander votre
bénédiction. La santé de votre ami est dans un état si
déplorable, que je n'ai plus d'espérance, pour le rétablir, que dans le fracas du voyage et le changement
d'air. Il est bien triste d'en être réduit là par un Desfontaines. Cependant, si l'affaire finit par vos bontés,
comme nous l'espérons, cela lui donnera peut-être un
peu plus de tranquillité, pourvu qu'il n'aille pas savoir
l'infamie de ses libraires de Hollande. Écrivez-lui une

1. Ce fut le 8 mai 1739, que Voltaire et madame du Châtelet
quittèrent Cirey, où ils avaient habité sans interruption depuis les
premiers jours de mars 1737, pour se rendre dans les Pays-Bas.
« Je ne sais quand je reviendrai dans ma charmante solitude. Je
pars malade, et ne reviendrai peut-être point. » Voltaire à Thieriot,
7 mai. *OEuvres*, t. LIII, p. 585.

lettre de consolation à Bruxelles, et dites-lui que
l'ambassadeur de Hollande s'intéresse vivement pour
lui. Nous ne saurons que là si l'affaire de Desfontaines
est finie. Saint-Hyacinthe a enfin écrit une lettre à
M. de Saint-Mard [1] sur cette horrible calomnie insérée
dans la *Voltairomanie,* dont je suis assez contente. Je
ne sais quand elle sera publique; je crains que les
Épîtres et ce commencement de *Louis XIV,* qui courent, et que mille gens ont, que cette nouvelle édition
de ses œuvres qui paraît en Hollande, que tout cela ne
fasse une bombe; je voudrais qu'elle crevât pendant
que nous sommes hors de sa portée. Il envoie des
Miscellanées à Prault. Qu'il vous rende compte de tout,
et retirez-lui, je vous prie, l'*Ode sur la Superstition,*
dont je tremble : prêchez la sagesse et la tranquillité;
car ce n'est pas le tout d'aller, il faut revenir. Vous
nous direz les choses, et j'espère bien vous embrasser
à Paris avant de revenir ici.

Le chevalier de Mouhi, avec qui j'ai un petit commerce clandestin, me fait de telles peurs en me représentant sans cesse l'impatience du libraire, qui a chez
lui deux différentes éditions du Mémoire de M. de Voltaire, que je vous envoie un billet de 300 livres sur mon
notaire, à vue. Je vous prie de l'employer à retirer tout
ce qui concerne cette malheureuse affaire. Le chevalier
vous remettra le tout, et vous paierez le libraire; car
je ne me fie à ce chevalier que de bonne sorte; et je
ne puis confier cela qu'à vous. Votre ami n'en sait rien,
et je ne le lui dirai point; vous en sentez la nécessité.
Envoyez chercher le chevalier; faites-lui faire choses

---

1. Ce n'était pas, comme le dit par erreur madame du Châtelet,
à Rémond de Saint-Mard (1682-1757), imitateur de Fontenelle dans
ses *Nouveaux Dialogues des Dieux,* mais à Lévêque de Burigny que la
lettre de Saint-Hyacinthe était adressée.

et autres ; mais retirez tout, et ne nous retirez jamais votre cœur charmant, qui fait la consolation de ma vie. Écrivez à *l'Impératrice*, à Bruxelles.

---

155. — A M. LE COMTE D'ARGENTAL.

1ᵉʳ juin 1739.

Nous voilà en Flandre, mon cher ami, et je voudrais bien y recevoir de vos nouvelles. Nous ne savons point à quoi en sont nos affaires; mais nous savons bien qu'elles sont en bonnes mains, puisque vous vous en mêlez : vous nous en instruirez sans doute incessamment. Je ne sais combien nous resterons ici; mais ce que je sais bien, c'est qu'il ne tient qu'à moi de faire traîner cela en longueur, et je me déciderai à revoir mes pénates de Cirey, ou à m'en faire de nouveaux à Bruxelles, selon la tranquillité que nous pourrons espérer en France. C'est à vous à nous en instruire, mon cher ami. Je crains la publicité de ces deux *Épîtres*, qui, étant dans les mains de beaucoup de personnes, ne peuvent manquer d'être publiques incessamment; je crains qu'il n'en soit de même du commencement de l'*Histoire de Louis XIV*. L'avidité de l'argent et de ses ouvrages est grande ; mais vous m'avouerez qu'il est triste de craindre le malheur de sa vie des mêmes choses qui en devraient faire la gloire. Je voudrais aussi que cette édition des œuvres de Hollande, qui se débite à Francfort, eût fait son entrée à Paris; je crains tout de la malignité des hommes; ainsi, vous voyez que ce seront les affaires de notre ami, bien plus que les miennes, qui décideront de mon séjour ici. J'ai été très-visitée et très-festoyée à Bruxelles, où je

n'ai fait que passer : on n'y parle non plus de Rousseau
que s'il etait mort. Tout le monde s'est empressé à fes-
toyer M. de Voltaire. Je suis actuellement à dix lieues
de Bruxelles, dans une terre de M. du Châtelet[1]. Je ne
sais comment nos affaires iront; mais elles ne peuvent
pas aller mal.

En vous remerciant de votre expédition avec le
Mouhi, me voilà en repos de ce côté-là ; car je le crois
de bonne foi.

Adieu, mon cher ami : consolez-moi dans mon exil;.
vous savez que votre amitié m'est nécessaire partout.
Nous avons vu à Valenciennes M. de Séchelles[2], qui
nous a fait les honneurs de la ville avec une galanterie
infinie : nous n'avons pu nous dispenser d'y rester
quatre jours. Il y avait force colonels. Nous avons eu
bal, ballet et comédie. Il a écrit à M. Hérault[3], sur M. de
Voltaire, d'une façon très-agréable. Il me paraît infiniment aimable. Je pourrais bien, dans l'intervalle de
quelques délais, retourner à Valenciennes pendant que
M. Hérault y sera : c'est une connaissance très-utile à
faire.

Votre ami vous dit les choses les plus tendres : il,

1. Voltaire et madame du Châtelet étaient arrivés le 28 à Bruxelles.
Ils en repartirent le 30 pour se rendre, par Louvain, à Beringhen,
terre don M. du Châtelet hérita en 1740 de son cousin Trichâteau.
2. Jean Moreau, seigneur de Séchelles, fils de Pierre Moreau, secrétaire du roi, et d'Hélène Charon, né le 10 mai 1690, maître des.
requêtes en 1719, intendant de Hainaut en 1727, intendant de Lille
en 1743, contrôleur général en 1754, mort le 31 décembre 1760.
« M. de Séchelles rassemblait toutes les femmes de la province et
tous les jeunes colonels des environs; Voltaire y vint avec madame
du Châtelet; sa maison ne désemplissait pas; il y avait toujours
d'excellents soupers, et souvent des bals nombreux très-parés, où,
l'on donnait d'excellents concerts. » *Souvenirs du marquis de Val-
fons*, 1860 p. 36, cités par M. Desnoiresterres, p. 257.
3. Le lieutenant de police Hérault était son gendre. Voir p. 321.

recommence à travailler à *Mahomet;* mais n'oubliez
pas *Zulime;* elle ferait à merveille dans les circonstances présentes : son sort est entre vos mains.

———

156. — A M. DE MAUPERTUIS[1].

[Bruxelles[2]], ce 20 juin [1739].

J'étais bien plus en peine, Monsieur, de votre santé
et de votre amitié pour moi que je ne la suis de mon
procès. Votre lettre me rassure; j'aime trop à me flatter,
pour ne pas croire tout ce que vous m'y dites d'obli-
geant. Je suis bien fâchée que vos chagrins continuent,
mais je vous avoue que je sens que si j'avais votre mérite, il me semble que je serais bien heureuse, et que
je ne me soucierais guère des Cassini. Vous ne me parlez ni de vos occupations ni de vos projets. Il me semble
que vous perdez un peu votre temps, si cependant c'est
le perdre que de le passer avec des gens aimables.
Pour moi, me voilà livrée aux procès et aux Flamands.
J'apprends à présent ces deux langues, car elles me
sont aussi inconnues l'une que l'autre. Je ne veux cependant pas perdre de vue pour cela mes études. Tout
cela me laisse si peu de temps à moi, que je n'ai pas
le temps de savoir si Bruxelles est gai ou triste. D'ailleurs vous savez que je suis venue ici la plus forte en
amenant M. de Voltaire et M. de Kœnig[3]. La santé du

1. Lettre inédite. Mss., p. 135.
2. Après un court séjour à Beringhen, «dans ces terres désolées, »
Voltaire et madame du Châtelet étaient de retour à Bruxelles le
17 juin, et s'établissaient rue de la Grosse-Tour, dans un des quar-
tiers les plus reculés de la ville.
3. Samuel Kœnig (1712-1757), fils du théologien Samuel-Henri
Kœnig, né à Büdingen dans le comté d'Isenbourg, avait étudié les
sciences à Bâle sous Bernoulli. « Madame du Châtelet ayant voulu ap-

dernier s'est fort dérangée depuis quelque temps; il
me paraît regretter la Suisse, et je me presse de profiter
du temps que je le possède, car je crains qu'il ne soit
pas long. Je vous avouerai que je suis bien mécontente
de moi, je ne sais si le repos nécessaire pour de telles
études me manque, si mon procès et les devoirs qu'il
faut que je rende ici emportent mon attention, mais
enfin je travaille beaucoup et je n'avance guère. Imaginez-vous que, quoique je sois obligée de souper souvent en ville, je me lève tous les jours à six heures au
plus tard pour étudier, et cependant je n'ai pas encore
pu finir l'algorithme[1]. Ma mémoire me manque à chaque
instant, et j'ai bien peur qu'il soit bien tard pour
moi pour apprendre tant de choses si difficiles. M. de
Kœnig m'encourage quelquefois, mais lui, qui m'avait
tant dit d'aller doucement me mène un train de chasse
que j'ai bien de la peine à suivre. Il y a près de six semaines que nous travaillons autant que le voyage, sa
santé et mes affaires le peuvent permettre, et je ne
pourrais pas répondre de l'application des règles que
j'ai apprises dans le plus petit problème. Voir les
choses sous une autre forme me désoriente, enfin je
suis quelquefois prête à tout abandonner. *In magnis
voluisse sat est*, n'est point du tout ma devise; si je ne
dois pas réussir du moins à être médiocre, je voudrais
n'avoir jamais rien entrepris. Je ne sais trop si Kœnig
a envie de faire quelque chose de moi, je crois que mon
incapacité le dégoûte. Lui qui est parvenu à faire des
choses si difficiles devrait bien se piquer d'honneur.
Je ne puis cependant m'en plaindre, c'est un homme

prendre les mathématiques, M. de Maupertuis lui donna pour maître
M. Kœnig, qu'il avait connu à Bâle et retrouvé à Paris dans l'indi-
gence. » La Beaumelle, *Vie de Maupertuis*, p. 60.
    1. En terme d'algèbre, procédé de calcul. *Dict.* de Littré.

d'un esprit clair et profond ; il est aussi complaisant,
pour moi qu'il le peut être, mais il est mécontent de
son sort, quoique assurément je n'oublie rien pour lu
rendre la vie douce et pour gagner son amitié. Vous
voyez que je crois que vous vous intéressez à mes études.
Je cherche des consolations dans vos conseils, car je
vous avoue qu'un des chagrins les plus sensibles que
j'ai eus dans ma vie, c'est le désespoir où je suis prête
à entrer sur ma capacité pour une science qui est la
seule que j'aime, et qui est la seule science si on ne
veut pas abuser des termes.

Puisque vous voulez bien penser au temporel, je
vais à présent vous rendre compte de mes procès et de
mon voyage. Je croyais n'être ici que trois mois, mais
e ne sais à présent si je n'y serai pas trois ans. Il serait désagréable, et j'ose dire peu sensé, d'avoir fait la
dépense et de s'être donné le dérangement de venir ici,
pour n'y rien faire de ce pourquoi j'y viens. Or il faut
me résoudre ou à demeurer ici jusqu'à la décision, ou
à perdre par mon absence le fruit de tout ce que j'ai
fait, et de tout ce que je pourrais faire. C'est ce que les
gens d'affaires m'ont signifié. M. du Châtelet a bien de
la peine à s'y résoudre ; mais je crois qu'il y sera forcé.
Mon procès est infaillible, tout le monde paraît le penser, mais quand il finira, personne ne peut me le dire.
J'ai pris une maison ici, et m'en voilà citoyenne. Si j'y
voulais perdre mon temps, il y en a ici des occasions
tout comme ailleurs, et j'ai bien lieu de me louer de
l'empressement que l'on a de me divertir. Mais mon
plus grand divertissement serait M. de Kœnig et mon
ardoise, si je pouvais espérer de réussir.

J'avais besoin de la lettre de madame de Richelieu
que vous m'envoyez, il y avait si longtemps qu'elle ne
m'avait écrit que je ne savais qu'en penser. Elle

me mande qu'elle va en Languedoc pour deux ans au
mois de septembre, et elle me paraît désirer que mon
voyage à Paris fut avant ce temps-là ; je le désirerais
bien aussi, mais je ne sais si je le pourrai. Je prendrai,
si je puis, le temps de quelque délai [1]. Je serais bien fâchée de ne vous y pas trouver, je vous demande de ne
me pas laisser ignorer vos marches ; je ne sais plus
quand je vous reverrai. Mandez-moi si vous seriez tenté
d'un voyage de Hollande, en cas que je pus y aller. A
propos de Hollande, avez-vous eu la bonté d'envoyer
mon ouvrage à MM. de Musschenbroeck et S'Gravesende? Vous sentez bien que mon voyage futur en
Hollande me rend cet envoi intéressant. Je vous remercie de toutes vos attentions sur cela. Je voudrais savoir
s'il vous en reste encore, car on en a si peu tiré que je
crois que le marchand n'en a plus, et beaucoup de personnes m'en demandent. Je vous ai prié aussi de me
mander comment je suis avec M. de Réaumur ; je lui
dois une lettre, mais je voudrais, avant de l'écrire, savoir comment je serai reçue.

Vous voyez, Monsieur, par la longueur de cette lettre
quel plaisir m'a fait la vôtre et combien je désire d'en
recevoir souvent. Je crois que vous avez quelque amitié
pour moi, quand je songe à ce que vous m'avez dit de
votre sensibilité pour les personnes qui vous aiment ;
je suis bien sûre que moyennant cela personne n'a plus
de droit que moi à votre amitié. M. de Voltaire vous
fait mille tendres compliments. M. de Kœnig vous traduit, et M. du Châtelet vous embrasse.

1. De procédure.

157. — AU PRINCE ROYAL DE PRUSSE.

Bruxelles, 1ᵉʳ août 1739.

Monseigneur,

J'ai tant de remerciments à faire à Votre Altesse Royale, et tant de pardons à lui demander, que je suis embarrassée entre ma reconnaissance et ma confusion. V. A. R. a su la vie errante[1] que j'ai menée depuis trois mois, et c'est encore sur le point de partir que j'ai l'honneur de vous écrire. Je vais passer une quinzaine de jours à Paris, et je voudrais bien, pendant que j'y serai, recevoir quelques ordres de V. A. R., et couper l'herbe sous le pied à Thieriot. Mon séjour en Flandre a été rempli par vos bienfaits. Vous avez su sans doute, Monseigneur, que celui[2] qui en était chargé nous trouva à Enghien[3], répétant une comédie. Nous descendîmes promptement du théâtre pour aller jouer une petite partie de quadrille[4] avec ces boîtes char-

---

1. Partie de Cirey avec Voltaire, le 8 mai 1739, madame du Châtelet, après avoir séjourné quelques jours à Bruxelles, en avait passé quinze à Beringhen et à Ham, propriétés du marquis de Trichâteau. Revenue le 17 juin à Bruxelles, elle y était restée pour ses procès jusqu'à la fin d'août.

2. M. Girard, négociant à Berlin, qui remit à Voltaire et à madame du Châtelet « une lettre charmante, accompagnée d'écritoires d'ambre et de boîtes à jouer. » Lettre de Voltaire à Frédéric, juillet 1739. *OEuvres*, t. LIII, p. 628.

3. Dans la terre du duc d'Aremberg, dont le château a été démoli au commencement de ce siècle : « Je suis actuellement dans un château où il n'y a jamais eu de livres que ceux que madame du Châtelet et moi nous y avons apportés; mais, en récompense, il y a des jardins plus beaux que ceux de Chantilly, et on y mène cette vie douce et libre qui fait l'agrément de la campagne... Je crois que nous allons y jouer la comédie; on y lira, du moins, les rôles des acteurs. » Voltaire à Helvétius, Enghien, 6 juillet 1739. *OEuvres*, t. LIII, p. 621.

4. Espèce de jeu d'hombre qui se joue à quatre.

mantes et pleines de grâces et de galanterie que V. A.
R. m'a fait l'honneur de m'envoyer. Quelques jours
après, le duc d'Aremberg vint célébrer ici la santé de
V. A. R. avec ce bon vin de Hongrie, qui est véritablement du nectar. Nous avons encore pris cette liberté
avec M. Schilling[1], car V. A. R. doit bien me rendre
la justice de croire que, dès que je sais un Prussien
dans Bruxelles, mon plus grand soin est de saisir cette
occasion de parler de vous et de m'informer d'un prince
qui m'honore de tant de bontés, et que j'admire par
tant de titres.

Je n'ose demander à V. A. R. des nouvelles de ses
progrès en physique, car je sais, par les lettres dont
elle honore M. de Voltaire, que Machiavel et la poésie
ont la préférence. J'espère pourtant que quelque jour
vous donnerez quelques moments à une science si
digne de vous occuper, et je vous avoue, Monseigneur,
que mes désirs là-dessus sont un peu intéressés, car je
me flatte que mon commerce en serait plus agréable
à V. A. R.

Je ne puis vous exprimer la tristesse que j'ai sentie
dans mon voyage au pays de Liége, quand j'ai pensé
que, l'année passée, V. A. R. était presque dans ces
cantons. Mais, Monseigneur, n'y reviendrez-vous jamais? Je prévois que je jouerai longtemps ici le rôle de
la comtesse de Pimbesche[2], et je m'en console dans
l'espérance que mes procès me feront gagner le temps
où le Roi votre père viendra voir ses États méri tio-
naux, car je compte revenir de Paris ici pour mon hiver, et plus.

V. A. R. a su sans doute que l'abbé Desfontaines a

---

1. Guillaume Schilling, lieutenant au régiment du prince royal,
alors en recrutement à Bruxelles (A. N.).
2. Racine, les *Plaideurs*, act. I, sc. VII.

été obligé de désavouer la *Voltairomanie* entre les mains
de M. Hérault, lieutenant de police, et que son désaveu
a été mis dans les gazettes. L'intérêt que V. A. R. a
daigné prendre à cette malheureuse affaire, et la façon
pleine de bonté dont elle a bien voulu m'en parler,
m'ont fait croire que ce détail lui serait agréable.

Nous reverrons Thieriot à Paris et je me sens fort
portée à user envers lui de cette indulgence dont la
faiblesse de son caractère me paraît très-digne, et à laquelle V. A. R. m'a exhortée. C'est à vous, Monseigneur,
à donner l'exemple de toutes les vertus; ceux qui les
admirent de près sont plus heureux, mais personne ne
peut être avec plus de respect et d'attachement que
moi, etc.

------

158. — A M. DE MAUPERTUIS.

[A Paris, dimanche, à deux heures, août 1739.]

Vous êtes arrivé et je ne le sais pas par vous : cela
est très-mal; si j'avais cru vous trouver, je vous aurais
été enlever. J'ai vu Clairaut ce matin; il dit que vous
repartez, et vous croyez bien que j'en suis désolée; mais
je veux absolument vous voir pendant ces deux jours-
ci. Venez nous voir à l'Opéra, dans la petite loge de
M. de Richelieu; je vous y verrai, et nous nous arrangerons pour la suite. [Madame de Richelieu compte
que vous souperez avec elle aujourd'hui; vous êtes
engagé depuis huit jours chez madame de Saint-Pierre
pour souper demain,] je veux vous voir toute la journée; et si vous ne le voulez pas ainsi, vous êtes un
ingrat. Kœnig [1] me tourmente pour qu'il vous voie;
mais comment faire?

------

1. Il est à présumer qu'il y avait déjà de la froideur entre Mau-

159. — A M. DE MAUPERTUIS.

[Paris,] dimanche, à dix heures, septembre 1739.

[Il semble qu'il ait fait beau hier, vous ne m'avez point vue, madame de Richelieu non plus, et vous avez très-mal fait ;] elle est malade, et elle désire beaucoup de vous voir. Avez-vous eu la bonté d'écrire à M. Bernoulli[1]? Cela me devient plus nécessaire que jamais ; car je désespère de garder Kœnig : je serais bien aise pourtant que vous lui parlassiez ; il n'y a pas d'autre moyen que d'aller chez lui, car il n'en sort point ; il demeure chez ma mère : vous devriez faire toutes ces bonnes œuvres aujourd'hui, [et finir par venir souper avec nous. Il n'y aura personne. Madame de Richelieu est plus malade que madame de La Ferté-Imbault[2], et moi je vous aime d'avantage. Je serai ici tout le jour, hors deux heures de l'après-midi, que je donnerai à des visites. Je pourrais même vous aller prendre sur les huit heures, si vous voulez me donner un rendez-vous, car je serai dans votre quartier.]

pertuis et Kœnig, et c'est vraisemblablement de cette époque que date la rancune du Suisse, qui finit par éclater d'une manière si violente. (A. N.) — Cette conjecture du premier éditeur ne nous paraît pas très-exacte ; voir p. 390, note 2.

1. Madame du Châtelet ayant perdu Maupertuis, et sur le point de perdre Kœnig, fit demander, par le premier, Jean Bernoulli, qui vint lui donner des leçons. (A. N.)

2. Marie-Thérèse Geoffrin, fille de la célèbre madame Geoffrin, née le 22 avril 1715, mariée le 15 février 1731 à Philippe-Charles d'Étampes, marquis de La Ferté-Imbault, dont elle devint veuve le 27 mars 1737, morte en 1791.

160. — AU PRINCE ROYAL DE PRUSSE.

Paris, hôtel de Richelieu, 12 octobre 1789.

Monseigneur,

Je ne veux pas être la dernière à marquer à Votre Altesse Royale combien la préface de la *Henriade* m'a paru digne du plus singulier éditeur qu'il y ait jamais eu [1]. L'honneur que V. A. R. fait à M. de Voltaire est bien au-dessus du triomphe que l'on avait décerné au Tasse. Son attachement pour V. A. R. en est digne, et sa reconnaissance est proportionnée au bienfait.

Je ne suis pas assez ennemie du genre humain pour tirer V. A. R. du bel ouvrage qu'elle a entrepris d'en réfuter le corrupteur, pour lui faire apprendre quelques vérités de physique. Je vois, Monseigneur, que vous encouragerez cette science, mais que vous avez un emploi plus précieux à faire de votre temps que de vous y appliquer. Pourvu que V. A. R. me conserve les mêmes bontés, je plaindrai la physique, mais je ne pourrai m'en plaindre. Je prends la liberté de lui envoyer la traduction italienne du premier chant de la *Henriade*. Je vais un peu sur les droits de M. de Vol-

---

1. Cette édition de la *Henriade*, préparée par Frédéric, devait d'abord être confiée à John Pine, graveur célèbre (1690-1756). Puis, Frédéric, renchérissant encore sur ce premier projet, écrivait à Voltaire : « Ennuyé des longueurs du sieur Pine, j'ai pris la résolution de faire imprimer la *Henriade* sous mes yeux. Je fais venir exprès la plus belle imprimerie à caractères d'argent qu'on puisse trouver en Angleterre. Tous nos artistes travailleront aux estampes et aux vignettes. Quoi qu'il en coûte, nous produirons un chef-d'œuvre digne de la matière. » Lettre du 18 mai 1740. *Œuvres de Voltaire*, t LIV, p. 102. Ce chef-d'œuvre ne parut jamais. Frédéric, monté sur le trône le 31 mai, ne s'occupa plus d'éditer la *Henriade*. La *Préface* seule, dont parle ici madame du Châtelet, fut publiée.

taire; mais il a tant de ces sortes de présents à faire à
V. A. R., que j'espère qu'il ne m'enviera pas cette petite occasion de lui faire ma cour. Je fais peu de vers[1],
mais je les aime passionnément, et je crois que vous
serez content de la fidélité et de la précision de la traduction que j'ai l'honneur de vous envoyer; l'auteur
assure qu'il donnera le reste tout de suite.

Je suis arrivée à Paris[2] dans un temps où tout était
en feu et en joie[3], et j'ai retrouvé cette ville et ses habitants aussi aimables et aussi frivoles que je les avais
laissés. Pour la cour, il s'y est fait de grandes révolutions[4], et il me semble qu'elle est à présent ce qu'elle
doit être. Je quitte tout cela, non sans quelques regrets,
pour des procès. J'espère que V. A. R. adoucira mon
séjour de Bruxelles par les marques de son souvenir;
elle n'en peut honorer personne qui en sente mieux le
prix, et qui soit avec plus d'attachement que moi, etc.

1. Elle en fit cependant quelques-uns, et une *Pièce de vers aut.*,
1 page et demie, figure dans la vente Charavay du 13 mars 1855.

2. Madame du Châtelet et Voltaire, qui avaient quitté Bruxelles à
la fin du mois d'août, arrivèrent à Paris vers le 4 septembre.

3. Pour les fêtes du mariage de madame Louise-Élisabeth, fille
aînée de Louis XV, avec l'infant don Philippe le 26 août 1739.

4. Ces révolutions, ou plutôt cette révolution, n'avait rien de
politique : c'était l'avénement de la première maîtresse du roi, la
comtesse de Mailly, fille aînée du marquis de Nesle. Sur ce sujet, Voltaire ne pensait pas moins étrangement que madame du Châtelet :
« La cour de France est un peu plus gaie depuis que son roi a osé
aimer. Le voilà en train d'être un grand homme, puisqu'il a des
sentiments : malheur aux cœurs durs ! Dieu bénisse les âmes
tendres ! » Lettre à Frédéric, 12 août 1739. *OEuvres*, t. LIII, p. 642.
L'ambassadeur de France en Prusse, M. de La Chétardie, avait
présenté aussi les choses sous cet aspect, à en juger par ce passage
de la lettre de Frédéric à madame du Châtelet, en date du 27 octobre 1739 : « Il m'a dit mille biens de son monarque, et il a
pensé me ranger de l'opinion de ces philosophes qui disent que
c'est l'amour qui débrouilla le chaos. Que ce soit l'amour ou ce
qu'il vous plaira, je ne m'en embarrasse point. *Œuvres de Frédéric le Grand*, t. XVII, p. 33.

161. — AU PRINCE ROYAL DE PRUSSE.

Bruxelles, 20 décembre 1739.

Monseigneur,

Il n'est pas possible, après avoir lu la *Réfutation de Machiavel*[1], de n'en pas remercier V. A. R. C'est de cet ouvrage que l'on peut dire ce que l'on disait de *Télémaque*, « que le bonheur du genre humain en naîtrait, s'il pouvait naître d'un livre. » J'espère, Monseigneur, que vous nous enverrez la suite de ce bel ouvrage.

M. Algarotti m'a mandé avec quelle surprise il avait vu V. A. R., la mienne est qu'il ait pu vous quitter[2].

Mon respect et mon attachement pour V. A. R. ne tiennent à aucune coutume ; mais toutes celles qui me procurent une occasion de l'en assurer me sont précieuses. Ainsi je profite de la nouvelle année pour vous réitérer, Monseigneur, les assurances de tous les sentiments avec lesquels je serai toute ma vie, etc.

1. Frédéric II, qui, dans sa lettre du 22 mars 1739, avait parlé pour la première fois à Voltaire de son *Anti-Machiavel*, venait de « lui en soumettre, le 4 décembre, les douze premiers chapitres. » Il lui en envoya la fin le 3 février 1740 ; et le 1er juin, Voltaire, qui s'était chargé de le corriger et de le faire imprimer, entrait en négociations avec le libraire Van Duren de La Haye.

2. Frédéric écrivait à madame du Châtelet au sujet de la visite que lui fit alors Algarotti : « Je vous dirai que nous avons vu ici l'aimable Algarotti avec un certain milord Baltimore, non moins savant et non moins agréable que lui. J'ai senti tout le prix de leur bonne compagnie pendant huit jours ; après quoi ils ont été relevés par ce Marcus Curtius des Français, qui se dévoue pour le bien de sa patrie, et qui va s'abîmer, dit-on, dans le plus grand gouffre des mers hyperborées. » (*La Chétardie, qui, le 5 mai 1739, avait été nommé ambassadeur à Saint-Pétersbourg*). OEuvres de *Frédéric le Grand*, t. XII, p. 33

162. — A M. LE COMTE ALGAROTTI.

A Bruxelles, ce 29 décembre 1739.

Bon jour et bon an tout simplement. Je croyais, Monsieur, que vous m'aviez tout à fait oubliée, et mon amitié en était blessée, car il me semble qu'elle a droit de vous suivre du pôle brûlant, jusqu'au pôle glacé. Je vois qu'il a fallu les bontés dont le prince royal de Prusse m'honore pour vous rappeler mon idée, et ce n'est pas une des moindres obligations que j'aie à cet aimable prince. Je n'ai pas douté qu'il ne fît sur votre esprit l'effet qu'il a droit de faire sur celui de tout être pensant. Il nous a mandé combien il avait été affligé de votre départ. Je vous avoue que, n'en déplaise à M. son père, je suis bien curieuse de voir un tel prince sur le trône, ce sera un beau phénomène. J'ai passé quatre mois à Paris, pendant que vous couriez les mers, et j'aurais bien voulu que quelque vague vous eût jeté dans ce temps-là sur nos côtes; j'y ai acheté une maison peinte par Le Sueur et par Le Brun; mais au lieu de la venir habiter, je plaide ici vraisemblablement pour plusieurs années. Je regrette Cirey presque autant que Paris. J'ai beaucoup vu pendant mon séjour dans cette grande ville madame la duchesse d'Aiguillon qui est bien digne des hommages que vous lui avez rendus, et qui me paraît vous regretter infiniment; je l'ai retrouvée toute Anglaise; elle entend à présent cette langue beaucoup mieux que moi, et je crois presqu'aussi bien que vous. Pour mylord Hervey j'en rabats bien de tout ce que vous m'avez dit; il me semble que sa négligence à répondre gâte toutes ses bonnes qualités. Il n'a répondu ni à une grande lettre

32.

que M. de Voltaire lui a écrite, il y a plus de deux ans,
ni à l'envoi de mon mémoire; ce qui n'est, ni dans la
politesse italienne, ni dans la française; mais vous,
Monsieur, vous ne m'en parlez pas de ce mémoire;
c'est pourtant votre suffrage que j'ambitionne; peut-
être ne l'avez-vous point lu. Vous savez combien je
suis.

---

163. — A M. BERGER [1].

[1740.]

Vous donnez, Monsieur, des conseils à M. de Voltaire,
dont il n'a pas besoin. Il n'a jamais écrit ni contre le
Gouvernement, ni contre la Religion. Il respecte l'un et
l'autre. Tous ses ouvrages portent le caractère d'un bon
citoyen et d'un chrétien éclairé. Je ne citerai que la
Henriade et *Alzire*, qui devaient servir de témoignage
de sa façon de penser, et de défense contre les petits
ouvrages qu'on lui attribue ou qu'on envenime. Votre
amitié s'est emportée trop loin. Vous auriez dû observer
un peu davantage, plutôt que de donner de pareils conseils à votre ami; c'est le supposer coupable, et risquer
que les gens qui peuvent voir vos lettres croient qu'il
a mérité les injustices qu'il essuie. Il attendait d'une
amitié sage et éclairée comme la vôtre, que, bien loin
de lui reprocher un badinage innocent que ses ennemis
ont apparemment falsifié, vous vous élèveriez avec force
et courage contre la basse jalousie et la superstition de
ceux qui osent le condamner. Il n'en sent pas moins
vivement l'intérêt que vous prenez à ce qui le regarde.
Vous croyez bien qu'il est à présent à l'abri d'être accablé par la persécution. En quelque lieu du monde qu'il

1. Cette lettre fut publiée d'abord dans *Voltaire peint par lui-
même*, Lausanne (Avignon), 1766.

soit obligé de vivre, je suis sûre que vous n'oublierez jamais l'amitié et la considération que vous avez pour lui, et que ces deux sentiments régleront toujours vos démarches sur ce qui le regarde. Il vous aime et vous estime véritablement. Il faut espérer qu'un jour on rendra plus de justice, dans son pays, à un homme qui en fait la gloire, ainsi que celle de l'humanité.

---

164. — AU PRINCE ROYAL DE PRUSSE.

Bruxelles, 4 mars 1740.

Monseigneur,

Je lis actuellement la suite du bel ouvrage de Votre Altesse Royale; mais j'ai trop d'impatience de lui dire combien j'en suis enchantée pour attendre que j'en aie fini la lecture. Il faut, Monseigneur, pour le bonheur du monde, que V. A. R. donne cet ouvrage au public. Votre nom n'y sera pas, mais votre cachet, je veux dire cet amour du bien public et de l'humanité y sera, et il n'y a aucun de ceux qui ont le bonheur de connaître V. A. R. qui ne l'y doive reconnaître. En lisant l'*Anti-Machiavel*, on croirait que V. A. R. ne s'est occupée toute sa vie que des méditations de la politique; mais moi, qui sais que ses talents s'étendent à tout, j'oserais lui parler de la métaphysique de Wolff et de Leibnitz, dont je me suis imaginé de faire une petite esquisse en français[1], si la lecture des ouvrages de V. A. R. me

---

1. Les *Institutions de physique* qui parurent cette année même chez Prault. On lit dans la réponse de Frédéric à cette lettre : « Il fallait à notre didactique et pesante philosophie allemande le secours d'un génie vif et éclairé comme le vôtre pour abréger l'ennui de ses répétitions et pour rendre agréable son extrême sécheresse; son or, passé par votre creuset, n'en deviendra que plus pur. » Lettre du 18 mars 1740. *Œuvres de Frédéric le Grand*, t. XVII, p. 36

laissait assez de témérité pour lui envoyer les miens.
Ces idées sont toutes nouvelles pour les têtes françaises,
et peut-être que, habillées à notre mode, elles pourraient
réussir; mais il faudrait l'éloquence et la profondeur
de V. A. R. pour remplir cette carrière. Cependant, si
vous l'ordonnez, et si vos occupations vous en laissent
le temps, j'aurai l'honneur d'en envoyer quelques chapitres à V. A. R. Il me semble que les habitants de
Cirey, en quelque lieu qu'ils soient, vous doivent les
prémices de leurs travaux, et si V. A. R. daignait corriger l'ouvrage, je serais bien sûre du succès.

Je suis, etc.

---

165. — A M. LE COMTE ALGAROTTI.

A Bruxelles, ce 10 mars 1740.

Je retrouve, Monsieur, votre ancienne amitié pour
moi dans votre lettre, et assurément j'y suis infiniment
sensible. Je crois en avoir l'obligation au prince royal
de Prusse qui m'a rappelée dans votre souvenir, et il
ne pourra jamais me faire de faveur à laquelle je sois
plus sensible. On dit qu'il est sur le point d'être roi, et
je vous avoue qu'indépendamment de toutes les raisons qui me le font désirer, je suis curieuse de voir ce
phénomène sur le trône. De l'espèce dont je suis,
femme et française, je ne suis guères faite pour voyager; mais assurément ce serait pour un tel voyage
qu'il serait permis de passer par-dessus les règles ordinaires. Il y en a encore un que vous savez que je désire
depuis longtemps, mais qui s'éloigne tous les jours par
les circonstances, c'est celui du pays que vous habitez
et pour lequel ma curiosité s'augmente, depuis que
vous lui avez donné la préférence sur tous ceux qui

voudraient vous posséder. J'irai peut-être cet été à Dunkerque, et de là avec des bonnes lunettes, je pourrai le voir de loin, comme on conte que Moïse vit la Terre promise; mais j'ai de bien meilleures raisons pour le regretter.

Je voudrais pouvoir vous faire accroire que Bruxelles est le lieu du monde le plus digne de votre curiosité, ce pourrait être du moins votre chemin pour aller en Hollande. Je n'y suis pas aussi bien logée qu'à Cirey, mais je vous y recevrais avec le même plaisir.

Je vous avoue que je suis ravie que mon mémoire vous ait plu; vous m'encouragez à lui donner des frères, mais non pas pour l'Académie, car je ne suis pas trop satisfaite du jugement. Si vous avez lu les pièces françaises qui ont été couronnées, j'espère que vous aurez trouvé que je n'ai pas tort, et qu'il n'y a pas à cela une vanité ridicule.

Je suis fâchée de voir dans votre lettre à M. de Voltaire que vous quittez la philosophie pour l'histoire, j'espère que ce ne sera qu'une passade. Pour moi je suis à présent dans la métaphysique, et je partage mon temps entre Leibnitz, et mon procureur. Vous avez bien raison de dire que les choses après lesquelles on court ne valent pas souvent celles qu'on quitte; et si je n'avais pas d'enfants, je puis bien vous assurer que je n'aurais pas quitté les jolis pénates que vous connaissez. Je me dis souvent les vers,

De plaisirs en regrets, de remords en désirs, etc.

mais on se doit à ses devoirs.

Consolez-moi souvent, Monsieur, par vos lettres, parlez de moi à mylord Hervey, quand le parlement sera fini, et continuez moi votre amitié. Je suis

166. — AU PRINCE ROYAL DE PRUSSE.

Versailles, 25 avril 1740.

Monseigneur,

J'envoie [1] à Votre Altesse Royale mon *Essai de méta-physique* [2]; je souhaite et je crains presque également qu'elle ait le temps de le lire. Vous serez peut-être aussi étonné de le trouver imprimé que j'en suis honteuse; les circonstances qui l'ont rendu public seraient trop

1. Cet envoi se fit par l'intermédiaire de Voltaire, qui était encore à Bruxelles, et qui l'annonçait ainsi à Frédéric : « Je fais partir, Monseigneur, pour cette délicieuse retraite (*Remusberg*), un gros paquet qui vaut mieux que tout ce que je pourrais envoyer à Votre Altesse Royale. C'est la Philosophie leibnitzienne d'une Française devenue Allemande par son attachement à Leibnitz, et bien plus encore par celui qu'elle a pour vous. » *Œuvres de Voltaire*, t. LIV, p. 92. Dans la réponse que Frédéric adressa, le 13 mai, à cette lettre de madame du Châtelet, la critique se trouve ainsi mêlée à l'éloge : « Vos *Institutions physiques* séduisent, et c'est beaucoup pour un livre de métaphysique. S'il m'est permis de vous dire mon sentiment sans déguisement, je crois qu'il y a quelques chapitres où vous pourriez resserrer le raisonnement sans l'affaiblir, et principalement celui de l'étendue, qui m'a paru tant soit peu diffus. » *Œuvres de Frédéric le Grand*, t. XVII, p. 39.

2. *Institutions de physique, à Paris, chez Prault fils*, quai Conti, vis-à-vis la descente du Pont-Neuf, à la Charité, MDCCXL, in-8° de 450 p., plus la table. Le titre est orné d'un frontispice qui représente une colombe, volant au-dessus de ses petits vers le soleil levant, avec cette devise :

Macte animo soboles, oculos ad sidera tolle.

L'ouvrage se compose d'un Avant-propos et de vingt et un chapitres, précédés chacun d'une vignette gravée en taille douce. Le 25 avril 1740, Voltaire annonçant à Cideville la publication prochaine de son exposé de la métaphysique de Newton, qui forme aujourd'hui la première partie des *Éléments*, ajoutait : « Il va paraître, à Paris, un ouvrage plus intéressant et plus singulier en fait de physique; c'est une *Physique* que madame du Châtelet avait composée pour son usage, et que quelques membres de l'Académie des sciences se sont chargés de rendre publique, pour l'honneur de son sexe et pour celui de la France. » *Ibid.*, t. LIV, p. 83.

longues à expliquer à V. A. R. J'attends pour savoir si
je dois m'en repentir ou m'en applaudir, ce que V. A.
R. en pensera. Je me souviens qu'elle a fait traduire
sous ses yeux la *Métaphysique* de Wolff, et qu'elle en a
même corrigé quelques endroits de sa main; ainsi
j'imagine que ces matières ne lui déplaisent point,
puisqu'elle a daigné employer quelque partie de son
temps à les lire.

V. A. R. verra par la préface que ce livre n'était destiné que pour l'éducation d'un fils unique que j'ai et
que j'aime avec une tendresse extrême[1]. J'ai cru que je
ne pouvais lui en donner une plus grande preuve qu'en
tâchant de le rendre un peu moins ignorant que ne l'est
ordinairement notre jeunesse; et, voulant lui appren-

---

1. On lit, en effet, dans l'*Avant-propos* des *Institutions* : « J'ai
toujours pensé que le devoir le plus sacré des hommes était de
donner à leurs enfants une éducation qui les empêchât, dans un âge
plus avancé, de regretter leur jeunesse, qui est le seul temps où l'on
puisse véritablement s'instruire; vous êtes, mon cher fils, dans
cet âge heureux où l'esprit commence à penser, et dans lequel le
cœur n'a pas encore des passions vives pour le troubler. C'est peut-
être à présent le seul temps de votre vie que vous pourrez donner
à l'étude de la nature; bientôt les passions et les plaisirs de votre
âge emporteront tous vos moments, et lorsque cette fougue de la
jeunesse sera passée, et que vous aurez payé à l'ivresse du monde
le tribut de votre âge, et de votre état, l'ambition s'emparera de
votre âme; et quand même, dans cet âge plus avancé et qui souvent n'en est pas plus mûr, vous voudriez vous appliquer à l'étude
des véritables sciences, votre esprit, n'ayant plus alors cette flexibilité qui est le partage des beaux jours, il vous faudrait acheter
par une étude pénible ce que vous pouvez apprendre aujourd'hui
avec une extrême facilité. Je veux donc vous faire mettre à profit
l'aurore de votre raison, et tâcher de vous garantir de l'ignorance,
qui n'est encore que trop commune parmi les gens de votre rang,
et qui est toujours un défaut de plus et un mérite de moins. Il faut
accoutumer de bonne heure votre esprit à penser, et à pouvoir se
suffire à lui-même; vous sentirez dans tous les temps de votre vie
quelles ressources et quelles consolations on trouve dans l'étude,
et vous verrez qu'elle peut même fournir des agréments et des
plaisirs. »

dre les éléments de la physique, j'ai été obligée d'en composer une, n'y ayant point en français de physique complète, ni qui soit à la portée de son âge. Mais comme je suis persuadée que la physique ne peut se passer de la métaphysique, sur laquelle elle est fondée, j'ai voulu lui donner une idée de la métaphysique de M. de Leibnitz, que j'avoue être la seule qui m'ait satisfaite, quoiqu'il me reste encore bien des doutes.

L'ouvrage aura plusieurs tomes, dont il n'y en a encore que le premier qui soit commencé à imprimer. Je crois qu'il paraîtra vers la Pentecôte, et je prendrai la liberté d'en présenter un exemplaire à V. A. R., si elle est contente de ce que j'ai l'honneur de lui envoyer aujourd'hui.

Je m'aperçois que ma lettre est déjà très-longue, et que je n'ai point encore parlé à V. A. R. de ma reconnaissance de la boîte charmante qu'elle m'a fait la grâce de m'envoyer. Je n'ai rien vu de plus joli et de plus agréablement monté; mais V. A. R. me permettra de lui dire qu'il lui manque son plus bel ornement, et que, quelque bien qu'elle m'ait traitée, je suis très-jalouse du présent dont elle a honoré M. de Voltaire [1]. Je crois qu'il a déjà envoyé à V. A. R. sa *Métaphysique de Newton* [2], et vous serez peut-être étonné que nous soyons d'avis si différents; mais je ne sais si V. A. R. a lu un rabâcheur français qu'on appelle Montaigne, qui, en parlant de deux hommes qu'une véritable amitié unissait, dit : « Ils avaient tout commun, hors le secret des autres et leurs opinions. » Il me semble même que notre amitié en est plus respectable et plus sûre, puisque même la diversité d'opinions ne l'a pu

---

1. Son portrait.

2. L'*Exposé*, dans lequel il combat les principes de Leibnitz, soutenus par madame du Châtelet dans ses *Institutions de physique*.

altérer ; la liberté de philosopher est aussi nécessaire
que la liberté de conscience. V. A. R. nous jugera, et
l'envie de mériter son suffrage nous fera faire de nouveaux efforts. V. A. R. me permettra de la faire souvenir du *Machiavel;* je m'intéresse à la publication d'un
ouvrage qui doit être si utile au genre humain avec le
même zèle que j'ai l'honneur d'être, etc.

---

167. — AU ROI DE PRUSSE.

Bruxelles, 11 juin 1740.

Sire,

Permettez-moi de venir joindre ma joie à celle de
vos États et de l'Europe entière[1]. Je me préparais à
répondre à la lettre philosophique dont le Prince Royal
avait bien voulu m'honorer ; mais je ne puis parler
aujourd'hui à V. M. que des vœux que je fais pour elle
et du respect avec lequel je suis, etc.

---

168. — AU ROI DE PRUSSE.

Bruxelles, 14 juillet 1740.

Sire,

J'espère que M. de Camas aura rendu compte à Votre
Majesté du plaisir que j'ai eu de le voir et de m'entretenir avec lui de tout ce qu'elle a déjà fait pour le bonheur de son peuple et pour sa gloire. V. M. peut aisément s'imaginer combien il a eu de questions à essuyer ; je puis vous assurer que j'ai trouvé le jour que
j'ai passé avec lui bien court, et que je ne lui ai pas dit

---

1. Frédéric venait de monter sur le trône, par suite de la mort
de son père, le 21 mai 1740.

la moitié de ce que j'avais à lui dire, quoique nous ayons toujours parlé de V. M. Je vois, par le choix qu'elle a fait de M. de Camas et de ses compagnons, qu'elle se connaît aussi bien en hommes qu'en philosophie. Je n'ai guère connu d'homme plus aimable et qui inspire plus la confiance; aussi n'ai-je pu m'empêcher de lui laisser voir le désir extrême que j'ai d'admirer de près V. M. Nous en avons examiné ensemble les moyens, et j'espère qu'il en aura écrit à V. M. Il y en avait un qui n'est plus à présent en mon pouvoir; je m'en console dans l'espérance que le voyage de V. M. à Clèves me mettra à portée de lui faire ma cour, et de ne devoir cette satisfaction qu'à mon attachement pour V. M. et au désir extrême que j'ai de l'en assurer moi-même.

Je rougissais d'en avoir l'obligation à d'autres, et il me suffit que V. M. daigne le désirer, pour que je fasse l'impossible pour y parvenir.

V. M. doit bien croire que, puisque le commencement des *Institutions de Physique* ne lui a pas déplu, je vais presser la fin de l'impression, et j'espère les présenter à V. M., si j'ai le bonheur de la voir cet automne. Mais, sire, il faut que je vous dise que le cœur me saigne de voir le genre humain privé de la *Réfutation de Machiavel*, et je ne puis trop rendre de grâces à V. M. de la bonté qu'elle a de m'excepter de la loi générale et de m'en promettre un exemplaire; c'est le don le plus précieux que V. M. puisse me faire. Je ne crois pas que l'édition s'en achève en Hollande; mais j'imagine que V. M. fera tirer quelques exemplaires à Berlin, et qu'elle n'oubliera pas alors la personne du monde qui fait le plus de cas de cet incomparable ouvrage. Je ne connais rien de mieux écrit, et les pensées en sont si belles et si justes, qu'elles pourraient même se passer des charmes de l'éloquence. J'espère que V. M. sera servie comme elle le désire, et que ce livre ne paraîtra point. M. de Voltaire ira même en Hollande, si sa présence y est nécessaire, comme je le crains infiniment, car les libraires de ce pays-là sont sujets à caution, et je puis assurer V. M. qu'il ne lui fera jamais de sacrifice plus sensible que celui de ce voyage. J'espère cependant encore qu'il pourra s'en dispenser.

V. M. a sans doute bien des admirateurs qu'elle ne connaît point; mais je ne puis cependant finir cette lettre sans lui parler d'un des plus zélés, qui m'appartient de fort près, et que M. de Camas a vu ici; c'est M. du Châtelet, fils du colonel des gardes du Grand-Duc[1]. Il a passé exprès à Bareuth, en venant de Vienne ici, pour avoir le plaisir de parler de V. M. et de connaître la princesse sa sœur[2]; il en est parti comblé des bontés que l'on a eues pour lui dans cette cour, et le cœur tout plein de Frédéric. Madame la margrave lui a donné un air de la composition de V. M.; nous l'avons fait exécuter. Je travaille à l'apprendre, car la musique de V. M. est bien savante pour un gosier français, et je ne désirerais de perfectionner le mien que

1. Luc-René du Châtelet, né le 18 octobre 1716, fils de René-François, marquis du Châtelet et de Grandseille, baron de Cirey, colonel des gardes de François de Lorraine, grand-duc de Toscane, époux de Marie-Thérèse, et de Marie de Fleming. Après être entré d'abord au service de France en 1733, comme capitaine de cavalerie, et avoir fait les campagnes d'Italie, ce marquis du Châtelet passa à celui du grand-duc de Toscane, qui le fit son chambellan et capitaine dans le régiment de ses gardes. Ces du Châtelet appartenaient à la branche aînée, celle des seigneurs de Thons, dont la branche des seigneurs de Lomont, à laquelle appartenait le mari de madame du Châtelet, était issue au douzième degré.

2. Frédérique-Sophie-Wilhelmine, née le 3 juillet 1709, mariée le 20 novembre 1731 au margrave de Bareuth.

pour chanter ses ouvrages et ses louanges. V. M. est à
présent occupée à recevoir les hommages de ses sujets
de Prusse; mais j'espère qu'elle est bien persuadée
qu'on ne lui en rendra jamais de plus sincères et de
plus respectueux que celle qui a l'honneur d'être, etc.

---

169. — AU ROI DE PRUSSE.

Bruxelles, 11 août 1740.

Sire,

Si le bonheur de voir Votre Majesté et de connaître
celui que j'admire depuis si longtemps n'était pas la
chose du monde que je désire le plus, ce serait celle
que je craindrais davantage. Ces deux sentiments se
combattent en moi; mais je sens que le désir est le
plus fort, et que, quelque chose qu'il puisse en coûter
à mon amour-propre, j'attends l'honneur que V. M.
me fait espérer avec un empressement égal à ma reconnaissance. J'ai recours à votre aimable Césarion, et
je le supplie, lui qui me connaît, de bien dire à V. M.
que je ne suis point telle que sa bonté pour moi me
représente à son imagination, et que je ne mérite
tout ce qu'elle daigne me dire de flatteur que par mon
attachement et mon admiration pour V. M.

Croirez-vous, Sire, que, à la veille de recevoir la
grâce dont V. M. veut m'honorer, j'ose lui en demander encore une autre? M. de Valori[1] a mandé à M. de
Voltaire, et les gazettes le disent presque, que V. M.

1. Gui-Louis-Henri, marquis de Valori, fils de Charles-Gui, lieutenant général, et de Marie-Catherine Vollant, né le 12 octobre 1692,
brigadier en 1738, envoyé extraordinaire près la cour de Prusse, du
mois de septembre 1739 au mois d'avril 1750, et du mois de mars
1756 au 19 octobre de la même année, lieutenant général en 1748.
mort le 19 octobre 1774.

honorera la France de sa présence[1]. Je ne cherche
point à pénétrer si le ministre et le gazetier ont raison ; mais j'ose représenter à V. M. que Cirey est sur
son chemin, et que je ne me consolerais jamais, si je
n'avais pas l'honneur d'y recevoir celui à qui nous y
avons si souvent adressé des hommages. J'ai prié M. de
Keyserlingk d'être mon intercesseur auprès de V. M.
pour m'en obtenir cette grâce. Les grandes âmes s'attachent par leurs bienfaits ; c'est là mon titre pour
obtenir de V. M. la grâce que j'en espère.

V. M. ne fait point sans doute de grâce à demi ; ainsi
j'ose espérer qu'elle ne mettra point de bornes à celle
qu'elle m'accorde, et qu'elle me mettra à portée de
profiter de tous les moments qu'elle daigne m'accorder.
J'implore encore ici l'intercession de Césarion, avec
lequel j'entre dans des détails que je n'ose faire à
V. M.

Je travaille à me rendre digne de ce que V. M. veut
bien me dire sur l'ouvrage dont j'ai pris la liberté de
lui envoyer le commencement. Il est fini depuis longtemps, et j'espère le présenter à V. M. J'ai le dessein
de donner en français une philosophie entière dans le
goût de celle de M. Wolff, mais avec une sauce française ;
je tâcherai de faire la sauce courte. Il me semble qu'un
tel ouvrage nous manque. Ceux de M. Wolff rebute-
raient la légèreté française par la forme seule ; mais je
suis persuadée que mes compatriotes goûteront cette
façon précise et sévère de raisonner, quand on aura
soin de ne les point effrayer par les mots de *lemmes*,

---

1. Frédéric II ne visita pas la France, mais, dans la première
quinzaine de septembre, il se rendit à Strasbourg sous le nom de
comte du Four, accompagné de son frère Guillaume, de Keyserlingk
et d'Algarotti. Son but était surtout de juger les troupes françaises.

de *théorèmes* et de *démonstrations*, qui nous semblent hors de leur sphère quand on les emploie hors de la géométrie. Il est cependant certain que la marche de l'esprit est la même pour toutes les vérités. Il est plus difficile de la démêler et de la suivre dans celles qui ne sont point soumises au calcul, mais cette difficulté doit encourager les personnes qui pensent, et qui doivent toutes sentir qu'une vérité n'est jamais trop achetée. Je crains de prouver le contraire à V. M. par cette énorme lettre, et que, quelque vrai que soit mon respect et mon attachement pour elle, V. M. n'ait pas la patience d'aller jusqu'aux assurances que prend la liberté de lui en réitérer, etc.

---

170. — A M. DE MAUPERTUIS[1].

[Bruxelles,] dimanche 21 août [1740].

Je ne sais point aimer ni me réconcilier à demi[2]; je vous ai rendu tout mon cœur, et je compte sur la sin-

1. Lettre inédite. Mss., p. 143. Elle est adressée à Wesel, où se trouvait Maupertuis, en route pour Berlin.

2. Voltaire écrivait un peu auparavant, au sujet de cette brouille entre Maupertuis et madame du Châtelet : « Je suis affligé de vous voir en froideur avec une dame qui, après tout, est la seule qui puisse vous entendre, et dont la façon de penser mérite votre amitié. Vous êtes faits pour vous aimer l'un et l'autre; écrivez-lui (un homme a toujours raison quand il se donne le tort avec une femme), vous retrouverez son amitié, puisque vous avez toujours son estime. » Voltaire à Maupertuis, 21 juillet 1740. Œuvres, t. LIV, p. 166. Cette petite querelle paraît avoir eu pour cause Kœnig, dont Maupertuis avait pris le parti. — Voltaire écrivait encore à ce sujet à Maupertuis le 9 août : « Vous avez, permettez-moi de vous le dire, écrit un peu sèchement à une personne qui vous aimait et qui vous estimait. Vous lui avez fait sentir qu'elle avait un tort humiliant dans une affaire où elle croyait s'être conduite avec générosité; elle en a été sensiblement affligée. » Œuvres, t. LIV, p. 177.

cérité du votre. Je ne vous ai point caché combien j'é-
tais affligée d'être obligée de renoncer à l'amitié que
j'avais pour vous, et je ne vous cache point le plaisir
que je trouve à m'y livrer. Vous m'avez fait sentir
combien il est cruel d'avoir à se plaindre de quelqu'un
qu'on voudrait aimer, et qu'on ne peut se dispenser
d'estimer. J'espère que je n'éprouverai plus avec vous
que le plaisir que donne une amitié sans orage. La
mienne pour vous n'en avait pas besoin, mais elle n'en
est point affaiblie, et il ne tiendra pas à moi de vous
prouver combien les idées que vous avez prises dans
mon dernier voyage de Paris[1] étaient injustes, et que
personne n'aura jamais pour vous une estime plus véritable et une amitié plus inviolable et plus tendre. Je
vous félicite du bonheur que vous aurez sans doute,
quand vous recevrez cette lettre, de voir Frédéric-
Marc-Aurèle[2], et de me donner de vos nouvelles quand
vous serez revenu de votre extase.

1. Au mois de juillet 1740.
2. Quelques jours après son avénement au trône, Frédéric avait
invité Maupertuis à se rendre à Berlin : « Mon cœur et mon inclination, lui écrivait-il, excitaient en moi, dès le moment que je
montai sur le trône, le désir de vous avoir ici, pour que vous don-
nassiez à l'Académie de Berlin la forme que vous seul pouvez lui
donner. Venez donc, venez enter sur ce sauvageon la greffe des
sciences, afin qu'il fleurisse. » Lettre de juin 1740. Et, le 14 juillet : « Donnez-vous à moi, je vous en prie, je vous en conjure, je
vous en supplie : il est temps que les princes rampent auprès des
philosophes; les philosophes n'ont que trop rampé auprès des sou-
verains. » La Beaumelle, *Vie de Maupertuis*, p. 226 et 228. — Maupertuis, sollicité, de plus, par M. de Camas, l'envoyé de Frédéric à
Paris, partit pour Wesel, où était le roi de Prusse.

171. — AU ROI DE PRUSSE.

Bruxelles, 8 septembre 1740.

Sire,

Je ne sais ce qui m'afflige le plus, ou de savoir Votre Majesté malade, ou de perdre l'espérance de lui faire ma cour. J'espère qu'elle me saura gré du sacrifice que je lui fais, et que la présence de celui qui vous rendra cette lettre[1], et que j'espère que V. M. ne gardera pas longtemps, lui prouvera mieux que tout ce que je pourrais lui dire le respect et l'attachement avec lesquels je suis, etc.

—————

172. — A M. DE MAUPERTUIS[2].

[Bruxelles], lundi 12 [septembre 1740].

Je ne suis pas assez ennemie de moi-même, Monsieur, pour vous avoir rien caché de ce que je savais des marches du roi, si j'avais pu espérer de vous retenir ici. Mais je ne savais autre chose, sinon que j'aurais le bonheur de le voir ici ; les dates m'étaient inconnues, et comme il devait aller à Wesel auparavant, et que, sans son voyage de Strasbourg que j'ignorais, il serait arrivé beaucoup plus tôt, je ne croyais pas que vous l'attendissiez plus de deux ou trois jours. Souvenez-vous, je vous prie, que M. de Voltaire et moi nous vous dîmes plusieurs fois que S. M. ne devait être que le 18 à Francfort-sur-le-Mein, et qu'elle ne serait pas à

1. Voltaire, qui alla saluer le roi de Prusse au château de Moyand, près de Clèves, le 11 septembre 1740.
2. Lettre inédite. Mss., p. 145. Elle porte en suscription : *A M. de Maupertuis, dans la suite du roi, à Vezel.*

Clèves avant le 23 ou le 24. Nous n'en savions pas davantage pour les dates ; le reste était inutile. Or, puisque nous ne pûmes pas même obtenir vingt-quatre heures de plus, jugez si nous pouvions espérer de vous retenir par des espérances, qui effectivement ont été trompées et qui ne nous donnaient rien de positif pour le temps. Vous voyez, Monsieur, par mon empressement à me justifier d'un si petit tort, qui n'est qu'apparent, combien je suis devenue incapable d'en avoir jamais avec vous, car je veux bien que vous croyiez que j'en ai eus, puisque la façon dont vous les oubliez m'est une nouvelle preuve et un nouveau gage de votre amitié. Je crois que vous ne doutez pas que je n'aie été bien sensiblement affligée et de la maladie du roi et de perdre l'espérance de le voir. C'est assurément une des privations les plus sensibles que je puisse éprouver. J'ai eu bien des sortes de regrets en voyant partir M. de Voltaire[1], et le roi doit me savoir gré de ce sacrifice, qui est grand de plus d'une façon, puisque j'ai bien senti qu'il m'ôtait tout espérance de voir le voyage des Pays-Bas renoué. J'espère qu'il me renverra bientôt quelqu'un avec qui je compte passer ma vie, et que je ne lui ai prêté que pour très-peu de jours. Vous allez sans doute reprendre le chemin de Berlin avec le roi ; je suis bien fâchée de ne vous avoir pas revu, car j'avais bien des choses encore à vous dire. J'ai envoyé mon

---

1. Ces regrets, madame du Châtelet les avait déjà éprouvés lors d'un voyage que Voltaire, au mois de juillet 1740, avait fait en Hollande au sujet de l'*Anti-Machiavel*. Arrivé à La Haye le 19, le poète écrivait à Frédéric : « J'arrivai hier, après avoir eu bien de la peine d'obtenir mon congé ;

> Mais le devoir parlait, il faut suivre ses lois ;
> Je vous immolerais ma vie ;
> Et ce n'est que pour vous, digne exemple des rois,
> Que je peux quitter Emilie.

OEuvres, t. LIV, p. 162.

livre à S. M. par M. de Voltaire; c'est le seul exemplaire qui soit sorti des mains de Prault. Salmon continue ses difficultés, et avant qu'elles soient levées, je
crois qu'il se passera bien du temps. Ainsi si vous vouliez me faire le plaisir de le lire, le roi aura la bonté
de vous le prêter, car je crois qu'il ne lira guère. Je recevrais encore vos avis à temps, et je ferais faire des
cartons, s'il y en a à faire. Surtout je vous prie de me
mander si vous trouvez ce que je dis sur Kœnig dans
la Préface bien et suffisant [1], et si vous voudriez quelque chose de plus dans l'Avertissement du libraire [2].
J'ai dit la vérité dans l'un et dans l'autre, car vous avez
dû voir par les aveux que je vous ai faits que je ne sais
point la déguiser, même quand elle m'est contraire.
Je l'ai adoucie à l'endroit de Kœnig; il y avait *par un
homme qui a été quelque temps à moi,* mais M. de Voltaire a voulu que je misse *chez moi,* et je n'ai pu le refuser. M. de Camas vient de m'ôter le peu d'espérance
qui me restait de voir le roi; j'en suis au désespoir et
vous remercie du désir que vous aviez de me voir à
Anvers. M. de Camas me l'a dit, et encore autre chose

1. Voici le passage de l'*Avant-propos* des *Institutions de Physique,* où madame du Châtelet fait allusion à Kœnig : « Je vous
explique dans les premiers chapitres les principales opinions de
M. Leibnitz sur la métaphysique; je les ai puisées dans les ouvrages du célèbre Wolff (*Ontologie*), dont vous m'avez tant entendu
parler avec un de ses disciples, qui a été quelque temps chez
moi, et qui m'en faisait quelquefois des extraits. » *Institutions,*
1740, p. 12.
2. Avertissement du libraire. — « Ce premier tome des *Institutions de Physique* était prêt à être imprimé dès le 18 septembre 1738, comme il paraît par l'approbation, et l'impression en
fut même commencée dans ce temps-là; mais l'auteur ayant voulu
y faire quelques changements, me la fit suspendre; ces changements
avait pour objet la métaphysique de M. Leibnitz, dont on trouvera
une exposition abrégée au commencement de ce volume. » *Institutions,* 1740, p. 1.

qui m'a fait grand plaisir, et dont je ne dirai mot. Je
vous prie, songez à M. Bernoulli. Le roi peut me le
procurer pour un an, je veux vous en avoir l'obligation. Je lui ai mandé que je vous prierais de le demander. Adieu, la poste me presse, j'espère qu'à force de
vous aimer vous n'en douterez plus.

----

173. — A M. DE MAUPERTUIS[1].

[Bruxelles], 9 octobre [1740].

Je vous envoie, Monsieur, une lettre que M. de Bernoulli m'a adressée à Bruxelles pour vous; je ne sais
si ma dernière lettre vous aura trouvé; je vous y demandais des conseils qui arriveront encore à temps si
vous voulez me les donner. Je suis bien curieuse de
savoir si vous avez lu mon livre, et ce que vous en
pensez.

Je vous sais un peu mauvais gré de n'avoir parlé à
personne dans vos lettres des bontés singulières dont
le roi a daigné honorer M. de Voltaire pendant son
voyage à Clèves; cela aurait fait un bon effet, et je vous
prie de le réparer dans l'occasion. Vous sentez aisément mes raisons, et vous voyez que je vous parle entièrement sur le ton de notre ancienne amitié. J'espère
m'en aller d'ici le 30, je vais passer huit jours à Fontainebleau; donnez-moi, je vous prie, des nouvelles de
la fièvre du roi, vous savez combien je m'y intéresse.
Adieu, Monsieur, écrivez-moi rue Culture-Sainte-Cathe-
rine, on me donnera ou on me renverra votre lettre.
Je vois beaucoup M. de Vernique, et j'ai tout lieu de
m'en louer.

1. Lettre inédite. Mss., p. 148.

174. — AU ROI DE PRUSSE.

Fontainebleau, 10 octobre 1740.

Sire,

J'ai partagé bien sensiblement le plaisir que M. de Voltaire a eu d'admirer de près le Marc-Aurèle moderne. Les lettres qu'il m'écrit ne sont pleines que des louanges de Votre Majesté et du bonheur qu'il a à passer ses jours auprès d'elle.

J'ai pris le temps qu'il est occupé à exécuter en Hollande les ordres de V. M.[1], pour venir faire un tour à la cour de France, où quelques affaire m'appelaient et où j'ai voulu juger par moi-même de l'état de celles de M. de Voltaire. Il a eu l'honneur d'en parler à V. M. Il n'y a rien de positif contre lui; mais une infinité de petites aigreurs accumulées peuvent faire le même effet que des torts réels. Il ne tiendra qu'à V. M. de dissiper tous les nuages, et il suffirait que M. de Camas ne cachât point les bontés dont V. M. l'honore et l'intérêt qu'elle daigne prendre à lui. Je suis bien certaine que cela suffirait pour procurer à M. de Voltaire un repos dont il est juste qu'il jouisse, et dont sa santé a besoin. Je ne doute pas que V. M. ne lui donne cette nouvelle marque de ses bontés, et qu'elle ne fasse aujourd'hui par M. de Camas ce qu'elle daigna faire par M. de La Chétardie dans un temps où nous n'osions pas même en prier V. M. Louis XII disait qu'un roi de France ne devait pas venger les injures d'un duc d'Orléans, mais je suis persuadée que V. M., faite pour surpasser en tout les meilleurs rois, pense qu'un roi de Prusse doit

---

1. Au sujet de l'impression de l'*Anti-Machiavel*. Le 10 juillet, Frédéric avait écrit à Voltaire de la suspendre, offrant de payer ous les frais, si l'impression était déjà achevée.

protéger ceux que le prince royal honorait de son amitié. Je suis bien affligée de me trouver à une autre
cour que celle de V. M.; j'espère toujours que je pourrai satisfaire quelque jour le désir extrême que j'ai de
l'admirer moi-même et de l'assurer de vive voix du
respect et de l'attachement avec lesquels je suis, etc.

---

175. — A M. DE MAUPERTUIS [1].

A Fontainebleau, ce 22 octobre [novembre 1740].

Il ne peut jamais, Monsieur, vous arriver tant de
bien que je vous en souhaite, je ne sais cependant plus
ce qu'on pourra vous souhaiter si vous joignez à votre
mérite le contentement d'esprit qui est, ce me semble,
la seule chose qui vous ait jamais manqué. Il était
réservé à Frédéric de faire ce miracle. Vous êtes à présent, à ce que m'a dit M. de Camas, dans ce Remusberg d'où nous avons reçu tant de marques de bonté
du prince qui fait aujourd'hui l'attention de l'Europe.
Je suis ravie qu'il aime encore ce lieu qu'il a si longtemps habité; il me semble que c'est une assurance de
plus pour les gens pour qui il a eu des bontés.

Je suis ici depuis quinze jours, et je pourrai bien y
passer le reste du voyage à peu près et être ensuite
trois semaines ou un mois à Paris, pour retourner
plaider dans mes marais de Bruxelles, où j'attendrai
que les beaux jours ramènent ce voyage de Clèves.

1. Lettre inédite, Mss., p. 150. — Vraisemblablement la lettre
est du 22 novembre, et non octobre. Puisqu'elle a écrit le 9 octobre
qu'elle partait le 30, elle a dû être à Paris au commencement de
novembre, et il y avait, le 22, quinze jours environ qu'elle était
arrivée, comme elle le dit dans cette lettre. (Note Mss.) Nous ferons
cependant remarquer que la lettre 174 est datée également de Fontainebleau et du mois d'octobre.

C'est par bonté pour moi que le Roi ne vous a point montré mon livre. On me mande de Berlin qu'il passe pour constant que Kœnig me l'a dicté, je n'exige sur ce bruit si injurieux d'autre preuve de votre amitié, que de dire la vérité, car vous savez que mon amour-propre est aisé à contenter, et que je ne rougis point d'avouer la part qu'il y a cue. La seule chose dont j'aie à rougir, c'est d'avoir la plus petite obligation à un si malhonnête homme.

Je viens de lire des *Éléments de géographie*[1] qu'on peut intituler : *Tome second de l'Examen désintéressé*[2], et dont cette fois-ci je n'ai pas méconnu l'auteur. J'y ai trouvé bien de bonnes choses, bien instructives et bien déduites, et je voudrais qu'il en parût souvent de de la même main.

Dès que ce livre, qui assurément ne me fera jamais autant de plaisir qu'il m'a fait de chagrin, paraîtra, c'est-à-dire dès que je serai partie de Paris, je vous

---

1. *Éléments de géographie*, Paris, 1740, in-8°, par Maupertuis. Dans cet ouvrage, fondé sur le principe nouvellement démontré par lui de l'aplatissement des pôles, Maupertuis exposait le système du monde, l'histoire des divers travaux sur la mesure de la terre, et ses propres découvertes. Dans l'édition de 1742, il retrancha tout ce qui, dans la première, se ressentait des vivacités de sa polémique à ce sujet.

2. *Examen désintéressé des différents ouvrages qui ont été faits pour déterminer la figure de la terre*, Oldembourg (Paris), 1738, in-12, et *Amsterdam*, 1741, in-8°. Cet ouvrage de Maupertuis était une supercherie destinée à mystifier ses adversaires. « Ayant publié d'abord une petite brochure anonyme où il faisait contre son travail des objections assez spécieuses, il en donna ensuite une seconde sous le titre d'*Examen désintéressé*. Cette pièce très-adroite et très-maligne contre les Cassini, avec le plus grand air d'impartialité, donna le change à leurs partisans. M. de Mairan même y fut trompé, et lui prodigua des éloges... Quant à M. de Mairan, la méprise où il était tombé lui tenait au cœur; il n'a jamais pardonné ce piége à Maupertuis. » La Beaumelle, *Vie de Maupertuis*, 1856, p. 55 et 64.

l'enverrai, quoique je sache bien combien il est au-
dessous de vous, et combien il mérite peu vos regards;
mais il me semble que c'est une occasion de plus de
vous prouver la vérité des sentiments de mon
cœur pour vous.

M. du Châtelet vous fait mille compliments, je vous
prie de dire à M. Algarotti que je l'aime malgré son
silence. Il gèle ici tous les matins, mais pas si fort qu'à
Tornéo.

---

176. — A M. DE MAUPERTUIS[1].

A Bruxelles, ce 23 décembre 1740.

Je croyais, Monsieur, que de Paris à Berlin la portée
des tracasseries était passée, je ne sais ce que c'est que
celle que l'on veut me faire avec vous. Tout ce que je
sais, c'est que j'ai trouvé si établi à Paris que vous étiez
l'auteur de l'*Examen*, que je me serais fait rire au nez,
si j'avais dit le contraire, et j'en étais fort loin, car il
y a peu de choses dont je sois plus persuadée, surtout
depuis que j'ai eu l'honneur de vous voir. Je ne
connais M. de Cassini que par un livre très-mal écrit
qu'il vient de donner[2] et par votre querelle; ainsi je
suis bien éloignée de prendre son parti. Il me semble
que vous devez être content de tout le monde. Je
n'aime que trop mes amis, et je l'ai éprouvé par la
peine que m'a faite la cessation de votre amitié, lorsque
j'ai eu lieu de la craindre, et au plaisir que j'aurai si
vous m'aimez toujours un peu.

On a dû remettre de ma part, à Paris, à M. de Chambrier, un exemplaire de mon ouvrage pour vous,

1. Lettre inédite. Mss., p. 152.
2. *Éléments d'astronomie*, Paris, 1740, in-4°, par Jacques Cassini.

j'espère qu'il trouvera le moyen de vous l'envoyer un peu vite. Suivez-vous le Roi à son armée ?

───────

177. — [AU DUC DE RICHELIEU[1].]

A Bruxelles, le 24 [décembre] 1740.

... J'ai essuyé les deux seuls malheurs dont mon cœur fut susceptible : celui d'avoir à me plaindre d'une personne pour qui j'ai tout quitté, et sans qui l'univers, si vous n'y étiez pas, ne serait rien à mes yeux, et celui d'être soupçonnée par mes meilleurs amis même d'une action qui doit me rendre l'objet de leur mépris. Votre amitié est la seule consolation qui me reste; mais il faudrait en jouir de cette amitié, et je suis à trois cents lieues de vous[2]. Mon cœur n'est à son aise qu'avec vous ; vous seul l'entendez, et ce que les autres regardent en pitié, comme une espèce de déraison, vous paraît un sentiment, qui est dans votre nature, s'il n'est pas dans la Nature. Je ne sais pourquoi je vous ai avoué ce que je vous ai dit à Fontainebleau. Ne cherchez point de raison à une chose dont je ne connais pas bien la raison moi-même. Je vous l'ai dit parce que c'est la vérité, et que je crois vous devoir compte de tout ce que mon cœur a senti. Aucune réflexion n'a produit cet aveu, et toute réflexion l'aurait empêché. Je me le reprocherais et je m'en repentirais, si je ne croyais être sûre de votre caractère. C'est cette même certitude qui me fait me livrer sans crainte et sans remords à tous les mouvements de mon cœur pour vous. Sans doute, le sentiment que j'ai pour vous doit être incompréhen-

1. *Lettres de M. de Voltaire et de sa célèbre amie*, p. 39.
2. Le duc de Richelieu résidait alors à Toulouse et à Montpellier, comme gouverneur de Languedoc.

sible pour tout autre; mais il n'ôte rien à la passion effrénée qui fait actuellement mon malheur. On aurait beau me dire : « Cela est impossible ; » j'ai une bonne réponse : *Cela est,* et cela sera toute ma vie, quand même vous ne le voudriez pas... On me mande de Paris que mon livre réussit. Il ne me manque que de pouvoir sentir son succès.

---

178. — AU ROI DE PRUSSE.

Bruxelles, 24 décembre 1740.

Sire,

Mon vœu et mon attachement pour Votre Majesté m'ordonnent également de l'assurer de mon respect au commencement de la nouvelle année. C'est avec ces sentiments que je serai toute la vie, etc.

---

179. — A M. LE COMTE D'ARGENTAL.

Bruxelles, 3 janvier 1741.

Je vous assure, mon cher ami, que depuis que je vous ai quitté, j'ai été bien à plaindre ; car j'ai joint à tout le chagrin de l'absence une inquiétude affreuse sur les risques et les suites d'un voyage toujours très-fatigant[1], mais que les débordements et la saison avaient rendu très-périlleux[2]. Il a été douze jours sur

---

1. M. de Voltaire avait été voir le roi de Prusse à Berlin. (A. N.)
2. Voltaire avait quitté Berlin le 2 ou 3 décembre 1740, rappelé par la santé de madame du Châtelet et les soins à donner au procès de celle-ci. Après avoir passé par Wesel, Clèves, La Haye, il arriva à Bruxelles le 2 ou 3 janvier 1741. Il écrivait à Frédéric sur ce retour : « Je vais

l'eau, pris dans les glaces de La Haye ici. Je n'ai pu avoir pendant ce temps-là de ses nouvelles, et la tête a pensé m'en tourner. Enfin, il est arrivé se portant assez bien, à une fluxion sur les yeux près. Tous mes maux sont finis, et il me jure bien qu'ils le sont pour toujours.

Le roi de Prusse est bien étonné qu'on le quitte pour aller à Bruxelles. Il a demandé trois jours de plus; votre ami les a refusés. Je crois que ce roi est *plus Alphonse que personne par le cœur :* il ne conçoit pas de certains attachements; il faut croire qu'il en aimera mieux ses amis. Il n'y a rien qu'il n'ait fait pour retenir le nôtre, et je le crois outré contre moi ; mais je le délie de me haïr plus que je ne l'ai haï depuis deux mois. Voilà, vous me l'avouerez, une plaisante rivalité.

Votre ami vous écrit[1]; il jure que vous avez dû avoir deux lettres de lui depuis qu'il m'a quittée; mais je crois que, depuis ce temps-là, il n'a rien fait de bien. Je crois que vous aurez bientôt les corrections que vous demandez et bien d'autres. Il craint pour le succès de *Mahomet;* il le croit trop fort pour nos mœurs. Le miracle de la fin et nos petits maîtres sur le théâtre, le

partir demain. Madame du Châtelet est fort mal » (28 novembre)...
« Je m'arrache à la plus aimable cour de l'Europe pour un procès.

> Un ridicule amour n'embrase point mon âme,
> Cythere n'est point mon séjour,
> Et je n'ai point quitté votre adorable cour
> Pour soupirer en sot aux genoux d'une femme.

Mais, Sire, cette femme a abandonné pour moi toutes les choses pour lesquelles les autres femmes abandonnent leurs amis ; il n'y a aucune sorte d'obligation que je ne lui aie. » *OEuvres,* t. LIV, p. 248 et 266.

1. C'est la lettre du 6 janvier 1741. *OEuvres,* t. LIV, p. 267. « J'ai refusé au roi de Prusse deux jours de plus qu'il me demandait... Jamais madame du Châtelet n'a été plus au-dessus des rois. »

font trembler. Il voulait le faire imprimer, mais ce
n'est pas mon avis; car j'en espère beaucoup à la
scène. Il a fait avoir à Thieriot une pension du roi :
c'est toujours bien fait de faire le bien; mais il ne fera
que le rendre plus ingrat. Il n'a point d'espérance pour
les *bustes*[1] *:* ce roi ne veut acheter à présent que des
canons et des Suisses. Je ne crois pas qu'il y ait une
plus grande contradiction que l'invasion de la Silésie
et *l'Anti-Machiavel;* mais il peut prendre tant de pro-
vinces qu'il voudra, pourvu qu'il ne prenne plus ce
qui fait le charme de ma vie.

Je suis véritablement touchée du sort de vos amis;
je les connais et je les aime. Qu'est-ce donc que cette
sœur[2] qui les tourmente? Il faut qu'elle soit bien déraisonnable.

J'ai écrit à madame d'Ussé[3] ; je vous prie de dire à

1. Il s'agit de bustes représentant les douze premiers empereurs
romains, provenant du château du Bouchet, appartenant à la famille
de madame d'Argental, et que son mari cherchait à vendre à Frédéric II, par l'entremise de Voltaire. Celui-ci lui écrivait à ce sujet
le 12 juillet 1740 : « Si le roi de Prusse n'achète pas vos bustes,
il faudra qu'il ait une haine décidée pour le chevalier Bernin et
pour moi... Je ne sais encore, entre nous, s'il joindra une magnifi-
cence royale à ses autres qualités... » Et le 19 janvier 1741 : « Je
vous avais écrit un petit billet jadis, dans lequel je vous disais : *Il
n'a qu'un défaut.* Ce défaut pourra empêcher que les douze césars
n'aillent trouver le treizième. » *OEuvres*, t. LIV, p. 161 et 276.
Frédéric II, en effet, n'acheta pas les bustes, qui étaient encore à
vendre en 1750.

2. Ces *amis* étaient sans doute le marquis et la marquise d'Ussé,
et cette *sœur*, celle dont madame du Deffand parle assez désavanta-
geusement, à l'occasion de sa conduite lors de la mort de son frère,
en 1772 : « Sa sœur, qui est une sainte et qui est à Lisieux avec
l'évêque (*Capitat de Condorcet*), son directeur, le sachant à l'extrémité, écrivit qu'elle ne pouvait pas le venir trouver, parce qu'elle
avait une fluxion sur les dents. » *Corresp. compl. de madame du Deffand*, publiée par le marquis de Sainte-Aulaire, 1867, t II, p. 282.

3. Anne-Théodore-Françoise de Carvoisin, fille de César, seigneur
de Belloy, et d'Eléonore Scarron, mariée en novembre 1718 au
marquis d'Ussé.

M. d'Ussé combien je m'intéresse à son état. Je lui ai envoyé mon livre [1]; il sera venu assez mal à propos; mais je ne prévoyais pas ce triste accident.

Je suis ravie que vous soyez un peu content du style de mon avant-propos, et je désire que vous ayez la patience de lire le reste, et de me mander ce que vous pensez de la *Métaphysique*.

C'est à présent à votre ami à vous envoyer des *Anti-Machiavel :* je crois qu'il n'en a plus. S'il avait le ballot qui a été confisqué, M. du Châtelet vous le porterait. Pour le *Charles XII,* il n'est pas encore imprimé; mais vous l'aurez d'abord.

Dites à madame d'Argental combien je suis touchée des marques de son amitié, et combien je la mérite et la désire.

Adieu, mon cher ami. Aimez-moi à présent et toute ma vie; car on ne peut plus se passer de votre amitié quand on en a une fois goûté les charmes.

Mille choses à monsieur votre frère.

Algarotti est comte J'espère que nous verrons bientôt Maupertuis duc. L'Algarotti vient à Paris · je crois que ce n'est pas pour y rien faire, mais ce n'est qu'une conjecture.

------

180. — A M. DE MAUPERTUIS [2].

A Bruxelles, ce 24 février 1741.

Si la petite querelle que vous m'avez faite, Monsieur, est une marque de votre amitié, elle me devient chère, et je vous en remercie. J'espère que M. de Chambrier vous aura fait tenir mon livre, je lui en ai fait remettre aussi un exemplaire pour M. Keyserlingk et un

1. Les *Institutions de physique*.
2. Lettre inédite. Mss., p. 154.

pour M. Jordan, auxquels je vous prie de le dire. J'espère que vous m'en manderez votre avis, vous êtes accoutumé à m'instruire et je mérite que vous continuiez, puisque je recevrai vos avis avec autant de docilité que de reconnaissance. Je parle dans un chapitre de mon livre[1], de la force des corps, et j'examine, dans ce chapitre, quelques raisonnements du *Mémoire* de M. de Mairan, dont je crois vous avoir parlé dans quelques-unes de mes lettres[2] pendant que vous étiez à Saint-Malo, en 1738. On me mande aujourd'hui de Paris, que M. de Mairan m'a répondu[3]. Si vous voulez, je vous enverrai sa réponse. Je suis ici à la suite de mon maudit procès qui me tourne la tête, et qui fait grand tort à la géométrie et à la métaphysique. Je crois que pendant les absenses du Roi vous résolvez bien des problêmes, je voudrais être digne que vous me fissiez part de vos occupations; mais j'aurais besoin de votre présence pour en profiter. Soyez, je vous prie, bien sûr que je serai toute ma vie la même pour vous, et que j'avais espéré et que j'espère encore que les petits nuages qui ont été entre nous ne serviront qu'à

---

1. Madame du Châtelet, dans son dernier chapitre (XXI, p. 429) des *Institutions de physique*, avait combattu la doctrine émise par Mairan, dans son *Mémoire* de 1728 (*Mém. de l'Acad. des sciences*, 1728, p. 1.) et dans lequel il se déclarait contre la théorie des forces vives émise par Leibnitz (*Acta eruditorum*, Leipsig, 1686, p. 161). Elle termine ainsi : « Je me flatte que M. de Mairan regardera les remarques que je viens de faire comme une preuve du cas que je fais de cet ouvrage; j'avoue qu'il a dit tout ce que l'on pouvait dire en faveur d'une mauvaise cause. » P. 433.

2. Lettre 81, p. 185.

3. *Lettre à madame *** sur la question des forces vives, en réponse aux objections qu'elle lui fait sur ce sujet dans ses* Institutions de physique, *suivie d'une dissertation sur l'estimation et la mesure des forces motrices des corps*. Nouv. édit., Paris, C. A. Jombert, 1741, in-12, fig. Cette *Lettre* se trouve aussi à la suite de la *Dissertation sur la nature du feu*, Prault, 1744.

resserrer une amitié qui me sera toujours chère.
M. de Voltaire vous fait les plus tendres compliments.

———

181. — A M. LE COMTE ALGAROTTI.

A Bruxelles, ce 1er mars 1741.

J'aurais bien quelques reproches à vous faire, Monsieur, de me laisser apprendre par les nouvelles publiques les lieux que vous habitez. Vous devez être bien sûr que je m'intéresse trop à vous pour ne pas mériter que vous m'en instruisiez vous-même. Vous me prodiguez vos rigueurs depuis que vous avez quitté l'Angleterre. J'ai cependant appris avec plaisir, et avec reconnaissance par M. de Beauvau et par M. de Voltaire que vous vous souveniez de moi quelquefois, mais il serait plus agréable et plus sûr de l'apprendre par vous-même.

Vous voilà sur les confins de votre patrie, mais j'imagine que vous ne pénétrerez pas plus avant; et comme je ne sais ni combien vous resterez à Turin, ni quel lieu de l'Europe vous favoriserez ensuite de votre présence, je prends le parti d'envoyer cette lettre à M. de Keyserlingk; ce serait le chemin des écoliers, si ce n'était le plus sûr.

Nous nous étions flattés pendant quelque temps de vous voir ici. Sa Majesté avait mandé à M. de Voltaire que vous comptiez aller à Paris, et nous nous trouvions le plus joliment du monde sur votre chemin. J'espère que si cette bonne idée vous reprend, vous n'oublierez pas de passer par Bruxelles. Les *Institutions de Physique* voudraient bien vous rendre leurs hommages, mais elles ne savent où vous attraper. Il y en avait un

exemplaire pour vous à Paris chez M. de Chambrier,
quand nous apprîmes que vous deviez y faire un tour;
je fis retirer l'exemplaire. Un de mes amis de l'Académie des sciences comptait vous le présenter lui-
même à Paris; mais je suis à présent toute déroutée.
J'espère que vous voudrez bien me mander où vous
voulez leur donner audience.

J'ai vu dans les *Gazettes* que vous avez passé à Berne.
Je ne doute pas qu'un nommé Kœnig qui y est, n'ait
cherché à vous faire sa cour, et peut-être à obtenir
votre protection pour être de l'Académie de Berlin;
mais je compte trop sur votre amitié pour vous laisser
ignorer, que c'est un homme qui ayant été à moi pendant quelque temps, a eu avec moi des procédés infâmes, et que j'ai les sujets les plus graves de me plaindre de lui. M. de Maupertuis le sait bien, il en
a été témoin; j'espère que vous ne voudrez point
accorder votre protection à un homme qui en est indigne de toutes façons, et qui de plus a manqué à tout
ce qu'il me devait. Je crois avoir assez de droits à votre
amitié pour espérer que vous ne rendrez pas service à
quelqu'un qui d'ailleurs vous est inconnu; car s'il [ne]
vous l'était, je ne craindrais pas que vous vous intéres-
sassiez pour lui.

Monsieur de Voltaire vous fait ses compliments les
plus tendres; nous espérons que vous renouerez quelque jour ce commerce si agréable; et nous sommes
bien sûrs que son interruption n'a point altéré votre
amitié. Pour nous soyez bien persuadé, Monsieur, que
quelque lieu que vous habitiez, je serai toujours la
personne du monde qui m'intéresserai le plus véritablement à vous.

182. — A M. LE COMTE D'ARGENTAL.

22 mars 1741.

Mon cher ami, vous ne pouvez me donner aucune marque d'amitié que je ne mérite par mes sentiments pour vous. Je suis infiniment sensible à l'attention que vous avez eue de m'écrire de vos nouvelles : ce sera une grande joie, quand nous recevrons quelques lignes de votre écriture; car ce sera signe que vous êtes tout à fait guéri. Cependant ne vous pressez pas de nous donner cette satisfaction ; mais faites-nous savoir, par votre aimable secrétaire[1], les progrès de votre guérison. J'ai gagné, depuis que je vous ai écrit, un incident de mon procès[2] qui tend à l'abréger, mais qui recule pour le présent le plaisir que j'aurais de vous voir ce printemps: du moins je le crains bien. Je sens à merveille que la circonstance est favorable ; mais vous savez ce que c'est qu'une femme, et qu'il lui faut toujours une raison suffisante et ostensible pour voyager. Je sens que *Mahomet* y perd presque autant que moi : peut-être le temps nous fournira-t-il quelques conjonctures favorables.

J'ai vu dans la *Gazette* la mort de madame de es-nières : est-ce la femme de notre ami? Mandez-le moi, car je veux lui écrire mon compliment ; je crois qu'il n'est pas de condoléance.

M. de Mairan m'a fait l'honneur de m'écrire une lettre[3]

1. Madame d'Argental. (A. N.)

2. Voltaire écrivait à d'Argental le 3 mai 1741 : « Madame du Châtelet a encore gagné aujourd'hui un incident considérable, et la justice est absolument réunie à ses droits, si elle ne gagne pas le fond du procès, mais ce jour est loin, et le bien qui reste en telles affaires, c'est tromperies à Bruxelles. » (Argental, t. X, p. 385.)

3. Dom ..... madame du Châtelet

que vous aurez vue sans doute. Je voudrais bien savoir un peu ce qu'on en dit dans le monde. Je ne sais encore si je lui répondrai ; mais je sais bien que je suis très-honorée d'avoir un tel adversaire ; *il est beau même d'en tomber ;* et cependant j'espère que je ne tomberai pas.

Vous ne pouvez vous figurer combien je suis ravie que vous ayez le courage de lire mon livre, et combien je suis flattée que vous l'entendiez : je vous assure que je le croirais bien mauvais, si vous ne l'entendiez pas.

La façon dont je vis avec celui[1] qui vous a adressé un mémoire contre moi doit rassurer mes adversaires. On ne peut imaginer un plus grand contraste dans les sentiments philosophiques, ni une plus grande conformité dans tous les autres, surtout dans ceux qui nous attachent à vous ; et comme nous ne voulons point séparer ce que l'amour a uni, votre secrétaire sera aussi de moitié, s'il veut bien.

ayant attaqué certains endroits du mémoire lu à l'Académie, le 14 avril 1728, par Mairan, sur l'estimation et la mesure des forces motrices, celui-ci lui répondit, le 18 février 1741, par la lettre dont nous avons plus haut (p. 405, note 3) reproduit le titre. Adoptant sur ce problème de mécanique la théorie de Leibnitz suivie par Clairaut, par Maupertuis et par Kœnig, madame du Châtelet soutenait qu'il faut mesurer la force par la *force vive,* qui est le demi-produit de la masse par le carré de la vitesse, tandis que, avec Descartes, Newton, Clarke et son confrère Pitot de Launay, Mairan l'estimait par la quantité de mouvement qui est dans les corps, et qui est le produit de la masse par la vitesse. Voir l'excellent livre de M. E. Seigey : *Les Sciences au* XVIIIe *siècle*, Germer-Baillière, 1873, p. 61.

1. Voltaire, ennemi de la philosophie de Leibnitz, que défendait madame du Châtelet. (A. N.) — Voltaire, qui, sur cette question des *forces vives,* pensait comme Mairan, combattit l'opinion de madame du Châtelet dans un mémoire intitulé : *Doutes sur la mesure des forces vives et sur leur nature,* et qu'il soumit à l'académie des sciences en 1741.

182. — A M. LE COMTE D'ARGENTAL.

22 mars 1741.

Mon cher ami, vous ne pouvez me donner aucune marque d'amitié que je ne mérite par mes sentiments pour vous. Je suis infiniment sensible à l'attention que vous avez eue de m'écrire de vos nouvelles : ce sera une grande joie, quand nous recevrons quelques lignes de votre écriture; car ce sera signe que vous êtes tout à fait guéri. Cependant ne vous pressez pas de nous donner cette satisfaction; mais faites-nous savoir, par votre aimable secrétaire[1], les progrès de votre guérison. J'ai gagné, depuis que je vous ai écrit, un incident de mon procès[2] qui tend à l'abréger, mais qui recule pour le présent le plaisir que j'aurais de vous voir ce printemps; du moins je le crains bien. Je sens à merveille que la circonstance est favorable; mais vous savez ce que c'est qu'une femme, et qu'il lui faut toujours une raison suffisante et ostensible pour voyager. Je sens que *Mahomet* y perd presque autant que moi : peut-être le temps nous fournira-t-il quelques conjonctures favorables.

J'ai vu dans la *Gazette* la mort de madame de es-nières : est-ce la femme de notre ami? Mandez-le moi, car je veux lui écrire mon compliment; je crois qu'il n'est pas de condoléance.

M. de Mairan m'a fait l'honneur de m'écrire une lettre[3]

---

1. Madame d'Argental. (A. N.)
2. Voltaire écrivait à d'Argental le 5 mai 1741 : « Madame du Châtelet a encore gagné aujourd'hui un incident considérable, et la justice est absolument bannie de ce monde, si elle ne gagne pas le fond du procès; mais ce jour est loin, et le peu qui reste de belles années se consume à Bruxelles. » *Œuvres*, t. LIV, p. 333.
3. D'une ses *Institutions de Physique*, p. 433, madame du Châtelet

que vous aurez vue sans doute. Je voudrais bien savoir
un peu ce qu'on en dit dans le monde. Je ne sais
encore si je lui répondrai ; mais je sais bien que je suis
très-honorée d'avoir un tel adversaire ; *il est beau même
d'en tomber ;* et cependant j'espère que je ne tomberai
pas.

Vous ne pouvez vous figurer combien je suis ravie
que vous ayez le courage de lire mon livre, et combien
je suis flattée que vous l'entendiez : je vous assure que
je le croirais bien mauvais, si vous ne l'entendiez pas.

La façon dont je vis avec celui[1] qui vous a adressé
un mémoire contre moi doit rassurer mes adversaires.
On ne peut imaginer un plus grand contraste dans les
sentiments philosophiques, ni une plus grande conformité dans tous les autres, surtout dans ceux qui nous
attachent à vous ; et comme nous ne voulons point séparer ce que l'amour a uni, votre secrétaire sera aussi
de moitié, s'il veut bien.

ayant attaqué certains endroits du mémoire lu à l'Académie, le
14 avril 1728, par Mairan, sur l'estimation et la mesure des forces
motrices, celui-ci lui répondit, le 18 février 1741, par la lettre
dont nous avons plus haut (p. 405, note 3) reproduit le titre.
Adoptant sur ce problème de mécanique la théorie de Leibnitz
suivie par Clairaut, par Maupertuis et par Kœnig, madame du Châtelet soutenait qu'il faut mesurer la force par la *force vive*, qui est le
demi-produit de la masse par le carré de la vitesse, tandis que, avec
Descartes, Newton, Clarke et son confrère Pitot de Launay, Mairan
l'estimait par la quantité de mouvement qui est dans les corps, et
qui est le produit de la masse par la vitesse. Voir l'excellent livre
de M. E. Seigey : *Les Sciences au XVIIIe siècle*, Germer-Baillière,
1873, p. 61.

1. Voltaire, ennemi de la philosophie de Leibnitz, que défendait
madame du Châtelet. (A. N.) — Voltaire, qui, sur cette question des
forces vives, pensait comme Mairan, combattit l'opinion de madame du
Châtelet dans un mémoire intitulé : *Doutes sur la mesure des forces
vives et sur leur nature*, et qu'il soumit à l'académie des sciences en
1741.

183. — A M. DE MAUPERTUIS[1].

[Bruxelles,] ce 22 mars [1741].

Ne trouvant point de moyen sûr, Monsieur, de vous faire tenir le paquet ci-joint franc de port, je prends le parti de vous l'envoyer tout uniment par la poste. Je sais combien vous êtes au-dessus de ces misères, aussi je me crois dispensée d'une plus longue excuse. Si vous n'avez point encore mon livre, je serai désolée; il y a plus de deux mois que j'ai fait remettre trois exemplaires à M. de Chambrier, un pour vous, Monsieur, un pour M. de Keyserlingk, et un pour M. Jordan; il serait étrange qu'il les eût gardés jusqu'à présent, et je ne le présume pas. Je me fais un grand plaisir de vous mettre des premiers à portée de juger par vous-même de la justice des reproches et de la solidité des réponses que l'on me fait dans la lettre ci-jointe. Je compte y répondre et très-promptement, car il me semble que cela n'est pas difficile. J'espère pouvoir faire imprimer ma réponse ici, et je vous l'enverrai dès qu'elle sortira de la presse; vous êtes le seul qui soyez à portée ae savoir si c'est M. de Kœnig ou moi qui a fait la critique du Mémoire de M. de Mairan, car je vous écrivais à Saint-Malo, en 1738, et longtemps avant que je susse si Kœnig existait, à peu près les mêmes choses qui sont sur cela dans mon livre. Je ne vous rappelle cette anecdote que pour vous remettre le cas dans l'esprit et pour vous donner une idée du reste, car je ne compte en faire aucun usage. Vous savez l'histoire de l'*errata*[2], si peu digne qu'il l'apprît

1. Lettre inédite. Mss., p. 156.
2. On a vu, p. 140 et 142, l'histoire de cet *errata* à la *Dissertation sur la nature du feu*. Voici le parti qu'en avait tiré Mairan dans sa

au public, et vous savez bien que Kœnig ne le sût seulement pas, mais que la lettre que je vous avais écrite à
Saint-Malo, et qui contenait mes véritables sentiments sur les forces vives que j'avais puisés dans

lettre : « Les raisonnements de ce mémoire, qui ne vous paraissent
aujourd'hui que *séduisants*, vous les jugiez *admirables*, et si lumi-
neux, que vous sembliez être persuadée qu'ils avaient détrompé le
monde de l'erreur des forces vives, lorsque vous écriviez votre savante pièce sur la nature du feu (p. 105). Qu'est-il arrivé depuis
qui m'ait enlevé un si glorieux suffrage ? Le voici, Madame, et la
date de votre changement. C[irey], le séjour des sciences et des
beaux-arts, depuis que vous l'habitez, devint, peu de temps après
les éloges que vous m'aviez si libéralement accordés, une école leibnitzienne, et le rendez-vous des plus illustres partisans des forces
vives. Bientôt on y parle un autre langage, et les forces vives y sont
placées sur le trône à côté des monades ; vous envoyez alors à Paris
uu correctif des louanges que vous aviez données à mon ouvrage et
des effets trop surprenants que vous lui aviez attribués ; vous sou-
haitez en même temps que ce correctif, ne pouvant être inséré
dans le texte, soit mis en *errata* à la fin de votre pièce qu'on impri-
mait actuellement. Mais, à peine avait-on exécuté ce que vous
souhaitiez, qu'il survint de votre part un *errata* de l'*errata*, où le
simple correctif se change en une espèce d'épigramme contre ce
mémoire tant et trop loué. Vous savez, Madame, comment ce nouvel *errata* ne fut pas publié, et comment, malgré mes instances,
l'illustre académicien, sur qui roulait le soin de l'édition, fit arrêter
à l'Imprimerie royale les exemplaires qui en avaient été tirés pendant sa maladie, et dont il s'était déjà échappé un petit nombre
dans le public. Mais il n'est point question ici du contraste que
tout cela pourrait faire avec un monde pour lequel vous êtes née, et
avec la bienveillance dont vous m'aviez honoré jusque-là. » *Lettre
de M. de Mairan*, du 18 février 1741, p. 5. — La réponse de
madame du Châtelet est datée de Bruxelles, 20 mars 1741. On y lit :
« Je vous avoue, à ma confusion, que je ne puis deviner aussi heureusement ce que l'*errata* de mon Mémoire sur le feu, et ce qui se
passa, dites-vous, à l'Imprimerie royale, à son occasion, peuvent
faire aux forces vives. J'avais pris la liberté de prouver dans les
Institutions physiques que vous aviez fait un mauvais raisonnement
dans votre Mémoire de 1728. A cela, vous me répondez que j'ai
fait un *errata*; vous m'avouerez que cet *errata* est précisément le
« tronc de Saint-Méry du père Anat » (*Provinciales*, lettre 17e). *Réponse de madame la marquise du Châtelet à la* LETTRE DE M. DE MAI-
RAN, Bruxelles, Foppens, 1741, p. 5.

l'étude que j'avais faite de l'excellent ouvrage de Jean Bernoulli[1], me paraissait faire un contraste avec cette note que je ne voulais pas laisser subsister, et vous devez bien aussi vous souvenir que je vous avais prié de l'effacer avant votre départ de Paris pour la Suisse, et par conséquent bien avant de connaître Kœnig. Ainsi la malignité qu'il a cru mettre dans cette variation de mes sentiments en 1738, retombera sur lui. Enfin je vous ferai juge de ma réponse; je n'ai pas le temps de vous en dire davantage, la poste va partir. M. de Voltaire vous fait mille tendres compliments. *Vale.*

----

184. — A M. DE MAUPERTUIS.

Bruxelles, 2 mai 1741; [adressée à Vienne.]

Si vous aviez été témoin, Monsieur, de tout ce que j'ai éprouvé depuis six jours, vous rendriez à mon amitié la justice que vous lui devez, et vous me rendriez toute la vôtre. Je vous ai pleuré comme mort; et c'est avec une joie, que l'on peut mieux sentir qu'exprimer, que j'apprends que vous êtes à Vienne, sauvé de tous les dangers de la bataille, et de ceux que la dévotion, avec laquelle on dit que les paysans silésiens canardent les officiers prussiens, vous a fait courir. Je suis persuadée que vous trouverez à Vienne l'estime et les empressements que votre mérite et votre réputation vous attireront en tous lieux; vous y verrez une Reine[2] qui est l'amour de ses peuples; et que tous ceux qui l'approchent adorent.

1. Le mémoire de 1726. *Recueil des pièces qui ont remporté les prix.* Paris, 1752, t. I, nᵒ VII.
2. Marie-Thérèse d'Autriche, née en 1717, reine de Hongrie à la mort de son père, l'empereur Charles VI, le 20 octobre 1740.

Pour moi, je suis persuadée que vous ferez la paix ; vous trouverez à la Cour une de mes cousines[1] que j'aime infiniment et qui sera bien aise d'avoir l'honneur de vous voir. J'espère qu'elle vous rappellera mon idée ; donnez-moi, je vous supplie, de vos nouvelles, et comptez à jamais sur une amitié que rien n'a pu éteindre ; et qui durera autant que ma vie.

---

185. — A M. LE COMTE D'ARGENTAL.

Bruxelles, le 2 mai 1741.

Ne me grondez pas, mon cher ami, voici le fait : il a fallu envoyer ma réponse[2] par la poste, et cinq cents exemplaires étaient difficiles à passer. Si j'eusse pris une autre voie, j'aurais essuyé les lenteurs de la chambre syndicale, et la diligence était le plus important de ma réponse. Si elle eût tardé, on aurait dit que je l'ai fait faire, et on n'en eût point senti les plaisanteries, parce que la lettre de Mairan, à laquelle elles font toutes allusion, aurait été oubliée. J'ai donc été obligée, pour la faire passer, de me servir de toutes les voies possibles. Or, comme je ne voulais l'envoyer directement à personne, que M. de Mairan ne l'eût eue, il a fallu attendre que M. du Châtelet, à qui j'avais adressé le paquet pour M. de Mairan, et qui ne devait le remettre que lorsqu'il aurait reçu un assez grand nombre d'exemplaires, pour en donner à toute l'Académie, m'eût mandé que M. de Mairan l'avait. Voilà ce qui a

---

1. Probablement Marie-Catherine du Châtelet, fille de ce marquis du Châtelet établi à Vienne, née le 20 janvier 1720, et dame de cour de Marie-Thérèse. Voir p. 387.

2. A M. de Mairan, sur *les Forces vives*. (A. N.) — *Réponse de Mme la marquise du Châtelet* à la lettre que M. de Mairan lui avait écrite, *à Bruxelles, le 7 avril* 1741.

retardé l'envoi de la vôtre, que j'ai adressée directement à monsieur votre frère

Tous mes amis et tous les ministres ont essuyé, par la même raison, le même retardement.

Venons à la lettre elle-même. Mairan est affligé, et cela est tout simple. Il doit être d'avoir tort, et d'avoir mêlé du personnel dans une dispute purement littéraire. Ce n'est pas moi qui ai commencé à y mettre des choses piquantes: il n'y a dans les *Institutions* que des politesses pour lui et des raisons contre son paralogisme; mais, dans sa lettre, il n'y a que des choses très-piquantes contre moi et aucune raison pour lui. Pouvais-je trop relever le reproche outrageant qu'il me fait de ne l'avoir ni lu ni entendu, et d'avoir transcrit les simples résumés d'un autre? Y a-t-il rien de plus piquant et en même temps de plus injuste? J'ai senti toute sa malignité : les discours de Kœnig[1] donnaient de la vraisemblance à ces reproches, et il n'a pas tenu à lui que je n'aie passé pour m'être parée des plumes du paon, comme le geai de la fable. J'ai voulu le percer jusqu'au fond de l'âme, et je crois y avoir réussi. Il a la honte d'avoir mis de la mauvaise foi dans le fait, de l'impolitesse dans la forme, et des paralogismes dans le fond. Il est dans une situation cruelle, je l'avoue, car son silence est un aveu de son tort, et sa réponse ne ferait que montrer sa faiblesse. Il n'aura jamais le dernier ; car je ne suis pas secrétaire de l'Académie, mais j'ai raison, et cela vaut tous les titres. Il fera très-mal de ne pas répondre ; mais, n'ayant rien de bon à dire, il ferait encore plus mal en répondant. Je suis fâchée pour lui qu'il m'ait imputé des choses si faciles à détruire : je n'ai pas cité ses paroles, c'est-à-

---

1. Kœnig, après s'être brouillé avec madame du Châtelet, se vantait d'être en partie l'auteur des *Institutions physiques*. (A. N.)

dire, je n'ai pas cité toutes ses paroles, car je ne voulais
pas transcrire quatorze pages; mais tout ce que j'ai
cité comme de lui se trouve, *totidem verbis*, dans son
mémoire : je l'ai prouvé à la page 7 de ma lettre; et,
si je n'avais craint d'ennuyer les lecteurs, je l'aurais
prouvé en détail. Je ne désire aucune grâce de M. de
Mairan, ni aucun égard ; qu'il réponde avec précision
au dilemme que je lui ai fait aux pages 17 et 21 de ma
lettre, ou bien qu'il se confesse convaincu d'avoir fait
un paralogisme indigne d'un philosophe. Il n'y a pas
un troisième parti.

Je vous ai rendu compte de *Mahomet*[1]. Nous l'avons
revu deux fois, et il m'a toujours fait le même effet.
C'est ce que nous avons au théâtre de plus véritablement tragique. Mon avis serait que La Noue le jouât à
Paris, si le public peut s'accoutumer à sa figure, qui
ressemble un peu à celle d'un singe[2]. C'est le meilleur
acteur qu'on puisse avoir. Ah ! mon cher ami, que je
vous ai regretté et désiré ! que vous auriez pleuré et que
vous auriez eu de plaisir ! Nous avons emporté la pièce
et les rôles : M. de Voltaire est décidé à ne la point
faire imprimer qu'elle n'ait été jouée à Paris. Votre
lettre a fait des miracles sur cela, et je vous en
remercie.

1. *Le Fanatisme ou Mahomet le Prophète*, tragédie composée de la
fin de 1738 au commencement de 1741, et que Voltaire fit représenter à Lille, pendant les huit jours qu'il passa dans cette
ville, chez sa nièce, madame Denis, à la fin d'avril 1741. Il y en eut
quatre représentations : trois au théâtre de la place de *Ribour*, et
une à l'intendance, rue *Française*, chez M. de La Granville, intendant de Flandre. La Noue joua le rôle de Mahomet, et mademoiselle
Gaultier celui de Palmyre.

2. Jean-Baptiste Sauvé, dit *La Noue*, né en 1701, mort en 1761,
auteur et comédien. Il avait déjà fait paraître les *Deux Bals* (1734)
et le *Retour de Mars* (1735). *Mahomet II*, sa pièce la plus célèbre,
fut jouée pour la première fois le 23 février 1739. « Figure, voix,
rapporte Grimm, il avait tout contre lui. »

Je suis véritablement affligée des nouvelles que M. de Valori mande à son frère[1], à Lille, sur le pauvre Maupertuis. Il n'a point été tué à la bataille; mais il y a apparence qu'il a été tué par des paysans silésiens.

Voici ce que M. de Valori mande. Maupertuis était allé joindre le roi à Brieg, pour prendre congé de lui et lui demander la permission de voyager en Danemarck et en Islande, où il a toujours eu envie d'aller. Quand il a été arrivé à Brieg, les ennemis ont fait une marche pour couper le roi : le roi s'est mis en mouvement de son côté; Maupertuis a été obligé de le suivre; il n'a pu retourner à Breslaw, dont la communication était coupée. Il a donc été à la bataille[2] toujours à côté du roi, qu'il n'a quitté que lorsque le roi a passé de l'aile droite, qu'il commandait, à l'aile gauche, où commandait le maréchal Schwerin, et qui commençait à plier. Le roi seul y a rétabli l'ordre et a ramené son infanterie à la charge. Le pauvre Maupertuis, monté sur un mauvais bidet qu'il avait acheté la veille, n'a pu suivre le roi; il a été aux bagages pour monter dans les carrosses; des valets qui s'y étaient mis n'ont pas voulu le souffrir; il est resté seul à pied au milieu de la nuit et de la forêt, ne pouvant se faire entendre ni des Prussiens, ni des Autrichiens, ni des Silésiens. On craint que les paysans de la Haute-Silésie, qui sont acharnés par religion contre les Prussiens, ne l'aient canardé; on dit qu'il s'était fait faire un habit bleu comme les officiers prussiens; ils l'auront pris pour un

1. Paul-Frédéric-Charles de Valori, frère de l'ambassadeur de Prusse, né en 1682, alors grand prévôt du chapitre de Lille, vicaire général de l'archevêque de Sens, abbé de Saint-Pierre-de-Sauve, mort le 20 juillet 1770, âgé de 88 ans. Il avait assisté à la représentation de *Mahomet* donnée à l'intendance de Lille.

2. De Molwitz, gagnée par Frédéric II, contre les troupes de Marie-Thérèse.

officier et l'auront assommé : voilà un triste sort. Cela
n'est pourtant que des conjectures, mais elles ne sont
que trop vraisemblables. La lettre de M. de Valori est
du 19, de Breslaw, et la bataille s'est donnée le 10. Il
reste peu d'espérance. Le roi a fait faire toutes les per-
quisitions imaginables : c'est une vraie perte pour la
France et pour l'Académie, et j'en suis bien affligée,
ainsi que votre ami.

Camas[1] est mort d'une fièvre maligne à Breslaw. Pour
celui-là, je ne m'en soucie guère.

Vous êtes à présent bien à votre aise pour aimer le
roi de Prusse; il s'est comporté comme un Alexandre.
M. de Valori n'en parle qu'avec enthousiasme : il
mande que M. de Rothembourg[2] a tiré le roi d'un très-
grand péril, ce qui fait également honneur à tous deux.
Mais ce qui est charmant au roi, c'est qu'il a écrit une
grande lettre de sa main à votre ami, moitié prose et
moitié vers; elle est du 16. Ceux qui disent qu'ils sont
brouillés seraient bien attrapés, s'ils voyaient cette
lettre; elle est aussi tendre qu'aucune qu'il en ait reçue;
il faudra absolument le *raimer*, s'il continue; car vous
m'avouerez que cela est bien aimable six jours après
une bataille. Voici comme il s'exprime : *On dit les
Autrichiens battus, et je le crois.*

Adieu, mon cher ami. Cette lettre est moitié gazette

1. Paul-Henri Tilio de Camas, d'une famille de réfugiés français,
né à Wesel en 1688, mort en avril 1741. Ce fut lui qui, en 1740,
fut envoyé en France par Frédéric II pour annoncer son avénement
au trône.
2. Le comte de Rothembourg, né vers 1712, blessé au combat du
17 mai 1742, il fut soigné par Frédéric II lui-même, et mourut en
janvier 1752, pendant le séjour de Voltaire à Berlin. « Nous avons su,
après la mort du comte de Rothembourg, qu'il ne nous épargnait
pas toujours dans les petites conférences qu'il avait avec Sa Majesté. » Lettres du 18 janvier 1752 à madame Denis. *OEuvres*,
t. LVI, p. 11.

et moitié *factum;* mais tout doit vous marquer combien je vous aime tendrement. Faites-en part à nos amis, et surtout à monsieur votre frère et à madame d'Argental.

Votre ami baise vos ailes.

J'apprends dans le moment que Maupertuis est à Vienne. Des paysans silésiens l'ont dépouillé et l'ont laissé dans un bois, où des housards l'ont rencontré et mené au comte de Neipperg[1], qui, sachant son nom, lui a donné de l'argent et des habits, et l'a envoyé à Vienne avec les autres prisonniers, où l'on est ravi de l'avoir, et où il est fêté comme il le sera partout.

---

186 — A M. LE COMTE D'ARGENTAL.

Bruxelles, le 13 mai 1741.

Mon cher ami, j'ai peur de vous faire repentir, par mes nouvelles questions, d'avoir si bien répondu aux premières. Cependant, comme il s'agit de ma fortune et d'un procès où j'ai mis ma gloire, j'espère que vous m'excuserez. Le testament dont il s'agit est fait pardevant notaire, avec toutes les formalités requises, et il est très-sensé. Mais on répond à ce que vous m'avez mandé : *Est-il permis, en France, de prouver la subornation ou la friponnerie du notaire ou des témoins?* Je crois, moi, que oui. *Or,* dit-on, *une des raisons qui prouvent qu'un notaire et des témoins sont des fripons, c'est de recevoir le testament d'un homme imbécile. Donc ne*

---

1. Guillaume Renhard, comte de Neipperg (1684-1774), feld-maréchal autrichien, qui venait de perdre contre Frédéric II la bataille de Molwitz. Son petit-fils épousa (secrètement) Marie-Louise, femme de Napoléon Ier, et son arrière-petit-fils la princesse Marie de Wurtemberg.

peut-on pas prouver cette friponnerie par son effet, c'est-à-dire, en prouvant l'imbécillité? Et à cela je ne sais que répondre. Enfin, une telle allégation, *je ne veux pas reconnaître ce testament, parce que le testateur était imbécile,* serait-elle reçue? Et, si on refusait la permission de la prouver, sur quelles raisons ce refus serait-il fondé? *Vous dites que le bon sens du testateur est attesté par le notaire et les témoins; mais moi, j'ai des preuves de la fausseté de ce fait qu'ils attestent, et je demande à prouver cette fausseté.* Que répondre à cela? car voilà notre cas, et nous répondrons suivant ce que vous manderez.

Votre ami qui n'a point de procès, se charge de vous répondre sur les bontés de M. d'Aumont[1] pour La Noue. Mademoiselle Gaultier[2] est plus jolie que lui, mais je doute qu'on la trouve meilleure; et comme son jeu est à peu près dans le goût de celui de mademoiselle Gaussin, elle pourrait bien faire du train.

Le roi de Prusse a encore écrit une lettre charmante à M. de Voltaire[3], du 2 mai, où il dit beaucoup de

---

1. Louis-Marie-Augustin, cinquième duc d'Aumont, fils de Louis-Marie et de Catherine Giscard, né le 8 août 1709, premier gentilhomme de la Chambre en 1723, lieutenant général le 6 janvier 1748, mort le 13 avril 1782.

2. Mademoiselle Gaultier débuta le 30 mai 1742 et fut reçue sociétaire le 11 juin suivant. Mariée en 1751 à l'acteur Drouin, elle vivait encore en 1795. Elle avait été très-bien avec La Noue. « Il faut que mademoiselle Gaultier ait récompensé en lui (La Noue) la vertu, car ce n'est pas à la figure qu'elle s'était donnée ; mais à la fin, elle s'est lassée de rendre justice au mérite.. » Lettre de Voltaire du 13 mars 1741, *OEuvres*, t. LIV, p. 298.

3. Voir cette lettre de Frédéric II, datée du camp de Molwitz, le 2 mai 1741. *OEuvres*, t. LIV, p. 327. — Ces éloges de Frédéric n'étaient pas tout à fait désintéressés. Le maréchal de Belle-Isle, qui dirigeait à la cour de Versailles le parti de la guerre, était accouru, après la bataille de Molwitz, de Francfort, où il représentait la France près de la diète rassemblée pour l'élection de l'empereur, à Berlin, pour offrir à Frédéric l'alliance de la France.

bien de M. de Belle-Isle. La nouvelle de Lille est si vraie[1], que nous pensâmes exciter une émeute dans le parterre, parce que nous balancions à accorder la troisième représentation.

Monsieur votre frère est bien aimable : faites-lui mes remercîments, en attendant que je les lui fasse moi-même ; je crains de l'importuner.

Mille choses à l'ange femelle.

---

187. — A M. DE MAUPERTUIS.

A Bruxelles, 29 mai [1741.]

Quelque intéressante que soit pour moi, Monsieur, ma dispute avec M. de Mairan, les nouvelles de ce qui vous touche m'intéressent bien davantage ; mais, comme la curiosité n'a nulle part à cet intérêt, mon amitié est contente de vous savoir à Berlin en bonne santé. [J'espère qu'on vous y renverra de Vienne une lettre que je vous y écrivis, quand je sus que vous y étiez.] Cette lettre vous prouvera combien vous m'avez tour à tour causé d'inquiétude et de joie. Je suis charmée que vous preniez enfin le parti de revenir en France. La guerre de Silésie fera des arts de la Prusse des enfants mort-nés, le roi n'y étant point, Berlin doit être triste, et Paris devient tous les jours plus digne de vous posséder. Vous voyez que je suis bonne citoyenne ; car je n'espère pas profiter sitôt du séjour que vous y ferez.

Je commence à me repentir d'avoir entrepris cette besogne-ci ; mais je suis incapable de l'abandonner : une apparition de votre façon serait bien capable de

---

1. Sur le succès de la représentation de *Mahomet*. (A. N.)

me rendre du courage ; vous me la faites espérer ; et je me flatte que vous ne frustrerez pas une attente si agréable, et qui m'est si nécessaire. [Vous pourrez même, si vous le voulez, me rendre un très-grand service pour mon procès, et je crois presque avoir droit d'y compter. Mais il faudra que vous me donniez quelques jours. Il n'est pas possible de vous dire par lettre de quoi il s'agit, mais ce sera un double plaisir pour moi de vous le dire moi-même et de vous en avoir l'obligation.]

Je suis faite pour vous ruiner; mais je ne puis me refuser au plaisir que je sens à vous envoyer ma réponse à M. de Mairan; la sienne a si mal réussi qu'elle a fait les trois quarts du succès de la mienne : tout ce que je puis désirer, c'est qu'elle m'ait fait autant d'honneur qu'elle a fait de tort au secrétaire. On a cru l'honneur de l'Académie intéressé dans sa défaite, et on n'a pas jugé à propos de lui laisser continuer la dispute; il m'avait tracé un chemin si facile, que je crois avoir beaucoup perdu à son silence. [Si on allait estimer son mérite par les arguments qu'il ne fait pas, et par les objections qu'il ne détruit pas, l'Académie pourrait y gagner, et c'est apparemment sa vue dans la fin de la dispute.] Je suis honteuse d'avoir mêlé des plaisanteries dans une affaire si sérieuse; ce n'est assurément ni mon caractère, ni mon style; mais il fallait répondre à des injures, sans se fâcher et sans en dire, et cela n'était pas aisé; d'ailleurs, il fallait se faire lire par les gens du monde, et cela était encore plus difficile. Quant au fond de la question, il ne pouvait guère y gagner, qu'en cas que la dispute eût continué. [Car je ne me suis attachée, dans ma réponse, qu'à faire sentir tout le ridicule de la lettre du secrétaire, à me justifier de ses allégations, et à réfuter de nouveau le

36

paralogisme pitoyable qu'il n'aurait jamais dû faire, et qu'il ne parviendra jamais à défendre ; je veux dire cette ridicule façon d'estimer la force d'un corps par ce qu'il ne fait point. Il ne s'est pas cru assez fort tout seul pour défendre cette jolie découverte, et s'est aidé d'un M. Deidier, qui divise un petit livre, qui a paru le même jour que la lettre de M. Mairan, en deux parties : dans la première, il prouve que le *Discours sur le mouvement* donné par Bernoulli en 1726 est plein de paralogismes ; et dans la seconde, que la nouvelle façon d'estimer les forces par ce que les corps ne font point, est le *nec plus ultra* de l'esprit humain, et qu'elle a terrassé les partisans des forces vives pour jamais ; cette seconde partie est toute contre moi. Mais ce livre ne vaut pas la peine de vous être envoyé, quoiqu'il soit tout plein d'algèbre. Il est vrai qu'il n'y a rien d'aussi obscur que le *Mémoire* de Mairan de 1728, mais il me semble pourtant que dans l'endroit que j'ai réfuté l'absurdité parle. Il passe pourtant, ce Mairan, pour avoir le style exact et correct. A cela je réponds : qu'on lise son *Mémoire*.]

[Vous aviez bien raison, assurément, Monsieur, de dire qu'en définissant le mot de *force* différemment, et ne voulant pas que sa mesure soit ses effets totaux sans y ajouter la condition du temps, alors il y aura bien de l'arbitraire, et il y en aura tant qu'une même force de ressort produira les mêmes effets dans des temps infiniment différents. Selon qu'on lui laissera plus ou moins de liberté d'agir, il faudra donc, à toutes les différentes circonstances, changer la mesure de l'estimation de cette force ; ce qui prouve bien, ce me semble, que le temps n'a rien à faire dans la communication du mouvement et dans l'estimation des forces, et combien on doit s'opposer à une façon de les estimer

qui mettrait l'arbitraire et l'indéterminé à la place de
la précision. Je suis au désespoir que vous n'ayez pas
encore lu les *Institutions de Physique*, et je me suis
repentie bien des fois de ne vous avoir pas donné le
seul exemplaire que j'eusse quand vous passâtes ici. Je
ne doutais pas que vous ne les eussiez depuis longtemps
quand Prault les a trouvées tout empaquetées dans un
coin de sa boutique, à votre adresse. Celles que je des-
tinais à M. de Keyserlingk et à M. Jordan ont eu le même
sort, et comme on a fait cette découverte pendant que
vous étiez à Vienne, il les a fait porter chez M. votre
père. Je vous avoue qu'une des choses que je désire
le plus, c'est de savoir ce que vous en pensez.
On a été persuadé, jusqu'à ma réponse à M. de
Mairan, qu'il n'y avait de moi que le style ; mais
comme j'ai eu fait, imprimé et envoyé ma réponse
à Mairan en trois semaines, on n'a pas pu me la
disputer, et on m'a rendu les *Institutions*. Ainsi il
se trouve l'homme du monde à qui j'ai le plus d'obligation, et je crois que cela ne contribue pas peu
à le désespérer ;] car on m'a mandé qu'il était au
désespoir ; il n'a pas douté que sa lettre ne m'at-
térât ; et il l'avait si bien persuadé, qu'on me com-
plimentait déjà sur l'honneur que j'avais d'être vaincue
par lui.

Mais je me repens de vous tant parler de cette dispute,
quand je puis vous parler de l'impatience avec laquelle
j'attends le livre dont vous me parlez ; je suis bien
sûre d'y trouver mon instruction et mon plaisir ; et
si je juge des autres par moi, je sais bien qu'on en
sera content. Pour moi, Monsieur, il ne me manquera
rien pour l'être, si je puis compter, comme autrefois,
sur votre amitié : ce qui est sûr, c'est que rien n'al-
tèrera plus jamais la mienne pour vous ; voyez ce que

vous en feriez, si vous ne preniez pas tout de bon le
parti de me raimer. *Vale.*

M. de Voltaire vous a écrit hier.

---

188. — A M. DE MAUPERTUIS[1].

[Bruxelles,] le 26 juin [1741[2]].

Je veux que vous trouviez à votre arrivée à Paris,
monsieur, les regrets que j'ai de ne vous avoir pas vu,
et les reproches que je vous dois d'avoir trompé l'espérance que vous m'en aviez donnée; je suis d'autant
plus affligée que vous ayez pris cette maudite route
des Deux-Ponts, que je suis dans l'impossibilité d'aller
à Paris cette année, et que me voilà, par conséquent,
bien éloignée du plaisir de vous voir. Si vous retournez
en Prusse, vous ne retrouverez plus Bruxelles sur votre
chemin; ainsi nous ne nous verrons pas sitôt, dont je
suis bien affligée, car j'ai bien plus besoin de vous voir
à présent que je veux me flatter que vous m'avez rendu
votre amitié tout à fait. J'ai bien prié madame d'Aiguillon de vous dire le désir que j'ai de la ravoir, quoique à
dire vrai, j'aimerais encore mieux n'en devoir le retour
qu'à vous-même, et à la justice que j'espère que vous
rendrez à mes sentiments pour vous.

J'espère que vous avez enfin les *Institutions physiques*, et j'ai une envie de savoir ce que vous en pensez que j'ai bien de la peine à modérer, quoique je
sente bien que vous n'aurez de longtemps le temps de
les lire. Cependant, il me serait bien essentiel de savoir

---

1. Cette lettre, bien que dans le Mss. elle porte les nᵒˢ 74
et 75, nous paraît cependant n'en former qu'une.
2. Au retour de M. de Maupertuis, de Berlin, après la bataille
de Molwitz. (A. N.)

·bientôt comment vous les trouverez ;. on les imprime
en Hollande ; j'ai déjà fait bien des corrections, et je
ferais toutes celles que vous jugeriez à propos. J'espère
que vous serez content du morceau sur la figure de la
terre, et du chapitre des *forces vives ;* je désire que
vous le soyez de l'exposition du système de M. de Leibnitz ; et, pour l'attraction, vous m'avez paru à Cirey si
modéré dans vos sentiments sur cela, que je ne crains
point que vous me sachiez mauvais gré d'avoir quelque
répugnance à l'admettre comme cause des phéno-
mènes, et à en faire une propriété de la matière.

Je crois que vous ne doutez pas du désir que j'ai de
voir l'ouvrage dont vous me parliez dans votre dernière lettre de Berlin : je me souviens aussi que vous
me parlâtes ici, à votre passage, d'une certaine *Métaphysique* que vous avez retouchée ; enfin, vous devez
croire que j'aime trop à m'instruire pour n'être pas
infiniment curieuse de tout ce qui vient de vous.

Ma réponse à M. de Mairan aura galopé toute l'Allemagne après vous ; je vous l'envoyai à Berlin quand
je vous y sus retourné ; vous l'avez vue, et vous en êtes
un peu content. Je crois que vous avez senti, à la lecture de la sienne, que je devais être piquée, surtout
après l'histoire de Kœnig, et je prétends que j'ai été
bien sage dans ma réponse, et que je m'en suis bien
refusée. Il ne répliquera point, et, si vous en parlez à
madame d'Aiguillon, elle vous dira pourquoi. Je lui ai
des obligations infinies dans cette affaire, et je lui dois
le succès qu'a eu ma réponse ; car elle a été fort
bien reçue. Cependant son mémoire est encore loué
dans les journaux ; je ne sais cependant pas ce que
l'on peut dire de pis d'un ouvrage, si je ne l'ai pas dit
du sien ; et je me flatte, de plus, de l'avoir prouvé.
C'est une étrange aventure pour le coup d'essai d'un

secrétaire; car le style de sa lettre est peut-être encore
ce qu'il y a de plus mauvais.

J'ai vu[1] dans les gazettes que M. Euler était à Berlin,
et qu'il entrait au service du roi de Prusse; c'est
apparemment vous qui lui avez fait avoir place dans
l'Académie future; mais votre départ ne dérangera-t-
il point ces arrangements? Je vous fais toutes ces questions, premièrement, parce que je m'intéresse à lui
comme à un homme de mérite; et secondement, parce
que je voudrais lui faire tenir les *Institutions* et ma
Lettre à Mairan. J'imagine que, s'il est à Berlin, vous
pourrez me faire ce plaisir, et je manderai que l'on
porte le paquet chez vous, si vous voulez bien vous en
charger.

Avez-vous lu une brochure sur les forces vives qui a
paru le même jour que la lettre de Mairan? Ce sont ses
troupes auxiliaires, car il en a pris. Cela est d'un abbé
Deidier[2]; le livre est moitié contre M. de Bernoulli,
et moitié contre moi. Il n'y a qu'un Deidier qui puisse
faire un tel assemblage, et je crois que M. de Bernoulli en sera un peu choqué : car, comme vous
voyez, je me fais justice; c'est une pièce curieuse que
cette brochure.

On dit que votre estampe est gravée, j'ai grande
envie de la voir; mais je ne veux pas la tenir d'un autre
que de vous; si vous voulez me faire cette galanterie,
le bailli de Froulay pourra me l'apporter; il vient ici
le mois prochain.

M. de Voltaire est fort fâché que vous ne disiez rien

---

1. Ici commence la lettre 75 du Mss.
2. L'abbé Deidier (1696-1746), précepteur des enfants du duc
d'Havré, puis professeur de mathématiques à l'École d'artillerie de
La Fère. *Nouvelle réfutation de l'hypothèse des forces vives*, Paris,
Jombert, 1741, in-12.

pour lui dans vos lettres; je suis témoin qu'il mérite
que vous ne l'oubliiez pas. Il vous a aussi écrit à
Vienne ; mais apparemment sa lettre ne vous est pas
encore revenue. Je pourrais vous envoyer des lettres
de Vienne, qui vous prouveraient combien je désirais
que vous trouvassiez partout des marques de mon
amitié. Je vous assure que le service que vous auriez
pu me rendre dans mon procès, et dont je vous parlais
dans la lettre[1] qui était adressée à Berlin, et qui vous
galoppe à présent, n'entre pour rien dans le regret
que j'ai que vous n'ayez pas passé par ici; je n'ai besoin d'autre intérêt, pour en être affligée, que celui de
mon cœur.

------

189. — A M. DE MAUPERTUIS.

A Bruxelles, ce 8 août [1741].

Je suis un peu jalouse, Monsieur, de voir votre portrait entre les mains de M. de Voltaire, et de ne le point
avoir. Il est vrai que le bonheur qu'il a de pouvoir
l'orner[2], doit lui mériter la préférence; sans cela,
assurément, je la disputerais à tout le monde. Je ne
veux pas ôter à madame d'Aiguillon le plaisir de vous
dire la première, de quelle façon vous êtes traité dans
un petit quatrain assez satirique, que l'on a mis au bas

1. Voir p. 421.
2. Tournière, de l'Académie royale de peinture, peignit Maupertuis habillé comme il l'avait été en Laponie, et appuyant une main
sur le globe de la terre comme pour l'aplatir. Le marquis de Loc-
Maria fit graver ce portrait par Daullé. Voltaire l'orna des vers suivants :

> Ce globe mal connu, qu'il a su mesurer,
> Devient un monument où sa gloire se fonde.
> Son sort est de fixer la figure du monde,
> De lui plaire et de l'éclairer.

et que je viens de lui envoyer. Vous voyez qu'il y a
longtemps que cette lettre devrait être partie : on ne
croirait jamais qu'à Bruxelles on n'a pas le temps de
finir une lettre; rien n'est cependant plus vrai : un
incident de mon procès, auquel je ne m'attendais pas,
m'a occupé jour et nuit, depuis quinze jours; car il
m'empêche souvent de dormir. Enfin, je commence à
respirer et à vous écrire.

Votre dernière lettre à M. de Voltaire me donnerait
trop d'amour-propre, si je ne savais pas combien vous
estimez au-dessus de leur valeur ce qui vient des personnes que vous aimez, et je ne veux plus douter que
je ne sois du nombre. Je ne me suis pas attendue que
vous devinssiez leibnitien, ni que les monades fissent
votre conquête. Je ne sais cependant, si les idées méta-
physiques, qui sont au commencement du livre, ne
méritent pas du moins d'être connues ; car vous m'a-
vouerez que la grandeur du lit du roi Og n'ôte rien
de leur profondeur et de leur mérite aux idées méta-
physiques de Leibnitz, dont Wolff a ramassé les lam-
beaux épars, et qu'on peut dire de bonnes choses, et
les bien arranger, quoiqu'on fasse une scolie un peu
ridicule. Newton a commenté l'Apocalypse; cela vaut
bien le lit du roi Og.

Je me flattais que vous liriez le livre avec un crayon,
et que vous m'avertiriez de mes fautes : on en fait une
édition en Hollande, qui sera très-belle, et pour
laquelle j'ai fait beaucoup de corrections ; et vous sentez
bien que, si vous vouliez me dire ce que vous pensez,
je serais sûre alors que l'édition serait bonne. Je me
souviens que *vous avez donné cette marque d'amitié à
M. de Voltaire, pour les* ÉLÉMENTS DE NEWTON, *et qu'il
en a beaucoup profité.* Je sens bien que vous me
conseillerez de retrancher toute la métaphysique; mais

c'est surtout sur les onze derniers chapitres que je vous prie de m'éclairer; car enfin, je fais une petite partie du monde, et vous me plaisez beaucoup. Ainsi, j'espère que vous ne resterez pas en si beau chemin pour achever le vers [1].

Je n'ai point reçu de lettres de vous de Francfort; cela est bien sûr; je n'en ai reçu qu'une des Deux-Ponts, depuis quelques jours. Varentroop, qui m'a fourni des livres, m'a mandé qu'il avait eu quelque envie de faire une édition de ma dispute mairanique; mais qu'il commençait à s'en repentir, dans la crainte de ne la point vendre; ainsi, elle n'aura point lieu, dont je suis très-fâchée; car j'imagine que les gravures, dont madame d'Aiguillon m'a parlé dans une de ses lettres, y avaient rapport; si on m'en avait donné l'idée, je l'aurais fait exécuter en Hollande; les libraires n'y sont pas si timides que Varentroop, et font tout ce que je veux pour ma nouvelle édition, dans laquelle la dispute entrera.

Si j'ai jamais été curieuse de quelque chose, c'est de votre *Cosmologie*. La parallaxe de la lune est plus intéressante pour les astronomes; mais, pour nous autres gens terrestres, j'aimerais bien autant la *Cosmologie*, et je suis outrée de ne la point voir. Vous aviez eu quelque envie de faire imprimer le commencement de la *Métaphysique* que vous m'avez montrée autrefois; je serais bien fâchée que vous me cachassiez quelque chose de ce que vous voulez bien montrer.

Les gazettes disent Euler à Berlin; cela est-il vrai? Est-ce vous qui l'y avez attiré; je ne sais s'il ne s'en repentira pas : il est vrai qu'il vient de Pétersbourg; mais il y a bien des façons de perdre au change. Je

1. Allusion au dernier vers du quatrain de M. de Voltaire, mis au bas du portrait de M. de Maupertuis (A. N.)

voudrais lui envoyer les *Institutions* et les pièces de ma dispute avec Mairan : pourriez-vous les lui faire tenir, je vous les ferais remettre ?

Je suis assez fraichement avec Sa Majesté prussienne. M. de Camas avait tracassé ; et le départ de M. de Voltaire lui a paru si étrange, qu'il n'a jamais pu le digérer, ni me le pardonner. Ce qui vous est arrivé[1] doit faire sentir à M. de Voltaire combien il est heureux d'y être resté si peu[2], et je veux croire qu'il n'en avait pas besoin. Depuis la mort de Camas, il m'a fait quelques agaceries, et cela en est resté là ; mais vous m'avouerez qu'il est plaisant de faire des odes pour Gresset, et de vous répondre par Jordan : j'ai peur qu'il ne prenne le bizarre pour le grand, quoiqu'à présent je ne m'y intéresse pas assez pour craindre rien. Des personnes venues de Vienne, contaient étrangement pour lui le moment de votre prise ; mais je sens bien qu'il faudrait un voyage de Paris pour en savoir davantage. Les lettres à M. de Voltaire contiennent, comme de coutume et toujours, des vers à tort et à travers. Keyserlingk est revenu à Berlin n'en pouvant plus ; je crois que le pauvre garçon aurait plus besoin d'un voyage chez Morand[3], que d'aller en Silésie. Vous m'avouerez que c'est un bon et aimable garçon. Avez-vous vu l'Algarotti avant votre départ ? Ce qu'il y a de bizarre, c'est qu'il m'écrivait de Moscou et de Londres, et que, depuis qu'il est en Prusse, il ne m'a pas écrit. [Je crois que les journaux ne parleront point de la lettre de Mairan et de la mienne ; il a trouvé apparemment

---

1. D'avoir été à la bataille de Molwitz. (A. N.)

2. Du 11 au 15 septembre 1740, au château de Moyland, près de Clèves, et où se trouvaient aussi Maupertuis et Algarotti.

3. Chirurgien, l'un des cinq « démonstrateurs royaux, » pour les principes de chirurgie. Il demeurait rue de Grenelle, près la Croix-Rouge.

qu'il était plus aisé de leur imposer silence que de les
faire parler à son gré. Je vous avoue que j'en suis fâchée, car cela me paraît une anecdote plaisante que je
ne veux pas qu'on oublie. Ce Mairan est bien une
preuve combien les réputations sont trompeuses; il
passe pour avoir le propos exact, et il me semble qu'il
a précisément le défaut contraire; et je vois que l'é-
mulation qui est entre nous ne m'aveugle point,
puisque vous pensez de même. Jurin [1], à qui j'ai envoyé cette dispute, m'a écrit une lettre scientifique, et
qui assurément vaut mieux que celle de Mairan, mais
aussi il me semble que c'est un autre homme. J'aurais
bien besoin de quelques conversations avec vous pour
y répondre, car, quoi qu'elle ne soit pas publique, je
suis très-jalouse qu'elle le satisfasse; il n'y a guère de
public dont je fasse autant de cas que de lui. Il s'agit
de cette expérience d'un corps transporté dans un
vaisseau, et auquel un ressort donne la même vitesse
qu'il acquiert par sa translation dans le vaisseau, et
dont il est question à la page 443 et 444 des *Institutions*. Il prétend que je l'ai mal réfuté, et que la considération de la réaction du vaisseau ne peut point
détruire son argument. Je vous avoue que je voudrais
que vous l'examinassiez, car la doctrine des forces
vives est d'une vérité universelle : *Natura est sibi
consona;* et quand je ne trouve pas la solution d'une
difficulté, je suis bien sûre que c'est ma faute. Si vous
voulez, je vous enverrai sa lettre, car il prétend aussi

---

1. James Jurin, médecin et mathématicien anglais (1684-1750).
Il eut de vives discussions avec les philosophes de l'école de Leibnitz sur la question des forces vives. *An Inquiry into the Measure
of the Force of Bodies in motion*, dans les *Philosophical Transactions* de 1745, t. IX, p. 128. Il est question de Jurin dans la
Lettre de Mairan, p. 27, et dans la *Réponse* de madame du Châtelet, p. 30.

que j'ai tort dans ce que je dis au § 582. Cependant
M. de Bernoulli, le père, dans sa dernière lettre, me
fait le même argument, pour prouver les forces vives,
que celui que j'emploie à ce § 582, et dont j'avoue que
je ne sens pas le vide. Je craindrais plus d'avoir M. Jurin pour adversaire que M. de Mairan. Au reste, vous
devez être sûr que, si vous voulez bien me mandez ce
que vous pensez de l'argument de M. Jurin, je ne vous
citerai jamais, j'espère que vous n'en doutez pas.]

Les *Institutions* m'ont encore attiré un drôle d'adversaire, c'est Crouzas[1]; mais pour celui-là, il radote absolument; il a pourtant un livre sous presse, dans lequel il
prouve que le leibnicisme renverse toute la morale. La
lettre qu'il m'a écrite sur cela est à le faire renfermer.
Je crains que celle-ci ne vous ennuie terriblement;
mais vous n'avez qu'à vous imaginer qu'elle en contient deux ou trois, que je vous aurais écrites, depuis
que celle-ci est commencée. Je suis bien incertaine de
mon sort; je ne sais si la guerre me laissera ici, mais
en quelque lieu que je sois, vous serez toujours sûr
d'y avoir une personne qui vous aime bien tendrement.

Ayez un extrait des *Institutions* qui est dans le *Mercure*[2], et qui est plein de louanges et de critiques. Je
vous envoie la lettre de M. Jurin; mais je n'en ai point
de copie; ainsi, je vous en prie, ne l'égarez pas, et
renvoyez-moi-la. Que dites-vous de celle du P. Castel
que madame d'Aiguillon m'a montrée?

1. Jean-Pierre de Crouzas, mathématicien suisse (1663-1748),
partisan de Descartes et de Locke, qu'il chercha à concilier, et adversaire du dogmatisme de Leibnitz et de Wolff, dont la défense fut
prise par Vallel.
2. Juin 1741, 1ᵉʳ vol.

190. — A M. DE MAUPERTUIS[1].

[Bruxelles, commencement de novembre 1741].

Enfin, Monsieur, je viens de recevoir une lettre de
M. d'Argenson, qui me mande que M. Mausion a ce
qu'il désire. J'en suis ravie, et je voudrais bien être la
première à vous l'apprendre, mais je ne sais trop où
vous êtes; cependant la prochaine rentrée de l'Académie[2] me fait présumer que vous n'êtes pas bien loin
de Paris, où je vous adresse cette lettre.

J'envoyai chez vous le lendemain de votre départ;
c'était le jour de mon arrivée à Paris, car vous savez
que j'ai passé presque tout mon automne à Champ;
j'aurais bien voulu y rester, mais mon rapporteur s'est
avisé de tomber en apoplexie, et il a fallu accourir ici.
J'ai bientôt fini tout ce que j'y puis faire, et je compte
être incessamment à Paris. Je me porte très-mal, et
j'ai grande envie et grand besoin de revoir mes pénates. Je serai bien charmée si je vous trouve à mon
retour, et si vous me fournissez les occasions de vous
voir et de vous assurer moi-même de la vérité et de la
constance de mon amitié pour vous.

---

191. — A M. LE COMTE D'ARGENTAL.

Cirey, 12 janvier 1742.

J'ai été bien longtemps sans vous écrire, mon cher
ami; mais j'ai cédé ce plaisir à votre ami. Il *mahométise*
sans cesse : mais quand aurons-nous un *Mahomet*? Le

1. Lettre inédite. Mss, p. 172.
2. Elle avait lieu, le 11 novembre, à la Saint-Martin.

roi de Prusse se vante d'avoir La Noue; mais je m'en fie
à son avarice pour nous le laisser. Cependant il ne
serait pas mal que M. d'Aumont s'en assurât, et j'espère que l'autre ange, votre aimable frère, lui en ra-
fraîchit la mémoire, et lui en fera sentir la nécessité.
Non, mon cher ami, nous ne passerons point notre vie
à Cirey : il est trop doux de vivre avec vous. Nous en
passerons, à ce que j'espère, une partie dans l'*Isle*[1], si ce
maudit procès peut finir : il va assez bien ici, et j'espère
bientôt l'abandonner pour retourner à Paris. Je vais
voir auparavant cette pauvre madame d'Autrey, dont
l'état me touche, et qui désire trop de nous voir pour
que je n'aille pas chez elle.

Vous savez que le projet de madame de Luxembourg
et de madame de Boufflers a eu le sort de toutes les
parties faites à souper. Si quelque chose me console,
c'est que je ne m'en étais pas beaucoup flattée. Mais je
suis en peine de la santé de madame de Luxembourg :
il y a un siècle qu'elle ne m'a écrit.

Je ne perds point de vue le projet de faire jouer
Mahomet avant de nous en retourner à Bruxelles, si
nous avons La Noue, fût-ce à la rentrée; car je prévois
que M. d'Hoensbroech me donnera du temps par ses
lenteurs, et je pourrai sans crainte abandonner ce procès dans le train où il est. Je vous assure que ce sera
avec grand plaisir, et que je m'en fais un bien sensible
de passer quelque temps avec vous, et de jouir d'une
amitié qui fait le charme de ma vie.

Dites mille choses pour nous aux deux anges mâle
et femelle de l'aimable triumvirat.

1. Dans l'île Saint-Louis, à l'hôtel Lambert.

192. — AU ROI DE PRUSSE.

Versailles, 2 juin 1742.

Sire,

Il m'est impossible de contenir ma joie et de ne la pas marquer à Votre Majesté; les bontés dont elle m'honore m'autorisant à prendre cette liberté, et à joindre ma voix au concert de louanges qui retentit ici au nom de V. M. Nous lui devons les avantages de la guerre, et je me flatte que nous lui devrons encore ceux de la paix[1]. Pour moi, qui ai le bonheur d'avoir la première connu et admiré V. M., je serai toute la vie celle qui prendrai le plus de part à sa gloire, et qui serai avec le plus profond respect, etc.

193. — A M. LE COMTE D'ARGENTAL.

Bruxelles, 21 août 1742.

Savez-vous, mon cher ami, qu'il est presque sûr que nous aurons le plaisir de vous voir au mois d'octobre? Mon procès me mène à Cirey pour cette indigne preuve, et cette preuve même me fera passer par Paris, pour trouver les moyens de la repousser, si tant est qu'on trouve un témoin. C'est ma seule ressource, n'ayant pu l'empêcher. Je pardonne à mon procès tous les maux qu'il me fait, puisqu'il me procurera le

1. Louanges prématurées, car Frédéric n'usa de la victoire qu'il venait de remporter, le 17 mai 1742, à Chotusitz, contre les troupes de Marie-Thérèse, commandées par le prince de Lorraine, que pour signer, à Breslaw, sa paix particulière avec cette princesse (10 juin), forçant ainsi l'armée de Belle-Isle et de Broglie à rétrograder sur Prague et de là sur le Rhin.

plaisir de vous voir. Nous ne pourrons être qu'un moment à Paris, mais, du moins, ce moment nous le passerons avec vous.

Je me fais aussi un grand plaisir de mener votre ami à Issy [1], où j'espère qu'il sera bien reçu.

Ce serait une belle occasion de donner *Mahomet*. Si vous aviez un acteur, nous le mettrions en train en passant, et on le représenterait à notre retour; car je compte que nous serons environ deux mois à Cirey, et que nous repasserons ensuite par Paris.

Je ne puis vous dire le plaisir que je me fais de vous embrasser. Ma grande révision qui se prépare, recule encore ce plaisir de deux mois; mais c'est beaucoup de l'espérer.

Dites, je vous prie, mille choses pour moi à madame d'Argental et à l'autre ange.

Votre ami vous embrasse mille fois.

Pour moi, vous savez que personne au monde ne vous aime plus tendrement.

---

194. — A M. LE COMTE D'ARGENTAL.

Bruxelles, 21 septembre 1742.

Mon cher ami, c'est à vous de me rassurer; car vous savez que vous faites passer dans mon âme les mouvements de la vôtre, et vos craintes m'en ont donné. Il y a plus d'un mois qu'on dit *Mahomet* imprimé à Meaux; mais, à moins que ce ne soit madame de Chimay [2] qui

1. Chez le cardinal de Fleury.
2. Il existait alors deux dames de Chimay : 1° Charlotte de Rouvroi-Saint-Simon, fille du duc de Saint-Simon, l'auteur des *Mémoires*, née le 8 septembre 1696, mariée à Charles-Louis-Antoine de Hennin-Lietart, prince de Chimay, dont elle devint veuve le 4 février 1740;

l'y ait fait imprimer, je ne puis deviner qui. M. de Voltaire ne connaît pas un chat à Meaux, et il serait outré que *Mahomet* fût imprimé en quelque lieu du monde que ce fût.

Si vous apprenez quelque chose de positif, j'espère que vous nous le manderez d'abord : cela est presque impossible; mais tout peut être; et une pièce représentée trois fois, qui a été à la police, entre les mains. de M. Minet[1] et entre celles des acteurs, peut avoir été volée[2]. Je ne puis aujourd'hui vous parler d'autres. choses.

Votre ami dit que je suis folle d'avoir sur cela aucune inquiétude. Il vous fait mille amitiés et à madame d'Argental, et moi aussi tout simplement.

Nous n'espérons pas vous voir avant la fin d'octobre.

Je suis bien inquiète de l'armée de M. de Maillebois.[3]

2º Gabrielle-Françoise de Beauvau, fille de Marc de Beauvau, prince de Craon, et d'Anne-Marguerite de Ligniville, et sœur du prince de Beauvau, de la duchesse de Mirepoix et de la marquise de Boufflers, mariée à Alexandre-Gabriel de Hennin-Lietard, marquis de la Vere, puis prince de Chimay après la mort de son frère aîné en 1740, veuve le 18 février 1745. Il s'agit très-probablement de cette dernière, fort répandue à la cour de Lorraine.

1. Souffleur et copiste de la Comédie-Française.

2. Jouée pour la première fois à Paris le 19 août 1742, la tragédie de *Mahomet* avait été retirée par Voltaire après la troisième représentation.

3. Jean-Baptiste-François Desmarets, marquis de Maillebois (1682-1762), maréchal le 11 février 1741, qui, à la tête de l'armée de Westphalie, marchait au secours des maréchaux de Broglie et de Belle-Isle, assiégés dans Prague par le prince Charles de Lorraine, lequel leva le siége de cette ville pour aller à sa rencontre (13 septembre).

195. — A M. LE COMTE D'ARGENTAL.

Bruxelles, 3 octobre 1742.

Vous me tirez de deux grandes inquiétudes, mon cher ami : la première est celle de *Mahomet*. Je crois que l'espérance de le voir rejoué nous contiendra, et vous avez très bien fait d'en parler dans votre lettre, quoique je croie que vous ne l'espérez pas plus que moi.

Mon avocat prétend que, si je ne fais pas juger l'incident du testament avant mon départ, je serai forcée de revenir ici. Il faudrait donc passer ma vie à aller de Paris à Bruxelles, ce qui serait triste et cher. Si je puis espérer de le voir juger avant le 15 de novembre, je resterai et retarderai le mariage de ma fille[1]; mais si je vois que cela est impossible, je partirai d'abord. Voilà, mon cher ami, ma triste situation.

On dit à tout moment ici qu'il y a eu des affaires, et cela ne peut pas tarder; mais je saurai les détails bien tard, car je ne pourrai les apprendre que de France. Tout se prépare ici à la guerre; mais cela ne fera rien à mon procès, car ce ne sera pas la Reine[2] qui déclarera la guerre à la France, mais l'Angleterre; ainsi la Reine fera la guerre sous le nom de l'Angleterre, comme nous sous le nom de l'Empereur. Les Hessois et les Hanovriens arrivent à force : on a envoyé les passeports pour les équipages du roi d'Angleterre, et on ne

---

1. Ce mariage n'eut lieu en effet que l'année suivante. « Madame du Châtelet marie sa fille à M. le duc de Montenegro, napolitain au grand nez, au visage maigre, à la poitrine enfoncée; il est ici, et va nous enlever une française aux joues rebondies. » Lettre à M. d'Argueberre, du 4 avril 1743. (*Œuvres*, t. LIV, p. 526.

2. Marie-Thérèse, reine de Hongrie.

doute point du siége de Dunkerque. Je crois que vous voyez tout cela avec autant de chagrin que moi. La société et les arts n'ont qu'à perdre par la guerre, et je ne crois pas que nous gagnions beaucoup à celle-ci, si ce n'est de la gloire pourtant; car le siége de Prague nous fait grand honneur.

Adieu, mon cher ami. Nous disons des choses bien tendres à madame d'Argental, et nous vous embrassons mille fois.

---

196. — A M. LE COMTE D'ARGENTAL.

Bruxelles, 10 octobre 1742.

Je ne vous ai pas encore écrit, mon cher ami, pour vous marquer ma joie de voir monsieur votre oncle [1] dans le conseil; mais j'espère que vous n'en doutez pas, et que vous êtes bien persuadé du vif intérêt que ma tendre amitié me fera toujours prendre à tout ce qui vous est agréable. Je vous crois à Paris depuis plusieurs jours, et j'en fais mon compliment à madame d'Argental et à vous.

Pour moi, je suis ici dans les horreurs de la procédure, travaillant beaucoup et n'avançant guère. Je ne crois pas que je puisse voir la fin de mon incident pendant le temps que je puis rester ici, et je vous avoue que je m'en désole.

Vous savez que votre ami a été voir le roi de Prusse [2]. Il n'a point abusé de sa liberté, car il est parti le lundi,

---

1. Le cardinal de Tencin, que le cardinal de Fleury, sentant sa fin prochaine, aurait voulu se donner pour successeur, et qu'il fît nommer ministre d'État, sans département, le 25 août 1742, en même temps que le comte d'Argenson.

2. A Aix-la-Chapelle, le 4 septembre.

et il est revenu le samedi. Le roi lui a fait d'aussi beaux présents que les autres fois, et je m'y attendais bien.

Adieu, mon cher ami. J ai bien envie de me retrouver avec vous : je crois que vous n'en doutez pas,

Mille choses tendres, je vous prie, à madame d'Argental.

———

197. — A M. LE COMTE D'ARGENTAL.

Bruxelles, 15 octobre 1742.

Mon cher ami, je veux vous répondre aujourd'hui pour vous remercier de vos bontés, et de ce que vous ne voulez pas que je sois au désespoir d'être à Paris, ce qui m'arriverait certainement, si je m'y trouvais sans vous. Je compte que je partirai les premiers jours de novembre : les fêtes ne m'arrêteront pas, ni même la perte de ma révision, que je devrais croire imperdable, mais pour laquelle je crains toujours.

Mon Dieu! que je vous crois fâché de ce pauvre M. de Plaintmont[1], et qu'il me semble que c'est dommage! On m'a mandé qu'il avait eu toutes les *angoisses* de ce triste pas, et cela a redoublé mon chagrin,

Voulez-vous savoir une singulière nouvelle? Le roi de Prusse a écrit à M. de Voltaire, pour le prier de se rendre à Berlin à la fin de novembre ou au commenment de décembre : il a refusé; mais je vous assure qu'il ne m'a pas paru avoir le mérite du sacrifice. On doit avoir fait à M. de Maupertuis les mêmes proposi-

---

1. Il mourut le 29 septembre 1741. « M. d'Aguesseau de Plaintmont, avocat général au Parlement, est mort du poumon, ces vacances. M. d'Ormesson a eu sa place, et M Le Bret, fils du premier président de Provence, a celle d'avocat général au grand conseil. » *Journal de Barbier*, t. III, p. 314.

tions ; il n'a pas les mêmes liens que votre ami ; mais
je crois qu'il a contre le roi des sujets de mécontentement que votre ami n'a pas, et je serai fort trompée,
s'il y retourne ; j'espère du moins le voir à Paris auparavant.

Ce projet de rassembler les beaux-arts à Berlin me
paraît sentir la paix ; on s'en flatte ici ; mais on a coutume d'y avoir de mauvaises nouvelles.

Ne serait-il pas charmant de mettre *Mahomet* en
train à notre passage, et de le trouver à notre retour ?
car je ne serai à Cirey que le temps de la preuve. Je
serai votre voisine à Paris ; madame d'Autrey me fait
le plaisir de m'y prêter sa maison [1].

Adieu, mon cher ami. Que le triumvirat [2] nous aime
toujours et soit bien sûr de notre éternelle amitié.

<hr />

198. — A M. LE COMTE D'ARGENTAL.

Bruxelles, 18 octobre 1742.

Votre ami a été un peu malade, et vous savez que,
quand il est malade, il ne peut faire que des vers. Il
s'est mis à raccommoder *Zulime*, et je crois que cela
fait à présent une bonne pièce : nous nous faisons un
plaisir de vous la porter.

J'ai pris mon parti de ne me plus flatter de finir mon
incident et de le laisser terminer sans moi ; car cela me
mènerait en 43, et je veux commencer mon année avec
vous ; ainsi je crois que je vous tiendrai ma parole
pour la fin de ce mois, et je vous remercie bien, madame d'Argental et vous, de ne me l'avoir pas rendue.

1. Rue des Bons-Enfants.
2. M. et madame d'Argental et M. de Pont-de-Veyle. (A. N.)

Nous avons ignoré la maladie de M. de Solar[1]. Voulez-vous, mon cher ami, vous charger de lui marquer combien nous nous y intéressons, et combien j'ai été aise d'apprendre sa convalescence en même temps que son danger?

Adieu, mon cher ami. Je me fais un plaisir indicible de me dédommager de tout l'ennui de Bruxelles et des procès, par le plaisir de vivre avec madame d'Argental et avec vous.

---

199. — A M. LE COMTE D'ARGENTAL.

Cirey, 21 octobre 1742.

Nous voilà enfin, mon cher ami, dans ce Cirey que nous aimons tant, et où je passerais volontiers ma vie. Il ne nous y manque que le plaisir de vous y voir; mais je me flatte qu'il ne nous manquera pas longtemps, et que vous vous ressouviendrez de la partie qui s'est faite chez madame de Luxembourg.

Nous sommes partis le lundi à deux heures après-midi; nous nous sommes reposés à Nogent, et nous sommes arrivés ici le mardi à dix heures du soir. Vous voyez que ce n'est pas un voyage. Vous aurez une chambre bien chaude, et vous serez bien choyé. Enfin, j'y compte, et je serais très-fâchée si mes espérances étaient trompées.

Votre ami raccommode *Mahomet* à force. Il faudrait faire le possible et l'impossible pour qu'il soit joué avant notre retour; cela dépendrait de M. d'Aumont, s'il voulait faire venir La Noue; et il aura La Noue, s'il le veut bien. L'ambassadeur turc sera parti, et rien ne

---

1. Le commandeur de Solar, ambassadeur du roi de Sardaigne en France, de 1735 à 1743.

s'y opposera. Il est bien difficile que l'ouvrage soit bien joué sans que votre ami exerce les acteurs ; et, si nous retournons une fois à Bruxelles, c'en sera pour deux ans au moins.

200. — A M. ***1.

A Paris, ce 10 avril 1743.

... Vous savez le résultat de notre affaire de l'Académie ; ni votre Archevêque, ni vous, ni nous, ne sommes contents. Je vous avoue cependant qu'il est bien plaisant de voir remplir une place destinée à M. de Voltaire, par M. de [Bayeux]. Celle de l'abbé B[ignon] est donnée à son neveu[2] : ce qui n'est guère moins ridicule. Nous ne voulons [pas] plus y penser que la Cour elle-même[3] ne pense à nous. Ne croyez pas que nous nous soyons mal conduits. Qui n'entend qu'une partie n'entend rien, et M. de Richelieu ne hait pas à condamner ses amis. Votre archevêque ne doit point être fâché contre vous ; car M. de Mirepoix s'était chargé de lui mander le désistement, et de plus nous espérions prendre la place par famine, etc.

201. — AU ROI DE PRUSSE.

Paris, 7 mai 1743.

Sire,

Les bontés dont Votre Majesté m'honore m'autorisent à prendre la liberté de lui faire part du mariage

1. Lettre de M. de Voltaire et de sa célèbre amie, p. 41.
2. Armand-Jérôme Bignon (1711-1772), maître des requêtes, élu à la place de l'abbé Bignon, mort le 12 mai 1743.
3. Nous croyons devoir corriger ainsi l'édition originale qui porte : « Nous ne voulons plus y penser que la Cour elle-même ne pense à nous. »

de ma fille avec M. le duc de Montenegro-Caraffa.
V. M. sait bien que, si mes vœux avaient été exaucés,
ç'aurait été à sa Cour qu'elle aurait passé sa vie, et
c'eût été un bonheur dont j'aurais été bien jalouse. Je
ne perds cependant point l'espérance d'admirer quelque
jour de près celui auquel j'ai voué depuis longtemps
l'attachement le plus respectueux et le plus inviolable. C'est avec ces sentiments et le plus profond
respect que je serai toute ma vie...

---

202. — A M. ***[1].

[28 juin] 1743.

... Imaginez vous que M. de Voltaire, très-mécontent
déjà de tout ce qui s'était passé au sujet de l'Académie[2], a été si révolté du refus que l'on fait de laisser
jouer la tragédie de *Jules César*, qu'il s'en est allé en
Hollande, d'où il ira vraisemblablement en Prusse[3], qui
est tout ce que je crains : car le roi de Prusse est un
rival très-dangereux pour moi. Je suis dans la plus

1. *Lettres de M. de Voltaire et de sa célèbre amie*, p. 42.
2. Où on lui avait préféré l'évêque de Bayeux, de Luynes, élu le
22 mars 1743, à la place du cardinal de Luynes.
3. Prenant pour prétexte ses échecs à l'Académie des sciences et
à l'Académie française, et le refus opposé à la représentation de
Jules César, qu'il avait appris le 10 juin 1743, étant à la Comédie-
Française, mais en réalité pour aller négocier secrètement avec Frédéric, Voltaire avait quitté Paris le 14 juin, au grand désespoir
de madame du Châtelet. « Tout le monde se moque des larmes que
madame du Châtelet a répandues en apprenant la résolution qu'a
prise M. de Voltaire d'aller en Prusse. » *Journal de Barbier*, Charpentier, t. VIII, p. 301, 16 juin 1743. — Et, à la date du 1er juillet : « Madame du Châtelet doit aller rejoindre incessamment Voltaire
à Bruxelles. Cette femme a passé samedi une partie de la journée à
pleurer de n'avoir point reçu de lettres vendredi de cet Adonis. »
Ibid., p. 309.

grande affliction, et quoique je sente qu'il a bien
quelque tort, puisqu'à sa place je ne me serais pas
sûrement enallée, cependant, ce que je sens le plus,
c'est ma douleur; je suis restée ici dans l'espérance de
faire jouer *César* et de hâter son retour; je doute que
j'y parvienne, et en ce cas j'irai à la fin de juillet à
Bruxelles, où il m'a promis de me venir trouver. Voilà
mon état et mes marches, etc.

---

203. — AU COMTE D'ARGENSON [1].

A Paris, le 28 août 1743.

Le sieur Marchand [2] m'est venu trouver, Monsieur,
pour que j'eusse l'honneur de vous écrire en sa faveur.
Vous avez eu la bonté de lui accorder, à la recommandation de M. de Voltaire, une fourniture de dix mille
habits pour les milices. Il s'est associé avec le sieur
Devin pour la remplir. Ils ont eu l'honneur de vous
représenter l'impossibilité où ils étaient de faire cette
fourniture en drap de Lodève, pour le temps prescrit,
parce que la manufacture était épuisée, et ne pouvait
pas en fournir à temps, à cause de celui qu'il faut pour
le faire venir. On a mandé à M. Devin que vous aviez
donné cette entreprise à M. de Vallat. Il est bien
difficile qu'il la fasse plutôt que les sieurs Marchand
et Devin. M. de Voltaire vous serait, je crois, infiniment obligé, si vous vouliez bien conserver cette
entreprise au sieur Marchand. Mais si vous croyez que
le sieur de Vallat vous serve mieux, les sieurs Mar-

1. Mémoires du marquis d'Argenson, Jannet, 1858, t. IV, p. 378.
2. Philippe-François Marchand de Varenne, cousin de Voltaire,
qui lui avait fait obtenir la fourniture dont il est ici question et dans
laquelle il avait lui-même un intérêt.

chaud et Devin vous supplient du moins d'exiger du sieur de Vallat qu'il prenne les mêmes fournitures au prix qu'elles leur ont coûté, en montrant leur facture, ce qui me paraît selon toute justice, puisque sans cela ils se trouveraient ruinés. Je crois que M. de Voltaire ne pourra pas sitôt vous recommander cette affaire lui-même. Je viens d'apprendre que le Roi de Prusse ne va plus ni à Aix-la-Chapelle ni à Spa. Ainsi il va vraisemblablement partir pour Berlin.

J'en suis dans une affliction inexprimable. Il est affreux, après trois mois de peine, de n'être pas plus avancé que le premier jour.

J'ai eu l'honneur de vous écrire ces jours passés une lettre sur M. du Châtelet, à laquelle j'espère, vous voudrez bien faire attention.

Soyez, je vous prie, bien persuadé, Monsieur, que personne ne sera jamais avec plus d'attachement que moi, votre très-humble et très-obéissante servante.

BRETEUIL DU CHASTELET.

---

204. — A M. LE COMTE D'ARGENTAL.

Lille, 10 octobre 1743.

Je me hâte, mon cher ami, de vous apprendre que je viens enfin de recevoir une lettre ; elle est du 28 [1], et

1. A la suite de l'échec de ses armées en Bohême, où le marquis du Châtelet venait, en ce moment même, d'être obligé de repasser l'Iser après le combat très honorable, mais infructueux, de Dingelfing (mai 1743), Louis XV cherchait à faire reprendre les armes à Frédéric, qui nous avait subitement abandonnés, en faisant sa paix à Breslaw. Pour atteindre ce but, le comte d'Argenson, ministre de la guerre depuis le 7 janvier 1743, songea à employer Voltaire et à mettre à profit les relations du poète avec Frédéric. Voltaire accepta et partit pour La Haye. Logé au *Palais de la Vieille*

elle a quatre lignes. Il est clair, par cette lettre qu'il a
été quinze jours sans m'écrire. Il ne me parle point de
son retour. Que de choses à lui reprocher! et que son
cœur est loin du mien! Mais, puisqu'il se porte bien,
je n'ai plus de reproches à lui faire, et je suis trop heureuse. Je vais aller à Bruxelles dès qu'une petite fièvre
que j'ai sera passée; je l'y attendrai, et je reviendrai
avec lui. J'y ai effectivement affaire. Mon rapporteur
est tombé en apoplexie, et le choix d'un autre rapporteur est une chose qui mérite attention, mais qui ne sera
pas longue. J'ai fait prier notre ami, le chevalier de
Moubi, de mettre cette cause de mon départ dans ses
nouvelles à la main. J'ai écrit à toutes les personnes de
ma connaissance ce sujet de mon départ, et j'ai annoncé
mon retour avant la fin du mois.

Dites ma résurrection à madame d'Argental : je
compte bien sur vous, sur elle et sur votre aimable frère,
pour représenter à M. de Voltaire combien il serait
barbare à lui de m'exposer encore à de pareilles
épreuves. Il m'en a pensé coûter la vie, et il m'en coûtera sûrement la santé : je sens que de pareilles
épreuves l'altèrent sensiblement; mais, si je le revois,
tous mes maux seront guéris.

cour, propriété du roi de Prusse, il y passa près de deux mois à
surveiller l'attitude des Hollandais et les forces que l'Angleterre
avait dans ce pays, et à tâcher de faire refuser à celles-ci le passage
sur le territoire prussien (27 juin-23 août 1743). Arrivé à Berlin le
30 août, il suivit bientôt le roi en Franconie, où il était encore le
28 septembre, comme on le voit par la lettre qu'il adressa le 3 octobre à Amelot, ministre des affaires étrangères (*Œuvres*, t. XL,
p. 68, et t. LIV, p. 586), sur sa négociation avec Frédéric. Ce
fut le 12 octobre qu'il quitta Berlin et Frédéric, pour « retourner
vite à la cour de France, » en passant par Brunswick, La Haye, où
il arriva le 26. Quelques jours après, il retrouvait enfin M. et madame du Châtelet à Bruxelles, et les accompagnait à Lille, d'où il
se rendit à Paris, vers le 15 novembre, avec la marquise seulement.

Adieu, mon cher ami. Écrivez-moi à Bruxelles, sur
le place de Louvain, et comptez sur l'amitié d'un cœur
qui n'a jamais su changer.

---

205. — A M. LE COMTE D'ARGENTAL.

Bruxelles, 15 octobre 1743.

Ne m'accusez point, mon cher ami, de vous avoir
fait mystère du parti que j'ai pris [1] : vous n'étiez point
à Paris ; si vous y aviez été, j'aurais été trop heureuse.
J'en suis partie le vendredi à neuf heures du soir, et
M. de Mesnières me dit le jeudi au soir que vous ne re-
veniez que le samedi.

J'ai enfin, comme je vous l'ai dit, reçu un billet de
M. de Voltaire, car cela ne peut pas s'appeler une lettre :
tout ce que j'ai éprouvé, tout ce qui s'est passé dans
mon âme depuis que je vous ai écrit, ne peut pas s'exprimer. J'ai été pendant huit jours dans le plus violent
désespoir : je ne doutais presque plus du malheur que
je craignais, et je ne sais pas comment je n'en suis pas
morte. Enfin, au bout de ce temps, je reçois ces quatre
mots de M. de Voltaire, datés du 28 septembre, en passant à Hall. C'est la seule lettre que j'aie reçue de lui
depuis le 14 septembre. Dans le moment que je l'ai
reçue, vous sentez bien que je n'ai senti que le plaisir
de savoir qu'il se portait bien ; mais la suite m'a fait
faire des réflexions bien cruelles : je crois qu'il est impossible d'aimer plus tendrement et d'être plus malheureuse. Imaginez-vous que, dans le temps que M. de
Voltaire pouvait et devait partir pour revenir ici, après
m'avoir juré mille fois dans ses lettres qu'il ne serait

---

1. Il paraît que madame du Châtelet, dans l'inquiétude dont
elle était tourmentée, était venue à Paris *incognito*. (A. N.)

pas à Berlin plus longtemps qu'en 1740 (et il y fut dix
jours), dans ce temps-là il va à Bareutu[1], où assurément
il n'avait que faire; il y passe quinze jours sans le roi
de Prusse et sans m'écrire une seule ligne; il s'en retourne à Berlin, et y passe encore quinze jours; et que
sais-je? peut-être y passera-t-il toute sa vie, et, en vérité, je le croirais, si je ne savais pas qu'il a des affaires
qui le rappellent indispensablement à Paris. Il m'écrit
donc quatre lignes en passant, dans un cabaret, sans
m'expliquer les raisons de son séjour à Bareuth, ni
celles de son silence, sans me parler de son retour, ni
de son nouveau séjour à Berlin. Enfin, il m'écrit un
billet tel qu'il m'en écrirait un de sa chambre à la
mienne, et voilà la seule chose que j'aie reçue de lui
depuis le 14 septembre, c'est-à-dire, depuis plus d'un
mois.

Concevez-vous que quelqu'un qui me connaît m'expose à cette douleur, et à toutes les imprudences dont
il sait bien que je suis capable, quand je suis inquiète
de lui : vous savez ce qu'il m'en a coûté; j'ai pensé
réellement en mourir, et j'en ai encore une petite fièvre
lente qui se marque en double tierce et qui me prépare
un triste hiver. C'est un miracle que je n'aie pas passé
Lille dans l'excès de mon inquiétude et de ma douleur;
je ne sais où j'aurais pu aller; la fièvre m'en a préser-
vée; mais je ne vous cache point que mon cœur est
ulcéré, et que je suis pénétrée de la plus vive douleur.
Avoir à me plaindre de lui est une sorte de supplice
que je ne connaissais pas. J'ai éprouvé à la vérité une
situation plus cruelle, celle de trembler pour sa vie;
mais je pouvais espérer que mes craintes étaient chi-

---

1. A la cour de la sœur de Frédéric II, la margrave de Bareuth,
pour laquelle il ressentit un enthousiasme voisin de la passion.

mériques, et il n'y a point de ressource à ses procédés pour moi. Je sais par une lettre du 4 octobre que M. de Podewils[1] a reçue de lui, et qu'il m'a envoyée de La Haye, qu'il comptait partir de Berlin le 11 ou le 12 ; mais ce n'était pas un projet arrêté ; et quelque opéra ou quelque comédie pourra bien le déranger. Il est singulier que je reçoive de ses nouvelles par les ministres étrangers et par les gazettes : cependant je suis ici, où je fais semblant d'avoir affaire ; mais mon esprit n'en est pas capable : heureusement qu'il n'a pas de quoi s'exercer.

Je l'attendrai, s'il revient ce mois-ci ; mais si son retour se retardait, comme rien n'est plus possible, je retournerai chercher auprès de vous une consolation dont je suis bien incapable, et je compte aller ensevelir cet hiver mes chagrins à Cirey.

M. de Podewils m'a rendu le service d'empêcher mon courrier de passer La Haye.

Je suis bien fâchée que madame d'Argental soit incommodée : il est juste cependant qu'elle ait quelque petit malheur, pour compenser le bonheur qu'elle a d'être aimée par un cœur comme le vôtre.

Ne montrez cette lettre à personne ; je sens une triste consolation à vous ouvrir mon cœur : le temps ni les torts ne font rien sur moi, et je vois bien, par ce que j'éprouve, que la source de mes chagrins est intarissable.

Dites quelque chose pour moi à monsieur votre frère. Je vous rapporterai la lettre que vous m'avez envoyée : personne ne sent mieux que moi combien tout ce qui vient de lui est précieux.

Adieu, mon cher ami. Plaignez-moi, aimez-moi et écrivez-moi : je suis, je vous assure, bien malheureuse.

1. Le comte de Podewils envoyé de Prusse à La Haye.

206. — A M. LE COMTE D'ARGENTAL.

Bruxelles, 22 octobre 1743.

Je n'ai reçu qu'hier 21, mon cher ami, votre lettre du 12. Le paquet qui la contenait a couru toute la France avant de m'arriver. Assurément, j'aurais été bien fâchée de la perdre. Si quelque chose était capable d'adoucir les chagrins où le cœur souffre, ce serait cette lettre charmante. Le mien est bien malheureux : je ne reconnais plus celui d'où dépend et mon mal et mon bien, ni dans ses lettres, ni dans ses démarches. Il est ivre absolument. Je sais enfin, par l'envoyé de Prusse à La Haye[1], qu'il est parti de Berlin le 12; il doit passer par Brunswick ; car il est fou des cours et d'Allemagne[2]. Enfin, il met douze jours à revenir de Berlin à La Haye, et il n'en a mis que neuf à y aller. Je sens bien que trois jours, dans une autre situation, ne devraient pas être reprochés; mais quand vous songerez qu'il a fait durer cinq mois une absence qui devait être au plus de six semaines; qu'il est resté quinze jours à Bareuth sans le roi de Prusse; qu'il a passé, à son retour, quinze jours de plus à Berlin ; qu'il a été trois semaines en-

1. Le comte de Podewils.
2. Voltaire en effet, arriva à Brunswick le 15 octobre, et s'y arrêta trois ou quatre jours. « On s'est douté que j'avais une lettre du grand, ou plutôt de l'aimable Frédéric ; on me mène sans doute à un meilleur gîte... Le duc et la duchesse étaient à table ; on m'apporta vingt plats et d'admirables vins. » Lettres au baron de Kayserlingk, 16 oct. Le même jour il écrivait à Maupertuis : « Je pourrais jouir des bontés du roi de France, mais vous savez qu'une plus grand' souveraine, nommée madame du Châtelet, me rappelle à Paris. J'ai passé quelques jours à Bareuth... c'est une retraite délicieuse... Brunswick où je suis à une autre espèce de charme, c'est un voyage céleste où je passe de planète en planète. » Œuvres, t. LIV, p. 603 et 605.

tières sans m'écrire, et que, depuis deux mois, j'apprends ses desseins et ses démarches par les ambassadeurs et par les gazettes, vous sentirez aisément combien je suis à plaindre. Tout ce que j'ai éprouvé depuis un mois détacherait peut-être toute autre que moi; mais, s'il peut me rendre malheureuse, il ne peut diminuer ma sensibilité. Je sens que je ne serai jamais raisonnable; je ne le voudrais pas même, quand il ne tiendrait qu'à moi; et, malgré tout ce que je souffre, je suis bien persuadée que celui qui aime le mieux est encore le plus heureux.

Je vous demande en grâce d'écrire à votre ami : votre lettre lui fera sûrement une grande impression; et, sans elle, il ne croira peut-être jamais l'état où il m'a mise. Son cœur a bien à réparer avec moi, s'il est encore digne du mien. Je suis sans doute bien à plaindre d'avoir besoin de votre secours; mais je vous aime tant, que mon bonheur m'en sera encore plus cher, s'il est possible, si je puis vous en devoir le retour. Écrivez-lui à La Haye; vraisemblablement il y recevra votre lettre; car il ne manquera pas de prétexte pour s'y arrêter, et il me semble qu'il n'en néglige aucun pour prolonger son absence; mais quand il ne la recevrait pas à La Haye, on la lui renverra ici; et, quelque part où il la reçoive, elle lui fera sûrement un grand effet.

Je ne vous nierai point que ma santé ne soit fort délabrée : je tousse continuellement; j'ai un mal affreux entre les deux épaules, et j'ai, de plus, une douleur fixe au côté droit, je crois au foie, et qui ne me quitte point. Je ne suis pas à présent assez heureuse pour être fort affectée de mon état; cependant je vous avoue que je voudrais être à Paris. Ma fièvre est pourtant diminuée, et ce n'est presque plus rien : une autre que moi en serait morte, et peut-être serait-ce encore le meilleur; mais votre amitié m'attache encore à la vie.

Dites bien, je vous prie, à madame d'Argental, combien je suis sensible à l'intérêt qu'elle a pris à ma situation : je voudrais bien la savoir guérie et contente.

Dites aussi bien des choses pour moi à monsieur votre frère.

J'espère vous revoir au commencement du mois prochain; mais vous savez de qui cela dépend.

J'espère que mon voyage ne sera pas inutile à mes affaires, et qu'il me sauvera un autre procès.

Adieu, mon cher ami. Écrivez-moi encore une fois, et soyez bien sûr que votre amitié fait la consolation de ma vie.

------

207. — A M. ***[1].

A Paris, ce 23 novembre [1743.]

J'ai été cruellement payée de tout ce que j'ai fait à Fontainebleau ; j'ai ramené à bien l'affaire du monde la plus difficile. Je procure à M. de Voltaire un retour honorable dans sa patrie ; je lui rends la bienveillance du ministère ; je lui rouvre le chemin des Académies [2] ; enfin, je lui rends en trois semaines tout ce qu'il avait pris à tâche de perdre depuis six ans. Savez-vous comment il récompense tant de zèle, tant d'attachement ? En partant pour Berlin, il m'en mande la nouvelle avec sécheresse, sachant bien qu'il me percera le cœur, et il m'abandonne à une douleur qui n'a point d'exemple, dont les autres n'ont pas d'idée et que votre cœur seul peut comprendre. Je me suis échauffé le

---

1. *Lettres de M. de Voltaire et de sa célèbre amie*, p. 48.

2. Voltaire fut élu à l'Académie française le 9 mai 1746, en remplacement du président Bouhier.

sang à veiller. J'avais la poitrine en mauvais état; la fièvre m'a prise et j'espère finir bientôt, comme cette malheureuse madame de Richelieu [1], à cela près que je finirai plus vite, et que je n'aurai rien à regretter, puisque votre amitié était un bien dont je ne pouvais jamais jouir. Je retournerai finir à Bruxelles une vie où j'ai eu plus de bonheur que de malheur, et qui finit d'elle-même dans le temps où je ne pouvais plus la supporter. Croirez-vous que l'idée qui m'occupe le plus dans ces moments funestes, c'est la douleur affreuse où sera M. de Voltaire, quand l'enivrement où il est de la cour de Prusse sera diminué: je ne puis soutenir l'idée que mon souvenir sera un jour son tourment. Tous ceux qui m'ont aimé ne doivent jamais le lui reprocher. Au nom de la pitié et de l'amitié, écrivez-moi à Bruxelles tout simplement; je recevrai encore votre lettre, et s'il me reste encore de la vie, j'y répondrai et vous manderai l'assiette de mon âme dans ces moments qui paraissent si terribles aux malheureux et que j'attends avec joie comme la fin d'un malheur que je n'avais ni mérité ni prévu. Adieu. Souvenez-vous toujours de moi, et soyez sûr que vous n'aurez jamais de meilleure amie.

----

208. — A M. LE COMTE D'ARGENTAL.

21 décembre 1743.

Charmant ami, j'ai reçu une lettre du 8. On se porte bien; on travaille beaucoup; on n'avait point encore reçu votre lettre; on est malheureux, mais on espère en vous. Il en est de même à Cirey; et, quelque loin

----

1. Morte de la poitrine, le 22 août 1740.

que nous soyons l'un de l'autre, nos deux âmes vous seront toujours également attachées.

Cette lettre, qui m'apporte la consolation, me donne aussi bien des inquiétudes : je vous en parle par une autre voie.

J'ai un frère abbé que j'aime tendrement : je suis à portée de lui procurer un petit avantage par le moyeu de vos bontés. Vous devez, dit-il, acheter une charge de président; elle vous donnera un indult. Il veut que je vous le demande pour lui. Si vous n'avez point d'engagements, je suis bien sûre que je vous aurai encore cette obligation ; et si vous en avez disposé, je vous en aurai encore tout autant. Je n'ai pu refuser à mon frère de vous faire cette demande; mais vous, vous pouvez très-bien me refuser.

Adieu, consolateur et conservateur de ma vie.

---

209. — AU ROI DE PRUSSE.

Paris, 2 janvier 1744.

Sire,

Les occasions d'assurer Votre Majesté de mon respect et de mon attachement me sont trop précieuses, pour ne pas profiter de celle que m'offre le commencement de l'année. Je ne sais ce qu'on peut y souhaiter à V. M.; mais il me semble qu'on ne peut désirer pour Achille que les années de Nestor. Pour moi, Sire, je désire que V. M. continue de m'honorer de ses bontés, et qu'elle soit bien persuadée du respect avec lequel je suis, etc.

210. — A M. LE COMTE D'ARGENTAL.

2 janvier 1744.

Mon cher ami, on ne m'a point montré la dernière lettre qu'on vous a écrite; je crois que c'est de peur que je ne réfutasse sa justification; mais, en récompense, on m'a montré la vôtre, et je vous en remercie mille fois.

Je ne puis trouver que quelqu'un qui est de retour et en bonne santé ait tort; mais il ne peut avoir entièrement raison que par la résolution où il est de ne plus voyager. Je compte bien qu'il vous l'a promis dans sa lettre comme à moi; et ce serait un double sacrilége, que de violer une promesse dont vous êtes le dépositaire..

Thieriot veut se remparer de lui, j'en serais bien fâchée. Vous savez qu'il lui a fait donner une pension par le roi de Prusse, qui, entre nous, n'en avait pas trop d'envie, et cela a renoué le commerce. Thieriot qui est, je crois, un peu embarrassé de sa figure depuis qu'il n est plus chez La Poplinière, se retourne du côté de votre ami, dont il a besoin, et voudrait, je crois, qu'il lui avançât la pension. Il lui donne des avis vrais ou faux pour se rendre nécessaire; il prétend, par exemple, que l'on fait clandestinement, à Paris, une édition en six volumes in-12 de ses ouvrages sur l'édition in-8° de Hollande, que vous avez. Je crois ou que cela n'est pas vrai, ou que c'est Thieriot qui la fait faire pour gagner de l'argent; et, en lu. donnant cet avis, il veut apparemment l'engager à s'en mêler, ce qui serait fort mal; car cette édition, si elle existe, ne peut lui faire tort qu'en cas qu'il s'en mêle. En tout, j'aimerais mieux qu'il n'y en eût pas, vous sentez pourquoi. Il dit qu'il pense ainsi; mais je crains son tripotage avec Thieriot; et vous me ferez plaisir, dans l'occasion, de mettre un mot dans vos lettres de la défiance qu'il en doit avoir : vous savez si elle est fondée.

Avez-vous vu l'Algarotti? J'espère que vous nous manderez un peu ce qu'il dit de Berlin, et si Maupertuis revient, comme la gazette l'assure, et comme je ne le crois pas.

J'ai trouvé une édition de *Charles XII* en deux volumes, que je crois que vous n'avez pas, et que je vous enverrai par M. de Beauvau[1], que nous attendons tous les jours. Je le crois arrêté de Hollande ici par les glaces.

Adieu, mon cher ami. Aimez-nous toujours et madame d'Argental aussi; car nous vous aimons l'un et l'autre bien tendrement.

Je trouve encore bien des choses à refaire à *Mahomet;* il y travaille tous les jours. Comptez-vous le donner cette année?

---

211. — A M. LE COMTE D'ARGENTAL.

Cirey, 18 avril 1744.

Mon cher ami, mon compagnon dit qu'il vous écrira une grande lettre la première poste. Je veux le gagner de vitesse, et avoir du moins le mérite de la diligence.

Je suis enfin dans le charmant Cirey[2], qui est plus

1. Probablement Marc de Beauvau, prince de Craon, ministre plénipotentiaire du grand-duc de Toscane, époux de Marie-Thérèse, né le 29 avril 1679, mort le 11 mars 1754, et père du maréchal de Beauvau, de la duchesse de Mirepoix et de la marquise de Boufflers.

2. Depuis le 12 avril environ. Voltaire écrivait le 15 au marquis d'Argenson : « Cirey est charmant, c'est un bijou. » Et le 28, il

!0. — A M. LE COMTE D'ARGENTAL.

2 janvier 1744.

Mon chr ami, on ne m'a point montré la dernière
lettre qu'n vous a écrite; je crois que c'est de peur
que je neréfutasse sa justification; mais, en récompense, on l'a montré la vôtre, et je vous en remercie
mille fois.

Je ne pus trouver que quelqu'un qui est de retour et
en bonne inté ait tort; mais il ne peut avoir entièrement raiso que par la résolution où il est de ne plus
voyager. J compte bien qu'il vous l'a promis dans sa
lettre come à moi; et ce serait un double sacrilége,
que de vier une promesse dont vous êtes le dépositaire..

Thieriot eut se remparer de lui, j'en serais bien fâchée. Vousavez qu'il lui a fait donner une pension par
le roi de Pusse, qui, entre nous, n'en avait pas trop
d'envie, et ela a renoué le commerce. Thieriot qui est,
je crois, urpeu embarrassé de sa figure depuis qu'il
n est plus hez La Poplinière, se retourne du côté de
votre ami, ont il a besoin, et voudrait, je crois, qu'il
lui avançâ la pension. Il lui donne des avis vrais ou
faux pour se rendre nécessaire; il prétend, par
exemple, qe l'on fait clandestinement, à Paris, une
édition en x volumes *in*-12 de ses ouvrages sur l'édition *in*-8° d Hollande, que vous avez. Je crois ou que
cela n'est p3 vrai, ou que c'est Thieriot qui la fait faire
pour gagne de l'argent; et, en lu. donnant cet avis, il
veut apparemment l'engager à s'en mêler, ce qui serait
fort mal; cr cette édition, si elle existe, ne peut lui
faire tort qen cas qu'il s'en mêle. En tout, j'aimerais
mieux qu'ili'y en eût pas, vous sentez pourquoi. Il dit

qu'il pense ainsi;
riot; et vous me fere
un mot dans vos le
avoir : vous savez si elle

Avez-vous vu l'Algaro
manderez un peu ce qu'il
tuis revient, comme la gazet
le crois pas.

J'ai trouvé une édition de *Ch*
lumes, que je crois que vous n'avez
enverrai par M. de Beauvau[1], que no
les jours. Je le crois arrêté de Holl
glaces.

Adieu, mon cher ami. Aimez-nous
dame d'Argental aussi; car nous vous a
l'autre bien tendrement.

Je trouve encore bien des choses à
met; il y travaille tous les jours.
donner cette année?

---

211. — A M. LE COMTE D'ARGENT

Cirey, 18 avril 1744.

Mon cher ami, mon compagnon dit qu'il ous écrira
une grande lettre la première poste. Je veu le gagner
de vitesse, et avoir du moins le mérite de la diligence.
Je suis enfin dans le charmant Cirey[2], qui est plus

1. Probablement Marc de Beauvau, prince de Cnn, ministre
plénipotentiaire du grand-duc de Toscane, époux de M ie-Thérèse,
né le 29 avril 1679, mort le 11 mars 1754, et père du maréchal de
Beauvau, de la duchesse de Mirepoix et de la marquise de Boufflers.
2. Depuis le 12 avril environ. Voltaire écrivait le 1 au marquis
d'Argenson : « Cirey est charmant, c'est un bijou. » Et le 28, il

charmant que jamais. Votre ami me paraît enchanté
d'y être. Nous le quitterons pourtant au mois de septembre pour monsieur le Dauphin, pour qui on travaille, et pour qui il me semble que l'on fait des choses
charmantes.

Dites pour nous des choses bien tendres à madame d'Argental et à votre aimable frère. Aimez-nous
toujours, cher ange : donnez-nous de vos nouvelles, et
comptez à jamais sur l'amitié de deux cœurs qui vous
sont dévoués pour toujours.

---

212. — AU ROI DE PRUSSE.

Cirey, 30 mai 1744.

Sire,

Je prends la liberté d'envoyer à Votre Majesté une
nouvelle édition de quelques pièces qu'elle a daigné
recevoir avec bonté lorsqu'elles parurent pour la première fois. Les occasions de faire ma cour à V. M.
me sont trop précieuses pour en négliger aucune.
J'espère qu'elle recevra avec sa bonté ordinaire ce
nouvel hommage, que je rends plus encore au philosophe qu'au Roi.

Si j'osais, je supplierais V. M. de me permettre de
lui témoigner la joie que je ressens de voir S. A. R.
la princesse Ulrique[1] remplacer par ses talents la reine
Christine; elle était seule digne de remplir le trône de
cette illustre Reine.

datait sa lettre à d'Argental : « A Cirey, en félicité. » *OEuvres*,
t. LIV, p. 636 et 639.

1. Louise-Ulrique de Prusse, née le 24 juillet 1720, mariée en
1744 à Adolphe-Frédéric de Holstein-Gottorp, prince royal de Suède,
morte le 16 juillet 1782 ; elle fut mère de Gaston III.

Je suis avec l'attachement le plus inviolable et le plus profond respect, etc.

———

213 — A M. LE COMTE D'ARGENTAL.

Cirey, 8 juillet 1744.

Nous avons eu hier le président[1] toute la journée, mon cher ami : vous vous doutez bien que nous avons été ravis de le voir et de causer avec lui de ce ballet[2].

Votre ami a travaillé jour et nuit jusqu'à son arrivée ; et effectivement moi, qui ne connaissait sa pièce que sous la forme que vous avez vue en dernier lieu, j'en ai été étonnée : je n'ai pas reconnu le troisième acte ; je l'ai trouvé admirable[3]. Le président et moi nous avons pleuré. Je crois qu'il n'y a plus que des détails à embellir, mais que le fond de la pièce est très-bien. Sanchette est devenue excellente et d'un plaisant très-neuf.

On transcrit la pièce, et vous l'aurez incessamment.

A l'égard des divertissements, il y travaille encore ; et il vous prie de retirer de Rameau celui qu'on lui a donné, jusqu'à ce qu'il soit entièrement fini, parce que le président lui a dit que Rameau le traînait dans le ruisseau et le montrait à tout le monde ; et vous sentez

1. Le président Hénault (1685-1770), qui, en se rendant à Plombières, passa par Cirey et y resta toute la journée du 8 juillet. Voir ses *Mémoires*, Dentu, 1855, p. 159.

2. Le ballet des *Chimères*. (A. N.)

3. La *Princesse de Navarre*, opéra représenté à Versailles le 25 février 1745, pour les fêtes du mariage du Dauphin avec l'infante d'Espagne, « vers six heures du soir, le roi placé au milieu de la salle, environné de la famille royale, des princes, des princesses de son sang et des dames de la cour qui formaient un spectacle beaucoup plus beau que ceux qui pouvaient leur être donné. » Préface, *Œuvres*, t. V, p. 221.

que cela peut faire grand tort à la pièce. Il a écrit à
M. de Voltaire la même lettre qu'à vous, d'où je conclus qu'il est fou ; mais, pourvu qu'il nous fasse de
bonne musique, à lui permis d'extravaguer.

Le président m'a paru très-content de Cirey ; il doit
y revenir passer sept ou huit jours entre ces deux saisons. Je compte que, lorsqu'il repartira pour Plombières, nous partirons pour Paris, afin d'aller préparer
des répétitions à M. de Richelieu[1].

Je vous avoue que j'ai eu un grand plaisir à montrer
ma maison au président, et que j'ai bien joui de l'étonnement qu'elle lui a causé ; mais je quitterai tout cela
avec plaisir pour vous aller revoir.

Dites, je vous prie, des choses bien tendres pour moi
à madame d'Argental et à M. de Pont-de-Veyle.

Votre ami vous embrasse mille fois.

Voulez-vous bien, madame d'Argental, que j'en fasse
autant ?

M. de Voltaire a la fièvre à force d'avoir travaillé : il
vous écrira la première poste ; car j'espère que ce ne
sera rien.

Voilà un petit mot que mon malade, qui souffre
beaucoup, a dicté pour son ange.

La fièvre a fort augmenté ce soir, et je suis très-
inquiète et très-malheureuse.

---

1. Comme premier gentilhomme de la Chambre en exercice, le
duc de Richelieu avait alors la direction des fêtes de la cour. « Il a
fait élever un théâtre de 56 pieds de profondeur dans le grand ma-
nége de Versailles, et a fait construire une salle dont les décorations
et les embellissements sont tellement ménagés que tout ce qui sert
au spectacle doit s'enlever en une nuit, et laisser la salle ornée pour
un bal paré, qui doit former la fête du lendemain. » *Préface* de la
Princesse de Navarre. OEuvres, t. V, p. 221.

214. — A M. LE COMTE D'ARGENTAL.

10 juillet 1744.

Vous recevrez par cette poste, mon cher ami, la pièce de votre ami[1]. Je vous demande en grâce, si vous avez de l'amitié pour moi, de l'approuver cette fois-ci, et de garder les critiques pour un autre temps. Je vous promets de faire faire toutes les corrections que vous voudrez ; mais, si vous aller paraître encore mécontent et l'accabler de critiques, vous le ferez mourir. Sa santé est dans un état affreux ; il s'est chagriné, il s'est inquiété, et il est dans une langueur affreuse ; il se trouve mal à tout moment ; il ne mange point ; il ne dort point ; enfin, il est plus mal que quand il avait la fièvre, et il est d'un changement affreux. Si, dans cet état, vous allez lui donner de nouvelles besognes et de nouvelles craintes sur son travail, vous le ferez mourir, et moi aussi, par conséquent. Il prend les choses si vivement ! vous le savez bien.

Tâchez surtout que votre rapport à M. de Richelieu soit favorable et qu'il accepte la pièce : il embellira encore les détails, quand il sera sûr qu'on la prendra. Mais comment voulez-vous qu'on mette la dernière main à un ouvrage qu'on n'est pas sûr de conserver ? Pour moi, tout intérêt à part, j'en suis très-contente, et je crois que vous le devez être ; mais, je vous en supplie, que votre amitié vous engage à le paraître et à écrire à M. de Richelieu, comme a fait le président, qui a été très-content.

---

1. La *Princesse de Navarre*. « Le convalescent, écrivait Voltaire à d'Argental, le 11, fait partir aujourd'hui, sous l'enveloppe de M. de La Reynière, le plus énorme paquet dont vous ayez été excédé ; c'est toute la pièce avec les divertissements. » *OEuvres*, t. LIV, p. 671.

Je demande la même grâce à M. de Pont-de-Veyle,
et à madame d'Argental.

Adieu, mon cher ami ; je vous embrasse tendrement.

Je suis très-inquiète de votre ami et très à plaindre.

---

215. — A M. LE COMTE D'ARGENTAL.

28 juillet 1744.

En vous remerciant de tout mon cœur, mon cher
ami, de la lettre que vous venez d'écrire à M. de Voltaire ; elle a achevé sa guérison.

M. de Richelieu paraît fort content d'avance du
compte que lui a rendu le président. J'espère que la
pièce court après lui.

A présent, si vous avez quelques corrections à demander, vous pouvez dire : peut-être cependant pourriez-vous attendre notre retour, qui sera, comme je
compte, pour le commencement de septembre.

Nous aurons encore une apparition du président.

Le roi vient de nous rassurer contre les housards.

Cirey est délicieux ; mais nous le quitterons pour
vous.

Adieu, mon cher ami. Dites des choses bien tendres
pour nous à madame d'Argental ; faites-la souvenir
qu'elle nous avait quelquefois promis des rabachages.
Ne nous oubliez pas auprès de M. de Pont-de-Veyle, et
surtout auprès de vous, que nous aimons bien tendrement.

216. — A M. *** 1.

A Paris, ce 28 mai [1745.]

Je ne puis me guérir de vous aimer et de saisir avec empressement les occasions de vous le dire. Je vous envoie la *Bataille de Fontenoy* 2 de ma part et de celle de l'auteur. Je désire que vous soyez heureux, et je le serai parfaitement, si je puis quelque jour jouir de votre amitié. La vie vous aime trop pour que vous ne m'aimiez pas toute votre vie.

———

217. — A M. *** 3 [1746].

... M. de Voltaire travaille à l'*Histoire* des campagnes du roi 4; j'aurai soin de vous les envoyer.

———

218. — AU COMTE D'ARGENSON 5.

Paris, 8 juillet 1747.

Je ne m'attendais pas, Monsieur, quand j'ai eu l'honneur de vous écrire, que j'aurai sitôt un si grand compliment à vous faire 6. Si vous connaissez mon

1. *Lettre de M. de Voltaire et de sa célèbre amie*, p. 59.
2. Poëme de Voltaire, *Œuvres*, t. XII, p. 127.
3. *Lettre de M. de Voltaire et de sa célèbre amie*, p. 41.
4. Nommé historiographe de France en 1745, Voltaire travailla immédiatement à une *Histoire de la guerre de* 1741, qui parut en 1755, *Amsterdam* (Paris), 1 vol. in-12, et qu'il refondit plus tard dans son *Précis du siècle de Louis XV*.
5. *Mémoires du marquis d'Argenson*, Jannet, 1858, t. V, p. 30.
6. Au sujet de la victoire de Lawfeld (2 juillet 1747), à laquelle il assistait, et qu'il avait préparée comme ministre de la guerre.

attachement pour vous, vous êtes bien persuadé de l'intérêt que je prends à votre gloire, et du plaisir que j'ai à vous en assurer. M. de Voltaire vous exprimera sa joie et son attachement d'une manière plus élégante, mais personne ne sentira jamais l'un ni l'autre plus vivement que moi.

Vous voyez que je suppose que vous m'avez accordé la permission que je vous ai demandée dans ma dernière.

---

219. — AU COMTE D'ARGENSON [1].

Paris, 20 juillet 1747.

Vous savez, Monsieur, combien j'aime les occasions de vous faire souvenir de moi. Je n'ai garde de manquer celle qui se présente de vous envoyer la lettre de M. de Voltaire à madame la duchesse du Maine [2] sur la bataille; ce sont des prémices qui vous appartiennent de droit. M. de Paulmy l'a célébrée, cette bataille, avec beaucoup de dignité et d'esprit dans sa lettre du *Te deum*, car je me figure qu'il y a eu quelque part, et je trouve qu'il justifie tous les jours votre goût pour lui. Vous voyez bien, à la façon dont je vous en parle, que j'ai eu enfin de ses nouvelles. J'ai des grâces à vous rendre de la gratification que vous avez accordée à M. Desfossés et de la lettre charmante que vous m'avez écrite.

Croyez, Monsieur, que vous ne pourrez accorder vos bontés à personne qui en sente mieux le prix, et qui les mérite par plus d'attachement que moi.

1. *Mémoires du marquis d'Argenson*, t. V, p. 32.
2. L'*Epître* à la duchesse du Maine, sur la bataille de Lawfeld. *OEuvres*, t. XIII, p. 177.

L'auteur de l'*Epître* me charge de vous dire en prose ce qu'il aurait voulu dire en vers, mais je suis bien indigne d'être son chancelier.

---

220. — AU COMTE D'ARGENSON[1].

Lunéville, le 2 mars 1748.

Eh bien! Monsieur, je vous l'avais bien dit, me voilà à Lunéville! Je vous assure que nous y avons passé un bien joli carnaval. Le roi de Pologne me comble de bontés, et je vous assure qu'il est bien difficile de le quitter. Il compte cependant avoir l'honneur de vous revoir avant la fin de ce mois. Vous savez que mon fils est arrivé à Gênes[2]. Il a pensé se noyer dans le trajet. Je voudrais bien que vous eussiez pensé qu'il est Lorrain, quand vous avez donné les gouvernements de Lorraine. N'y aurait-il pas moyen d'avoir une lieutenance de Roi, si vous les remplacez? J'espère que vous voudrez bien penser à lui. Je ne pense pas avoir besoin auprès de vous de la recommandation du roi de Pologne, je compte trop sur vos bontés pour moi.

M. de Voltaire, qui est ici, et point à N.....[3], me prie de vous présenter ses respects. Soyez, je vous supplie, bien persuadé de l'attachement inviolable que je vous ai voué pour la vie. Vous m'avez défendu les compliments, et comme cette défense est une marque de vos bontés, je me garderai bien de l'oublier.

Le vieux Villars était brodé et nous ne le sommes pas.

---

1. *Mémoires du marquis d'Argenson*, t. V, p. 33. La mention de Lunéville doit faire dater cette lettre de 1748 et non de 1749.
2. Où commandait le duc de Richelieu depuis la retraite des Autrichiens et la mort du duc de Boufflers (28 septembre 1747).
3. Il y avait sans doute Nancy dans le mss.

221. — AU R. P. CALMET [1].

Lunéville, 4 mars 1748.

... Nous allons demain à la Malgrange. M. de Voltaire compte qu'il vous ramènera...

———

222. — AU MARQUIS DE SAINT-LAMBERT [2].

Bar-le-Duc, jeudi matin [mai 1748].

Toutes mes défiances de votre caractère, toutes mes résolutions contre l'amour n'ont pu me garantir de celui que vous m'avez inspiré. Je ne cherche plus à le combattre, j'en sens l'inutilité : le temps que j'ai passé avec vous à Nancy l'a augmenté à un point dont je suis étonnée moi-même ; mais, loin de me le reprocher, je sens un plaisir extrême à vous aimer, et c'est le seul qui puisse adoucir votre absense. Je suis bien contente de vous quand nous sommes tête à tête ; mais je ne le suis point de l'effet que vous a fait mon départ. Vous connaissez les goûts vifs, mais vous ne connaissez point encore l'amour. Je suis sûre que vous serez aujourd'hui plus gai et plus spirituel que jamais à Lunéville, et cette idée m'afflige indépendamment de toute inquiétude. Si vous ne devez m'aimer que faiblement, si votre cœur n'est pas capable de se donner sans réserve, de s'occuper de moi uniquement, de m'aimer sans bornes et sans mesure, que ferez-vous donc du mien ? Toutes ces réflexions me tour-

1. Charavay, *Catalogue d'autographes*, du jeudi 7 décembre 1869, p. 56, cité par M. Desnoiresterres, *Voltaire à la cour*, Didier, 1865, p. 184.
2. Celle lettre, ainsi que les lettres 248 et 249, ont été publiées par madame Louise Colet dans un article sur madame du Châtelet, *Revue des Deux-Mondes*, juillet 1845, p. 1044 et 1048.

mentent, mais elles m'occupent sans cesse, et je ne
pense qu'à vous en ne voulant m'occuper que des
raisons qui doivent m'empêcher d'y penser. Vous
m'écrirez sans doute; mais vous prendrez sur vous
pour m'écrire. Vous voudriez que j'exigeasse moins;
je recevrai quatre lignes de vous, et ces quatre lignes
vous auront coûté. J'ai bien peur que votre esprit ne
fasse bien plus cas d'une plaisanterie fine que votre
cœur d'un sentiment tendre; enfin, j'ai bien peur
d'avoir tort de vous trop aimer. Je sens bien que je me
contredis, et que c'est là me reprocher mon goût pour
vous; mais mes réflexions, mes combats, tout ce que
je sens, tout ce que je pense me prouve que je vous
aime plus que je ne dois. Venez à Cirey me prouver
que j'ai tort; je sens que vous ne le pouvez avoir que
quand je ne vous vois pas. Cette lettre est pleine d'in-
conséquences, elle ne se ressent que trop du trouble que
vous avez mis dans mon âme; il n'est plus temps de le
calmer. J'attends votre première lettre avec une impatience qu'elle ne remplira peut-être point; j'ai bien
peur de l'attendre encore après l'avoir reçue. Mandez-
moi surtout comment vous vous portez. Je me reproche cette nuit que vous avez passée sans vous
coucher. Si vous êtes malade, vous ne me le manderez point. Je voudrais savoir si vous avez essuyé des
plaisanteries, et cependant je voudrais que vous ne me
parlassiez que de vous; mais surtout parlez-moi de
vos arrangements. Je vous attendrai à Cirey, n'en
doutez pas. Si vous le voulez *bien fort*, croyez que je
n'aurai qu'une affaire, mais vous ne voulez rien bien
fortement. Sans cette preuve d'amour que vous
m'avez tant reproché d'exiger[1], je ne croirais pas que

1. Le sacrifice d'un voyage en Italie que Saint-Lambert devait
faire (A. N.).

vous m'aimez, j'attache à ce mot bien d'autres idées
que vous; j'ai bien peur qu'en disant les mêmes choses,
nous ne nous entendions pas. Cependant quand je pense
à la conduite que vous avez eue avec moi à Nancy,
à tout ce que vous m'avez sacrifié, à tout l'amour
que vous m'avez marqué, je me trouve injuste de vous
dire autre chose sinon que je vous aime; ce sentiment
efface tous les autres. Croyez que si vous ne venez pas
à Cirey, vous aurez bien tort. Je suis inconsolable
quand je pense que si j'avais pensé à ce Saint-Stanislas[1],
je serais encore à Lunéville; mais il me semble que
vous ne m'y avez jamais tant aimée qu'à Nancy. Je ne
puis me repentir de rien, puisque vous m'aimez. C'est
à moi que je le dois; si je ne vous avais pas parlé chez
M. de la Galaisière[2], vous ne m'aimeriez point. Je ne
sais si je dois m'applaudir d'un amour qui tenait à si
peu de chose; je ne sais si je n'eusse pas bien fait de
laisser à votre amour-propre le plaisir qu'il trouvait à
ne plus aimer. C'est à vous à décider toutes ces questions; je ne sais si votre cœur en est digne. Je sais que
cette lettre est trop longue, je devrais la jeter au feu;
je vous en laisse le soin, mais prendrez-vous celui de
me rassurer.

1. La fête du roi de Pologne, qui se célébrait à la petite cour de
Lunéville (A   N.). Elle tombait, cette année, le 8 mai, ce qui a
permis à M Desnoiresterres de dater cette lettre de mai, et non de
la fin de 1748.
2. Antoine-Martin Chaumont, marquis de la Galaisière, maître
des requêtes, puis chancelier et garde des sceaux du roi de Pologne,
marié le 16 mai 1724 à Louise-Élisabeth Orry, fille d'Orry de Fulvy,
intendant des finances, et nièce d'Orry de Vignory, contrôleur général en 1730, dont il devint veuf le 15 septembre 1761.

223. — AU MARQUIS DE SAINT-LAMBERT [1].

1748.

... Il fait un temps charmant, je ne peux jouir de rien sans vous, je vous attends pour aller donner du pain aux cygnes, et me promener. Venez chez moi dès que vous serez habillé. Vous monterez ensuite à cheval si vous voulez...

224. — AU MARQUIS DE SAINT-LAMBERT.

1748.

... Je volerai chez vous dès que j'aurai soupé. Madame [de Boufflers] se couche, elle est charmante, et je suis bien coupable de ne lui avoir pas parlé, mais je vous adore, et il me semble que quand on aime, on n'a aucun tort...

225. — AU MARQUIS DE SAINT-LAMBERT.

15 mai 1748.

... L'abbé de Bernis fait un poëme des *Saisons*, on le dit même fort avancé; si j'en puis voir quelque chose je vous en instruirai.

1. Cette lettre, ainsi que les lettres 225, 226, 227, 228, 233, 234, 235, 236, 240, 241, 242, 243, 244, 245, 246 et 247, dont les originaux font partie, au nombre de 91, de la collection de M. Feuillet de Conches, ont été publiées par M. G. Desnoiresterres, dans la 3e partie de son ouvrage monumental sur Voltaire, *Voltaire à la cour*, Didier, 1871.

226. — AU MARQUIS DE SAINT-LAMBERT.

[Paris]¹, 23 mai 1748.

... Vous n'allez point en Toscane et n'y allez point pour moi, non, je ne puis trop vous aimer, mais aussi je vous jure qu'il est impossible de vous aimer davantage...

———

227. — AU MARQUIS DE SAINT-LAMBERT.

[Paris], 5 juin 1748.

... Si M. de Bercheny a le commandement², il est impossible que M. du Châtelet ni moi remettions le pied en Lorraine; tant qu'il durera, il n'y a ni charge ni bienfaits qui puissent effacer le dégoût de voir un Hongrois, son cadet, commander à sa place, et rien ne le doit faire supporter. Mon amitié pour M. de Voltaire suffirait seule pour me rendre cette idée insupportable; jugez ce qu'elle doit faire sur moi, quand je songe que j'y aurais passé ma vie avec vous et que nous aurions encore eu des voyages de Cirey par-dessus le marché.

1. Madame du Châtelet était, depuis le 15 mai environ, établie avec Voltaire à Paris, où ils restèrent jusqu'au 28 juin.
2. Ladislas-Louis-Ignace, comte de Bercheny, né à Epéries, en Hongrie, le 3 août 1689, fils de Nicolas et de Christine de Drugeth-d'Homonay, entré au service de France en 1712, colonel du régiment de hussards de son nom, lieutenant général en 1744, maréchal de France en 1758, mort en 1778. Il était grand-écuyer de Lorraine et gouverneur de Commercy.

228. — A M. LE COMTE D'ARGENTAL.

Commercy, 29 juin 1748 [1].

Eh bien ! mon cher ami, mandez-moi donc comment vous vous portez de votre voyage; comment madame d'Argental s'en trouve, si vous avez fait usage de l'hospitalière madame de Verpillac; si vous en êtes bien amoureux; si les eaux vous font bien, si Plombières est bien brillant.

Vous avez là deux hommes que j'aime beaucoup, et qui sont fort aimables, M. de Croix [2] et le vicomte de Rohan [3] : les voyez-vous quelquefois?

Nous allons nous rapprocher de vous; nous allons à Commercy, M. de Voltaire et moi. J'espère que nous y serons le premier juillet : je serai à portée de vous aller recevoir à Cirey au mois d'août, et ce sera un grand plaisir pour moi.

Notre voyage de Commercy est indispensable [4] : le roi de Pologne le désire, et je lui dois trop pour ne lui pas donner cette marque d'attachement.

1. Madame du Châtelet et Voltaire ayant quitté Paris le 28 juin pour se rendre directement à Commercy, nous datons cette lettre, comme l'a fait M. Desnoiresterres, du 29 et non du 19 juin. *Voltaire à la cour*, p. 194.

2. Probablement Alexandre-Maximilien-François de Croix, marquis de Heuchin, fils d'Alexandre-François et de Madelina-Françoise de Fiennes, né en décembre 1692.

3. Louis-François de Rohan-Chabot, second fils de Louis-Bretagne-Alain, duc de Rohan, prince de Léon, et de Françoise de Roquelaure, appelé le *Vicomte de Rohan*, mestre de camp en 1735, mort le 10 octobre 1753.

4. Voltaire et madame du Châtelet, partis le 28 juin 1748 pour la cour de Lorraine, étaient installés vers le 15 juillet à Commercy, dans le palais de Stanislas. « Me voici dans un beau palais, avec la plus grande liberté (et pourtant chez un roi), avec toutes mes paperasses d'historiographe, avec madame du Châtelet, et avec tout cela je suis un des plus malheureux êtres pensants qui soient dans la nature. » Lettre à d'Argenson. *OEuvres*, t. LV, p. 193.

Mais *Sémiramis?* Je trouve que vous vous pressez beaucoup. J'espère que vous la ferez retarder : il est indispensable que M. de Voltaire assiste aux répétitions ; vous le sentez sûrement, et je sens bien, moi, que je n'ai rien à vous dire sur les précautions à prendre pour assurer son succès.

Adieu, mon cher ami. Dites mille choses pour moi à madame d'Argental.

Le roi a déclaré qu'il demanderait le grand prieuré[1]. Les uns le donnent au prince d'Est, et les autres à M. le comte de Clermont.

Votre ami vous a écrit et vous adore, et, pour moi, vous savez qu'il ne s'en faut guère.

----

229. — A M. LE COMTE D'ARGENTAL.

Commercy, 30 juillet 1748.

Que dites-vous de moi, mon cher ami, qui meurs d'envie de vous écrire depuis que je suis ici, et qui n'ai pas encore pu en trouver le moment? On a de tout ici, hors du temps. Il est vrai que les vingt-quatre heures ne sont pas trop pour répéter deux ou trois opéras et autant de comédies.

Je suis transportée de joie de ce que le roi fait pour *Sémiramis.*

Je vous assure que votre petit abbé[2] est un garçon charmant.

1. Le grand prieuré de France (ordre de Malte), vacant par la mort du chevalier d'Orléans, fils naturel du régent, arrivée le 16 juin 1748. Il fut donné à Louis-François de Bourbon, prince de Conti, le vainqueur de Coni.

2. L'abbé Chauvelin, qui aimait beaucoup la comédie et prenait un grand intérêt au succès de *Sémiramis* (A. N.) — Cette pièce fut représentée pour la première fois le 29 août 1748. « Elle avait été demandée (à Voltaire) par l'infante d'Espagne, dauphine, qui,

Enfin, *Sémiramis* sera donc jouée sans votre ami et sans vous. A la manière dont il m'a rendu compte de la dernière répétition, où il m'empêcha inhumainement d'aller, elle sera très-bien jouée. Il ne veut pas absolument assister à la représentation ; car, quoique je ne pusse l'y suivre, je lui ai laissé sur cela toute liberté. Il aime mieux vous recevoir à Cirey à votre passage, et moi, j'y trouve bien mieux mon compte. Y viendrez-vous, mon cher ami ? Vous ne pouvez douter que je le désire : ce sera un grand plaisir pour moi de passer quelques jours avec madame d'Argental et vous, et de jouir de Cirey avec les deux personnes du monde avec lesquelles j'aime le mieux à jouir de tout. Il n'y a que dix-sept lieues d'ici ; ainsi il me sera fort aisé de m'y trouver pour vous recevoir.

J'ai laissé à votre ami le soin d'arranger cela avec vous ; mais je ne veux pas céder à personne de vous dire le plaisir que je me fais de vous y voir.

J'aurais bien une autre proposition à vous faire, ce serait de passer par ici : c'est le plus beau lieu du monde ; il n'y a aucune étiquette, parce que cela est réputé campagne.

Le roi de Pologne est très-aimable et d'une bonté qui enchante.

Madame de Boufflers [1] m'a chargée de vous mander,

---

remplie de la lecture des Anciens, aimait les ouvrages de ce caractère. » (Préface, *Œuvres*, t. V, p. 471.)

1. Marie-Françoise-Catherine de Beauvau, l'un des quinze enfants du prince de Craon, grand écuyer de Lorraine, et d'Anne-Marguerite de Ligniville, dame d'honneur de la duchesse de Lorraine, née le 8 décembre 1711, mariée le 19 avril 1735 à Louis-François, marquis de Boufflers-Remiencourt, dont elle devint veuve le 2 février 1752, morte en 1787. Elle était sœur du maréchal de Beauvau, de la marquise de Montrevel, de la duchesse de Mirepoix, de la princesse de Chimay, de la marquise de Bassompierre, et fut mère du chevalier de Boufflers.

et à madame d'Argental, qu'elle en serait charmée.
Jugez si je le serais; car je vous remènerais ensuite
jusqu'à Cirey.

Vous seriez trop aimables l'un et l'autre, si vous pouvez faire cet effort : je vous assure que vous ne vous
en repentiriez pas.

Je ne puis me refuser de vous envoyer des vers
d'un homme de notre société[1], que vous connaissez
déjà par l'*Epître à Chloé*. Je suis persuadée qu'ils
vous plairont. Il meurt d'envie de faire connaissance
avec vous, et il en est très-digne. Je compte bien
vous l'amener à Cirey. Votre ami, qui l'aime beaucoup,
veut lui faire avoir ses entrées à la comédie pour *Sémiramis*, et, assurément, je ne crois pas que les comédiens
y répugnent, vu tout ce qu'il leur procure. Je vous demande cependant votre protection pour cette affaire :
c'est un homme de condition de ce pays-ci, mais qui
n'est pas riche, qui meurt d'envie d'aller à Paris, et à
qui ses entrées à la comédie feront une grande différence dans sa dépense. J'en veux laisser le mérite à
votre ami. Ainsi, je vous prie de ne point lui dire que
je vous en ai écrit.

Adieu, mon cher ami.

Cette lettre vous est commune avec madame d'Argental, ainsi que le tendre attachement que je vous ai
voué pour ma vie.

Notre petit poète vous prie de ne point donner à
Plombières de copies de ses vers, parce qu'il y a beaucoup de lieutenants-colonels lorrains.

1. Saint-Lambert (1716-1802).

230. — A M. LE COMTE D'ARGENTAL.

Lunéville, 20 août 1748.

Enfin, mon cher ami, Dieu n'a pas voulu que je jouisse du plaisir de vous recevoir à Cirey avec madame d'Argental. Je vous assure que ç'a été une grande privation pour moi. Le plaisir de jouer le *Sylphe*[1] et une très-jolie comédie ne m'en a point consolée, surtout quand j'ai pensé que madame d'Argental et vous, vous auriez pu être témoins de tout cela, et que c'est sa santé qui vous en a empêchés.

Je suis en peine aussi de la santé de M. de Pont-de-Veyle : je vous supplie de m'en donner des nouvelles, et de lui marquer l'intérêt que j'y prends.

Nous sommes dans l'attente du succès de *Sémiramis ;* car je ne puis me persuader qu'elle trompe nos espérances, et nous nous flattons bien que vous ne nous laisserez pas ignorer nos triomphes.

Votre ami compte en aller jouir, et surtout du plaisir de vous voir, avec le roi de Pologne, quand il ira à Trianon[2] ; mais j'espère bien que vous ne le garderez que le temps du voyage du roi. Il doit être plus que jamais attaché à ce pays-ci ; car le roi de Pologne lui a donné les distinctions les plus flatteuses, et qu'il n'accorde que très-difficilement.

Adieu, mon cher ami. Aimez-nous, écrivez-nous, donnez-nous des nouvelles de la santé de madame d'Argental, et dites-lui combien nous l'aimons et vous aussi.

1. Comédie de Saint-Foix, représentée pour la première fois su le Théâtre italien, le 5 février 1743. Madame du Châtelet joua auss dans l'opéra de *Zelindor, roi des Sylphes,* paroles de Moncrif, mu sique de Rebel et Francœur. *Mém. de Longchamp,* t. II, p. 150.
2. Voltaire et Stanislas arrivèrent à Paris le 29 août 1748.

231. — A M. LE COMTE D'ARGENTAL.

Plombières [1], 5 septembre 1748.

En vous remerciant, mon cher ami, de la bonne nou
velle que vous m'apprenez [2], je la savais déjà en gros ;
on l'avait mandée à M. de Thiars ici [3] ; mais j'avais besoin
des détails.

Je me suis bien doutée que La Noue ferait tomber son
rôle ; il a en mauvaise volonté, ce qui lui manque en
talent. La nécessité dont je vois qu'était la présence de
M. de Voltaire pour faire répéter les acteurs, et leur
donner une nouvelle chaleur, m'aide à souffrir son absence ; mais je vous avoue que rien ne me ferait supporter qu'il restât plus longtemps que le roi de Pologne ;
et j'espère, mon cher ami, que vous me le renverrez.

Admirez la contrariété de ma destinée ! me voilà à
Plombières, et vous n'y êtes plus. Il ne me faudrait pas
moins cependant que le plaisir de vous voir, pour me
faire supporter cet infernal séjour. J'espère le quitter
demain. J'y ai passé dix jours, et je comptais en passer
quatre ; mais madame de Boufflers a été un peu malade,
et cela m'a retenue.

Je plains bien madame d'Argental d'être obligée d'y
revenir ; mais nous nous arrangerons à l'avance pour
vous voir à Cirey, sans quoi j'y ferai mettre le feu.

1. Après le départ de Stanislas et de Voltaire, vers le 25 août,
madame du Châtelet était allée prendre les eaux de Plombières, accompagnée de madame de Boufflers, et y resta jusqu'au 6 septembre.

2. Le succès de *Sémiramis*.

3. Anne-Claude de Thiard, marquis de Bissy, neveu du cardinal
de Bissy, né en 1681, mort le 20 octobre 1765, gouverneur du
château d'Auxonne, où Voltaire avait failli être renfermé, marié en
1712 à Augustine-Thérèse de Chauvelin.

J'ai eu une lettre de M. de Voltaire sur la seconde représentation, dont il me paraît content.

Adieu, mon cher ami. Buvez à ma santé avec celui que nous aimons, et priez madame d'Argental de se mettre en tiers.

Mille choses, je vous supplie, à M. de Pont-de-Veyle.

J'espère que vous me garderez *Sémiramis* pour cet hiver.

Demandez un peu à l'abbé Chauvelin pourquoi il ne m'a pas répondu. On me traite ordinairement mieux que cela dans sa famille.

---

232. — AU MARQUIS DE SAINT-LAMBERT.

Plombières, vendredi au matin [septembre 1748].

... Nous sommes ici logées comme des chiens, mais je ne sais pas quand nous en partirons; j'ai toujours espérance que ce sera lundi... Je me suis levée à six heures aujourd'hui pour la fontaine, mais cela ne m'arrivera plus...

---

233. — AU MARQUIS DE SAINT-LAMBERT

Plombières, samedi matin [septembre 1748].

... Je crains que le travail ne me manque, car je travaille dix heures par jour, et je n'avais pas compté que si longtemps. Dieu sait quand cela finira. Il eût été impossible que vous y vinssiez, premièrement tout y est d'une cherté affreuse, et cela vous aurait ruiné; de plus on est logé cinquante dans une maison. J'ai un fermier général qui couche à côté de moi, nous ne sommes séparés que par une tapisserie, et quelque bas qu'on parle, on entend tout ce qu'on dit; et quand quelqu'un vient vous voir, tout le monde le sait, et vous voit jusque dans le fond de votre chambre...

---

234. — AU MARQUIS DE SAINT-LAMBERT.

Plombières, vendredi, à 7 heures du soir [septembre 1748].

... En vérité je relis votre lettre, la troisième page est ridicule, bien offensante pour moi, bien peu tendre; je ne sais pas s'il ne vaudrait pas mieux n'être point aimée, que de l'être par quelqu'un qui se reproche de vous aimer...

---

235. — AU MARQUIS DE SAINT-LAMBERT.

[Commercy, 8 octobre 1748.]

... J'aime vos injustices, car j'aime tout de vous, mais je n'aime pas celles de madame de B[oufflers]; je fais ce que je puis pour les détruire, je lui ai fait répéter son rôle, ce matin j'ai été chez elle. Je la crains parce qu'elle peut nous séparer...

---

236. — A M. LE COMTE D'ARGENTAL.

Lunéville[1], 17 octobre 1748.

Mon cher ami, M. de Voltaire vous a instruit des raisons qu'il a cru avoir de rester ici. Je vous jure que je n'y ai nulle part, et que je m'immolais très-volon-

---

1. Madame du Châtelet, de retour à Lunéville le 7 septembre, y fut rejointe vers le 14 par Voltaire.

tiers pour son bien, d'autant plus que je compte vous revoir incessamment; mais j'ai pensé, comme lui, que tout cela pouvait aussi bien se traiter par lettres, et que ce serait un grand désagrément, supposé qu'on ne pût pas empêcher la parodie de *Sémiramis*, par exemple, d'arriver la veille ou le lendemain de la représentation. Le roi de Pologne a écrit à la reine pour la prier de l'empêcher. Il a des bontés infinies pour votre ami.

Je crois que l'abbé de Bernis doit être content de lui, et qu'il répondra à sa confiance par une discrétion à toute épreuve.

Je voudrais bien que tout ce train sur *Zadig*[1] finît.

Vous savez bien que mon sort est décidé : on réforme le commandement de Lorraine. Je ne puis trop me louer des bontés du roi de Pologne à cette occasion[2], et assurément je lui serai attachée toute ma vie.

Dites des choses bien tendres pour moi à madame d'Argental.

Adieu, mon cher ami. J'ai bien envie de me retrouver entre vous deux, et assurément ce ne sera jamais aussitôt que je le désire.

----

237. — A M. LE COMTE D'ARGENTAL.

Lunéville, 30 novembre 1748.

Si votre ami ne s'était pas chargé, cher ange, de vous apprendre la grâce que le roi de Pologne a faite à M. du Châtelet, je vous l'aurais apprise moi-même;

----

1. *Zadig, ou la Destinée*, 1747, in-12. Voltaire désavouait ce roman, dans lequel il a ridiculisé Boyer, évêque de Mirepoix, sous le nom de *Iebor*.

. 2. Stanislas venait de créer, pour le marquis du Châtelet, la charge de grand maréchal des logis, avec 2,000 écus d'appointements, en même temps qu'il nommait le comte de Bercheny grand écuyer. *Mémoires de Luynes*, dimanche 24 nov. 1748, t. IX, p. 128.

car je suis bien persuadée de l'intérêt que vous y voulez bien prendre et madame d'Argental aussi, à qui je vous prie de faire les plus tendres compliments.

Depuis que je suis ici, je n'ai fait que jouer l'opéra et la comédie.

Votre ami nous a fait une comédie en vers et en un acte, qui est très-jolie, et que nous avons jouée[1] pour notre clôture.

J'ai joué aussi l'acte du *Feu*, des *Éléments*[2], et je voudrais que vous y eussiez été; car, en vérité, il a été exécuté comme à l'Opéra.

J'imagine qu'il vous aura envoyé ses vers à M. de Richelieu, que je trouve charmants.

Je compte passer les fêtes de Noël à Cirey, et vous revoir au commencement de l'année.

Vous aurez donc *Catilina* le 15. J'espère que vous me manderez ce qui en arrivera.

Adieu, mon cher ami. Je me fais une grande fête de vous embrasser.

---

238. — A M. LE COMTE D'ARGENTAL.

Cirey[3], 13 janvier 1749.

Mon cher ami, je viens me justifier, quoique je ne sois point coupable.

Vous avez bien raison de croire que, si je pensais que la présence de M. de Voltaire fût nécessaire à Paris, je quitterais tout pour l'y ramener; mais je pense, en

---

1. Peut-être s'agit-il de cette comédie en un acte dont parle Lonchamp, p. 205, et dont Voltaire transporta quelques vers dans *Nanine*.

2. Voir page 24, note 4. L'acte du *Feu* a pour sujet les Vestales, et le danger que court l'une d'elles, Émilie.

3. Madame du Châtelet et Voltaire avaient quitté Lunéville vers le 20 décembre 1748, et étaient arrivés à Cirey le 24.

vérité, qu'il faut un peu laisser le public jeûner de *Sémiramis*, et la désirer comme elle le mérite. Je suis sûre de M. de Richelieu, et que la parodie ne sera point jouée[1]. Voilà mes principales raisons pour ne point abandonner des affaires très-essentielles et qui seraient bien ennuyeuses, si je ne les faisais pas à Cirey. Un maître de forge qui sort, un autre qui prend possession, des bois à visiter, des contestations à terminer, tout cela, en n'y perdant pas un moment, ne peut être fait avant la fin du mois.

Croyez, mon cher ami, que j'ai une impatience extrême de me retrouver avec vous et madame d'Argental, et de vous ramener votre ami, qui vous embrasse mille fois.

---

239. — AU MARQUIS DE SAINT-LAMBERT.

Paris [2], dimanche 23 février 1749.

... Je vais demain à une répétition des cabinets je mènerais une vie fort heureuse si votre idée ne venait pas sans cesse me faire sentir que tout cela n'est pas le bonheur...

---

240. — A MADAME LA MARQUISE DE BOUFFLERS.

Paris, jeudi 3 avril 1749.

Eh bien! il faut donc vous dire mon malheureux secret sans attendre votre réponse sur celui que je vous demandais, je sens que vous me le promettrez et

---

1. Cette parodie, qui était de Montigny (*Amsterdam*, P. Marteau, 1749), ne fut pas, en effet, représentée, grâce a l'intervention de madame de Pompadour et du duc de Richelieu.
2. Madame du Châtelet et Voltaire étaient arrivés de Cirey à Paris vers le 17 janvier 1749.

que vous le garderez, et vous allez voir qu'il ne pourra pas se garder encore longtemps.

Je suis grosse, et vous imaginez bien l'affliction où je suis, combien je crains pour ma santé, et même pour ma vie, combien je trouve ridicule d'accoucher à quarante ans, après en avoir été dix-sept sans faire d'enfant; combien je suis affligée pour mon fils. Je ne veux pas le dire encore, crainte que cela n'empêche son établissement... Personne ne s'en doute[1], il y paraît très-peu, je compte cependant être dans le quatrième et je n'ai pas encore senti remuer. Ce ne sera qu'à quatre mois et demi; je suis si peu grosse que si je n'avais quelque étourdissement ou quelque incommodité, et si ma gorge n'était pas fort gonflée, je croirais que c'est un dérangement. Vous sentez combien je compte sur votre amitié, et combien j'en ai besoin pour me consoler et pour m'aider à supporter mon état. Il me serait bien dur de passer tant de temps sans vous et d'être privée de vous pendant mes couches. Cependant comment les aller faire à Lunéville et y donner cet embarras-là. Je ne sais si je dois assez compter sur les bontés du roi pour croire qu'il le désirât et qu'il me laissât le petit appartement de la reine que j'occupais, car je ne pourrais coucher dans l'aile à cause de l'odeur du fumier, du bruit et de l'éloignement de M. de Voltaire et de vous. Je crains que le roi ne soit alors à Commercy et qu'il ne voulut pas abréger son voyage. J'accoucherai vraisemblablement à la fin août ou au commencement de septembre au plus tard...

1. Ce n'est pas ce qui résulte du récit de Longchamp, *Mémoires de Voltaire*, 1826, t. II, p. 234, et du *Journal de Collé*, Paris, 1805, t. I, p. 80.

241. — AU MARQUIS DE SAINT-LAMBERT.

[Paris, avril 1749.]

... Je n'ai point de lettre de vous encore aujourd'hui, cela est abominable, cela est d'une dureté et d'une barbarie qui est au-dessus de toute qualification, comme la douleur où je suis est au-dessus de toute expression. Ne soyez pas cependant excédé de mes lettres; si je n'en reçois pas la première poste, je ne vous écrirai plus.

242. — AU MARQUIS DE SAINT-LAMBERT.

Paris, 13 avril 1749.

... Il est très-vrai que depuis huit jours j'ai été si incommodée que j'ai été forcée de me faire saigner, sans quoi j'aurais eu le même accident qu'à Commercy. Je suis donc venue me faire saigner ici, afin de pouvoir aller voir le roi de Pologne à Trianon, où je crois même que je m'établirai pendant son séjour ici[1]...

243. — AU MARQUIS DE SAINT-LAMBERT.

Trianon, jeudi 17 avril 1749.

... De quel droit osez-vous vous fâcher que je fasse venir mes robes d'été, et exiger que j'accouche en Lorraine, vous qui n'êtes pas sûr de ne pas quitter la Lorraine pour toujours dans un mois, et qui seriez déjà à votre garnison en Flandres sans le refus du prince de B[eauvau]. Quoi! vous êtes assez personnel

1. Stanislas arriva à Versailles le 14 avril.

pour trouver mauvais que je ne m'engage pas irrévo
cablement à faire mes couches à Lunéville, et cela
pour que j'y sois en cas que vous y restiez, et que je
coure le risque d'y accoucher sans vous. Peu vous
importe où je fasse mes couches si vous n'êtes pas à
Lunéville. Vous voulez bien avoir la liberté de vous
séparer de moi pour toujours si c'est votre avantage,
mais vous ne voulez pas que je reste ici quinze jours
de plus si ma santé ou mes affaires l'exigent. Oh! vous
en voulez trop aussi! Je ne m'arrange point pour
partir ni le 20 ni le 15 de mai, ni jamais, que vous ne
soyez décidé sur ces grenadiers [1], et votre indécision
(que dis-je, votre indécision, ce n'est pas vous qui êtes
indécis, puisque vous les demandez à cor et à cris)
devrait me décider, si j'avais un peu de courage...

---

244. — AU MARQUIS DE SAINT-LAMBERT.

Trianon, 29 avril 1749.

... Peut-être serai-je assez faible pour vous aimer et
pour accoucher à Lunéville, quand même vous n'iriez
pas à Nancy, mais je serais malheureuse et tourmentée,
et je vous tourmenterais. Il n'y a que ce sacrifice qui
puisse remettre le calme dans mon cœur et je ne vois
aucune raison de me le refuser...

---

245. — AU MARQUIS DE SAINT-LAMBERT.

[Paris,] 3 mai 1749.

Je vous ai mandé qu'il[2] me laissait le petit apparte-

---

1. Saint-Lambert avait songé à entrer dans le service actif en
achetant un régiment de grenadiers. (A. N.)

2. Le roi Stanislas, qui venait de quitter Trianon, le 28 avril,
pour retourner en Lorraine.

ment de la reine; il ferme le grᵇud, et j'en suis bien
aise; je n'aurai plus cette pierre d'achoppement, on
passera par l'escalier de la marquise[1] et qui rend à son
petit escalier, et il m'a promis un petit escalier dans la
chambre verte pour aller dans le bosquet, ce qui me
sera fort utile dans mon dernier mois, où il faudra me
promener malgré que j'en aie. Ce pourra même être,
tout l'été, le passage du roi pour venir chez moi, de
son perron il n'y aura qu'un pas... Le roi est plein de
bonne volonté pour ma petite maison, et la fait
meubler sans que je lui aie demandé.

---

246. — AU MARQUIS DE SAINT-LAMBERT.

[Paris,] 18 mai 1749.

Non, il n'est pas possible à mon cœur de vous
exprimer combien il vous adore, l'impatience extrême
où je suis de me rejoindre à vous pour ne vous quitter
jamais... Ne me reprochez pas mon *Newton,* j'en suis
assez punie, je n'ai jamais fait de plus grand sacrifice
à la raison que de rester ici pour le finir; c'est une
besogne affreuse et pour laquelle il faut une tête et une
santé de fer. Je ne fais que cela, je vous jure, et je me
reproche bien le peu de temps que j'ai donné à la
société depuis que je suis ici. Quand je songe que je
serais actuellement avec vous...

Mon Dieu ! que M. du Châtelet est aimable de vous
avoir offert de vous amener[2].

1. La marquise de Boufflers.
2. A Cirey, au-devant de madame du Châtelet, qui, vers le 20 juin,
quitta Paris, avec Voltaire, pour se rendre à Cirey, où elle passa une
quinzaine, et de là à Commercy et à Lunéville où ils étaient établis
le 21 juillet.

---

217. — AU MARQUIS DE SAINT-LAMBERT.

[Paris, 20] mai 1749.

Mon départ ne dépend pas absolument de moi, mais de Clairaut et de la difficulté de ce que je fais; j'y sacrifie tout, jusqu'à ma figure; je vous prie de vous en souvenir, si vous me trouvez changée. Savez-vous la vie que je mène depuis le départ du roi? Je me lève à neuf heures, quelquefois à huit; je travaille jusqu'à trois, je prends mon café à trois heures, je reprends le travail à quatre, je quitte à dix pour manger un morceau seule. Je cause jusqu'à minuit avec M. de Voltaire, qui assiste à mon souper, et je reprends le travail à minuit, jusqu'à cinq heures. Quelquefois j'attends après M. Clairaut, et j'emploie le temps à mes affaires et à revoir mes épreuves[1]. Madame du Deffand, M. de Voltaire, tout le monde sans exception, est refusé pour souper, et je me suis fait une loi de ne plus souper dehors pour pouvoir finir. Je conviens que si j'avais mené cette vie depuis que je suis à Paris, j'aurais fini à présent, mais j'ai commencé par avoir beaucoup d'affaires : je me suis livrée à la société, le soir; je croyais que la journée me suffirait. J'ai vu qu'il fallait ou renoncer à aller accoucher à Lunéville, ou perdre le fruit de mon travail, au cas que je meure en couches... Ma santé se soutient merveilleusement, je suis sobre et je me noie d'orgeat, cela me soutient, mon enfant remue beaucoup, et se porte à ce que j'espère aussi bien que moi...

Il faut que je vous réponde à la crainte que vous avez d'être seul avec M. du Châtelet; il ne dépend pas

1. Du Commentaire algébrique sur Newton.

absolument de moi de vous en garantir, et si vous
aimez mieux me voir dix ou douze jours plus tard que
de risquer cet accident, je n'ai rien à vous dire; il me
semble que vous mettez cela dans la balance, et vous
devez sentir l'effet que cela fait sur moi...

Le voyage du roi à Commercy me chagrine. Si je ne
puis pas partir, il faudra, je crois, engager M. du Châtelet à vous mener à Commercy, vous emparer du
gîte du gracieux curé, et je ne tarderai pas, j'espère,
à vous en faire partir...

Je ne puis rien aimer que ce que je partage avec
vous, car je n'aime pas Newton, au moins; je le finis
par raison et par honneur, mais je n'aime que vous...
Je prie madame de B[oufflers] de garder mon fils, sous
prétexte de comédies, il ne ferait que vous embarrasser
à Cirey.

––––

248. — AU MARQUIS DE SAINT-LAMBERT.

[Août 1749.]

Mon Dieu, que tout ce qui était chez moi quand
vous êtes parti m'impatientait! que mon cœur avait
de choses à vous dire! Vous m'avez traitée bien cruellement, vous ne m'avez pas regardée une seule fois;
je sais bien que je dois encore vous en remercier, que
c'est décence, discrétion, mais je n'en ai pas moins
senti la privation; je suis accoutumée à lire à tous les
instants de ma vie dans vos yeux charmants que vous
êtes occupé de moi, que vous m'aimez; je les cherche
partout, et assurément je ne trouve rien qui leur ressemble; les miens n'ont plus rien à regarder. Je suis
d'une impatience extrême de savoir si vous monterez
la garde demain?... Songez que si vous montez la
garde demain, je puis vous revoir lundi, songez qu'un

jour est tout pour moi; et je n'ai pas besoin, pour le
sentir, de mes craintes ridicules, car je les condamne;
mais un jour passé avec vous vaut mieux qu'une éter-
nité sans vous. Je ferai mon possible pour n'avoir pas
d'humeur ce soir; mais comment ferais-je pour qu'on
ne s'aperçoive pas de l'inquiétude et du malaise de
mon âme, car c'est le mot qui peut rendre mon état.
Ne jugez point de moi par ce que j'ai été, je ne voulais
pas vous aimer à cet excès, mais à présent que je vous
connais davantage, je sens que je ne puis jamais vous
aimer assez. Si vous ne m'aimez pas moins, si mes
torts n'ont pas affaibli cet amour charmant, sans lequel
je ne pourrais vivre, je suis bien sûre qu'il n'existe
personne d'aussi heureuse que moi, mais je vous
avoue que je le crains. Rassurez-moi, mon cœur en a
besoin; la moindre diminution dans vos sentiments
me déchirerait de remords; je croirais toujours que
c'a été ma faute, que sans Paris vous auriez toujours
été le même. Songez que mon amour, que les chagrins
que vous m'avez faits en voulant me quitter et par la
crainte de ces grenadiers [1], m'ont assez punie; je vous
aime avec une ardeur bien faite pour vous rendre
heureux, si vous pouvez m'aimer encore comme vous
m'avez aimée. Je n'ai rien trouvé de mieux à vous envoyer que la cassette où vous renfermerez mes lettres.
Rapportez-les, je vous le demande à genoux, bonheur
de ma vie.

────

249. — AU MARQUIS DE SAINT-LAMBERT.

Samedi 30 août 1749.

Vous me connaissez bien peu; vous rendez bien peu
justice aux empressements de mon cœur, si vous

1. Voir p. 484.

croyez que je puisse être deux jours sans avoir de vos lettres, lorsqu'il m'est possible de faire autrement. Vous êtes d'une confiance sur la possibilité de monter vos gardes en arrivant, qui ne s'accorde guère avec l'impatience avec laquelle je supporte votre absence. Quand je suis avec vous, je supporte mon état avec patience, je ne m'en aperçois souvent pas; mais quand je vous ai perdu, je ne vois plus rien qu'en noir. J'ai encore été aujourd'hui à ma petite maison, à pied, et mon ventre est si terriblement tombé, j'ai si mal aux reins, je suis si triste ce soir, que je ne serais point étonnée d'accoucher cette nuit, mais j'en serais bien désolée, quoique je sache que cela vous ferait plaisir. Je vous ai écrit hier huit pages, vous ne les recevrez que lundi. Vous n'articulez point si vous reviendrez mardi, et si vous pourrez éviter d'aller a Nancy au mois de septembre. Ne me laissez pas d'incertitude, je suis d'une affliction et d'un découragement, qui m'effrayeraient si je croyais aux pressentiments. Le prince va être bien heureux de vous posséder; il n'en connaîtra pas le prix si bien que moi. Dites bien au prince que vous n'irez plus à Haroue[1] avant mes couches, je ne le souffrirais pas. J'ai un mal de reins insupportable et un découragement dans l'esprit et dans toute ma personne dont mon cœur seul est préservé. Ma lettre qui est à Nancy vous plaira plus que celle-ci; je ne vous aimais pas mieux, mais j'avais plus de force pour vous le dire, il y a moins de temps que je vous avais quitté! Je finis parce que je ne puis plus écrire.

1. Domaine appartenant au prince de Beauvau depuis 1720.

FIN.

INDEX

ERRATA

Page 1, note 1 ; page 329, note 1 ; page 443, note 1 ; page 463, notes 1
  et 3 : au lieu de *Lettre de Voltaire*, lisez *Lettres de Voltaire*.
Page 155, au lieu de *Dumoulin*, lisez *Demoulin*.
Page 396, ligne 11 : *quelques affaire*, corrigez *quelques affaires*.

TABLE

FIN DE LA TABLE.

B. 1143. — Paris. — Imp. F. Imbert, 7, rue des Canettes.